KB119149

한국연구재단 학술명저번역총서
서양편 311

고백록 ②

2012년 2월 10일 발행
2012년 2월 10일   1쇄

지은이_ 장자크 루소
옮긴이_ 이용철
발행자_ 趙相浩
발행처_ (주) 나남
주소_ 413-756 경기도 파주시 교하읍
        출판도시 518-4
전화_ (031) 955-4600 (代), FAX : (031) 955-4555
등록_ 제 1-71호(1979.5.12)
홈페이지_ http://www.nanam.net
전자우편_ post@nanam.net

ISBN 978-89-300-8526-7
ISBN 978-89-300-8215-0 (세트)
책값은 뒤표지에 있습니다.

'한국연구재단 학술명저번역총서'는 우리 시대 기초학문의 부흥을 위해
 한국연구재단과 (주)나남이 공동으로 펼치는 서양명저 번역간행사업입니다.

고백록 ②

장자크 루소 지음 | 이용철 옮김

나남
nanam

Les Confessions

par

Jean-Jacques Rousseau

1789

고백록 ②

차 례

제 2 부

제2부

8

이 수기는 온갖 종류의 실수들로 가득 차있고 내가 다시 읽어볼 시간조차 없지만, 이것은 진실을 사랑하는 모든 사람들이 진실을 추적하고 그들이 자기 자신의 정보를 갖고 진실을 확인할 수단을 주기에 충분하다. 유감스럽게도 내게는 이 수기가 내 적들의 감시에서 벗어나는 것이 어렵고 심지어 불가능하다고까지 생각된다. 만약 이것이 어떤 정직한 사람의 수중에 떨어진다면[1] (슈아죌 씨의 친구들의 수중에라도 떨어지든지 바로 슈아죌 씨에게 도달한다면, 나에 대한 기억이 명예롭게 보존될 가능성이 아직 있다고 생각한다. 그러나 오, 결백을 수호하는 하늘이시여, 내 결백을 담고 있는 이 최후의 자료를 부플레르 부인이나 베르들랭 부인이나 그녀들의 친구들의 손으로부터 보호하여 주십시오. 당신은 한 불운한 사람을 그가 살아 있을 때 이 두 복수의 여신들에게 내맡겼는데, 그 사람의 기억은 적어도 그녀들로부터 빼내어주십시오).[2]

1) 이 기록은 제네바 수고의 《고백록》 2부가 시작하는 백지 위에 일종의 '일러두기'로 나와 있는데, 파리판(版)에는 나타나지 않는다.
2) 이 부분은 루소가 정성들여 지웠지만, 위와 같이 읽을 수 있다. 이 일러두기는 슈아죌 공작이 왕의 총애를 잃기 전에 — 즉, 1770년 12월 24일 전 — 썼다가, 루소가 1771년 8월 24일자 베르들랭 부인의 매우 다정한 편지를 받은 후에 지은 것이라고 생각할 수 있다.

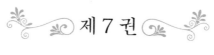

제 7 권

1741~1747

내면을 속속들이 (*Intus et in cute*)

두 해 동안[1] 침묵을 지키고 참았으나 결심을 뒤집고 다시 펜을 잡는다. 독자들이여, 내가 그렇게밖에 할 수 없는 이유에 대해 판단을 내리는 일은 유보하시라. 여러분들은 내가 쓴 글을 읽은 후에야 그것에 대해 판단할 수 있다.

여러분들은 내 평화로운 젊음이 평탄하고 꽤 유쾌한 생활 가운데서 그렇게 큰 시련도 큰 행운도 없이 흘러가는 것을 보았다. 이렇게 평범한 삶은 대부분 내 성격 탓이다. 내 성격은 격렬하지만 나약하고, 무슨 일을 성급하게 벌이다가도 그보다 더욱 쉽사리 맥이 빠지고, 충격을 받으면 휴식상태에서 빠져나오지만 싫증이 나기도 하고 취향에 따라 다시 휴식상태로 되돌아간다. 이러한 성격으로 인해 나는 대단한 미덕은 말할 것도 없고 대단한 악덕에는 더더욱 거리가 멀어서 항상 한가하고 조용한 삶 — 나는 이런 생활을 위해 태어난 것처럼 느껴졌다 — 으로 되돌아갔으며, 결코 선이든 악이든 간에 무슨 큰일을 할 수 없었다.

---

1) 1767년 11월부터 1769년 11월까지의 기간을 가리킨다.

그런데 곧 얼마나 다른 장면을 전개해야 할 것인가! 30년 동안 내 천성에 순순히 따라주었던 운명이 다음 30년 동안에는 내 천성에 거역하였다. 그리고 여러분들은 내가 처한 상황과 내 기질 사이의 지속적 대립으로부터 엄청난 과오들과 전대미문의 재난들 그리고 역경을 영예롭게 만들 수 있는 모든 미덕들 ― 여기에는 강인함의 미덕이 제외되어 있지만 ― 이 생겨나는 것을 보게 될 것이다.

내 고백록의 1부는 전부 기억만을 갖고 썼기 때문에 많은 착오를 범했을 것이 틀림없다. 2부 역시 기억으로 쓸 수밖에 없어서 아마 훨씬 더 많은 착오를 범하게 될 것이다. 천진무구하고 평온하게 지냈던 내 청춘시절의 감미로운 추억들은 무수히 즐거운 인상들을 남겨주었고, 나는 지금도 끊임없이 이 인상들을 즐겨 회상한다. 여러분들은 그 이후에 남은 삶의 추억들이 얼마나 다른가를 곧 보게 될 것이다. 그 추억들을 회상하는 것은 그 쓰라림을 되살리는 것이다. 이러한 서글픈 회고로 내가 처한 상황의 쓰라림을 더 자극하기는커녕, 나는 될 수 있는 대로 그것을 멀리하고 종종 그렇게 하는 데 성공해서 필요한 경우에도 더 이상 그것이 다시 생각나지 않을 정도이다. 이렇게 쉽게 불행을 잊는 것은 운명적으로 언젠가 내게 잔뜩 몰려오기로 되어 있던 불행들 속에서 하늘이 내게 마련해주신 하나의 위안이다. 내 기억은 오직 즐거운 대상들만을 회상하기 때문에 잔혹한 미래만을 예견하는 내 겁에 질린 상상력에 다행스럽게도 균형을 잡아준다.

이 작업에서 내 기억을 보충하고 내 길잡이가 되도록 모아두었던 서류들이 모두 남의 손으로 넘어갔고, 다시는 내 수중으로 돌아오지 않을 것이다. 그러나 내게는 꼭 하나 믿을 수 있는 충실한 길잡이가 있다. 그것은 내 존재의 연속성을 나타냈던 감정들의 연쇄, 그리고 감정들을 통해 그 원인이자 결과였던 사건들의 연속성을 나타냈던 감정들의 연쇄이다. 나는 내 불행은 쉽게 잊어도 내 잘못은 잊을 수 없다. 더욱이 내 선량한 감정은 훨씬 더 잊혀지지 않는다. 그것에 대한 기억은 너무나 소중해서 내 마음에서 절대 지워지지 않는다. 나는 사실들을 빠뜨리거나 날짜의 순서를 바꾸거나 날짜에 착오를 범할 수 있다. 그렇지만 나는 내가 느꼈던 것이나 내 감정에 따라 했던 것에 대해서는 착각할 수 없다. 바로 이것이야말로 특히 중요한 것이다. 내 고백록의 본래 목적은 내 삶의 모든 상황들에서 나의 내면을 정확히 알리는 것이다. 내가 약속했던 것은 영혼의 역사이고, 그것을 충실하게 쓰기 위해서 내게는 다른 기록들이 필요하지 않다. 지금껏 했던 것처럼 내 내면으로 다시 돌아가는 것으로 충분하다.

　그렇지만 매우 다행스럽게도 6, 7년간의 기간에 대해서는 페루 씨의 수중에 있는 원본들을 베낀 편지모음집에서 확실한 자료들을 갖고 있다. 이 모음집은 1760년에 끝나기 때문에 내가 레르미타주[2]에 체류했던 시절과 자칭 내 친구들이라고 하는 사람들과 나 사이에 크게 불화가 일어났던 시절을 전부 포함하고 있다. 그때야말로 잊을 수 없는 시절로 내 모든 다른 불행들의 기원이 되었다. 더욱 최근의 원본 편지들에 대해 말하면, 내 손에 남을 수 있고 또 그 수가 극히 적기 때문에, 그것들은 베껴서 편지모음집 뒤에 집어넣지 않으려 한다. 왜냐하면 그 모음집은 분량이 너무 많아 아르고스[3]와 같은 내 감시자들의 눈에서 벗어날 것이라는 기대를 품을 수 없기 때문이다. 그래서 나는 그 편지들이 내게 이

---

2) 레르미타주(L'Ermitage)는 데피네 부인이 루소에게 빌려준 몽모랑시 근처에 있는 시골 별장의 이름인데(8권 참조), 보통명사로 쓰일 때는 은자(隱者)가 거처하는 곳 혹은 인적이 드문 시골 별장이라는 의미를 갖는다.

3) 그리스 신화에 나오는 100개의 눈을 가진 거인으로 잠을 잘 때도 50개의 눈은 떠있었다고 한다. 제우스의 본처인 헤라의 명령으로 암소로 변신한 이오를 지키고 있을 때, 이오를 사랑하는 제우스의 명을 받은 헤르메스에게 살해당했다. 헤라는 아르고스를 불쌍히 여겨, 그의 눈을 빼내어 공작의 깃에 장식으로 넣었다고 한다.

익이 되든 부담이 되든 상관없이 어떤 해명을 제시한다고 생각될 때는 그것들을 베껴서 바로 이 글에 집어넣겠다. 그도 그럴 것이 독자들이 내가 고백하는 중이라는 사실을 잊어버리고 내가 자기변명을 하고 있다고 생각하지나 않을까 하는 걱정은 들지 않기 때문이다. 그러나 마찬가지로 독자들은 진실이 내 편을 들어 말할 때 내가 진실의 입을 막기를 기대해서는 안 된다.

어쨌든 제2부가 제1부와 갖는 공통점이라고는 바로 이러한 진실뿐이다. 제2부는 사실들의 중요성에 비추어서는 제1부보다 낫지만, 이것을 제외하고는 모든 점에서 제1부에 뒤질 수밖에 없다. 나는 우튼[4]이나 트리 성(城)[5]에서 즐겁고 만족스럽게 그리고 편안하게 제1부를 썼다. 또 내가 돌이켜보아야 했던 모든 추억들은 죄다 새로운 향락이었다. 나는 계속 새로운 기쁨을 맛보면서 추억들로 되돌아갔으며, 그리고 내가 만족할 때까지 내가 한 묘사들을 거리낌 없이 수정할 수 있었다. 오늘날은 내 기억이나 머리가 흐려져서 어떤 일이든 거의 불가능하게 되었다. 나는 마지못해 그리고 비통한 심정으로 겨우 이 일을 하고 있다. 이 일은 오직 불행과 배반과 배신을, 그리고 슬프고 애절한 추억만을 내게 보여준다. 내가 말해야만 할 것들을 시간의 어둠 속에 묻을 수만 있다면 나는 무슨 일이 있더라도 그렇게 하고 싶다. 마지못해 말해야하면서도, 게다가 속마음을 감추고 술수나 속임수를 쓰고 내 천성에 가장 맞지 않는 일들로 내 자신을 욕보이는 처지에 놓여 있다. 내 머리 위 천장에는 눈이 달려 있고 나를 에워싼 벽에는 귀가 달려 있다. 경계를 게을리 하지 않는 악의에 찬 염탐꾼들이나 감시자들에 둘러싸여 불안하고 정신이 없는 나는 두서없는 몇 마디를 허겁지겁 종이 위에 적어놓는

---

4) 루소는 1766년 영국에 망명했을 당시 우튼(Wooton)에서 자서전을 본격적으로 집필하였다.
5) 콩디 대공의 사유지로 루소는 1767년 6월 이곳에 정착했다.

데, 그것을 교정할 시간은커녕 다시 읽어볼 시간도 거의 없다. 나는 사람들이 부단히 내 주위에 거대한 장벽을 쌓아 올리면서도 어떤 틈으로 진실이 새어 나갈까봐 늘 걱정하고 있다는 것을 알고 있다. 이 진실이 드러나도록 하기 위해서 나는 어떻게 해야 하는가? 성공한다는 희망은 거의 없지만 나는 그것을 시도하려고 한다. 이런 데서 유쾌한 그림을 그리고 이 그림에 매우 매력적인 색채를 칠할 이유가 있는지 그 여부는 여러분들이 판단하시라. 그러므로 나는 이 글을 읽기 시작하려는 사람들에게 일러둔다. 만약 한 인간을 끝까지 알고 싶은 열망과 정의와 진실에 대한 진실한 사랑이 없다면, 이 글을 계속 읽어가면서 따분함을 느끼지 않도록 보장하는 것은 아무것도 없음을 말이다.

제 1부는 내가 레 샤르메트에서 최후의 공중누각을 세우고 내 기보법을 확실한 성공으로 믿으면서, 앞으로 얻게 될 보물을 제정신으로 돌아온 엄마 발치에 언젠가 가져다 놓을 계획을 품고, 그곳에 미련을 버리지 못하고 마지못해 파리로 떠나는 데서 끝났다.

나는 잠시 리옹에 머물면서, 아는 사람들도 만나보고 파리에서 필요한 소개장도 몇 통 얻었으며 또 내가 갖고 왔던 기하학 책들도 팔았다. 이곳에서는 모두들 나를 환영해주었다. 마블리 부부는 나를 다시 만난 것에 기쁨을 표하면서 여러 차례 오찬을 베풀어주었다. 그 집에서 나는 전에 콩디야크 신부6)를 알게 되었던 것처럼 마블리 신부7)와 알게 되었

---

6) Etienne Bonnot de Condillac(1715~1780): 마블리 신부의 동생인 콩디야크는 신부 서품을 받았지만 성직을 수행하지는 않았다. 1746년에 나온 최초의 저서인 《인간 인식의 기원론》에서 인간의 인식을 기호에 의해 변형된 감각에 정초시켰다. 루소는 그의 형인 마블리 씨 댁에서 가정교사를 하던 당시 1741년에서 1742년 사이에 그를 알게 되었다. 이후 그들은 파리에서 친밀한 관계를 유지하였다. 1776년 루소는 《대화》의 원고를 그에게 맡겼다가 그도 자신을 박해하는 사람들 편에 가담했다고 생각하고는 얼마 안 되어 그 원고를 회수하였다. 루소는 부분적으로 그의 감각론에서 영향을

다. 이 두 신부는 모두 형을 만나기 위해 와 있었다. 마블리 신부는 내게 파리에서 필요한 소개장을 몇 통 주었는데, 그 중에는 특히 퐁트넬[8] 씨와 켈뤼스 백작[9] 앞으로 보내는 것도 있었다. 이 두 사람은 어느 쪽이나 내게 매우 유쾌한 지인들이 되었다. 특히 퐁트넬 씨는 죽을 때까지 나에 대한 우정을 저버린 적이 없었으며 단둘이 만나면 내게 늘 충고를 해주었는데, 이 충고를 더 잘 이용해야 했을 텐데 그렇게 하지 못했던 것이 유감이다.

보르드 씨[10]를 다시 만났는데, 나는 그를 오래전부터 알고 있었고 그

받았다. 콩디야크는 《감각론》(1754)에서 인간을 관념이 없는 정신을 갖는, 그리고 모든 감각들이 닫혀 있는 대리석상에 비유하고 이 대리석상에 후각부터 시작하여 순차적으로 감각을 부여하면서, 감각으로부터 모든 관념과 복합적인 정신적 기능들이 나오는 과정을 밝혔다. 이때 자아는 그 자체로서 존재하면서 사유하는 실체가 아니라 인간이 받아들이는 감각의 연속과 변형으로써 간주된다. 《인간 불평등 기원론》이나 《에밀》에서 인간의 발생을 다루면서 감각부터 시작하는 루소의 방법은 콩디야크의 방법과 유사성을 보인다.

7) Gabriel Bonnot de Mably(1709~1785): 프랑스의 경제학자, 철학자, 역사가로 콩디야크 신부의 형이다. 리옹의 예수회 학교와 생쉴피스 신학교에서 공부하다가 성직을 포기하고 외교직에 진출하였다. 1746년 브레다 평화조약에서 큰 역할을 하였다. 이후 저작에 전념하였고 그가 쓴 《도덕이 정치와 맺는 관계에 대한 포키옹의 대화》, 《프랑스 역사에 대한 고찰》은 큰 성공을 거두었다. 그는 루소와 같이 그리스와 로마의 제도를 찬양하였고 근대사회는 몰락하고 있다고 주장하였다. 또한 그는 사치를 비난하였고 사람들이 원시적인 소박함으로 돌아가기를 원했다. 그는 프랑스 혁명의 급진적 측면이나 사회주의의 사상적 선구자로 인정받고 있다.

8) 1742년 퐁트넬은 85세였고, 루소는 이후 그를 뒤팽가를 통해 다시 만난다.

9) 켈뤼스 백작(comte de Caylus)은 1692년생으로 1731년부터 회화아카데미의 회원이 되었고 1742년부터는 비문(碑文)아카데미의 회원이 되었다.

10) Charles Bordes(1711~1781): 리옹 출신으로 파리에서 몇 년을 살다가 1740년 고향인 리옹에 정착하였다. 회의주의적 정신을 가진 그는 1745년

는 진심으로 그리고 더할 나위 없이 진정한 기쁨을 갖고 종종 나를 친절히 돌보아주었다. 이번에 그를 다시 보았을 때도 평소와 다름없었다. 내 책들을 팔아준 것도 그였고, 그 자신이 파리에서 필요한 훌륭한 소개장을 써주기도 했고 또 얻어주기도 했다. 나는 보르드 씨 덕택으로 알고 있었던 지방 총감11) 을 다시 만났다. 그리고 그 지방 총감 덕분에 그때 리옹을 지나가던 리슐리외 공작님을 알게 되었다. 12) 팔뤼 씨는 나를 그에게 소개했다. 리슐리외 씨는 나를 환대했고 파리로 찾아와 달라고 말했다. 나는 몇 번 그를 찾아갔는데, 내가 종종 뒤에서 말하겠지만 이 지체 높은 지인은 내게 아무런 도움이 되지 못했다.

　나는 음악가 다비드13) 도 다시 만났는데, 그는 내가 전에 한 번 이곳을 여행하면서 몹시 곤란을 당했을 때 도움을 준 적이 있었다. 그는 내게 챙 없는 모자와 긴 양말을 빌려주었든지 아니면 아예 주었든지 했다. 우리들은 그 이후 자주 다시 보았지만 나는 그에게 그것들을 돌려주지 않았고 그도 내게 돌려달라고 요구하지 않았다. 그렇지만 나는 이후 그에게 거의 그것에 상응하는 선물을 했다. 여기서 문제가 되는 것이 내가

리옹 아카데미 회원이 되었고 반종교적인 저서들을 몇 권 출간하였다. 1751년에 루소와 《학문 예술론》에 관해 논쟁을 벌이기도 했다.

11) Bernard-René Pallu (1693~1758) : 베르나르 르네 팔뤼는 뢰오와 바르보토의 영주이자 리옹 시(市)와 납세구의 재판, 치안, 재정을 담당하는 지방 총감으로 문학에 열중하여 1742년 리옹 아카데미 회원이 되었다.

12) Louis Francois Armand de Vignerot Du Plessis, duc de Richelieu (1696~1788) : 프랑스군 원수를 역임하기도 했던 리슐리외 공작은 1741년 11월부터 12월에 걸쳐 자신이 관할하는 랑그도크로 가면서 리옹을 들렀다.

13) Jacques David (1683~1750) : 작곡가 자크 다비드는 샤르트르 대성당에서 플루트와 오보에와 백파이프 연주자로 소속되어 있다가 파리에서 악장이 되었고 스페인 왕 펠리페 5세의 악사로도 활동하다가 1710년경 리옹에 정착했다. 그는 루소에게 리코더 연주를 가르쳤고, 루소가 〈신세계 발견〉이라는 오페라를 쓸 때 조언을 해주었다.

의무로 해야 했을 일이라면 이보다 더 소상히 말할 텐데, 내가 했던 일이 문제가 되는 만큼 그렇게 하지 않겠다. 유감스럽게도 이 두 가지는 동일한 것은 아니기 때문이다.

　점잖고 너그러운 페리숑[14]도 다시 만났는데, 이번에도 그의 평소의 후의를 아니 느낄 수가 없었다. 그가 내게 합승마차 좌석요금을 지불함으로써 전에 상냥한 베르나르[15]에게 준 것과 같은 선물을 주었기 때문이다. 나는 또 외과의사 파리조[16]를 다시 만났는데, 그는 더할 나위 없이 훌륭하고 선행을 잘 베푸는 사람이었다. 또 그가 사랑하는 고드프루아라는 여자도 다시 보았는데, 그는 10년 전부터 그녀를 데리고 살았다. 그녀의 장점이라고 해야 성격이 온순하고 마음이 착한 것이 거의 전부였지만, 폐결핵 말기여서 그녀를 만날 때면 호의를 갖지 않을 수 없고 헤어질 때면 연민이 들지 않을 수 없었다. 그리고 그녀는 그 병으로 얼마 후 세상을 떠났다. 한 인간이 보여주는 애착의 유형만큼 그의 진정한 성향을 여실히 드러내주는 것은 없다.[17] 사람들은 다정한 고드프루아

---

14) Camille Perrichon(1678~1768) : 카미유 페리숑은 신의가 있는 사람이자 사업에 능한 사람으로 20세에 리옹 시의 서기가 되었고 1730년부터 1739년에 걸쳐 상인들 중 선출된 시장으로 중요한 업무들을 수행하였다. 1720년 경에는 리옹 아카데미 회원이 되기도 했다. 이후 그는 바랑 부인이 설립한 오트 모리엔 광산회사에 공동경영자로 들어가는 데 동의하기도 했다.

15) Pierre-Joseph Bernard(1708~1775) : 라모의 오페라 〈카스토르와 폴뤽스〉의 대본을 쓴 시인으로 파리 사교계에서는 없어서는 안될 손님이었다. 죽기 직전 그의 유일한 시집 〈사랑의 기교〉를 출간하였다. 볼테르는 그에게 '상냥한 사람'이라는 별명을 붙여주었다.

16) Gabriel Parisot(1680~1762) : 시립병원의 외과전문의로 1737년에는 리옹 미술아카데미 회원으로 선출되었다. 루소는 그에게 일부는 레 샤르메트에서 쓰고 일부는 리옹에서 쓴 〈서한시〉를 헌정했다.

17) 〔원주〕단 그 사람이 처음에 선택을 잘못했다거나 혹은 그가 애착을 가졌던 여성이 특별한 원인들이 겹쳐져서 이후 성격이 변하는 경우는 예외인데,

를 보고 파리조가 선량함을 알았다.

　나는 이 예의바른 사람들 모두에게 신세를 졌다. 그 뒤 나는 이들 모두를 등한시했다. 분명 배은망덕해서 그런 것은 아니지만, 흔히 나를 그렇게 보이게 하는 어쩔 수 없는 그 게으름 때문이었다. 그들의 도움에 대한 감사한 정(情)이 결코 내 마음에서 사라진 것은 아니었다. 그러나 이런 감사하는 마음을 그들에게 열심히 표시하기보다는 그것을 실제로 입증하는 편이 내게 덜 부담이 되었을 것이다. 꼬박꼬박 편지를 쓰기란 언제나 내 힘에 겨운 일이었다. 내가 편지쓰기를 소홀하기 시작하자마자, 내 잘못을 바로잡는다는 부끄러움과 당황함으로 인해 잘못을 더욱 무겁게 느끼게 되어 더 이상 편지를 전혀 쓰지 못했다. 그래서 나는 침묵을 지켰고, 그들을 잊어버린 것처럼 보였다. 파리조나 페리슝은 그런 것을 마음에도 두지 않았다. 그래서 그들은 언제 보아도 한결같았다. 그러나 자신이 남에게 등한시 당했다고 느꼈을 때 재능과 학식을 겸비한 사람의 자존심이 어느 정도까지 복수할 수 있는지는 20년 후 보르드 씨에게서 보게 될 것이다.

　리옹을 떠나기 전에 사랑스러운 어떤 여인의 이야기를 잊어서는 안 되겠다. 나는 그녀를 어느 때보다 더욱 기쁘게 거기서 다시 만났는데,

---

　이것은 절대로 불가능한 일은 아니다. 만약 이러한 결론을 무조건 받아들이려고 한다면, 소크라테스를 그의 처 크산티페에 비추어 판단하고 디온(디온〔Dion〕은 기원전 4세기 시라쿠사의 참주로 플라톤의 친구였으며 시칠리아의 자유를 수호하였다. 그는 자신의 친구 칼리푸스〔Calippus〕에 의해 살해당했다 — 옮긴이)을 그의 친구 칼리푸스에 비추어 판단해야 할 텐데, 이것보다 더 불공정하고 잘못된 판단은 없을 것이다. 그런데 여기서 내 처(테레즈 — 옮긴이)에 대한 부당한 적용은 일체 배제했으면 한다. 그녀는 내가 생각했던 것보다 머리가 둔하고 속이기 쉽다는 것은 사실이지만, 악의가 없는 순수하고 훌륭한 성격은 내 모든 존경을 받을 만하다. 또 그녀는 내가 살아있는 한 내 존경을 받을 것이다.

그녀는 내 마음에 매우 정다운 추억을 남겨 주었다. 그녀는 내가 이미 제1부에서 말한 바 있던 세르 양이다. 나는 마블리 씨 댁에 있는 동안 그녀와 다시 사귀었다. 이번 여행에서는 더 여유가 있어서 그녀를 더욱 자주 만났다. 나는 그녀에게 마음이 쏠렸는데, 아주 열렬했다. 그녀의 마음도 내 마음과 다르지 않다고 생각할 이유가 어느 정도 있었다. 그러나 그녀가 나에게 신뢰감을 보여주었으므로 나도 그 신뢰감을 악용할 마음이 없어졌다. 그녀는 가진 것이 아무것도 없었으며, 나 역시 그러했다. 우리의 처지는 서로 결합할 수 있기에는 너무도 비슷하였다. 그리고 나를 사로잡고 있는 계획 때문에 결혼 같은 것은 꿈에도 생각할 수가 없었다. 그녀는 내게 즈네브 씨라는 젊은 상인이 그녀에게 애정을 쏟으려고 하는 것처럼 보인다고 일러주었다. 그녀의 집에서 그를 한두 번 보았다. 내가 보기에 그는 신사 같았고, 또 그렇게 알려져 있었다. 그와 함께라면 그녀가 행복하리라 확신하고 그가 그녀와 결혼하기를 바랐다. 과연 그 뒤 그는 그녀와 결혼했고, [18] 이들의 순결한 사랑을 방해하지 않기 위해 이 매력적인 여인의 행복을 기원하면서 서둘러 떠났다. 그러나 이 기원은 슬프게도 아주 짧은 동안밖에 이 세상에서 이루어지지 못했다. 결혼한 지 2, 3년 만에 그녀가 죽었다는 소식을 그후 들었기 때문이다. 길을 가는 내내 애틋한 회한에 사로잡힌 나는 의무와 미덕을 위해 치르는 희생은 행하기는 괴롭지만 그 희생이 마음속에 남기는 흐뭇한 추억에 의하여 그에 대한 충분한 보상을 받는다는 것을 느꼈다. 그리고

---

18) 1742년 2월 24일 쉬잔 세르(Suzanne Serre)와 리옹의 상인인 장 빅토르 즈네브(Jean-Victor-Geneve)의 결혼계약서가 공증인 앞에서 체결되었다. 그러나 이 두 사람은 남자의 부모들이 반대해서 결혼식을 하기 위해 약 3년을 기다려야만 했다. 쉬잔 세르는 루소가 생각했던 것처럼 결혼한 지 2, 3년 만에 죽지 않았고, 남편과 6명의 아이를 두고 일곱 번째 아이의 출산을 기다리다가 1755년 6월에 죽었다.

이후에도 그 일을 다시 생각할 때면 종종 그렇게 느꼈다.

내가 전번 여행 때 파리를 탐탁스럽지 않은 측면에서 본 만큼이나, 이
번에는 화려한 측면에서 파리를 보았다. 그렇기는 하지만 내 숙소만은
그렇지 않았다. 보르드 씨가 내게 준 주소에 따라 나는 소르본에 가까운
코르디에 거리의 생캉텡 여관에 가서 묵게 되었는데, 고약한 거리에 고
약한 여관에 고약한 방이었기 때문이다. 예전에는 이곳에 그레세,[19]
보르드, 마블리 신부와 콩디야크 신부 같은 그리고 몇몇 다른 재능 있는
사람들이 숙박하고 있었는데, 유감스럽게도 나는 거기서 더 이상 그런
사람들을 아무도 보지 못했다. 그러나 본느퐁 씨라는 사람이 보였는데,
그는 시골 귀족이며 절름발이고 소송에 미쳤으며 언어 순수주의자처럼
행세했다. 이 사람 덕택으로 현재 내 친구들 중 제일 연장자인 로갱
씨[20]와 사귀게 되고, 또 로갱 씨 덕택에 철학자 디드로와도 알게 되었
다. 디드로에 대해서는 후에 많은 이야기를 해야만 할 것이다.

내가 파리에 도착한 것은 1741년 가을이었다.[21] 밑천이라고는 들고
있는 현금 15루이와 내가 쓴 희극 〈나르시스〉[22]와 내가 만든 기보 초안
(草案)이 전부여서, 시간을 허비하지 말고 빨리 이것들을 써먹어야 했
다. 나는 소개장들을 활용하려고 서둘렀다. 웬만한 풍채에 재능이 예상
되는 청년이 파리에 오면 그는 언제나 대접받을 것이 틀림없다. 나도 그
랬다. 그렇지만 그것은 내게 즐거운 일들을 안겨주었지만 출세의 길을

---

19) Jean-Baptiste-Louis Gresset(1709~1777): 시인으로 당시 막 예수회에서
    나온 상태였다. 그는 1745년 연극 〈나쁜 사람〉으로 대성공을 거두었다.
20) Daniel Roguin(1691~1771): 다니엘 로갱은 루소와 사귈 당시 생루이 섬
    에 살았다. 그는 얼마 후 고향인 이베르동에 돌아갔다. 그러므로 루소가
    이 글을 쓸 때 그의 나이는 78살이었다.
21) 루소가 파리에 도착한 시기에 대해서는 논란이 많은데, 루소의 편지들을
    참고할 때 루소가 파리에 도착한 시기는 1742년 여름으로 보인다.
22) 《고백록》 3권 참조.

열어주지는 않았다. 내가 소개받은 사람들 중 세 사람만이 내게 도움이
되었는데, 그 세 사람은 다음과 같다. 다므쟁 씨23)는 사부아 귀족으로
당시 기사시종(騎士侍從)이었는데, 카리냥 공작부인의 총애를 받고 있
었다. 보즈 씨24)는 비문아카데미의 서기이자 왕실 상훈국장(賞勳局長)
이었다. 카스텔 신부25)는 예수회원으로 《눈으로 보는 클라브생》의 저
자였다. 그런데 이들 중 다므쟁 씨의 경우를 제외하고는 모두 마블리 신
부로부터 추천장을 받은 것이다.

　다므쟁 씨는 우선 급한 대로 내게 두 사람을 사귀도록 소개했다. 한
사람은 보르도 고등법원 수석판사이며 바이올린을 아주 잘 켜는 가스크
씨26)였고, 다른 한 사람은 당시 소르본에서 하숙을 하던 레옹 신부27)

---

23) Jean-Baptiste-Louis Vuillet de La Saunière, comte d'Amézin (1704~
　　1793 혹은 1794): 샤를 드 로망 수비즈 공(公)의 부인인 안테레즈 드 사부
　　아 카리냥을 섬기던 귀족으로 1745년 공작부인이 죽고 나서 다메쟁(다므쟁
　　은 루소가 잘못 들은 이름이다)은 파리를 떠나 샹베리에 와서 아마 10년
　　전 루소가 음악과 노래를 가르쳤던 것으로 보이는 프랑수아즈 소피 드 망통
　　과 1746년 9월 3일 결혼했다.

24) Claude Gros de Boze (1680~1753): 1706년부터 비문아카데미의 종신 서
　　기가 되었고 1715년부터 아카데미 프랑세즈의 회원이 된 클로드 그로 드
　　보즈는 화폐와 메달에 대해 많은 연구들을 남겼다.

25) Louis-Bertrand Castel (1688~1757): 예수회원이고 수학자인 루이 베르트
　　랑 카스텔은 〈주르날 드 트레부〉에 30년 동안 참여하였다. 그는 음을 색깔
　　로 나타내는 눈에 보이는 클라브생을 만들려고 노력했다.

26) Antoine-Alexandre de Gascq, seigneur et baron de Portes (1712~
　　1781): 1739년 보르도 고등법원 수석판사였던 앙투안 알렉상드르 가스크
　　는 1771년 법원장으로까지 임명되었다. 그는 또한 당대 최고 바이올린 연
　　주자들 중의 한 사람이었다.

27) L'abbé de Léon (1722~1753): 레옹 신부는 스트라스부르 대성당의 참사
　　회원이었지만 성직을 떠나 군에서 화려한 경력을 쌓아 26살에 여단장이 되
　　었다. 그의 형이 죽어 그는 로앙 자작이라는 작위를 얻었다. 그는 31살의

였는데, 매우 사랑스러운 젊은 귀공자로서 한때는 로앙 기사라는 이름으로 사교계에서 두각을 나타내더니 그후 한창 젊은 나이에 죽었다. 이두 사람은 작곡을 배우려는 생각을 갖고 있었다. 나는 그들에게 몇 달동안 작곡을 가르쳤다. 그 덕분에 돈이 말라가던 지갑이 어느 정도 보충되었다. 레옹 신부는 나를 좋아해서 자기의 비서로 삼고 싶어 했다. 그러나 그는 부유한 편이 아니어서 기껏해야 고작 8백 프랑밖에 지급할 수없었다. 이것은 내 방세, 식비, 생활비에도 부족할 지경이어서 매우 아쉽지만 이를 사절했다.

보즈 씨는 나를 극진히 맞아주었다. 그는 학문을 사랑하고 학식이 있었으나 다소 현학적이었다. 보즈 부인은 그의 딸이라고 해도 좋을 정도의 여인이었다. 그녀는 화려했고 잘난 체 멋을 부렸다. 나는 가끔 그 집에서 점심을 먹었다. 아무도 내가 그녀를 마주 대할 때보다 더 어색하고 얼빠진 꼴을 보일 수는 없었을 것이다. 그녀의 거리낌 없는 태도는 나를 주눅 들게 했고 내 태도를 더욱 우습게 만들었다. 그녀가 음식접시 하나를 내게 권하면 나는 포크를 내밀어 그녀가 내게 권한 것 가운데 작은 조각을 하나 얌전히 찍었다. 그러면 그녀는 내게 주려고 했던 접시를 하인에게 내어주고, 내가 보지 못하도록 몸을 돌려 웃는 것이었다. 그녀는이 시골뜨기의 머릿속에 그래도 다소의 재치 같은 것이 있으리라고는거의 짐작조차 못했다. 보즈 씨는 자기 친구 레오뮈르 씨[28]에게 나를소개하였다. 그는 과학아카데미의 회합일인 금요일마다 보즈 씨 집에점심을 먹으러 오곤 했다. 보즈 씨는 그에게 내 제안에 대해 그리고 그

나이로 죽었다.

28) René-Antoine de Réaumur(1683~1757): 25살에 과학아카데미 회원이된 르네 앙투안 드 레오뮈르는 파리에서 가장 저명한 학자들 중의 한 사람으로 간주되었다. 루소가 그를 사귀던 당시 그는 특히 자연사에 몰두하였고《곤충들의 역사에 도움이 되는 연구보고서》출판을 준비하고 있었다.

것을 아카데미 심사에 제출하였으면 하는 나의 희망에 대해 이야기했다. 레오뮈르 씨는 그것을 제의하는 일을 맡아주어서, 그 제의가 접수되었다. 정해진 날에 나는 레오뮈르 씨의 안내로 아카데미에 소개되었다. 그리고 바로 그날인 1742년 8월 22일, 나는 이를 위해 내가 준비했던 논문29) 을 아카데미에서 낭독하는 영광을 가졌다. 이 저명한 회합은 정말 위엄이 당당하였지만, 나는 보즈 부인 앞에서보다는 훨씬 덜 주눅이 들었다. 낭독도 답변도 웬만큼 해냈다. 논문이 성공을 거두고 칭찬도 받아서 기쁘기도 했고 놀랍기도 했다. 왜냐하면 아카데미 앞에서 그 회원도 아닌 사람이 정상적인 판단력을 유지할 수 있다는 것은 거의 생각도 못했기 때문이다. 내게 배정된 심사위원은 메랑 씨, 30) 엘로 씨, 31) 푸쉬 씨32)였다. 세 사람 다 유능한 사람들임에는 틀림없지만, 그 중 한 사람도 음악을 알지 못했고, 적어도 내 제안을 심사할 만한 지식은 없었다.

　이 양반들과 토의하면서 나는 학자들이란 다른 사람들에 비해 편견이 적기는 하지만 그 대신 자기들이 갖고 있는 편견에 한층 더 집착한다는 것을 확신했는데, 이는 놀라운 일인 만큼 또 틀림없는 일이기도 하다. 그들이 제기하는 반론의 대부분이 빈약하고 잘못된 것임에도 불구하고, 또 내가 수줍게 그리고 서투른 표현으로 답변한 것은 사실이지만 그래도 결정적 논거에 의거하여 답변했음에도 불구하고, 나는 끝내 단 한 번도 그들에게 내 생각을 이해시킬 수도 없었고 그들을 만족시킬 수도 없었다. 그들은 내 생각을 이해하지 못한 상태에서 속은 없고 겉만 그럴싸한

---

29) 논문의 제목은 "새로운 악보 기호에 관한 제안"(*Projet concernant de nouveaux signes pour la musique*) 이다.

30) J. -H. Dortous de Mairan (1678~1771) : 수학자.

31) Jean Hellot (1685~1766) : 화학자.

32) Jean-Paul de Fouchy (1707~1788) : 천문학자.

몇몇 문장들의 도움을 받아 나를 쉽사리 반박했는데, 나는 그런 안이함
에 어쨌든 깜짝 놀랐다. 그들은 어디서 캐냈는지는 모르지만 수에티 신
부라는 수도사가 예전에 숫자로 음계를 기보하는 법을 고안했다고 했
다. 내 방법이 새로운 것이 아니라고 우기기에는 그것만으로 충분했다.
그것은 그렇다고 해두자. 나는 사람들이 수에티 신부에 대해 말하는 것
을 결코 들어본 적도 없을 뿐더러, 또 옥타브를 생각조차 않고 단선율 성
가(聖歌)의 7음[33]을 기보하는 수에티의 기보방식이 가능한 모든 악보,
그러니까 음부(音符)기호, 쉼표, 옥타브, 소절, 박자, 음의 장단 등 수
에티가 생각조차 하지 못한 것들을 쉽사리 숫자로 기보할 수 있는 내 간
단하고 편리한 발명과는 어느 모로 보나 비교가 되지 않았음에도 불구하
고, 어쨌든 7음의 초보적인 표현에서는 그가 최초의 발명자였다고 하는
것은 매우 틀림없는 사실이기 때문이다. 그러나 그들은 이 초보적인 발
명을 지나치게 중요시할 뿐만 아니라 이에 그치지 않고, 내 방법의 핵심
에 대해 언급하자마자 이치에 맞지 않는 소리만 하였다. 내 방법의 가장
큰 장점은 이조(移調)나 음부기호를 폐지하는 것이다. 그래서 곡의 첫
머리에 오직 하나의 첫 글자를 바꾼 것으로 가정만 하면, 동일한 곡이 무
슨 조(調)로든 마음대로 기보되고 이조되었다. 이 양반들은 파리의 엉
터리 음악가들에게서 이조에 의한 연주법은 아무 가치도 없다는 말을 들
었다. 그들은 이 말을 믿고, 내 방법의 가장 뚜렷한 장점을 내 방법에 대
한 거부할 수 없는 반박근거로 만들어버렸다. 그래서 그들은 내 음표가
성악에는 적합하지만 기악에는 적합하지 않다는 결론을 내렸다. 그러나
오히려 내 음표가 성악에도 적합하지만 기악에는 더욱 적합하다는 결론
을 내렸어야 마땅했을 것이다. 심사위원들의 보고에 따라 아카데미는
매우 멋진 찬사들로 가득 찬 증명서를 내게 수여했지만, 그 밑바탕에는

---

33) 단선율 성가는 보통 한 옥타브를 넘지 않기 때문에 악보 네 줄 범위에서
   기록될 수 있다.

아카데미가 내 방법을 새롭지도 유익하지도 않은 것으로 판단하고 있음이 드러나 있었다. 나는 이후 《현대음악론》이라는 제목이 붙은 저술로 대중에 호소한 바 있는데, 그 저술을 이런 증명서로 장식해야만 할 줄은 생각하지 못했다.

내게는 이번 기회에 다음과 같은 사실에 주목할 만한 이유가 있었다. 그것은 어떤 문제를 잘 판단하기 위해서는, 비록 편협한 정신의 소유자라 할지라도 그 문제 하나에만 깊이 파고들어 그것을 알고 있는 사람이 여러 가지 학문들의 연마에 힘써 온갖 지식을 두루 갖추고 있지만 지금 다루어지고 있는 문제에 대해서는 특별히 공부하지 않은 사람보다 훨씬 더 낫다는 사실이다. 내 방법에 대한 반박들 중 유일하게 타당한 이유가 있는 것이 있다면 그것은 라모가 했던 반박이다. 내가 그에게 내 방법을 설명하자마자 그는 그 약점을 찾아냈다. 그는 내게 이렇게 말했다.

"당신의 기호들은 음의 장단을 간단명료하게 규정하고 음정을 분명하게 표시하며 겹음정에서 홑음정을 항상 보여주는데, 이 모든 것들은 통상적인 음표가 하지 못하는 것으로 이런 점들에서는 매우 훌륭합니다. 그러나 이 기호들은 머리를 써야 한다는 점에서 좋지 않습니다. 이래서는 연주의 속도를 항상 따라갈 수가 없기 때문입니다."

그는 말을 이었다.

"우리가 쓰는 음표의 위치는 이렇게 머리를 같이 쓰지 않아도 눈에 생생히 드러납니다. 두 음표가 하나는 아주 높고 하나는 아주 낮아서 그것들이 중간에 있는 일련의 경과음(經過音)들로 연결되어 있을 경우, 순차적으로 연결된 음표들에 의해서 한눈에 한 음표에서 다른 음표의 진행이 보입니다. 그러나 당신의 음표에서는 이러한 일련의 경과음들을 파악하기 위해서는 꼭 그 숫자들을 하나씩 일일이 읽어가지 않으면 안 됩니다. 한 번 보아서는 아무것도 보완될 수 없기 때문이지요."

이 반박에는 응수가 없어 보여서 나는 그 자리에서 그것을 인정했다.

이 반박은 간단명료했지만, 이것이 머리에 떠오를 수 있기 위해서는 음악에 대한 상당한 실제경험이 없으면 안 된다. 따라서 이러한 반박이 어떤 아카데미 회원에게도 떠오르지 않았다는 것은 그리 놀랄 만한 일이 아니다. 그러나 그토록 많은 것을 알고 있는 이 위대한 학자들 모두가 자기 전문분야 이외의 일에 대해서 판단을 내려서는 안될 것이라는 점을 그토록 모르고 있다는 것은 놀라운 일이었다.

나는 이 세 사람의 심사위원들과 또 다른 아카데미 회원들을 자주 방문하는 바람에 파리 문단의 가장 저명한 인사들을 모두 사귈 수가 있게 되었다. 그래서 후에 내가 갑자기 그 사람들 축에 끼게 되었을 때는 다 구면이었다. 당시로서는 내가 만든 기보법에 몰두하여서 이것으로 음악상의 혁신을 일으키고 그렇게 해서 명성을 얻으려고 끈질기게 노력했는데, 파리에서는 예술계에서의 명성이 언제나 세속적인 출세와 결부되었다. 두세 달 동안 방안에 처박혀 이루 형용할 수 없는 열의를 갖고 내가 앞서 아카데미에서 낭독한 논문을 대중을 대상으로 한 저술로 고쳐 쓰기 위해 애썼다. 어려운 일은 내 원고를 맡아주려는 출판사를 찾는 일이었다. 새 활자를 주조하는 데 다소 비용을 들여야만 했고 또 출판사들이 신인들에게는 돈을 뿌리지 않기 때문이다. 그렇지만 나로서는 내가 집필하면서 먹었던 빵값쯤은 이 저술에 지불하는 것이 너무도 당연한 것처럼 보였다.

본느퐁이 내게 아버지 키요를 소개시켜 주었고, 그는 나와 이익을 절반씩 분배하기로 계약을 맺었다. 그러나 내가 단독으로 비용을 지불한 출판특허권은 계산에 넣지 않았다. 그 키요의 수작에 걸려들어 나는 출판특허권에 들인 돈만 손해보았고 이 출판에서 돈 한 푼 건지지 못할 정도였다. 이 출판에 대해서는 데퐁텐 신부[34]에게서도 잘 보급시켜 주겠

---

34) L'abbé Desfontaines(1685~1745): 예수회 신부로 문학자가 되었다.

다는 다짐도 받았고, 또 다른 기자들의 평도 꽤 좋았으나 판매는 별로 신통치 않았던 모양이다.

내 기보법을 시험하는 데 가장 큰 장애는 만약 이 방법이 인정받지 못한다면 그것을 배우느라 들인 시간만 손해 보는 것이 아닐까 하는 걱정이었다. 나는 이에 대해, 내가 만든 음표로 연습하면 개념들이 매우 분명해지기 때문에 통상적인 음표로 음악을 배운다고 해도 내 음표로 시작하는 게 시간을 버는 일이라고 설명했다. 나는 이 사실을 실례로 증명하기 위하여, 로갱 씨가 내게 소개해준 데룰랭 양이라는 젊은 아메리카 여자에게 무보수로 음악을 가르쳤다. 석 달 만에 그녀는 내 음표로 어떤 곡이든 읽을 수 있게 되었고, 심지어는 그다지 어려운 곡이 아니면 그 곡 전체를 즉석에서 나보다 더 훌륭하게 노래할 수 있게 되었다. 이런 성공은 놀라운 것이었지만 널리 알려지지는 않았다. 다른 사람이었더라면 이것으로 신문의 지면을 가득 채웠을 것이다. 하지만 나는 유익한 것을 발견하는 재주는 좀 있지만, 그것을 활용하는 재주는 조금도 없었다.

이렇게 해서 내 헤론 분수기는 또다시 깨지고 말았다. 그러나 이 두 번째의 경우는 내 나이 서른이었고, 돈 없이는 살 수 없는 파리의 길바닥에 서 있었다. 이런 궁지에서 내가 취한 결심을 보고 놀란다면 그것은 오직 《고백록》의 제 1부를 제대로 읽지 않은 사람들뿐일 것이다. 나는 조금 전까지 실속이 없는 것만큼이나 부산하게 움직였다. 이제는 숨을 돌리는 것이 필요했다. 나는 절망에 빠지는 대신, 내 습관적인 나태와 하늘의 섭리에 조용히 몸을 맡겼다. 그리고 섭리에 그 일을 할 시간을 주기 위하여 서두르지 않고 아직 내게 남은 약간의 돈을 까먹기 시작했다. 나태한 오락의 비용을 아주 없애지는 않고 줄여서, 카페에는 이틀에 한 번, 극장에는 일주일에 두 번만 갔다. 창녀들에게 지불하는 비용에 대해서는 절약할 필요가 없었는데, 일생 동안 그런 데는 한 푼도 쓴 일이 없었기 때문이다. 다만 꼭 한 번 그런 일이 있었는데, 그것에 대해서는 곧 이야기해야 할 것이다.

　나는 이러한 나태하고 고독한 생활을 3개월 동안 계속할 만한 돈도 갖지 못했으면서도 안도감과 즐거움과 자신감을 갖고 이러한 생활에 빠졌는데, 이런 것들이야말로 내 생애의 특이한 점들 중 하나이며 내 기질의 기묘한 점들 중 하나이기도 하다. 나는 다른 사람들이 나에 대해 생각하는 것이 더할 나위 없이 필요했는데, 바로 그러한 필요야말로 남들 앞에 나타날 용기를 내게서 빼앗는 것이었다. 그리고 사람들을 방문해야 한다는 필요성이 나로 하여금 그 방문을 견디기 어렵게 만들었다. 그래서 나는 이미 사귄 아카데미 회원이나 또 다른 문인들을 만나는 일조차 그만둘 정도였다. 마리보,[35] 마블리 신부, 퐁트넬이 내가 계속해서 가끔 방문한 거의 유일한 사람들이었다. 마리보에게는 내가 쓴 희극 〈나르시스〉를 보여주기까지 했다. 그것이 그의 마음에 들어, 친절하게도 그것을 수정해주었다. 이들보다 훨씬 젊은 디드로는 거의 내 나이 또래였다. 그는 음악을 좋아했고, 그 이론에도 밝았다. 우리는 같이 음악을 이야기하였다. 그는 또한 내게 자기의 저술계획을 이야기해 주었다. 그래서 우리 사이에는 곧 훨씬 친밀한 관계가 맺어지고, 그것은 15년간 계속되었다. 유감스럽게도 — 분명 그의 잘못이기는 하지만 — 내가 그와 같은

---

35) Marivaux(1688~1763): 프랑스의 극작가이자 소설가이며 언론인으로, 그의 희극은 오늘날 프랑스에서 몰리에르의 희극 다음으로 자주 공연되고 있다. 사랑을 주제로 한 그의 대표작 〈사랑과 우연의 장난〉(1730)은 낭만적인 정경, 섬세한 심리묘사, 능란하고 재치 있는 말솜씨 등 그의 전형적인 특징들을 잘 보여준다. 또한 출세를 위한 노력을 그린 그의 소설 《마리안의 일생》과 《벼락부자가 된 농부》는 단순한 도덕성과 자연스러움을 좋아하는 작가의 태도를 반영하고 있어, 루소의 전적인 찬사를 받았다. 그는 계몽주의 시대와 낭만주의 시대를 잇는 중요한 작가로 인정받고 있다. 루소가 마리보를 만났을 때 그의 나이는 56세였고, 얼마 되지 않아 볼테르를 제치고 만장일치로 아카데미 프랑세즈 회원으로 선출되었다.

직업에 몸담고 있지 않았더라면 아마 이 우정이 아직도 지속되었을 것이다.

내가 빵을 구걸하지 않으면 안 되게 되었을 때까지 내게 아직 남은 이 짧고 귀중한 기간을 무엇에 썼는지 아무도 상상하지 못할 것이다. 내가 백 번은 외우고 또 백 번은 잊어버린 시인들의 명구(名句)를 외우는 데 썼던 것이다. 아침마다 10시경이면 베르길리우스나 루소[36]의 시집 하나를 주머니에 넣고 뤽상부르 공원으로 산책을 나갔다. 그리고 점심때까지 그곳에서 성가(聖歌)나 목가(牧歌)를 다시 외웠다. 오늘 것을 복습하는 동안에 어제 것은 예외 없이 잊었지만 실망하지 않았다. 나는 니키아스[37]가 시라쿠사에서 패전한 후에, 포로가 된 아테네 사람들이 호메로스의 시를 암송하며 밥을 벌어먹었다는 이야기를 떠올렸다. 빈궁에 대비하기 위하여 내가 이러한 역사적 지식의 일화에서 얻은 유익함은 내 그 잘난 기억력을 모든 시인들의 시를 암기하도록 훈련시키는 것이었다.

나에게는 체스가 이에 못지않게 확고한 또 하나의 방편이었는데, 연극구경을 가지 않는 날 오후에는 보통 모지의 집에서 체스로 시간을 보냈다.[38] 거기서 레갈 씨며, 위송 씨며, 필리도르며, 당대 일류 체스 선

---

36) 시인 장 바티스트 루소(Jean-Baptiste Rousseau).

37) 니키아스(Nicias)는 아테네의 전략가이자 정치가로 기원전 415년 알키비아드와 함께 시칠리아 정복을 시도했다. 그는 시라쿠사를 포위하였으나 망설이다가 도시를 함락하는 데 실패했다. 그는 퇴각을 시도했으나 시라쿠사 사람들에게 잡혀 사형에 처해졌다. 플루타르코스는 《니키아스 전기》에서 이러한 일화를 인용하였는데, 시칠리아에서 포로가 된 아테네 사람들이 암송했던 것은 호메로스의 작품이 아니라 에우리피데스의 작품이다.

38) 레갈 영주(Sire de Légal)인 케르뮈이 씨(M. de Kermuy)는 필리도르라고 불린 프랑수아 앙드레 다니캉(François-André Danican)의 선생이자 적수였다. 루소는 그들을 모지(Maugis)의 집에서 만났다. 모지는 아마 생세브랭 거리에서 카페를 열었던 카페 주인을 말하는 듯하다. 그 카페에는 정치를 논하고 싶어 하는 법조인들과 출판인들과 기자들이 모였다.

수들 모두와 사귀게 되었다. 그렇다고 더 실력이 는 것은 아니었다. 하지만 결국엔 그들 중 누구보다도 더 강하게 되리라는 것을 의심치 않았다. 그리고 그렇게 되면 충분히 생활밑천이 된다고 내 나름대로 생각했다. 어떤 철없는 짓에 열중하든 나는 언제고 거기에 같은 논법을 적용하였다. 나는 이렇게 생각했다.

"누구든 무슨 일에서든 뛰어나기만 하면 반드시 알아주는 사람이 생긴다. 그러니 무엇이고 좋으니 뛰어나 보자. 그러면 세상 사람들은 나를 찾을 것이다. 기회는 생길 것이고, 그 다음은 내 재능에 달린 일이 될 것이다."

이런 유치한 생각은 내 이성에서 나온 궤변이 아니라 내 나태에서 나온 궤변이었다. 전력을 다하기 위해 필요했을 엄청나고 신속한 노력에 겁을 먹고 나는 내 게으름에 영합하려고 애썼고, 내 게으름에 합당한 이유를 대면서 그것에 대한 부끄러움을 감추었다.

나는 이렇게 태평스럽게 돈이 다 떨어지기를 기다리고 있었다. 내가 카페에 가면서 가끔 만났던 카스텔 신부가 이런 나태한 상태에서 나를 꺼내주지 않았더라면, 마찬가지로 태연히 마지막 한 푼까지 다 써버렸을 것이라고 생각한다. 카스텔 신부는 괴짜이기는 해도 사람은 호인으로, 내가 아무것도 하지 않고 이렇게 돈만 쓰는 것을 보고 안타깝게 여기고 있었다. 그는 나에게 이렇게 말했다.

"음악가나 학자들이 당신 장단에 춤을 추지 않으니 길을 바꾸어 여성들을 만나보시오. 당신은 어쩌면 그 방면에서 더 잘 성공할 것 같소. 브장발 부인[39] 에게 당신 이야기를 해두었으니, 내 이름을 대고 그녀를 만

---

39) 스타나슬라스 왕의 친척인 카트린 비랭스카 백작부인(La comtesse Catherine Bielinska)은 장 빅토르 드 브장발 남작(Le baron Jean-Victor de Besenval, 1671~1736)과 결혼하였다. 그 딸인 테오도라 엘리자베트 카트린(Théodora-Elizabeth-Catherine)은 1733년 브로이유 후작(Le

나러 가시오. 그녀는 자기 아들과 남편의 한 고향사람이라면 기꺼이 만나줄 착한 부인이오. 그 댁에 가면 그 부인의 따님인 브로이유 부인을 보게 될 텐데, 그녀는 재원입니다. 또 한 사람, 뒤팽 부인에게도 당신 말을 해두었으니 그 부인에게 당신의 저술을 가지고 가보시오. 당신을 보고 싶어 하니까 반겨 맞아줄 것이오. 파리에서는 여성들을 통하지 않고서는 아무것도 할 수가 없답니다. 여성들은 곡선이고 현명한 남성들은 그 점근선(漸近線)이라서, 그들은 그 곡선에 끊임없이 접근해가지만 절대로 거기에 닿지는 않는 법입니다."

하루하루 이 끔찍한 고역을 미루던 끝에 나는 드디어 용기를 내서 브장발 부인을 만나러 갔다. 그녀는 나를 친절히 맞아주었다. 브로이유 부인이 그 방에 들어오자, 브장발 부인은 그녀에게 말했다.

"애야, 바로 이 분이 카스텔 신부가 우리에게 말씀하시던 루소 씨란다."

브로이유 부인은 내 작품을 칭찬하고 나를 자기 클라브생 있는 곳으로 데려가서 그녀가 내 저술에 관심을 두고 있었다는 것을 보여주었다. 그 집의 괘종시계를 보니 거의 1시가 다 되어서, 가려고 했다. 그러자 브장발 부인이 말했다.

"사시는 동네가 머니 여기서 계시다가 점심을 하시지요."

나는 마다하지 않았다. 잠시 후 나는 어떤 말에서 그녀가 초대한 점심이 부엌에 딸린 찬방40)에서의 식사라는 것을 알게 되었다. 브장발 부인은 매우 착한 여자였지만, 소견이 좁고 자신이 폴란드의 저명한 귀족 출신이라는 생각에 너무 도취되어 있어서 재사에게 응당 표해야 하는 경의에 대해서는 별 개념이 없었다. 그녀는 이번 경우조차도 내 옷차림보다는 태도로써 나를 판단했는데, 내 옷차림은 아주 간소하기는 했지만

---

marquis de Broglie)인 샤를르 기욤 루이(Charles-Guillaume-Louis)와 결혼했다.

40) 음식을 준비하는 곳으로 하인들과 좋은 부엌이나 찬방에서 식사했다.

대단히 단정해서 어느 모로 보나 찬방에서 식사할 사람으로 보이지는 않았다. 나는 찬방에서 대접받는 방식을 잊어버린 지 너무 오래되어서 그것을 다시 배울 의향은 없었다. 매우 분했지만 별 내색 하지 않고 약간 볼 일이 있는 것이 기억나서 우리 동네에 돌아가 보아야겠다고 브장발 부인에게 말했다. 브로이유 부인은 자기 어머니 옆으로 다가가서 몇 마디 귓속말을 했는데 그것이 효과가 났다. 브장발 부인은 일어나서 나를 붙들며 말했다.

"우리와 함께 점심식사를 들어주시면 영광일 것이라 생각합니다."

오만을 부리는 것은 바보짓일 것이라는 생각이 들어 나는 주저앉았다. 게다가 브로이유 부인의 호의에 감동하여 그녀에게 관심이 끌리게 되었다. 나는 그녀와 같이 점심을 들어 대단히 만족했고 그녀가 나를 더 잘 알게 될 때 내게 이러한 영광을 안겨주었던 것을 후회하지 않기를 바랐다. 이 집의 귀한 친구인 라무아뇽 원장[41]도 이 집에서 점심을 들었다. 그는 브로이유 부인과 마찬가지로 그 못된 파리의 은어(隱語)를 썼는데, 그것은 온통 별 의미 없는 말들과 대수롭지 않은 섬세한 암시들로 이루어진 것이다. 이런 자리에서 불쌍한 장자크는 빛을 낼 기회가 없었다. 나는 재치도 없으면서 말재주를 부리며 남의 환심을 사려들 정도로 철이 없지 않아서 입을 다물었다. 언제나 이렇게 현명했더라면 얼마나 행복했을까! 오늘날 내가 빠져있는 이러한 깊은 구렁텅이에 빠져있지 않을 것을.

나는 내가 예의범절에 서툴러서 브로이유 부인이 나를 위해 베풀었던 호의가 정당했음을 그 부인이 보는 앞에서 증명할 수 없다는 것에 몹시 가슴 아팠다. 점심식사를 마친 후 문득 평소 내가 애용하는 수단에 생각이 미쳤다. 내 호주머니에는 리옹에 머물 때 파리조에게 써 보낸 서한시

---

41) Guillaume Lamoignon de Malesherbes(1683~1772) : 파리고등법원장.

한 편이 들어있었다. 이 소품에는 정열이 모자라지 않은 데다가 정열적인 방식으로 그것을 낭독하여 나는 세 사람 모두 눈물을 흘리게 만들었다. 허영인지 사실인지 모르지만 내 짐작으로는 브로이유 부인의 시선이 자기 어머니에게 이렇게 말하는 것처럼 보였다.

"그렇죠! 어머니. 이분은 하녀들보다는 우리와 함께 식사하는 편이 어울린다는 제 말씀이 틀렸나요?"

그때까지는 마음이 약간 서글펐는데, 이렇게 복수를 하고 난 후에는 속이 후련했다. 브로이유 부인은 나를 좀 과대평가한 나머지 내가 파리에서 곧 선풍을 일으켜 여자들의 인기가 따르는 사람이 될 것이라고 믿었다. 그녀는 내 미숙함을 지도하기 위해서 《모(某) 백작의 고백록》(Les Confessions du Comte de ***)42)을 내게 선사하면서 이렇게 말했다. "이 책은 당신이 사교계에서 필요로 할 조언자입니다. 가끔 이 책을 참고로 하시면 좋을 거예요."

나는 이 책을 손수 준 여인에 대해 감사하는 마음으로 이것을 20년 이상이나 간직했다. 그러나 부인은 내가 여자의 환심을 사는 재주가 있다는 견해를 가진 것처럼 보였는데, 그런 견해에는 종종 웃음이 나온다. 이 작품을 읽은 순간부터 나는 그 저자와 친해지고 싶었다. 내가 가진 호감은 나를 매우 좋은 쪽으로 이끌었다. 왜냐하면 이 저자야말로 내가 사귄 문인들 중에서 유일한 참된 벗이었기 때문이다.43)

그때부터 나는 브장발 남작부인과 브로이유 후작부인이 내게 관심을

---

42) 뒤클로가 쓴 소설로 1741년 말에 나왔는데, 감각적 쾌락만을 추구하는 자존심 강한 젊은이의 파란만장한 이야기이다. 루소와 뒤클로는 1745년에서 1747년 사이에 사귀어 서로에게 우정과 존경을 가졌던 것으로 보인다.
43) 〔원주〕나는 매우 오랫동안 그리고 매우 완벽하게 이렇게 믿어서, 내가 파리에 돌아온 이후 내 《고백록》의 원고를 바로 그에게 맡겼다. 의심이 많은 장자크도 그 피해자가 되기 전까지는 결코 불신이나 배신을 믿지 않았다.

가지고 있기 때문에 나를 오랫동안 속수무책 상태로 내버려두지는 않으리라고 감히 기대했다. 그리고 내가 잘못 생각한 것은 아니었다. 그러나 지금은 뒤팽 부인 집에 들어간 이야기를 하도록 하겠는데, 이것은 더욱 장기간에 걸쳐 영향을 미쳤다.

　뒤팽 부인은 세상이 알고 있는 바와 같이 사뮤엘 베르나르[44]와 퐁텐 부인[45]과의 사이에서 태어난 딸이다. 뒤팽 부인과 그녀의 두 자매는 미의 3여신(三女神)이라고 부를 만하였다. 라 투슈 부인은 킹스턴 공작과 영국으로 도주해버렸고, 다르티 부인은 콩티 대공님의 애인인 데다가 친구, 즉 유일한 참된 친구로, 즐거운 재치와 한결같은 명랑한 기질만큼이나 매력적인 성격에서 나오는 부드러움과 친절함으로 사랑받는 여인이었다. 끝으로 뒤팽 부인은 세 자매 중에서 제일 미인이며, 품행에서도 사람들로부터 책잡힐 과오가 없었던 유일한 여인이었다. 부인은 뒤팽 씨의 환대에 대한 포상이었는데, 뒤팽 씨가 자기 시골에서 그녀의 모친을 극진히 대우한 사례로 모친은 징세청부인의 지위와 막대한 재산을 붙여 딸을 그에게 주었기 때문이다.[46] 내가 부인을 처음으로 만났을

---

44) Samuel Bernard, comte de Coubert(1651~1739) : 프랑스의 금융가로 루이 14세와 15세에게 막대한 돈을 빌려주어 이를 계기로 귀족이 되었다.
45) 처녀 때 이름은 마리 안 당쿠르(Marie-Anne Dancourt)였던 퐁텐 부인(Madame de Fontaine)은 해군 경리단장이던 남편 장 루이 기욤 드 퐁텐(Jean-Louis-Guillaume de Fontaine)과의 사이에서 아들 하나와 딸 하나를 두었으며, 애인인 사뮤엘 베르나르와의 혼외정사에서 딸 셋을 얻었다. 프랑수아 테레즈(François-Thérèse)는 발레 드 라 투슈(Vallet de La Touche)와, 마리 루이즈(Marie-Louise)는 다르티(D'Arty)와, 루이즈 마리 마들렌느(Louise-Marie-Madeleine)는 클로드 뒤팽(Claude Dupin)과 결혼했다.
46) 퐁텐 부인은 유일한 적녀(嫡女)인 바르방수아 후작부인(La marquise de Barbançois)이 우울증에 걸려 딸과 함께 1722년 9월 부르본 레 뱅 온천에 갔다 돌아오는 길에 힘이 들어 샤토루에서 길을 멈추었다. 전직은 보병 대

때 그녀는 여전히 파리에서 가장 아름다운 여인들 중의 한 사람이었다. 부인은 화장하는 도중 나를 맞았다. 두 팔은 드러내놓고 머리는 흩어져 있었고 화장하면서 입는 실내복은 제대로 매만져 있지 않았다. 이런 응대가 나로서는 완전히 처음 보는 것이었다. 내 가련한 머리는 참지 못했다. 나는 당황하고 혼란스러웠다. 요컨대 나는 뒤팽 부인에게 반해버린 것이다.

내 당황한 모습이 그녀 곁에서 내게 해가 된 것 같지는 않았고, 그녀는 이런 것을 조금도 알아차리지 못했다. 그녀는 그 저서와 저자를 환영하고, 교양 있는 여성으로서 내 계획을 화제로 삼고, 클라브생으로 반주하여 노래도 부르고, 점심식사를 하도록 붙잡고, 식탁에서는 나를 자기 옆에 앉혔다. 내가 그녀에게 미치는 데는 그 정도의 호의까지도 필요하지 않아서, 나는 곧바로 미치고 말았다. 그녀는 내게 그녀를 만나러 와도 좋다고 허락했고, 나는 그 허락을 이용하고 또 남용했다. 나는 거의 매일 그녀 집에 갔고, 한 주에 두세 번은 거기서 점심식사를 했다. 말을 걸고 싶어 죽을 지경이었지만 결코 감히 그럴 엄두가 나지 않았다. 여러 가지 이유들로 내 타고난 소심함이 더욱 심해졌다. 부호의 집에 출

위이고 샤토루의 인두세 징세관으로 새로 부임한 클로드 뒤팽은 40대의 홀아비였는데, 그들 모녀를 친절하게 후대하여 모녀는 길을 다시 떠날 수 있을 때까지 그의 집에 머물렀다. 파리에서 다시 보자는 초청을 받은 클로드 뒤팽은 그 집안과 가까이 지내게 되었다. 그는 거기서 막 수도원 기숙학교를 나온 젊은 루이즈를 만났다. 그들의 결혼식은 1724년 12월 1일 거행되었다. 당시 뒤팽의 나이는 43살이고 퐁텐 양의 나이는 17살이었다. 2년 후 사뮈엘 베르나르의 추천으로 뒤팽은 징세청부인이자 왕의 비서가 되었다. 그는 생루이 섬에 랑베르관(館)을 구입하였는데, 랑베르관은 파리에서 가장 인기 있고 잘 나가는 살롱들 중의 하나로 급속히 부상하였다. 1730년 2월 자크아르망 뒤팽 드 슈농소(Jacques-Armand Dupin de Chenonceaux)라는 이름을 받은 아들이 태어났다. 재기발랄하지만 말을 잘 듣지 않는 이 아들은 후에 이 집안의 가장 큰 근심덩어리가 되었다.

입하는 것은 출세의 문이 열린 것과 마찬가지이다. 내 처지에서 나는 문
에서 쫓겨날 위험을 무릅쓰고 싶지 않았다. 뒤팽 부인은 애교가 있으면
서도 근엄하고 차가웠다. 나는 그녀의 태도에서 나를 대담하게 할 정도
로 교태를 부리는 점은 전혀 발견하지 못했다. 당시 파리에서 어떤 다른
저택에 못지않게 화려했던 그녀의 저택에는 사교계의 인사들이 모여들
었는데, 그 모임들이 모든 면에서 엘리트의 모임이 되는 데 부족한 것은
사람들의 숫자가 조금 많다는 점뿐이었다. 그녀는 고관대작이나 문인
이나 미인같이 세상에 그 이름을 날리는 모든 사람들을 만나보고 싶어
했다. 그녀의 집에서는 공작이나 대사나 유명하고 뛰어난 사람들밖에
는 눈에 띄지 않았다. 로앙 공작부인, 포르칼키에 백작부인, 미르푸아
부인, 브리뇰레 부인, 영국 귀부인 에르베 등이 그녀의 친구로 통할 수
있었다. 47) 퐁트넬 씨, 생피에르 신부, 48) 살리에 신부, 49) 푸르몽
씨, 50) 베르니스 씨, 51) 뷔퐁 씨, 52) 볼테르 씨 등이 그녀의 동아리에 속

---

47) 여기서 이름이 열거된 부인들은 모두 대귀족에 속해 있다.

48) Charles Castel de Saint-Pierre(1658~1743) : 오를레앙 공작부인의 사제
로서 정부에 수많은 개혁안을 제출했다. 그는 3권으로 이루어진 《영구평화
안》(1713~1717)에서 유럽을 묶는 정치조직을 제안하였다. 뒤팽 부인과
가까이 지내 1742년 그녀의 집에서 루소를 알게 되었다. 루소는 생피에르
신부의 도덕 저술과 정치 저술을 요약하여 1761년 《영구평화안 발췌본》을
냈다.

49) Claude Sallier(1685~1761) : 문헌학자, 히브리어 교수, 왕립 도서관 관리
관, 아카데미 회원.

50) 동양학자인 에티엔느 푸르몽(Etienne Fourmont, 1683~1745), 마찬가지
로 동양학자인 그의 동생 미셸 푸르몽(Michel Fourmont, 1690~1746),
그들 조카로 여행가이자 고고학자이며 동양학자인 클로드 루이 푸르몽
(Claude-Louis Fourmont, 1703~1780) 중 한 사람이다.

51) François-Joachim de Pierre de Bernis(1715~1794) : 프랑스의 시인이자
정치가.

52) Georges Louis Leclerc, comte de Buffon(1707~1788) : 프랑스 자연사

36

했고 그녀와 식사했다. 그녀의 신중한 태도 때문에 젊은이들이 많이 몰려들지는 않았지만, 그만큼 잘 짜인 그녀의 모임은 그로 인하여 더욱 위풍당당할 뿐이었다. 그러므로 가련한 장자크 따위는 그 모든 사람들 가운데서 크게 빛을 내보겠다는 기대를 가질 엄두도 못 냈다. 그러니 나는 감히 말도 꺼내지 못했다. 그렇다고 더 이상 침묵만 지킬 수도 없어서, 용기를 내어 편지를 썼다. 그녀는 내게 이에 대해 아무런 언급도 하지 않고 이틀 동안 편지를 갖고 있다가 사흘째 되는 날 이것을 돌려주면서 나를 주눅 들게 하는 차가운 어조로 설교 몇 마디를 구두로 건넸다. 나는 무슨 말을 하고 싶었지만 말이 입술까지 나오다 사라지고 말았다. 나의 급작스러운 열정도 희망과 더불어 꺼지고 말았다. 그래서 정식으로 고백한 뒤에 전과 같이 그녀와 교제를 계속했지만 그녀에게 더 이상 아무 말도 하지 않았고, 심지어 눈길도 던지지 않았다.

　나는 내 바보 같은 짓이 잊혔다고 생각하고 있었으나, 그것은 착각이었다. 뒤팽 씨에게는 친아들이고 부인에게는 의붓아들인 프랑쾨유 씨는 부인이나 나와는 거의 같은 연배였다. 그는 재치도 있고 풍채도 훌륭하였으므로 여자들을 유혹할 욕심을 가질 수 있었다. 소문에는 그가 계모인 뒤팽 부인을 유혹할 욕심을 가졌다고 했지만, 이런 소문은 아마도

학자이자 계몽사상가. 1739년 이후 왕립 식물원 관장을 역임하고 몽바르에 있는 자신의 영지를 관리하면서 1747년부터 총 44권의 《자연사》를 간행하였다. 그는 어떠한 신학에도 의거하지 않고 동물과 인간의 진화에 의해 우주를 설명하고자 시도한 최초의 사람이었다. 또한 수학, 물리학, 광학 등에 대한 다양한 논문들을 쓰기도 했다.
　루소는 뷔퐁을 대단히 찬미하였으며 그의 영향을 받았는데, 심지어 문체에서도 그의 영향이 엿보인다. 루소는 1746년 11월 4일 뒤 페루에게 보내는 편지에서 뷔퐁을 "그의 시대에서 가장 아름다운 글을 쓴 문장가"라고 찬양한다. 뷔퐁 역시 루소에게 좋은 감정을 갖고 있어서 루소가 모티에에서 추방당한 후 1765년 10월 13일 그에게 편지를 보내 "당신은 정의에 대한 당신의 사랑으로 더 나아가 애국심으로 박해받는 사람이었다"라고 말한다.

부인이 그에게 매우 못 생겼지만 매우 온순한 아내를 얻어주고 그 부부
와 무척이나 사이좋게 지냈다는 오직 그 이유에서 생겼을 것이다. 프랑
쾨유 씨는 재주 있는 사람들을 좋아하고 그들과 친하게 사귀었다. 그가
음악에 매우 조예가 깊은 것이 인연이 되어, 그와 나는 교분을 맺게 되
었다. 나는 그를 많이 만났고 그와 친하게 되었다. 그런데 갑자기 그는
뒤팽 부인이 내 방문이 너무 잦다고 생각하고 방문을 중단해주기를 부
탁하더라는 말을 내게 전해주었다. 이런 인사말은 그녀가 내게 편지를
돌려주었을 때 했으면 좋았을 것이다. 그러나 일주일이나 열흘이 지난
뒤에 별다른 이유도 없이 그런 말이 나온 것은 당치않은 일로 여겨졌다.
그렇다고 해서 내가 그 일로 프랑쾨유 부부 집에서 예전만큼 호평을 받
지 못했던 것은 아니어서 자리는 그만큼 더 이상해졌다. 그렇지만 전보
다는 자주 가지 않았고, 만약 뒤팽 부인이 또 다른 뜻하지 않은 변덕으
로 내게 사람을 보내 일주일이나 열흘 동안 자기 아들을 돌보아달라는
청을 넣지 않았더라면 나는 아주 발을 끊고 말았을 것이다. 그녀가 이런
부탁을 한 이유는 아들이 가정교사가 바뀌어서 그동안 혼자 있게 되었
기 때문이다. 나는 그 일주일 동안을 고역 속에서 지냈는데 오직 뒤팽
부인의 명령에 복종한다는 즐거움 하나로 이 고역을 견디어낼 수 있었
다. 그도 그럴 것이 이 딱한 슈농소는 이때부터 성질이 고약해서, 자기
집안의 명예를 손상시킬 뻔했고, 결국에는 부르봉 섬에서 죽었다. 53)

---

53) Jacques Arnaud Dupin de Chenonceaux(1730~1767): 뒤팽 부인의 아들
　　인 슈농소는 집안의 귀염둥이로 매우 젊어서 매력적인 부인과 결혼하였고
　　꽤 많은 재산을 갖고 있었지만 터무니없는 사업들에 뛰어들어 상당한 돈을
　　날리고 랑베르관(館)까지 저당잡혀야 했다. 그는 빚 때문에 네덜란드로 도
　　망갔다가 왕의 명령으로 투옥되는 일까지 당해, 그의 아버지는 아들이 석
　　방된 후 여행을 시킬 결심을 했다. 슈농소는 1765년 10월 배를 타고 프랑스
　　섬(지금의 모리스 섬)으로 떠났고, 18개월 후 황열(黃熱)로 요절했다. 루
　　소가 그를 부르봉 섬에서 죽었다고 한 것은 착각이다.

나는 그를 돌보는 동안 그가 그 자신에게나 다른 사람들에게 해를 끼치지 못하도록 했는데 이것이 내가 한 전부였다. 그러나 이것만으로도 보통 힘든 일이 아니었다. 설사 뒤팽 부인이 그 보수로 내게 자기 몸을 내준다 해도, 일주일 더 그런 일을 맡을 수는 없을 것이다.

프랑쾨유 씨는 나를 친하게 생각했고 나도 그와 공부를 같이 했다. 우리 둘은 함께 루엘[54]에게서 화학강의를 듣기 시작했다. 나는 그와 더 가까이 지내려고 생캉텡 여관을 떠나 뒤팽 씨가 살고 있는 플라트리에르 거리로 빠지는 베르들레 거리의 죄드폼[55]에 숙소를 옮겼다. 나는 이곳에서 감기를 대수롭지 않게 여긴 결과 폐렴에 걸려 그 때문에 하마터면 죽을 뻔했다. 나는 청년시절에 이러한 염증성 질환, 늑막염 특히 인후염을 자주 앓았다. 나는 인후염에 매우 잘 걸려서, 여기선 이것을 세세히 기록하지 않겠지만, 인후염에 걸릴 때마다 죽음의 모습과 친숙해질 정도로 죽음을 가까이서 바라보게 되었다. 병이 회복되는 동안에는 자신의 처지에 대해 곰곰이 생각하고 내 자신의 소심함과 나약함과 게으름을 한탄할 시간적 여유가 있었는데, 이런 성격들 때문에 나는 내 자신이 정열로 불타오른다고 느끼면서도 언제나 궁핍을 코앞에 두고서도 재능을 놀리면서 그냥 활기를 잃어가면서 살아갔던 것이다. 병에 걸리기 전날 제목은 잊었으나 당시 상연되고 있던 루아예의 어떤 오페라[56]를 보러 갔다. 내게는 다른 사람의 재능은 중시하고 나 자신의 재주는 언제나 의심하는 선입견이 있었지만, 그 음악은 박력도 정열도 창의력도 없다는 생각을 금할 수 없었다. 감히 "나라면 그보다 더 잘할 것 같아 보인다"

54) Guillaume-François Rouelle(1703~1770) : 그는 당시 왕립 식물원의 화학강좌 교수가 되어, 적어도 1740년부터 화학강의를 과외로 가르쳐 큰 성공을 거두었다. 디드로도 그에게서 화학을 공부했다.
55) '실내 정구장'을 의미한다.
56) 루아예(Royer)의 오페라 발레인 〈사랑의 힘〉이 1743년 4월 23일 초연됐다.

라는 생각까지 가끔 들었다. 그러나 나도 오페라 작곡에 대해 골치 아프다고 생각했거니와 또 음악에 종사하는 사람들도 이러한 기획을 중시하는 것을 듣고는 그 즉시 그것이 싫어져서 감히 그런 생각을 했다는 것에 얼굴이 붉어졌다. 게다가 내게 가사를 써주고 그것을 내 입맛에 맞게 다듬는 수고를 아끼지 않을 사람을 어디서 찾겠는가? 음악과 오페라에 대한 생각이 병중에 또다시 떠올라, 고열의 흥분 속에 독창과 이중창과 합창곡을 작곡했다. 나는 아마 대가들이 그 연주를 들었다면 경탄해 마지않았을 두세 편의 즉흥곡을 작곡했다고 지금도 확신하고 있다. 오! 열병에 걸린 사람의 꿈을 기록할 수만 있다면, 때때로 그 사람의 헛소리에서 얼마나 위대하고 숭고한 것들이 나오는 것을 볼 수 있을 것인가!

병에서 회복하는 기간 중에도 음악과 오페라에 대한 문제들이 여전히 그러나 더 편안하게 내 마음을 사로잡고 있었다. 너무 그것을 생각한 나머지 심지어 나도 모르게 정말 그런지 확인하고 싶어서 나 혼자서 가사와 곡을 지어 오페라 하나를 만들기로 마음먹었다. 이것은 정말로 내 최초의 시도는 아니었다. 나는 샹베리에서 이미 〈이피스와 아낙사레트〉라는 제목의 비극 오페라를 만든 일이 있는데, 양식에 어긋나지 않게 이것을 불에 던져버렸다. 리옹에서도 〈신세계 발견〉이란 제목의 또 다른 오페라를 만들었다. 나는 이것을 보르드 씨, 마블리 신부, 트뤼블레 신부[57]와 또 그 밖의 다른 사람들에게 읽어준 뒤 결국 전과 같이 처분하여버렸다. 내가 벌써 그 서막과 1막을 작곡했고, 다비드가 그 곡을 보고 보논치니[58]의 작품과 맞먹을 만한 부분들이 있다고 내게 말했지만 말이다.

이번에는 일에 착수하기 전에 계획을 심사숙고할 시간을 가졌다. 연

---

57) 10권에 등장하는 트뤼블레 신부(Abbé Trublet)인 것으로 보인다.
58) Giovanni Buononcini(1670~1747): 이탈리아의 작곡가로 헨델의 경쟁자로 평가될 만큼 뛰어난 성공을 거두었다.

애감정을 다루는 서정적 발레에서 서로 다른 세 가지 주제를 3막으로 따로따로 꾸미고, 각각의 막이 색다른 음악의 성격을 띠도록 계획하였다. 각각의 주제로 시인의 연애사건들을 다루었으므로, 이 오페라의 제목을 〈사랑의 시신들〉(Les Muses galantes) 이라고 붙였다. 강렬한 음악장르로 구성된 제 1막은 타소[59] 이다. 부드러운 음악장르로 구성된 제 2막은 오비디우스이다. 아나크레온[60] 이라는 제목의 제 3막은 디오니소스 찬가의 명랑한 분위기를 풍길 예정이었다. 우선 제 1막을 실험삼아 해보았는데, 나는 열정적으로 그 일에 빠져들어, 처음으로 작곡이 주는 감흥의 지극한 즐거움을 맛보게 되었다. 어느 날 저녁 오페라 극장에 막 들어가려다가 떠오르는 생각에 마음이 동요되고 지배되는 느낌을 받아 돈을 호주머니에 다시 넣고 집으로 달려가 틀어박혀, 빛이 새어들지 않도록 커튼이란 커튼은 다 꼭꼭 내린 후 침대에 누웠다. 그리고는 거기서 시적이고 음악적인 격정 전체에 몸을 내맡겨 7, 8시간에 걸쳐 내 오페라 1막의 가장 뛰어난 부분을 빠른 속도로 작곡하였다. 페라르 공주에 대한 나의 사랑과(나는 그 당시 타소였으니까) 그녀의 부당한 오빠에 대해 느끼는 나의 고결한 감정과 자부심은 바로 공주의 품에 안겨 맛보았을 것보다도 백 배나 더 황홀한 하룻밤을 내게 선사해주었다고 말할 수 있다. 그 이튿날 아침 내 머릿속에는 전날 밤에 내가 만들었던 것 중 아주 적은 부분밖에는 남아있지 않았다. 그리고 이 얼마 되지 않은 부분도 피로와 잠으로 거의 지워져버렸지만, 그래도 여전히 그 잔유물로 그 부분

---

59) Torquato Tasso(1544~1595) : 이탈리아의 시인. 전원극 〈아민타〉(1573) 와 서사시 〈해방된 예루살렘〉(1581) 이 그의 대표작이다. 그는 광기에 시달리며 파란만장한 삶을 살았다.

60) 아나크레온(Anakreon) 은 기원전 6세기경의 그리스 시인으로, 그의 시는 주로 사랑과 주연을 찬양하였다. 그는 당대에 많은 사랑을 받았고 후대 시인들에게 큰 영향을 끼쳤다.

들의 힘을 나타내고 있다.

그런데 이번에는 다른 일들로 정신이 팔려 이 일이 그렇게 많이 진척되지 않았다. 뒤팽 집안에 열심히 출입하는 동안에도 나는 계속해서 브장발 부인과 브로이유 부인을 가끔 만났는데, 그녀들은 나를 잊지 않고 있었다. 근위대장인 몽테귀 백작61)은 이때 막 베네치아 주재 대사로 임명되었다. 이것은 바르자크62)가 만든 대사로, 몽테귀 백작은 그에게 열심히 아부했다. 그의 동생 몽테귀 기사63)는 황태자 전하를 보필하는 시종으로 이 두 부인과도 아는 사이였고 나도 가끔 만나던 아카데미 프랑세즈의 알라리 신부64)와도 아는 사이였다. 브로이유 부인은 대사가 서기관 한 사람을 구한다는 이야기를 듣고 나를 추천했다. 우리들은 교섭을 시작하였다. 나는 50루이65)의 봉급을 요구했다. 이것은 중요한 역할을 담당해야 할 자리로 보아서는 아주 적은 액수였다. 그는 100피스톨66)밖에는 지불하지 않겠다고 했고, 여비도 자비로 부담하라고 했

---

61) Pierre-François, comte de Montaigu: 1692년 태어난 몽테귀 백작은 매우 젊어서부터 군직을 선택하여, 1707년에 벌써 왕실 보병연대에 임명받았고 1708년부터 1713년 사이에 네덜란드와 라인전투에 참여하였다. 1714년 프랑스 근위연대에 기수(旗手)로 들어간 그는 1720년 중위가 되었고 1727년에는 그 연대의 중대를 돈으로 샀다. 그러나 그는 1741년 겨우 정예병 대장밖에 진급하지 못했다. 그래서 그는 군직에 염증이 나 베네치아 주재 프랑스 대사 자리를 부탁해 얻었다. 그렇지만 37년의 군복무로 받아야 마땅하다고 생각한 여단장의 칭호와 성왕 루이 대십자가(大十字架) 훈장을 받지는 못했다. 1743년 7월 11일 베네치아에 도착한 몽테귀는 8월 26일이 되어서야 시의회에 자신의 도착을 알렸다.

62) 플뢰리 추기경의 수석 시종인 바르자크(Barjac)는 루이 15세의 수상에게 진정한 의미의 영향력을 발휘하게 되었다.

63) 대사의 동생인 몽테귀 기사는 실제로 황태자가 어렸을 때 황태자를 보필하는 시종이었다.

64) Pierre-Joseph Alary(1689~1770): 루이 15세의 부(副) 스승.

65) 1루이는 당시 24프랑이었다.

다. 그 제의는 우스웠다. 우리는 합의를 볼 수가 없었다. 나를 데려가지
않으려고 노력한 프랑쾨유 씨가 이겼다. 나는 남았고, 몽테귀 씨는 외
무부에서 보낸 폴로라는 다른 서기관을 데리고 떠났다. 그들은 베네치
아에 도착하자마자 사이가 틀어졌다. 폴로는 자신이 미치광이를 상대
하고 있다는 것을 알고 대사를 버리고 떠났다. 67) 그런데 몽테귀 씨에게
는 비니라는 젊은 신부밖엔 없었는데, 그는 서기관 밑에서 글을 쓰는 사
람이기 때문에 그 자리를 대신 맡을 수 없었다. 그래서 그는 내게 도움
을 청했다. 기사인 그의 동생은 재치 있는 사람이라서 서기관의 지위에
는 여러 권리들이 부수되어 있다고 나를 구워삶아 1천 프랑을 받아들이
도록 만들었다. 나는 20루이의 여비를 받고 떠났다.

리옹에서는 도중에 불쌍한 엄마를 보러 갈 수 있도록 몽스니 쪽 길을
택하고 싶은 생각이 들었다. 그러나 론 강을 따라 내려가 툴롱에 가서
배를 탔다. 그것은 전쟁 때문이기도 했고 경제적인 이유 때문이기 했고
또 미르푸아 씨68)에게서 여권을 받기 위해서였다. 그는 당시 프로방스
에서 사령관으로 있었고, 나는 이분에게 소개되어 있었다. 몽테귀 씨는
나 없이 일을 해나갈 수가 없어서 내게 계속해서 편지를 써대며 내 여행
길을 재촉했다. 그렇지만 어떤 말썽이 생겨 여행은 지체되었다.

그때는 메시나에서 페스트가 창궐하던 때였다. 그곳에 정박했던 영국
함대가 내가 탄 작은 지중해식 범선을 조사했다. 길고 고된 항해 뒤에 제

---

66) 1피스톨은 당시 10프랑이었다.

67) 실제로 어떤 외무부 직원의 친척인 폴로(Follau)는 베네치아에 도착하기도
   전에 몽테귀에 의해 해고되었다. 몽테귀 기사의 편지들은 폴로가 밀수를
   했다는 의심을 받아 샹베리에서부터 쫓겨났다는 사실을 암시하고 있다.

68) Charles-Pierre-Gaston-François de Lévis, duc de Mirepoix(1699~
   1758) : 1737년에는 비엔나 주재 대사를, 1744년에는 프로방스의 사령관
   을, 이후 니스 사령관을 역임했다. 무능한 사람이었지만 루이 15세가 그의
   부인을 좋아한 덕분에 출세하였다.

노바에 도착하자 이 일로 21일간의 검역을 받아야 했다. 승객에게는 검역 기간을 배에서 보내든지 검역소에서 보내든지 선택하라고 했는데, 검역소에는 아직 가구를 갖출 시간이 없어서 그저 휑한 벽밖에 없다는 사전 경고가 있었다. 모두들 배를 택했다. 그러나 견딜 수 없는 더위와 걷기도 힘든 비좁은 공간과 벌레들 때문에, 나는 온갖 위험을 무릅쓰고 검역소를 택하게 되었다. 나는 텅 빈 커다란 3층 건물로 안내되었다. 그 안에는 창도 침대도 테이블도 의자도 심지어는 걸터앉을 민걸상이나 깔고 잘 짚 한 다발도 없었다. 내 외투와 여행용 가방과 트렁크 2개를 내게 가져다주고는, 나를 안으로 들여보낸 다음 커다란 문을 커다란 자물쇠로 잠가버렸다. 나는 거기 있으면서 내 마음대로 이 방에서 저 방으로 아래층에서 위층으로 돌아다녔으나 어디를 보아도 한결같이 쓸쓸하고 스산할 뿐이었다.

이 모든 점에도 불구하고 배보다는 차라리 검역소를 선택했다는 것에 대해 후회하지 않았다. 그리고 마치 신판 로빈슨 크루소처럼 그리고 마치 여기서 평생 지낼 것처럼 내가 보낼 21일을 위한 준비를 시작했다. 우선 나는 배에서 묻어온 이를 잡는 즐거움을 가졌다. 내의와 의복을 갈아입은 덕분에 마침내 몸이 깔끔해졌을 때 내가 선택한 방의 실내장식에 착수했다. 웃옷과 셔츠들로 훌륭한 매트리스를, 수건을 여러 장 꿰매어 침대시트를, 실내복으로 이불을, 외투를 말아서 베개로 만들었다. 트렁크를 하나 가로로 놓아 의자를 만들고, 다른 트렁크 하나를 세워서 테이블을 만들었다. 종이와 필기도구 상자를 꺼냈다. 가지고 있던 열두 권 가량의 책을 서가 모양으로 정돈하였다. 요컨대 나는 정상적인 삶에 필요한 것들을 매우 훌륭히 입수해서 창과 커튼을 제하고는 이 텅 빈 검역소에 있는 것이 베르들레 거리의 죄드폼에 있는 것과 거의 마찬가지로 불편이 없었다. 식사가 제공될 때는 장관이었다. 2명의 정예병사가 총 끝에 칼을 끼고 식사를 호위했다. 계단이 내 식당이어서, 층계 참이 식탁 구실을 하고 낮은 계단의 디딤판이 의자 구실을 했다. 식사준비가 다 되면 그들은 물러가면서 식사를 하라고 알리는 작은 종을 친다. 식사와 식사 사이에 책을 읽거나 글을 쓰지 않을 때나 혹은 실내장식을 하지 않을 때는 내가 안마당으로 쓰는 개신교도들의 묘지에 산책을 나가거나, 항구가 보이는 옥상 누각에 올라가서 들어오고 나가는 배들을 볼 수 있었다. 이렇게 나는 2주일을 보냈다. 프랑스 사절인 종빌 씨69) 앞으로 식초와 향수를 뿌린 반쯤 불에 태운 편지70)를 낸 덕택에 그는 내가 머무르는 기간을 일주일 단축시켜 주었다. 그러나 기간이 단축되지 않았더라도 잠시도 따분하지 않게 20여 일의 기간을 전부 보냈을 것이다. 나는 그 일주일을 그의 집에 가서 지냈는데, 솔직히 말해서 검역소에 있는 것보다 그의 집에서 지내는 것이 더 좋았다. 그는 내게 대단한 호의를 보였다. 그의 서기관 뒤퐁은 선량한 젊은이로, 제노바에서나 시골에서나 여러 집으로 나를 데려가 우리는 거기서 꽤나 즐거운 시간을 보냈다. 그래서 나는 그와 친하게 되고 편지도 주고받았는데, 우리는 이러한 관계를 매우 오랫동안 지속하였다. 나는 롬바르디아를 거쳐 즐겁게 여정을 계속하였다. 밀라노, 베로나, 브레시아, 파도바를 구경하고 마침내 베네치아에 도착하였는데, 대사 나리는 나를 목이 빠지게 기다리고 있었다.

궁정과 다른 대사들에게서 온 공문서들이 산더미같이 쌓여 있는 것을 보았는데, 대사는 판독에 필요한 암호들을 모두 갖고 있으면서도 공문서들 중 암호로 쓰인 것은 읽지 못했다. 나는 한 번도 관청에서 일을 해

---

69) 프랑수아 샤이유 드 종빌(François Chaillou de Jonville)은 1728년부터 1738년까지 브뤽셀의 공사를, 1739년부터 제노아의 공사를 역임했다. 1745년 소환을 신청하여 얻어냈고, 1765년 사망하였다.

70) 아마도 소독을 위한 것으로 보인다. 페스트에 대한 두려움으로 당시 사람들은 편지를 불과 강한 향기가 나는 식초로 소독하였다.

본 일도 없었고 내 생전에 외교관의 암호를 본 일이 없었으므로 처음에
는 쩔쩔맬까봐 걱정했다. 그러나 이보다 더 간단한 것이 없다는 것을 알
고 일주일도 채 못 되어 전부 해독했다. 그런데 그것은 정녕 해독하느라
수고할 가치조차 없었다. 왜냐하면 베네치아의 대사관은 항상 꽤 한가
한 데다가, 사람들이 대사 같은 사람에게는 가장 사소한 협상조차 맡기
려 하지 않았기 때문이다. 대사는 받아쓰게 할 줄도 몰랐고 읽을 수 있도
록 쓸 줄도 몰라서 내가 도착할 때까지 여간 곤란을 겪지 않았다. 나는
그에게 대단히 쓸모가 있었고, 그도 그렇게 느끼고 나를 잘 대해주었다.
그런데 그가 그런 데에는 또 다른 이유가 있었다. 그의 전임자 프룰레
씨[71]는 머리가 돌아서, 그가 부임한 이래 르 블롱[72]이라는 프랑스 영사
가 대사관 사무를 맡고 있었다. 그리고 몽테귀 씨가 도착한 후에도 몽테
귀 씨가 그에게 사정을 듣고 알 때까지 계속해서 사무를 처리했다. 몽테
귀 씨는 자신이 그 일을 감당할 수 없었음에도 불구하고 다른 사람이 자
기 일을 맡아서 하는 것을 시기하여 영사를 아주 미워했다. 그래서 내가
도착하자마자 대사관의 서기관 직무를 그에게서 빼앗아 내게 주었다.
이 직무는 직함에서 분리될 수가 없었으므로 그는 나더러 그 직함을 맡
으라고 했다. 내가 그의 곁에 있는 동안 그는 그 직함으로 나만 상원이나
상원에서 뽑은 협상 상대에게 보냈다. 사실상 그가 대사관의 서기관으
로 영사나 궁정에서 임명된 외교부 서기관보다도 자기 사람을 두기를 더
원했다는 것은 매우 당연한 일이었다.

---

71) 여단장이자 성왕 루이 훈장 수훈자인 프룰레 백작(Le comte de Froullay)
　　은 1733년 11월 28일부터 1743년 2월 13일까지 베네치아 주재 프랑스 대사
　　였다.
72) 장 르 블롱(Jean Le Blond)은 1718년 자기 아버지의 뒤를 이어 프랑스
　　영사가 되었다. 대사가 바뀔 때는 그가 대사의 직무를 대행했다. 그는 40
　　년간 프랑스 영사로 있었다.

   그래서 내 처지는 꽤 편안하게 되었다. 그리고 대사의 종자들이나 대부분의 하인들과 마찬가지로 이탈리아 사람들이던 시종들은 대사의 집에서 나와 윗자리를 다툴 수 없게 되었다. 나는 지위에 따른 권한을 이용하여, 명부[73] 상의 권리, 즉 대사관할의 치외법권을 위반하려는 기도들에 맞서 이를 유지하는 데 성공하였다. 이를 위반하기 위한 기도가 여러 번 있었는데도, 베네치아 사람인 대사관 직원들은 이에 반대할 생각이 없었던 것이다. 그렇지만 또한 나는 도둑들이 이리로 도피해 오는 것을 결코 용납하지 않았다. 비록 그로 인하여 내게 이익이 돌아올 수 있었고, 대사 각하도 거기서 나오는 자기 몫을 거절하지는 않았을 테지만 말이다.

   대사 각하는 뻔뻔스럽게도 증서 발급 사무라고 불리는 서기관의 권한에 대해서까지 자기 몫을 요구하였다. 당시는 전쟁중이었지만 그래도 여권을 많이 발급하고 있었다. 이러한 여권들 하나마다 그것을 교부하고 그것에 부서한 서기관에게 1스켕[74]씩 지불되었다. 내 전임자들은 모두 프랑스 사람이건 외국인이건 구별 없이 이 액수를 지불하게 했다. 나는 이런 관례가 부당하다고 생각해서, 내가 프랑스 사람은 아니지만 프랑스 사람에 대해서는 그것을 폐지하였다. 그렇지만 다른 모든 외국 사람들에게는 매우 엄격하게 내가 받을 수수료를 요구해서, 스페인 여왕의 총신(寵臣)의 형제인 스코티 후작이 그 수수료를 보내지 않고 사람을 시켜 여권을 부탁하였기에 나는 그에게서 그 돈을 요구하도록 시켰다. 이러한 단호함을 복수심이 강한 이탈리아 사람이 잊을 리가 없었

---

73) 명부(名簿)는 외교관의 권리와 특권이 미치는 구역과 주거로 이루어졌다. 이러한 특전 덕분에 대사관의 일정 구역에 위치한 집들은 모두 지역 관청의 관할에서 벗어나 있었다. 명부상의 권리는 불가침권을 포함하고 있었는데, 이것이 남용과 갈등의 주요한 원인이 되었다.
74) 당시 베네치아에서 널리 통용되던 금화.

다. 내가 여권 수수료에 대해 개선했다는 것을 사람들이 알게 되자마자 이제 여권을 내러 오는 것은 자칭 프랑스 사람들밖엔 없었다. 이들은 떼를 지어 밀려들어 알아듣기 힘든 고약한 말로 제각기 자기가 프로방스 사람이니, 피카르디 사람이니, 부르고뉴 사람이니 떠들었다. 그러나 내 귀는 상당히 예민해서 별로 그것에 속지는 않았다. 그래서 단 한 사람의 이탈리아인도 내게서 수수료를 가로채거나 단 한 사람의 프랑스인도 수수료를 낸 일이 없었다고 믿는다. 어리석게도 나는 만사를 까맣게 모르고 있던 몽테귀 씨에게 내가 한 일을 말했다. 이 수수료란 말에 그는 귀가 솔깃해져, 프랑스 사람들의 수수료 폐지에 대해서는 자기 의견을 말하지 않고, 다른 사람들로부터 들어오는 이익에 대해 내가 자신과 채무관계에 있다고 주장하면서 내게 동등한 수익을 주겠다고 약속했다. 나는 나 자신의 이익 때문에 속이 상해서라기보다 그의 비열함에 분개해서 그의 제의를 딱 잘라 거절하였다. 그는 고집을 부렸고, 나는 흥분했다. 나는 그에게 매우 격한 어조로 말했다.

"안 됩니다, 나리. 각하는 각하의 권한을 지키시고, 저는 제 권한을 지키게 해주십시오. 수수료 중 한 푼도 각하에게 양보할 수는 없습니다."

그는 이런 방법으로는 아무것도 얻지 못한다는 것을 알고 다른 방법을 강구했다. 그리고는 뻔뻔스럽게도 내가 그의 증서발급에서 나오는 이익을 가져가니 그 비용도 내가 부담하는 것이 당연하다고 말했다. 나는 그런 문제로 시비를 걸고 싶지 않아서 그 후로는 잉크, 종이, 봉랍(封蠟), 양초, 가는 리본으로부터 내가 다시 만들게 한 도장에 이르기까지 내 돈으로 충당했는데, 그는 단 한 푼도 내게 갚지 않았다. 그렇지만 그 선량한 젊은이인 비니 신부에게는 여권에서 생기는 수입을 약소하게나마 나누어줄 수 있었는데, 그는 이와 같은 것을 전혀 자신의 권리로 주장하지 않았다. 그도 내게 호의를 보이고 있었으므로 나도 그만큼 그에 대해 예의를 갖추었다. 이래서 우리는 항상 사이좋게 지냈다.

　나도 경험이 없는 데다가 내가 모시는 대사도 나만큼이나 경험이 없어서 나로서는 걱정했는데, 막상 집무를 시작하고 보니 걱정했던 것만큼 그 일이 곤란해 보이지는 않았다. 그러나 대사는 경험이 없는 데다가 무식하고 고집이 세서 내가 대사나 왕을 섬기기 위해 양식(良識)과 약간의 지식에서 짜낸 좋은 착상들에 제멋대로 죄다 반대했다. 대사가 했던 일들 중 가장 타당한 것은 스페인 대사 마리 후작[75]과 손잡은 것이다. 그는 꾀가 많고 영리해서 원했다면 몽테귀 대사쯤은 마음대로 부릴 수 있었을 것이지만, 두 나라 국왕의 이해의 일치를 고려하여 몽테귀 씨에게 보통은 꽤 유익한 조언을 하곤 했다. 그러나 몽테귀 씨는 그것들을 시행할 때는 항상 자기 의견을 고집해서 그의 조언을 쓸모없이 만들었다. 그들이 협력해서 하지 않으면 안 되는 단 한 가지 일은 베네치아 사람들에게 중립을 지키도록 하는 것이었다. 베네치아 사람들은 틀림없이 중립을 충실히 지키겠다고 맹세하면서도, 한편으로는 공공연하게 오스트리아 군대에게 탄약을 공급하거나 심지어는 탈영을 구실로 삼아 신병을 보충해주고 있었다. 내 생각에 몽테귀 씨는 베네치아 공화국의 비위를 맞추려고 하는 것 같았는데, 그 역시 자신이 보내는 모든 외교문서에서 내 항의에도 불구하고 꼭 나를 시켜 베네치아 공화국은 결코 중립을 위반하지 않을 것임을 주장하도록 했다. 이 고집 세고 어리석은 딱한 사람은 내게 줄곧 터무니없는 것들을 쓰고 행하게 시켰는데, 그가 그것을 원하는 이상 나는 부득이 그 앞잡이가 되는 수밖에 없었다. 그러나 이 때문에 가끔 내가 하는 일이 참을 수 없게 되었고 심지어는 그 일을 거의 실행할 수조차 없게 되었다. 예를 들면, 그는 왕과 대신에게 발송하는 공문서의 대부분은 꼭 암호문으로 작성되기를 원했다. 그 어느 것

75) 마리 후작(Le marquis Mari)은 제노아의 귀족가문 출신으로 스페인 왕을 모시면서 함대 사령관과 육군 중장을 역임하였고 1741년부터 1745년까지 베네치아 주재 대사로 있었다. 1749년 베네치아에서 사망하였다.

에도 이렇게 주의를 필요로 하는 내용이 전혀 담겨져 있지 않은데도 말
이다. 그래서 나는 궁정에서 보내는 문서들이 도착하는 금요일과 우리
쪽 문서들이 나가는 토요일 사이에 그토록 많은 암호를 써서 내가 맡고
있는 그토록 많은 편지를 작성하여 같은 전령(傳令) 편에 보내기에는
충분한 시간이 없다는 사실을 그에게 지적하였다. 그랬더니 그는 그에
대한 기막힌 방안을 찾았는데, 그것은 미리 목요일부터 그 다음 날 도착
할 예정인 문서들의 회답을 쓰라는 것이었다. 이러한 생각이 그에게는
심지어 묘안으로까지 보였는지, 나는 그 실행의 불가능함과 불합리함
에 대해 설명할 수 있었음에도 불구하고 그것을 어쩔 수 없이 받아들여
야만 했다. 그래서 내가 그의 밑에 있는 동안은 줄곧 그가 일주일 동안
지나가는 길에 내게 지껄인 몇 마디 말과 내가 여기저기 다니며 주워 모
은 진부한 몇몇 정보들을 적어 두었다가, 이 자료만을 갖고 목요일 아침
이 되면 토요일에 발송할 문서의 초안을 어김없이 그에게 제출했다. 그
런데 우리가 보내는 문서는 금요일에 오기로 되어 있는 문서들의 답장
이기 때문에, 나는 금요일에 온 문서에 따라 부리나케 그 초안에 첨부할
것이 있으면 첨부하고 수정할 것이 있으면 수정했다. 그에게는 또 한 가
지 매우 웃기는 버릇이 있었는데, 그 때문에 그의 통신은 상상조차 하기
어려운 웃음거리가 되어버렸다. 그 버릇이란 각각의 정보를 정상적으
로 전달하는 대신에 그 정보를 그것이 온 곳으로 되돌려 보내는 것이다.
궁정에서 온 정보는 아믈로 씨[76]에게, 파리에서 온 것은 모르파 씨[77]
에게, 스웨덴에서 온 것은 다브랭쿠르 씨[78]에게, 페테르부르크에서 온

---

76) 장자크 아믈로 드 샤이유(Jean-Jacques Amelot de Chaillou)는 외무부의
   정무차관이었다.
77) 모르파 백작(Le comte de Maurepas)은 해군 정무차관이었다.
78) 랑마리 후작(Marquis de Lanmary)〔다브랭쿠르(D'Havrincourt)는 1749
   년이 되어서야 임명받았기 때문에 아니다〕은 스웨덴 궁정 주재 프랑스 대

것은 라 슈타르디 씨[79]에게 제출했다. 또 때로는 받은 정보를 내가 약
간 다른 표현으로 포장한 다음 그것을 발송인 각자에게 보내기도 했다.
그에게 결재를 맡으려고 내가 가져가는 모든 문서들 중 그는 궁정에 보
내는 문서만을 대충 살펴보았고 다른 대사들에게 보내는 것은 읽지도
않고 서명했으므로, 대사들에게 보내는 것은 약간 더 자유롭게 내 식으
로 바꿀 수 있었다. 나는 적어도 그 문서들에서는 정보를 교환시켰다.
그러나 내가 중요한 문서들에 합리적인 외관을 부여하기란 불가능했다.
그가 자신이 되는 대로 만든 몇 줄의 글을 즉흥적으로 거기 끼어 넣을 생
각을 하지나 않으면 천만다행이었다. 그러나 그가 자기 글을 문서에 끼
어 넣으면, 나는 부득이 내 방으로 돌아가서 이 새로 들어간 부적절한
정보로 장식된 문서 전부를 서둘러 베껴 써야만 했다. 게다가 그의 글에
는 암호로 쓰는 명예를 베풀어야만 했는데, 그렇지 않았다면 그는 거기
서명을 하지 않았을 것이다. 나는 그의 명예를 존중해서 그가 말했던 것
과는 다른 것을 암호로 쓰고 싶은 생각이 몇 번이고 들었다. 그러나 이
런 불성실은 내게 도저히 허용될 수 없다는 것을 깨닫고, 그가 헛소리하
게끔 내버려두고 그 헛소리에 대한 전적인 책임을 지웠다. 그리고 나로
서는 그에게 솔직하게 말하고 또 그에 대한 나의 의무를 책임지고 완수
하는 것으로 만족했다.

   나는 이 같은 일을 언제나 정직함과 열의와 용기를 갖고 하였는데, 이
러한 마음가짐은 내가 끝에 가서 그로부터 받았던 보상과는 다른 보상
을 받을 만했다. 내게 좋은 성격을 부여했던 하늘과 가장 훌륭한 여성에
게서 내가 받은 교육과 또 내가 스스로에게 부여했던 교육 덕분에 나는
그런 사람으로 만들어지게 되었다. 지금이야말로 내가 한번 그런 사람

    사였다.
79) 라 쉐타르디 후작(Le marquis de La Chétardie)은 러시아 황실 주재 프랑
    스 대사였다.

이 될 때였고 또 그런 사람이 되었다. 나는 외국에서 내 자신에게만 의지하면서 친구도 조언해주는 사람도 경험도 없이, 사기꾼들 무리에 둘러싸인 채 이민족에게 봉사하고 있었다. 그리고 그 사기꾼들은 자기들의 이익을 위해서 또 훌륭한 모범을 보이는 나로 인해 생겨나는 물의를 무마하기 위해서 자기들을 따라하도록 나를 꼬드겼다. 그러나 나는 그런 일을 하기는커녕 내가 아무런 혜택도 입은 일이 없는 프랑스에 충성했고 대사에게는 마땅히 내게 맡겨진 모든 일에서 더욱 충성을 바쳤다. 나는 꽤 주목받는 자리에 있으면서도 나무랄 데가 없었고, 베네치아 공화국의 존경과 우리와 서신연락을 하는 대사들 모두의 존경과 베네치아에 정착한 모든 프랑스 사람들의 애정을 받았는데, 사실 그럴 만도 했다. 그리고 영사조차도 예외는 아니었다. 내가 마지못해 그의 직무를 차지하고는 있었지만 나는 그 직무가 영사의 권한에 속한다는 것을 알고 있었고, 그것은 내게 즐겁기보다는 오히려 더 귀찮았다.

몽테귀 씨는 전적으로 마리 후작에게 의존하고 있었으며 자기 직무의 세세한 사항에는 관심이 없어 직무를 매우 소홀했다. 그래서 만약 나까지 없었다면 베네치아에 있던 프랑스 사람들은 자기 나라 대사가 있는지조차 몰랐을 정도였다. 그들이 대사의 보호를 필요로 할 때도 대사는 그들의 말을 들으려고 하지 않고 항상 퇴짜만 놓아서 그들은 실망했다. 그리고 대사의 뒤를 따르는 행렬이나 그의 식탁에서 그들의 모습이라곤 통 볼 수 없었는데, 대사가 그들을 거기에 초대하는 일이라곤 결코 없었기 때문이다. 나는 그가 했어야만 할 일을 종종 독자적으로 처리했다. 그러나 나에게 도움을 청하는 프랑스 사람들에게는 내 힘이 미치는 한 무엇이든 도와주었다. 다른 나라에서였더라면 나는 더 많은 일을 했을 것이다. 그러나 내 지위 때문에 유력한 인사라고는 아무도 만날 수 없어서 부득이 영사에게 종종 도움을 청할 수밖에 없었는데, 영사는 가족을 데리고 이 나라에 정착했기 때문에 신중함을 잃지 말아야 했다. 그래서 그는 자기가 하고 싶었던 일을 할 수가 없었다. 그렇지만 가끔 그가 마음이 약해져 감히 말하지 못하는 것을 보고서는 내가 위험을 무릅쓰고 무모하게 개입하곤 했는데, 여러 번 성과를 올렸다. 아직도 생각만 하면 웃음이 절로 나는 한 가지 일이 기억난다. 파리에서 공연을 애호하는 사람들이 코라린과 그 자매 카미유를 보게 된 것이 내 덕분이라는 것은 거의 아무도 짐작하지 못할 것이다. 그러나 그것은 틀림없는 사실이다. 그녀들의 아버지 베로네즈[80]는 이탈리아 극단에 딸들과 함께 고용계약을 맺었다. 그런데 여비로 2천 프랑을 받고서도 파리로 떠나는 대신 베네치아의 성 누가 극장[81]에 태연히 머무르고 있었다. 이 극장에서 코라린은 아직 어렸지만 대단한 인기를 끌었다. 제브르 공작[82]은 왕실 시종장의 자격으로 베로네즈 부녀를 부르기 위하여 대사에게 서한을 보내왔다. 몽테귀 씨는 그 서한을 내게 주며, 지시라고 하는 것이 고작 "이걸 보아주게"라고 말하는 것이었다. 나는 르 블롱 씨에게 가서, 성 누가 극장을 소유한 이탈리아 귀족에게 — 내가 보기에는 주스티니아니 가문 사람들 중 하나 같았다[83] — 국왕을 섬기기 위해 고용된 베로네즈를 보내도록 전해달라고 부탁했다. 르 블롱 씨는 이 임무에 그리 신경을 쓰지 않아서 이를 제대로 처리하지 않았다. 그 주스티니아니 가문 사람은 허튼소리를 늘어놓고, 베로네즈를 돌려보내지 않았다. 나는 분개해 제정

---

80) 샤를 앙투안 베로네즈(Charles Antoine Véronèse, 1702~1762)는 1744년 5월 파리에서 자기 딸 코라린(Coraline)과 함께 이탈리아 극장(Comédie Italienne) 무대에 처음으로 섰다.

81) 〔원주〕 어쩌면 성 사무엘 극장이 아니었는지 의심스럽다. 나는 고유명사는 통 기억나지 않는다.

82) François-Joachim-Bernard Potier, duc de Gesvres(1692~1757) : 1722년부터 프랑스 귀족원 의원이 되었고, 1739년부터는 왕실 시종장이 되었다.

83) 지우스티니아니(주스티니아니는 베네치아 사투리이다) 가문이 소유한 것은 성 사무엘 극장이나 성 누가 극장이 아니라 성 모세 극장이었다.

신이 아니었다. 그때는 사육제였다. 나는 두건 달린 옷을 가면무도회의
의상으로 입고 가면을 쓴 다음, 주스티니아니의 대저택으로 안내를 받
았다. 대사의 하인들과 함께 내가 탄 곤돌라가 들어오는 것을 본 사람들
은 모두 깜짝 놀랐다. 베네치아에서는 일찍이 이와 같은 일이 없었던 것
이다. 나는 들어가서 '가면을 쓴 부인'이라는 이름으로 내 방문을 알렸
다. 나는 안내되자마자 가면을 벗고 이름을 밝혔다. 상원의원은 창백해
지고 어안이 벙벙해져 있었다. 나는 베네치아말로 이렇게 말했다.

"각하, 졸지의 방문으로 각하를 귀찮게 하는 것을 유감스럽게 생각합
니다. 그러나 귀하는 성 누가 극장에 베로네즈라는 사람을 두고 있는
데, 그는 국왕을 섬기기 위해 고용된 사람입니다. 그래서 당신에게 사
람을 보내어 그를 보내달라고 요청했지만 소용이 없었습니다. 그래서
제가 우리 국왕 폐하의 이름으로 그를 찾으러 왔습니다."

내 짧은 연설이 효과를 나타냈다.[84] 내가 그곳을 나오자마자 그 사람
은 비밀 검찰관에게 달려가 자기가 겪은 일을 보고했지만 검찰관은 오
히려 그를 호되게 꾸짖었다. 그리고 베로네즈도 바로 그날로 해고되었
다. 내가 베로네즈에게 일주일 내로 떠나지 않으면 구속시킬 것이라고
전하자 그는 떠났다.

또 어떤 경우에는, 거의 누구의 도움도 받지 않고 나 혼자서 어떤 상
선의 선장을 곤경에서 구해낸 일이 있다. 그는 마르세유에서 온 올리베
선장이라고 불렸다. 그 선박 이름은 잊어버렸다. 그런데 그 선박 선원
들이 베네치아 공화국에서 일을 보는 슬라보니아 사람들과 싸움이 붙어
폭력행위가 발생했다. 그래서 선박은 매우 엄중하게 억류되어서, 선장
한 사람만을 제외하고는 누구도 허가 없이 배에 접근하거나 배에서 나
올 수 없었다. 선장은 대사에게 도움을 청했으나 대사는 그를 몰아냈

---

84) 사실 대사는 루소를 극장의 소유주에게 보낸 것이 아니라 공연기획자인 미
쉘 그리마니(Michel Grimani)에게 보냈다.

다. 영사에게 갔더니, 영사는 그것이 통상에 관한 사건이 아니므로 자신이 거기에 간여할 수 없다고 말했다. 선장은 더 이상 어찌할 바를 몰라서 다시 내게로 왔다. 나는 몽테귀 씨에게 이 사건에 관해 내가 상원에 진정서를 제출하도록 허락하여 주지 않으면 안 되겠다고 항의했다. 나는 그가 이에 동의했는지 또 내가 진정서를 제출하였는지 기억이 나지 않는다. 그러나 나의 교섭이 아무런 결실도 맺지 못하고 선박이 여전히 계속해서 억류된 상황에서 내가 어떤 해결책을 강구하여 성공한 것만은 똑똑히 기억하고 있다. 나는 이 사건에 대한 보고를 모르파 씨 앞으로 가는 문서에 기재했는데, 몽테귀 씨에게 이 사항을 묵인하도록 동의시키는 데도 꽤 힘이 들었다. 우리가 보내는 문서들은 별로 뜯어볼 만한 것이 아니었음에도 불구하고 그것들이 베네치아에서 개봉된다는 것을 나는 알고 있었다. 나는 기사들에서 그 증거를 갖고 있었는데, 신문에서 우리 문서들에 대한 기사들이 원문 그대로 나오는 것을 보았기 때문이다. 이는 신의를 배신한 것으로, 대사를 부추겨 이에 대해 항의토록 하려 했지만 허사였다. 내가 그 문서에서 이러한 모욕에 대해 말한 것은 베네치아 사람들의 호기심을 이용하여 그들에게 겁을 먹게 해서 상선을 석방하라고 촉구하려는 의도에서였다. 왜냐하면 이에 대한 궁정의 회답을 기다려야만 했다면 선장은 그 회답이 도착하기도 전에 틀림없이 파산했을 것이기 때문이다. 나는 그것으로 그치지 않고, 선원들을 신문하기 위해 배에도 갔었다. 나는 영사관 1등 서기관 파티젤 신부를 데리고 갔는데, 그는 마지못해 겨우 따라왔을 뿐이다. 그 정도로 이 가엾은 사람들은 모두 상원의 비위를 거스를까봐 두려워하고 있었던 것이다. 금지령 때문에 배에 올라갈 수가 없어서 나는 곤돌라에 탄 채 거기서 조서를 작성했다. 나는 선원들 모두를 큰 소리로 차례차례 신문했고 내 질문을 그들에게 유리한 답변을 끌어내는 쪽으로 몰고 나갔다. 신문을 하고 조서를 작성하는 것은 나보다는 파티젤의 직무에 속하였으므로 나는 그에게 그것을 시키려 했다. 그러나 그는 도무지 그에 응하려 하지 않았고 한마디 말도 하지 않았다. 내가 서명한 다음에도 쉽사리 서명하려 하지 않았다.[85] 이러한 방법은 좀 대담했지만 만족스러운 성과를 거두었고, 대신의 회답이 오기 훨씬 전에 그 선박은 억류에서 풀려났다. 선장은 내게 선물을 주려고 했다. 나는 화내지 않고 그의 어깨를 두드리면서 이렇게 말했다.

"올리베 선장, 여권 수수료가 규정으로 정해져 있다고 생각하면서도 그것을 프랑스 사람들에게서는 받지 않는 사람이 프랑스 사람들에게 국왕의 보호를 돈으로 파는 사람이 되리라 생각하시오?"

그가 그러면 배에서 점심식사라도 대접하고 싶다고 해서, 나는 이를 받아들여 스페인 대사관의 서기관을 거기 데리고 갔다. 그의 이름은 카리오로 재치도 있고 매우 상냥한 사람으로 후에는 파리 주재 대사관의 서기관과 대리공사(代理公使)를 역임하였다. 프랑스와 스페인의 양국 대사가 친밀한 것을 본받아 나는 그와 매우 친하게 지냈다.

더할 나위 없이 완전히 사심을 버리고 내가 할 수 있는 좋은 일이란 모두 하고 있을 때, 남들에게 속아 자비까지 들여가며 그들에게 봉사하지는 않을 정도로 그 모든 자질구레한 세부사항에 충분한 질서를 부여하고 충분한 주의를 기울였다면 얼마나 좋았을까! 내가 맡고 있는 그런 자리에서는 아무리 사소한 잘못이라도 중대한 결과를 초래하게 되므로, 나는 내 직무에 어긋나는 실수를 조금도 하지 않도록 온갖 주의를 다 기울였다. 나는 내 본연의 의무에 관한 모든 일에서 끝까지 더할 나위 없이 잘 정리하고 빈틈을 보이지 않았다. 암호문서를 쓸 때에 무리한 독촉을 받아 서두르다 몇 차례 실수하여 아믈로 씨의 서기들에게 한 번 불평을 들은 것 외에는 일찍이 대사를 포함하여 누구에게도 내 직무들 중 무

---

85) 사실은 이와 달라서 조서에는 파티젤의 서명만이 있고 루소의 서명은 들어 있지 않다.

엇 하나 소홀했다는 비난을 한 번도 받은 적이 없었다. 이것은 나같이 태만하고 경솔한 사람으로서는 특기할 만한 일이다. 그러나 내가 맡았던 사사로운 용무를 처리할 때는 간혹 기억하지 못하고 주의를 게을리했다. 그리고 나는 정의를 사랑했으므로 누가 불평할 생각을 하기도 전에 자발적으로 그 손해를 감수했다. 그런 예를 하나만 들겠다. 그것은 내가 베네치아를 떠날 때쯤의 일인데, 그 여파는 그후 파리에 돌아와서 느끼게 되었다.

우리 요리사인 루슬로가 오래된 2백 프랑짜리 어음 한 장을 프랑스에서 가져왔다. 그것은 그의 친구들 중 한 사람인 가발사가 자네토 나니라는 베네치아 귀족에게 가발을 납품하고 받은 것이다. 루슬로가 이 어음을 내게 가져와서, 중재를 통하여 그 중 얼마라도 받아내도록 힘써 달라는 부탁을 했다. 그런데 외국에서 진 빚은 자기 나라로 돌아오면 결코 갚지 않는 것이 베네치아 귀족들의 변치 않는 관례라는 것쯤은 나도 알고 있었고, 그도 모르는 바 아니었다. 그들에게 강제로라도 빚을 갚도록 하려들면 그들은 장구한 시간과 막대한 비용으로 그 가련한 채권자를 기진맥진하게 만든다. 그래서 채권자는 물러서고 마침내는 모든 것을 포기하든지 거의 말도 되지 않는 적은 액수로 화해하고 만다. 나는 자네토에게 말을 해달라고 르 블롱 씨에게 부탁했다. 자네토는 어음은 시인했지만 지불은 거절했다. 한참 언쟁을 벌인 끝에 그는 마침내 3스켕을 약속했다. 그러나 르 블롱 씨가 어음을 그에게 갖고 갔을 때 약속한 3스켕이 준비되어 있지 않았다. 그래서 기다리지 않으면 안 되었다. 이를 기다리는 동안 나와 대사 사이에 갑자기 싸움이 일어나, 나는 대사관을 나오게 되었다. 나는 대사관의 서류들을 완벽히 정리하여 두었는데, 루슬로의 어음은 눈에 띄지 않았다. 르 블롱 씨는 그 어음을 내게 분명히 돌려주었다는 것이다. 나는 그가 너무도 정직한 사람이라는 것을 알고 있었으므로 그를 의심할 여지가 없었다. 그러나 그 어음이 어떻게 되었는지 통 생각이 나지 않았다. 자네토가 빚을 진 것은 인정했으므로, 나는 르 블롱 씨에게 부탁해서 자네토에게 영수증을 써주고 3스켕을 받아 보든가, 사본으로 어음을 다시 써준다는 약속을 받아 보도록 했다. 그러나 자네토는 어음이 분실된 것을 알자 그 어느 것도 받아들이려 하지 않았다. 나는 어음을 청산하기 위해 내 지갑에서 3스켕을 꺼내 루슬로에게 주었더니, 그는 이 돈을 거절하고 나더러 파리에 있는 채권자와 합의를 보라고 하면서 그 주소를 내게 주었다. 가발사는 일이 어떻게 되었는가를 알고서는 자기 어음을 돌려주든지 그 전액을 변상하라고 했다. 나는 화가 치밀어 올라 이 저주스러운 어음을 다시 찾을 수만 있다면 무슨 짓이라도 다 했을 것이다. 나는 그 2백 프랑을 지불했다. 그것도 내가 제일 곤궁했을 때였는데 말이다. 바로 이렇게 어음의 분실로 채권자는 전액을 지불받게 되었던 것이다. 그러나 반면에 그에게는 불행하게도 이 어음이 다시 발견되었다면, 그는 그 어음으로 자네토 나니 각하가 약속한 10에퀴도 받아내기 쉽지 않았을 것이다.

내가 하는 직무에 재능이 있다는 생각이 들어 나는 흥미를 갖고 직무를 완수하게 되었다. 친구 카리오나 내가 곧 이야기해야만 할 덕망이 있는 알투나[86]와의 교제를 제외하고, 또 산 마르코 광장이나 공연이나 우리가 거의 언제나 함께 했던 몇 차례 구경에서 얻는 매우 순진한 여흥을 제외하고는, 내 의무를 다하는 것을 유일한 낙으로 삼았다. 내 일이 그다지 고되지 않았고 더욱이 비니 신부의 도움도 있긴 했지만, 워낙 서신 교환의 범위가 넓고 전시(戰時)였기 때문에 그래도 역시 상당히 바빴

---

86) Don Manuel-Ignacio Altuna Portu(1722∼1763) : 돈 마누엘 이그나시오 알투나 포르투는 마드리드의 귀족 신학교에서 공부했다. 이탈리아를 방문한 후 그는 몇 달 동안 파리에 머물렀다. 1746년에는 아스코이티아의 시장을 1747년과 1748년에는 시의회 의원을 역임했다. 1749년 결혼하여 아들 하나를 두었다. 1763년 5월 27일 사망하였다.

58

다. 매일 오전의 상당 시간을 일로 보냈다. 그리고 우편물이 오는 날에는 자정까지도 일할 때가 가끔 있었다. 그리고 남은 시간은 내가 시작한 이 직업을 공부하는 데 할애했다. 이 일을 하면서 첫출발이 순조로웠기 때문에 나는 장차 더욱 좋은 자리에 앉혀지리라 기대했다. 사실 나에 대해 다른 말을 하는 사람은 없었다. 우선 대사부터가 그랬는데, 그는 내 근무에 매우 만족해 했고 결코 불만이 없었다. 대사가 노발대발한 것은 내 자신이 불평하다 그것이 받아들여지지 않자 마침내 그만두려고 했기 때문이다. 우리와 서신왕래를 하는 국왕의 대사들과 대신들은 그에게 그가 둔 비서관의 재능에 대해 칭찬했다. 이런 칭찬은 그를 우쭐하게 해야 했지만, 성질이 나쁜 그에게는 정반대의 효과를 냈다. 그는 특히 어떤 중요한 상황에서 그런 칭찬을 받았는데, 그는 내게 결코 그것을 용서하지 않았다. 이것은 설명하고 넘어갈 필요가 있다.

　그는 불편함을 그리 잘 참는 성격이 아니라서, 거의 모든 우편물이 발송되는 토요일까지도 일이 다 끝나기를 기다리지 못하고 외출을 서둘렀다. 그래서 그는 국왕이나 대신들에게 보내는 문서들을 발송하도록 나를 쉴 새 없이 재촉하고 서둘러 서명하고는 대부분의 다른 문서들은 서명도 하지 않고 남겨둔 채 어디론지 뛰쳐나가버렸다. 그래서 문서들이 보고에 불과할 때는 내가 그것들을 관보(官報)로 바꿀 수밖에 없었다. 그러나 국왕의 업무에 관계되는 일일 때에는 누구라도 서명해야만 해서 내가 서명했다. 비엔나 주재 국왕 대리공사 뱅상 씨로부터 방금 받았던 중요한 보고에 대해서도 그와 같이 처리했다. 당시는 로브코비츠 대공[87]이 나폴리로 진군했고, 또 가주 백작이 그 기념할 만한 퇴각을 했을

---

87) 오스트리아 헝가리 군의 사령관이었던 로브코비츠 대공(Georges-Chrétien, prince de Lobkowitz, 1702~1753)은 1742년 연합군이 갇혀있는 프라하를 점령하지 못했으나 다음 해에는 리미니에서 스페인군을 내쫓는 데 성공했다.

때였다. 이 후퇴작전은 18세기 전체에 걸쳐 가장 혁혁한 전쟁작전이었
으나, 유럽에서는 이에 대해 너무 말들이 없었다. 이 보고에 담긴 내용
에 의하면 어떤 사람 — 뱅상 씨는 그 사람의 인상착의를 우리에게 보냈
다 — 이 비엔나를 이미 떠나 베네치아를 거쳐서 몰래 아브루초[88] 로 갈
것인데, 그는 오스트리아 군대가 접근하는 시기에 맞추어 거기서 인민
을 봉기시키는 임무를 띠었다는 것이다. 아무 일에도 관심이 없는 몽테
귀 백작이 부재중이어서 나는 이 보고를 로피탈 후작에게 아주 시의적절
하게 전했다. [89] 그래서 어쩌면 그토록 조롱만 받았던 가엾은 장자크 덕
분에 부르봉 왕가는 나폴리 왕국을 보존할 수 있었는지도 모른다. [90]

로피탈 후작은 자기 동료인 몽테귀 백작에게 당연히 사의를 표하면서
그의 서기관에 대해 말하고 또 공동의 이익을 위해 그 서기관이 준 도움
을 화제로 삼았다. 그러나 이번 일에서 자신의 태만을 자책하지 않을 수
없었던 몽테귀 백작은 그 칭찬 속에 무언가 비난이 들어 있다고 짐작하
고, 언짢은 기분으로 내게 그런 이야기를 전했다. 나는 로피탈 후작에
게 한 것과 마찬가지의 일을 콘스탄티노플 주재 대사인 카스텔란 백작
에게도 해야 할 입장에 놓인 적이 있었다. 비록 덜 중요한 일에서였지만
말이다. 콘스탄티노플로 가는 우편으로는 베네치아 상원에서 때때로

---

88) 이탈리아 중부에 있는 산악 지방.
89) 1740년부터 1750년까지 나폴리 주재 프랑스 대사였던 갈뤼시오 드 로피탈
  후작(Le marquis Galluccio de l'Hôpital)은 그해 11월 19일 발송자에게 우
  편물을 수령했다는 것을 통보했는데, 루소에 대해서는 전혀 언급이 없었
  다. 또 루소는 당시가 가주 백작이 퇴각한 시기였다고 단언하는데, 가주
  백작의 퇴각은 1744년 3월 7일에 시작되었기 때문에 시간적 착오가 있다.
90) 1743년 10월 26일 몽테귀는 뱅상으로부터 오스트리아를 위해 일하는 첩자
  인 로마넬리 후작이라는 사람이 나폴리 왕국에서 음모를 꾸미기 위해 막
  이탈리아를 향해 떠났다는 소식을 받았다. 이 정보는 즉각 로피탈 후작에
  게 전달되었다.

콘스탄티노플 주재 베네치아 대사에게 보내는 전령밖에 없었기 때문에, 프랑스 대사에게도 이 전령들의 출발을 통보해주어서 그가 시간이 맞는다고 판단하면 동료에게 그 편으로 서신을 보낼 수 있도록 했다. 이러한 통보는 보통 하루나 이틀 전에 왔다. 그러나 사람들은 몽테귀 씨를 별로 존중하지 않아서, 전령이 출발하기 한두 시간 전에 형식적으로 통보를 보내는 것으로 그만이었다. 그래서 나는 대사가 부재할 때 문서를 만들어야만 하는 처지에 놓인 적이 여러 번 있었다. 카스텔란 씨는 이에 답하면서 예의바른 말투로 나에 대해 언급했다. 제노바에 있는 종빌 씨도 마찬가지여서, 그만큼 새로운 불만이 쌓여갔다.

지금 고백하지만 나는 내 자신의 이름을 알릴 기회를 피하지는 않았다. 그렇지만 덮어놓고 그런 기회를 찾지는 않았다. 업무에 충실함으로써 훌륭한 업무에 따르는 자연스러운 보상을 열망하는 것은 내게 지극히 당연하다고 생각되었는데, 그 보상이란 그 업무를 판단하고 그것을 보상해줄 수 있는 사람들의 존경이다. 대사로서는 내가 직무를 정확히 수행하는 것이 불만의 정당한 이유였는지 그 여부는 말할 수 없다. 그러나 그것이 우리가 헤어지던 그날까지도 그가 분명히 말했던 유일한 불만의 이유였다는 것은 분명 말할 수 있겠다.

대사는 공관을 영 제대로 관리하지 않아서 불량배들이 들끓고 있었다. 여기서 프랑스 사람들은 푸대접을 받고 이탈리아 사람들이 판치고 있었다. 그리고 심지어 이탈리아 사람들 중에서도 오래전부터 대사관 소속으로 근무하던 선량한 하인들은 모두 부당하게 쫓겨났다. 그 중에는 대사의 수석시종으로 프루레 백작이 대사를 할 때도 수석시종을 지낸 이까지 있었다. 그 이름은 페아티 백작이라고 하는 것 같았는데, 아니면 이와 아주 비슷한 이름이었다. 차석시종은 몽테귀 씨가 채용한 만토바[91] 출신의 악한으로 도미니크 비탈리라는 자였다. 대사는 이 자에게 공관의 관리를 맡겼는데, 이 자는 교언영색(巧言令色)과 야비한 노

랑이짓을 일삼은 덕분에 대사의 신임을 얻고 그의 총애를 받는 사람이
되었다. 이것은 아직 거기에 남아있던 몇 안 되는 정직한 사람들과 또
그들의 상관인 서기관에게는 대단히 불리했다. 정직한 사람의 공정한
눈은 사기꾼들에게는 언제나 불안을 느끼게 한다. 비탈리가 나를 미워
하기에는 이것만으로도 충분했을 것이다. 그러나 이러한 증오에는 또
하나의 원인이 있었고, 이것이 그 증오를 훨씬 더욱 잔인하게 만들었
다. 만일 내게 잘못이 있다면 책망을 받기 위해서라도 이 원인을 말하지
않으면 안 되겠다.

대사는 관례에 따라 5개의 극장에 칸막이 좌석을 하나씩 갖고 있었다.
매일 점심때 그는 그날 가고 싶은 극장을 지정했다. 대사 다음에는 내가
선택했고, 그 다음에 시종들이 나머지 다른 칸막이 좌석들을 이용했다.
나는 나가면서 내가 미리 정해 놓은 칸막이 좌석의 열쇠를 갖고 가곤 했
다. 하루는 비탈리가 없어서, 나는 내가 부리는 수행 하인에게 내가 갈
집을 가리켜주고 그곳으로 내 열쇠를 가져오라고 했다. 그런데 비탈리
는 내 열쇠를 보내기는커녕 자기가 이미 그것을 썼다고 했다. 더욱이 하
인이 내가 시킨 일을 모든 사람들 앞에서 보고하는 바람에 나는 더 분개
했다. 그날 저녁에 비탈리는 내게 몇 마디 사과의 말을 하려 했으나 나
는 그것을 조금도 받아들이지 않았다. 나는 그에게 이렇게 말했다.

“사과하려거든 내일 그 시간에 내가 모욕당한 그 집에 와서 그 모욕을
목격했던 사람들 앞에서 하시오. 그렇지 않으면 분명히 말해두거니와,
무슨 일이 있더라도, 모레는 당신이나 나나 둘 중 하나가 이곳을 나가게
될 것이오.”

이런 단호한 어투에 그는 압도되었다. 그래서 그는 내가 말한 그 시간
에 그 장소에 와서, 그답게 비굴한 태도로 내게 공개적인 사과를 했다.

---

91) 이탈리아 북부에 있는 롬바르디아 지방의 도시.

그러나 그는 천천히 필요한 조치를 취하고 있었다. 내게는 대단히 굽실거리면서도 일은 매우 이탈리아식으로 해서, 대사를 부추겨 나를 파면하도록 할 수 없으니까 내가 사직할 처지에 놓이게끔 했다.

그와 같이 비열한 놈은 선천적으로 나 같은 사람을 이해할 수 없음이 분명하다. 그러나 그는 나에 대해 자기 목적에 도움이 되는 것은 알고 있었다. 그는 내가 본의 아닌 잘못을 참아주는 데는 지나칠 정도로 상냥하고 온순하지만 자존심이 강하여 고의적인 모욕에 대해서는 잘 참지 못하며, 예의에 어긋나지 않는 일에서는 예의범절과 품위를 지키기 좋아하며, 다른 사람에 대하여 응분의 경의를 표하는 데 주의를 기울이는 만큼 내가 응당 받아야 하는 존경에 대해서도 요구가 많다는 것을 알고 있었다. 그는 바로 여기서부터 손을 대었고, 마침내 내가 물러서도록 했다. 그는 집안을 뒤죽박죽으로 만들어버렸다. 그는 내가 애써 유지하려던 규칙과 복종과 청결과 질서를 집에서 없애버렸다. 여자가 없는 집[92]은 좀 엄격한 규율이 필요한 법이다. 그렇지 않으면 품위와 분리될 수 없는 정숙함이 집안에 군림할 수 없기 때문이다. 그런데 그는 곧 우리들의 공관을 방탕과 방종의 장소, 사기꾼과 방탕한 사람들의 소굴로 만들었다. 그는 자기가 내쫓게 만든 한 차석시종의 후임으로, 말타 십자가 거리에서 공창(公娼)을 경영하는 자기와 같은 포주 한 놈을 각하에게 알선해주었다. 서로 배짱이 잘 맞는 이 두 악당들은 무례한 데다가 그 못지않게 추잡했다. 대사의 방 하나만을 제외하고는 ─ 심지어 대사의 방도 그다지 정돈이 잘되어 있는 것은 아니었다 ─ 집안 어디에도 점잖은 인간으로서 참을 수 있는 구석이라고는 단 한 군데도 없었다.

각하는 집에서 저녁식사를 하지 않았으므로, 나는 저녁마다 시종들과 함께 따로 마련된 식사를 했다. 비니 신부와 시동(侍童)들도 우리와

---

92) 몽테귀 백작부인은 1744년 10월이 되어서야 아이들을 데리고 남편과 다시 합쳤다.

같은 식탁에서 들었다. 아무리 고약한 싸구려 식당에서도 이보다는 덜 더러운 식탁보로 더욱 청결하고 점잖은 대접을 받고 또 먹을 것도 더 낫다. 시커멓고 조그만 초 한 자루와 주석으로 만든 접시 몇 개와 철제 포크 몇 개가 나왔다. 남의 눈에 띄지 않는 이런 일은 그래도 괜찮다. 그런데 내가 타던 곤돌라까지도 내게서 빼앗아버렸던 것이다. 그래서 대사들의 모든 서기관들 중에서 오직 나만 곤돌라를 대절하든지 아니면 걸어 다녀야만 했다. 그리고 대사의 시종도 상원에 갈 때 이외에는 더 이상 데리고 다닐 수 없었다. 게다가 집안에서 일어나는 일 치고 시내에 소문이 퍼지지 않는 것이 없었다. 대사의 직원들 모두가 소리 높여 항의했다. 그 모든 짓거리의 유일한 원인제공자인 도미니크가 가장 격렬히 항의했는데, 그는 우리가 받는 무례한 대접으로 다른 어느 누구보다도 내가 더욱 고통스러워한다는 것을 잘 알고 있었다. 공관 사람들 중 오직 나만이 밖에 나가 아무 말도 하지 않았다. 그러나 대사에게는 그 밖의 일에 대해서나 대사 자신에 대해 심하게 불평을 늘어놓았다. 그러나 그 빌어먹을 놈의 은밀한 꼬임에 빠진 대사는 내게 매일 어떤 새로운 모욕을 가했다. 내 동료들과 같은 수준으로 어울리기 위해서나 내 지위에 알맞은 처신을 하자면 경비를 많이 지출할 수밖에 없었는데, 내 봉급에서는 한 푼도 끌어쓰지 못했다. [93] 그에게 돈을 요구하면 그는 나에 대한 그의 존경이나 신뢰에 관한 이야기만 했다. 마치 그런 말이 내 지갑을 채워주고 모든 것을 마련해줄 것처럼 말이다.

　이 두 악당이 모시고 있는 주인은 그렇지 않아도 머리가 그리 잘 돌아가지는 않았는데, 이들은 마침내 주인에게 완전히 엉뚱한 생각을 불어넣었다. 그리고 대사를 속여먹는 사기를 그에게 남을 등쳐먹는 사기라고 납득시켜 끊임없이 물건들을 사고팔면서 대사에게 막대한 손해를 입

---

93) 루소의 급료는 1년치 후불이었다.

했다. 또 그들은 대사로 하여금 브렌타 강가의 별장을 그 두 배의 가격
으로 세를 얻게 하여, 더 받은 돈은 집주인과 나누어 먹었다. 그 별장의
방들은 모자이크로 장식되었고, 이 나라 식에 따라 매우 아름다운 대리
석들로 만든 둥근 기둥과 모난 기둥들로 가득했다. 몽테귀 씨는 이 모든
것을 전나무 내장재로 멋지게 덮어버리게 시켰는데, 그 이유는 단지 파
리에서는 방들에 이렇게 나무 내장재를 대기 때문이었다. 또 베네치아
에 있는 모든 대사들 중 유독 혼자만 자기 시동들이 칼을 차는 것과 자기
수행 하인들이 지팡이를 갖는 것을 금하고 있었는데 이것 역시 이와 비
슷한 이유에서였다. 바로 이런 인간이었기에 어쩌면 여전히 같은 이유
로 내가 자기를 충실히 섬겼다는 그것 하나만으로 내게 반감을 품었을
것이다.

나는 그의 멸시와 학대와 푸대접이 언짢은 기분 때문이지 증오감 때
문은 아니라고 생각하는 동안은 그것들을 꾹 참았다. 그러나 착실한 근
무로 내가 받을 자격이 있는 명예를 내게서 빼앗으려는 계획이 꾸며지고
있다는 것을 간파하자 나는 이 일을 그만두리라 결심했다. 그가 내게 최
초로 자신의 악의를 표시한 것은 어떤 오찬이 계기가 되었다. 그는 당시
베네치아에 있었던 모데나 공작과 그 가족을 위해 오찬을 열기로 되어
있었는데, 내게 그 오찬에서 자기 식탁에 내 자리는 없을 것이라고 통고
했다. 나는 감정이 상했지만 화는 내지 않고, 내가 늘 대사의 식탁에서
점심식사를 드는 영광을 누리고 있는 마당에 만약 모데나 공작이 와서
내가 거기서 빠지기를 요구한다면 그것에 동의하지 않는 것이 각하의 위
엄과 내 의무에 속하는 일이라고 대답하였다. 그는 격분한 상태에서 말
했다.

"뭐라고! 귀족 출신인 시종들도 거기서 식사를 하지 않는데 심지어 시
종도 아닌 서기관이 군주와 함께 식사하겠다는 것인가?"

나는 그에게 대답했다.

"그렇습니다. 각하께서 영광스럽게도 저에게 주신 직위는 저의 격을 매우 높여주어서 제가 그 직위를 수행하는 한 저는 각하의 시종, 아니 시종이라고 불리는 사람들보다 심지어 높은 자리에 있으며, 그들이 들어갈 수 없는 곳에 들어가는 것이 용납됩니다. 각하는 앞으로 당신께서 공석에 나가실 때 예의상으로 보나 오랜 관례로 보나 제가 예복을 입고 거기서 당신을 수행하고 산 마르코 궁전[94]에서 영광스럽게도 당신과 함께 식사하는 임무를 부여받고 있다는 사실을 모르지 않으십니다. 그런데 저는 베네치아의 총독이나 상원들과 공석에서 식사할 수 있으며 또 그렇게 해야만 하는 사람이 왜 모데나 공작과는 사석에서 식사할 수 없는지 모르겠습니다."

이런 논거에는 반박의 여지가 없었지만, 대사는 조금도 굽히지 않았다. 그러나 우리는 이러한 말다툼을 되풀이할 기회를 갖지 못했다. 모데나 공작이 대사관에 점심을 들러 오지 않았기 때문이다.

그때부터 그는 줄곧 내게 불쾌감을 주고 부당한 대우를 했으며, 내 지위에 딸린 사소한 특권마저 빼앗아 자기가 좋아하는 비탈리에게 넘겨주려 애썼다. 그가 나 대신 비탈리를 상원에 보낼 수 있는 용기만 있었더라면, 그는 그렇게 했을 것이 틀림없다. 그는 보통 비니 신부를 시켜 자기 방에서 사신(私信)을 쓰게 했다. 올리베 선장의 사건에 관해서 모르파 씨에게 보내는 보고를 쓸 때도 비니 신부를 시켰다. 나 혼자 그 사건에 개입했음에도 불구하고 그 보고에서 그는 모르파 씨에게 내 이름을 언급하지도 않았다. 설상가상으로 모르파 씨에게 조서의 사본을 보내면서 그 조서를 작성한 명예까지 내게서 빼앗아 그것을 단 한마디 말도 하지 않았던 파티젤에게로 돌려버렸다. 그는 나를 모욕하고 자기가 좋아하는 사람의 비위를 맞추려고 했으나, 나를 해고할 마음은 없었다.

---

94) 베네치아 총독의 궁전.

그는 이제 내 후임을 찾기가 폴로 씨의 후임을 찾아냈을 때만큼 쉽지 않으리라는 것을 느끼고 있었다. 왜냐하면 폴로 씨가 이미 대사에 대한 소문을 냈기 때문이다. 대사에게 꼭 필요한 서기관이란 상원의 답변을 위해 이탈리아어를 알아야 하고, 자기는 어떤 일에도 참견할 필요 없이 그의 모든 문서와 공무를 처리해야 하며, 대사에 충성하는 미덕에 그 못된 시종 나리들에게 알랑거리는 비열함까지 겸비해야 했다. 그러므로 그는 나를 내 나라나 자기 나라에서 멀리 떨어뜨려 놓고 돌아갈 여비를 주지 않음으로써 나를 붙잡아두고 꼼짝 못하게 만들려고 했다. 그가 적당히 처신했더라면 아마 성공했을 것이다. 그런데 다른 의도가 있던 비탈리는 나로 하여금 마음을 정하도록 강요하여 마침내 그 목적을 달성하고 말았다. 지금까지의 내 모든 노력이 허사라는 것, 내 봉사에 대해서 대사가 감사하기는커녕 그것이 죄나 되는 듯이 나를 책망하고 있다는 것, 이제는 대사에게서 기대할 것이라고는 안에서는 불쾌한 일과 밖에서는 부당함밖에는 없다는 것, 그가 모든 사람들로부터 악평을 받고 있으므로 그의 보살핌이 내게는 도움이 되지 않으면서 그의 잘못된 처사는 내게 해가 될 수 있다는 것을 알게 되자마자, 나는 마음을 정하고 그에게 서기관을 구할 시간을 주면서 사직원을 냈다. 그는 이에 대해 가부를 말하지 않은 채 계속 아무 일도 없다는 듯이 지나갔다. 나는 무엇 하나 더 좋아지는 것도 없고 그가 사람을 구할 준비를 하지 않는 것을 보고, 그의 동생에게 편지를 보내어 내가 사표낸 이유를 자세히 설명하면서 각하가 내 사직을 허락하게끔 해달라고 간청했다. 그리고 아무리 해도 남아있을 수는 없다는 말을 덧붙였다. 나는 오랫동안 기다렸으나 아무 회답도 없었다. 나는 몹시 난처해지기 시작했는데, 마침내 대사가 그 동생으로부터 편지를 받았다. 그 편지는 격렬한 내용임이 틀림없었다. 그도 그럴 것이 대사는 발끈 화를 내기 일쑤였지만, 그가 그렇게 격노한 것은 일찍이 본 적이 없었기 때문이었다. 그는 내게 입에 담지 못

할 욕지거리를 마구 퍼붓고 나서, 더는 할 말이 없었던지 내가 암호문을
팔아먹었다고 비난했다. 나는 하도 어이가 없어 웃기 시작했다. 그리고
그것을 단돈 한 푼이라도 주고 살 정도로 멍청한 사람이 이 베네치아 바
닥에 한 사람이라도 있다고 생각하느냐고 조롱하는 말투로 물었다. 이
대답에 그는 입에 거품을 물면서 분해 어쩔 줄 몰랐다. 그는 나를 창밖
으로 내던져버리겠다고 하면서 부하들을 부르는 시늉을 했다. 그때까
지 나는 아주 얌전히 있었다. 그러나 이러한 위협에 이번에는 내가 그만
분노와 울화가 치밀어 올라 이성을 잃었다. 나는 문 쪽으로 달려가 안에
서 문을 잠그는 손잡이를 잡아당긴 후 엄숙한 걸음걸이로 그에게 다시
돌아와서 말했다.

"안 됩니다, 백작님. 당신 아랫사람들이 이 일에 개입해서는 안 됩니
다. 허락하신다면 이 일은 우리 사이에서 끝났으면 좋겠습니다."

내 행동과 태도가 그를 즉시 진정시켰다. 놀라움과 두려움의 표정이
그의 태도에 뚜렷이 나타났다. 그의 분노가 가라앉은 것을 보고 나는 간
단히 그에게 하직을 고했다. 그리곤 그의 대답을 기다리지도 않고 가서
문을 다시 열고 나와 여느 때처럼 대기실에 기립해 있는 그의 하인들 사
이를 헤치고 유유히 지나갔다. 그런데 지금 내가 생각하기에 이들은 내
게 대항해서 백작의 편을 들기보다는 오히려 그에게 대항해서 내 편을
들었을 것이다. 나는 내 방으로 다시 올라가지 않고 곧장 계단을 내려가
서 당장 그 공관에서 나와 다시는 거기 들어가지 않았다.

나는 그 길로 르 블롱 씨 집에 가서 그 사건을 이야기했다. 그는 그 이
야기를 듣고도 별로 놀라지 않았는데, 대사의 사람됨을 알고 있었기 때
문이다. 그는 식사하라고 나를 붙잡았다. 이 점심식사는 미리 준비된
것이 아니었음에도 불구하고 호화로웠다. 베네치아에 있는 저명한 프
랑스 사람들은 모두 이 자리에 참석했다. 이에 반하여 대사에게는 아무
도 오는 사람이 없었다. 영사는 모인 손님들에게 내 사정을 이야기했

다. 그 이야기를 듣고는 모두들 한목소리를 냈는데, 대사 각하를 편드는 말은 아니었다. 각하는 내게 주어야 할 돈을 전혀 지불하지 않았고 돈이라고는 한 푼도 주지 않아서, 내 전 재산이라고 해야 몸에 지닌 루이 금화 몇 푼밖에 되지 않아 돌아가기에 곤란한 처지였다. 모두들 나를 위해서 주머니를 열었다. 르 블롱 씨에게서 약 20스켕, 르 블롱 씨 다음으로 내가 가장 친하게 지낸 생시르 씨에게서도 같은 액수를 얻었다. 그 외의 다른 이들의 호의는 사절했다. 그리고 대사의 부당한 처사에 대하여 프랑스 사람들은 동조하지 않았다는 것을 온 천하에 증명하기 위하여 출발하는 날까지 영사관의 1등 서기관 집에 가서 묵었다. 대사는 내가 곤경에 빠져 있으면서도 세상 사람들의 환대를 받고 자기는 대사인데도 사람들에게 저버림을 당하는 것이 분해서 완전히 제정신을 잃고 미친 사람처럼 행동했다. 그는 나를 체포하도록 상원에 진정서를 제출할 정도로 자제심을 잃었다. 나는 애초 생각대로 그 다음다음 날 떠나려고 했으나, 비니 신부가 이에 대해 내게 피력한 의견에 따라 2주 더 머무를 결심을 하였다. 사람들은 내가 취한 행동을 보고 칭찬하였다. 나는 모든 사람들의 존경을 받았다. 시의회는 대사의 그 터무니없는 진정서에는 회답조차 주지 않고, 영사를 통해서 미친 사람이 하는 짓에 걱정할 것 없이 나 좋을 대로 얼마든지 베네치아에 머물러 있어도 좋다는 말을 내게 전해왔다. 나는 계속해서 친구들을 만났다. 스페인 대사에게 작별인사를 갔더니 그는 나를 아주 반갑게 맞아주었다. 또 나폴리의 공사 피노키에티 백작[95]에게 작별인사를 갔을 때에는 그가 없어서 편지만 써놓고 왔더니, 그는 다시없이 친절한 회답을 보내왔다. 마침내 나는 베네치아를 떠났다. 나는 궁색하기는 했지만, 아까 말한 두 분에게서 돈을 꾼 것과 모란디라는 상인에게 진 약 50에퀴의 빚 이외에 다른 빚은 남

---

95) 피노키에티 디 파울론 백작(Le comte Finocchieti di Faulon)은 베네치아 주재 나폴리 공사였고 1747년부터는 네덜란드 특사를 역임했다.

기지 않았다. 그리고 모란디에게 진 빚은 카리오가 책임지고 갚아주기로 했다. 그런데 카리오와는 그 후에도 종종 만났지마는 그 돈은 갚지 않고 말았다. 그러나 앞서 말했던 두 분의 빚은 형편이 되자마자 깨끗이 갚아버렸다.

베네치아를 떠나면서 이 도시의 유명한 풍류에 대하여, 적어도 내가 머물렀던 동안 아주 약소하게나마 풍류에 끼어든 것에 대하여 한마디 하지 않을 수 없다. 내가 청춘시절 동안 얼마나 청춘시절의 쾌락, 아니 적어도 사람들이 그렇게 부르는 쾌락을 추구하지 않았는지는 여러분들도 이미 보아온 터이다. 베네치아에서 내 취향은 변하지 않았다. 게다가 내가 하는 일은 내게 그렇게 하지 못하도록 막아야 했을 텐데, 오히려 내가 스스로에게 허용했던 소박한 오락을 한층 더 흥미진진하게 만들었다. 첫째가는 그리고 가장 즐거운 오락은 르 블롱 씨, 생시르 씨, 카리오 씨, 알투나 씨, 프리오울[96] 출신의 신사같이 유능한 사람들과 사귀는 일이었다. 그 신사의 이름을 잊어버려 매우 유감스러운데, 그에 대한 사랑스러운 추억은 지금도 감동 없이 떠올릴 수 없다. 그는 내 평생 내가 알고 지내던 모든 사람들 중 나와 마음씨가 가장 비슷한 사람이었다. 우리는 또 두세 명의 영국인들과도 사귀었는데, 이들은 재치와 지식이 풍부하고 우리와 마찬가지로 음악에 미쳐 있었다. 이들 모두에게는 아내나 여자 친구나 애인들이 있었는데, 애인들은 거의 모두 재주가 있는 여인들로 그녀들 집에서는 음악회나 무도회가 열리기도 했다. 거기서 노름을 벌이기도 했지만 그런 일은 극히 드물었다. 강렬한 취향, 재능, 공연으로 우리에게는 노름 같은 오락이 따분해졌다. 노름이란 원래 지루한 사람들이 찾는 수단에 지나지 않는다. 이탈리아 음악에 대해 파리 사람들이 갖는 편견을 나도 파리에서 갖고 왔다. 그러나 나는

---

96) 이탈리아 북동쪽, 베네치아 남쪽에 위치한 지방이다.

또한 편견이 대항할 수 없는 그런 직감적인 감수성을 타고났다. 그러므로 이 나라 음악을 평가할 소양을 타고난 사람들에게 그 음악이 불어넣는 정열을 나는 곧 갖게 되었다. 곤돌라 뱃사공이 부르는 뱃노래인 바르카롤을 들으면서 그때까지 그런 훌륭한 노래를 들어본 적이 없다고 생각했다. 또 곧 오페라에 매우 심취하게 되었다. 그래서 오페라에만 귀를 기울이고 싶을 때 사람들이 칸막이 좌석에서 수다를 떨고 무엇을 먹고 노름을 하면, 이것이 싫어서 종종 함께 있는 사람들로부터 빠져나와 다른 쪽으로 가곤 했다. 거기서 혼자 내 좌석에 틀어박혀 상연시간이 아무리 길어도 편안하게 그리고 끝까지 그것을 듣는 즐거움에 도취해 있었다. 하루는 성 크리소스톰 극장에서 그대로 잠들었었는데 내 침대에서보다도 훨씬 더 깊이 잠들었다. 그 떠들썩하고 화려한 아리아도 나를 잠에서 깨우지 못했다. 그러나 나를 깨운 아리아의 달콤한 화음과 천사 같은 노래가 내게 일으킨 그 감미로운 감동을 그 누가 표현할 수 있겠는가? 내가 바로 그 순간 귀와 눈을 열었을 때, 그 각성과 그 황홀함과 그 도취란 이루 말할 수 없었다. 내 머리에 떠오른 첫 번째 생각은 내가 천국에 있다는 것이었다. 내가 아직도 기억하고 있고 내 평생 잊지 못할 이 황홀한 곡은 이렇게 시작된다.

나를 지켜주시오, 아름다운 여인이여.
그대는 이렇게 내 마음을 타오르게 한다. 97)

나는 그 곡을 손에 넣고 싶었다. 그래서 그것을 손에 넣었다. 그리고 그것을 오랫동안 간직했다. 하지만 종이 위에 있는 것은 내 기억 속에 있는 것과 같지 않았다. 틀림없이 같은 악보였지만, 같은 것은 아니었다.

---

97) 원문은 다음과 같다.
　　Conservami la bella. Che si m'accendo il cor.

이 신성한 아리아는 그것이 나를 깨운 그날 실제로 연주되었던 것처럼 결코 그렇게 연주될 수 없다. 그러한 연주는 내 머릿속에서만 가능하다.

내 생각으로는 오페라의 음악보다 더욱 우수하고, 이탈리아에서도 세계 어디에서도 그와 비길 만한 것이 없는 음악은 스쿠올레[98]의 음악이다. 이 스쿠올레란 가난한 소녀들을 교육시키기 위하여 만들어진 자선시설인데, 이후 결혼하거나 수도원에 들어갈 때 공화국은 그녀들에게 보조금을 지급한다. 이 소녀들에게 길러주는 재능들 가운데 음악은 1위를 차지하고 있다. 매주 일요일마다 이 네 스쿠올라가 속한 각각의 교회에서는 저녁기도 시간 동안 대관현악단의 반주로 대합창단이 라틴어로 된 짧은 성가를 불렀다. 이탈리아에서 가장 위대한 대가들이 이 성가들을 작곡하고 지휘하며, 철책을 친 교회 특별석 안에 있는 소녀들 —그녀들은 아무리 나이가 많아도 20살을 넘지 않았다— 만이 이것들을 노래하고 연주한다. 나는 이 음악만큼 관능적이고 감동적인 것은 알지 못한다. 기교의 화려함, 가락의 미묘한 맛, 목소리의 아름다움, 연주의 정확성, 이 모든 것이 이 감미로운 합주 속에서 하나로 어울려 어떤 인상을 자아내는데, 이 인상은 교회라는 장소의 위엄과는 분명 어울리지 않지만 어떤 사람의 마음도 이에 저항할 수 없으리라 생각된다. 카리오나 나나 이 '탁발수도승들'의 저녁기도를 결코 빼먹지 않았다. 또 거기에 나가는 것은 우리들만이 아니었다. 그 교회는 언제나 애호가들로 꽉 찼다. 오페라의 배우들까지도 이 훌륭한 모델들에 따라서 노래의 진정한 맛을 익히러 왔다. 나를 가슴 아프게 한 것은 그 망할 놈의 철책들이었다. 이 철책들은 소리만을 내보낼 뿐 그 노래만큼이나 아름다운 천사들의 모습은 내게 숨기고 있었다. 나는 만나는 사람마다 이 이야기만 했다. 하루

---

98) 이탈리아어 '스쿠올레'〔Scuole; 스쿠올라(scuola)의 복수〕는 '학교들'이라는 뜻이다. 이곳은 베네치아에서 소녀들을 받는 자선시설 혹은 고아원으로 소녀들에게 매우 완벽한 음악교육을 시켰다.

는 르 블롱 씨에게 그런 말을 했더니, 그는 내게 이렇게 말했다.

"그렇게 그 소녀들을 보는 것이 소원이라면 당신 소원을 만족시키는 일은 어렵지 않습니다. 내가 그 시설의 임원들 중 한 사람이니까요. 당신이 거기서 그녀들과 함께 간식이라도 들도록 해드리겠습니다."

나는 그가 이 약속을 이행하기까지 그를 가만히 두지 않았다. 그토록 탐내던 그 미인들을 가두어놓은 휴게실에 들어서면서 나는 일찍이 체험하지 못했던 사랑의 전율을 느꼈다. 르 블롱 씨는 내가 그 목소리와 이름만을 알고 있는 그 유명한 여자가수들을 차례차례 내게 소개하였다. "이리 와요, 소피 …" 그녀는 몹시 보기 흉했다. "이리 와요, 카티나 …" 그녀는 애꾸눈이었다. "이리 와요, 베티나 …" 그녀의 얼굴은 곰보로 흉해졌다. 어떤 뚜렷한 흠이 없는 여자는 거의 하나도 없었다. 내 꿈을 짓밟은 르 블롱 씨는 내가 견디기 어려울 정도로 놀라는 것을 보고 웃었다. 둘인가 셋은 그런대로 괜찮게 보였는데, 그녀들은 합창에 끼어서나 겨우 노래를 불렀다. 나는 매우 섭섭했다. 간식을 드는 동안 사람들이 그녀들에게 아양을 떠니 모두들 즐거워했다. 못났다고 해서 매력까지 없는 것은 아니다. 나는 그녀들에게서 매력을 발견했다. 나는 속으로 중얼거렸다. "영혼이 없다면 이렇게 노래를 부르지 못한다. 그녀들에게는 영혼이 있다." 마침내 그녀들에 대한 견해가 싹 바뀌어, 그 시설에서 나올 때에는 그 못생긴 소녀들 모두가 거의 사랑스럽게 느껴졌다. 그녀들의 저녁기도에 다시 나갈 용기는 거의 없어졌지만, 마음을 놓을 이유는 있었다. 나는 여전히 그녀들의 노래를 감미롭다고 생각했다. 그녀들의 목소리가 그 얼굴을 매우 예쁘게 화장시켜 주기 때문에, 노래를 부르는 동안에는 내게 눈이 있어도 끝까지 그녀들을 아름답다고 생각했다.

이탈리아에서는 음악을 하는 데 별로 비용이 들지 않으므로 음악에 취미가 있을 때는 별로 그것을 삼갈 필요가 없다. 나는 클라브생 한 대를 빌리고, 겨우 1에퀴로 네댓 명의 연주자들을 일주일에 한 번씩 집에 불러다가 그들과 같이 오페라에서 가장 즐겁게 들은 곡들을 연습 삼아 연주했다. 여기서 나는 내가 만든 〈사랑의 시신들〉 중 몇몇 기악곡을 시연시켜 보았다. 이 기악곡들이 마음에 들었든지 혹은 내게 아첨하려고 했든지, 성 장 크리소스톰의 발레 선생이 그 중의 두 곡을 요청해왔다. 그래서 나는 그 훌륭한 관현악단이 그것들을 연주하는 것을 듣는 즐거움을 가졌으며, 이 곡에 맞추어 베티나라는 귀여운 여인이 춤추는 것도 볼 수 있었다. 그녀는 예쁘고 특히 애교가 있는 여자로, 내 친구들 중 하나인 파고아라고 불리는 스페인 사람이 부양하는 정부(情婦)였다. 그래서 우리는 매우 자주 그녀의 집에 가서 저녁시간을 보냈다.

그런데 여자들에 관해 말하면, 베네치아 같은 도시에서 여자를 멀리하는 것은 있을 수 없다. 이 문제에 대해서 고백할 것이 아무것도 없느냐고 내게 말할 사람이 있을지 모른다. 그렇다. 사실은 나도 할 말이 좀 있다. 그러면 다른 모든 고백에서와 마찬가지로 솔직하게 이것을 고백하도록 하겠다.

나는 언제나 창녀에게는 혐오감을 갖고 있었다. 하지만 베네치아에서는 창녀 이외에 다른 여자에게는 내 손이 미치지 못했다. 이 나라의 대부분의 집들은 내 신분상 출입이 금지되어 있었기 때문이다. 르 블롱 씨의 딸들도 아주 귀여웠지만 가까이하기가 쉽지 않았다. 게다가 내가 그녀들의 부모를 너무도 존경하고 있었으므로, 그 딸들을 탐낸다는 것은 생각조차 품을 수 없었다. 프로이센 왕 외교관의 딸로 카타네오 양이라 불리는 젊은 여인을 더 좋아했을 것이다. 하지만 카리오가 이 여자와 사랑에 빠져서, 심지어 혼삿말까지 나오고 있었다. 카리오는 생활이 넉넉했지만 내게는 아무것도 없었다. 그의 봉급은 100루이나 되었지만, 나는 100피스톨밖엔 안 되었다. 나는 친구와 경쟁하고 싶지 않았을 뿐더러, 어디에서든 특히 베네치아에서는 이렇게 빈약한 지갑을 갖고 여자에게 수작을 걸 생각을 해서는 안 된다는 것은 알고 있었다. 나는 육체적 욕구를 속이는 해로운 습관[99]을 버리지 못하고 있었다. 베네치아의 풍토가 야기하는 육체적 욕구를 강렬히 느끼기에는 너무도 바빠서, 이 도시에서도 파리에서 지냈던 것처럼 얌전히 1년 가까이 살았다. 18개월을 보내고[100] 이곳을 다시 떠날 때까지 이성을 접한 것은 단 두 번밖에 없었는데, 그것도 다음과 같은 기묘한 상황에서였다.

처음 기회는 그놈의 예의바른 시종인 비탈리가 만들어준 것인데, 내가 강제로 그에게서 정식 사과를 받아낸 이후 얼마 뒤의 일이었다. 식사하는 자리에서 베네치아의 유흥거리들에 대한 이야기가 나왔다. 여기 모인 양반들은 베네치아 창녀들의 친절을 칭찬하고 세계 어디를 가보아도 그만한 창녀는 없다고 하면서, 내가 모든 유흥거리들 중 가장 짜릿한 것에 무관심하다고 나무랐다. 도미니크는 나라면 창녀들 중 제일 귀여운 여자와 사귈 것이 틀림없다는 둥, 자기가 나를 안내하고 싶다는 둥, 내가 그것에 만족할 것이라는 둥의 말을 했다. 나는 이런 친절한 제의에 웃음이 나오기 시작했다. 그리고 이미 연세가 지긋하고 존경할 만한 피아티 백작은 이탈리아 사람에게 기대했던 것 이상으로 솔직하게 말하기를, 내가 적에게 안내를 받아 색주가에 따라갈 만큼 그렇게 어리석지는 않아 보인다고 했다. 사실 나는 그럴 생각도 없었고 또 그럴 욕망도 없었다. 그럼에도 불구하고, 내 자신도 설명하기 어려운 그 모순적인 면들 중의 하나에 의해 마침내 순순히 끌려가게 되었다. 이런 일은 내 취향이나 심성이나 이성이나 심지어 의지에 어긋났지만, 나는 오로지 마음이 약하고 자신 없음을 드러내는 것이 부끄러워서 그리고 이 나라 사람들이 말하듯 '너무 어수룩해 보이지 않기 위해서' 그렇게 한 것이다. 우리들이 간 집에 있는 파도아나[101] 여인은 얼굴도 꽤 예쁘고 아름답기

---

99) 자위행위를 말한다.

100) 이것은 루소의 착각이다. 그는 베네치아에 12개월 머물렀다.

101) 이탈리아 북부 베네치아 주에 있는 도시로 이탈리아어로 파도바나

까지 했지만 내 마음에 드는 미인은 아니었다. 도미니크는 나를 그녀 집에 남겨두고 가버렸다. 나는 소르베를 가져오게 하고, 그녀에게 노래를 시켰다. 그리고는 30분쯤 지나서 테이블에 두카[102] 한 닢을 놓고 나가려고 했다. 그런데 그녀는 그 돈이 자신이 번 것이 아니라고 묘하게도 받기를 사양하였고, 나는 묘한 어리석음을 갖고 그녀의 양심의 가책을 덜어주었다. 공관에 돌아와서는 틀림없이 성병에 걸렸다고 믿고서, 도착하자마자 제일 먼저 한 일이 의사를 부르러 사람을 보내고 의사에게 탕약을 부탁한 것이었다. 그 무엇도 내가 3주 동안 겪은 정신적 불안에 비교될 수 없지만, 그것을 뒷받침하는 어떤 실제적인 불편함이나 눈에 띄는 증세가 나타난 것은 아니었다. 파도아나 여인의 품에서 탈 없이 빠져나올 수 있는 사람이 있다고 생각할 수가 없었다. 의사 자신도 나를 안심시키려고 할 수 있는 노력은 모두 다했다. 그는 내가 체질이 특수하게 생겨먹어서 그런 병엔 쉽사리 감염될 수 없다고 겨우 나를 납득시켜 안심시키는 데 성공했다. 내가 다른 누구보다도 이런 경험은 적었음에도 불구하고, 이 방면에서 병을 얻지 않아 건강한 것을 보면 의사가 옳다는 것이 증명이 된다. 그렇다고 이러한 소견을 믿고 경솔하게 굴지는 않았다. 그리고 내가 사실 자연으로부터 이런 특권을 받아 누리고 있다 하더라도 그것을 남용한 일은 없다고 단언할 수 있다.

내 또 다른 연애도 창녀와의 연애였는데, 그 시작에서나 그 결말에서나 앞의 것과는 완전히 다른 종류의 것이었다. 올리베 선장이 내게 자기 배에서 오찬을 내서, 거기 스페인 서기관을 데리고 갔다는 이야기를 한 적이 있다. 나는 예포(禮砲)를 기대했다. 선원들은 쭉 늘어서서 우리를 맞아주었으나 예포는 한 발도 쏘지 않았다. 카리오가 이 때문에 약간 감정이 상한 것을 보고 나는 자존심이 잔뜩 상했다. 사실 상선에서는 분명

───────────

(Padovana) 이다.

102) 베네치아에서 주조되었던 금화.

히 우리보다 신분이 낮은 사람들에게도 예포를 쏘기 때문이다. 뿐만 아니라 나는 당연히 선장에게서 어떤 특별대우를 받아야 한다고 믿었다. 나는 내 본심을 숨길 수가 없었는데, 본심을 숨기는 것이 나로서는 언제나 불가능하기 때문이다. 비록 오찬이 대단히 훌륭했고 올리베 선장도 매우 환대를 하며 식사를 대접했지만, 나는 오찬을 시작할 때도 기분이 나빴다. 그래서 별로 먹지도 않고 말도 훨씬 덜 했다. 적어도 첫 축배를 들 때는 예포가 있을 것으로 기대했다. 그런데 아무것도 없었다. 내 마음속을 알아차린 카리오는 어린애처럼 투덜거리는 나를 보고 웃었다. 오찬이 3분의 1쯤 진행되었을 때 곤돌라 한 척이 가까이 다가오는 것이 보였다. 선장은 내게 말했다.

"정말이지, 조심하세요. 적이 나타났습니다."

무슨 뜻이냐고 물었더니 대답으로 농담만 늘어놓는다. 곤돌라가 배에 닿는다. 그리고 매우 멋진 옷차림에 매우 민첩하고 눈이 부시도록 아름다운 젊은 여인이 거기서 나와 서너 걸음 뛰더니 선실로 들어왔다. 사람들이 내 옆에 식기를 갖다놓는 것을 보지도 못했는데 벌써 옆에 와서 자리를 잡았다. 그녀는 발랄한 만큼 매력적이었고, 기껏해야 20살이 될까 말까한 갈색머리 소녀였다. 그녀는 이탈리아 말밖에는 못했지만 그 억양만으로도 나를 미치게 만들기에 충분했을 것이다. 그녀는 음식을 먹으면서도 말을 하면서도 나를 쳐다보다가 잠시 나를 뚫어지게 바라보더니 이렇게 외친다.

"아니! 내 사랑 브레몽 아니세요? 정말 오래간만이네요."

그리고는 내 품안에 왈칵 안기더니 자기 입술을 내 입술에 비벼대며 숨이 막히도록 나를 껴안는다. 동양인 같은 커다랗고 까만 두 눈은 내 가슴에 정열의 화살을 쏘았다. 나는 처음에는 놀라움에 약간 얼떨떨했으나 순식간에 욕정에 사로잡혀, 사람들이 보고 있는데도 곧 그 미녀 자신이 나를 제지하지 않으면 안될 정도였다. 왜냐하면 나는 도취되었기에, 아니 더 정확히 말하면 광란에 빠졌기 때문이다. 그녀는 내가 자기 뜻대로 된 것을 알자, 애무하면서 좀더 절제하였지만 자신의 격렬함을 누그러뜨리지는 않았다. 그녀는 자신이 보인 이 모든 격정의 원인 — 그것이 진실이든 거짓이든 — 을 우리에게 설명할 마음이 들었을 때, 우리에게 이렇게 말했다. 내가 토스카나의 세관장인 브레몽 씨와 착각할 정도로 꼭 닮았다는 것, 그녀가 브레몽 씨에게 반했었고 지금도 그렇다는 것, 그녀가 바보여서 그와 헤어졌다는 것, 나를 그 사람 대신 낚았다는 것, 자기 마음에 들기 때문에 나를 사랑하고 싶다는 것, 같은 이유로 그녀 마음에 드는 동안은 나도 그녀를 사랑해야 한다는 것, 그리고 그녀가 나를 버릴 때라도 그녀의 사랑 브레몽이 그랬던 것처럼 나도 참아야 한다는 것이다. 그녀가 말한 대로 되었다. 그녀는 나를 자기 남자처럼 완전히 갖고 놀았다. 내게 장갑, 부채, 허리띠, 머리쓰개를 들렸다. 내게 이리 가라, 저리 가라, 이것 해라, 저것 해라 명령을 내리면 나는 그대로 복종했다. 내 곤돌라를 타고 싶으니 가서 자기 곤돌라는 돌려보내라고 했다. 그래서 그 말을 들었다. 카리오와 할 말이 있으니 나더러 자리를 비키고 그가 거기 앉도록 부탁하라고 했다. 그래서 그렇게 했다. 둘이서는 같이 꽤 오랫동안 소곤거렸다. 나는 그들이 하는 대로 내버려두었다. 그녀가 불러 돌아왔더니, 그녀는 내게 이렇게 말했다.

"이봐요, 자네토, 나는 프랑스식으로 사랑받는 것은 조금도 원치 않아요. 심지어 프랑스식이라면 기분 좋지 않을 것 같거든요. 따분해지거든 그 즉시 떠나요. 어중간하게 있지 말고요. 미리 경고하는 거예요."

우리는 오찬을 마친 후 무라노에 있는 유리공장을 보러갔다. 그녀는 자질구레한 장신구들을 많이 샀는데, 아무렇지도 않게 그 값을 우리가 치르게 했다. 그러나 그녀는 우리가 쓴 전부보다 훨씬 더 많은 팁을 여기저기 뿌렸다. 그녀는 무관심하게 자기 돈을 낭비하고 우리에게도 돈을 낭비하게 했는데, 그런 무관심에 비추어 보면 돈은 그녀에게 아무런 가치가 없는 것처럼 보였다. 다른 사람으로 하여금 자기를 위해 지불하게 하는 것도, 내 생각에는 인색함이 아니라 허영심에서 그런 것이다. 그녀는 사람들이 그녀의 총애를 받기 위해 돈을 많이 쓰는 것을 자랑으로 여겼다.

저녁때 우리들은 그녀를 집까지 데려다주었다. 이야기하면서 나는 그녀의 화장대 위에서 권총 두 자루를 보았다. 나는 그 중 하나를 집어 들고는 이렇게 말했다.

"아, 아! 새로운 종류의 애교점 보관상자군요. 그 사용법을 알 수 있을까요? 당신에게는 이런 것들보다 더욱 발사가 잘되는 다른 무기들이 있다는 것을 압니다."

이런 식의 몇 마디 농담 후에 그녀는 자신을 훨씬 더 매력적으로 만드는 순진한 자부심을 갖고 우리에게 말했다.

"전혀 좋아하지 않는 남자들에게 몸을 줄 때 나는 그들이 내게 주는 지루함에 대해 값을 지불하게 해요. 그것은 너무나 당연한 일이지요. 그러나 애무는 참을 수 있지만 그들이 주는 모욕을 참고 싶지는 않아요. 그래서 내게 무례하게 구는 남자는 누구든 나도 가만 놔두지 않을 거예요."

그녀와 헤어지면서 나는 다음 날 그녀와 만날 약속을 잡았다. 나는 그녀를 기다리게 하지 않았다. 그녀는 격식을 차리지 않고 너무나 야한 실내복 차림으로 있었는데, 그런 차림은 남쪽 나라에서나 볼 수 있는 것으로 지금도 기억이 너무나 생생하지만 그것을 묘사하며 즐기지는 않을 것이다. 단지 그 소매와 가슴 장식의 테두리가 장미색 방울 술이 달린 명주실로 둘러졌다는 정도만 말하겠다. 이것은 아름다운 피부에 더욱 생기를 불어넣는 것처럼 보였다. 이것이 베네치아에서 유행이라는 것은 그 후에 알았다. 그런데 그 효과가 매우 매혹적인데도 불구하고 왜 그 유행이 프랑스에 들어오지 않았는지 지금도 이상하게 생각될 정도이다. 나는 이런 쾌락이 나를 기다리고 있으리라고는 상상도 못했다. 나는 황홀하게 라르나주 부인에 대해서 이미 말한 바 있는데, 지금까지도 가끔 그녀를 생각하면 황홀해진다. 그러나 그녀는 나의 줄리에타에 비하면 정말 늙고 못생기고 생기가 없었다. 이 매혹적인 소녀의 매력과 애교를 상상하려고 애쓰지 마시라. 당신이 아무리 해도 사실과는 너무 동떨어져 있을 것이다. 수도원의 젊은 처녀들도 이렇게 싱싱하지는 못할 것이며, 터키 후궁의 미녀들도 이토록 발랄하지는 못할 것이고, 독실한 회교도에게 약속된 천국의 미녀들도 이만큼 짜릿하지는 못할 것이다. 이토록 달콤한 향락은 결코 인간의 감정이나 감각에 주어진 적이 없었다. 아! 적어도 한순간만이라도 그것을 고스란히 전부 맛볼 수 있었다면!… 나는 그것을 맛보았지만, 매혹은 없었다. 나는 그 모든 지극한 즐거움을 감퇴시켰고 좋을 대로 그것을 죽여버렸다. 아니, 자연은 애당초 내가 즐거움을 누리도록 만들지 않았다. 자연은 이 말로 표현할 수 없는 행복에 대한 갈망을 내 가슴속에 집어넣고 내 잘못 만들어진 머릿속에는 그 행복을 죽여버리는 독을 집어넣었다.

내 생애에서 내 천성을 잘 드러내는 사건이 하나 있다면, 그것은 내가 지금 이야기하려고 하는 사건이다. 나는 내가 쓰고 있는 책의 목적을 지금 강렬히 기억하고 있는데, 이러한 강렬함 때문에 이 목적의 완수에 방해가 될 거짓 예의범절은 여기서 무시해야만 할 것이다. 여러분이 누구든 한 인간을 알고 싶다면 과감히 다음의 두세 쪽을 읽어보시라. 그러면 장자크 루소라는 인간을 완전히 알게 될 것이다.

나는 마치 사랑과 미의 성전에라도 들어가듯 창녀의 방에 들어갔다. 그녀가 사랑과 미의 화신으로 보이는 것 같았다. 그녀가 내게 체험하게 한 그와 같은 것을 존경심이나 존중심 없이도 느낄 수 있으리라고는 결코 믿지 못했을 것이다. 처음으로 친숙한 상태에서 그녀의 매력과 애무의 가치를 체험하자마자, 나는 그 열매를 잃어버릴까 미리 겁이 나서 서둘러 그것을 따려고 했다. 그런데 나를 집어삼켰던 정염의 불길 대신 나는 갑자기 혹독한 냉기가 혈관에 흐르고 있음을 느낀다. 다리가 후들후들 떨리고 금방이라도 기절할 것 같아 앉아서 어린애처럼 울어버린다.

내가 무엇 때문에 눈물을 흘리고 또 이 순간 내 머리에서 무슨 생각이 떠올랐는지 누가 추측이나 할 수 있으랴? 나는 이렇게 생각하고 있었다.

"현재 나의 처분하에 놓인 이 대상은 자연과 사랑의 걸작으로, 그 정신도 육체도 완전무결하다. 그녀는 사랑스럽고 아름다운 데다가 그만큼 선량하고 너그럽다. 고관대작들과 군주들도 그녀의 노예가 될 것이다. 제왕의 홀(忽)이라도 그녀의 발밑에 놓일 것이다. 그렇지만 그녀는 뭇사람들에게 몸을 맡기는 하찮은 창녀에 불과하지 않은가. 일개 상선의 선장도 그녀를 마음대로 주무른다. 그녀는 내가 무일푼이라는 것을 알고 있고 또 그녀가 알 수 없는 내 재능은 그녀가 보기에 아무것도 아닐 것이 틀림없는데, 그녀가 그런 내게 수작을 걸고 있다. 여기에는 상상도 못할 것이 있다. 내 마음이 나를 속이고 내 관능을 사로잡아 일개 천한 매춘부에 속아 넘어가게 한 것인가, 아니면 나로서는 알 수 없는 어떤 은밀한 결점이 그녀의 매력이 내는 효과를 소멸시키고 그녀를 놓고 서로 다투어야만 할 사람들에게 그녀를 추악하게 만드는 것이 틀림없다."

나는 이상하게 정신을 집중하여 그 결점을 찾기 시작했다. 나는 거기에 매독이 관련될 수 있다고는 생각조차 하지 못했다. 그 싱싱한 살갗, 그 눈부신 얼굴의 빛깔, 그 백옥 같은 치아, 그 달콤한 입김, 그리고 전신에 넘쳐흐르는 그 청초한 자태는 내 그런 생각을 완전히 물리쳐버렸다. 그래서 파도아나 여인과 관계한 이후 여전히 건강상태에 의심을 갖던 나는 도리어 내가 그녀에 대해 충분히 흠이 없지 않다는 가책을 느꼈다. 그리고 나는 이 점에서 내 믿는 바가 틀리지 않았다고 매우 확신하고 있다.

이렇게 때마침 떠오른 생각으로 격해져 울고 말았다. 줄리에타는 그 상황에서 분명 이런 광경을 전혀 보지 못했기 때문에 잠깐 어안이 벙벙

했다. 그러나 그녀는 방을 한 바퀴 돌고 거울 앞을 지난 후, 이러한 변덕
에 조금도 그녀에 대한 불쾌감이 관련된 것이 아니라는 것을 알았다. 그
리고 내 눈도 그녀에게 그것을 확인시켜주고 있었다. 그녀로서는 내 변
덕을 낮게 하고 그런 사소한 부끄러움을 잊게 하는 것이 어려운 일이 아
니었다. 그러나 처음으로 한 남자의 입술과 손을 허용하는 듯이 보였던
그녀의 젖가슴에서 막 황홀감을 느끼려는 순간, 그녀의 한쪽 유방에 젖
꼭지가 없다는 것을 알아차렸다. 나는 깜짝 놀라 자세히 보니 그 유방이
다른 유방과 형태가 같지 않아 보인다고 생각된다. 어떻게 해서 한쪽 유
방에 젖꼭지가 없을 수 있는지 생각해내려고 애쓰다가 이것이 어떤 현
저한 자연적인 결함에서 기인한다는 확신을 갖게 되었고, 이런 생각을
자꾸만 되풀이한 결과 내가 상상할 수 있는 가장 매력적인 여인 대신에
일종의 괴물, 자연과 인간과 사랑의 쓰레기에 지나지 않는 것을 품에 껴
안고 있다는 사실이 불을 보듯 명백히 보였다. 나는 어리석기 그지없어
서 그녀에게 젖꼭지가 없는 유방에 대해 말하기까지 했다. 그녀는 처음
에는 그것을 농담으로 받아들이고, 쾌활한 기분으로 내 애간장을 녹일
언행을 보였다. 그러나 나는 불안의 기조를 떨치지 못해 그것을 그녀에
게 감출 수 없었고, 마침내 그녀가 얼굴을 붉히고 옷매무새를 고치고 다
시 일어서더니 단 한마디 말도 없이 창가로 가 앉는 모습이 보였다. 내
가 그녀 곁으로 가려고 했더니, 그녀는 창가를 획 떠나 휴식용 긴 의자
에 가서 앉더니 곧 일어났다. 그리고는 부채질을 하면서 방안을 왔다갔
다하다가 차갑고 경멸적인 어조로 내게 말했다.

"자네토, 여자들은 포기하고 수학공부나 하시지요."

그녀와 헤어지기 전에 나는 그녀에게 내일 한 번 더 만나자고 했는데,
그녀는 약속을 그 다음다음 날로 미루고는 빈정거리는 미소를 지으면서
나더러 좀 쉬는 것이 좋을 것이라고 덧붙였다. 나는 불편한 기분으로 그
시간을 보냈다. 그동안 내 마음은 그녀의 매력과 애교로 가득 차 있었

고, 내 엉뚱한 행동을 느끼고 그것을 자책했고, 그 순간을 내 인생의 가장 감미로운 순간으로 만드는 일이 오직 내게 달려있었는데 그것을 그렇게 망쳐버린 것을 아쉬워했고, 이런 손해를 만회할 순간을 못 견딜 정도로 초조하게 기다리고 있었다. 그러나 이 사랑스러운 소녀의 완벽한 아름다움과 그녀의 비천한 처지를 양립시키는 데 아직도 불안한 마음이 드는 것은 어쩔 수 없었다. 약속한 시간에 맞추어 그녀의 집으로 날듯이 달려갔다. 불같은 성질을 가진 그녀가 이러한 방문으로 더 만족스러웠을는지는 모르겠다. 적어도 그녀의 자존심만은 만족해졌으리라. 내 잘못을 고칠 수 있는 방법을 그녀에게 보여주리라는 감미로운 즐거움을 모든 점에서 미리부터 맛보았다. 그러나 그녀는 내게 이런 시험을 보는 것을 면제해주었다. 나는 곤돌라를 대면서 그녀 집에 뱃사공을 보냈는데, 그에게서 그녀가 어제 저녁에 플로렌스로 떠났다는 말을 전해 들었다. 그녀를 소유했을 때에는 내 사랑을 절절이 느끼지 못했건만, 이제 그녀를 잃고 나니 그 사랑이 매우 애절하게 느껴졌다. 내 분별 없는 미련은 내게서 떠나지 않았다. 내가 보기에 그녀가 아무리 사랑스럽고 매력적이라 해도, 그녀를 잃은 것에 대해서는 마음을 달랠 수 있었다. 그러나 솔직히 말해서 내가 견딜 수 없었던 것은 그녀가 나에 대해서 경멸적인 추억밖에는 가져가지 않았다는 점이다.

　이상이 내가 겪은 두 가지 사건이다. 베니스에서 18개월 동안 지냈지만 기껏해야 계획으로만 그친 일 한 가지 이외에는 더 이상 말할 것이 없다. 카리오는 바람둥이였다. 다른 남자에게 매여 있는 계집들의 집에만 늘 드나드는 데 싫증이 난 그는 자기대로 계집을 하나 따로 두고 싶다는 생각을 하게 되었다. 그런데 우리 두 사람은 서로 떨어질 수 없는 사이여서 그는 내게 우리 둘이서 여자 하나를 갖자는 협상을 제의했다. 이는 베네치아에서는 흔히 있는 일이었다. 나는 거기에 동의했다. 안심할 수 있는 여자를 구하는 것이 문제였다. 카리오가 열심히 찾아 헤맨 끝에 11

살에서 12살 된 소녀를 하나 발굴했는데, 악독한 어머니가 팔려고 하던 계집아이였다. 우리는 함께 가서 그녀를 보았다. 이 아이를 보니 여간 측은한 마음이 들지 않았다. 그녀는 금발에다 어린 양같이 온순해서, 이탈리아 여자라고는 믿어지지 않을 정도였다. 베네치아에서는 생활비가 매우 적게 들어서, 우리는 그 어머니에게 얼마간의 돈을 주어 딸의 생활비를 대주었다. 그녀는 노래 부르기에 좋은 목소리를 가지고 있었다. 우리는 그녀에게 돈벌이가 될 재주를 마련해주려고, 소형 피아노인 스피넷 한 대와 노래선생을 붙여주었다. 이 모든 비용이라야 우리 각자에게 한 달에 2스켕도 채 들지 않았으므로, 우리는 다른 지출들에서 한결 더 돈을 절약했다. 그러나 그 소녀가 성숙할 때를 기다려야 했으므로, 열매를 따기 전까지 씨를 많이 뿌리는 격이었다. 그렇지만 거기 가서 저녁나절을 보내면서 그 아이와 함께 아주 천진무구하게 이야기하고 장난치는 데 만족했으므로, 그 소녀의 몸을 소유했던 것보다 어쩌면 더 재미있게 즐겼다. 우리로 하여금 여자에게 가장 애착을 갖게 하는 것은 음탕함이라기보다는 여자 곁에서 지내는 어떤 즐거움이라는 것은 너무나 진실이다. 나도 모르게 내 마음은 이 귀여운 안졸레타에게 끌렸다. 하지만 그것은 부성애 같은 것이었다. 거기에 관능이란 그리 관계되어 있지 않아서 이런 부성애가 더해갈수록 거기에 관능을 개입시킨다는 것은 그만큼 더 불가능하게 되었다. 나는 이 소녀가 나이가 찼을 때 그녀를 가까이 한다면 마치 끔찍한 근친상간을 저지르는 것처럼 혐오감을 느낄 것이라는 예감이 들었다. 나는 선량한 카리오의 생각도 부지불식간에 나와 같은 쪽으로 흐르고 있다는 것을 알았다. 우리는 생각지도 않게, 우리가 처음에 생각했던 것과는 아주 다른 그러면서도 그에 못지않게 달콤한 즐거움을 준비했다. 그리고 이 가련한 아이가 아무리 미인이 되었다 하더라도 우리는 그녀의 순결을 짓밟기는커녕 그 보호자가 되었을 것이 분명하다. 그러나 그후 얼마 안 있다가 내게 좋지 않은 큰일이

84

생겨서 이같이 선행에 참여하는 즐거움을 갖지 못했다. 그러므로 이 일에서는 오직 내 마음의 성향에 대해서만 만족할 뿐이다. 이젠 다시 내 여행으로 되돌아가자.

몽테귀 씨의 공관을 나올 때 내 처음계획은 제네바로 물러가서 어떤 더 나은 운명이 장애들을 물리쳐주고 나를 내 가련한 엄마와 다시 결합시키기를 기다리는 것이었다. 그러나 우리의 싸움이 물의를 일으키고 그가 어리석게도 궁정에 그것을 보고하는 바람에, 내 자신이 궁정에 직접 나가서 내 행위를 설명하고 그 미치광이의 행위에 대해 항의할 결심을 하지 않을 수 없게 되었다. 나는 이 결심을 베네치아에서 르 테이유 씨103) 에게 알렸는데, 그는 아믈로 씨가 죽은 후 외무대신 대리를 역임한 사람이다. 나는 이 편지를 내자마자 떠났다. 베르가모, 코모, 도모도솔라 등을 거쳐 생플롱 고개104) 를 넘었다. 시옹에서는 프랑스 대리공사 쉐농 씨105) 가 내게 갖가지 호의를 베풀었다. 또 제네바에서는 라 클로쥐르 씨가 그 정도로 호의를 베풀었다. 그곳에서 나는 고프쿠르 씨와의 친분을 새롭게 다졌는데, 이 사람에게서는 받을 돈도 좀 있었다. 나는 아버지를 만나지 않고 그냥 니옹을 지나쳤다. 그렇게 하는 것이 대단히 고생스러워서가 아니라, 참담한 실패 후에 계모에게 얼굴을 내밀 결심을 할 수 없었기 때문이다. 그녀는 내 말을 들으려 하지도 않고 나를 판단할 것이라고 확신했기 때문이다. 아버지의 옛 친구로 서적상인 뒤

---

103) Jean Gabriel de La Porte du Theil(1683~1755) : 외무부 부대신(副大臣)을 지내고 여러 차례 외국 주재 외교업무 특사를 역임하였는데, 그는 특히 외교관들과 교신을 유지하는 역할을 맡았다. 그의 대리 기간은 1744년 11월 18일 다르장송 후작이 외무부장관으로 지명될 때까지 지속되었다.

104) 루소는 생플롱(Saint Plomb)이라고 썼지만 생플롱(Simplon)이 옳다. 생플롱은 발레와 피에몬테 사이에 있는 길이 난 고개이다.

105) Pierre de Chaignon(1703~1787) : 피에르 드 쉐농은 막 시옹 주재 프랑스 변리공사로 임명받은 상태였다.

빌라르106)는 이러한 내 잘못을 심하게 꾸짖었다. 나는 그에게 그 이유를 말했다. 계모를 만나는 위험을 피하면서도 내 잘못을 바로잡을 수 있도록 나는 마차를 세내고 둘이 같이 니옹까지 가서 주막에서 내렸다. 뒤빌라르가 내 가련한 아버지를 부르러 갔다. 아버지는 한 걸음에 달려와서 나를 부둥켜 안았다. 우리는 저녁을 같이 먹었다. 내 마음에 매우 감미롭게 느껴진 하룻밤을 지낸 후, 이튿날 아침 뒤빌라르와 함께 제네바로 돌아왔다. 이때 그가 내게 베푼 선행에 대해서 나는 늘 그에게 감사한 마음을 간직하고 있었다.

　리옹을 거치는 길이 제일 가까운 길은 아니었다. 그러나 몽테귀 씨의 몹시 비열한 장난질을 확인하기 위해서 그곳을 경유하고 싶었다. 전에 나는 금실로 수놓은 웃옷 한 벌과, 커프스 몇 쌍, 비단으로 된 흰 긴 양말 여섯 켤레를 넣은 작은 궤짝 하나를 파리에서 보내게 한 적이 있었다. 그 이상은 아무것도 없었다. 나는 몽테귀 씨 자신이 제안한 대로 이 궤짝 아니 더 정확히 말하자면 이 상자를 그의 짐과 함께 부치도록 했다. 그런데 그는 내게 봉급을 지불하면서 내게 주려고 자기 손으로 쓴 터무니없이 비싼 계산서 속에서 이 조그마한 상자를 고리짝이라고 하면서 무게가 11켕탈107)이 나간다고 기입해서 그 막대한 가격의 운임을 내게 물렸던 것이다. 108) 로갱 씨로부터 소개받은 그 조카 되는 부아 드 라 투르 씨109)의 수고로 그 고리짝의 무게가 45리브르밖에 나가지 않았다

---

106) 에마뉘엘 뒤빌라르(Emmanuel Duvillard, 1693~1776)는 암스테르담에서 서적상을 하다 1721년부터는 제네바에서 서적상을 했다.

107) 1켕탈은 100리브르이고 1리브르는 약 5백 그램이다.

108) 실제로 몽테귀는 파리에서 마르세유로 온 고리짝 운임 1,150리브르에서 138리브르를 루소의 봉급에서 공제했다.

109) 피에르 부아 드 라 투르(Pierre Boy de La Tour, 1706~1758)는 예전에 네덜란드의 장교였고 파리에 정착한 다니엘 로갱(Daniel Roguin)의 조카딸과 결혼했다.

는 것과, 따라서 이에 상당한 운임밖에 지불되지 않았다는 것이 리옹과 마르세유 세관 장부에 의거해 증명되었다. 나는 이 공인증명서를 몽테귀의 자필로 쓴 계산서와 함께 철했다. 그리고 이런 서류들과 이와 같은 효력을 갖는 다른 여러 가지 서류들을 갖고, 이것들을 이용하려고 매우 안달하면서 파리로 갔다. 이 긴 여정 동안 코모와 발레 또 다른 곳에서 사소한 모험담들도 있었다. 또 여러 가지를 구경했는데, 그 중에서도 보로메 섬110)은 묘사할 가치가 충분히 있다. 하지만 지금은 시간이 촉박하고 염탐꾼들이 귀찮게 따라다니고 있어서, 한가함과 평온함이 없는 나로서는 그런 한가함과 평온함을 요할 일을 불완전한 대로 서둘러 쓰지 않을 수 없다. 만약 언젠가 신의 가호로 마침내 보다 조용한 나날이 돌아오면, 가능한 한 그 시간을 이 작품을 개정하는 데 쓰고 싶다. 아니면 적어도 내가 이 작품에 꼭 필요하다고 느낀 증보(增補)라도 했으면 한다. 111)

내 사건에 관한 소문은 나를 앞질러 파리에 퍼졌다. 그래서 내가 도착하니 관청에서나 세간에서나 모든 사람들이 베네치아 대사의 터무니없는 짓에 분노하고 있었다. 그럼에도 불구하고, 또 베네치아에서 사람들이 항의하는 소리가 높고 내가 반박할 여지가 없는 증거를 제시했음에도 불구하고, 나는 정당함을 전혀 인정받지 못했다. 보상이나 변상을 받기는커녕, 심지어 내 봉급마저도 대사의 재량에 맡겨졌다. 그런데 그 이유는 오로지 내가 프랑스 사람이 아니므로 국가의 보호를 받을 권리가 없으며 이 사건은 그와 나 사이의 개인적인 일에 불과하기 때문이라는 것이다. 모두들 내 편을 들어, 나는 모욕과 피해를 당했고 불운했으며, 대사는 냉혹하고 편파적인 괴상한 사람이며, 이 사건 전부는 두고두고 그에게 불명예가 되리라는 것을 인정했다. 그러나 결국 그는 대사

---

110) 이탈리아의 라기오레 호수에 있는 4개의 섬.
111) [원주] 나는 이 계획을 단념했다.

요, 나는 일개 서기관에 불과하지 않은가. 사회의 안정과 질서 혹은 사람들이 그렇게 부르는 것이 내가 정당함을 전혀 인정받지 못하기를 요구했으며, 나는 전혀 그렇게 인정받지 못했다. 내가 시끄럽게 떠들어대고 그 미치광이를 그에 합당한 미치광이로 공공연히 취급한다면 결국에 가서는 사람들이 나더러 입을 닥치라고 할 것이라는 생각이 들었다. 그것은 내가 바라던 바였다. 나는 판결이 내릴 때까지는 결코 복종하지 않으리라 결심했다. 그러나 그 무렵에는 외무대신이 없었다. 사람들은 나를 떠들게 내버려두고 심지어 부추기기까지 했고 나와 합세했다. 하지만 사건은 여전히 원상태였다. 결국 내가 줄곧 옳으면서도 결코 정당함을 인정받지 못하는 데 지쳐서, 마침내 용기를 잃고 모든 것을 포기하고 말았다.

　나를 반겨 맞지 않은 사람은 브장발 부인 한 사람뿐이었는데, 나는 정말 그녀로부터 이런 부당한 대우를 받으리라고는 전혀 생각지도 못했다. 신분과 귀족계급의 특권의식으로 가득 찬 그녀로서는 대사쯤 되는 사람이 일개 서기관에게 잘못할 수 있다고는 결코 믿을 수 없었다. 이러한 편견에 부합되게 그녀는 나를 대접했다. 나는 이런 대접에 화가 나서 그녀의 집을 나오자 아마 내가 썼던 편지들 중 격렬하고 신랄한 것들에 속하는 편지 한 통을 그녀에게 쓰고, 결코 그 집에 출입하지 않았다. 카스텔 신부는 나를 그보다는 더 후대했다. 그러나 나는 예수회원다운 그의 감언이설을 통해서 그가 사회의 대원칙들 중의 하나, 즉 약자를 언제나 강자의 제물로 바쳐야 한다는 원칙을 꽤나 충실히 따르는 것을 보았다. 내 입장이 정당하다는 강렬한 의식과 내 타고난 자존심 때문에 나는 이런 불공평을 묵묵히 참고 견딜 수 없었다. 나는 카스텔 신부를 만나는 일을 그만두었고, 따라서 카스텔 신부밖에 아는 사람이 없는 예수회 시설에 가는 일도 중지하였다. 뿐만 아니라 그의 동료들이 가진 포학하고 음모를 잘 꾸미는 기질은 선량한 에메 신부의 순박함과는 아주 달라서,

그때부터 예수회 사람들은 전혀 보지 않을 정도로 그들과의 왕래를 멀리하게 되었다. 그러나 뒤팽 씨 댁에서 두세 번 만난 베르티에 신부112)만은 예외였는데, 이 신부는 뒤팽 씨와 함께 몽테스키외를 반박하는 데 전력을 기울이고 있었다.

　몽테귀 씨에 대해 남은 이야기를 더 이상 다시 말하지 않도록 지금 모두 끝내도록 하자. 우리가 다툴 때 나는 몽테귀 씨에게 "당신에겐 서기관이 아니라 법무사 서기가 필요합니다"라고 말한 적이 있다. 그는 이 의견을 따라 실제 내 후임으로 진짜 법무사를 채용했다. 그런데 그는 1년도 되지 않아 대사의 돈을 2, 3만 리브르나 훔쳐냈다. 대사는 그를 쫓아내고 감옥에 집어넣었고, 소란과 추문을 일으키면서 자기 시종들도 내쫓았다. 그리고 어디서나 싸움을 벌이고, 하인이라도 참을 수 없는 모욕을 당하고, 마침내는 너무 미친 짓을 많이 저지른 끝에 본국으로 소환되어 은퇴를 당하고 말았다. 그가 궁정에서 받은 징계처분들 중에는 나와의 사건도 누락되어 있지 않았음이 분명하다. 어쨌든 그는 파리에 돌아온 지 얼마 되지 않아 내게 급사장을 보내어 나와의 셈을 청산하고 돈을 치러주었다. 나는 그때 돈이 궁했다. 베네치아에서 진 빚, 법적으로는 문제가 없지만 정말이지 명예를 걸고 갚아야 할 빚이 내 마음을 무겁게 누르고 있었다. 그래서 이 빚도 갚고 또 자네토 나니의 어음도 청산하기 위해서 나는 굴러 들어온 돈줄을 놓치지 않았다. 내게 주겠다는 돈을 받고 그 돈으로 내가 진 빚을 다 갚아버렸다. 그리고 나니 예전처럼 돈 한 푼 없는 신세가 되었지만, 견딜 수 없었던 중압감에서는 벗어났다. 그 이후로 나는 몽테귀 씨에 대해서 아무 이야기도 듣지 못했다.

112) Guillaume-François Berthier (1704~1782) : 예수회원이자 철학과 신학 교수였으며 이후 1745년부터 1762년까지 〈주르날 드 트레부〉의 편집자가 되었다. 그의 사후 그의 원고에서 발췌된 《루소의 사회계약론에 대한 소견》이 그의 친구들에 의해 출간되었다.

단지 그가 죽었을 때 그것을 소문으로 들었을 뿐이다. 신이여, 그 가련한 사람이 고이 잠들도록 하소서! 내가 어린 시절에 법무사라는 직업이 적임이 아니었듯이 그도 대사라는 직업이 적임이 아니었다. 그렇기는 하지만 내 봉사로 자신의 지위를 명예롭게 유지하고, 내가 젊었을 때 구봉 백작이 내 장래를 위해 마련해 놓았던 그 직업에 신속히 오르도록 나를 밀어주는 것은 오로지 그에게 달려있었다. 그러나 내가 더 나이가 먹어 그 직업을 수행할 수 있게 된 것은 오직 나 혼자 힘으로 이룬 것이다.

내 고소가 정당함에도 불구하고 소용이 없었다는 것은 이 불합리한 사회제도에 대한 의분의 싹을 내 영혼에 뿌려놓았다. 이런 제도에서는 진정한 공동선과 참다운 정의가 어떤 표면적인 질서에 늘 희생되는데, 이 표면적인 질서야말로 사실 모든 질서를 파괴하며 약자의 억압과 강자의 부정행위를 공적인 권위를 갖고 단지 추가적으로 승인하는 데 지나지 않는다. 그러나 그 당시 두 가지 요인이 이 싹의 성장을 방해하여, 그 이후에야 이 싹이 성장하게 되었다. 그 한 요인은 이 일에 내 자신이 관련되었다는 것이다. 결코 위대하고 고귀한 것을 낳은 적이 없는 사리사욕은 오직 정의에 대한 가장 순수한 사랑에만 속하는 그 신성한 충동을 내 마음에서 이끌어낼 수 없는 것 같다. 또 하나의 요인은 우정의 매력으로, 그것은 더욱 부드러운 감정의 지배력을 통하여 내 분노를 진정시키고 누그러뜨렸다. 나는 베네치아에서 내 친구 카리오의 친구인 한 비스카야[113] 사람과 사귀었는데, 그는 모든 선량한 사람의 친구가 될 만한 사람이었다. 온갖 재능과 모든 미덕의 자질을 갖고 태어난 이 사랑스러운 젊은이는 미술에 취미를 붙이기 위하여 막 이탈리아를 일주했다. 그리고 그는 더 이상 아무것도 얻을 바가 없다고 생각하고 고국으로 곧장 돌아가려 하고 있었다. 나는 그와 같이 학문에 힘쓰기 위해 태어난

---

113) 바스크인이 사는 스페인 북서부의 지방.

천재에게는 예술이란 오락에 불과하다고 말했다. 그리고 그에게 학문에 취미를 붙이기 위해 파리로 여행가서 6개월 정도 머무르라고 권했다. 그는 내 말을 믿고 파리로 갔다. 그는 파리에 있으면서 나를 기다리고 있었는데 내가 도착했던 것이다. 그의 숙소가 그에게는 너무 넓어서 그 절반을 내게 제공한다기에 이를 받아들였다. 나는 그가 수준이 높은 학문에 열중하는 것을 보았다. 그는 이해하지 못하는 것이 없었다. 놀라울 정도로 빠른 속도로 무엇이나 삼키고 소화했다. 자기 자신도 짐작하지 못했지만 지식욕으로 고통받던 자신의 정신에 그 양식을 마련해 주었다고 내게 얼마나 감사했는지 모른다. 그리고 나는 그의 강렬한 영혼 속에서 얼마나 많은 지혜와 미덕의 보고를 발견했던가! 이 사람이야말로 내게는 꼭 필요한 친구라고 느꼈다. 우리 둘은 절친해졌다. 우리의 취미는 같지 않았고, 언제나 논쟁은 그치지 않았다. 둘 다 고집이 대단해서, 아무것에도 결코 의견이 일치하지 않았다. 그러면서도 우리는 서로 떨어질 수 없었다. 끊임없이 서로 반대하면서도, 둘 중의 어느 편도 상대방이 그렇지 않기를 원하지 않았다.

이그나시오 엠마누엘 데 알투나는 스페인에서만 태어나는 희귀한 인물 중의 한 사람이었는데, 스페인의 영광이라는 관점에서 보면 그런 인물이 너무 적게 배출된다. 그에게서는 그 나라 사람들에게 공통적인 격렬한 국민성을 찾아볼 수가 없었다. 복수하겠다는 욕망이 그의 마음에 생길 수 없는 것처럼 복수하겠다는 생각도 그의 머리에 떠오를 수 없었다. 복수심을 품기에는 너무도 자존심이 강했다. 나는 그가 어떤 사람도 그의 영혼에 상처를 입힐 수 없다고 아주 냉정하게 말하는 것을 종종 들었다. 여성에게는 친절했지만 유혹에 빠지지는 않았다. 귀여운 어린애들과 놀듯이 여인들과도 놀았다. 친구 애인들과 함께 있기를 좋아했지만, 나는 그에게 애인이 있는 것을 전혀 본 적도 없고 애인을 갖고 싶다는 욕망도 전혀 본 적이 없다. 그의 가슴속에서 타오르는 미덕의 불길은 욕정의 불꽃이 이는 것을 허락하지 않았다. 여행을 마친 후 그는 결혼했고, 아이들을 남기고 젊은 나이에 세상을 떠났다. 나는 그의 아내가 그에게 사랑의 즐거움을 알려준 최초의 또 유일한 여인이라는 것을 한 점의 의혹도 없이 확신하고 있다. 그는 겉으로는 스페인 사람과 같은 독실한 신자였지만, 속으로는 천사와 같은 신앙심을 갖고 있었다. 내 평생에 나를 제외하고 다른 종교에 대해 관용적인 사람은 유일하게 그 사람밖에 보지 못했다. 그는 다른 사람에게 종교에 대해서 어떻게 생각하는가를 결코 알아본 적이 없었다. 자기 친구가 유태인이든 개신교도이든 터키인이든, 편협한 신앙을 가진 사람이든 무신론자이든, 올바른 사람이기만 하면 그는 조금도 개의치 않았다. 아무래도 좋을 의견에는 완고하게 고집을 부리면서도, 종교문제나 심지어 도덕문제에 관해서는 생각에 잠겨 잠자코 있거나 아니면 그저 "나는 내 일밖에 몰라"라고 할 뿐이었다. 그렇게 고귀한 영혼과 사소한 데까지 미치는 세심한 정신을 겸비할 수 있다는 것은 믿을 수 없는 일이다. 그는 자기 일과를 몇 시간, 몇 십 분, 몇 분으로 미리 나누어서 정해놓고 아주 주도면밀하게 그 배분된 시간을 지켰다. 그래서 한 문장을 읽다가도 시간이 되면 다 끝내지 않은 채 책을 탁 덮을 정도였다. 이렇게 쪼개놓은 시간표의 시간들 중 이런 공부를 위해 배분된 시간이 있고 저런 공부를 위해 배분된 시간들이 있다. 또한 성찰, 대화, 예배, 로크의 책읽기, 묵주신공, 방문, 음악, 회화를 위한 시간들도 있었다. 쾌락도 유혹도 배려도 이 순서를 바꾸어놓을 수는 없었다. 있다면, 꼭 이행해야 할 어떤 의무만이 그 순서를 바꾸어놓을 수 있었을 것이다. 그가 내게 자기 시간표에 따르라고 시간표를 만들어 주었을 때, 나는 처음에는 웃었지만 나중에는 감탄으로 눈물을 흘렸다. 결코 그는 남을 방해하지도 않았으며, 남에게 방해받는 것도 참지 못했다. 그는 예의를 갖고 자기를 방해하려는 사람들에게 무례하게 굴었다. 그는 성은 잘 내도 토라지지는 않았다. 나는 그가 화난 것은 자주 보았지만 불만스러워하는 것은 본 일이 없다. 그의 기분만큼 쾌활한 것은 없었다. 놀림을 받고도 화내지 않았고 자기도 즐겨 남을 놀렸다. 그는 심지어 그런 데 뛰어났고, 풍자의 재능도 있었다. 사람들이 추켜세우면 시끄럽고 요란스럽게 지껄였다. 그래서 목소리가 멀리까지 들렸다. 그러나 고함치는 중에도 웃는 것이 보이고, 격노한 와중에서도 모든 사람들의 웃음을 터트리게 하는 어떤 농담이 나왔다. 그는 기질에서만큼 안색에서도 스페인 사람다운 데가 없었다. 피부색은 하얗고, 볼은 혈색이 좋고, 머리색은 거의 금발에 가까운 밤색이었다. 키도 크고 몸매도 좋았다. 그의 영혼이 깃들기에 알맞도록 만들어진 육체였다.

머리만이 아니라 마음을 쓰는 데도 현자였던 그는 인간들을 잘 알고 있었으며 내 친구였다. 이것이 그들이 누구든 내 친구가 아닌 사람들에게 주는 내 대답의 전부이다. 우리는 몹시 친했으므로 여생을 같이 지내자는 계획을 세웠다. 나는 몇 년 후에 아스코이티아에 가서 그의 소유지에서 같이 살 계획이었다. 이 계획의 모든 부분에 대해서는 그가 출발하기 전날 우리 두 사람 사이에 합의를 보았다. 더할 나위 없이 훌륭히 합의를 본 이 계획에서 부족한 점이 있다면 그것은 오직 인간이 어쩔 수 없는 부분뿐이었다. 그 후의 사건들, 내가 겪은 재난들, 그의 결혼 그리고 끝으로 그의 죽음은 우리 두 사람을 영원히 갈라놓고 말았다. 성공하는 것이라고는 나쁜 사람들의 음흉한 음모밖에는 없는 것 같다. 그리고 선한 사람들의 순진한 계획들은 거의 한 번도 실현되지 않는다.

나는 남에게 의존한다는 것을 불편하게 느꼈기 때문에 다시는 그런 위험한 짓을 않겠다고 굳게 결심했다. 좋은 기회가 와서 품었던 야심찬 계획이 그 시작부터 무너져버리는 것을 보고 난 후, 시작할 때는 참 좋았지만 그럼에도 불구하고 조금 전에 쫓겨난 그 직업에 다시 들어가기가 싫어져서, 나는 아무에게도 의존하지 않고 그저 내 재능만을 이용해서 독립적으로 지내기로 결심했다. 사실 그때까지는 너무 겸손하게만 생각했던 내 재능의 진가를 이제야 알기 시작했다. 나는 베네치아에 가느라고 중단했던 오페라[114] 일에 다시 착수하였다. 그 일에 더욱 조용히 전심하려고 알투나가 떠난 후 전에 있던 생캉탱 여관으로 돌아가 머물렀다. 이 여관은 뢰상부르에서 별로 멀지 않은 한적한 구역에 있었으므로 시끄러운 생토노레 거리보다 내가 편안하게 일하기에 한결 편리하였다. 여기야말로 내가 불행할 때에도 하늘이 내게 맛보게 해준 단 하나의 진정한 위안이 나를 기다리고 있었다. 그리고 지금 이 위안만이 내게 불행을 견디게 해주고 있다. 이것은 일시적인 교제가 아니다. 나는 이것이 어떻게 해서 이루어졌는지 좀 자세히 이야기하지 않으면 안 된다.

이 여관의 새 여주인은 오를레앙 태생이었다. 그녀는 세탁 일을 시키려고 스물두세 살 되는 같은 고향 처녀를 하나 고용했다. 그 처녀는 여주인과 마찬가지로 우리와 함께 식사를 들곤 했다. 그녀는 이름이 테레즈 르바쇠르[115]로 괜찮은 집안 출신이었다. 아버지는 오를레앙 조폐창의 관리였고, 어머니는 장사를 했다. 이들에게는 아이들이 많았다. 그런데 조폐창이 잘되지 않아서 아버지는 실직하고 말았다. 어머니도 몇 번 파산을 당한 후에 일을 제대로 하지 못해서 장사도 집어치우고, 남편과 딸을 데리고 파리로 올라왔다. 파리에서는 딸이 일해서 세 식구가 연

---

114) 〈사랑의 시신들〉.

115) Thérèse Levasseur(혹은 Le Vasseur)(1721~1801) : 1721년 9월 12일 오를레앙에서 태어난 테레즈 르바쇠르는 조폐창 관리인 프랑수아 르 바쇠르(François Le Vasseur)와 마리 르누(Marie Renoux) 사이에서 태어났다. 1744년과 1745년 사이의 겨울에 루소는 자신이 묵던 생캉탱 여관에서 세탁 일을 하는 하녀 테레즈를 만난 것으로 보인다. 이후 테레즈는 루소를 죽을 때까지 돌보았다. 루소는 그녀에게서 정서적 만족이라기보다는 오히려 생리적 충족을 찾았다. 대개의 경우 그녀는 진정한 의미의 배우자라기보다는 가정부이자 간호사의 역할을 맡았다. 그들은 자기들 소생의 5명의 아이들을 모두 버렸고, 이 때문에 루소는 일생 동안 죄책감에 시달렸다.

명하고 있었다.

이 처녀가 식탁에 나타나는 것을 처음 보았을 때 나는 그녀의 얌전한 태도에, 그리고 그녀의 활기 넘치고 부드러운 시선에 더더욱 감동받았는데, 나로서는 일찍이 그와 같은 시선을 대한 적이 없었다. 식탁에는 본느퐁 씨 외에 아일랜드와 가스코뉴의 신부들 몇몇, 이들과 같은 부류의 또 다른 사람들이 모여들었다. 여주인 자신도 방탕한 생활을 했던 사람이었기 때문에, 거기서 예의바르게 말하고 행동하는 사람은 나 하나밖에 없었다. 사람들이 그 귀여운 처녀에게 수작을 걸어서 내가 그녀 편을 들었다. 그러자 당장 내게 야유가 쏟아졌다. 이 가엾은 처녀에게 본래 아무런 애정이 없었더라도, 그녀를 동정하고 그녀를 위해 항변하면서 그녀에게 마음이 끌리게 되었을 것이다. 나는 언제나 내 태도와 말이 예의바르기를 원했고, 특히 여자들에 관해서는 그러했다. 나는 공공연히 그녀의 보호자가 되었다. 내 눈에 그녀가 내 보살핌을 알아차리는 것이 보였다. 그리고 그녀의 눈길은 그녀가 감히 입으로는 표현하지 못하는 고마움에 활기를 얻어 그 때문에 더욱 내 마음을 파고들 따름이었다.

그녀는 매우 소심했고 나도 마찬가지였다. 이러한 공통적인 성향으로 두 사람의 관계는 멀어질 것같이 보였지만 아주 급속도로 가까워졌다. 여주인은 이것을 눈치 채고는 노발대발했고, 그녀의 학대로 그 귀여운 처녀와의 연애사업은 한층 진도가 나갔다. 그녀는 그 집에서 기댈 곳이라는 나 하나밖에 없어서 내가 외출하는 것을 고통스럽게 바라보았고, 자신의 보호자가 돌아온 후에는 한숨을 내쉬었다. 우리들의 마음의 공통점과 성향의 일치는 곧 그 일상적 효과를 냈다. 그녀는 내가 진실한 남자라고 보았는데, 그녀가 잘못 생각한 것은 아니었다. 나는 그녀가 감수성이 풍부하고 소박하며 아양을 떨지 않는 처녀라고 보았는데, 나 또한 잘못 생각한 것은 아니었다. 나는 그녀에게 그녀를 버리지 않겠지만 그녀와 결코 결혼하지도 않을 것이라고 먼저 선언했다. 사랑과 존경과 순진한 진실함이 내게 승리를 가져다 준 수단이었는데, 내가 그녀에게 적극적이지 않았으면서도 행복했던 것은 그녀의 마음이 부드럽고 정숙했기 때문이다.

그녀는 내가 그녀에게서 찾고 있다고 생각되는 것을 발견하지 못해 화를 내지나 않을까 하는 염려를 갖고 있었다. 무엇보다도 그런 염려가 내 행복을 늦추었다. 나는 그녀가 몸을 내주기 전에 어쩔 줄 모르고 당황해하고 자기 마음을 이해시키고 싶어 하면서도 감히 이유를 설명하지 못하는 것을 보았다. 나는 그러한 당혹감의 진정한 원인을 생각해내기는커녕 전혀 터무니없고 그녀의 품행에 대해 아주 모욕적인 원인을 생각해냈다. 그리고 그녀가 내 건강이 위태로워질 수 있다고 경고하고 있다는 생각이 들어 난감한 상태에 빠졌다. 그렇다고 단념하지 않았지만 며칠 동안 내 행복은 망쳐졌다. 우리는 서로의 속마음을 조금도 이해하지 못해서, 그 문제에 대한 우리의 대화는 죄다 너무나 우스꽝스러운 수수께끼이고 횡설수설이었다. 그녀는 내가 완전히 미쳤다고 믿을 참이었고, 나는 그녀에 대해 어떻게 생각해야 할지 더 이상 알 수 없을 판이었다. 마침내 우리는 서로의 생각을 밝혔다. 그녀는 자신의 무지와 한 호색한의 교활함에 의해 소녀시절이 끝날 무렵 딱 한 번 잘못을 저질렀다고 울면서 고백했다. 나는 그녀를 이해하자마자 환호성을 질렀다.

"처녀라고!" 나는 외쳤다. "그것도 바로 파리에서, 그것도 바로 20살에 처녀를 찾는다니! 아, 나의 테레즈여! 나는 얌전하고 건강한 너를 갖게 되어서 그리고 처녀를 찾지 않은 판국에 네가 처녀가 아닌 것을 알게 되어서 너무도 행복하다."

처음에는 그저 일시적인 즐거움을 얻을 궁리만 했었다. 그러나 나는 내가 그 이상의 일을 했고 반려자를 갖게 되었다는 것을 알았다. 이 훌륭한 처녀에 어느 정도 익숙해지고 내 처지에 대해 다소나마 성찰하다 보니 내가 단지 내 쾌락만을 생각하면서도 내 행복을 위해 대단한 일을 했다는 것을 느끼게 되었다. 나에게는 사라진 야심 대신에 내 마음을 채워주는 강렬한 감정이 필요했다. 요컨대 엄마를 대신할 사람이 필요했다. 엄마와 더는 같이 살 수 없는 운명이었으므로 나에게는 그녀의 제자와 같이 살 수 있는 어떤 사람, 내가 보기에 소박하고 온순한 마음 — 엄마는 일찍이 내게서 그런 마음을 보았다 — 을 갖고 있는 누군가가 필요했다. 감미로운 가정의 사생활이 내가 단념한 찬란한 운명을 보상해야 했다. 내가 완전히 혼자였을 때 내 마음은 공허했는데, 그것을 채우기 위해서는 단 한 사람의 마음만 필요했다. 자연은 그런 마음116) 을 위해 나를 만들어 놓았는데, 운명은 내게 적어도 부분적으로 그 마음을 빼앗고 나로부터 그 마음을 멀어지게 하였다. 그때부터 나는 혼자였다. 왜냐하면 나에게는 전부(全部) 가 아니면 무(無) 였지 그 중간이란 없었기 때문이다. 나는 테레즈에게서 내가 필요로 하는 보완물을 발견했다. 나는 그녀 덕분에 세상만사가 흘러가는 데 따라 내가 행복할 수 있는 한 행복하게 살았다.

나는 우선 그녀의 정신을 계발하려고 했다. 그러나 그것은 헛수고였다. 그녀의 정신은 자연이 만들어놓은 것이어서 거기서 교육과 보살핌이 성과를 거두지 못했다. 전혀 부끄러움 없이 털어놓는 말이지만 그녀는 글자는 그럭저럭 쓰지만 결코 제대로 읽을 줄은 몰랐다. 데 프티 샹신(新) 거리에 살러 갔을 때, 우리 방 창 맞은편의 퐁샤르트랭 대저택에 있는 큰 시계가 보였는데, 그것을 갖고 한 달 이상 그녀에게 시계 보는 법을 가르치려고 애썼지만 그녀는 지금까지도 그것을 거의 모르고 있다. 일 년 열두 달도 영 차례대로 따라갈 수 없었고, 내가 숫자들을 가르쳐주려고 가진 애를 썼음에도 불구하고 숫자는 하나도 알지 못한다. 그녀는 돈도 셀 줄 모르고 물건가격도 전혀 모른다. 말할 때 입에서 나오

---

116) 바랑 부인을 말한다.

는 말이 그녀가 하려는 말과 정반대인 경우가 적지 않다. 예전에 나는 뤽상부르 부인을 즐겁게 해주려고 테레즈가 쓰는 말을 기록한 사전을 만든 적도 있었고, 그녀의 무지에서 나온 착각은 내가 출입하던 사교계들에서 유명해졌다. 그러나 그렇게 소견이 없는, 아니 그렇게 우둔하다고 말해도 무방한 이 여인이 어려운 경우에는 훌륭한 충고를 해줄 수 있는 분별력이 있었다. 스위스나 영국이나 프랑스에서 내가 곤경에 처해 있을 때면, 종종 그녀는 내 자신도 보지 못했던 것을 보았고 내게 따라야 할 최선의 의견을 내놓았으며 내가 맹목적으로 뛰어드는 위험으로부터 나를 구해냈다. 그리고 가장 지체 높은 신분의 귀부인들이나 고관대작들이나 군주들 앞에 섰을 때도 그녀는 자신의 의견과 건전한 판단력과 답변과 처신으로 모든 사람들의 존경을 받았고 나는 그녀의 장점에 대해 진실함이 느껴지는 찬사를 받았다.

사랑하는 사람들 옆에 있으면 감정은 마음뿐 아니라 정신도 살찌우는 법이어서, 다른 곳에서 아이디어를 구할 필요가 거의 없다. 나는 이 세상에서 최고로 뛰어난 천재와 함께 사는 것만큼이나 즐겁게 나의 테레즈와 함께 살았다. 그녀의 어머니는 옛날에 몽피포 후작부인을 모시고 자랐다고 뽐내며 재치 있는 척하고 딸의 정신을 지배하려 들었으며 자기가 늘 쓰는 교활한 수단을 부려 우리 둘의 순진한 관계를 깨뜨렸다. 이렇게 귀찮게 구는 것이 지겨워서 나는 감히 테레즈와 함께 공개적으로 나서지 못하는 내 어리석은 부끄러움을 어느 정도 극복하게 되었고, 우리들은 단 둘이서 가까운 야외에서 산책하기도 하고 약소한 간식을 들기도 했는데, 내게는 매우 즐거웠다. 나는 그녀가 나를 진정으로 사랑하는 것을 알았고, 이로 인해 나의 애정은 배가되었다. 이 달콤한 친밀감이 나에게는 모든 것을 대신해 주었다. 미래는 더 이상 나와 관련이 없거나 혹은 현재의 연장으로서만 관련이 있었다. 그저 바라는 것이 있다면 현재의 지속을 확고히 하는 것이었다.

　이 애착은 내게 다른 모든 소일거리를 쓸데없고 싱겁게 만들었다. 나는 이제 테레즈 집에 가는 것 이외에는 외출하지 않았다. 그녀의 집은 거의 나의 집이 되었다. 이렇게 호젓한 생활은 내 일에 매우 유익해서 석 달이 못 되어 내 오페라의 가사와 곡이 완전히 다 만들어졌다. 남은 것이라고는 약간의 반주와 중음부(中音部)를 만드는 일뿐이었다. 이 막일은 나를 매우 귀찮게 했다. 그래서 필리도르에게 수익을 나누어주기로 하고 이 일을 맡아달라고 부탁했다. 그는 두 번 와서 오비디우스의 막[117]의 중음부를 좀 만들어주었다. 그러나 그는 언제 받을지도 모르고 심지어 꼭 받게 될는지 어떨지 모르는 보수를 위해서 이 부단한 작업에 열중해서 매달릴 수가 없었다. 그래서 그는 더 이상 오지 않았고, 나 자신이 그 일을 끝내고 말았다. [118]

　이렇게 해서 내 오페라가 만들어졌지만, 이것을 어떻게 활용하느냐가 문제였다. 그것은 오페라를 만드는 일보다 훨씬 더 어려운 일이었다. 파리에서는 혼자 떨어져 살면 아무것도 성취할 수 없었다. 그래서 나는 라 포플리니에르 씨[119]의 힘을 빌려서 내 길을 열려고 생각했다. 고프쿠르가 제네바에서 돌아오면서 나를 그의 집에 안내한 적이 있었다. 라 포플리니에르 씨는 라모의 후원자였고, 라 포플리니에르 부인은 라모의

---

117) 제2막을 말한다.

118) 루소가 필리도르의 공동작업에 대해 이렇게 자세히 말하는 것은 루소가 부분적으로만 〈사랑의 시신들〉을 만들었다는 소문이 돌았기 때문이다.

119) Alexandre-Jean-Joseph Le Riche de la Pouplinière(1693~1762) : 1721년부터 징세청부인이 되었고 1739년 리슐리외가(街)의 호화로운 대저택을 구입하였는데, 이곳은 파리의 사교예술계의 중심들 중 하나로 급부상했다. 루소가 고프쿠르에 의해 이곳에 안내되었을 때, 볼테르, 라모, 화가인 방 로(Van Loo)와 라 투르(La Tour) 등이 이곳의 단골손님들이었다. 포플리니에르(Poplinière)는 푸플리니에르(Pouplinière)의 착오로 보인다.

지극히 겸손한 제자였다. 그러므로 라모는 사람들이 말하는 것처럼 이 집에서 모든 일을 자기 뜻대로 결정할 만큼 세도가 당당했다. 나는 그가 자기 제자들 중 한 사람의 작품이라면 기꺼이 밀어줄 것이라고 판단해서, 내 작품을 그에게 보이려고 했다. 그러나 그는 악보를 읽을 줄 몰라서 그런 일이 너무 귀찮다고 하면서 내 작품을 보기를 거절했다. 라 포플리니에르는 그 점에 대해 라모에게 그것을 들려줄 수는 있다고 말하고, 연주자들을 불러서 몇 곡만 연주시켜보는 것이 어떠냐고 내게 권했다. 내게는 더 바랄 나위 없는 일이었다. 라모는 동의는 했지만 투덜거렸다. 그리고 음악 하는 집안에서 음악을 배운 것이 아니라 혼자서 음악을 배운 사람의 작곡이라면 보나마나 훌륭한 작품일 수 없다는 말을 계속 되풀이했다. 나는 서둘러서 대여섯 곡을 골라 파트들을 따로 복사했다. 10명가량의 연주자들과 가수로서는 알베르, 베라르, 부르보내 양[120] 이 내게 주어졌다. 라모는 서곡부터 계속 지나친 찬사를 늘어놓기 시작해서, 서곡이 내 작품일 수 없다는 뜻을 비쳤다. 그는 어느 한 곡도 참을 수 없다는 기색을 보이지 않고는 그냥 넘어가는 법이 없었다. 그러나 카운터테너의 아리아에 이르러 박력 있고 우렁찬 노래와 몹시 화려한 반주가 펼쳐지자 그는 더 이상 자제할 수 없었다. 그는 사람의 눈살을 찌푸리게 만드는 무례함을 보이면서 내게 불쑥 말을 걸더니, 그가 방금 들었던 것의 일부는 음악에 조예가 깊은 사람의 작품이지만 그 나머지는 음악이 무엇인지조차 모르는 무식한 사람이 만든 것이라고 주장했다. 사실 내 작품은 기복이 심하고 규칙을 벗어난 것으로서 고상한 곳도 있고 매우 평범한 곳도 있었다. 오직 몇 번에 걸친 천재성의 폭발로 인해 정신적으로 고양된 사람이 만들었지만 학식이 전혀 받혀주지 않는 작품에서는 그런 일이 있을 수 있다. 라모는 나를 재주도 없고 취향도

---

120) 당시 오페라 극장의 가수들.

없는 보잘것없는 표절가로 본다고 주장했다. 121) 그러나 그 자리에 있던
사람들, 특히 그 집주인은 그와 마찬가지로 생각하지 않았다. 당시 라
포플리니에르 씨와, 사람들이 다 알고 있듯이, 라 포플리니에르 부
인122) 을 자주 만나고 있던 리슐리외 씨는 내 작품 이야기를 듣고, 그 전
부를 들어보고 싶어 했다. 그것이 자기 마음에 들면 궁정에서 연주하게
할 계획이 있었던 것이다. 그래서 왕실의 의전과 공연용 경비를 감독하
는 경리관인 본느발 씨123) 저택에서 왕실 경비로 대합창과 대관현악으
로 연주되었다. 지휘는 프랑쾨르124) 가 하였다. 그 결과는 놀라웠다. 리
슐리외 공작은 끊임없이 환호성과 박수갈채를 보냈다. 타소의 막125) 가
운데 어떤 합창이 끝나자 그는 일어서서 내게로 와 손을 잡으며 말했다.

"루소 씨, 정말 아주 황홀한 화음이군요. 이보다 더 아름다운 것은 결
코 들어본 적이 없소이다. 이 작품을 베르사유에서 연주하게 하고 싶소
이다."

---

121) 오만하고 화를 잘 내는 라모는 살롱에서 이런 무례한 행동을 일상적으로
보였다고 한다.

122) Mme de la Pouplinière(1714~1756) : 테레즈 부티뇽 데 예즈(Thérèse
Boutinon des Hayes)는 덴마크 왕을 모시던 퇴역 장교와 미미 단쿠르라
고 하는 여배우 사이에서 태어났다. 플뢰리 추기경은 그녀와 라 푸플리니
에르의 관계가 징세청부인의 직책과 양립할 수 없다고 생각하여 결혼을
명령했고, 이에 따라 그녀는 1737년 라 푸플리니에르와 결혼했다. 이들은
매우 사랑하여 결혼했지만, 1744년 라 푸플리니에르 부인은 왕실 시종장
이자 왕실 공연 총감독관인 리슐리외 공작을 사귀게 되었다.

123) 미쉘 드 본느발(Michel de Bonneval)은 안무가이면서 작곡가로서, 그
자신이 발레곡과 오페라를 작곡하기도 했다.

124) François Francoeur(1698~1787) : 발레 음악가로 왕실 음악 총감독관으
로 임명되었고 1736년에는 친구인 프랑수아 르벨과 함께 왕실 음악아카데
미 감독관을 맡았다. 1755년부터 1766년에 걸쳐 이들은 함께 오페라 극장
의 지휘를 맡았다.

125) 제 1막을 말한다.

그 자리에 있었던 라 포플리니에르 부인은 한마디 말도 하지 않았다. 라모 씨는 초대를 받았지만 여기 오고 싶어 하지 않았다. 다음 날 라 포플리니에르 부인은 화장하면서 나를 맞았는데 무척 냉대했고 내 작품을 헐뜯고 싶어 했다. 그리고 내게 말하기를 리슐리외 씨가 처음에는 번쩍거리는 싸구려 장식에 눈이 멀었을지 몰라도 이제 제정신이 들었으니 내 오페라에 기대를 걸지 말라고 충고한다는 것이다. 조금 있다가 공작이 도착했다. 그런데 그가 하는 말은 전혀 달라서, 내 재능에 대해 듣기 좋은 말들을 늘어놓고 여전히 국왕 앞에서 내 작품을 연주시키고 싶어 하는 눈치였다. 그는 이렇게 말했다.

"타소의 막만은 궁중에서 연주될 수가 없소. 그것은 딴 것으로 다시 써야 할 것이오."

이 단 한마디에 나는 집에 가서 파묻혔다. 그리고 3주 만에 타소 대신 시(詩)의 여신에게서 영감을 얻은 헤시오도스[126]를 소재로 한 다른 1막을 썼다. 나는 이 막에서 내 재능과 자신의 질투로 내 재능을 기꺼이 빛내주고 싶어 했던 라모의 이야기를 일부 집어넣을 묘안을 찾았다. 이 새로운 막에는 타소의 막만큼 거창하지는 않지만 더욱 기품 있는 고귀함이 있었다. 거기 들어간 음악은 마찬가지로 고상하고 훨씬 더 잘 만들어

---

126) 헤시오도스(Hesiodos, 기원전 8세기경~기원전 7세기경): 고대 그리스의 서사시인. 전설에 따르면 그는 양떼를 돌보고 있었는데 시의 여신(뮤즈)이 나타나 그에게 시적 재능을 주었다고 한다. 시의 여신은 그에게 시인의 지팡이와 목소리를 주면서 "영생을 누리는 축복받은 신들에 대해 노래하라"고 명령했다는 것이다. 그는 주로 도덕적이고 교훈적인 시를 썼다. 〈노동과 나날〉은 돈을 헤프게 써서 형에게 남겨진 유산을 가로채려고 소송을 낸 동생 페르세스에 대한 교훈과 충고를 담고 있다. 〈신통기〉(神統記)는 올림포스 신들의 계보를 찾아 세계의 생성을 체계화한 것으로, 그 뒤 그리스 철학의 형성에 큰 영향을 주었다. 그는 여기서 신의 정의와 노동의 존귀함을 서술하고 있다.

졌다. 만약 다른 두 막도 이에 필적할 만한 것이었다면, 작품 전체는 공연되는 쪽으로 유리한 도움을 주었을 것이다. 그런데 그 작품의 수정을 마쳤을 때, 또 다른 계획이 생겨서 그 실행이 일시 중단되고 말았다.

　퐁트누아 전투[127]에 뒤이어 온 겨울에는 베르사유에서 축제가 많이 벌어졌다. 그 중에도 프티트 제퀴리 극장에서는 여러 가지 오페라가 상연되었다. 이 중에는 볼테르의 극 〈나바르의 왕녀〉[128]도 끼어 있었다. 이 극은 라모의 작곡으로, 얼마 전에 〈라미르의 향연〉이란 제목으로 바뀌어 개작된 것이다. 이 새로운 주제로 인해 원작 막간극의 가사나 곡에 여러 가지 수정을 가할 필요가 있었다. 이 이중의 목적을 수행할 수 있는 사람을 발견하는 것이 관건이었다. 당시 볼테르는 로렌에 있으면서 라모와 둘이서 때마침 〈영예의 전당〉이라는 오페라에 매달려 있었으므로 둘 다 이 오페라까지 관여할 수 없었다. 리슐리외 씨가 나를 생각해 내고, 사람을 보내 나더러 그 일을 맡아보라고 제안했다. 그리고 내가 할 일이 무엇인지 더 잘 검토할 수 있도록 가사와 악보를 따로따로 내게 보냈다. 무엇보다도 나는 원작자의 동의를 받지 않으면 가사에 손을 대고 싶지 않았다. 그래서 나는 이 문제에 대해서 적절하게 매우 예의바르

---

127)　오스트리아 계승전쟁으로 프로이센과 오스트리아는 대립관계에 들어갔고, 프랑스는 프로이센과 오스트리아는 영국과 동맹을 맺었다. 1745년 영국은 프랑스에 평화협정을 강요하고 앞으로 있을 프로이센과의 전투에 아무런 부담 없이 임하기 위해 파리로 진군할 계획을 세웠다. 그러나 삭스 원수가 지휘하는 프랑스군은 공격하려는 영국군을 저지하기 위하여 벨기에로 침투했다. 1745년 5월 11일 삭스 원수는 캠버랜드 공작이 지휘하는 영국군에게 퐁트누아에서 대승을 거두었다.

128)　황태자의 결혼식을 위해 작곡된 코미디 발레(comédie-ballet) 〈나바르의 왕녀〉는 1745년 2월 23일 베르사유의 프티트 제퀴리 극장에서 상연되었다. 볼테르는 자신의 작품이 평범하고 따분하다고 생각하고, 3막으로 된 이 작품을 1막으로 줄여 돌아오는 겨울에 다른 제목으로 상연하자는 제안을 받아들였다.

고 더 나아가 경의를 표하는 편지를 그에게 보냈다.[129] 다음이 그의 답
장인데, 원문은 편지모음집 A. 1호에 있다.

1745년 12월 15일

귀하는 지금까지 흔히 분리되어 왔던 두 가지 재능을 겸비하고 계십니
다. 이미 이것만으로도 제가 당신을 존경하고 또 사랑하려고 노력하는
두 가지 충분한 이유가 됩니다. 저는 당신이 당신의 재능에 그다지 값
하지 못하는 졸작에 그 두 가지 재능을 쓰는 것을 송구스럽게 여기는
바입니다. 실은 몇 달 전에 리슐리외 공작으로부터 따분하고 전체 맥락
과는 동떨어진 몇몇 장면들 — 그 장면들은 그것들과는 관계없이 만들
어진 막간극들에 배치될 예정이었습니다 — 의 하찮고 보잘것없는 초
고를 급히 만들라는 엄명을 받았습니다. 저는 한 치의 어김도 없이 분
부를 따랐습니다만, 매우 급히 하느라 그리 제대로 만들지 못했습니
다. 저는 이 보잘것없는 초안을 보내기는 했지만 이것이 사용되지 않든
지 그렇지 않으면 제가 그것을 수정해야 할 것이라고 생각했습니다. 그
것이 당신의 수중에 들어간 것은 천만다행입니다. 당신은 그것을 완전
히 당신 마음대로 하셔도 좋습니다. 저는 그것을 완전히 잊어버리고 있
었습니다. 한낱 초안이지만 그것을 그토록 빨리 작성하는 바람에 어쩔
수 없이 생긴 모든 잘못들을 당신이 수정하고 부족한 것 모두를 채워주
시리라 믿어 의심치 않습니다.

　　제가 저지른 여러 가지 실수들 가운데서 무엇보다도 그라나다의 왕
녀가 어떻게 돌연 감옥에서 나와 정원이나 궁전으로 들어가느냐는 것
이 막간극을 연결하는 그 장면들에서도 언급되지 않는다는 것이 기억
납니다. 왕녀에게 향연을 베푸는 사람이 마술사가 아니라 스페인의 영

---

129) 루소가 볼테르에게 편지를 보낸 것은 1745년 12월 11일로 이는 상연일
　　11일 전이다. 그러므로 그는 자기가 맡은 일을 끝낸 후 볼테르에게 단지
　　승인을 얻기 위해 편지를 쓴 것이다.

주이므로, 어떤 것도 마술로 이루어져서는 안될 것 같습니다. 제가 단지 막연한 생각만을 갖고 있는 그 대목을 선생님께서 기꺼이 다시 보아주시기를 부탁드립니다. 감옥이 열리고 그 왕녀를 감옥에서 꺼내어 그녀를 위해 준비된 금빛으로 반짝거리는 아름다운 궁전으로 모시는 것이 필요한 것인지도 보아주십시오. 이 모든 것은 극히 하찮은 것이어서 이런 사소한 것들까지 진지한 일로 삼는다는 것은 생각이 있는 사람에게 어울리지 않는 일이라는 것은 잘 알고 있습니다. 그러나 될 수 있는 한 사람들의 비위를 거스르지 않는 것이 중요하기 때문에, 시시한 오페라의 막간극에서조차도 될 수 있는 한 이치에 맞도록 하지 않으면 안됩니다.

저는 귀하와 발로 씨130) 에게 일체를 맡기고, 가까운 장래에 귀하에게 감사의 뜻을 표하고 제가 어느 정도까지 당신에게 감사하고 있는지 확실히 말할 영광을 가지리라 생각합니다 … 등.

그 이후부터 그가 내게 쓴 반쯤은 무례한 편지들에 비교할 때 이 편지가 보여주는 극도의 정중함에 놀라지 말아야 한다. 그는 내가 리슐리외 씨로부터 대단한 총애를 받고 있다고 믿었다. 그리고 사람들은 그에게 궁정사람 같은 유연성이 있다는 것을 알고 있었는데, 그는 그런 성격 때문에 새로 나타난 사람에 대한 평판의 정도를 더욱 잘 알 때까지 그 사람에 대해 대단한 존경을 표시하지 않을 수 없었다.

볼테르에게서 허락도 받았고 나를 해치려고만 하는 라모에 대해서는 전혀 개의치 않아도 되었으므로, 나는 일에 착수하여 두 달 만에 일을 다 끝마쳤다. 가사에 관해서는 별로 일이 없었다. 다만 거기서 문체의 차이가 느껴지지 않도록 노력했다. 그리고 주제넘게도 성공했다고 생각했다. 그러나 곡을 손질하는 일은 더 오래 걸리고 더 힘이 들었다. 웅장한 곡들을 여러 개 만들어야만 했을 뿐 아니라 특히 내가 맡은 서곡과

---

130) 실뱅 발로(Sylvain Ballot)는 고등법원의 법관이자 오페라 각본의 저자이다.

서창 전체는 지독히 힘들었는데, 그것은 종종 얼마 안 되는 가사로 그리고 매우 빠른 전조(轉調)에 의해서 몹시 동떨어진 가락의 기악과 합창을 연결시키지 않으면 안 되었다는 점 때문이었다. 그도 그럴 것이 라모가 자기가 만든 아리아들을 망쳐버렸다고 나를 비난하지 않도록 그 어느 하나도 변경이나 이조(移調)하지 않으려고 했기 때문이다. 나는 이 서창에서 좋은 결과를 얻었다. 그것은 악센트가 잘 살아있고, 힘이 가득 차고, 특히 전조가 뛰어났다. 사람들이 나를 이 뛰어난 두 사람의 협력자로 간주해줄 것이라는 생각에 내 재능이 향상되었다. 그리고 보수도 명예도 없고 세상에 알려질 수조차 없는 이 일을 하면서 거의 언제나 나는 내 모범이 되는 사람들 옆에 있었다고 말할 수 있다.

이 작품은 내가 손질한 그대로 오페라 대극장에서 연습이 진행되었다. 세 사람의 작자들 중에서 거기에 나간 사람은 나 혼자였다. 볼테르는 그때 없었고, 라모는 오지 않았는데 일부러 피했는지도 모른다. 처음에 나오는 독백은 매우 비통하였다. 그것은 이렇게 시작된다.

오, 죽음이여 와서 내 삶의 불행들을 끝내다오.

거기에 어울리는 곡을 만들지 않으면 안 되었다. 그런데 라 포플리니에르 부인은 바로 이것을 트집 잡아 장송곡을 만들어 놓았다고 나를 몹시 신랄하게 비난했다. 리슐리외 씨는 현명하게도 이 독백의 시구가 누가 만든 것인지를 정확히 알아보는 것부터 시작했다. 나는 전에 그가 내게 보내온 원고를 그에게 내보였다. 그 원고로 그 시구가 볼테르가 만든 것이라는 사실이 증명되었다. 리슐리외 씨는 "그렇다면 잘못한 사람은 볼테르뿐이군"이라고 말했다. 연습하는 동안 라 포플리니에르 부인은 내가 만든 부분을 모조리 비난했고 그러면 리슐리외 씨는 이것을 변호해주었다. 그렇지만 내가 너무 강적을 만났기 때문에, 내 작업에는 반드시 라모 씨와 의논해서 다시 손질해야 할 곳이 여러 군데 있다는 지적을 받았다. 나는 찬사를 기대했고, 분명 찬사를 받아야 마땅했다. 그러나 찬사 대신 내려진 이와 같은 결론에 깊은 비탄에 잠겨 죽은 것처럼 괴로운 심정으로 집에 돌아왔다. 피로에 지치고 마음의 고통에 시달려 나는 병에 걸렸다. 그래서 6주 동안이나 외출도 할 수가 없었다.

라모는 라 포플리니에르 부인이 지시한 수정을 맡았는데, 내게 사람을 보내 이번에 내가 지은 서곡 대신으로 쓰겠다고 내 그랜드 오페라[131]의 서곡을 부탁했다. 다행히 나는 그 농간을 알아채고 거절했다. 공연까지 5, 6일밖에는 남지 않았으므로 그에게는 서곡을 새로 작곡할 시간이 없었다. 그래서 결국 내 것을 그대로 두는 수밖에 없었다. 그것은 이탈리아풍이었는데 당시 프랑스에서는 매우 새로운 양식이었다. 그렇지만 청중의 구미에 맞았다. 왕실 시종장인 발말레트 씨[132]는 내 친척이자 친구인 뮈사르 씨의 사위였는데, 그 사람으로부터 애호가들이 내 작품에 매우 만족했으며 청중들이 라모가 지은 부분과 내가 지은 부분을 구별하지 못했다는 말을 들었다. 그럼에도 불구하고 라모는 라 포플리니에르 부인과 공모하여, 이 작품에서 내가 작업했다는 것조차 사람들이 알지 못하게끔 조치를 취했다. 관중들에게 배부하는 책자에는 언제나 만든 사람들의 이름이 실리는데, 볼테르의 이름밖에 없었다. [133] 라

---

131) 그랜드 오페라는 오페라 코미크의 상대적인 개념으로 사용된다. 그랜드 오페라는 대화를 사용하는 오페라 코미크와 달리 서창을 사용하고 있다. 또 규모와 주제에 관한 원칙적인 차이들이 있는데, 그랜드 오페라는 오페라 코미크보다 화려하며, 가수와 악기 연주자의 수도 많다. 그리고 쓰인 음악 어법도 한층 더 복잡하다. 오페라 코미크가 솔직한 희극이나 약간의 무게가 있는 극의 경우가 대부분이라면, 그랜드 오페라는 거대한 규모의 역사적인 장면을 전개한다.

132) 루이 드 발말레트 드 모르상(Louis de Valmalette de Morsan)은 루소의 먼 친척인 프랑수아 뮈사르의 딸과 결혼했다.

모는 협력자로서 내 이름이 자신의 이름과 나란히 실리는 것보다는 아
예 자기 이름을 빼는 편이 더 나았던 것이다.

외출할 수 있게 되자마자 나는 리슐리외 씨 댁에 가려고 했다. 그러나
때는 이미 늦었다. 그는 스코틀랜드로 예정된 상륙작전을 지휘하여야
만 해서 덩케르크로 막 떠나버린 후였다. 그가 돌아왔을 때는 내 게으름
을 정당화하려고 이제 때가 너무 늦었다고 스스로에게 말했다. 그후 그
를 다시 만나지 못했으므로 내 작품이 받아 마땅한 명예도, 또 내 작품
으로 내가 받아야만 하는 사례금도 잃고 말았다. 그래서 내 시간, 내 노
동, 내 마음의 고통, 내가 걸린 병과 그 때문에 쓴 돈, 이런 모든 것이
내 부담이 되어 내게는 한 푼의 수익, 아니 더 정확히 말하면 한 푼의 배
상도 돌아오지 않았다. 그렇지만 항상 내게는 리슐리외 씨가 원래 내게
호감을 갖고 있었고 내 재능에 대해서도 좋게 생각하는 것처럼 보였다.
내가 운이 나빴고, 라 포플리니에르 부인이 그의 호의로부터 나올 수 있
는 결과를 모조리 막아버린 것이다.

나로서는 부인의 마음에 들도록 노력도 했고 꽤 착실하게 경의도 표
했건만 그녀가 어째서 나를 싫어하는지 전혀 이해할 수가 없었다. 고프
쿠르가 내게 그 까닭을 설명해주면서 이렇게 말했다. "첫째는 라모에 대
한 부인의 우정 때문이네. 부인은 자타가 공인하는 라모의 예찬자이고,
라모로서는 어떤 경쟁자도 일체 용납하려고 하지 않지. 게다가 부인 곁
에서 당신을 지옥에 떨어뜨리고 그녀가 당신에게서 결코 용서하지 못할
일종의 원죄가 있는데, 그것은 당신이 제네바 사람이라는 것이네."

고프쿠르는 이 점에 대해 내게 이렇게 설명했다. "제네바 사람으로 라
포플리니에르 씨의 친한 친구인 위베르 신부[134] 라는 사람이 있었는데,

---

133) 실제로는 루소의 이름이 책자에 없는 것처럼 볼테르의 이름도 거기에 올
    려 있지 않았다.
134) 장자크 위베르(Jean-Jacques Huber)는 1699년 9월 1일 제네바에서 태어

그는 자기 친구가 자신이 잘 아는 이 여자와 결혼하는 것을 전력을 다해 막았네. 그래서 결혼한 후 부인은 이 신부와 모든 제네바 사람들에게 집요한 증오심을 품었던 것이네."

그는 덧붙여 말했다. "나도 잘 아는 바와 같이 라 포플리니에르 씨는 당신에게 친밀감을 갖고 있지만 그의 후원을 기대하지는 말게나. 그는 자기 부인을 사랑하고, 그녀는 당신을 미워하고 있으니 말이네. 또 그녀는 사악하고 교활하다네. 그러니 그 집에서 당신은 무엇 하나 할 수가 없을 것이네." 나는 그 말을 잘 새겨들었다.

바로 이 고프쿠르가 거의 같은 시기에 내게 아주 필요했던 도움을 주었다. 나는 막 덕망 있는 아버지를 여의었는데, 그때 아버지의 연세는 약 60세쯤이었다.[135] 내 처지의 곤궁함으로 덜 시달렸을 다른 때였더라면 더욱 애통하였으련만 이때는 아버지와의 사별로 그렇게 상심하지 않았다. 어머니의 재산 중 남은 것이 있어서 아버지는 거기서 약소하나마 수입이 있었는데, 아버지가 살아계신 동안에는 그것을 전혀 요구하려 하지 않았다. 아버지가 돌아가신 후에는 그 점에 대해 더는 거리낄 것이 없었다. 그렇지만 내 형이 죽었다는 법률상의 증거가 없어서 곤란한 점이 있었다. 그런데 그가 그 일을 맡아서 들롬 변호사[136]의 주선으

났다. 14개월을 소년원에서 보낸 후 16살에 부모 집에서 도망쳤다. 그는 루소처럼 토리노의 보호시설에서 개종했고 성 도미니크 교단에서 신학을 공부하고 파리에 와 로앙 추기경의 밑으로 들어갔다. 문학 살롱의 단골 출입자이자 달변가인 그는 비밀외교 업무를 맡아 제네바나 스위스에서 근무하기도 했다. 당시 자료들에 의하면 루소가 말한 일화는 믿을 만한 것으로 보인다.

135) 루소는 아버지가 돌아가신 시기를 앞당겨 생각하고 있다. 그의 아버지는 1747년 5월 9일 니옹에서 75세의 나이로 죽었다.

136) 장 루이 들롬(Jean-Louis Delolme 혹은 Delorme, 1707~1784)은 1731년부터 제네바에서 변호사 노릇을 했다.

로 그 문제를 실제로 해결해주었다. 이 하찮은 돈이 내게는 너무나 필요했고 또 일의 결과도 확실치 않아서, 그 결정적인 소식을 이루 말할 수 없이 열렬히 기다리고 있었다. 어느 날 저녁 집에 들어오면서 틀림없이 그 소식이 담겨있을 편지를 보았다. 초조함에 떨면서 편지를 집어 들고 뜯으려고 하다가, 초초함에 대해 속으로 부끄러운 생각이 들었다. 나는 경멸하듯 중얼거렸다. "이게 뭐란 말이냐! 장자크가 이 정도로 이익과 호기심에 휘둘릴 것인가?" 그리고 나는 즉시 편지를 벽난로 위에 놓아두었다. 옷을 벗고 조용히 잠자리에 들어 평소보다도 한결 푹 잤다. 더 이상 내게 온 편지를 생각지도 않고 이튿날 꽤 늦게 일어났다. 옷을 입다가 그 편지가 눈에 띄어 서두르지 않고 뜯어보았다. 그 속에서 수표 한 장이 보였다. 나는 한꺼번에 많은 즐거움을 느꼈다. 그러나 제일 강렬한 즐거움은 자제할 줄 알았다는 것이라고 맹세할 수 있다. 내 생애에 이와 비슷한 일화들은 20개라도 들 수 있지만, 나는 지금 너무 바빠 다 말할 수가 없다. 나는 약소하게나마 이 돈의 일부를 불쌍한 엄마에게 보내면서, 이런 것을 고스란히 엄마의 발치에 던졌을 그 행복한 시간을 눈물을 흘리며 그리워했다. 그녀가 보낸 편지들은 모두 궁상에 찌든 흔적이 엿보였다. 그녀는 산더미 같이 많은 비법과 비결들을 내게 보냈는데, 내가 그것들로 내 재산과 엄마의 재산을 장만하기를 바랐다. 이미 자신의 빈궁을 자각한 그녀는 마음이 오그라들고 정신이 옹졸해졌다. 내가 그녀에게 보낸 약소한 돈마저 그녀 곁을 떠나지 않는 사기꾼들의 밥이 되었다. 그러니 그녀는 하나도 쓰지 못했다. 내게도 필요한 것을 이러한 파렴치한 사람들과 함께 나누기란 싫었다. 나중에도 이야기하겠지만, 특히 그들에게서 엄마를 빼어내려고 헛수고만 하고 나서는 그렇게 하기가 정말 싫었다.

시간은 흘러갔고, 시간과 함께 돈도 흘러나갔다. 우리는 둘, 심지어 넷, 아니 더 자세히 말하면 7명이나 8명이었다. 그럴 것이 테레즈는 보

기 드물게 욕심이 없었지만, 그녀의 어머니는 자기 딸 같지 않았기 때문
이다. 내 보살핌으로 자신의 살림이 나아지는 것을 보자, 그녀는 자기
식구들을 몽땅 불러들여 그 과실을 나누어 먹었다. 자매들이니 아들들
이니 딸들이니 심지어 손녀들까지, 앙제의 마차 감독관에게로 출가한
큰딸만 빼놓고는 모두 들이닥쳤다. 137) 그 어머니는 내가 테레즈를 위해
해준 모든 것을 이 아귀들을 위해 빼돌렸다. 나는 탐욕스러운 여인에게
볼일도 없었고 미친 듯한 격정에 지배되지도 않았으므로 어리석은 짓을
하지 않았다. 나는 품위 있게 그러나 사치스럽지는 않고 또 절박한 필요
에 쫓기지 않을 정도로 테레즈의 생활을 유지하는 것으로 만족하고 있
었으므로, 그녀가 자기 일로 버는 것은 몽땅 그 어머니를 위해 쓰는 것
에 동의했다. 그리고 나는 그것으로 그치지 않았다. 그러나 나를 쫓아
다니는 불운으로, 엄마는 엄마대로 천박한 놈들에게 시달렸고 테레즈
는 테레즈대로 자기 식구들에게 시달렸다. 그래서 나는 그녀들을 도우
려고 했지만 실제로는 그녀들 어느 편에 대해서도 유용한 아무것도 할
수가 없었다. 르바쇠르 부인의 막내딸은 유일하게도 지참금을 받지 못
했으면서도 아버지와 어머니를 부양하는 유일한 자식인데, 이 불쌍한
처녀는 제 형제들과 자매들과 심지어는 조카딸들에게까지 오랫동안 얻
어맞은 후 지금은 그들의 손찌검만큼이나 도둑질을 막을 길이 없어서
약탈을 당하고 있었다. 이는 이상한 일이었다. 그 중 고통 르 뒤크138)
라는 조카딸 하나만은 다른 식구들이 보이는 본보기와 교훈으로 버릇이
없음에도 불구하고 꽤 귀엽게 생기고 성격도 꽤 유순했다. 나는 그녀들
을 함께 볼 기회가 종종 있었으므로, 그녀들에게 각각 이름을 지어주었
고 그녀들은 그 이름을 서로 불렀다. 나는 그 조카딸을 '우리 조카딸'이

---

137) 테레즈 르바쇠르에게는 2명의 남자형제와 3명의 자매들이 있었다.
138) 고통 르 뒤크(Goton Le Duc)는 1727년 6월 12일 태어났기 때문에 이때
     그녀의 나이는 18세 혹은 19세였다.

라고 부르고, 그녀의 아줌마를 '우리 아줌마'라고 불렀다. 그랬더니 둘
다 나를 자기들의 아저씨라고 불렀다. 이때부터 내가 계속 테레즈를 '아
줌마'라는 이름으로 부르게 되었고, 내 친구들도 가끔 농담 삼아 '아줌
마'라는 이름을 되풀이해 불렀다.

　여러분은 내가 이러한 처지에 있으면서 거기서 벗어나려는 노력을 잠
시도 소홀하지 않았다는 것을 느낄 것이다. 리슐리외 씨도 나를 잊었다
고 판단하고 궁정 쪽에서도 더 이상 아무것도 기대할 수가 없어서, 내
오페라를 파리에서 상연시켜 보려고 몇 차례 시도했다. 그러나 여러 가
지 곤란에 부닥쳤고, 그것들을 극복하기 위해서는 많은 시간이 필요했
다. 나는 나날이 더욱 절박해졌다. 나는 내 소품 희극 〈나르시스〉를 이
탈리아 극장에 올릴 것을 생각해냈다. 이것이 채택되었다. 나는 무료출
입증을 얻어 그것이 나에겐 큰 기쁨이었다. 그러나 그것이 전부였다.
나는 내 작품을 무대에 올리게 하는 데 결코 성공할 수 없었다. 배우들
의 비위를 맞추는 데 싫증이 나서 그들에게 등을 돌렸다. 나는 급기야
내게 남아있는 마지막 수단, 내가 취해야 했을 유일한 수단을 다시 써먹
었다. 나는 라 포플리니에르 씨 댁에 자주 드나드는 동안에 뒤팽 씨 댁
과는 멀어져 있었다. 두 집의 부인들은 친척간이었지만 사이가 좋지 않
아서 서로 얼굴을 대하는 일이 없었다. 이 두 집 사이에는 아무런 교제
도 없었고, 단지 티에리오[139] 혼자만이 양쪽 집을 왕래하고 있었다. 이
티에리오가 나를 뒤팽 집에 다시 데려가려고 도맡아 애를 썼다. 당시 프
랑쾨유 씨는 자연사와 화학강의를 들으며 전시실에 진열되는 물건들을
수집하고 있었다. 내가 보기에 그는 과학아카데미에 몹시 들어가고 싶
어 하는 것 같았다. 그는 그러기 위해서 책을 한 권 쓰려 했으며, 이런
일을 하는 데 내가 도움이 될 수 있다고 판단했다. 뒤팽 부인 쪽에서도

139) Nicolas-Claude Thieriot (1696~1772) : 볼테르의 절친한 친구로 연극과
　　문학을 좋아했지만 너무나 게을러 생전 글 한 줄 쓰지 않았다.

어떤 책을 계획하고 있어서 나에 대해 거의 비슷한 의도를 품고 있었다. 그들은 나를 일종의 서기로서 공동으로 쓰고 싶었던 것이다. 티에리오 가 나를 불러들이려는 목적은 바로 거기에 있었다. 나는 사전에 프랑쾨 유 씨에게 그의 영향력과 더불어 줄리요트140)의 영향력을 발휘하여 내 작품의 예행연습을 오페라 극장에서 갖게 해달라고 요구하였다. 그는 이에 동의하였다. 〈사랑의 시신들〉을 처음에는 극장별관 연습무대141) 에서 여러 차례 연습했고, 다음에는 대극장에서 연습했다. 초대손님을 모시는 총연습 때에는 사람들이 많이 모였고, 여러 곡들이 대단한 갈채 를 받았다. 그렇지만 나 자신은 그 연주 중에 르벨142)의 지휘가 몹시 졸 렬하기도 했지만, 이 작품이 통과되지 않을 것이며 더 나아가 일대 수정 을 가하지 않고서는 발표할 수조차 없다고 느꼈다. 그래서 나는 아무 말 도 하지 않고 그것을 철회하여, 거절당하는 부끄러움을 당하지 않았다. 그러나 작품이 아무리 완벽했다 해도 통과되지 않았을 것이라는 점은 여러 가지 징조로 분명히 알 수 있었다. 프랑쾨유는 내게 예행연습을 하 게 해준다는 것은 분명히 약속했지만, 그것을 채택하게 해준다는 것은 약속하지 않았다. 그는 내게 한 약속을 어김없이 지켰다. 다른 많은 경 우에서도 그렇지만 이 경우에서도 알 수 있듯이 나는 프랑쾨유 씨나 뒤 팽 부인이 내가 세상에서 어느 정도의 명성을 얻도록 배려하지 않는다 고 항상 생각해왔다. 아마 그것은 세상 사람들이 그들의 저서를 보고 그

---

140) Pierre Jelyotte(1711~1782) : 툴루즈 대성당의 성가대원으로 1733년 파 리 오페라 극장의 카운터테너로 임명되었다. 1755년 은퇴하였지만 10여 년 동안 궁정 공연에서 계속 노래를 불렀다.

141) 연극도구나 의상을 넣어두는 곳으로, 콩세르바투아르의 전신인 음악학교 도 들어가 있었다.

142) François Rebel(1701~1755) : 오페라 극장의 바이올린 연주자로 이후 1751년부터 1767년까지 왕립 음악아카데미의 지휘자가, 마침내는 오페라 극장의 총지배인이 되었다.

들이 내 재능에 그들의 재능을 덧붙인 것으로 여기지나 않을까 하는 염
려 때문이었을 것이다. 그렇지만 뒤팽 부인은 언제나 내 재능을 아주 평
범한 것으로 여기고 나에게 구술을 받아쓰게 하거나 단순한 자료수집밖
에는 시키지 않았으므로, 이런 비난이 특히 부인에게는 매우 부당했을
것이다.

　이 최후의 실패는 완전히 내 용기를 꺾었다. 나는 출세와 영광의 온갖
계획을 포기하였고, 내게 그리 좋은 결과를 가져다주지 않는 재능은 참
된 것이건 거짓된 것이건 더 이상 생각하지 않기로 하고 나와 테레즈의
생활비를 마련하는 데 내 시간과 노고를 바쳤다. 이것은 우리의 생활비
를 대줄 사람들에게도 좋은 일이었을 것이다. 그래서 나는 뒤팽 부인과
프랑쾨유 씨에게 완전히 매인 몸이 되었다. 그렇다고 내가 대단히 호사
스러운 생활을 하게 된 것은 아니었다. 왜냐하면 그럴 것이, 처음 2년
동안은 한 해에 8, 9백 프랑씩 받으면서, 그들이 사는 부근인 꽤 세가
비싼 구역의 가구 딸린 방에서 살아야만 했고, 또 파리 변두리의 생자크
거리의 아주 높은 지대에 있는 집[143] — 나는 그 집에 날씨가 좋든 나쁘
든 거의 매일 저녁을 먹으러 다녔다 — 의 세를 지불했기 때문에 겨우 기
본적인 생활이나 할 정도였다. 그러는 동안에 새로운 일에 익숙해지기
도 하고 더 나아가 취미도 붙게 되었다. 나는 화학에 끌렸다. 루엘 씨 댁
에서 프랑쾨유 씨와 같이 계속 이어지는 화학교육을 여러 차례 받았다.
겨우 그 기본원리를 알게 되자 우리는 그럭저럭 이 과학에 대해 서투른
글을 종이 위에 쓰기 시작했다. 1747년 우리는 투렌에 있는 쉐르 강가
의 슈농소 성으로 가서 가을을 보냈다. 이 별궁은 앙리 2세가 디안 드 푸
아티에를 위하여 지은 것으로, [144] 거기에는 아직도 디안의 머리글자가

---

143) 르바쇠르의 가족들은 파리 센 강 우안(右岸)에 있는 생자크 거리에서 살
　　았다.
144) 앙리 2세는 즉위하자마자 20살 연상의 연인 디안 드 푸아티에(Diane de

114

보인다. 그리고 지금은 징세청부인 뒤팽 씨의 소유였다. 우리는 이 아름다운 곳에서 상당히 재미있게 지냈고, 매우 맛좋은 음식을 대접받아서 나는 아주 비대해졌다. 음악연주도 많았다. 나는 퍽 강한 화성을 잔뜩 넣은 삼부합창을 여러 곡 지었다. 이것에 대해서는 이 책의 보유를 쓰게 되면 아마 거기서 다시 이야기할 것이다. 희극도 공연했는데, 나는 보름 만에 〈경솔한 언약〉(L'Engagement téméraire) 이라는 3막 희극을 한 편 썼다. 이것은 내 문집 속에서 보게 되겠지만 몹시 쾌활하다는 것 이외에 다른 가치는 없다. 여기서 다른 소품들도 여럿 썼는데, 그 중에서도 쉐르 강에 연한 공원 오솔길의 이름을 따서 〈실비의 오솔길〉(L'Allée de Sylvie) 이라는 제목의 운문시가 한 편 있다. 이런 모든 것들을 하면서도 나는 화학에 관한 공부와 뒤팽 부인 밑에서 하는 일을 중단하지 않았다.

슈농소에서 내가 살쪄 가는 동안, 내 가련한 테레즈는 파리에서 다른 방식으로 살쪄 갔다. 그리고 내가 돌아왔을 때는 내가 손댔던 일[145]이 생각했던 것보다 더욱 진도가 나갔음을 보게 되었다. 내 처지에 비추어 볼 때, 나는 그로 인해 극도의 곤경에 빠졌을 것이다. 그러나 식사를 하는 동료들이 내가 그 곤경에서 빠져나갈 수 있는 유일한 수단을 제공해주었다. 이것은 그리 간단히 말할 수 없는 그런 중요한 이야기들 중 하나다. 왜냐하면 이러니저러니 설명하자면 나를 변명하든지 아니면 내게 불리한 증언을 하든지 할 텐데, 이 자리에서 나는 어느 쪽도 해서는 안 되기 때문이다.

알투나가 파리에 체류하는 동안 우리는 식사하러 음식점에 가는 대신 보통 근처 오페라 극장의 막다른 골목 거의 맞은편에 있는 재봉사의 처, 라 셀 부인 집으로 갔다. 내오는 음식은 아주 보잘것없었지만 거기 모이

Poitiers) 에게 슈농소 성을 바쳤다.
145) 테레즈의 임신을 말한다.

는 이들이 품위가 있고 믿을 만하기 때문에, 그 집 식탁은 그래도 사람들에게 인기가 있었다. 그도 그럴 것이 낯선 사람은 아무도 들이지 않았기 때문에 단골로 다니는 사람의 소개로 들어와야 했기 때문이다. 그라빌 기사(騎士)는 예의바르고 재치가 풍부하면서도 여색을 밝히는 늙은 난봉꾼으로, 이 집에 유숙하고 있으면서 근위병과 근위기병 장교들로 이루어진 분별없고 멋 내는 젊은이들을 끌어들였다. 오페라 극장 아가씨들의 기사 역할을 하는 노낭 기사는 그 자기 세력범위의 모든 소식들을 날마다 물고 왔다. 선량하고 현명한 노인인 퇴역 육군중령 뒤 플레시와 근위기병 장교 앙스레 씨가 이 젊은이들 사이에 어느 정도의 질서를 유지하고 있었다. [146) 그곳에는 또 상인들, 금융업자들, 식량 납품업자들도 드나들었는데, 그들은 예의바르고 점잖고 그들이 일하는 분야에서는 훌륭하다고 알려진 사람들에 속했다. 거기에는 베쓰 씨, 포르카드 씨, 그리고 내가 이름을 잊어버린 다른 사람들도 있었다. 신부나 법관들은 거기에 들이지 않기로 약속되어 있어서 한 번도 거기서 보지 못했지만, 그들을 제외하면 요컨대 모든 신분의 번뜻한 사람들이 거기 나타났다. 식사할 때면 수가 꽤 많아서 매우 유쾌하기는 했지만 시끄럽지는 않았다. 또 농담은 많이 했지만 무례함은 없었다. 그 늙은 기사는 하는

---

146) 〔원주〕 나는 내가 쓴 〈전쟁포로들〉(Les Prisonniers de guerre)이란 제목의 소품 희극을 바로 이 앙스레 씨에게 주었다. 이것은 바바리아와 보헤미아에서 프랑스인들이 패배한 후 만든 것으로 결코 감히 누구에게 고백하지도 보이지도 못했다. 그것은 이 작품만큼 프랑스 왕과 프랑스와 프랑스 국민을 더 진심으로 또 더욱 훌륭히 찬미한 작품은 없었고, 또 공인된 공화주의자이며 권력의 비판자이기도 한 내가 그 신조들이 나오는 모조리 반대되는 국가의 찬미자라는 것을 감히 공언하지 못했다는 기묘한 이유 때문이었다. 프랑스인들 자신보다 더 프랑스의 불행을 애통해하던 나는 사람들이 이 진실한 애정의 표현을 아첨이나 비굴함으로 비난하지 않을까 두려웠다. 내가 프랑스에 대해 가지는 애착이 언제 어떻게 생겼는지는 이미 이 책 1부에서 말한 바 있지만 나는 그것을 드러내 보이기가 부끄러웠다.

이야기마다 모두 그 본질은 음란했지만 결코 옛 궁중의 예법을 잃지 않았고, 여성이 들어도 용서할 수 있을 만큼 재미있는 것 이외에는 결코 추잡한 말은 한마디도 입 밖에 내지 않았다. 그의 태도는 식탁에 있는 모든 사람들에게 규칙 역할을 했다. 이곳의 젊은이들 모두는 자기네들의 연애이야기를 외설적이면서도 매력적으로 늘어놓았다. 이런 아가씨들에 대한 이야기는 그 보고가 바로 문앞에 있었던 만큼 끊일 사이가 없었다. 왜냐하면 라 셀 부인 집에 가는 길에 바로 라 뒤샤라는 유명한 의상실이 있었는데, 당시 거기에는 매우 예쁜 아가씨들이 있어서 이 양반들이 식사 전후에 그녀들과 잡담하러 갔다. 나도 좀더 대담하였더라면 남들처럼 거기서 즐길 수 있었으련만. 그저 그들처럼 들어가기만 하면 되었는데, 결코 엄두가 나지 않았다. 라 셀 부인에 대해 말하자면 그 부인 집에는 알투나가 떠난 후로도 꽤 자주 식사하러 갔다. 그곳에서 나는 아주 재미있는 일화들을 많이 듣게 되었고, 다행히도 그 집에서 생활태도를 배운 것은 아니지만, 거기서 확고히 뿌리내린 것으로 보이는 처세훈을 나도 역시 조금씩 배울 수가 있었다. 유혹당한 정직한 여인들, 속은 남편들, 꾀임에 빠진 부인들, 사람들의 눈을 피한 비밀출산 등이 거기서는 가장 일상적인 화제였고, 기아(棄兒) 수용시설[147]에 어린애를 가장 많이 보내는 사람이 언제나 제일 갈채를 받았다. 그 이야기에 귀가

---

147) 기아 수용시설(*Hôpital des Enfants Trouvés*)은 원래 유기된 아이들을 임시로 수용하기 위해 생뱅상 드 폴(Saint Vincent de Paul)의 주도하에 만들어진 시설이었는데 차차 부모들이 키울 수 없는 아이들 모두를 수용하는 시설이 되었다. 18세기 동안 버려진 아이들의 수는 점차 증가하여 1772년의 경우 인구 6백 만의 파리에서 태어난 아이들의 수는 1만 8,713명이었는데 버려진 아이의 수는 7,676명으로 출생률의 41%에 달하고 있다. 영아사망률 또한 높아 수용시설에 들어온 아이의 70%가 1년 이내에 사망했다. 살아남은 아이들은 지방에서 키워져 농부나 노동자나 군인이 되었다.

솔깃했다. 매우 다정하고 그 근본이 퍽 점잖은 사람들 사이에서 지배적
으로 보이는 이러한 사고방식에 따라 나는 내 사고방식을 세웠다. 나는
속으로 생각했다. "이것이 이 나라의 관습인 만큼 여기서 사는 동안에는
이 관습을 따라도 된다."

　이것이 내가 찾던 방책이었다. 나는 조금도 양심의 가책 없이 대담하
게 그렇게 결정했다. 내가 극복해야 했던 유일한 것은 테레즈가 받았던
양심의 가책이었다. 그녀의 명예를 지킬 이 유일한 수단을 그녀가 받아
들이도록 하려고 나는 온갖 고생을 다했다. 그런데 그녀의 어머니까지
도 어린애가 생기는 데 따르는 새로운 곤란을 걱정하고 있었으므로 나
를 도와주어서 테레즈도 순순히 넘어갔다. 우리는 생퇴스타슈의 모퉁
이 끝에 사는 구앵 양이라고 하는 신중하고 믿을 만한 산파를 골라 그녀
에게 이 기탁물을 맡기기로 했다. 출산일이 다가오자 테레즈는 자기 어
머니에게 인도되어 구앵 양 집으로 몸을 풀러 갔다. 나는 구앵 양을 만
나러 그곳에 여러 번 갔다. 그리고 내가 두 장의 카드에 이중으로 쓴 이
름 머리글자를 가져갔다. 한 장은 아기의 배내옷에 집어넣고, 아기는
통상적인 절차에 따라 산파에 의해 기아 수용시설 사무실에 맡겨졌다.
바로 다음 해에도 같은 불편을 같은 방법으로 해결했다. 다른 것이 있다
면 이름 머리글자인데, 이는 빼먹었다. 내 쪽에서도 더 이상 깊이 생각
하지 않았고 아이 어머니 쪽에서도 더 이상 동의를 구할 것이 없었다.
테레즈는 울먹이면서 복종했다. 여러분들은 이러한 파멸을 초래하는
소행이 내 사고방식과 내 운명에 끼친 모든 우여곡절을 차례차례 보게
될 것이다. 지금으로서는 그 최초의 시기로 만족하자. 끔찍하고 예기치
못한 그 결과로 나는 신물이 나도록 이 이야기를 되풀이할 수밖에 없을
것이다. 148)

---

148) 루소가 테레즈에게서 낳은 아이들을 버린 것은 가장 논란이 되는 문제들
　　중 하나이다. 어떤 사람들은 루소가 아이를 낳을 수 없는 성불능자이기

내가 데피네 부인149)과 처음 알게 된 시기가 이때인데, 이 부인의 이름은 자주 이 회고록에서 나올 것이다. 그녀의 처녀 때 이름은 데 클라벨 양으로 징세청부인 랄리브 드 벨가르드 씨의 아들 데피네 씨와 결혼한 직후였다. 부인의 남편은 프랑쾨유 씨와 같이 음악가였고 부인 자신도 음악가였다. 그래서 이 음악에 대한 정열 때문에 세 사람은 대단히 친밀한 사이가 되었다. 프랑쾨유 씨가 나를 데피네 부인 집에 소개했다. 나는 그와 함께 그녀의 집에서 가끔 저녁 대접을 받았다. 그녀는 애교와 재치와 재능이 있었으며, 정말 사귀어볼 만한 좋은 친구였다. 그녀에게는 데트 양150)이라는 한 친구가 있었다. 성격이 고약하다고 알려진 이

때문에 루소가 자신의 자서전의 신빙성을 높이기 위해 거짓말을 했거나 테레즈가 다른 사람의 아이를 가졌다고 주장한다. 또 어떤 사람들은 루소를 매어두기 위해 테레즈나 테레즈의 모친이 있지도 않은 이야기를 꾸며냈을 것이라고 추측한다. 그러나 루소의 고백이나 당시 사람들의 증언이나 관련된 자료로 비추어 볼 때 루소의 진실성을 의심할 이유는 없다.

149) Louise Tardieu d'Esclavelles, marquise d'Epinay(1726~1783): 1726년 3월 11일 태어난 루이즈 플로랑스 페트로뉴 드 타르듀 데스클라벨(Louise-Florence-Pétronille de Tardieu d'Esclavelles)은 1745년 12월 23일 징세청부인이었던 사촌 드니 조제프 랄리브 데피네(Denis-Joseph Lalive d'Epinay)와 결혼했다. 이로 인하여 그녀는 후에 루소의 연모의 대상이 된 두드토 백작부인의 올케가 되었다. 프랑스 여류작가로서 뒤클로, 볼테르, 그림 등과 사귀었으며 한때는 루소의 후견인 역할을 하였다.
　　루소는 1747년부터 그녀와 친분을 맺기 시작했다. 1757년 루소는 두트토 부인에게 보낸 편지를 데피네 부인이 중간에서 가로채려 했다는 의심을 하고 그녀를 비난했는데, 이를 계기로 둘 사이의 관계는 나빠졌다. 루소는 그해 말 레르미타주를 떠나면서 그녀와 결정적으로 절교한다. 그녀는 회고록 형식을 빈 소설 《몽브리양 부인의 이야기》(*Histoire de Madame de Montbrillant*)를 남겼는데, 이것은 부분적으로 루소의 《신엘로이즈》 혹은 《고백록》에 대한 응답으로 볼 수 있다.

150) 1696년생인 쥘 이폴리트 드 발로리(Jules-Hippolyte de Valory)는 1715년경에 태어난 14살의 마리 루이즈 필리펀 르 뒥 데트(Maire-Louise-

여자는 평판이 좋지 않은 발로리 기사와 같이 살고 있었다. 이 두 남녀를 사귀는 것이 부인에게 해로웠다고 생각한다. 부인은 선천적으로 매우 까다로운 기질의 소유자였지만 또한 그 과오를 통제하고 바로잡을 뛰어난 장점을 가지고 있었다. 프랑쾨유 씨는 내게 갖고 있던 우정의 일부를 부인과 나누었고, 내게 자신과 부인과의 관계를 고백했다.[151] 이런 이유로, 그 둘의 관계가 심지어 데피네 씨에게도 숨기지 않을 정도로 세상에 알려지지 않았다면, 나도 그에 관한 이야기를 여기서 하지 않을 것이다. 프랑쾨유 씨는 심지어 이 부인에 관해서 아주 기묘한 비밀을 내게 이야기했다. 그러나 부인 자신은 그것을 내게 한 번도 말한 적이 없었고, 또 내가 그것을 알고 있으리라고는 꿈에도 생각하고 있지 않았다. 그도 그럴 것이 나는 부인에게든 또 다른 누구에게든 일생 동안 그 말을 하지 않았으며 앞으로도 말하지 않을 것이기 때문이다. 이렇게 양쪽으로부터 전적인 신뢰를 받게 되어 나의 입장이 대단히 난처하게 되었는데, 특히 프랑쾨유 부인[152]의 경우 내가 자기 적수와 관계를 맺고 있음에도 불구하고 나를 의심하지 않을 정도로 나를 잘 알고 있어서 더욱 그러했다. 나는 최선을 다하여 이 가없은 부인을 위로하고 있었지만, 그 남편은 부인이 남편에 대하여 바치는 사랑에 정녕 보답하지 않았다. 나

Philippine Le Ducq d'Eth)를 아버지 집에서 데리고 나왔다. 20년간 관계를 맺다가 발로리 기사는 그녀를 버렸다.

151) 데피네 부인이 자신의 회고록에서 프랑쾨유와의 내밀한 관계가 시작된 것을 1749년 봄으로 잡고 있지만, 오늘날 우리가 아는 바로는 1748년 4월부터이다. 그녀가 이 시기를 1년 뒤로 늦추어 말한 것은 오직 1749년 8월 1일 태어난 딸 폴린(Pauline)이 사생아가 아닌가라는 의혹을 불식시키기 위해서였다.

152) Suzanne Bolliou de Saint Julien, Madame de Francueil(? ~1754) : 클로드 뒤팽의 전처소생인 프랑쾨유 씨의 첫 번째 부인이다. 루소는 한동안 프랑쾨유 집안의 서기로 있었다.

는 이 세 사람의 말을 따로따로 들었다. 그리고 그들의 비밀을 더할 나위 없이 충실히 지켜주었다. 그래서 세 사람 중의 어느 한 사람이 다른 두 사람의 어떠한 비밀도 나에게서 캐내지 못했다. 그렇다고 나는 두 부인 중의 누구에게도 내가 그 적수와 가까이 하고 있다는 것을 숨기지는 않았다. 프랑쾨유 부인은 여러 가지로 나를 이용하려고 했지만 내게 단호히 거절당하고 말았다. 데피네 부인도 한번은 프랑쾨유 씨에게 보내는 편지를 내게 부탁하려 했으나 마찬가지로 거절당했을 뿐만 아니라, 나는 만약 나를 부인 집에서 영원히 쫓아내려거든 그런 부탁을 다시 하기만 하면 된다고 아주 딱 잘라 말했다. 그러나 데피네 부인을 정당하게 평가하지 않으면 안 된다. 부인은 내가 보인 그런 태도에 기분을 상하기는커녕, 도리어 프랑쾨유 씨에게 그 일을 칭찬하고 나를 전과 다름없이 잘 대해주었다. 이와 같이 해서, 나는 내가 어떻게 보면 신세를 지고 있고 또 친하게 지내기 때문에 조심해 대해야만 하는 이 세 사람들 사이에서 이루어지는 격동적인 관계에서 부드럽고 친절하게 그러면서도 시종 공정하고 강직하게 처신하여, 그들의 우정과 존경과 신뢰를 끝까지 잃지 않았다. 내 바보짓과 서투름에도 불구하고 데피네 부인은 벨가르드 씨의 소유인 생드니 부근에 있는 성, 라 슈브레트의 여흥에 나를 끼어주고 싶어 했다. 거기에는 극장이 하나 있어서 종종 연극들을 상연했다. 나에게도 역이 맡겨져 6개월 동안 쉬지 않고 연습하였다. 하지만 공연하게 되자 처음부터 끝까지 몰래 대사를 읽어주어야만 했다. 이런 고된 시험을 치른 후에 사람들은 내게 더 이상 배역을 권하지 않았다.

나는 데피네 부인과 알게 되면서 부인의 시누이 되는 벨가르드 양153)

---

153) Elisabeth-Sophie-Françoise Lalive de Bellegarde, comtesse d'Houdetot (1730~1813) : 엘리자베트 소피 프랑수아즈 라리브 드 벨가르드는 1730년 12월 18일 파리에서 태어나 1748년 2월 28일 클로드 콩스탕 세자르 두드토 백작(Le comte Claude-Constant-César d'Houdetot)과 결혼했

과도 알게 되었는데, 그녀는 얼마 안 있다가 두드토 백작부인이 되었
다. 내가 그녀를 처음 만났을 때 그녀는 결혼을 눈앞에 둔 시점이었다.
그녀는 천성인 그 매력적인 친근함을 갖고 나와 오랫동안 한담을 나누
었다. 나는 그녀를 퍽 사랑스럽게 보았다. 그러나 이 젊은 여인이 후일
내 운명의 여신이 되어, 비록 정말 악의는 없었지만, 오늘날 내가 떨어
져 있는 심연 속으로 나를 끌고 들어갈 줄이야 꿈에도 생각하지 못했다.

 내가 베네치아에서 돌아온 후로 디드로나 내 친구 로갱 씨에 대해서
말하지는 않았지만 그들을 소홀한 것은 아니었다. 더욱이 디드로와는
날이 갈수록 교분이 두터워갔다. 내게 테레즈가 있듯이 그에게는 나네
트라는 여자가 있었다. 이것 또한 우리 두 사람 사이에 유사한 점이었
다. 그러나 테레즈와 나네트와는 차이가 있었다. 나의 테레즈는 그의
나네트만큼 용모가 예쁘고 마음씨도 온순하며 성격도 상냥하여 진실한
남자의 마음을 끌 만했다. 반면 나네트는 까다롭고 상스러워 그릇된 교
육을 메울 만한 것이 다른 사람들의 눈에 띄지 않았다. 그렇지만 그는
그녀와 결혼했다.[154] 그가 그런 약속을 했다면, 그것은 아주 잘한 일이
다. 나로 말하면 그 비슷한 약속은 전혀 하지도 않았으므로, 서둘러서
그를 따라하지 않았다.

 나는 또 콩디야크 신부와도 교분을 맺었다. 그도 나나 마찬가지로 그
당시에는 문단에 전혀 이름이 없었지만 오늘의 그가 될 만한 싹을 그때
벌써 지니고 있었다. 아마 내가 그의 역량을 알아보고 그를 정당히 평가

다. 1753년부터 시작된 시인 생랑베르(Saint-Lambert)와의 사랑은 그가
죽을 때까지 지속되었다. 아름답지는 않지만 재원이었던 그녀는 루소가
1756년부터 1757년에 걸쳐 레르미타주에서 거주할 당시 그에게 영감을
불어넣었다.

[154] 아버지의 반대에도 불구하고 디드로는 1743년 11월 6일 몰래 안 투아네트
샹피옹(Anne-Toinette Champion)과 결혼했다.

한 첫 사람일 것이다. 그도 나를 마음에 들어 하는 것 같았다. 그래서 내가 오페라 극장 부근인 장 생드니 거리의 내 방에 처박혀서 헤시오도스의 막을 쓰고 있었을 때, 그는 가끔 나를 찾아와 자기 몫은 자기 돈으로 내는 점심식사를 단둘이서 같이했다. 그때 그는 첫 저술인 《인간 인식의 기원론》을 집필하고 있었다. 그것이 완성되자, 곤란한 일은 그 저술을 맡아줄 출판사를 구하는 것이었다. 파리의 서적상들은 신인들에게는 모두 거만하고 냉담하였다. 또 그 당시로 말하면 형이상학은 그다지 유행하지 않아서 별반 인기를 끄는 주제를 제공하지 못했다. 나는 디드로에게 콩디야크와 그의 저술에 대하여 이야기함으로써 그들을 서로 소개했다. 그들은 서로 마음이 맞게끔 생겨먹어서 곧 의기투합했다. 디드로는 뒤랑이라는 서적상을 설득시켜 신부의 원고를 채택하도록 했다. 그리하여 이 위대한 형이상학자는 그의 첫 저술로부터 거의 호의로 주는 하사금처럼 100에퀴를 받았다. 이것도 아마 내가 아니었더라면 받지 못했을 것이다. 우리 셋은 서로 멀리 떨어진 구역에 살고 있어서 일주일에 한 번씩 팔레 루아얄에 모여서 파니에플뢰리 여관으로 간소한 점심을 먹으러 가곤 했다. 일주일에 한 번의 이 조촐한 오찬이 디드로에게는 더할 나위 없이 즐거웠던 것이 틀림없었다. 왜냐하면 약속모임이라면 거의 지키는 일이 없었던 디드로가 이 모임만은 한 번도 빠지는 일이 없었으니 말이다. 나는 거기서 〈야유꾼〉(Le Persifleur) [155]이라는 정기간행물을 계획하고 디드로와 내가 교대로 만들기로 했다. 첫 호는 내가 초고를 썼다. 이것이 계기가 되어 나는 달랑베르[156]와 알게 되었다. 디드로가

---

155) 'le persifleur'는 '빈정거리는 사람, 야유하는 사람'이라는 뜻이다.

156) Jean Le Rond d'Alembert(1717~1783) : 프랑스의 수학자이자 물리학자이며 철학자. 탕생 후작부인과 데투시 사이에 태어난 사생아로 친아버지의 배려로 교육을 받았다. 22세에 과학아카데미에 논문을 제출하여 인정받고 아카데미 회원이 되었으며 수학과 물리학에 큰 업적을 쌓았다. 그는

달랑베르에게 그 일에 대해 말했던 것이다. 그러나 예기치 않은 사건들
로 해서 일이 막혀 그 계획은 거기서 중단되고 말았다.

　이 두 저술가는 막 《백과전서》의 기획에 착수했다. 이것은 처음에는
디드로가 막 번역을 끝낸 제임스[157]의 《의학사전》과 거의 같은, 체임
버스가 쓴 대사전의 일종의 번역에 불과한 것으로 끝날 예정이었다. [158]
디드로는 이 두 번째 기획의 어떤 일에 나를 참여시키기를 원했고 내게
음악부분을 맡아달라고 했다. 나는 그 제안을 받아들여서 이 기획에 협
력하게 된 모든 집필진들과 마찬가지로 내게 주어진 석 달 동안에 서둘
러서 그리고 아주 졸렬하게 그 부분을 끝냈다. 그렇지만 정해진 기한까
지 끝낸 것은 나 하나뿐이었다. 나는 이 원고를 프랑쾨유 씨의 하인으로
글씨를 매우 잘 쓰는 뒤퐁에게 정서를 시켜서 디드로에게 넘겼다. 그리
고 뒤퐁에게 내 주머니에서 10에퀴를 지불하였지만, 그 돈은 영영 내게
돌아오지 않았다. 디드로는 출판사들로부터의 보수를 내게 약속했지
만, 그는 내게 그것에 대해 결코 다시 말하지 않았고 나도 그에게 마찬

　해석역학(解析力學)의 창시자로서 '달랑베르의 원리'를 만들었다. 그는
　디드로와 함께 《백과전서》의 발간을 주도하였고 그 "서론"을 쓰기도 했
　다. 그가 《백과전서》에 쓴 "제네바" 항목에 대해 루소는 《달랑베르에게
　보내는 편지》로 공격을 가했다.

157) Robert James(1703~1776): 영국의 의사로 그가 저술한 방대한 《의학과
　　외과학 대사전》은 1743년 런던에서 출간되었고 그 번역이 1746년부터
　　1748년에 걸쳐 파리에서 6권으로 출간되었다.

158) 《백과전서》는 1728년 체임버스가 런던에서 《사이클로피디아: 예술과학
　　대사전》(Cyclopaedia: An Universal Dictionary of Arts and Science)을 발
　　간해 성공하자 이에 고무되어 제작되었다. 원래는 앙드레 르 브르통이 체
　　임버스의 《사이클로피디아》를 번역해 다섯 권짜리 프랑스어 판으로 제작
　　하려던 것이었으나 1745년 번역판 작업이 실패하자 번역판 제작계획을 확
　　대해 독자적인 백과사전 제작에 착수하게 되었다. 그는 1747년 10월 디드
　　로와 달랑베르에게 총책임을 맡겼다.

가지로 그것에 대해 다시 말하지 않았다.

　이 백과전서 사업은 디드로의 감금으로 중단되었다. 그의 《철학사상》(Pensées philosophiques)이 그에게 얼마쯤 괴로움을 초래했지만, 후환은 전혀 없었다. 그렇지만 《맹인들에 대한 편지》[159]는 그렇게 간단히 끝나지 않았다. 여기에는 비난받을 만한 것이 전혀 없었지만 인신공격이 좀 들어있어서 뒤프레 드 생모르 부인과 레오뮈르 씨가 그것에 대해 분개했고 그것 때문에 그는 뱅센 탑에 투옥된 것이다.[160] 내 친구의 불행 때문에 내가 겪은 불안은 무엇으로도 표현할 수 없을 것이다. 언제나 불행을 최악으로 이끄는 내 불길한 상상으로 나는 겁을 먹었다. 나는 그가 그곳에서 여생을 보낼 것으로 생각했다. 이를 생각하니 현기증이 나 쓰러질 것 같았다. 나는 퐁파두르 부인[161]에게 편지를 써서, 그를 석방하든지 아니면 나도 그와 같이 감옥에 감금시켜 달라고 간청했다. 나는 이 편지에 대한 아무 회답도 받지 못했다. 그 편지는 너무 가당찮아서

---

159) 《맹인들에 대한 편지》(Lettres sur les aveugles)는 1749년 출간되었다. 여기에는 회계법원 사법관의 정부인 뒤프레 드 생모르 부인의 아름다운 눈에 대한 농담이 들어있어 이것이 디드로의 체포에 하나의 구실을 제공하기는 했지만, 사실 사람들은 허용된 한계를 넘어서는 과격한 사상가를 참을 수 없었던 것이다. 디드로는 여기서 빛을 본 적이 없고 세계에 대해 닫혀있어서 신의 존재를 받아들일 수 없는 영국 수학자 손더슨을 보여준다. 《맹인들에 대한 편지》에서 디드로는 생리학에 의거하여 감각론적인 주장을 전개하여 유물론에 도달한다.

160) 디드로는 1749년 7월 24일 왕의 명령에 의해 뱅센 탑에 끌려가 그해 11월 3일이 되어서야 방면되었다.

161) Jeanne Antoinette Poisson, marquise de Pompadour(1721~1764) : 금융업자의 딸로 태어난 장 앙투아네트 푸아송은 1741년 징세청부인인 르노르망 데티올과 결혼하여 사교계에서 두각을 발휘하였다. 1745년 왕의 정부가 된 그녀는 퐁파두르 부인으로 불렸다. 궁정에서 미움을 받은 그녀는 예술가들과 문인들과 철학자들을 보호하여 자기편으로 삼으려고 노력하였다.

효과가 있을 리 없었다. 그러므로 그후 얼마 안 있어 가련한 디드로의
감금상태가 얼마쯤 완화된 것에 대해서 내 편지가 힘이 되었다고 자부
하지는 않는다. 그러나 만약 이 감금이 처음처럼 가혹하게 약간 더 오래
계속되었다면 나는 그 저주받을 탑 아래서 절망으로 죽었을 것으로 생
각된다. 뿐만 아니라 내 편지가 미약한 효과를 냈다고 해도 나는 그것을
크게 자화자찬하지 않았을 것이다. 그도 그럴 것이 내가 극소수의 사람
들에게밖에는 그것을 말하지 않았고, 결코 디드로 본인에게도 그것을
말하지 않았으니 말이다.

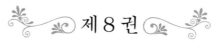

제 8 권

1748～1755

전권 끝에서 나는 잠시 쉬지 않으면 안 되었다. 이제 제 8권부터 연속적으로 길게 이어지는 내 불행이 최초로 시작된다.

파리에서도 제일 각광받는 저택들 중 두 곳에 드나들었던 나는 비록 사교가 서투르기는 했지만 그래도 역시 그곳에서 몇 명을 사귈 수 있었다. 그 중에도 뒤팽 부인 댁에서 작센 고타 공국(公國)의 젊은 세자(世子)[1]와 그의 가정교사 툰 남작을 알게 되었다. 라 포플리니에르 씨 댁에서는 툰 남작의 친구이며 루소[2]의 호화판 책을 출판하여 문단에서 알려진 스기 씨[3]와 친했다. 남작은 스기 씨와 나 두 사람을 세자의 저택이 있는 퐁트네 수 부아로 하루나 이틀 동안 놀러오라고 초대했다. 우리는 그곳에 갔다. 도중에 뱅센 앞을 지나면서 그 탑을 보니 가슴이 찢어지는 듯한 아픔을 느꼈다. 내 얼굴에 나타난 그 아픔의 기색이 남작의 눈에 띄었다. 저녁식사 때 세자는 디드로의 구금에 대해 말했다. 남작은 내

---

1) Frédéric de Saxe-Gotha (1735～1756).

2) 시인 장 바티스트 루소.

3) 부르템베르크 왕자의 가정교사였던 스기(Seguy)는 1743년 장 바티스트 루소 전집을 편집하였다.

128

게 말을 시키려고 감옥에 갇힌 디드로를 신중치 못하다고 비난했다. 나는 디드로를 극구 변호했는데, 나의 그런 태도 또한 좀 경솔했다. 그러나 사람들은 불행한 친구로 인해 부추겨진 내 분에 넘친 열의를 용서했고, 화제는 다른 데로 옮아갔다. 그곳에는 세자에게 딸린 독일인 둘이 있었다. 그들 중 한 사람은 클뤼펠[4] 씨라고 하는 상당히 재치 있는 사람으로 세자의 전속 목사였는데, 후에 남작의 후임으로 세자의 가정교사가 되었다. 다른 한 사람은 그림 씨라는 젊은이로, 적당한 자리를 구할 때까지 세자의 강사 역할을 하고 있었다. 그의 몹시 초라한 옷차림은 자리를 구해야 한다는 절박한 욕구를 보여주고 있었다. 바로 그날 저녁부터 클뤼펠과 나는 서로 알게 되어 곧 친해졌다. 그림 씨와의 교제는 그다지 빨리 진행되지 않았다. 그는 별로 앞에 나서지 않았다. 후에 그가 출세하여 거들먹거리던 그 건방진 태도와는 아주 거리가 멀었다. 그 다음 날 점심을 먹을 때 음악이 화제가 되었다. 그는 음악에 대한 이야기를 잘했다. 나는 그가 클라브생으로 반주한다는 말을 듣고 기뻐 어쩔 줄 몰랐다. 식사가 끝난 후에는 악보를 가져오게 하여, 우리는 종일토록 세자의 클라브생을 연주했다. 그와의 이러한 우정은 이렇게 시작되었는데, 이 우정은 처음에는 내게 무척 즐거웠으나 결국에는 매우 비참하게 끝났다. 이에 대해서는 이후 얼마든지 이야기할 기회가 있을 것이다.

파리에 돌아와 기쁜 소식을 들었다. 디드로가 탑에서 나왔으며, 선서를 한 후 뱅센 성과 공원이 감금장소가 되었고 친구들과의 면회도 허락되었다는 것이었다.[5] 바로 당장 그곳에 달려갈 수 없었던 나는 얼마나

---

4) Emmanuel-Christophe Klüphel(1712~1776): 1741년에는 제네바 루터 교회의 목사로 임명되었고 1747년에는 작센 고타의 세자가 그를 전속 목사로 삼아 파리로 데려왔다. 1761년 클뤼펠은 유럽의 위대한 귀족가문의 가계를 정립하는 《고타 연감》을 창간했다.
5) 좁은 감옥에서 20여 일 동안 감금당한 디드로는 정신적으로나 육체적으로

괴로웠던가! 그러나 불가피한 볼일로 뒤팽 부인 댁에서 2, 3일 동안 붙잡혀 있게 되어, 3, 4백 년을 기다리는 양 초조해하다가 드디어 친구의 품으로 날아갔다. 무어라 형용할 수 없는 순간이여! 그는 혼자 있지 않았다. 달랑베르와 생트 샤펠의 재무담당관이 그와 같이 있었다. 들어갈 때는 디드로밖에는 눈에 보이지 않았고, 나는 겨우 달려가 소리쳤을 뿐이다. 그리고 내 얼굴을 그의 얼굴에 비비고 그를 꼭 껴안고, 오직 눈물과 오열로밖에는 그에게 말을 할 수 없었다. 나는 애정과 기쁨으로 숨이 막혔다. 내 팔에서 풀려 나온 그가 보인 첫 동작은 그 성직자에게로 몸을 돌려 다음과 같은 말을 한 것이었다.

"보시다시피, 친구들은 나를 이토록 사랑하고 있답니다."

나는 내 감정에 몰두하고 있어서 당시에는 그런 것으로부터 이익을 끌어내는 그런 방식에 대해 깊이 생각하지 않았다. 그러나 그 이후 가끔 그때 일을 떠올리면서 내가 디드로였다면 내게 떠올랐을 최초의 생각이 그런 것은 아니었으리라 늘 생각했다.

내게는 그가 감옥생활에 몹시 충격을 받은 것으로 보였다. 그 탑은 그에게 무시무시한 인상을 주었다. 그가 성에서 극히 유쾌하게 지내고 담조차 쳐지지 않은 공원에서 자유로이 산책도 할 수 있음에도 불구하고 우울한 기분에 잠기지 않기 위해서는 친구들과 만나는 것이 필요했다. 그의 괴로움을 가장 동정하는 사람이 정녕 나였으므로, 그에게는 또한 내 얼굴을 보는 것이 가장 위안이 될 것이라고 생각했다. 그래서 매우 바쁜 일이 있어도 적어도 이틀에 한 번은 혼자서 또는 그의 부인을 데리고 가서 오후를 그와 함께 지내곤 했다.

무너져, 치안 감독관에게 자신이 익명으로 된 《맹인들에 대한 편지》의 저자임을 자백했으며 앞으로는 그의 허락을 받지 않은 한 아무것도 쓰지 않을 것을 약속했다. 그는 며칠 후 뱅센 성의 공원에서 산책하거나 자기 가족과 친구들을 접견할 수 있다는 허가를 받았다.

그해 1749년 여름은 더위가 몹시 심했다. 파리에서 뱅센까지는 20리를 잡는다. 합승마차 삯을 치를 형편이 못되므로, 나 혼자 갈 경우에는 오후 2시경에 걸어갔는데, 조금이라도 일찍 도착하려고 부리나케 걸었다. 가로수들은 이 나라 풍습에 따라 늘 가지가 잘려져 있어서 그늘이라고는 거의 조금도 제공하지 않았다. 그래서 종종 더위와 피로로 기진맥진한 나는 더 이상 견딜 수 없어서 땅바닥에 대자로 누워버리곤 했다. 나는 걸음을 늦추어 보려고 무슨 책이라도 들고 갈 생각을 했다. 하루는 〈메르퀴르 드 프랑스〉6)를 들고 갔다. 걸으면서 그것을 훑어보던 중 나는 디종 아카데미가 다음 해 현상공모를 위해 제시한 다음과 같은 질문에 부딪혔다. '학문과 예술의 진보는 풍습을 타락시키는 데 기여했는가 혹은 순화시키는 데 기여했는가?'7)

이것을 읽는 순간 나는 다른 세상을 보았고 딴 사람이 되었다. 여기서 내가 받은 인상은 또렷하게 기억하고 있지만, 그 자세한 것은 말제르브 씨에게 보낸 네 통의 편지 중의 하나에 써둔 이후로 내 기억에 희미하다.8) 이것은 내 기억력의 특이한 성격들의 하나로 이야기할 가치가 있

---

6) 〈메르퀴르 드 프랑스〉(*Mercure de France*)는 1672년 〈메르퀴르 갈랑〉(*Mercure Galant*)이라는 이름으로 창간된 정기간행물로, 일주일에 한 번씩 프랑스와 외국의 사건들을 보도하고 가끔 교양기사들을 집어넣었다. 1724년에는 〈메르퀴르 드 프랑스〉라고 이름을 바꾸고, 한 달에 한 번씩 나왔다.

7) 1750년 도덕 현상논문을 위한 디종의 과학 문예 아카데미의 계획은 1749년 10월 〈메르퀴르 드 프랑스〉에 실렸다. 원래 제시된 질문은 '학문과 예술의 복구는 풍습을 순화하는 데 기여했는가'이다.

8) 루소는 그때의 환각상태를 《말제르브에게 보내는 편지》(두 번째 편지)에서 다음과 같이 묘사하고 있다.

"갑자기 나는 수천 개의 빛으로 내 정신이 아찔해지는 것을 느꼈습니다. 수많은 강렬한 생각들이 뒤죽박죽 상태로 힘차게 떠올라 나는 형언할 수

을 것이다. 기억력이 내게 도움이 되는 것은 오로지 내가 그 기억력에 의지하는 한에서였다. 기억에 맡겨놓은 것을 종이에 옮겨놓으면 곧 그 기억력은 내게서 떠나버린다. 무엇이고 한 번 종이에 옮겨놓고 나서는 더 이상 전혀 그것을 기억하지 못한다. 이런 특이한 성격은 음악에서조차 나를 따라다닌다. 음악을 배우기 전까지만 해도 노래를 많이 외우고 있었으나, 악보를 보고 노래를 부를 수 있게 되자 어느 것 하나 기억할 수 없었다. 내가 제일 좋아하던 노래들 중 그 어느 하나라도 지금 처음부터 끝까지 외울 수 있을지 의심스럽다.

그러한 상황에서 내가 매우 분명히 기억하는 것은 뱅센에 도착했을 때 정신착란과 유사한 흥분상태에 있었다는 것이다. 디드로는 이것을 알아챘다. 나는 그에게 그 까닭을 말했다. 그리고 나는 떡갈나무 아래서 연필로 써둔 〈죽은 파브리시우스가 돌아와 하는 말〉9) 을 그에게 읽어주었다. 그는 내 생각을 자유롭게 발휘해서 현상에 응모해보라고 격

없는 혼란에 빠졌습니다. 취기와 같은 현기증이 내 머리를 사로잡고 있는 것을 느꼈습니다. 맹렬한 심장의 고동으로 답답해지고 가슴이 벌떡거렸습니다. 걸어가면서 더 이상 숨 쉴 수가 없어 가로수 아래 쓰러져서 거기서 극도의 흥분상태로 반시간을 보내고 일어나 보니 내 웃옷 앞자락이 무의식 중에 흘린 눈물로 젖어 있는 것을 알았습니다. 오, 선생님! 내가 일찍이 그 나무 아래서 보고 느낀 것의 4분의 1이라도 쓸 수 있었다면, 나는 사회제도의 모순들 모두를 너무나 명석하게 밝힐 수 있었을 것이고, 또 현 제도의 모든 악폐들을 너무나 힘차게 폭로할 수 있었을 것이며, 너무나 간단하게 인간은 자연적으로 선량하며 인간이 나쁘게 된 것은 오로지 이러한 제도 때문이라는 것을 입증하였을 것입니다. "

9) 파브리시우스(Fabricius) 는 플루타르코스 위인전에 등장하는 인물들 중 한 사람으로 기원전 3세기경 활동한 로마의 정치인이다. 그는 청렴하기로 유명하였고 로마제국이 나약해지는 것을 기록하였다. 루소는 근엄한 로마인인 파브리시우스가 살아 돌아와 지금 세상을 보고 했을 말을 상상하여 글을 쓴 것이다.

려해주었다. 나도 그러기로 했다. 그리고 나는 그 순간부터 파멸의 길로 접어들었다. 나머지 내 모든 인생과 내 모든 불행은 이 미망의 순간에서 생긴 불가피한 결과였다.

내 감정은 전혀 상상도 못할 정도의 속도로 고조되어 내 사상과 일치해 갔다. 내 온갖 보잘것없는 정욕들은 진리와 자유와 미덕에 대한 열광으로 질식되고 말았다. 그리고 가장 놀라운 것은 이러한 흥분이 아마 어느 다른 사람의 마음에서도 일찍이 없었다고 할 만큼 높은 정도로 4, 5년 이상 동안 내 마음속에서 유지되고 있었다는 사실이다.

나는 이 논문을 아주 기묘한 방식으로 작업했는데, 그것은 내 다른 저작들에서도 거의 언제나 따르는 방식이다. 나는 잠 못 이루는 밤들을 이 논문을 쓰는 데 바쳤다. 나는 침대에 누워 눈을 감은 채 생각에 잠겼다. 말도 못할 고생을 하면서 머릿속에서 조화롭고 논리적인 복잡한 문장들을 이리저리 궁리하였다. 그러고 나서 만족할 정도에 이르면 그것들을 종이에 옮길 수 있을 때까지는 기억 속에 간직해두었다. 그러나 잠자리에서 일어나 옷 입을 시간이 되면 모두 까맣게 잊어버리고 말았다. 그래서 종이를 대하고 앉아도 내가 구상해 놓았던 것이 더 이상 거의 아무것도 머리에 떠오르지 않았다. 나는 르바쇠르 부인을 비서로 쓸 생각까지 했다. 그래서 부인을 자기 딸과 남편과 함께 내게서 더욱 가까운 곳에 지내게 했다. 하인을 쓰지 않기 위해 아침마다 와서 내게 불을 피워주고 잔시중을 들어준 것이 바로 그녀였다. 부인이 오면 나는 침대에서 지난 밤에 작업한 것을 받아쓰게 했다. 내가 오랫동안 따랐던 이러한 습관 덕분에 나는 잊어버리는 일을 많이 피할 수 있었다.

논문이 완성되었을 때 그것을 디드로에게 보였다. 그는 그 논문에 만족해하면서 몇 군데 수정할 곳을 지적해주었다. 그것은 정열과 박력으로 가득 차 있긴 했지만, 논리와 체계가 전혀 없었다. 이것은 내가 쓴 모든 글들 중에서 가장 논리가 약하고 운율과 조화가 빈약한 것이었다. 그렇지만 아무리 재주를 타고난 사람이라도 글 쓰는 법을 당장 배울 수는 없는 법이다.

나는 이 작품을 다른 누구에게도 의논하지 않고 발송했다. 그림만은 예외였다고 생각했다. 그가 프리즈 백작10) 댁으로 들어가면서부터 나는 그와 더할 나위 없이 친하게 지내기 시작하였다. 그가 클라브생을 한 대 가지고 있어서 그것이 우리에게 합치점 역할을 했고, 나는 한가한 시간에는 언제나 그와 함께 클라브생 주위에서 노래를 부르며 보냈다. 이탈리아의 아리아와 뱃노래를 아침부터 저녁까지 아니 더욱 정확히 말하자면 저녁부터 아침까지 쉴 새 없이 줄곧 불러 제쳤다. 내가 뒤팽 부인 댁에서 보이지 않으면 사람들은 내가 그림 씨 집에 있든지 적어도 그와 함께 산책하든가 혹은 공연을 보고 있을 것이라고 확신했다. 이탈리아 극장은 내게 무료출입증이 있는 곳이지만 그림이 싫어해서 거기에는 가지 않고 그가 좋아하는 프랑스 극장에 돈을 지불하면서 그와 같이 다녔다. 드디어 이 청년에게 하도 강렬하게 이끌려 그에게서 영 떨어질 수 없게 되었다. 그 때문에 그 가련한 아줌마11) 마저 소홀할 정도가 되었다. 그녀를 소홀했다는 것은 그녀를 덜 보게 되었다는 것이다. 왜냐하면 내 일생 중 한순간도 그녀에 대한 애착이 그로 인해 식어 본 적은 없었으니까 말이다.

그토록 조금밖에 없는 여가마저 내가 좋아하는 사람들과 나눌 수가 없게 되니, 오직 테레즈와 같이 오붓하게 살림을 차리려는 오래전부터의 욕망이 어느 때보다도 한결 강렬하게 되살아났다. 하기는 그녀에게

---

10) Le comte Auguste-Henri de Friesen (1728~1755) : 작센 원수의 조카이자 작센 선제후인 아우구스투스 2세의 손자인 오귀스트 앙리 드 프리즈(프리젠) 백작은 1749년 그림을 본 순간부터 그에게 우정을 느꼈다. 사랑스럽고 재치 있으며 방탕한 장교였던 그는 27살의 나이에 죽었다.

11) 7권에서 설명하였듯이 루소는 테레즈를 '아줌마'라고 불렀다.

딸린 많은 식구들이 거추장스러웠고 특히 가구를 마련할 돈이 없어서 그때까지 참아왔다. 그런데 분발할 기회가 생겼고, 나는 그 기회를 놓치지 않았다. 프랑쾨유 씨와 뒤팽 부인은 내가 1년에 8, 9백 프랑으로는 부족하다는 것을 절감하고, 자진하여 연봉을 50루이까지 올려주었다. 게다가 뒤팽 부인은 내가 자기 세간을 갖춘 집에 살고 싶어 한다는 사실을 알고 이에 쓰도록 보조금까지 지원했다. 우리는 테레즈가 이미 가지고 있던 가구와 함께 이것을 모두 공동소유로 하여, 매우 점잖은 사람들이 사는 그르넬 생토노레 거리의 랑그도크관(館)에 아담한 방 하나를 빌리고 우리가 할 수 있는 한 그곳에 맞추어 살았다. 12) 이리하여 내가 레르미타주로 옮길 때까지 우리는 그곳에서 7년 동안 평화스럽고 즐겁게 머물렀던 것이다.

테레즈의 아버지는 나이가 많은 호인이었다. 성격이 온순하기 짝이 없어 자기 부인을 극도로 무서워했다. 그 때문에 그는 부인에게 '형사(刑事) 재판관'이라는 별명까지 붙여준 바 있었다. 그림은 이 별명을 그후에 농담 삼아 그 딸인 테레즈에게 갖다 붙였다. 르바쇠르 부인은 제법 재치가 있었다. 다시 말하면 약삭빨랐다. 게다가 상류사회의 예절과 풍습도 알고 있어서 이를 뽐내고 있었다. 그러나 그녀는 감언이설로 속이는 이해하기 힘든 행동을 보였는데, 이것이 내게는 견딜 수 없었다. 딸에게 아주 못된 조언을 하고 딸이 내게 본심을 드러내지 않도록 만들었고, 내 친구들을 하나씩 살살 꼬여 그들 서로에게 또 내게 해를 끼쳤던 것이다. 그러나 그녀는 꽤 좋은 어머니였는데, 그것이 그녀로서도 이익이라고 생각했기 때문이다. 그래서 딸의 과실을 감싸주었는데, 그것도 자신의 이익을 위해서였다. 나는 그녀에게 주의와 정성을 한껏 기울이고 사소한 선물공세를 하는 등 그녀에게 사랑받으려고 지극히 관심을

---

12) 쿠르투아(L. -J. Courtois)는 1750년 초 루소와 테레즈의 거처를 랑그도크관 5층에 정해주었다. 르바쇠르 가족들은 7층에 와서 살았다.

가졌음에도 불구하고 그것에 성공하기란 불가능함을 느꼈다. 이 때문에 그녀야말로 단출한 가정에서 내가 가진 유일한 두통거리였다. 그렇지만 나는 이 6, 7년 동안에 인간의 나약함이 허용할 수 있는 가장 완벽한 가정의 행복을 맛보았다고 말할 수 있다. 테레즈의 마음은 천사와 같았다. 우리 두 사람의 애정은 친밀해질수록 더욱 강해졌다. 그래서 우리들은 서로가 얼마나 천생연분인가를 날이 갈수록 더욱 간절히 느꼈다. 우리들의 쾌락을 묘사할 수 있다면 사람들은 그 순진함에 웃지 않을 수 없을 것이다. 둘이서 교외로 산책 나가 그곳의 어떤 선술집에 들어가 8수나 10수를 쓰면 넉넉했다. 그리고 조촐한 저녁식사는 길이가 창틀 너비만큼 되는 트렁크 위에다 조그만 의자를 2개 마주 놓고 앉아서 우리 집 십자형 유리 창가에서 들었다. 이런 경우에는 창이 식탁 대용이 되어서 우리 둘은 신선한 공기를 마시며 주위의 경치나 지나가는 행인들을 볼 수 있었으며, 비록 5층이라도 먹으면서 거리를 잘 내려다볼 수 있었다. 요리라고 해야 시골에서 만든 큰 빵을 넷으로 쪼갠 한 조각, 약간의 체리, 조그만 치즈 한 조각, 우리 둘이서 마시는 포도주 두 잔 정도가 전부였다. 이런 식사의 매력을 누가 묘사할 수 있으며, 누가 그것을 느낄 수 있으랴! 우정, 신뢰, 친밀감, 부드러운 마음씨, 이것들은 얼마나 구미를 돋우는 양념인가! 늙은 엄마가 일깨워주지 않으면 시간 가는 줄도 모르고 또 시간을 짐작조차 못하고 자정까지 앉아 있을 때도 가끔 있었다. 그러나 시시하고 우스꽝스럽게 보이는 자질구레한 이야기는 그만두자. 내가 늘 말해왔고 또 느껴온 것처럼 참다운 즐거움이란 묘사할 수 없는 법이다.

거의 이와 때를 같이하여 나는 한결 저속한 향락을 즐겼는데, 이것은 나 스스로를 비난하지 않을 수 없는 그런 종류의 향락으로서는 마지막 향락이었다. 클뤼펠 목사가 싹싹하다는 것은 말한 바 있다. 나는 그와 그림에 못지않을 만큼 친밀해졌고 또 허물없는 사이가 되었다. 이 두 사람은 때때로 내 집에서 식사를 함께 했다. 식사라야 조촐하기보다 약간 초라한 편이었지만 클뤼펠의 재치 있고 쾌활한 농담과, 아직 완벽한 프랑스어를 구사하지 못했던 그림의 웃기는 독일어 어법으로 분위기는 즐거웠다. 우리의 이 작은 주연은 관능적 쾌락이 지배하는 것이 아니라 즐거움이 그 부족을 채웠고, 우리는 서로가 마음이 잘 맞아서 더는 떨어질 수가 없을 정도였다. 클뤼펠은 계집애 하나를 첩으로 두고 있었는데, 그 혼자 감당할 수가 없어서 그녀는 모든 사람의 여자가 되지 않을 수 없었다. 어느 날 저녁 우리는 카페에 들어가다가 클뤼펠이 그녀와 함께 저녁식사를 하러 가려고 거기서 나오는 것을 보았다. 우리는 그를 놀려주었다. 그랬더니 그가 우리를 같은 식탁에 끼게 하고 이번에는 자기가 우리를 놀려대며 점잖게 복수하는 것이었다. 내가 보기에 이 불쌍한 여인은 천성이 꽤 착하고 아주 온순해서 이런 직업에는 별로 어울릴 것 같지가 않았지만, 같이 있는 잔소리 심한 마귀 같은 할멈이 온갖 짓을 다하여 이렇게 길을 들여놓은 것이다. 우리는 이야기와 술을 나누면서 유쾌하여 자제심을 잃을 정도가 되었다. 사람 좋은 클뤼펠은 한턱을 내다가 중간에서 끝내고 싶어 하지 않았다. 그래서 우리는 셋이 차례차례 이 가없은 계집애를 데리고 옆방으로 들어갔다. 그녀는 웃어야 할지 울어야 할지 몰랐다. 그림은 두고두고 그 계집애를 건드리지 않았노라고 주장했다. 자기가 그녀와 그렇게 오래 방 안에 들어가 있었던 것도 재미삼아 우리를 안달하게 만들기 위해서였다고 했다. 그러나 그가 그 짓을 하지 않은 것은 십중팔구 양심의 가책 때문은 아니었을 것이다. 그는 프리즈 백작 댁에 들어가기 전만 해도 같은 생로크 구역 내의 매춘부들 집에서 묵었기 때문이다.

　이 계집이 사는 무아노 거리에서 나왔을 때 나는 생프뢰가 유곽 — 사람들이 그곳에서 그를 취하게 만들었다 — 을 나왔을 때나 마찬가지로 부끄러웠다. 13) 그러므로 생프뢰의 이야기를 쓸 때 내 사연도 생생히 떠올랐다. 테레즈는 어떤 기미로 특히 나의 당황한 태도로 미루어 내가 무엇인가 가책을 느끼고 있다는 것을 알아차렸다. 나는 이 가책의 무거운 짐을 덜기 위하여 솔직히 그리고 재빨리 자백하였다. 그렇게 하기를 잘했다. 왜냐하면 그 다음 날이 되자마자 그림이 의기양양하게 와서 테레즈에게 내 커다란 죄를 과장해서 고해 바쳤으니까 말이다. 그리고 그 이후부터 그는 악의로 테레즈에게 그런 이야기를 하여 그 기억을 불러일으키는 일을 결코 빼먹지 않았다. 내가 그림에게는 자유롭고 자발적으로 내 비밀을 털어놓았기 때문에 그가 그런 일로 나를 후회하게 만들지 않기를 그에게 기대하는 것은 당연했다. 그런 만큼 이번 일에서 그는 더욱 비난받아 마땅한 것이다. 나는 이때보다 테레즈의 착한 마음을 더 잘 느껴본 적이 없었다. 그녀는 나의 불성실한 행동에 마음 상하기보다는 그림의 처사에 더욱 분개했으니 말이다. 나는 그녀로부터 감동적이고 애정 어린 비난만을 받았을 뿐인데, 거기서 원망하는 기색은 조금도 찾아볼 수가 없었다.

　이 선량한 아가씨가 단순한 것도 그 착한 마음에 못지않았다. 더 이상 말할 것도 없겠지만, 덧붙여 말해둘 만한 한 가지 사례가 떠오른다. 나는 클뤼펠이 목사이고 작센 고타 대공의 전속 목사라는 것을 그녀에게 말해주었다. 목사라고 하면 그녀는 아주 이상한 사람처럼 여겨서, 전혀 어울리지도 않는 생각들을 우스꽝스럽게 혼동해 클뤼펠을 로마교황처럼 생각하게 되었다. 집에 들어온 그녀가 내게 교황이 나를 보러 왔다고 말했을 때 처음에는 그녀가 미쳤나 생각했다. 그러나 그녀에게 그 이유를 설명하게 한 다음, 나는 만사를 제치고 급히 그림과 클뤼펠에게 그 이야기를 하러 갔다. 우리들 사이에서 클뤼펠에게 '교황'이란 별명이 붙여진 것은 그때부터였다. 우리는 무아노 거리의 그 계집애에게도 '교황

----

13) 생프뢰는 아는 사람들에게 속아서 유곽에 끌려가 거기서 포도주를 잔뜩 먹고 창녀와 같이 잔 적이 있다(참조. 《신엘로이즈》, 2부, 스물여섯 번째 편지).

비(教皇妃) 잔'이라는 이름을 붙였다. 웃음이 멎지 않아서, 우리는 숨이 막힐 지경이었다. 어떤 사람들은 자기들 좋을 대로 어떤 편지를 내가 썼다고 우기면서, 내가 그 편지에서 일생 동안 두 번밖에는 웃은 일이 없다고 말했다고 한다. 그런데 그들은 그 시절이나 젊은 시절의 나를 모르고 있었던 것이다. 그렇지 않다면 분명 이런 생각은 그들에게 떠오를 수 없었을 것이기 때문이다.

이듬해인 1750년, 더 이상 내 논문을 생각하지도 않고 있던 무렵에 그것이 디종에서 상을 받았다는 것을 알았다.[14] 이 소식은 내게 이 논문을 쓰게 한 모든 사상들을 일깨웠고 그것들에 새로운 활기를 불어넣었으며, 아버지와 조국과 플루타르코스가 내 어린 시절 마음속에 심어놓았던 영웅심과 미덕의 최초의 효모를 마침내 발효시켰다. 나는 부귀공명을 초월하여 자유롭고 유덕하며 스스로에게 자족한 것보다 더 위대하고 아름다운 것은 찾지 못했다. 비록 야유에 대한 수치심과 두려움 때문에 처음부터 이러한 원칙들에 의거하여 처신하거나 당대의 윤리적 규범에 갑자기 정면공격을 가하지는 못했지만, 그때부터 나는 그것에 대해 확고한 결의가 섰다. 그런데 이러한 결의가 장애물로 자극받아 승리를 거두기 위해서는 시간이 필요했다. 나는 단지 그 시간만큼만 그 결의를 실행에 옮기는 데 지체한 것이다.

내가 인간의 의무에 대해서 철학적으로 사색하던 동안, 내 자신의 의무에 대해 더욱 곰곰이 성찰할 수 있게 해주는 사건이 하나 생겼다. 테레즈가 세 번째 임신을 하게 된 것이다. 나는 내 행위로 내가 주장하는 원칙들을 부인하기에는 스스로에게 너무나 진실하고 내심으로 너무 자부심을 갖고 있었다. 그래서 내 자식들의 운명과 내가 그들의 어머니와 맺은 관계를 자연과 정의와 이성의 법에 의거하여 그리고 그 창시자처럼

---

14) 수상 결정이 내려진 것은 1750년 7월 9일이었다. 루소는 7월 20일 사례를 하고 28일 상을 받기 위하여 위임장에 서명했다.

순수하고 성스럽고 영원한 그 종교 — 그런데 불가능한 것을 실천하지 않아도 될 때 그것을 명하는 것은 별로 부담되지 않는다는 점에 비추어 볼 때, 사람들은 그 종교를 정화하길 원하는 척하면서 그것을 훼손하고 그들의 관례적인 언사에 의해 이제는 말로만 종교인 것으로 만들어버렸다 — 의 법에 의거하여 검토하기 시작하였다. 내가 내린 결론이 틀리기는 했지만 나는 마음에 안도감을 갖고 그 결론에 내 자신을 맡겼는데, 그러한 마음의 안도감보다 더 놀라운 것은 없다. 만약 내가 자연의 부드러운 소리에 귀를 기울이지 않으며 정의와 인정의 진정한 감정이 마음속에 전혀 싹트지 않았던 천성적으로 나쁜 그런 사람들에 속한다면, 이러한 무정함은 아주 쉬운 일일 것이다. 그러나 온정에 가득 찬 그 마음, 그토록 강렬한 그 감성, 쉽게 애정을 품는 그 성향, 나를 지배하는 애정의 그 강렬한 힘, 그 애정을 끊어야 할 때의 가슴이 찢기는 그 고통, 인류에 대한 그 타고난 호의, 위대하고 진실하며 아름답고 정의로운 것에 대한 그 열렬한 사랑, 모든 종류의 악에 대한 그 증오심, 미워할 줄도 해칠 줄도 모르고 심지어 그럴 마음조차 먹지 못하는 그 성격, 무엇이든 간에 고결하고 관대하며 사랑스러운 것을 볼 때마다 느끼는 그 감동과 그 강렬하고도 감미로운 흥분, 이 모든 것이 의무들 중 가장 감미로운 의무를 사정없이 짓밟아버리는 패륜(悖倫)과 한 영혼 안에서 도대체 조화를 이룰 수 있겠는가? 아니, 그럴 수는 없다. 나는 그것을 느끼고 분명하게 말한다. 그것은 불가능하다고. 장자크는 그의 생애의 단 한순간도 무정하고 무자비한 인간, 무도한 아비가 될 수는 없었다. 나는 잘못 생각할 수는 있지만 결코 냉혹할 수는 없었다. 내 나름의 이유들을 말하자면 얼마든지 말할 수 있을 것이다. 그러나 내가 그러한 이유들에 속을 수 있었으니만큼, 또 많은 사람들이 그것들에 속을 수 있을 것이다. 나는 내 글을 읽을 수도 있는 젊은이들을 같은 잘못으로 그르치게 하고 싶지는 않다. 나는 단지 다음과 같이 말하는 것으로 만족할 것이다. '내 아이들

140

을 손수 키울 수 없어서 그들을 공공교육에 위탁하여 건달이나 재산을 노리는 사람보다는 차라리 노동자나 농민이 되도록 하면, 시민으로서나 아버지로서의 행위에 어긋나지 않는다고 믿고 나 자신을 플라톤의 공화국의 일원이라고 생각했을 정도로 내 잘못이 컸다고.'[15]

그후 몇 차례고 내 마음에서 나오는 뉘우침은 내가 잘못했음을 가르쳐주었다. 그러나 내 이성은 그와 같은 경고를 발하지 않았고 도리어 나는 내가 아이들을 버리지 않으면 안될 판국에 그렇게 함으로써 아이들을 그 아비의 운명과 그들에게 닥쳐올 운명으로부터 지키게 되었음을 종종 하늘에 감사했다. 그 뒤에 우정이나 인정 혹은 또 다른 동기에서 데피네 부인이나 뤽상부르 부인이 아이들을 맡았으면 했지만, 설령 그녀들에게 맡겨 보았자 그 아이들이 더 행복해지고 적어도 정직한 사람으로 길러졌을까? 나는 모르겠다. 그러나 나로서 확실한 것은 그들이 자신의 부모를 증오하고 어쩌면 배신하도록 키워졌으리라는 것이다. 그렇다면 차라리 그들의 부모를 전혀 몰랐던 편이 백 배 낫다.

그래서 내 세 번째 아이도 처음 두 아이들처럼 기아 수용시설에 보내졌고, 그 다음에 생긴 두 아이들도 역시 마찬가지였다. 나는 아이가 모두 다섯이었으니 말이다. 내게는 이러한 해결이 매우 훌륭하고 분별이 있고 정당하게 보였지만, 내가 공공연히 그것을 자랑하지 않은 것은 오직 그 어미에 대한 고려 때문이었다. 그러나 나는 우리 두 사람의 관계를 알렸던 사람들 모두에게는 그 사실을 말했다. 나는 디드로와 그림에게 그것을 말했고, 다음에는 데피네 부인, 또 그 다음에는 뤽상부르 부인에게까지 알려주었다. 그것도 무슨 필요 때문에 그런 것이 아니라 터놓고 솔직하게 말했다. 숨기려면 모든 사람들에게 쉽게 그것을 숨길 수도 있었지만 말이다. 그럴 것이 산파 구앵은 정직한 여인으로 매우 입이

15) 플라톤은《국가론》에서 아이들은 부모가 아닌 국가가 키워야 한다고 주장했다.

무거워서 내가 완전히 믿었기 때문이다. 내 친구들 중 내가 속을 털어놓아서 그로부터 어떤 이득을 본 유일한 친구는 의사 티에리인데, 그는 우리 가엾은 아줌마가 난산으로 한 번 몹시 고생했을 때 그녀를 치료해주었다. 요컨대 나는 내 행위를 전혀 숨기지 않았는데, 그것은 내 친구들에게 결코 어떤 것도 숨길 줄 몰랐기 때문만이 아니라 사실 내 행위가 전혀 나쁜 것이라 생각지 않았기 때문이기도 하다. 나는 심사숙고한 끝에 내 아이들을 위해 최선의 것 혹은 내가 최선의 것이라고 생각한 것을 선택했다. 나 자신도 내 아이들처럼 키워지고 양육되었으면 하고 원했고 아직도 원하고 있다.

내가 이와 같이 내 속내 이야기를 하고 있었을 때 르바쇠르 부인은 그녀대로 그것을 이야기하고 다녔다. 그러나 르바쇠르 부인이 그렇게 하는 데는 사심이 없지 않았다. 나는 그 모녀를 뒤팽 부인 집에 데리고 가서 소개한 일이 있었다. 부인은 나에 대한 우정으로써 그 모녀에게 극진한 후의를 베풀었다. 그 어미는 자기 딸의 비밀을 그녀에게 털어놓았다. 그러나 그녀는 부인에게 내가 별로 수입도 대단치 않으면서 얼마나 마음을 써서 모든 것을 대주는지를 말하지 않았다. 그래서 착하고 너그러운 부인은 그녀대로 아낌없이 보태주었다. 그 딸은 어머니의 명령으로 부인의 적선을 내가 파리에 있는 동안 내게 쭉 숨기고 있다가, 레르미타주에 가서야 여러 다른 일들을 토로하던 끝에 털어놓게 된 것이다. 뒤팽 부인은 내게 전혀 그런 내색을 하지 않았으므로, 그렇게까지 자세히 아는 줄은 몰랐다. 부인의 며느리 되는 슈농소 부인[16]도 그렇게 자세히 아는지 어쩐지는 아직도 모르겠다. 그러나 부인의 또 다른 며느리인 프랑쾨유 부인은 잘 알고 있었으니 잠자코 있을 리가 없었다. 그녀

----

16) Louise-Alexandrine-Julie de Rochechouart, Madame de Chenonceaux (1730∼?) : 로슈슈아르 자작부인의 외동딸로 뒤팽 부인의 아들인 슈농소 씨와 결혼하였다.

142

는 내가 뒤팽 부인의 집을 이미 떠난 후인 다음 해에 내게 그것에 대해
말했다. 그래서 나는 그 일에 대하여 부인에게 편지를 쓰게 되었다. 그
편지는 내 자료모음집에서 보게 될 것이다. 나는 그 편지에서 르바쇠르
부인과 그 가족들의 평판을 해치지 않는 범위 내에서 내가 말할 수 있는
이유들만을 밝혔다. 가장 결정적인 이유는 르바쇠르 부인과 그 가족들
로부터 생긴 것이지만, 그 이유에 대해서는 입을 다물었다.

　　나는 뒤팽 부인의 신중함과 슈농소 부인의 우정을 확신한다. 프랑쾨
유 부인의 우정에 대해서도 역시 확신한다. 게다가 프랑쾨유 부인은 내
비밀이 세상에 퍼지기 오래전에 세상을 떠났다. 17) 내 비밀은 오로지 내
가 그것을 털어놓은 바로 그 사람들에 의해서 알려졌던 것 같고, 사실
내가 그들과 절교한 이후에야 세상에 알려졌다. 이 사실만으로도 그들
은 심판을 받고 있다. 내가 받아 마땅한 비난에 대해 변명할 생각도 없
고, 〔나로서는 그런 비난을 감수하는 쪽이〕 그들의 악랄함에 응당 주어져
야 할 비난을 받는 것보다 더 낫다. 18) 나의 잘못은 크다. 그러나 그것은
어디까지나 과실이다. 나는 의무를 소홀했다. 그러나 남을 해치려는 의
도는 내 마음속에 없었다. 그리고 아비로서의 정이 본 적도 없는 자식들
을 위해 충분히 강력하게 작용할 수는 없었을 것이다. 그러나 우정의 신
뢰를 배반하는 것, 모든 계약들 중 가장 신성한 계약을 깨뜨리는 것, 우
리 가슴속에 털어놓은 비밀을 폭로하는 것, 우리에게 배신당했지만 결
별할 때도 우리들을 여전히 존경하는 친구를 재미 삼아 모욕하는 것, 그
런 것들은 과실이 아니라 영혼의 비열함이며 음흉함이다.

　　나는 고백할 것을 약속했지 자기변명을 약속하지는 않았다. 그러므로
이 점에 대해서는 이 정도로 그치겠다. 나는 진실하면 되고 독자들은 공
정하면 된다. 나는 독자들에게 그 이상 아무것도 요구하지 않을 것이다.

---

17)　프랑쾨유 부인은 1754년 9월 3일 죽었다.
18)　〔 〕부분은 제네바 초고에서는 빠진 부분이며 파리 초고에 실려 있다.

슈농소 씨가 결혼함으로써 그 어머니의 집이 매우 사랑스러운 젊은 신부(新婦)의 재능과 재치로 내게 훨씬 더 유쾌해졌는데, 그녀는 뒤팽 씨의 여러 서기들 중에 나를 특별히 대하는 것처럼 보였다. 그녀는 로슈슈아르 자작부인의 외동딸이었는데, 이 로슈슈아르 부인은 프리즈 백작의 절친한 여자 친구였고 그 영향으로 프리즈 백작에게 매인 그림과도 절친하였다. 그러나 그림을 자작부인의 딸에게 소개한 것은 나였다. 하지만 그 둘은 성격이 맞지 않아서 그 교분은 계속되지 못했다. 그때부터 확고한 기반을 노리던 그림은 딸보다도 상류사회의 부인인 어머니를 더 좋아했다. 딸은 자기 마음에 맞는 신뢰할 수 있는 친구들을 원했고, 어떤 음모에도 끼어들지 않고 고관대작들 사이에서 명망도 구하지 않았다. 뒤팽 부인은 자기가 기대했던 것처럼 슈농소 부인이 전적으로 고분고분하지 않은 것을 보고 자기 집을 며느리에게 아주 침울한 곳으로 만들어버렸다. 그러자 자기 재능과 아마 자신의 가문에도 긍지를 갖고 있었을 슈농소 부인은 자신에게 맞지 않는다고 느끼는 구속에 얽매이느니 차라리 사교계의 즐거움을 단념하고 거의 혼자서 자기 거처에 머물러 있기를 원했다. 불행한 사람들에게 마음이 끌리는 내 타고난 성향 때문에 이렇게 귀양살이를 하다시피 하는 부인에게 더욱 애착이 갔다. 내가 보기에 그녀에게는 때로는 좀 궤변적이기도 하지만 형이상학적이고 사색적인 재능이 있었다. 그녀의 이야깃거리는 수도원에서 나온 젊은 여인의 이야깃거리와는 전혀 달라, 내게는 매우 매력이 있었다. 그렇지만 나이는 20살도 되지 않았다. 그녀의 안색은 눈이 부시게 희고, 자세가 더 발랐다면 키가 크고 몸매가 아름다웠을 것이다. 그 회색을 띤 금발의 드물게 보이는 아름다운 그 머리카락은 꽃다운 시절의 내 가련한 엄마의 머리카락을 연상시켜 내 마음을 강하게 흔들어놓았다. 그렇지만 나는 그때 막 스스로 엄격한 원칙을 세워서 어떠한 일이 있어도 그것을 지켜나갈 결심을 하고 있었으므로, 그녀와 그녀의 매력으로부터 나를 지킬 수 있었다. 한여름 내내 하루에 서너 시간씩 그녀와 마주앉아 근엄하게 산수를 가르치거나 끊임없는 숫자들로 그녀를 귀찮게 굴면서도 여자의 환심을 사려는 말 한마디 하지 않았고 추파 한 번 던지지 않았다. 5, 6년 후였다면 그렇게 점잖지는, 아니 그렇게 어리석지는 않았을 것이다. 그러나 내가 일생에 오직 한 번만 연애를 할 것이며, 그 여인이 아닌 다른 여인이 내 마음의 처음이자 마지막 한숨을 받게 되리라는 것은 이미 정해진 운명이었다.

뒤팽 부인의 집에서 살게 된 후부터는 나는 언제나 내 운명에 만족하고, 그것이 더 좋아지기를 바라는 욕망을 조금도 나타내지 않았다. 뒤팽 부인이 프랑쾨유 씨와 상의하여 내 봉급을 올려준 것도 오로지 그들의 자발적인 의사에서 나온 것이었다. 나날이 더 나를 좋아하던 프랑쾨유 씨는 그해에 좀더 넉넉하고 좀더 안정된 자리에 나를 앉히려고 했다. 그는 재무부의 수세국장이었다. 마침 회계원인 뒤두아이에 씨가 늙기도 하고 돈도 많아서 퇴직을 원하고 있었다. 프랑쾨유 씨는 내게 이 자리를 제공했다. 나는 이 직책을 수행할 수 있도록 몇 주 동안 뒤두아이에 씨 집에 다니면서 필요한 교육을 받았다. 그런데 이 직무에 내가 별로 재능이 없었든지 아니면 자신의 후임자로 다른 사람을 추천하고 싶어 하는 것처럼 보였던 뒤두아이에가 성심껏 가르쳐 주지 않아서였든지, 내게 필요한 지식을 얻는 일이 더디고 제대로 진행되지 않았다. 그리고 일부러 복잡하게 만든 회계의 그 순서 전체도 내 머리에 결코 잘 들어올 리가 없었다. 그럼에도 불구하고, 그 일의 핵심은 파악하지 못했지만 그 일을 효과적으로 수행할 수 있을 정도로 일상적인 흐름은 그런대로 파악했다. 나는 그 직무를 시작하기까지 했다. 장부와 금고의 기록을 맡고, 돈과 영수증을 주고받고 했다. 그 일에 재능도 없고 흥미도 없었지만 나이 먹은 덕분에 철이 들기 시작해서 내 직책에 전념하기 위해 마음이 내키지 않는 것을 참을 결심을 했다. 불행하게도 본격적으로 일을 시작할 무렵 프랑쾨유 씨가 잠깐 여행을 떠나게 되어, 그동안 그의 금고를 맡게 되었다. 그렇지만 당시 거기에는 2만 5천 프랑 내지 3만 프랑밖에는 없었다. 그것을 맡고 있는 동안에 생겼던 근심과 심적 불안 때문에 나는 도저히 회계원이 될 소질이 없다는 것을 절실히 느꼈다. 그리고 프랑쾨유 씨가 돌아오자 내가 병이 난 것도 그가 없는 동안 근심한 것이 어느 정도 원인이 되었다고 확신한다.

　내가 빈사상태로 태어났다는 것은 제1부에서 말한 바 있다. 방광이 선천적으로 기형이어서 유년기에는 거의 지속적인 요폐증으로 시달렸다. 나를 돌보아준 쉬종 고모는 나를 잃지 않기 위해 말할 수 없이 고생했다. 그렇지만 그녀는 끝내 나를 살려냈다. 내 튼튼한 체격이 마침내 승리를 거두었다. 젊은 시절 동안 건강이 매우 좋아져서, 전에도 말한 바 있는 쇠약증과 조금만 열이 나도 항상 불편할 정도로 소변을 자주 보고 싶어 하는 것 이외에는 30살이 되도록 거의 유년기의 지병을 느끼지 않고 살아왔다. 그런데 그 병이 처음으로 재발한 것을 느낀 것은 베네치아에 도착했을 때였다. 여행으로 피곤하고 심한 더위에 시달린 탓으로 방광에 매우 뜨거운 열이 나는 느낌이 들고 허리가 아픈 증세가 초겨울까지 계속되었다. 파도아나 여인을 만난 후에 나는 죽는 줄 알았지만 몸에는 조금도 불편이 없었다. 또 그 줄리에타 때문에 육체보다는 상상을 더 많이 소진시킨 후에는 어느 때보다도 더 건강이 좋아졌다. 그런데 바로 디드로가 감금되고 난 후 당시 그런 무더위에 뱅센에 다니면서 생긴 화끈거림이 심한 신장염을 유발하고 말았다. 그 후로는 전의 건강을 영영 다시 회복할 길이 없었다.

　이번에는 아마 그 저주받을 금고라는 따분한 일에 좀 지쳤는지 전보다 한층 중태에 빠졌다. 그래서 5, 6주 동안을 상상조차 못할 정도의 한심한 상태로 병상에 눕게 되었다. 뒤팽 부인은 모랑[19]이란 유명한 의사를 보내주었다. 그는 능숙한 솜씨와 섬세한 손길로 치료하였건만 끔찍

146

한 고통만을 겪게 만들었을 뿐 끝내 소식자(消息子)는 넣어보지도 못했다. 그는 다랑20)에게 가보라고 권고했고, 더욱 잘 구부러지는 그의 소식자는 실제로 살그머니 들어가는 데 성공했다. 그러나 모랑은 뒤팽 부인에게 내 증세를 알리면서, 내가 6개월을 넘기지 못할 것이라고 선고했다. 이 말은 내 귀에도 들어왔으므로, 나는 내 처지와 또 내가 혐오감만을 느끼는 직책에 예속되어 얼마 남지 않은 여생의 안식과 즐거움을 희생시키는 어리석음에 대해서 심각하게 생각하지 않을 수 없었다. 뿐만 아니라 내가 최근에 채택한 그 엄격한 원칙을 그것과는 그토록 별 관계도 없는 이런 직업과 어떻게 일치시킬 수 있단 말인가? 재무부 수세국장의 회계원인 내가 무사무욕과 청빈함을 권장할 자격이 있을까? 이런 생각들이 머릿속에서 신열과 함께 부글부글 끓어올라 매우 강력히 결합되어, 그 뒤로는 그 무엇도 이 생각들을 머리로부터 떼어낼 수 없게 되었다. 그리고 열에 들뜬 와중에 했던 결심은 병에서 회복하는 동안 차분하게 굳어졌다. 나는 재산을 모으거나 출세하겠다는 모든 계획들을 영원히 포기했다. 얼마 남지 않은 여생을 자유로운 독립상태에서 청빈하게 지내기로 결심한 나는 세상 평판이라는 쇠사슬을 끊고 남들의 판단에 조금도 신경 쓰지 않고 내게 좋은 일이라고 보이는 것이면 무엇이든 용감하게 행하기 위해 모든 정신력을 기울였다. 맞서 싸워야만 했던 장애들과 그것을 물리치기 위하여 들였던 노력은 믿을 수 없을 정도이다. 나는 가능한 한의 그리고 또 내 자신이 기대했던 이상의 성과를 거두었다. 만약 내가 세상 평판의 굴레에서와 마찬가지로 우정의 굴레에서도 벗어났다면, 일찍이 인간이 상상할 수 있었던, 어쩌면 가장 위대한 아

---

19) Sauveur-François Morand(1697~1773) : 파리 자선병원과 파리 상이군인 병원의 외과병원장을 역임했다.
20) Jacques Darand(1701~1784) : 오스트리아를 위해 일하던 군의로, 1754년 파리에 정착하여 왕의 시의라는 자격을 얻었다.

니면 적어도 미덕에 가장 유익한 내 계획을 성취했을 것이다. 그러나 위대하고 현명하다고 자처하는 속된 무리들의 분별없는 판단을 발아래 짓밟으면서도, 이른바 친구들이라고 하는 사람들에게는 어린아이처럼 꼼짝 못하고 끌려다녔다. 그들은 내가 혼자서 새로운 길을 걷는 것을 보고 질투가 생겨서, 나를 행복하게 해주려고 대단히 애를 쓰는 것처럼 보이지만 실제로는 웃음거리로 만드는 데 전념했고, 다음에 나를 중상모략하는 데 성공하기 위해 우선 내 품위를 떨어뜨리려고 노력했다. 그들이 나를 시샘한 것은 내 문학적 명성보다도 내 자신의 개혁이었는데, 이 무렵이 그 개혁이 시작되는 시점이었다. 내가 글을 쓰는 재주에서 두각을 나타내는 것이라면 아마 그들은 나를 용서했을지 모른다. 그러나 내가 행동을 통해서 그들을 귀찮게 하는 것처럼 보이는 실례를 보이는 것을 용서할 수는 없었다. 나는 우정을 위해 태어난 사람이었다. 사귀기 쉽고 유순한 내 기질은 쉽사리 우정을 키워나갔다. 내가 세상에 알려지지 않고 살았을 동안 나를 아는 모든 사람들에게 사랑을 받았고 단 한 사람의 적도 없었다. 그러나 내가 명성을 얻게 되자마자 내게는 더 이상 친구들이 없었다. 그것도 매우 큰 불행이지만, 그것보다 훨씬 더 큰 불행은 친구라는 이름을 쓰면서도 그 이름으로 부여받은 권리들을 오직 나를 파멸로 이끌기 위하여 행사하는 사람들에 둘러싸여 있다는 것이었다. 이 회고록이 계속되면서 이 추악한 음모가 전개될 것이다. 나는 여기서 단지 그 기원만을 보여주는데, 여러분들은 그 최초의 파란이 만들어지는 것을 보게 될 것이다.

독립해서 살려고 해도 생계는 꾸려야 했다. 나는 이를 위한 아주 간단한 방법을 생각해냈는데, 그것은 한 장에 얼마씩 받고 악보를 베끼는 일이었다. 어떤 일이든 간에 보다 확실한 일로 같은 목적을 달성할 수 있었다면, 나는 그 일을 잡았을 것이다. 그러나 이러한 재주는 내 취향에도 맞고 개인적으로 얽매이지 않고도 그날그날 빵을 벌 수 있는 유일한 길이어서 그것으로 정했다. 더 이상 장래를 걱정할 필요는 없다고 생각하며 재무관의 회계원이라는 허영심을 잠재우고 악보 필경사가 되었다. 나는 이러한 선택을 해서 많은 덕을 보았다고 생각했고, 그 선택을 조금도 후회하지 않아서 부득이한 경우가 아니면 그 일을 그만둔 적이 없고 그만두었다가도 될 수 있는 한 빨리 그 일을 다시 잡았다. 내 첫 논문의 성공으로 이러한 결심을 실행하는 것이 더 쉬워졌다. 그것이 상을 받게 되자 디드로는 선뜻 그 출판을 맡았다. 내가 병으로 누워있는 동안 그는 짤막한 편지를 보내 그것의 출판과 결과를 알려주었다. 그는 나에게 "그것은 정말 격찬을 받는 성공을 거두고 있는데, 그 같은 성공은 유례가 없다"고 강조했다. 전혀 술수를 쓰지도 않았음에도 불구하고 무명작가에게 주어진 이러한 대중의 호평으로 나는 내심으로는 느끼면서도 그때까지 항상 의심하고 있었던 내 재능에 대해서 처음으로 진정한 자신감을 갖게 되었다. 나는 그때 막 내리려던 결정에 대해 그로부터 끌어낼 수 있는 이점을 모두 깨닫고, 문단에서 다소 명성이 있는 악보 필경사라면 아마 일감이 떨어지는 일은 없을 것이라고 판단했다.

내 결심이 분명히 서고 확고히 굳어지자마자 나는 프랑쾨유 씨에게 짤막한 편지를 써 그 사실을 알리고, 그가 뒤팽 부인과 함께 베풀어 준 모든 호의에 감사하고, 그들에게 단골이 되어달라고 부탁했다. 프랑쾨유는 이 편지의 뜻을 전혀 이해하지 못하고 내가 아직도 열로 인한 착란 상태에 있다고 생각하고 우리 집으로 달려왔다. 그러나 내 결심이 그가 도저히 꺾을 수 없을 만큼 너무나 확고하다는 것을 알았다. 그는 뒤팽 부인을 비롯한 모든 사람들에게 가서 내가 미쳤다고 지껄여댔다. 나는 그런 말을 하거나 말거나 흔들리지 않고 내 길을 갔다. 우선 몸치장부터 자기 개혁을 시작했다. 금박 장식물과 흰색 긴 양말을 버리고, 가발도 둥근 것으로 하고 칼을 풀었다. 시계를 팔면서 나는 엄청난 기쁨을 갖고 중얼거렸다.

"다행스럽게도 이제는 몇 시인지 알 필요가 없게 되겠구나."

프랑쾨유 씨는 도의를 지켜 회계원 자리를 처분하기 전까지 상당히 오랫동안 기다렸다. 마침내 내 결심이 확고하다는 것을 알고 그는 그 자리를 달리바르 씨[21]에게 넘겼다. 그는 예전에 슈농소가 어렸을 때 가정교사였고 자신의 저서 《파리 식물지》로 식물학계에서 유명한 사람이었다. [22]

사치에 대한 나의 개혁이 아무리 엄격하였다 해도 처음에는 내가 가진 내의에까지 확대해서 적용하지는 않았다. 그것들은 베네치아에서 입던 옷가지들 중 남아있는 것들로 고급이고 여러 벌 많이 갖고 있어서 특별히 애착이 갔다. 그것들을 청결한 것으로 만들려고 한 나머지 사치품을 만들어버려서 어쨌든 비용이 꽤 들어갔다. 그런데 어떤 사람이 톡톡히 수고를 해준 덕택에 나는 이러한 구속으로부터 벗어나게 되었다. 크리스마스 전날 '가정부들'[23]이 저녁 미사에 가고 내가 종교음악회에 나가있는 동안 누군가 지붕 밑 방문을 부수고 들어왔는데, 그 방에는 막 세탁을 해놓은 우리 내의들이 모두 널려 있었다. 몽땅 도둑을 맞았다. 그 중에는 무엇보다도 매우 고급 기지로 된 내 셔츠가 마흔두 벌이 있었는데, 그것들은 내 내의류의 대부분을 차지하고 있었다. 이웃사람들이 바로 그 시간에 몇 개의 보따리를 갖고 그 집에서 나오는 어떤 사람을 보고서는 그 모습을 이야기해주었는데, 테레즈와 나는 그로 보아 매우 못된 인물로 알려진 그녀의 오빠[24]를 의심했다. 그 어머니는 이러한 혐의

---

21) 토마 프랑수아 달리바르(Thomas-François Dalibard)는 린네의 체계를 채택한 프랑스 최초의 식물학자로 1749년 《파리 식물지》를 발표했다.

22) 〔원주〕이 모든 일들이 프랑쾨유와 그 일당들에 의해 지금은 아주 다르게 이야기될 것이 뻔하다. 그러나 나는 그때 그가 그것에 대해 이야기한 것을, 그리고 음모가 꾸며지기 전까지 오랫동안 모든 사람들에게 이야기한 것을 그대로 말하고 있다. 그런데 양식 있고 진실한 사람들은 틀림없이 그것에 대한 기억을 보존하고 있을 것이다.

23) 고프쿠르가 테레즈 모녀에게 붙인 별명으로 루소도 테레즈를 이렇게 불렀다.

를 극구 부인했지만, 그것을 확증하는 간접적인 증거들이 너무나 많아서 그녀가 암만 그래도 그 의혹은 풀리지 않고 남았다. 그러나 나는 내가 원했던 이상의 죄과가 드러날까 두려워 감히 정확한 수사를 하지는 못했다. 이 오빠는 더 이상 내 집에 얼굴을 내밀지 않았고 마침내는 완전히 사라졌다. 나는 그토록 복잡한 가족에 매어있는 테레즈와 내 운명을 한탄했다. 그리고 이렇게 위험한 멍에에서 벗어나라고 어느 때보다 더욱 간곡히 그녀에게 권했다. 그 사건으로 고급 내의에 대한 내 집착은 고쳐졌다. 그 이후부터 내 나머지 의복들과 더욱 잘 어울리는 아주 평범한 내의 이외에는 다른 내의를 가진 적이 없었다.

　이렇게 나의 개혁이 완성된 다음 이제 그것을 굳건하고 지속적으로 만드는 것만을 생각했다. 그러기 위해서 아직도 세상 사람들의 판단에 얽매어 있는 모든 것, 남들의 비난이 두려워 그 자체로 선하고 도리에 맞는 것을 회피하게 만들 수 있는 것 일체를 내 마음에서 송두리째 뽑으려고 노력하였다. 내 작품이 일으킨 반향 덕분에 내 결심도 소문이 나서 단골들이 생겼다. 그래서 내 일은 상당히 성공적으로 시작되었다. 그러나 여러 가지 요인으로 다른 상황에서였다면 거둘 수 있었을 만큼의 성공을 거두지는 못했다. 우선 내 건강이 나빴다. 얼마 전에 겪었던 갑작스러운 발병의 영향으로 결코 전과 같이 건강할 수는 없게 되었다. 그런데 나를 맡았던 의사들이 족히 병만큼이나 내게 해를 끼쳤다고 생각한다. 나는 모랑, 뒤랑, 엘베시우스, 말루앵, 티에리를 차례로 보았는데, 매우 박식하고 내 친구들이기도 한 그들 모두는 제각기 자기 방식대로 나를 치료했다. 그러나 조금도 병세는 가벼워지지 않았고 나는 상당히 쇠약해졌다. 그들의 지시를 따를수록 안색은 노래지고 몸은 마르고 기력은 약해졌다. 그들이 주는 약의 효과에 따라 내 상태를 측정하면서 그

---

24) 테레즈의 큰오빠 장 프랑수아를 가리키는 듯하다.

들에게 겁을 먹은 나는 죽기 전까지는 요폐와 신장결석과 요도결석 등 오직 고통의 연속일 것이라고 상상했다. 다른 사람들에게는 고통을 덜어주는 탕약이나 목욕이나 사혈 같은 모든 것도 병을 악화시켰다. 다랑의 소식자만이 좀 효과가 있어서 그것이 없으면 더 이상 살 수 없다고 생각했지만, 그것은 단지 일시적인 고통의 완화를 가져다줄 뿐이라는 사실을 알아차렸다. 그래서 나는 다랑이 혹시 없다 하더라도 일생동안 소식자를 떨어뜨리지 않으려고 많은 비용을 들여 그것을 엄청나게 비축하기 시작했다. 내가 그것을 그렇게 자주 사용한 8년 내지 10년 동안 쓴 것과 지금 남은 것을 모두 합해서 50루이어치 샀던 것이 틀림없다. 그토록 비용이 들고 고통스럽고 힘든 치료로 내가 한눈팔지 않고 일만 할 수 없었으며 또 죽어가는 사람이 일용할 양식을 버는 데 그렇게 강한 열의를 내지 않는다는 것은 여러분들에게도 짐작되는 바이다.

  글 쓰는 일이 또 다른 소일거리를 만들어 이것이 매일의 작업에 그 못지않은 지장을 주었다. 내 논문이 출판되어 나오자마자 문예의 옹호자들이 공모나 한 것처럼 내게 덤벼들었다. 그렇게나 많은 조스[25] 같은 소인배들이 문제조차 이해하지 못하면서 대가연하며 그 문제를 결정하려고 드는 것을 보고 나는 분개하여 펜을 들었다. 그리고 그들 중 몇몇을 호되게 다루어 세간의 호응을 얻지 못하게 만들었다. 당시의 고티에 씨[26]라는 사람이 맨 처음 내 펜에 걸렸는데, 그는 그림 씨에게 보내는 편지[27]에서 가차 없이 혼을 내주었다. 두 번째 사람은 스타니슬라스

<hr>

25) 몰리에르의 희극 〈사랑이 병을 고치는 의사 선생님〉(*L'Amour médecin*)에 나오는 인물로 자기 자신의 이익만 생각하는 금은세공품 상인이다.
26) 교회 참사위원이자 수학과 역사학 교수이며 당시 아카데미 회원인 고티에 (Gautier)는 〈메르퀴르 드 프랑스〉 10월호에 "루소의 논문에 대한 반박"을 발표하였다.
27) 〈고티에 씨가 쓴 루소의 논문에 대한 반박에 대하여 그림 씨에게 보내는 제네바의 장자크 루소의 편지〉는 1751년 11월 1일 파리에서 쓰였다고 하는

152

왕[28] 자신이었는데 그는 나와 설전을 벌이는 것을 사양치 않았다. 그가 내게 부여한 영광을 고려하여 나는 그에게 대답하는 데 어조를 바꾸지 않을 수 없었다. 나는 더욱 정중한 그러나 그만큼 강한 어조를 취했고, 저자에게 존경을 잃지 않으면서도 그의 저술[29]을 완전히 반박했다.[30] 나는 므누 신부라고 불리는 예수회원이 그것에 손질했던 것을 알고 있었다. 나는 내 직관을 믿고 왕이 쓴 것과 신부가 쓴 것을 식별하여 예수 회식의 구절들은 모두 가차 없이 비난하고 그러는 가운데 신부에게서만 나올 수 있다고 생각되는 시대착오를 지적하였다. 이 글은 웬일인지 나의 다른 글들보다 큰 반향을 불러일으키지는 못했지만 지금까지 이러한 종류의 작품들 중에서는 유일한 것이다. 나는 여기서 어떻게 한 개인이 군주에게까지 맞서 진리의 대의를 옹호할 수 있는가 하는 것을 대중에게 가르쳐 주기 위해 내게 주어진 기회를 잡았다. 내가 그를 반박하기 위해 취했던 어조보다 더욱 긍지에 차고 더욱 공손한 어조를 동시에 취하기란 쉽지 않다. 나는 아첨부리지 않고 마음에 가득 찬 존경을 표할 수 있는 적수와 상대하는 행운을 가졌다. 나는 상당히 성공적으로 그러나 언제나 자존심을 잃지 않고 그렇게 했다. 내 친구들은 나 때문에 겁을 먹고 내가 이미 바스티유 감옥에라도 들어가 있는 것처럼 생각하고

31쪽의 소책자 형태로 나왔다.

28) Stanislas 1er Leszczynski(1677~1766) : 1704년부터 1766년에 걸쳐 명목상 폴란드의 왕으로 재위하였지만 실제로는 1704년에서 1709년, 1733년에서 1736년 두 차례만 왕이었다. 루이 15세의 장인인 그는 폴란드 왕위계승 전쟁이 끝난 후 왕권을 양위하고 1738년 로렌과 바르의 공작령을 받아 그 주도인 낭시와 뤼네빌을 아름답게 꾸몄다. 낭시의 스타니슬라스 광장은 특히 유명하다.

29) 1751년 9월 〈메르퀴르 드 프랑스〉에 들어가 있는 그의 논문제목은 "디종 아카데미상을 수상한 논문에 대한 반박"이다.

30) 〈루소의 논문에 대해 이루어진 반박에 대한 제네바의 장자크 루소의 비판〉은 1751년 피소 출판사에서 62쪽의 소책자 형태로 출간되었다.

있었다. 나는 한순간도 이러한 두려움을 갖지 않았는데, 내가 옳았다. 이 어진 군주는 내 반론을 본 후 이렇게 말했다. "내가 톡톡히 혼나는구나. 더 이상 그것에 관여치 않겠다."

그 이후부터 나는 그에게서 갖가지 존경과 호의의 표시를 받았는데, 앞으로 그 중 몇 가지를 예로 들게 될 것이다. 내 글은 그 어느 누구에게도 비난거리를 제공하지 않은 채 조용히 프랑스와 유럽에 퍼져나갔다.

나는 얼마 후 예상치 않았던 또 다른 적수를 맞게 되었다. 10년 전 내게 상당한 호의를 보이고 여러모로 도움을 주었던 바로 그 리옹의 보르드 씨였다. 나는 그를 잊어버리지 않았지만 게으름으로 소홀했다. 내가 쓴 편지들을 그에게 보낼 자연스러운 기회가 없어서 보내지 않았다. 그러므로 내가 잘못이었다. 그는 나를 공격했지만 정중했고 나 역시 정중하게 답변했다. 그는 더욱 확고한 어조로 응수했다. 그래서 나는 최후답변을 보내게 되었는데, 그 답변 이후 그는 더 이상 아무 말도 없었다. [31] 그러나 그는 이후 내 가장 격렬한 적이 되어, 내 불행한 시기를 타서 내게 끔찍한 비방문을 썼고, 런던에 있는 나를 해치기 위해 일부러 그곳을 여행했다.

이 모든 논쟁을 치르느라 상당히 바쁘고 악보를 베끼느라 시간을 많이 빼앗겨서, 진리로 보아서도 별 진보가 없었고 주머니로 보아서도 별 이익이 없었다. 그 무렵 내 책을 찍었던 서적상인 피소는 계속 내 소책자들에 대해서는 거의 아무것도 주지 않고 전혀 아무것도 주지 않은 적도 종종 있었다. 예를 들면, 내 최초의 현상논문에서 나는 한 푼도 받지 못했는데, 디드로가 그에게 그것을 거저 주었기 때문이다. 그가 내게 준 그 약소한 돈도 오랫동안 기다려야 했고 한 푼씩 받아내야 했다.

---

31) 보르드가 쓴 "학문과 예술의 이점에 관한 논문"은 1751년 〈메르퀴르 드 프랑스〉 12월호에 저자의 이름 없이 실렸다. 〈제네바의 장자크 루소의 최후답변〉은 1752년 봄 피소가 출간하였다.

그렇지만 악보 베끼는 일은 조금도 진척이 없었다. 나는 두 가지 일을 했지만, 그것은 그 두 가지를 다 제대로 하지 못하는 길이 되었다.

게다가 이 두 가지 일은 그것들이 내게 강요하는 서로 다른 생활방식으로 또 다르게 서로 대립되었다. 내 최초의 글들이 성공을 거두자 나는 유명해졌다. 내가 택한 생활방식이 사람들의 호기심을 자극하였다. 사람들은 아무도 사귀려들지 않고 자기식대로 자유롭고 행복하게 사는 것 이외에는 어떤 것에도 아랑곳 않는 그 괴상한 사람을 알고 싶어 했다. 그것만으로도 벌써 그는 도저히 자유롭고 행복할 수가 없게 되어버렸다. 내 방은 갖가지 구실을 대고 와서 시간을 빼앗는 사람들로 대만원을 이루었다. 여인들은 온갖 꾀를 써서 나와 식사하려고 했다. 내가 사람들에게 무례하게 굴수록 그들은 더욱 고집을 피웠다. 모든 사람들을 다 거절할 수도 없는 노릇이었다. 사람들을 거절하느라고 수많은 적들을 만들면서도 사람들을 배려하느라고 끊임없이 허덕였다. 어떻게 하든 하루에 한 시간도 내 시간을 가질 수 없었다.

그 무렵 나는 가난하게 독립적으로 산다는 것이 생각처럼 언제나 그렇게 쉽지만은 않다는 것을 느꼈다. 나는 내 직업으로 먹고살기를 원했지만 세상은 그것을 원치 않았다. 사람들은 자신들로 인해 내가 허비한 시간을 보상해주려고 온갖 사소한 수단들을 생각해냈다. 그러면 틀림없이 나는 오래 지나지 않아 일인당 얼마를 받는 꼭두각시처럼 비쳤을 것이다. 나는 그것처럼 치사하고 견디기 어려운 굴종은 알지 못한다. 이에 대한 해결책으로는 선물이라면 크든 적든 거절하고 그가 누구이든 간에 예외를 만들지 않는 것밖에 없다고 보았다. 그러나 이 모든 해결책은 도리어 선물을 주는 사람들을 끌어들였을 뿐인데, 그들은 나의 사양을 물리치는 영광을 갖고 나로 하여금 본의 아니게 그들에게 신세지게끔 만들기를 원했다. 내가 부탁했더라면 나에게 한 푼도 주지 않았을 사람이 끊임없이 선물공세로 나를 귀찮게 하고 그것이 거절당하게 되면 그 앙갚음으로 내 거절을 거만하다는 둥 과시라는 둥 비난했다.

내가 취했던 결심과 따르고자 한 방침이 르바쇠르 부인의 마음에 들지 않았으리라는 것은 여러분도 충분히 짐작할 것이다. 테레즈가 아무리 욕심이 없다 한들 자기 어머니가 하라는 대로 따르지 않을 수는 없었으며, 고프쿠르가 '가정부'라고 부른 그녀들은 거절하는 데 있어서 항상 나만큼 단호하지는 못했다. 내게 많은 물건들을 숨기고 있었음에도 불구하고, 내가 모든 것을 다 아는 것은 아니라고 생각할 정도로 꽤 많은 물건들이 내 눈에 띄었다. 서로 짜고 하는 일이라는 사람들의 비난이 쉽게 예상되어서 고통스러웠지만, 그보다도 내 집에 대해서나 나 자신에 대해 도저히 내 마음대로 할 수 없다는 쓰라린 생각 때문에 더욱 고통을 받았다. 나는 부탁도 해보고 간청도 해보고 화도 내보았지만 모든 것이 소용이 없었다. 그 어머니는 내게 만년 불평꾼이니 퉁명스러운 사람이니 하는 딱지를 붙여버렸다. 그리고 내 친구들을 만나면 계속 밀담을 나누었다. 내 집안에서 모든 일이 내게는 오리무중이었고 비밀에 싸여있었다. 그리고 나는 끊임없이 파란을 일으키기 싫어서 무슨 일이 일어났는지 더 이상 알려고 하지 않았다. 이 모든 근심에서 헤어나려면 단호함이 필요했는데, 나는 그렇지 못했다. 소리를 지를 줄은 알았지만 행동을 할 줄은 몰랐다. 그녀들은 내가 무슨 말을 하든 상관하지 않고, 계속 자기들 방식대로 밀고 나갔다.

이렇게 끊임없는 알력과 내가 얽매인 하루하루의 귀찮은 일 때문에 마침내 내 집도 파리에서의 거주도 불쾌해지고 말았다. 몸이 덜 불편해서 밖으로 나갈 수 있을 때나 아는 사람들에게 이리저리 끌려다니지 않을 때는, 혼자 산책을 나서서 내 위대한 체계를 꿈꾸었다. 그리고 늘 주머니에 넣고 다니는 백지 수첩과 연필을 꺼내 종이 위에 그 체계에 관한 어떤 생각을 급히 적어놓곤 했다. 이렇게 해서 내가 선택한 생활상태에서 생긴 뜻하지 않은 불쾌감을 달래기 위한 기분전환으로 완전히 문학에 빠져버렸다. 그리고 내 모든 초기 저술들 속에서 나로 하여금 그 저술들에 전념하게 만든 짜증과 화가 배어있는 것도 그 때문이다.

게다가 거기에는 또 다른 이유가 있었다. 사교계의 표현방식도 모르고 그것을 받아들일 수도 그것에 예속될 수도 없으면서 본의 아니게 사교계에 던져진 나는 그것을 사양하는 내 나름의 표현방식을 취할 생각을 했다. 극복할 수 없는 내 어리석고 침울한 소심함은 예의범절에 벗어나지나 않을까 하는 두려움이 그 원인이기 때문에, 대담해지기 위해서 그런 예의범절들을 발아래 짓밟아버리려고 결심했다. 나는 부끄러움 때문에 파렴치하고 빈정거리는 사람이 되었고, 내가 실천할 수 없는 예의를 짐짓 경멸하는 체하였다. 내 새로운 원칙과 일치하는 이러한 거칠음이 내 마음속에서 고귀해지고 대담한 미덕의 모습을 띤 것은 사실이다. 내 천성에 그렇게도 어긋나는 노력에 비추어볼 때 그 거칠음이 잘 유지되고 오래 유지되리라고는 기대할 수 없었을 것이 틀림없다. 그러나 감히 말하면, 바로 이 엄숙한 기초 위에 서 있었기 때문에 그것이 그런 예상보다 더욱 잘 그리고 더욱 오래 유지된 것이다. 사교계에서는 외관이나 몇몇 적절치 못한 말 때문에 염세주의라는 평판을 얻었지만, 내가 사적으로는 언제나 그런 역할을 끝까지 잘해내지 못했던 것이 틀림없다. 그래서 정말이지 내 친구들이나 친지들은 그토록 길들여지지 않은 곰을 어린양처럼 끌고 다녔으며, 나는 내 풍자를 엄격하지만 일반적인 진리에 국한시켰기 때문에 결코 그 누구에게나 한마디도 실례되는 말을 할 줄 몰랐다.

〈마을의 점쟁이〉로 나는 완전히 유행을 타게 되었고 얼마 되지 않아 파리에서 나보다 더 인기 있는 사내는 없었다. 내 생애의 한 획을 긋는 이 작품의 사연은 당시 내 교우관계의 사연과 관련이 있다. 그 후에 일어나게 될 일을 알기 위해서는 바로 그 자세한 이야기로 들어가야 한다.

나에게는 아는 사람들이 꽤나 많았지만, 진정한 친구는 디드로와 그

림 두 사람뿐이었다. 나와 친한 모든 사람들을 서로 친하게 만들어주고
싶은 욕심 때문에, 이 둘 모두의 너무나 절친한 친구였던 나는 그들이
금방 서로의 친구가 되어야 직성이 풀렸다. 나는 그들을 연결시켜 주었
고, 그들은 서로 마음이 맞아 두 사람 사이가 나와의 사이보다도 훨씬
더 친밀해졌다. 디드로에게는 무수히 많은 친구들이 있었지만, 외국인
이며 신참인 그림은 친구들을 사귈 필요가 있었다. 나는 그에게 친구를
만들어주기만 하면 바랄 것이 없었다. 디드로를 친구로 만들어준 다음,
고프쿠르도 친구로 만들어주었다. 그리고 슈농소 부인, 데피네 부인,
그리고 내가 거의 본의 아니게 교제하게 된 돌바크 남작[32]의 집에도 데
리고 갔다. 나의 친구들은 모두 그의 친구가 되었다. 그것은 아주 간단
한 일이었다. 그러나 그의 친구는 한 사람도 내 친구가 되지 않았다. 그
것은 나의 경우처럼 간단치가 않았다. 그림이 프리즈 백작 댁에 묵고 있
을 때, 백작은 자주 자기 집에서 우리들에게 점심을 접대했다. 그렇지
만 나는 프리즈 백작에게서도, 또 그 친척이며 그림과는 아주 가까웠던
숑베르 백작[33]에게서도, 그 외에 그림과 친한 남자든 여자든 아무에게
서도 어떠한 우정이나 호의의 표시를 받은 적이 없었다. 단지 레날 신
부[34]만은 예외였다. 그는 그림의 친구였지만 내 친구에 속하는 것으로

---

32) Paul Henri Thiry, baron d'Holbach (1723~1789) : 독일계 프랑스 철학자
   로서 《백과전서》의 협력자였다. 유물론자이자 무신론자인 그는 교회와 왕
   정을 공격하였는데, 그가 1761년 런던에서 출간한 《폭로된 기독교》는 일
   찍이 기독교에 대해 쓰인 가장 격렬한 규탄들 중 하나이다. 그러나 그의
   주저는 유물론에 근거를 둔 《자연의 체계 혹은 물질적이고 정신적인 세계
   의 법칙》(1770) 이다.

33) 숑베르(Gottlob-Louis de Schombert)는 1755년부터 1781년까지 프리젠
   의용군 연대의 중대장을 역임하였다. 혁명 중 독일에서 사망하였다.

34) 레날(Guillaume-Thomas Raynal)은 1713년 남부프랑스 루에르그 지방의
   라파누즈에서 태어났다. 그는 예수회에 들어가 여러 중학교에서 가르치다
   가 1747년 갑자기 교단을 떠났다. 파리의 생쉴피스 신학교 본당 신부로 있

판명되었다. 그는 필요한 경우에 보기 드문 너그러운 아량으로 자기 지
갑까지 내게 주었다. 그런데 내가 레날과 안 것은 그림 자신이 그와 알
기 훨씬 이전이었다. 그는 매우 사소하지만 결코 잊을 수 없는 어떤 경
우에 나를 위해 신중함과 성실함이 넘치는 태도를 취해주었는데, 그 이
후부터 늘 나는 그에게 마음이 끌렸다.

이 레날 신부는 확실히 극진한 친구였다. 그것은 내가 화제로 삼고 있
는 그 무렵 그가 매우 절친하게 지내던 바로 그 그림에 대한 태도를 보면
알 수 있다. 그림은 한동안 펠 양(孃)35)과 상당히 친하게 지내다가 갑
자기 열렬한 사랑에 빠지게 되어 카위자크36) 대신 그녀를 차지하고 싶
은 생각이 들었다. 그 아름다운 여인은 정조를 뽐내면서 이 새로운 구혼
자를 내쫓았다. 그림은 이것을 비관하고 죽어버리려고까지 하였다. 그
는 아주 급작스럽게 생전 들어본 적도 없는 것 같은 아주 이상한 병에 걸
렸다. 그는 낮이나 밤이나 계속적인 혼수상태에서 두 눈은 멀쩡히 뜨고
맥박은 제대로 뛰었지만 말도 못하고 먹지도 움직이지도 못하고 지냈
다. 때로는 말을 듣는 듯했지만 대답도 없었고 심지어 몸짓으로라도 대
답하지 못했다. 게다가 움직이지도 않고 고통도 느끼지 않으며, 열도
없이 그냥 죽은 것처럼 가만히 있을 뿐이었다. 레날 신부와 나는 번갈아

다가 여러 가지 부정한 거래로 거기서 쫓겨난 후 기자가 되었다. 1747년
7월부터 〈문학소식〉을 편집해 작센 고타 궁정에 보냈고, 1750년에는 〈메
르퀴르 드 프랑스〉의 편집을 맡아 1754년 말까지 그 일을 했다. 동시에 그
는 다양한 역사 저술에 매달렸고 백과전서파와 친하게 지냈다.

35) Marie Fel(1713~1794) : 마리 펠은 1734년 파리에서 종교음악회와 오페
라를 통하여 등단하였다. 25년 동안 화가 라 투르의 애인이었다.

36) Louis de Cahusac(1706~1759) : 루이 드 카위자크는 자신의 문학적 취미
에 몰두하기 위하여 파리에 정착해서 수많은 연극과 오페라 대본들을 썼는
데, 다행히도 라모가 그의 오페라 대본들에 곡을 붙였다. 그는 펠 양에게
미칠 정도로 빠져있다는 소문이 있었다.

그를 지켰다. 더 체력이 강하고 건강한 신부는 밤을 새우고 나는 낮에
있었는데, 둘이 한꺼번에 그의 병석을 떠난 일은 한 번도 없었다. 한 사
람이 와야만 다른 한 사람이 떠났기 때문이다. 걱정이 된 프리즈 백작은
그에게 세나크[37]를 데리고 왔는데, 그 의사는 그를 세밀히 진찰하고 난
다음 아무것도 아닐 것이라고 하면서 아무 처방도 주지 않았다. 나는 친
구가 걱정되어 의사의 거동을 유심히 지켜보았는데, 그가 나갈 때 웃는
것을 보았다. 그렇지만 환자는 여러 날 동안을 꼼짝 않고 수프도 아무것
도 들지 않았다. 단지 내가 이따금 혀 위에 놓아주는 설탕에 절인 체리
만은 무척 잘 삼켰다. 어느 날 아침 그는 일어나서 옷을 입고 평상시의
생활방식을 되찾았다. 그러나 그는 내게도 또 내가 아는 한 레날 신부나
누구에게도 그 기묘한 혼수상태에 대해서 그리고 또 그 혼수상태가 지
속되었던 동안 우리 둘이 그를 돌보아준 간호에 대해서 도통 다시 말하
지 않았다.

이런 소동이 소문이 나지 않을 리 없었다. 일개 오페라 여가수의 매정
함 때문에 한 남자가 절망한 나머지 죽으려 했다는 것은 실로 놀라운 기
담이 아닐 수 없었다. 이런 대단한 정열은 그림을 인기인으로 만들었다.
이윽고 그림은 연애와 우정 그리고 모든 종류의 애정의 천재로 알려졌
다. 이런 세평 때문에 그는 상류사회에서 인기를 끌었고 환대를 받았다.
그가 내게서 멀어지게 된 것은 이 때문이었는데, 나는 그에게 어쩔 수
없이 선택한 대역에 불과했다. 나는 그가 내게서 완전히 떠나버리려고
하는 참이라는 것을 알아챘다. 왜냐하면 나는 그림만큼 소문을 내지 않
으면서 그에게 열렬한 애정을 품고 있었지만, 그는 그 모든 것을 과시하
는 데 불과했기 때문이다. 그가 사교계에서 성공하는 것은 나로서는 정

---

37) Jean-Baptiste Sénac(1693~1700): 세나크는 작센 원수의 의사이며 이후
　　루이 15세의 수석의사로 임명되었는데, 궁정에서 상당한 존경을 받았던 대
　　단히 재치 있는 사람이었다.

말 기쁜 일이었다. 그렇지만 그가 자기 친구를 잊어버리고까지 성공하
게 되는 것을 바라지는 않았을 것이다. 하루는 그에게 이런 말을 했다.
 "그림, 자네는 나를 소홀하지만 나는 자네를 용서하네. 시끄러운 성
공의 첫 도취에서 깨어나 그 공허함이 느껴질 때 내게 다시 돌아와 주기
바라네. 언제든지 자네는 나를 다시 만날 수 있을 것이네. 지금은 자네
편한 대로 하게나. 나는 자네를 구속하지 않고 자네를 기다리겠네."
 그는 내 말이 옳다고 하면서 그에 따라 조처를 취하고 자기 편한 대로
해서, 우리 둘이 함께 사귀는 친구들과 같이 있지 않으면 그를 더 이상
보지 못했다.
 그림이 그후 데피네 부인과 그렇게 친해지기 전까지 우리가 주로 모
이는 곳은 돌바크 남작 집이었다. 이 남작이라고 하는 양반은 벼락부자
의 아들로 상당한 재산을 가지고 있었는데, 그 재산을 고상하게 사용하
기 위해 자기 집에 문인들과 유능한 사람들을 초빙하고 자신의 학식과
지식을 통하여 그들 가운데서 지위에 어울리게 훌륭히 행동했다. 디드
로와 오래전부터 친교가 있던 남작은 내 이름이 알려지기 전에도 디드
로를 통해서 나를 사귀려고 했다. 나는 본능적으로 마음이 내키지 않아
서 오랫동안 그의 제안에 응하지 못했다. 하루는 그가 내게 그 이유를
물어서 나는 "당신이 너무 부자이기 때문입니다"라고 대답했다. 남작은
고집을 부려 마침내 내 뜻을 꺾고 말았다. 나의 가장 큰 불행은 언제나
호의를 물리칠 수 없다는 것이었다. 내가 거기에 넘어갔던 것에 대해 만
족스럽게 생각한 적은 한 번도 없었다.
 내가 그 우정을 희망할 수 있는 자격을 갖자마자 우정을 맺게 된 또 다
른 지인은 뒤클로 씨[38]였다. 내가 그를 처음 만난 것은 수년 전에 라 슈

---

38) Charles Pinot Duclos(1704~1772) : 프랑스의 소설가이자 모럴리스트.
　　그는 《루이 11세의 역사》를 써서 1745년 아카데미 프랑세즈의 회원이 되었
　　고, 5년 후에는 볼테르가 포츠담으로 떠나 공석이 된 왕의 사료편찬관이

브레트에 있는 데피네 부인 댁에서였다. 그때 그는 부인과 매우 친한 사
이였다. 우리는 함께 오찬만 하고 그는 그날로 다시 떠났다. 그러나 우
리는 식사를 끝내고 잠시 이야기를 나누었다. 데피네 부인은 그에게 나
와 내 오페라 〈사랑의 시신들〉에 대해 말한 바가 있었다. 재능이 있는
사람들을 좋아하지 않기에는 너무도 큰 재능을 타고난 뒤클로는 내게
호감을 갖고 자기를 만나러 오라고 청했다. 사람을 좋아하는 예전의 내
성향이 면식에 의해 강화되었음에도 불구하고, 수줍음과 게으름 때문
에 그 사람의 호의만을 믿고 그 집에 출입하려 들지는 않았다. 그러나
내 최초의 논문의 성공과 용기 또 그것을 그가 칭찬하고 있다는 말이 내
게 전해져 용기를 얻어 그를 만나러 간 것이다. 그리고 그도 나를 보러
왔다. 이렇게 해서 우리 사이에 교분이 맺어졌으며, 이로 인하여 나는
그와 언제나 친밀히 지내게 되었다. 정직과 성실이 때로는 문학적 교양
과 결부될 수 있다는 것을 내 자신의 마음도 증언하고 있는 바이지만,
그 외에 이 사람 덕분에도 그것을 알게 되었다.

　이외에도 내가 여기서 언급하지 않는 그다지 돈독치 않은 교우관계가
많이 있었는데, 그것들은 내 최초의 성공의 결과로 생긴 것이어서 호기
심이 충족될 때까지는 계속되었다. 나는 곧 속이 들여다보이는 사람이
라 당장 그 다음 날부터 볼 만한 새로운 것이 없다. 그렇지만 그때 나를
사귀어서 어느 여자보다도 더욱 굳게 우정을 지키는 한 여인이 있었는
데, 그녀는 몰타 대사 프루레 대법관의 조카딸 크레키 후작부인[39] 이었

　　되었다. 그는 방탕한 소설에 속하는 《모(某) 백작의 고백록》(1741) 을 썼
　　고, 철학자들의 친구로 《이 세기의 풍습에 대한 고찰》(1751) 을 썼다. 그
　　는 신랄한 정신의 소유자로 살롱에서 무례함과 솔직함으로 유명했다.
39) Renée Caroline de Froulay (1714~1803) : 몽테귀의 선임자인 베네치아
　　주재 프랑스 대사의 딸로 1737년 루이 마리 드 크레키 (Louis-Marie de
　　Créqui) 사령관과 결혼하여 결혼한 지 4년 만에 남편과 사별했다. 그녀의
　　살롱은 파리에서 가장 재치가 넘치는 사람들의 사교모임으로 급부상했다.

162

다. 프루레 씨의 동생은 베네치아 주재 대사 몽테귀 씨의 전임자여서, 내가 그 나라에서 돌아올 때 그를 보러간 일도 있었다. 크레키 부인이 내게 편지를 써서 나는 그녀의 집에 갔다. 부인은 나를 좋아했다. 나는 가끔 거기서 점심을 먹었고 문인들도 여럿 만났는데, 그 중에는 〈스파르타쿠스〉와 〈바르느벨트〉 등의 저자 소랭 씨(氏)[40]가 있었다. 그런데 그는 그 후로 매우 잔인한 내 적이 되었다. 소랭의 아버지가 몹시 비열하게 박해를 가한 어떤 사람[41]과 내가 성이 같다는 것 이외에, 그가 나를 그렇게 적대시할 다른 이유를 나로서는 상상할 수 없다.

보다시피 아침부터 저녁까지 일에 전념해야 하는 악보 필경사로서 많은 일에 정신을 팔게 되어 하루 일도 그리 벌이가 되지 않았고 일을 제대로 해낼 수 있을 만큼 충분히 주의도 집중되지 않았다. 그래서 잘못 쓴 것을 지우거나 긁어내거나 새 종이에 다시 시작하는 데 사람들이 내게 남겨준 시간의 절반 이상을 소비하였다. 이런 성가신 일들 때문에 날이 갈수록 파리가 견딜 수 없어지고 시골을 열렬히 찾아다니지 않을 수 없었다. 그래서 여러 차례 마르쿠시에 가서 며칠씩 지내고 왔다. 르바쇠르 부인이 그곳 보좌신부를 알고 있었다. 우리 모두는 그의 집에서 그가 우리 때문에 불편하지 않도록 잘 알아서 했다. 그림도 한 번 우리와 함께 거기에 갔었다. [42]

─────────

루소와는 1751년부터 1752년 사이에 상당한 친분을 가졌다.
40) Bernard-Joseph Saurin (1706~1781) : 5막 비극인 〈스파르타쿠스〉와 영국 연극을 모방한 5막 드라마 〈버버리〉〔Beverley, 〈바르느벨트〉(Barnevelt) 가 아님〕의 저자로, 〈스파르타쿠스〉로 1761년 아카데미 프랑세즈의 회원이 되었다.
41) 장 바티스트 루소를 가리킨다.
42)〔원주〕어느 날 아침에 둘이서 생방드리유 샘에 식사를 하러 가기로 했다. 그때 앞에서 말한 그림 씨와 함께 사소하지만 잊을 수 없는 뜻밖의 일을 겪었다. 여기서 그 이야기를 하는 것을 빠뜨린 이상 그것을 더 말하지 않기

보좌신부는 목청이 좋아서 노래를 잘 불렀다. 악보는 볼 줄 몰랐지만 자기가 부를 파트는 아주 수월히 그리고 정확히 익혔다. 거기서 우리는 슈농소에서 내가 지은 3부 합창곡을 부르며 시간을 보냈다. 나는 거기서 또 그림과 보좌신부가 이럭저럭 만든 가사를 갖고 3부 합창곡 두서너 개를 새로 지었다. 그런데 매우 순수하게 즐거운 순간에 지어서 부른 그 3부 합창곡들을 나의 모든 악보와 함께 우튼에 남겨두고 왔는데, 그것들을 아쉬워하지 않을 수 없다. 대번포트 양(孃)[43] 이 어쩌면 벌써 그것들을 갖고 파마할 때 머리카락을 마는 종이로 써버렸을지도 모른다. 그렇지만 그것은 보존할 가치가 있는 것이며, 대부분은 아주 훌륭한 대위법으로 작곡한 곡에 속한다. 짧은 여행을 하면서 나는 아줌마가 마음 편안히 매우 즐거워하는 것을 보아서 즐거웠고 나도 대단히 즐거웠다. 보좌신부에게 매우 급하고 매우 서투르게 운문으로 편지를 쓴 것은 바로 이러한 짧은 여행들 가운데 하나를 한 후였는데, 그것은 내 문집에서 보게 될 것이다.

파리에서 더 가깝고 내 마음에 썩 드는 쉴 곳이 또 하나 있었다. 나의 동향인이며 친척이자 친구인 뮈사르의 집이었다. 그가 파시에 아담한 은거지를 마련하고 있어서, 나는 그곳에서 매우 평화로운 시간을 보냈다. 뮈사르 씨는 보석상인데 양식을 갖춘 분으로, 장사로 여유 있는 생활을 할 재산도 모으고 외동딸을 유가증권 중개 관리이자 왕의 시종장의 아들인 발말레트 씨에게 결혼시킨 후에 늘그막에는 장사니 사업이니 하는 것을 집어치우고 죽기 전까지 인생의 걱정을 뒤로한 채 안식과 즐

로 하겠다. 그렇지만 그후 다시 생각해보니 그가 후에 그토록 놀라운 성공을 거둔 음모를 그때부터 마음속에 품고 있었다는 판단이 들었다.
43) 리처드 대번포트의 딸. 루소는 스태퍼드셔의 우튼에 있는 대번포트의 집에서 1766년 3월 22일부터 1767년 5월 1일까지 머물렀다. 그는 병적인 공황상태에서 갑작스럽게 우튼을 떠나 거기에 책들과 원고들을 남겨놓게 되었다.

거움을 누리려는 현명한 결심을 내렸다. 참다운 실천철학자라고 할 수 있는 호인 뮈사르 씨는 자신을 위해 지은 아주 쾌적한 집에서 자기가 손수 식물을 심은 아주 예쁜 정원을 갖고 걱정 없이 살고 있었다. 그는 그 정원의 노대를 깊숙이 파 들어가다가 조개껍데기 화석을 발견했다. 발견한 조개껍데기 화석의 양이 너무 많아서, 흥분한 그의 상상력은 이제 자연에서 조개껍데기밖에는 보지 않았고 그는 마침내 우주가 조개껍데기나 조개껍데기의 잔해일 뿐이고 지구 전체도 그 퇴적에 불과하다고 진심으로 믿게 되었다. 자나 깨나 그 물건과 자신의 기묘한 발견에 몰두한 그는 이러한 생각에 매우 흥분해서 만약 그가 죽지 않았다면 결국 이 생각이 그의 머릿속에서 체계로 다시 말하면 광기로 바뀌었을 것이다. 죽음은 정말로 괴상하고 잔인한 병을 통해 찾아와 친구들로부터 그를 빼앗아갔는데, 그것은 그의 이성에서 보면 매우 다행스러운 일이었지만 그를 사랑하고 그의 집을 가장 즐거운 안식처로 생각하는 그의 친구들에게는 정말 불행한 일이었다. 그 병은 위에 생겨 계속 커지는 종양으로, 음식을 먹을 수 없게 만들었다. 매우 오랫동안 원인도 못 찾고 수년간 고생한 끝에 마침내 굶어죽고 말았다. 나는 이 가련하고 의연한 사람의 최후를 생각할 때면 가슴이 미어지는 듯하다. 그가 겪는 고통을 바라보면서도 끝까지 곁을 떠나지 않은 유일한 친구인 르니엡스[44]와 나를 그는 여전히 그토록 즐겁게 맞아주었다. 그리고 우리에게 차려준 식사도 말하자면 그저 눈으로만 탐내는 수밖에 없었고, 몇 방울의 아주 묽은 차라도 마시면 잠시 후 토해내야만 했기 때문에 거의 마실 수 없었다.

---

44) Toussaint-Pierre Lenieps(1694~1774) : 투생 피에르 르니엡스는 미슐리 뒤 크레스트가 귀족정에 대항해 싸울 때 그를 지지했다는 이유로 1731년 제네바에서 영구 추방되었다. 그는 파리에서 은행가가 되었지만 계속 제네바의 정치적 사건들에 개입하여 1766년 바스티유 감옥에 14개월 동안 수감됐다.

하지만 이 고통의 시간이 오기 전에는 그가 사귀었던 절친한 친구들과
그의 집에서 얼마나 즐거운 시간을 보냈는지 모른다. 그의 친구들 중에
서 내가 첫손가락을 꼽는 사람은 프레보 신부45)였는데, 그는 매우 사랑
스럽고 소박한 사람으로 그의 심성은 그의 불후의 작품들에 생기를 주
고 있다. 그가 자신의 작품들에 부여하는 침울한 색채는 그의 기질이나
사교에는 전혀 보이지 않았다. 이외에도 염복을 타고난 작은 이솝, 의
사 프로코프46)가 있었고, 사후에《동양의 전제주의》를 남긴 저 유명한
작가인 블랑제47)도 있었다. 내 생각에 블랑제는 뮈사르의 체계를 우주
의 지속기간에까지 확대하는 것 같았다. 여성으로서는 볼테르의 조카
딸 드니 부인48)이 있었는데 당시에는 단지 착한 여자였을 뿐이고 아직
재기가 있는 것처럼 보이려 애쓰지는 않았다. 방로 부인49)은 분명 미인
은 아니었지만 매력적이었고 노래도 천사처럼 불렀다. 발말레트 부인
도 노래를 잘 불렀다. 몹시 말랐지만 너무 잘난 체만 하지 않았더라면
매우 사랑스러웠을 여자였다. 뮈사르 씨의 사교계는 대략 이러했는데,

---

45) L'abbé Prévost(1697~1763) : 전기 낭만주의적 색채를 갖는《마농 레스
코》와《클리블란드》를 쓴 소설가로 그 작품들은 루소를 매혹시켰다.

46) Procope Couteau(1684~1753) : 의사이자 문학 애호가로 몇몇 희극작품들
을 썼다. 프로코프는 키가 작은 꼽추였기 때문에 '작은 이솝'이라는 별명을
갖고 있었다.

47) Nicolas-Antoine Boulanger(1722~1759) : 토목기사로《백과전서》의 "노
아의 대홍수" 항목을 썼다.《폭로된 고대》와《동양 전제주의 기원에 대한
연구》는 그의 사후 돌바크가 다시 손을 보아 출간되었다.

48) Marie-Louise Mignot(1712~1790) : 볼테르의 조카딸인 마리 루이즈 미
뇨는 1738년 군대 경리관인 니콜라 샤를르 드니와 결혼했는데, 남편은 결
혼한 지 6년 후에 죽었다. 그녀는 1754년부터 볼테르와 함께 살았다. 희극
들을 몇 개 쓰기도 했는데 볼테르가 설득하여 출판하지 못하도록 했다.

49) 안 앙투아네트 크리스틴 소미(Anne-Antoinette-Christine Somis)는 화가
카를르 방로의 부인으로 결혼 전에는 스칼라 극장에서 노래했다.

그가 빠져 있는 조개껍데기 편집증이 내 마음을 훨씬 더 사로잡지 않았
다면 뮈사르 씨의 사교계도 꽤 내 마음에 들었을 것이다. 나도 6개월 이
상 동안 그의 서재에서 그만큼 즐겁게 연구했다고 말할 수 있다.

　오래전에 그는 나에게 파시의 광천수가 내 건강에 유익할 것이라고
우기면서 자기 집으로 광천수를 마시러 오라고 권했다. 나도 잠시 도시
의 혼잡을 피하기 위해서 결국 그의 권유에 따라 파시에 가서 일주일인
가 열흘간을 보냈다. 그것이 효과가 있었는데, 거기서 물을 먹어서라기
보다는 시골에 있었기 때문에 더 그랬다. 뮈사르는 첼로를 켤 줄 알았고
이탈리아 음악이라면 열렬히 좋아했다. 어느 날 저녁 우리는 잠자리에
들기 전 이탈리아 음악에 대해 많은 이야기를 나누었다. 주로 우리 두
사람이 이탈리아에서 구경하고 다 같이 열광했던 희가극(喜歌劇)에 관
한 것이었다. 그날 밤 나는 잠을 이루지 못하고 어떻게 하면 이런 종류
의 극을 프랑스에도 이해시킬 수 있을지를 깊이 생각하려 했다. 왜냐하
면 〈라공드의 사랑〉[50]은 이것과는 조금도 비슷하지 않았으니까 말이
다. 아침에 산책도 하고 광천수도 마시고 하다가, 일종의 시구 같은 것
들을 매우 황급히 지었고 그것들을 짓는 동안에 머리에 떠오른 선율을
거기에 붙였다. 정원 위쪽에 있는 지붕이 둥근 일종의 객실 같은 곳에서
그것을 모두 휘갈겨 썼다. 차를 마시면서 그 곡을 뮈사르나 정말 착하고
사랑스러운 처녀인 그의 가정부 뒤 베르누아 양에게 보이지 않고는 견
딜 수가 없었다. 내가 초를 잡은 3개의 곡은 제 1독백인 〈나의 종을 잃
었노라〉, 점쟁이의 아리아 〈애태우면 사랑은 자라고〉, 그리고 마지막
이중창인 〈콜랭이여, 영원토록 그대에게 약속하리〉 등이었다. 나는
이것이 계속해서 쓸 만한 가치가 있다고는 별로 생각하지 않았다. 그래
서 이 두 사람 모두의 찬사와 격려가 없었던들, 그때까지 적어도 이것만

50) 네리코 데투슈(Néricot-Destouches) 작사에 무레(Mouret)가 작곡한 오
　페라 발레로 오페라 극장에서 1742년 초연되었다.

큼 잘된 것들을 수없이 그래왔던 것처럼, 이 종잇조각들도 불에 던져버
리고 더 생각도 하지 않았을 것이다. 그런데 이들이 나를 매우 부추겨서
엿새 동안에 몇 줄의 시구를 빼놓고는 극을 완성했고 악보도 모두 초를
잡았다. 그래서 나머지 할 일이라고는 파리에 돌아가서 서창의 일부분
과 중음부 전체를 만들면 끝날 정도였다. 나는 매우 신속히 그 모든 것
을 완성해서, 내가 쓴 극은 3주에 걸쳐 정서가 되어 상연될 수 있는 상태
가 되었다. 여기서 단지 빠진 것은 막간의 여흥을 위한 춤곡과 노래뿐이
었는데 그것은 오랜 뒤에야 겨우 만들어졌다.

　나는 이 작품을 작곡한 데 흥분이 되어 그것을 들어보고 싶은 강렬한
충동을 느꼈다. 그래서 륄리가 한 번 오직 자기 혼자서 보려고 〈아르미
드〉를 상연시켰다고 하는 것처럼[51] 나도 문을 닫은 채 내 좋을 대로 그
것이 상연되는 것을 볼 수 있다면 세상에 그 어떤 것을 내주어도 아깝지
않았을 것이다. 그러나 관중이 없이는 나도 그것을 들을 수가 없었기 때
문에 내 작품을 즐기기 위해서는 꼭 오페라 극장에서 상연하도록 하는
수밖에 없었다. 그러나 불행하게도 이 곡은 완전히 새로운 종류에 속해
서 관중의 귀가 여기에 전혀 익숙하지 못했다. 게다가 〈사랑의 시신
들〉이 실패하였으므로 〈점쟁이〉를 내 이름으로 상연한다면 이것도 실
패할 것이 뻔했다. 뒤클로는 나의 이런 걱정을 덜어주어, 작자를 밝히
지 않고 시연할 것을 책임졌다. 내 정체를 드러내지 않기 위하여 그 연
습에도 전혀 나타나지 않았다. 그래서 그 연습을 지휘한 '작은 바이올린
들'[52] 조차도 이 작품이 모든 사람들의 갈채를 받고 훌륭하다는 것이 입

---

51) 륄리(Lulli)는 오페라 극장에서 〈아르미드와 르노〉가 실패한 후 1686년 2
　월 15일 자기 혼자 보기 위하여 자신의 작품을 상연시켰다. 그 이야기를
　들은 루이 14세는 작품의 재상연을 명령했고 그것은 재상연되면서 성공을
　거두었다.
52) 〔원주〕사람들은 르벨과 프랑쾨르를 이렇게 불렀는데, 그들은 젊어서부터

증된 후에야 비로소 그 작가가 누군지 알았다. 이 작품을 들은 청중은 모두 이에 매혹되어 바로 그 다음 날부터 어느 사교계에서나 이것만이 화제에 오를 정도였다. 연습할 때 참석하였던 왕실 의전 상연 담당관인 퀴리 씨는 이것을 궁정에서 상연할 것을 요청했다. 내 의향을 알던 뒤클로는 궁정에서는 파리에서만큼 작품을 내 마음대로 할 수 없으리라고 판단하고 그것을 사절하였다. 그랬더니 그는 직권으로 작품을 요청해 왔다. 뒤클로는 완강히 버텼고, 두 사람 사이에 언쟁은 몹시 격해져서 하루는 오페라 극장에서 사람들이 떼어놓지 않았더라면 둘이 같이 밖으로 나갈 뻔했다. 내게 직접 호소하려 했지만 나는 그 결정을 뒤클로 씨에게 맡겼다. 그래서 다시 뒤클로와 이야기하지 않으면 안 되었다. 도몽 공작님[53] 이 그 일에 끼어들었다. 결국 뒤클로도 권력에 굴복하는 수밖에 없다고 생각했고, 그 작품은 퐁텐블로에서 상연되도록 넘겨졌다.

내가 제일 공을 들이고 또 일반적인 수법에서 가장 탈피한 부분은 서창이었다. 내가 만든 서창은 아주 새로운 방법으로 강세가 들어가서 대사의 어조에 따라 진행되었다. 이런 가공할 혁신이 감히 통과될 리 없었다. 사람들은 그것이 기존의 음악만을 추종하는 관중들의 귀에 거슬릴 것을 염려하고 있었다. 프랑쾨유와 줄리요트가 다른 서창을 만든다고 하기에 찬성은 했지만 거기에 관여하려 하지는 않았다.

모든 준비가 되고 상연 일자도 결정되자 나는 마지막 연습만이라도 보러 퐁텐블로에 가자는 권유를 받았다. 나는 펠 양, 그림 그리고 레날 신부였던 것 같은 사람과 함께 궁정마차로 그곳에 갔다. 총연습은 괜찮았다. 나는 예상했던 것보다 더 만족했다. 오케스트라도 오페라 극장의

언제나 함께 붙어 이 집 저 집 바이올린을 켜며 다녔기 때문에 잘 알려져 있었다.

53) Louis-Marie-Augustin, duc d'Aumont (1709~1782) : 왕실 시종장으로 그해 궁정의 상연물들은 그에게 달려있었다.

오케스트라와 왕실 음악 오케스트라로 조직되어 인원수가 많았다. 줄리요트는 콜랭, 펠 양은 콜레트, 퀴빌리에는 점쟁이 역을 맡았다. 합창대는 오페라 극장의 합창대였다. 나는 별 말을 하지 않았다. 모든 것을 지휘했던 사람은 줄리요트였다. 나는 그가 했던 일에 간섭하고 싶지 않았다. 나는 로마인과 같은 기품을 유지하고 있었지만, 그 많은 사람들 틈에서 초등학교 학생처럼 수줍었다.

그 다음 날 공연일[54]에 뒤 그랑 코맹 카페로 아침을 들러 갔다. 거기에는 많은 사람들이 있었다. 전날 밤의 총연습 이야기며, 입장하기가 어려웠다는 이야기들이 나왔다. 거기 있던 장교 한 사람이 자기는 힘들이지 않고 입장하였노라고 하며, 그곳에서 있었던 일들을 빠짐없이 늘어놓았다. 그러면서 작가를 묘사하고 그가 했던 행동과 말을 보고했다. 이 꽤 긴 이야기를 듣고 내가 놀란 것은 아주 솔직하고 자신 있게 말했음에도 불구하고 그 속에서 진실은 단 한마디도 없었다는 점이었다. 그가 그토록 똑똑히 보았다는 그 작가가 바로 자기 눈앞에 있는데도 모르는 것을 보니, 그 총연습에 대해 그토록 사정을 잘 알고 말하는 이 사람이 거기 없었다는 것이 내게는 너무나 분명했다. 이 장면에서 더욱 기묘한 것은 그것이 내게 미친 영향이었다. 이 사람은 나이도 듬직했고, 태도나 말투에 잘난 체하거나 거만을 떠는 티가 조금도 없었다. 그의 용모를 보면 그가 유능한 인물임을 짐작할 수 있었고, 그가 단 성 루이 십자훈장은 그가 퇴역장교임을 보여주고 있었다. 나는 그의 뻔뻔스러움에도 불구하고 본의 아니게 그에게 흥미가 끌렸다. 그가 거짓말을 지껄이는 동안 나는 얼굴이 붉어져 눈을 내리깔고 있었다. 가시방석에 앉아 있는 기분이었다. 나는 그가 잘못 생각하고 있기는 하지만 자신의 진심을 말하고 있다고 믿을 방법이 없을는지 가끔 속으로 생각해 보았다. 결국 나

---

54) 1752년 10월 18일.

는 누가 나를 알아보고 그에게 망신이나 주지 않을까 걱정되어, 아무 말도 하지 않고 마시던 초콜릿을 서둘러 마저 마시고, 고개를 숙여 그의 앞을 지나 될 수 있는 대로 빨리 그 자리를 빠져나왔다. 그때 청중들은 그의 이야기에 대해 장광설을 늘어놓았다. 나는 거리에 나와 온몸이 땀으로 흠뻑 젖어 있음을 깨달았다. 그리고 만약 카페에서 나오기 전에 누가 나를 알아보고 이름을 불렀다면, 나는 그 가엾은 사람의 거짓말이 드러나서 그가 고통을 겪을 것이라는 생각만으로도 꼭 무슨 죄라도 진 사람처럼 민망하고 당황한 꼴을 보였을 것이다.

나는 내 인생의 위기의 순간들 중 하나에 직면했다. 여기서 단지 있는 그대로 서술만 하는 것은 어렵다. 왜냐하면 서술 자체에 비난이나 변명의 흔적이 남겨져 있지 않기란 거의 불가능하기 때문이다. 어쨌든 나는 내가 어떻게 또 어떤 동기로 행동했는지를 칭찬도 비난도 더하지 않고 보고하려고 노력할 것이다.

나는 그날 수염은 텁수룩했고 가발은 변변히 빗질도 하지 않은 채 평상시와 똑같이 아무렇게나 차려입었다. 나는 이러한 결례를 용감한 행위라고 생각하고, 잠시 후에 왕과 왕비와 왕족들을 비롯한 만조백관(滿朝百官)이 오기로 되어 있는 홀에 이런 모습으로 들어갔다. 나는 퀴리 씨의 안내로 칸막이 좌석에 가 자리를 잡았는데, 그 좌석은 그의 것이었다. 그것은 무대 측면 위층의 커다란 칸막이 좌석으로 그 맞은편에는 더 높은 곳에 위치한 작은 칸막이 좌석이 있었는데, 거기에는 왕이 퐁파두르 부인과 함께 앉았다. 귀부인들에게 둘러싸여 칸막이 좌석 앞에서 남자라고는 나 혼자여서 분명히 나를 눈에 잘 띄게 하기 위해 거기에 앉혔다는 것을 의심할 여지가 없었다. 불이 켜지자 모두 화려하게 성장을 한 사람들 틈에서 나만 이런 차림으로 있는 꼴을 보고는 마음이 불편해지기 시작했다. 그래서 나는 내가 과연 내가 있을 자리에 있는지 또 예절에 어긋나지 않게 옷을 입었는지를 스스로에게 물어보았다. 그리고 잠시 걱정한 후 나는 용감히 자신에게 괜찮다고 대답했다. 그런데 이러한 용기는 이성의 힘에서 나온 것이라기보다는 아마 뒤로 물러설 수 있는 여지가 없었다는 데서 나왔을 것이다. 나는 속으로 말했다.

"나는 내가 있을 자리에 있다. 왜냐하면 나는 지금 내 작품을 상연하는 것을 보고 있으며, 또 거기에 초대받았고, 오로지 그 때문에 작품을 만들었고, 뭐니 뭐니 해도 내 노력과 재능의 결실을 누리는 데 있어서 나 이상으로 더 권리가 있는 사람은 없기 때문이다. 나는 더 낫지도 더 못하지도 않게 평소의 습관대로 옷을 입었다. 내가 만약 어떤 일에서 다시 굴종하기 시작한다면, 나는 곧 모든 일에서 또다시 예속된 상태에 빠지게 된다. 항상 나 자신이기 위해서는 그것이 어떤 장소이든 내가 선택한 생활방식에 따라 옷을 입는 것을 부끄러워해서는 안 된다. 겉모습은 수수하고 허술하지만 때가 묻거나 더럽지는 않다. 수염도 자연히 나는 것으로 시대나 유행에 따라서는 때로 장식이 되기도 하기 때문에 그 자체로는 조금도 지저분한 것이 아니다. 사람들은 나를 우스꽝스럽고 무례하다고 생각할 것이다. 아니, 그런 것이 무슨 상관이냐! 내가 조롱이나 비난을 받을 이유가 없는 이상 그런 것쯤은 참고 견딜 줄 알아야 한다."

이렇게 잠깐 혼잣말을 한 후, 내 마음은 그럴 필요가 있기만 하면 얼마든지 대담무쌍해졌을 정도로 매우 확고해졌다. 그러나 왕이 참석한 효과인지 혹은 주위사람들 마음의 자연스러운 성향 때문인지 내게 쏠린 호기심 속에서 호의와 정중함만이 보였다. 나는 이에 감동하여 나 자신과 내 작품의 운명에 대해 다시 불안해지기 시작할 정도였다. 오직 나에 대해 갈채를 보내려고 애쓰는 것처럼 보이는 사람들의 이토록 호의적인 기대를 저버릴까 두려웠기 때문이다. 나는 그들의 야유에 맞설 대비를 하고 있었다. 그러나 내가 기대하지 않았던 그들의 다정스러운 태도는 내 마음을 온통 사로잡아 막이 오를 때 나는 어린아이처럼 떨고 있었다.

나는 곧 안심했는데, 거기에는 이유가 있었다. 오페라에서 배우들은 아주 연기를 못했지만, 음악은 노래도 연주도 훌륭하였다. 진정 감동적인 순박함을 갖고 있는 제 1장부터 이런 종류의 작품들에서는 그때까지 들어보지 못했던 놀라움과 찬탄으로 웅성거리는 소리가 칸막이 좌석들에서 들렸다. 술렁거림은 점점 커져 곧 관중 전체에서 느낄 수 있을 정도가 되었는데, 몽테스키외식으로 말하면 효과 자체가 다시 효과를 높일 정도였다. 그 두 어린 선남선녀(善男善女)가 등장하는 장면55)에서 그 효과는 절정에 이르렀다. 국왕 앞에서는 박수를 치는 법이 아니다. 그래서 말소리가 죄다 들렸는데, 거기서 그 작품과 작가가 승리를 거두었다. 나는 천사처럼 아름답게 보이는 여인들이 서로 낮은 목소리로 내 주위에서 속삭이는 말을 들었다.

"이것은 매혹적이고 황홀하군요. 어떤 음이고 모두 심금을 울리네요."

숱하게 많은 사랑스러운 여인들에게 감동을 주었다는 기쁨으로 나 자신마저 눈물이 날 정도로 감동되었고, 첫 번째 이중창에서는 눈물이 흐르는 것을 억제할 수 없었다. 그리고 나는 우는 사람이 나 혼자가 아닌 것을 알 수 있었다. 나는 잠깐 내 자신으로 돌아와 트레토랑 씨의 연주회를 떠올렸다.56) 이 회상은 개선장군들의 머리 위에 영관(榮冠)을 잡고 있는 노예57)와 같은 효력을 가졌다. 그러나 그 회상은 길지 않았고 나는 곧 다른 생각을 하지 않고 완전히 내 영광을 맛보는 즐거움에 빠져들었다. 그러나 나는 그때 여기서 작가로서의 허영보다는 여성에 대한 관능이 훨씬 더 많이 작용했다고 확신한다. 정말이지 거기에 남자들만

---

55) 콜랭과 콜레트가 화해하는 6장.

56) 4장에서 나왔던 일화로 당시 루소는 작곡도 할 줄 모르면서 트레토랑 씨 집에서 엉터리 자작곡으로 연주회를 벌여 망신을 당한 바 있다.

57) 로마시대 때 개선장군에게 그 역시 일개 시민에 불과하다는 사실을 상기시키는 임무를 맡은 노예로 영관을 뒤에서 잡고 개선장군에게 '떨어지지 않도록 조심하라'는 경고를 발했다고 한다.

있었다면 나는 내가 흘리게 한 달콤한 눈물을 내 입술로 핥아 담는 욕망에 끊임없이 달뜬 것처럼 그렇게 달뜨지는 않았을 것이다. 나는 이보다 더 강렬한 열광적인 찬탄을 불러일으킨 작품들은 보았지만 이처럼 완전하고 감미롭고 감동적인 도취가 상연 내내 분위기를 주도하는 것은 일찍이 본 일이 없다. 그것도 특히 궁정에서 상연 첫날부터 말이다. 이 작품을 보았던 사람들은 그것을 기억할 것이 틀림없다. 왜냐하면 그 작품의 성과는 유례가 없는 것이었기 때문이다.

그날 저녁 도몽 공작이 사람을 보내어 내일 11시경 성(城)에 오면 공작이 국왕께 나를 소개하겠다는 말을 전했다. 내게 이러한 전갈을 해준 퀴리 씨는 아마 연금에 관해 왕께서 내게 친히 말씀하고 싶어 하는 것 같다고 덧붙여 말했다.

그렇게 찬란했던 낮에 이은 그 밤이 내게는 고민과 당황함으로 휩싸인 밤이었다면 누가 믿겠는가? 왕을 알현한다는 이러한 생각 다음으로 가장 먼저 떠오른 생각은 오줌을 누러 밖으로 나가야 하는 잦은 욕구에 관한 것이었다. 그렇지 않아도 그날 저녁 공연에서 그 때문에 대단히 혼이 나지 않았는가. 그런데 다음 날 내가 왕의 회랑이나 거실에서 그 모든 고관대작들 틈에 끼어 폐하가 지나가기를 기다릴 때 그 때문에 몹시 고생할지도 몰랐다. 내가 사교계를 멀리하고 부인들 방에 처박혀 있지 못하는 것도 이 지병이 주요 원인이었다. 이러한 욕구 때문에 처할지 모르는 상황을 생각만 해도 이러한 욕구가 생길 수 있어, 그 때문에 탈이 날 지경이었는데, 탈이 나지 않으려면 내가 죽기보다 더 싫어하는 추태를 부려야 했다. 이러한 위험에 처하는 공포를 판단할 수 있는 사람은 이러한 상태를 아는 사람밖에 없다.

그 다음 나는 왕 앞에 서 있는 자신을 상상해 보았다. 나는 폐하에게 소개되고 폐하는 멈춰 서서 내게 말을 건네주실 것이다. 바로 이 경우에 답변이 적절하고 재치 있어야 하는데, 조금이라도 낯선 사람 앞에서는 어쩔 줄 모르게 만드는 그 고약한 소심함이 프랑스의 왕 앞에서는 사라져, 해야 할 말을 즉각 적절히 선택하게 될 수 있을까? 나는 내가 취해왔던 엄격한 태도와 어조를 버리지 않으면서도 그토록 위대한 군주께서 베푸는 영예에 감격한 모습을 보이고 싶었다. 멋지고 합당한 칭송으로 어떤 위대하고 유익한 진리를 포장해야 했다. 적절한 답변을 미리 준비하기 위해서는 왕께서 내게 어떤 말을 할 것인지를 정확히 예상해야 할 것이다. 그리고 나서도 나는 어전에서는 생각해두었던 말이 하나도 생각나지 않을 것이라고 확신했다. 그 순간 만조백관의 눈앞에서 내 평소의 주책없는 말들 중 어떤 하나가 혼란상태에서 엉겁결에 튀어나오면 어떻게 될까? 이런 위험에 너무 걱정되고 겁나며 떨려서 나는 어떤 일이 있어도 그런 위험에 빠지지 않기로 결심할 정도가 되었다.

나는 말하자면 내게 주어진 연금을 잃은 것이 사실이다. 그러나 나는 또한 연금이 내게 부과했을 속박도 면했다. 진리, 자유, 용기와 하직한다면 그후 어떻게 감히 독립과 무사무욕을 말할 수 있겠는가? 이 연금을 받으면 이제는 아첨하거나 침묵을 지키는 수밖에 없다. 더구나 그 연금이 지급되리라는 것을 누가 내게 보장할 것인가? 얼마나 많은 발품을 팔아가면서 얼마나 많은 사람들에게 간청해야 할 것인가! 연금 없이 지내기보다 그것을 보존하기 위해서 나는 그 대가로 훨씬 더 많이 게다가 훨씬 더 유쾌하지 못하게 마음을 써야 할 것이다. 그러므로 나는 연금을 포기함으로써 내 원칙에 매우 부합하는 방침을 내리고 실재를 위해 겉모습을 희생한다고 믿었다. 나는 내 결심을 그림에게 말했는데, 그는 여기에 아무 반대도 하지 않았다. 나는 다른 사람들에게는 건강을 핑계로 대고 바로 아침에 떠났다.

내가 떠났다는 소문이 퍼졌고 모두들 내가 그렇게 떠난 것을 비난했다. 내가 든 이유들이 모든 사람들에게 호소력을 가질 수는 없었다. 오히려 나를 오만한 바보라고 하는 비난이 생겼고, 이러한 비난은 자기네들이라면 그렇게 처신하지 않으리라 내심으로 생각하는 사람들의 질투심을 더욱 훌륭히 만족시켰다. 다음 날 줄리요트가 한 장의 짧은 편지를 내게 써 보냈는데, 거기에는 내 작품의 성공과 왕 자신이 열광에 빠진 것이 상세히 설명되어 있었다. 그는 내게 "온종일 폐하께서는 자신의 왕국에서 가장 음정이 틀린 목소리로 '나의 종을 잃었노라, 나의 행복을 모두 잃었노라' 계속 노래를 부르십니다"라고 분명히 말했다. 그리고 2주 후에는 〈점쟁이〉의 두 번째 공연을 가질 예정인데, 그것은 초연의 완전한 성공을 모든 대중들 앞에서 확인할 것이라고 덧붙여 말했다.

이틀 후 오후 9시경 저녁식사를 하러 데피네 부인 댁으로 들어가려고 할 때 나는 그 문 앞에서 한 대의 삯마차와 마주쳤다. 그 마차에 타고 있는 어떤 사람이 나보고 타라고 손짓을 하기에 탔더니, 디드로였다. 그는 내게 연금에 관해 흥분해서 말했는데, 나는 철학자가 그런 문제에 관해서 그렇게까지 흥분할 줄은 미처 몰랐다. 그는 내가 국왕에게 소개되는 것을 원하지 않았다는 것을 책망하지는 않았지만, 내가 연금에 무관심한 것은 마치 끔찍한 죄나 되는 것처럼 나무랐다. 그리고 그는 내가 자신을 위해 욕심이 없는 것은 좋지만 르바쇠르 모녀를 위해서는 그것이 용납될 수 없으며, 그녀들에게 빵을 주기 위해서 가능하고도 정직한 방법을 하나도 소홀해서는 안 된다고 말했다. 그리고 요컨대 내가 그 연금을 거절한 것이 아니기 때문에 저편에서는 줄 생각이 있는 것처럼 보이는 이상 어떻게든 사정해서 그것을 얻어내야만 한다고 주장했다. 나는 그의 열의에 감동되었음에도 불구하고 그의 신조를 좋다고 생각할 수는 없었다. 이 문제에 대해서 우리 두 사람은 매우 격렬한 언쟁을 벌였는데, 그와 언쟁을 벌이기는 이것이 처음이었다. 우리 둘 사이의 싸움은 언제나 이런 식이었다. 그는 내가 무슨 일을 해야 한다고 주장하면서 그 일을 내게 지시하면, 나는 그런 일을 할 필요는 없다고 생각해서 그것을 거절하는 것이다.

　우리는 밤이 깊을 때 헤어졌다. 나는 그를 데피네 부인 댁으로 데려가 저녁을 먹을 생각이었다. 그러나 그는 가려고 들지 않았다. 나는 내가 좋아하는 사람들을 모두 서로 맺어주고 싶어 하는 마음에서 무진 애를 써서 여러 차례 디드로에게 데피네 부인과 만나라고 권유했고 심지어는 부인을 그의 집 앞까지 데리고 가기까지 했다. 그러나 그는 우리에게 문을 열어주지 않았고, 부인에 대해서는 경멸적인 용어로만 말하면서 계속 그녀를 보기를 거절했다. 그런데 이들이 서로 친해지고 그가 부인에 대해 존경심을 갖고 말하기 시작한 것은 내가 부인과도 또 디드로와도 사이가 나빠진 후부터였다.

　이때부터 디드로와 그림이 내게서 가정부들을 갈라놓으려고 애쓴 것 같다. 그들은 그녀들이 더욱 편하게 지내지 못하는 것은 내 쪽에서 그럴 생각이 없어서이고 나와 같이 살아보았자 아무 소용이 없을 것이라는 말을 들려주었다. 그들은 데피네 부인의 영향력으로 소금 소매점이나 담배 가게나 내가 모르는 또 다른 것을 내어준다는 약속을 하고 열심히 그녀들에게 나와 헤어지기를 권했다. 그들은 뒤클로와 돌바크를 자기네들의 동맹에 끌어넣으려고까지 하였다. 그렇지만 뒤클로는 계속해서 이를 거절했다. 내가 이 모든 술책의 기미를 눈치챈 것은 그때였지만, 그것을 분명히 안 것은 오랜 시간이 흐른 후에서였다. 나는 내 친구들의 맹목적이고 별로 사려 깊지 않은 열성을 자주 개탄할 수밖에 없었는데, 그들은 나처럼 몸도 성치 않은 사람을 더할 나위 없이 비참한 고독으로 떨어뜨리려고 하면서도 자기네들의 생각으로는 나를 행복하게 만들려고 노력하는 것으로 알았다. 그런데 그들이 나를 행복하게 만들려고 사용하는 수단들이란 사실 나를 불행하게 만들기에 가장 적합한 것들이었다.

　다음 해인 1753년 사육제에 〈점쟁이〉가 파리에서 상연되었다.[58] 그

―――――――――――
58) 〈마을의 점쟁이〉는 1753년 3월 1일 왕립 음악아카데미에 의해 최초로 대중에게 상연되었고 궁정에서와 같은 인기를 얻었다.

리고 그동안에 나는 서곡과 막간의 여흥을 위한 춤곡과 노래를 작곡할 여가가 있었다. 조판된 그대로의 이 춤곡과 노래는 처음부터 끝까지 줄거리가 있고 주제가 계속 이어질 예정이어서 나로서는 매우 재미있는 장면들을 제공한다고 생각했다. 그러나 내가 이러한 아이디어를 오페라 극장에 제의했을 때 아무도 내 말을 들은 척도 하지 않기 때문에 노래와 춤곡도 평범한 것으로 이어나가는 수밖에 없었다. 이렇게 해서 막간의 여흥을 위한 춤곡과 노래는 장면의 아름다움을 조금도 손상시키지 않는 매혹적인 아이디어들로 가득 차 있었음에도 불구하고 별로 성공을 거두지 못하였다. 나는 줄리요트의 서창을 없애고, 그 대신 내가 처음에 만들어 두었고 조판되어 있는 바와 같은 서창을 집어넣었다. 이 서창은 사실을 말하면 다소 프랑스 냄새가 풍겼다. 즉, 배우들에 의해 질질 늘여진 것이다. 그렇지만 누구의 귀에도 거슬리지 않아서 아리아에 못지않게 성공을 거두었고, 대중들에게서조차 적어도 아리아만큼 잘된 것이라는 인정을 받았다. 나는 이 작품을 후원했던 뒤클로 씨에게 이것을 바치고, 이것이 내 유일한 헌사가 될 것임을 밝혔다. 그렇지만 그의 동의를 얻어 두 번째 헌사를 한 일이 있다. 그러나 그는 내가 전혀 예외를 두지 않았던 것보다는 오히려 이런 예외로 한층 더 나의 존경을 받았다고 생각해야 마땅했다.

　나는 이 작품에 대해서는 많은 일화들을 갖고 있지만, 보다 중요한 일들을 말해야 하기 때문에 여기서 그 일화들에 대해 자세히 이야기할 여가가 없다. 그것은 아마 후일 보유에서 다시 언급하게 될 것이다. 그렇지만 다음의 한 가지 일화만은 뒤에 나올 일 모두와 관계가 있을 수 있으니까 빼놓을 수가 없을 것 같다. 하루는 내가 돌바크 남작의 서재에서 그의 악보를 뒤지고 있었다. 많은 종류의 악보를 훑어보고 난 후에 그는 내게 클라브생 곡집을 내보이면서 이렇게 말했다.

　"이것은 모두 나를 위해 작곡된 작품들입니다. 고상한 취미가 넘쳐흐르고 매우 선율이 아름답지요. 나 이외에는 아무도 이것을 모르고 있고 또 누구에게도 보이지 않을 것입니다. 어느 것이고 하나 골라서 당신의 막간 곡에 삽입해 주시지요."

하지만 내 머릿속에는 아리아나 교향곡의 주제가 쓰고도 넘칠 정도로 하도 많이 있었기 때문에 그의 것들에는 정말 별 관심이 없었다. 그렇지만 그가 하도 졸라대는 바람에 환심을 사려고 목가(牧歌)를 한 곡 골라 그것을 줄여 콜레트의 동무들이 등장하는 삼중창에 넣었다. 몇 달이 지나서, 〈점쟁이〉가 상연되고 있었을 때였다. 하루는 그림의 집에 들어가니까 많은 사람들이 그가 치는 클라브생 주위에 모여 있었다. 내가 왔기 때문에 그림은 황급히 그 자리에서 일어섰다. 무심코 보면대를 바라보니 돌바크 남작의 바로 그 곡집이 눈에 띄었다. 그리고 거기에는 남작이 자기 손에서 결코 나가지 않을 것이라고 다짐하면서 나를 졸라 고르게 한 바로 그 곡이 펼쳐져 있었다. 얼마 후 데피네 씨 댁에서 음악회가 있었던 날, 바로 그 곡집이 데피네 씨의 클라브생 위에 펼쳐져 있는 것을 또 보게 되었다. 그림도 다른 사람들도 이 곡에 대해서는 내게 아무 말도 하지 않았다. 내가 여기서 이런 말을 하는 것은 다름이 아니라 얼마 후에 〈마을의 점쟁이〉를 만든 사람이 내가 아니라는 소문이 퍼졌기 때문이다. 나는 결코 대단한 음악가가 아니었기 때문에, 내 《음악사전》 (*Dictionnaire musique*)이 아니었다면 끝내 사람들은 내가 작곡할 줄 모른다고 말했을 것이라 확신한다. 59)

〈마을의 점쟁이〉가 상연되기 조금 전에 이탈리아의 희가극 배우들이 파리에 와 있었다. 이들은 오페라 극장에서 상연하게 됐는데, 60) 이들

---

59) 〔원주〕 이 사전이 있었음에도 불구하고 사람들이 끝내 그런 말을 하리라고는 또한 거의 예상하지 못했다.

60) 1752년 8월 1일 이탈리아 희가극 배우들은 왕립 음악아카데미 무대를 최초로 밟고, 페르골레시의 〈라 세르바 파드로나〉(마님이 된 하녀)를 상연하

이 거기서 어떤 성과를 낼지는 예측할 수가 없었다. 그들은 졸렬했고 오
케스트라도 그때는 아주 무식해서 그들이 공연하는 곡들을 멋대로 왜곡
했음에도 불구하고 그 곡들은 프랑스 오페라에 영영 만회할 수 없는 커
다란 타격을 주게 되었다. 같은 날 같은 극장에서 양쪽 음악을 듣고 비
교할 수 있게 된 프랑스 사람들은 귀가 뚫렸다. 이탈리아 음악의 격렬하
고 뚜렷한 억양을 듣고 난 후 질질 끌고 나른한 프랑스 음악을 견뎌낼 수
있는 사람은 없었다. 이탈리아 희가극이 끝나자마자 모두들 나가버렸
다. 하는 수 없이 순서를 바꾸어 이탈리아 희가극을 끝으로 돌렸다.
〈에글레〉, 〈피그말리용〉, 〈르 실프〉61) 같은 것을 공연해 보았지만
아무것도 버티지 못했다. 오직 〈마을의 점쟁이〉만이 필적할 만했고,
〈라 세르바 파드로나〉 다음에 공연해도 더욱 꿋꿋이 맞섰다. 내가 이
막간극을 작곡하고 있었을 때 나의 머릿속에는 이런 희가극들이 가득
차 있었고, 바로 이런 희가극들이 내게 그 아이디어를 주었다. 그런데
나는 내 막간극이 그것들과 나란히 심사되리라고는 꿈에도 예상하지 못
했던 것이다. 만약 내가 표절하였더라면, 이때 이 표절한 것들이 얼마
나 뚜렷이 드러났을 것인가! 또 사람들은 그것들을 들추어 알리려고 얼
마나 열심히 애를 썼을까! 하지만 표절한 것은 전혀 없었다. 사람들은
헛수고만 했고, 내 음악에서 다른 음악의 차용을 조금도 찾아내지 못했
다. 그리고 내가 작곡한 노래들은 이른바 원곡(元曲)이라고 하는 것들
과 비교해 보아도 내가 창안한 음악의 성격만큼이나 새로운 것이었다.
만약 몽동빌62)이나 라모로 하여금 이런 테스트를 받게 한다면 그들은

였다.

61) 〈에글레〉(*Eglé*, 1751)는 랑종(Lanjon) 작사에 라가르드(Lagarde)가 작곡
   한 목가. 〈피그말리용〉(1748)은 라모의 오페라 발레. 〈르 실프〉(*Le Sylphe*)
   는 크레비용(Crébillon)의 막간극이다.
62) Jean-Joseph Cassanéa de Mondonville(1715~1773) : 바이올린 연주자이

만신창이가 되어서야 겨우 그 테스트에서 빠져나왔을 것이다.

회가극 배우들은 대단히 열렬한 이탈리아 음악 팬들을 낳았다. 파리 전체가 두 파로 나뉘어졌는데 그 열기가 국정이나 종교상의 문제에 관련되었을 때보다도 더욱 뜨거웠다. 한쪽은 귀족들과 부자들과 여성들로 구성되어 세력도 더 강하고 수도 더 많았는데, 프랑스 음악을 지지하고 있었다. 다른 한쪽은 진짜 전문가들과 재능 있는 사람들과 천재들로 구성되어 더욱 활발하고 자존심이 강하며 열렬했다. 이 소수파는 오페라 극장에서 왕비가 앉는 칸막이 좌석 밑에 모였다. 63) 또 다른 파는 1층 뒷자리와 객석 나머지 전부를 메웠는데, 그 본부는 왕의 칸막이 좌석 밑에 있었다. 그 당시 유명했던 이 두 파의 명칭인 '국왕 측'이니 '왕비 측'은 바로 여기서 온 것이다. 양파의 논쟁이 열기를 띠게 되자 여러 가지 소책자들이 쏟아져 나왔다. '국왕 측'에서 놀리려 들면 상대편에서는 《소예언자》64)로 '국왕 측'을 조롱해주었다. 또 '국왕 측'이 이성적으로 따지려 하면 상대편에서는 《프랑스 음악에 관한 편지》65)로 이를 분쇄

<hr>

자 작곡가일 뿐만 아니라 아첨꾼이자 모사꾼으로 이탈리아 음악에 맞서는 프랑스 음악의 투사로 자처했다. 몽동빌의 오페라 〈티통과 로로르〉(*Titon et l'Aurore*)가 그의 지지자들이 몰려든 극장에서 공연된 후 이탈리아 회가극 배우들을 돌려보낼 것이 결정되었다.

63) 이탈리아 음악을 지지하는 진영에는 디드로, 달랑베르, 그림, 루소 등이 있었다.

64) 《보에미슈브로다의 소예언자》(*Le Petit Prophète de Boehmischbroda*)는 그림이 쓴 48쪽의 소책자로 저자의 이름 없이 인쇄되어 1753년 1월 중순 이전에 출판된 것으로 보인다. 부아즈농(Voisenon)의 《여왕 측에 대한 국왕 측의 답변》이 1753년 1월 25일자로 되어 있기 때문이다. 그림의 소책자는 성경의 문체로 쓰여 있으며 프랑스 오페라를 신랄하게 풍자하고 있다.

65) 루소가 쓴 《프랑스 음악에 관한 편지》(*Lettre sur la muisque française*)는 일러두기가 앞에 달린 92쪽의 소책자로 1753년 11월 말경 나왔는데, 이탈리아 음악과 프랑스 음악을 비교하면서 프랑스 음악에 강한 비난을 퍼부었다.

해버렸다. 이 두 소책자 중 전자는 그림이 쓴 것이고 후자는 내가 쓴 것
인데, 이것들만 이 논쟁 뒤에 남아있을 뿐 다른 것들은 모두 이미 없어
졌다.

그런데 내가 부인했음에도 불구하고 사람들이 끝끝내 내가 쓴 것으로
믿었던 《소예언자》는 농담으로 받아들여져 그 저자에게는 조금도 화가
미치지 않았다. 그러나 《프랑스 음악에 관한 편지》는 진지하게 받아들
여져, 자기 나라의 음악을 모욕했다고 온 국민이 내게 덤벼들었던 것이
다. 이 소책자가 일으킨 엄청난 결과를 기술하기 위해서는 타키투스66)
의 붓이 적합할 것이다. 그때는 고등법원과 성직자 사이에 큰 분쟁이 있
을 때였다. 고등법원이 추방을 당한 직후이고 동요가 그 절정에 달해 있
었다. 모든 정세는 곧 다가올 폭동의 징조를 보이고 있었다. 이런 때에
내 소책자가 나온 것이다. 그 즉시 다른 분쟁들은 모두 잊히고 사람들은
오직 프랑스 음악의 위기에 대해서만 생각했다. 그래서 오직 나에 대해
서만 폭동이 일어났다. 그리고 국민이 폭동을 멈추지 않을 정도로 그 정
도가 심했다. 궁정에서는 바스티유 감옥이냐 추방이냐 하는 것만 망설
이고 있었다. 만약 부아에67)가 그 어리석음을 느끼게 하지 않았다면 봉
인장이 발부되었을 것이다. 이 소책자가 어쩌면 국가에 난이 일어나는
것을 막았다고 말한다면 사람들은 잠꼬대 같은 소리라고 생각할 것이
다. 그러나 그것은 정말 실제로 있었던 사실로, 이런 기막힌 일화가 있

66) Publius Cornelius Tacitus (55?~120?) : 로마의 정치가이자 역사가로 《연
대기》, 《역사》, 《아그리콜라 전기》, 《게르마니아》, 《웅변가들의 대화》
를 남겼다. 로마시대 최고의 역사가로 평가받는다.
67) Marc-Pierre de Voyer, comte d'Argenson (1696~1764) : 파리 치안 감독
관이며 이후 출판총감을 그리고 1743년부터 1757년까지 육군성 장관을 역
임하였다. 그는 1749년부터 육군성에 파리의 관할을 통합하였는데, 그것
은 특히 왕립 인쇄소와 극장들과 도서관의 감시를 포함하고 있었다. 그는
높은 공직들을 지냈으면서도 1757년 2월 유배당했다.

은 지 오늘날까지 15년을 넘지 않은 이상 파리 사람이라면 누구나 그 사실을 아직도 증언할 수 있다.

　사람들은 내 자유를 침해하지 않았지만 적어도 모욕만은 가차 없이 퍼부었다. 내 생명까지 위험했다. 오페라 극장의 오케스트라 단원들은 내가 극장에서 나올 때 암살하려는 꽤나 괜찮은 음모를 꾸미고 있었다. 나는 이 말을 듣고 극장에 더욱 열심히 출입했다. 훨씬 뒤에야 안 일이지만 내게 우정을 갖고 있는 근위 기병대 장교인 앙스레 씨가 극장에서 나오는 내게 나 모르게 호위를 붙여서 이 음모의 실행을 방지했다고 한다. 그때는 시(市)가 오페라 극장의 경영을 인수한 직후였다. 파리 시장의 최초 업적은 나의 무료입장권을 빼앗는 것이었다. 그것도 가능한 한 가장 무례한 방식을 취했는데, 말하자면 내가 극장에 들어갈 때 공개적으로 입장을 거절하게 하는 것이었다. 그래서 나는 그날 그냥 되돌아가는 수치를 모면하기 위해서 하는 수 없이 일등석 입장권을 한 장 사야만 했다. 내가 내 작품을 그들에게 넘겨주었을 때 요구한 유일한 보수가 종신 무료입장권이었던 만큼 그 부당함이란 더 어처구니가 없는 것이었다. 그도 그럴 것이 그것은 모든 작가들이 갖는 일종의 권리이기도 해서 나는 그 권리를 이중의 자격으로 갖고 있었음에도 불구하고 혹시나 해서 뒤클로 씨 입회하에 그것을 명백히 약정했기 때문이다. 사실 오페라 극장 회계원이 내가 요구도 하지 않았던 50루이를 내 보수로 보내긴 했다. 그렇지만 이 50루이라는 돈은 규정에 따라 내게 돌아오는 금액조차 되지 않는 데다가, 그 지불은 정식으로 내게 약정한 무료입장권과는 아무런 관계가 없는 전혀 별개의 것이었다. 이러한 소행의 이면에는 부정과 잔인성이 너무나 얽혀있어, 그때까지만 해도 나를 무척이나 못마땅하게 여기던 사람들도 한결같이 분개하지 않을 수 없었다. 어제까지 나를 모욕하던 사람들도 다음 날 극장에서 그렇게 무료입장권을 받을 충분한 자격이 있고 더욱이 2인용 무료입장권을 요구할 수 있는 작가에게 그런 식으로 그것을 빼앗는 것은 부끄러운 일이라고 아주 큰 소리로 외쳤다. '누구나 다른 사람 집에서는 정의를 사랑한다'는 이탈리아 속담은 참으로 지당한 말이다.

이에 대해 내가 취할 수 있는 수단이라고는 하나밖에 없었다. 내 작품에 대해 합의된 보수를 내게서 빼앗은 이상 나는 작품을 돌려달라고 요구했다. 이를 위해 오페라 극장을 관할하는 다르장송 씨에게 편지를 냈고, 그 편지에 반박할 여지없는 각서까지 첨부했다. 그러나 편지와 마찬가지로 각서는 아무 답장도 받지 못했고 아무 효과도 없었다. 이 부정한 인간의 침묵은 마음에 걸려 잊혀지지 않았고, 그의 성격이나 재능에 대하여 내가 평소에 가졌던 매우 알량한 존경심을 높이는 데 득이 될 리 없었다. 이와 같이 해서 나는 내 작품을 넘기고 받은 보수를 빼앗겼고, 오페라 극장은 내 작품을 돌려주지 않았다. 약자가 강자에게 이런 짓을 하면 그것은 도둑질이 되겠지만, 강자가 약자에게 이런 짓을 하면 그것은 그저 남의 재산을 제 것으로 삼은 것에 불과하다.

그 작품에서 생긴 금전상의 수입에 대해 말하면 다른 사람이 받았을 소득의 4분의 1도 못되었지만, 그래도 몇 해 동안 생활을 지탱하고 줄곧 상당히 부진했던 악보 베끼는 일의 수입부족을 보충할 정도로 컸다. 국왕에게서 100루이, 퐁파두르 부인 자신이 콜랭 역을 맡은 벨뷔 공연[68]으로 부인에게서 50루이, 오페라 극장에서 50루이를 각각 받았고, 출판하는 대가로 피소에게서 5백 프랑을 받았다. 이래서 겨우 5, 6주밖에 걸리지 않은 이 막간극은 나의 불운과 요령부득에도 불구하고 이후 20년의 성찰과 3년의 노고를 기울인 《에밀》에서 올린 것과 거의 같은 액수의 수입을 내게 가져다주었다. 그러나 나는 그 작품에서 내가 얻은 금

---

68) 〈마을의 점쟁이〉는 벨뷔 성에서 1753년 3월 4일과 6일에 상연되었고 이어서 다시 베르사유 궁전에서 3월 9일 상연되었는데, 여기서 퐁파두르 부인은 콜랭 역을 맡았다.

전적인 여유의 대가를 그 작품이 내게 불러일으킨 끝없는 고통들로 충분히 치렀다. 이 작품은 은밀한 질투의 싹이 되었고, 그것은 오직 오랜 시간이 지나서야 폭발했다. 이 작품이 성공한 뒤로는 그림에게서도 디드로에게서도 또 내가 아는 거의 모든 문인들에게서도 그 다정스러움과 그 솔직함과 나를 보는 즐거움 — 그때까지 나는 그들이 나를 보면 즐거워한다고 생각했다 — 을 더 이상 찾아볼 수가 없었다. 내가 돌바크 남작 집에 나타나기만 하면 모두들 공통의 화제를 중단했다. 그리고 조그맣게 무리들을 지어 귓속말로 소곤대는 바람에, 나는 누구와 말을 할지 몰라 혼자 멍하니 있었다. 나는 오랫동안 이와 같이 불쾌한 따돌림을 견뎠고, 상냥하고 사랑스러운 돌바크 부인이 나를 한결같이 친절하게 맞아주는 것을 보고 그 남편의 무례함을 참을 수 있는 데까지는 참았다. 그런데 하루는 남작이 아무 이유도 구실도 없이 나를 너무나 거칠게 비난해서, 마침내 그 비열한 대접에 견디다 못해 다시는 그 집에 발을 들여놓지 않기로 결심하고 나와 버렸다. 그 앞에 있던 디드로는 한마디 말도 하지 않았지만 마찬가지로 거기 있었던 마르장시[69]는 그 이후부터 내 대답이 부드럽고 온건한 데 감탄했다고 자주 내게 이야기했다. 그럼에도 불구하고 나는 남작이나 그의 집에 대하여 말할 적마다 언제나 경의를 표했다. 그렇지만 남작은 내게 관련되어 자기 생각을 말할 때는 모욕과 경멸의 말밖에는 하지 않았고 나를 가리킬 때는 꼭 '잘난 척하는 그 못난 놈'이라고 했다. 그렇지만 그는 내가 자신에게나 그가 흥미를 갖는 누구에게라도 여하한 종류의 잘못이라도 저질렀다고 분명히 말할 수 없었다. 바로 그런 식으로 그는 마침내 내 예상과 우려가 옳다는 것을 입증했다. 나로서는 이른바 내 친구라고 하는 사람들이 내가 책을 쓴다는 것 그리고 훌륭한 책을 쓴다고 하는 것은 용서해주었을 것이라 생각한

---

69) 마르장시의 영주인 아드리앵 키레(Adrien Quiret)는 1727년생으로 취미 활동으로 가볍고 쉬운 보잘것없는 시를 썼다.

다. 왜냐하면 그런 영광이 그들에게 생소하지 않았기 때문이다. 그렇지만 내가 오페라를 만들었다는 것, 그리고 그 작품이 빛나는 성공을 거두었다는 것을 그들은 용서할 수 없었으리라 생각한다. 왜냐하면 그들 중누구 한 사람도 나와 같은 길을 쫓을 수도 없고 나와 같은 명성을 바랄수도 없었기 때문이다. 뒤클로만이 그런 질투를 넘어서고 더 나아가 나에 대한 우정을 더욱 돈독히 한 듯 보였다. 그는 키노 양[70]에게도 나를소개했는데, 그녀의 집에는 돌바크 남작 집에서는 별로 찾아볼 수 없었던 친절함과 품위와 호의가 넘쳐흐르고 있었다.

　오페라 극장에서 〈마을의 점쟁이〉를 상연하는 동안 코메디 프랑세즈에서도 그 작가가 문제가 되었다. 그러나 이것은 약간 덜 순조로웠다. 내가 만든 〈나르시스〉를 이탈리아 극장에 준 지 7, 8년이나 지났건만이탈리아 극장에서 상연하게 할 수 없었던 터인데, 그 극장 배우들의 서투른 프랑스어 연기에도 싫증이 나서 나는 차라리 그 작품을 이탈리아극장이 아니라 프랑스 극장[71]에서 상연했더라면 했다. 이런 욕심을 배우인 라 누[72]에게 말해보았다. 그는 나와 아는 사이였고, 사람들이 알다시피 유능한 사람이며 작가였다. 〈나르시스〉가 그의 마음에 들어, 그는 그것을 익명으로 상연할 것을 책임졌다. 그리고 그 사이에 내게 무료입장권까지 얻어주었다. 나는 오페라 극장이나 이탈리아 극장보다도프랑스 극장을 더 좋아했기 때문에 이것이 대단히 기뻤다. 드디어 〈나르시스〉는 호평을 받아 채택되었고, 그 작자를 밝히지 않은 채 상연되

70) Jeanne-Françoise Quinault(1699~1783): 코메디 프랑세즈에서 42세로은퇴한 여배우로 인기 있는 살롱을 열고 있었는데, 그 살롱에는 백과전서파들이 모여 있었다. 루소가 그녀의 살롱에 소개된 것은 1754년 카니발과같은 해 6월 1일 사이로 추정된다.
71) 코메디 프랑세즈를 말한다.
72) Joseph-Baptiste Sauvé de Lanoue(1701~1761): 배우이자 극작가.

었다. 73) 그렇지만 내가 배우들이나 다른 많은 사람들이 작자의 이름을 모르지는 않았다고 생각하는 것은 당연하다. 고생 양과 그랑발 양이 연인의 역을 맡았다. 내 생각으로는 전체적인 이해는 부족한 듯했지만, 그것을 완전히 잘못 연기된 작품이라고 할 수는 없었다. 그렇지만 처음부터 끝까지 참을성 있게 조용히 듣고, 심지어 두 번째 공연까지 초조한 기색을 조금도 보이지 않고 참은 관객들의 그 관대함에 나는 놀라고 또 감동되었다. 나는 첫 회에 하도 싫증이 나 끝까지 견딜 수가 없어서 극장을 나와 카페 프로코프에 들어갔다. 거기에는 부아시74) 와 그 외의 다른 사람들이 있었는데, 이들도 아마 나처럼 싫증을 느꼈던 모양이었다. 거기서 나는 "내가 죄를 지었습니다"라고 큰소리로 말하고, 내가 그 작품의 작자라는 것을 겸손하게 아니 자랑스럽게 자백하며 다른 사람들도 모두 생각하던 것을 내 스스로 말했다. 실패한 졸작을 낸 작자가 이렇게 공공연히 자백하는 것에 사람들은 매우 감탄했고 그것이 나로서는 별로 괴로울 것도 없는 일처럼 여겨졌다. 심지어 그렇게 고백한 용기로써 자존심이 보상받았다는 생각까지 들었다. 그리고 내 생각으로는 이런 경우에 어리석은 부끄러움에서 말하지 않고 있는 것보다는 말해버리는 것이 더 떳떳한 것 같다. 그렇지만 이 작품이 공연에서는 썰렁했지만 책으로는 꽤 읽힐 것이 틀림없었기 때문에 그것을 출판했다. 그리고 어쩌면 내가 쓴 명문들 중의 하나일 그 서문에서 내 원칙을 지금까지보다도 조금 더 솔직하게 드러내기 시작했다.

　나는 이윽고 이 원칙을 보다 중요한 저작에서 전면적으로 전개시킬 기회를 갖게 되었다. 디종 아카데미에서 '인간 불평등의 기원'에 대한

---

73) 〈나르시스〉는 1752년 12월 18일 코메디 프랑세즈(프랑스 극장)에서 상연되었다.

74) 루이 드 부아시(Louis de Boissy)는 2년 후 〈메르퀴르 드 프랑스〉에 대한 왕의 윤허를 획득하였다.

논제를 낸 것이 내 생각으로는 1753년이기 때문이다. 나는 이 커다란 문제에 충격을 받았고, 그 아카데미가 감히 그런 문제를 출제했다는 데 놀랐다. 하지만 아카데미가 그런 용기를 낸 이상 나도 그 문제를 다루어 볼 용기를 충분히 가질 수 있었다. 그래서 그 문제에 착수하게 되었다.

　이 커다란 주제를 편안하게 고찰하기 위해 나는 테레즈와 착한 우리 집 여주인과 그녀의 여자 친구들 중 한 사람과 함께 생제르맹으로 7, 8일 동안 여행했다. 나는 지금도 이 산책을 내 생애 중 가장 즐거웠던 산책들 중 하나로 치고 있다. 날씨도 대단히 좋았고 이 착한 여인들이 수고와 비용을 도맡았다. 테레즈는 그녀들과 즐겁게 지냈고 나로서는 아무런 걱정 없이 식사할 때 와서 스스럼없이 흥겹게 지냈다. 하루의 나머지 시간은 모두 숲속에 파묻혀 거기서 인류 초기의 자취를 찾아 발견하고 용감하게 그 역사를 추적하면서 보냈다. 그리고 인간들의 가소로운 거짓말들을 격파하였고, 과감하게 그들의 본성을 적나라하게 드러내고 그것을 왜곡시킨 시간과 상황의 진행과정을 뒤따라갔으며, 자연인(自然人)과 인간에 의해 만들어진 인간인 사회인(社會人)을 비교하면서 인간들에게 이른바 인간의 완성 속에 그들 불행의 참된 원인이 있음을 보여주고자 했다.[75] 내 영혼은 이러한 숭고한 명상에 고양되어 신(神) 가

---

[75] 루소는 생제르맹의 숲속 자연에 들어가 자신의 마음에 묻혀 있던 원초적 인간을 찾아내었다. 루소는《인간 불평등 기원론》에서 '인간의 본성'이라는 개념을 자신의 심성과 가정적(假定的) 추론을 통해 구성된 '자연인'의 모습으로 생생히 묘사한다. 자연인은 역사 이전의 인간이다. 그는 식욕과 성욕에 제한된 육체적인 욕구를 충족하고 나면 휴식을 향유한다. 직접 자연과 관계를 맺는 그는 충만함 속에서 살고 부족함을 모른다. 그의 한정된 의식은 단지 지속적인 현재만을 알 뿐이다. 자연인은 자기 보존을 지향하는 '자기애'와 동족 보존을 지향하는 '동정심'이라는 비반성적인 감정에 의해 움직인다. 그의 순진함은 선과 악을 모르고, 그는 자연과 너무나 강력하게 결합되어 있으며, 다른 사람들과는 아무 연관을 맺고 있지 않아서 자연과 타인들에 대해 거리감을 느낄 수 없을 정도이다. 그러나 인간은 동시에

까이로 비상하였다. 그리고 그 높은 곳으로부터 나와 동류인 인간들이
그들의 편견과 오류와 불행과 죄악의 맹목적인 길을 따르는 것을 보면
서 그들이 들을 수 없는 가냘픈 목소리로 이렇게 외쳤다.

"노상 자연에 대해 불평하는 어리석은 자들이여. 그대들의 모든 불행
은 그대들로부터 생겨나 그대들에게 오는 것임을 알아라."

이러한 성찰에서 《불평등론》이 나왔다. 그 작품은 나의 모든 다른 저
작들보다도 더욱 디드로의 마음에 들었다. 그리고 그 작품에 대한 그의
조언은 내게 가장 유익했다. 76) 그러나 그것을 이해하는 독자들은 유럽

완성가능한 존재이다. 이러한 선천적인 능력은 처음에는 잠재적이지만 생
존이 어려운 상황에서 그 효력을 발휘한다. 인간의 욕구와 사용가능한 자
연의 자원 사이에 불균형이 일어나면 인간은 도구를 만들고 판단을 하며
다른 사람들과 연대를 맺고 언어를 발전시킨다. 역사는 노동으로부터 다시
말하자면 생존경쟁으로부터 시작하고, 반성적 사유, 비교의 능력, 예견,
언어, 이기심이 결합하기 시작한다. 이 과정에서 '자기애'는 모든 종류의
정념으로 변질된다. 외부의 세계에 가하는 힘을 발전시키면서 인간은 외면
화되어 자신의 밖에서 자신을 찾게 되고, 이로 인해 다른 사람들의 의견과
부에 종속적이 된다. 다른 사람들에 의해 종속된 인간, 인간에 의해 만들어
진 인간인 '사회인'은 역사를 통하여 마침내 기만적인 주인들에게 예속되
고, 자신의 가장 깊숙한 내면까지 분열되고 만다.

76) 〔원주〕 내가 이것을 쓰고 있을 무렵에는 아직 디드로나 그림이 꾸미고 있던
엄청난 음모에 대해서 조금도 의심을 품고 있지 않았다. 그렇지 않았더라
면 디드로가 얼마나 그에 대한 나의 신뢰를 남용하여, 내 글들에 그렇게
거친 어조와 증오에 찬 태도를 불어넣어 주었는지를 쉽사리 알아차렸을 것
이다. 그리고 내가 그의 지도를 받지 않게 되었을 때 내 글에서는 더 이상
그런 어조와 태도가 나타나지 않았다. 철학자가 불행한 사람의 하소연에
무감각해지려고 귀를 막고 사리를 따른다고 하는 부분은 그에게서 나온 것
이고, 훨씬 더 심한 다른 것들을 내게 제시하였지만 그것들을 쓸 엄두를
낼 수 없었다. 그 증오에 찬 기질은 그의 클레르발(Clairval이 아니라 디드
로가 1757년 2월 출간한 〈사생아〉의 주인공 Dorval로 보인다 — 옮긴이)에
서 상당히 많이 보이지만, 나는 그런 기질이 그가 뱅센 탑 감옥에서 얻은

전체에서 겨우 극소수밖에 없었다. 그리고 그 독자들 중에서도 그 작품에 대해 말하려는 사람은 전혀 없었다. 이 논문은 현상에 응모하기 위해 쓴 것이므로 보내기는 했지만 그것이 당선되지 않을 것이 틀림없다고 미리 생각하고 있었으며, 아카데미에서 주는 상들이라는 것이 이런 종류의 작품들을 위해 제정된 것이 아니라는 것도 잘 알고 있었다. 77)

　이 산책과 소일거리는 내 기분과 건강에 대단한 효과가 있었다. 벌써 몇 년 전부터 나는 그놈의 요폐증으로 고생하며 의사들에게 완전히 몸을 맡기고 있었다. 그렇지만 의사들은 내 고통을 덜어주기는커녕 오히려 내 체력만 소모시켰고 내 체질을 망쳐놓았다. 그러던 것이 생제르맹에서 돌아온 후에는 기운도 더 나고 건강도 훨씬 더 좋아진 느낌이 들었다. 그래서 나는 이 방침을 따랐다. 의사도 약도 없이 병에서 낫든지 그대로 죽든지 할 결심을 하고 의사들과는 영원히 작별했다. 그리고 외출할 수가 없으면 조용히 있고 걸을 힘이 나면 곧 걸어 나가는 식으로 그날그날 살아갔다. 잘난 체하는 사람들 틈에서 사는 파리의 생활방식도 내 취향에는 별로 맞지 않았다. 문인들의 음모, 그들의 창피스러운 싸움질, 진심이라고는 거의 들어있지 않은 그들의 책, 사교계에서 보이는 그들의 단호한 태도는 하도 진저리가 나고 불쾌했다. 심지어 친구들 사이의 교제에서조차 다정함이라든가 마음을 털어놓는 진실함이니 솔직함이니 하는 것을 거의 찾아볼 수가 없게 되었다. 그래서 이러한 번거로운 생활에 싫증이 난 나머지 시골에서 살고 싶다는 열렬한 갈망을 품기 시작했다. 그러나 내 직업 때문에 시골에 정착하는 것이 허락되지 않는 것을 보고 적으나마 내게 있는 한가한 시간들을 보내러 시골로 달려가곤 했다. 몇 달 동안 처음에는 점심식사 후 혼자서 불로뉴 숲으로 산책

　것이라고 생각하고, 거기에 조그만큼의 악의가 있으리라고는 꿈에도 짐작하지 못하였다.

77) 실제로 디종 아카데미는 1749년 루소의 논문에 상을 주었다고 비난받았다.

나가 작품들의 주제를 구상하면서 밤이 되어야 겨우 돌아오곤 했다.

그 당시 나와 절친하던 고프쿠르가 용무로 제네바에 갈 수밖에 없어서 나보고도 같이 여행하지 않겠느냐고 제의했다. 나는 거기에 동의하였다. 아직 건강이 그리 좋지 않아서 '가정부'의 보살핌이 필요했다. 그래서 테레즈는 여행에 동행하고 장모는 집을 보기로 했다. 모든 준비가 끝나고 1754년 6월 1일 우리 셋 모두가 함께 떠났다.

나는 사람을 전폭적으로 믿는 성격을 타고났고, 당시 내 나이 42세까지 이런 성격을 거리낌 없이 그리고 아무런 문제없이 늘 지켜나갔다. 그런데 이 여행은 그러한 성격에 상처를 준 경험을 처음으로 한 시기로 기록되지 않으면 안 된다. 우리 일행은 개인용 마차를 얻어 말을 바꾸지 않고 매일 조금씩 갔다. 나는 자주 내려서 걸었다. 길을 반쯤 왔을까 말까해서, 테레즈가 고프쿠르하고만 마차 안에 남아있기를 더할 나위 없이 싫어하는 눈치를 보였다. 그녀가 간청하는데도 불구하고 굳이 내가 내리려고 하면 그녀도 마차를 내려서 나와 같이 걸었다. 그럴 때마다 나는 그녀의 변덕을 나무라고 더 나아가 그렇게 하지 못하도록 결사반대를 했더니, 드디어 그녀도 그 까닭을 밝히지 않을 수 없게 되었다. 그 까닭을 들었을 때 나는 깜짝 놀라서 꿈이라도 꾸는 것이 아닌가 생각했다. 나이 60이 넘었고 통풍환자이며 신체가 부자유스럽고 쾌락과 향락에 빠져 몸을 망친 내 친구인 고프쿠르 씨가 우리가 길을 떠난 후부터 이 젊지도 아름답지도 않은 친구의 여자를 타락시키려고 열을 올렸다니 말이다. 그것도 가장 저열하고 파렴치한 수단을 사용해서, 그녀에게 지갑을 열어 보이기도 하고 고약한 책을 읽어주고 그 책 속에 가득 들어있는 추잡한 그림들을 보여 그녀의 마음을 움직이게 하려고 할 정도였다. 한번은 테레즈가 발끈해서 그의 지저분한 책을 마차의 문을 통해 밖으로 집어던졌다. 그리고 첫날 나는 매우 두통이 심해 저녁도 못 들고 자러 갈 수밖에 없었는데, 그는 그녀와 같이 앉아 있는 내내 신사보다는 사티로스[78] 나 수컷 산양에게 더 어울리는 유혹의 마수를 뻗쳤다는 것이다. 나는 그를 신사로 믿고 내 아내와 내 자신을 맡겼건만 말이다. 이 얼마나 놀라운 일인가! 내게는 정말 또 다른 상심거리가 아닐 수 없었다. 지금까지 우정은 우정의 모든 매력을 이루는 사랑스럽고 고상한 모든 감정과 분리될 수 없는 것으로 믿어왔던 내가 생전 처음으로 우정을 경멸과 결부시키지 않을 수 없었고 또 내가 사랑했고 내가 사랑받았다고 생각했던 그 사람에게서 내 신뢰와 존경을 거두지 않을 수 없게 되었다. 그 한심한 사람은 자신의 추행을 내게 감추고 있었다. 나도 테레즈를 위험에 빠트리지 않으려고 억지로 그에 대한 경멸감을 숨겼고, 그가 알아서는 안 되는 감정들을 내 마음속 깊숙이 감추었다. 감미롭고 신성하던 우정의 환상이여! 처음으로 그 베일을 내 앞에서 걷어 올린 사람은 고프쿠르였다. 그후 다시 그 베일을 내리려 해도 얼마나 많은 잔혹한 손들이 그것을 방해하였던가!

사부아를 거쳐 가는 길을 잡기 위하여 나는 리옹에서 고프쿠르와 헤어졌다. 또다시 엄마 있는 곳에서 그토록 가까이 지나가면서 엄마를 만나지 않고 그냥 지나칠 결심을 할 수 없었다. 그녀를 다시 만났다 … 아, 그 처지라니! 얼마나 타락한 것인가! 처음에 보았던 그녀의 미덕에서 무엇이 남아있었던가? 그 사람이 퐁베르 신부가 나를 소개했던, 그 예전의 눈부시게 빛나던 바로 그 바랑 부인이란 말인가? 나는 가슴이 미어지도록 슬펐다. 그녀로서는 이제 이 고장을 떠나는 것밖에는 다른 수단이 없음을 알았다. 그래서 나는 여러 번 편지로 간청했던 것처럼, 부인의 생애를 행복하게 만들기 위하여 내 생애와 테레즈의 생애를 바치고 싶으니 내게로 와서 같이 평화롭게 지내자고 간절히 되풀이해 권해 보았지만 소용이 없었다. 그녀의 연금은 정확히 지불되기는 하지만 그녀

---

78) 그리스 신화에 나오는 반인반수의 숲의 신이며 디오니소스의 종자이다. 산양의 다리에 거대한 남근을 갖고 있으며 술을 좋아한다.

는 오래전부터 거기서 더 이상 아무것도 얻어내지 못했는데, 부인은 그 연금에 애착이 있어 내 말에 귀를 기울이지 않았다. 나는 또다시 내 지갑에 있는 적으나마 얼마간의 돈을 그녀에게 나누어주었다. 부인이 그 돈 중 한 푼도 자기 마음대로 쓸 수 없는 것이 확실하다고 여기지 않았다면 훨씬 더 많은 돈을 주는 것이 당연했고 또 그렇게 주었을 것이다. 내가 제네바에 체류하고 있을 동안 그녀는 샤블레로 여행하는 길에 나를 만나러 그랑즈 카날에 왔다. 여행을 마치기에는 여비가 모자랐다. 내 수중에는 그만한 돈이 없어서 한 시간 후에 테레즈를 시켜 그 돈을 부인에게 보냈다. 불쌍한 엄마! 엄마의 마음씨를 나타내는 그런 행동에 대해 더 말하는 것을 허락하시라. 그녀에게는 마지막 보석으로서 오직 반지 하나가 남아 있었는데, 부인은 그 반지를 자기 손가락에서 빼서 테레즈의 손가락에 끼워주었다. 테레즈는 그 자리에서 그것을 부인의 손가락에 도로 끼워주면서 그 고귀한 손에 눈물을 뿌리면서 입맞춤을 했다. 아! 이때야말로 내 빚을 갚을 기회였을 것이다. 모든 것을 포기하고 부인을 따라가 최후까지 부인 곁에 머물면서 그것이 어떠한 운명이라도 부인과 운명을 같이 했어야 했다. 하지만 나로서는 그런 일은 전혀 하지 못했다. 나는 다른 애정에 정신이 팔려 있어서 그녀에 대한 내 애착이 식어가는 것을 느꼈고, 그런 내 애착을 그녀에게 유용하게 만들 수 있다는 희망이 없었다. 나는 그녀를 위해 탄식하면서도 그녀의 뒤를 따라가지는 못했다. 이것은 내가 살면서 느꼈던 온갖 후회 가운데 가장 강렬하고 가장 잊을 수 없는 것이었다. 그것으로도 나는 그후 나를 끊임없이 괴롭혔던 무서운 형벌을 받을 만했다. 아무쪼록 이 징벌로 나의 배은망덕이 속죄될 수 있기를! 나의 행위는 배은망덕한 것이었지만, 내가 마음까지 배은망덕한 자였다면 내 마음이 그토록 찢어지게 아프지는 않았을 것이다.

나는 파리를 떠나기 전에 내가 쓴 《불평등론》 헌사의 초고를 써두었

다. 그리고 그것을 샹베리에서 완성하고, 온갖 말썽을 피하기 위해 내
가 프랑스나 제네바에 있었던 날짜를 쓰지 않는 것이 더 낫다고 판단해
서 샹베리에 있었던 날짜를 썼다. 나는 제네바 시에 도착하자 나를 이곳
으로 이끌었던 공화주의적 열광에 빠져들었다. 그 열광은 이곳에서 받
은 환영으로 더욱 고조되었다. 가는 곳마다 환대와 사랑을 받아 완전히
열렬한 애국심을 갖게 되었다. 그리고 내가 선조들과 다른 종교를 신봉
하는 관계로 나의 시민권이 박탈된 것을 부끄럽게 여기고, 공개적으로
선조의 종교로 되돌아갈 결심을 하였다. 나는 이렇게 생각했다.

"복음서는 모든 기독교도들에 대해 똑같은데, 교리의 내용이 다른 것
은 단지 사람들이 자기가 알지도 못하는 것을 설명하려고 들기 때문이
다. 그리고 종교나 그 이해할 수 없는 교리를 정하는 것은 어느 나라나
오직 그 군주에게 속하는 일이다. 따라서 법률이 정한 교리를 받아들이
고 그 종교를 따른다는 것은 시민의 의무에 속한다."

백과전서파와 자주 만나기는 했지만, 그 때문에 내 신앙이 동요되기
는커녕 논쟁과 당파를 천성적으로 싫어하는 까닭에 도리어 굳어졌다.
인간과 우주의 연구는 그것들을 다스리는 궁극적 원인과 지성적 존재를
도처에서 내게 입증해 보였다. 나는 성경 특히 복음서를 몇 해 전부터
열심히 읽으면서, 복음서를 가장 이해하지 못할 만한 사람들이 예수 그
리스도에 대해 내리는 저속하고 어리석은 해석들을 경멸하게 되었다.
한마디로 나의 철학은 종교의 본질에 나를 결부시켰고, 인간들이 이 종
교를 가리기 위해 덧씌운 너절하고 소소한 형식으로부터 나를 떼어놓
던 것이다. 나는 이성적인 인간이 기독교 신자가 되는 데 두 가지 방법
이 있을 수 없다고 판단하면서, 또한 의식과 계율에 속한 모든 것은 모
든 나라에서 제각기 법률의 권한 내에 있다고 판단했다. 이토록 분별 있
고 사회적이며 평화적임에도 불구하고 내게 그토록 잔인한 박해를 불러
왔던 이 원칙으로부터 나온 결론은 내가 시민이 되고 싶다면 개신교 신

194

자가 되어 조국이 정한 종교로 되돌아가야만 한다는 것이었다. 나는 이런 결심을 하고, 내가 머물던 교구의 목사 지시에 따르기까지 했는데, 그 교구는 제네바 시의 바깥에 있었다. 79) 다만 장로회의만은 나갈 필요가 없기를 바랐지만, 교회칙령에는 거기에 출석하도록 명시되어 있었다. 그러나 사람들은 내게 호의를 보여 그 규칙을 기꺼이 어겼고, 내 신앙고백을 따로 받기 위하여 5, 6명의 위원들로 구성된 위원회를 임명하였다. 그런데 공교롭게도 친절하고 다정한 남자이며 나와 친한 페르드리오 목사80)가 문득 사람들이 이번 소집회에서 내 연설을 들으면 기뻐할 것이라고 말했다. 이런 기대에 나는 몹시 떨려서 짤막한 연설을 준비해서 3주 동안 밤낮으로 연습하였건만 막상 그것을 낭독해야만 했을 때는 그 연설을 단 한마디도 할 수 없을 정도로 당황해 쩔쩔맸다. 그래서 이 모임에서 나는 마치 제일 못난 초등학생 같은 역할을 했던 것이다. 위원들이 내 편을 들어 말할 때도 바보같이 그저 "네" 아니면 "아닙니다"라고만 대답했다. 뒤이어 교단에 받아들여졌고 시민권도 회복되었다. 나는 시민으로서 시민들과 부르주아들만이 돈을 내는 수비대 명부에도 등록되었고81) 또 임시 시의회에 참석해서 시장82)인 뮈사르의 선서도 받았다. 83) 나는 이를 계기로 시의회와 장로회가 내게 베푼 호의, 그리

79) 루소가 속한 교구는 콜로니(Cologny) 교구였고, 그 교구의 목사는 자크 메스트르(Jacques Maystre, 1703~1755)였다.
80) Jean Perdriau(1712~1786): 1754년 사코넥스 교회의 목사였다. 1756년에 제네바 아카데미의 문학교수로 임명되었다.
81) 루소에게 부과된 금액은 18플로랭으로 매우 적은 액수였고, 루소는 1754년부터 1757년까지 정기적으로 이 돈을 냈다.
82) 제네바에는 4명의 시장이 시를 다스렸다.
83) 7월 21일 일요일 제네바의 시민들과 부르주아들은 임시 시의회에 모여 제네바와 사부아가 영토를 교환하는 것을 승인하는 토리노 조약의 협상 대표자 피에르 뮈사르(Pierre Mussard)의 선서를 받았다.

고 모든 행정관들과 목사들과 시민들의 친절하고 정중한 태도에 몹시
감격했다. 거기다가 줄곧 내 곁을 떠나지 않는 드 뤼크[84] 라는 선량한
사람이 졸라대기도 하고 그보다 더욱 내 자신의 성향 때문에 파리에는
다시 돌아갈 생각이 나지 않았다. 파리에 다시 돌아간다면 그것은 단지
살림을 정리하고 잡무들을 청산하며 르바쇠르 부인과 그 남편을 양로원
에 보내거나 그들의 생계를 마련해주든지 하기 위한 것이고, 다시 테레
즈와 제네바에 돌아와 그곳에 정착하여 여생을 보낼 생각이었다.

　이런 결심이 서자 중요한 일들은 제쳐놓고 출발할 때까지 친구들과 놀
면서 지냈다. 이렇게 노는 것 중 내게 가장 좋았던 것은 드 뤼크의 부친,
그 며느리와 두 아들들 그리고 나의 테레즈와 같이 배를 타고 호수 주위
를 유람하던 일이었다. 더할 바 없이 화창한 날씨에 일주일을 이렇게 뱃
놀이를 하면서 지냈다. 호수 건너편 가의 감명 깊던 그 경치는 내 기억에
선명하게 남았고, 몇 해 후에 그것을 《신엘로이즈》에서 묘사했다.

　앞에서 말한 드 뤼크 가족 이외에 내가 제네바에서 인연을 맺은 사람
들 중 중요한 친구들은 다음과 같다. 베른이라는 젊은 목사[85] 는 이미
파리에서도 알고 있었다. 나는 그의 미래가 훌륭할 것이라고 예상했는
데 후에 그는 그 예상에 미치지 못했다. 페르드리오 씨는 그때 시골 목
사였는데 오늘날은 문학교수를 하고 있다. 이 사람은 그후 나를 멀리하
는 것이 품위가 있을 것이라고 생각했지만, 나로서는 온화함과 친절이
넘쳐흘렀던 그와의 교제가 항상 아쉽게 여겨질 것이다. 잘라베르 씨[86]

84) Jacques François De Luc(1698~1780) : 제네바의 시계공으로 200인 평의
　　회 의원이었다. 그는 1764년 루소가 제네바 당국과 싸울 때 루소를 지지했다.
85) Jacob Vernes(1728~1791) : 1752년 목사가 되어 1782년까지 제네바의 여
　　러 교구에서 성직을 수행하였던 것으로 보인다. 1782년에 정치적 견해로
　　추방되었다. 1755년부터 정기간행물을 출판하면서 여러 차례 루소의 협력
　　을 요청하였다. 그러나 《에밀》 출간 이후 그는 루소의 적으로 돌아섰다.
86) Jean Jallabert(1712~1768) : 1737년 목사가 되었고 1750년 수학과 실험물

는 당시 물리학 교수였는데, 뒤에는 시의회 의원과 시장이 되었다. 그에게 《불평등론》을 읽어주었더니 (그렇지만 헌사는 읽어주지 않았다), 그는 매우 열광한 것처럼 보였다. 륄랭 교수[87]와는 그가 죽을 때까지 편지왕래를 계속했는데, 그는 심지어 도서구입을 내게 맡긴 적도 있었다. 베르네 교수[88]로 말하면 나는 신학자가 무엇에 감동받을 수 있다고 하면 그를 틀림없이 감동시켰을 법한 그런 애정과 신뢰를 그에게 보여주었다. 그러나 그는 그후 모든 사람들처럼 내게 등을 돌렸다. 샤퓌이[89]는 고프쿠르의 비서이며 그 후계자였는데, 고프쿠르를 밀어내려다가 자신이 쫓겨나고 말았다. 마르세 드 메지에르[90]는 내 아버지의 옛 친구로 내게도 역시 친구처럼 대해주었다. 일찍이 희곡작가이기도 하고 200인 평의회[91]의 후보자가 되어 국가에 크게 공헌하였지만 그후 변절했기 때문에 죽기 전 웃음거리가 되었다. 그러나 모든 사람들 중 내가 특

리학 교수로 임명되었다. 다방면에 매우 풍부한 소양을 지녔던 그는 도서관장과 시의회 의원을 지냈다.

87) Ami Lullin(1695~1756): 1726년 목사가 되었고 1737년부터 교회사 교수로 임명되었다. 1754년에는 학장이 되었다. 그는 죽을 때 제네바 도서관에 자신이 소장한 채색된 원고들을 기증했다.

88) Jacob Vernet(1698~1789): 1722년 목사가 되고 1734년에는 제네바 시의 목사가 되었다. 1756년에는 아카데미 신학교수로 임명되었다. 그는 수많은 신학 저서들을 집필하였고 제네바 교회의 지도자들 중 한 사람으로 간주되었다. 그는 제네바 교회를 비판하는 모든 사람들, 특히 백과전서의 "제네바" 항목이 출간되었을 때 볼테르와 달랑베르에 대항하여 또 《에밀》이 출간되었을 때 루소에 대항하여 제네바 교회를 변호했다.

89) Marc Chappuis(1714~1779): 루소의 열렬한 찬미자로 루소를 비난하는 트롱솅의 《전원으로부터의 편지》에 대한 답변을 출판하기도 했다.

90) Isaac-Ami Marcet de Mézières(1695~1763): 희극 〈시골의 디오게네스〉를 써서 1758년 출간했다.

91) 200인 평의회는 정부의 중요한 문제들에 대해 입법·사법·행정분야의 결정을 내렸다.

히 기대를 걸었던 사람은 물투92)였다. 재능과 정열이 넘치는 기지로 가
장 유망한 청년으로 나는 그를 여전히 좋아했다. 비록 나에 대한 그의
행위가 종종 애매한 데가 있었고 지금도 가장 잔인한 내 적들과 관계를
맺고 있음에도 불구하고, 여전히 나는 그가 언젠가 내 사후의 명성을 지
키고 자기 친구를 위해 복수하는 사람이 될 운명이라고 생각하지 않을
수 없다.

　이렇게 방만하게 노는 가운데서도 혼자서 산책하는 취미와 습관은 잃
어버리지 않았다. 종종 호숫가를 따라 꽤 멀리까지 나가곤 했는데, 그
동안에도 일에 익숙한 내 머리는 한가하게 그냥 있지 않았다. 나는 이미
구상해놓은 《정치제도론》(Les Institutions politiques) 도 정리했는데, 이에
대해서는 곧 이야기하게 될 것이다. 그리고 《발레 지방의 역사》(Histoire
du Valais) 라는 산문 비극의 줄거리도 궁리해 보았다. 이 비극의 주제는
바로 루크레티아를 주제로 한 것이었는데, 이 불행한 여인은 더 이상 프
랑스의 어느 극장에서도 등장할 수 없었다. 그런데도 나는 감히 여전히
그녀를 무대에 등장시키려 했고, 빈정거리는 사람들을 때려눕히려는
희망을 버리지 않았다. 93) 이와 동시에 시험삼아 타키투스에 손을 대 그

92) Paul Moultou (1725~1787) : 1755년 목사가 되었으나 양심의 가책으로 성
　　직을 포기했다. 1762년 《에밀》이 유죄판결을 받았을 때 제네바에서 루소
　　의 옹호자가 되었다. 루소는 죽기 두 달 전 그를 파리에서 만나 그에게 여
　　러 원고들과 특히 《고백록》의 원고를 맡기고 자신의 사후 그것들을 출판하
　　는 일을 맡겼다. 루소는 여러 번 그에게 후대를 위해 자신에 대한 기억을
　　지켜달라고 부탁했고 몇 번의 불화가 있음에도 불구하고 물투는 언제나 그
　　에게 충실했다.
93) 루크레티아 (Lucretia, ?~509) 는 로마의 귀부인으로 폭군 타르퀴니우스의
　　아들에게 욕을 당한 후 자살하였다고 하는데, 이 사건은 로마의 왕정을 전
　　복하고 공화정을 세우는 혁명의 계기가 되었다. 루소는 정절을 중요시하지
　　않는 프랑스에서 루크레티아를 무대에 올린다는 것은 조소를 받을 수도 있
　　지만 그럼에도 불구하고 그것이 성공할 가능성이 전혀 없다고 생각하지 않

198

의 《역사》의 제 1권을 번역했는데, 그것은 내 문집에 들어갈 것이다.

　나는 제네바에 넉 달간 머무른 후 10월에 파리로 돌아왔다. 도중에 고프쿠르를 다시 만날까봐 리옹을 지나오는 것을 피했다. 제네바에는 돌아오는 봄이 되어서나 돌아갈 계획이었기 때문에 겨울 동안은 다시 내 본래의 습관과 일에 돌아갔다. 그 중 중요한 일은 《불평등론》의 교정을 보는 것이었는데, 나는 이 책을 이번에 제네바에서 막 알게 된 레[94]라는 서적상으로 하여금 네덜란드에서 출판하도록 시켰다. 이 논문은 제네바 공화국에 헌정된 것이지만 그 헌정이 시의회의 마음에 들지 않을 수 있으므로, 그곳에 돌아가기 전에 우선 그 헌정이 제네바에서 일으킬 반응을 기다리고자 했다. 그 결과는 내게 유리하지 못했다. 가장 순수한 애국심에서 쓰인 헌사이건만 시의회에서는 적들을 만들었고 부르주아계급에서는 시기하는 사람들을 만들었을 뿐이다. 당시 시장 대표인 슈에 씨는 나에게 정중하긴 하였지만 냉담한 편지를 보냈는데, 그것은 내 서류모음집(편지모음집 A. 3호)에서 보게 될 것이다. 개인들로부터는 특히 드 뤼크와 잘라베르에게서 약간의 축하인사를 받았는데, 이것이 전부였다. 제네바 사람 중 누구 한 사람 이 저작에서 느껴지는 마음의 열의에 대해 내게 진정 감사하는 것을 보지 못했다. 이와 같은 무관심은 이를 눈여겨본 사람들 모두의 빈축을 샀다. 나는 다음과 같은 일이 기억난다. 클리쉬에 있는 뒤팽 부인 댁에서 제네바 변리공사 크로믈랭[95]과 메랑 씨와 함께 식사하게 되었는데, 메랑 씨가 식탁에 가득

았다.

94) Marc Michel Rey(1720~1780) : 제네바 출신 서적상으로 1745년 암스테르담에 가서 프랑스에서 출간되기 힘든 위험한 자유사상가들의 작품을 전문적으로 다루었다. 그는 1754년 제네바에서 루소를 알게 되었고, 루소가 쓴 《인간 불평등 기원론》, 《신엘로이즈》, 《사회계약론》, 《산으로부터의 편지》를 출간했다. 루소는 그의 아이들 중 한 아이의 대부가 될 만큼 그와 친했다. 그는 루소에게 여러 번 《고백록》을 쓰도록 권했다.

모인 사람들 앞에서 시의회는 내 저작에 대하여 공적인 선물과 명예를 주어야 하며, 그것을 태만히 한다면 시의회의 체면을 잃는 것이라고 말했다. 크로믈랭은 얼굴이 검고 키가 작은 남자로 비열하게 사악했는데, 내 앞에서는 감히 아무 대답도 하지 못했다. 그러나 무섭게 얼굴을 찌푸리는 것을 보고 뒤팽 부인은 웃지 않을 수 없었다. 내가 이 저작에서 얻은 유일한 이익은 마음의 만족을 빼놓고는 단지 시민의 자격을 얻은 것뿐이었다. 이 자격도 처음에는 내 친구들이 인정해주었으므로 그 다음에 대중들이 내 친구들을 따라 인정하게 된 것이다. 그러나 그후 내가 그것을 받을 자격이 너무 넘쳐서 그것도 잃고 말았다. 96)

이렇게 내 저작이 실패하기는 했지만, 내 마음에 더욱 강력하게 작용했던 어떤 원인들이 거기에 합세하지 않았더라면 나는 제네바로 은퇴할 결심을 단념치 않았을 것이다. 데피네 부인은 라 슈브레트 성에 한쪽 익면(翼面)이 없어서 막대한 비용을 들여 그것을 증축했다. 어느 날 나는 데피네 부인과 같이 그 공사를 보러 갔다. 그곳에서 1킬로미터쯤 더 떨어진 공원 저수지까지 멀리 산책했는데, 그 저수지는 몽모랑시 숲과 인접해 있었고 거기에는 사람들이 '레르미타주'라고 부르는 아주 황폐한 자그마한 오두막이 딸린 아담한 채소밭이 있었다. 나는 제네바로 여행하기 전에 처음으로 이 한적하고 매우 마음에 드는 곳을 보고 깊은 감동을 받았다. 황홀해져서 절로 이런 말이 새어나왔다.

"아! 부인, 얼마나 매력적인 거처입니까! 내게는 정말 안성맞춤의 안식처이군요."

---

95) Jean-Pierre Crommelin(1716~1768) : 200인 평의회의 회원이며 소위원회의 회원으로 1763년부터 1768년까지 프랑스 궁정 주재 공사를 맡고 있었다.
96) 루소는 《에밀》의 출간 이후 제네바에서 자신에 대한 체포령이 내려지고 《에밀》과 《사회계약론》이 소각되자, 1763년 4월 16일 뇌샤텔 시민권을 얻고 5월 12일 제네바 시민권을 포기했다.

데피네 부인은 내 말에 별로 응수하지 않았다. 그런데 이 두 번째 나들이에서 낡은 오막살이 대신에 거의 완전히 새로 만든 작은 집을 보고 깜짝 놀랐다. 이 집은 세 식구의 단출한 살림으로는 너무나 배치가 잘되어 있고 매우 살 만했다. 데피네 부인은 아무 말도 하지 않고 성에 있는 얼마간의 자재와 일꾼들을 차출하여 얼마 비용을 들이지 않고 이 공사를 시켰다. 그녀는 두 번째 나들이 때 나의 놀란 모습을 보면서 이렇게 말했다.

"곰97) 선생님. 당신의 안식처를 보세요. 이곳을 고른 것은 당신이고 이곳을 당신에게 선사하는 것은 우정입니다. 이런 우정을 보아 나와 떨어지려는 잔인한 생각일랑 버리시기 바랍니다."

내 생애 중 이때처럼 강렬하고 즐거운 감동을 받은 적은 없었다고 생각한다. 그래서 나는 내 여자 친구의 그 자비로운 손을 눈물로 적셨다. 그렇다고 그 순간부터 바로 설득당한 것은 아니지만 마음은 몹시 흔들렸다. 데피네 부인은 실패의 고배를 마시는 것을 원치 않았기 때문에 나를 꼬드기기 위하여 매우 집요해졌고 갖은 수단과 별의별 사람들을 동원했다. 심지어는 이를 위하여 르바쇠르 부인과 그녀의 딸을 설득해서 마침내 내 결심을 꺾고 말았다. 나는 내 조국에 가 사는 것을 단념하고, 레르미타주에서 살기로 결심했고 또 그렇게 하겠다고 약속하였다. 돌아오는 봄에는 이리로 들어갈 만반의 준비를 마치기 위해 그녀는 건물이 마르는 동안 집의 가구들을 마련하는 배려를 베풀었다. 98)

---

97) 데피네 부인은 루소를 '곰'이라고 부르곤 했다. '곰'은 프랑스어로 사교성이 없는 무뚝뚝한 사람을 말하기도 한다.

98) 여기서의 대화는 1755년 가을에 있었던 것으로 추정된다. 그렇지만 레르미타주에서 살게 된 것은 루소가 말하는 것보다 훨씬 더 우여곡절이 많았다. 루소는 여자 친구의 집에서 산다는 것이 자신의 원칙과 어긋난다고 생각했기 때문이다. 데피네 부인은 레르미타주를 제공하는 것도 모자라 연금까지 주겠다고 제안했는데, 루소는 매우 분개하며 이를 거절했다.

내가 이런 결정을 하는 데 적지 않은 역할을 한 것은 볼테르가 제네바 근처에 정착하게 된 일이다.[99] 나는 이렇게 이해했다.

"그 작자는 필시 거기서도 소동을 일으킬 것이다. 내 조국으로 돌아간다면 나는 거기서 나를 파리에서 쫓아냈던 그 어조와 태도와 소행을 다시 보게 될 것이다. 그렇게 되면 나는 쉴 새 없이 싸우지 않으면 안 될 것이다. 그리고 내 처신에 있어 진저리가 나는 현학자가 되든지 아니면 비겁하고 나쁜 시민이 되는 수밖에 달리 선택할 길이 없을 것이다."

볼테르가 내 최근의 저작에 대해 내게 편지를 보내왔으므로 나는 그 기회를 이용하여 내가 보내는 답장에 이러한 염려를 넌지시 써넣었다.[100] 그 답장의 결과는 과연 내 염려와 들어맞았다. 그 후부터 나는 제네바가 타락했다고 생각했고 내 생각이 틀리지 않았다. 내가 만약 내게 그럴 재주가 있다고 느꼈다면, 아마 그 폭풍우에 맞서러 가야 마땅했을 것이다. 그러나 혼자인데다 수줍고 극도로 말주변이 없는 내가 거만하고 부유하며 고관대작들의 신임을 업고 있으며 화려한 달변을 구사하며 이미 여성들과 청년들의 우상이 된 인간에 대항하여 무슨 일을 할 수 있었겠는가? 나는 자신의 용기를 쓸데없이 위험에 빠뜨리기 두려웠다. 나는 그저 내 평화로운 성격과 안식을 사랑하는 마음에만 귀를 기울였는데, 만약 그것이 나를 속였다고 하면 바로 그 문제에 대해서는 지금까지도 나를 속이고 있는 것이다. 제네바에 은거했다면 나 자신은 커다란 불행을 면할 수 있었을 것이다. 하지만 내가 아무리 불타는 애국적 열정을 다 쏟았다고 해도 조국을 위해서 무슨 위대하고 유익한 일을 했을지는 의문이다.

---

99) 볼테르는 1755년 2월 제네바 옆의 델리스(Délices)에 정착하였다.

100) 8월 30일자 볼테르의 편지는 1755년 10월 〈메르퀴르 드 프랑스〉에 실렸다. 그는 여기서 "당신 작품을 볼 때면 네 발로 기고 싶어집니다"라고 썼다. 이에 대해 루소는 더할 나위 없이 친절한 답변을 보냈다.

202

거의 이와 때를 같이하여 트롱쉥도 제네바에 와서 자리를 잡았으나
얼마 후에 파리에 와서 어릿광대짓을 해서 막대한 돈을 쓸어갔다. 101)
그가 파리에 도착했을 때, 조쿠르 기사(騎士) 102) 와 함께 나를 만나러
왔다. 데피네 부인은 따로 그의 진찰을 받기를 무척 원했으나, 사람들
이 밀려 그럴 틈이 쉽사리 나지 않았다. 부인은 내게 도움을 청했다. 나
는 부인을 만나러 가라고 트롱쉥에게 권유했다. 이렇게 나의 주선으로
그들의 교제가 시작되었는데, 나중에는 나를 희생시켜가면서 더욱 친
밀해졌다. 내 운명은 언제나 이러했다. 내가 따로따로 사귀고 있는 두
친구를 가깝게 해주면 반드시 그들은 서로 단결하여 내게 맞섰던 것이
다. 그때부터 트롱쉥 일가103) 는 조국을 노예로 만들려는 음모를 짜고
있어서 그들 모두가 나를 몹시 미워했어야 했는데, 그럼에도 불구하고
이 의사는 오래도록 내게 계속 호의를 보였다. 제네바에 돌아가서까지
도 내게 편지를 보내 제네바 도서관 명예관장 자리를 제안했다. 그러나
내 결심이 정해졌으므로 나는 이런 제의에 흔들리지 않았다.

그 무렵 나는 다시 돌바크 남작 집에 드나들게 되었다. 내가 제네바에
가 있는 동안에 프랑쾨유 부인과 마찬가지로 돌바크 남작의 부인이 세
상을 떠난 것이 그 계기가 되었다. 104) 디드로가 그녀의 죽음을 내게 알

101) 당대의 명의인 트롱쉥은 볼테르가 도착하기 6개월 전 제네바에 정착했고
    그의 단골의사가 되었다. 오를레앙 공작의 자제들에게 접종을 하라는 명
    을 받아 1756년 파리에 돌아와, 과학아카데미의 회원이 되었고 오를레앙
    공작의 수석의사로 임명되었다.
102) Louis de Jaucourt (1704~1779) : 역사, 정치, 철학, 신학, 물리, 수학,
    문학, 미술 등 매우 다양한 주제들에 관련된 수많은 항목들을《백과전
    서》에 실었다.
103) 트롱쉥 일가는 대가족으로 의사, 변호사, 은행가, 극작가 등을 배출하였
    다. 그들 중 여럿이 200인 평의회에 자리를 차지하였고, 민중권력에 적대
    적인 당(거부파) 을 지지했다.
104) 돌바크의 첫 번째 부인은 1754년 8월 26일 죽었다.

렸을 때, 그 남편은 몹시 슬픔에 잠겨 있다고 전했다. 그의 고통이 내 마음을 움직였다. 나 자신도 그 사랑스러운 부인의 죽음을 몹시 애석히 여기고 있었다. 나는 돌바크 씨에게 그런 점에 대해 편지를 썼다. 이 슬픈 사건으로 나는 그의 모든 잘못을 잊어버렸다. 그리고 내가 제네바에서 돌아왔을 때 마침 남작도 기분전환을 위해 그림을 비롯한 또 다른 친구들과 함께 프랑스를 일주하고 돌아온 뒤라, 나는 그를 만나러 갔다. 그리하여 나는 레르미타주로 떠날 때까지 그의 집에 계속 출입했다. 남작이 아직 전혀 보지 못한 데피네 부인이 나를 위해 그곳에 거처를 마련해 주었다는 사실이 남작 패거리 사이에 알려지자, 내게 야유가 빗발쳤다. 그 근거는 도시의 향내와 오락이 그리워서 내가 2주도 고독을 견뎌낼 수 없으리라는 것이었다. 그러나 나는 내 마음속의 사정이 어떤지를 느끼면서 남들이 뭐라고 하든 개의치 않고 내 갈 길만을 갔다. 그래도 돌바크 씨는 내게 도움이 되었다. 105) 사람 좋은 르바쇠르 노인은 여든이 넘어서, 그 부인이 영감에 대해 과중한 부담을 느끼고 그를 치워달라고 내게 계속 간청했는데, 돌바크 씨가 그를 양로원에 넣었기 때문이다. 그는 자선시설에 들어가게 되었는데, 나이도 나이인 데다가 가족과 멀리 떨어져 있게 된 섭섭함 때문에 거의 들어가자마자 묘지로 옮겨지게 되었다. 그의 부인이나 다른 자식들은 그의 죽음을 별로 애석해하지 않았다. 그러나 테레즈만은 아버지를 진정으로 사랑하고 있었으므로 그의 죽음을 못내 슬퍼하며, 다 죽게 된 그가 그녀와 멀리 떨어진 곳에 가서

---

105) 〔원주〕 이것은 나를 속이는 내 기억의 일례이다. 내가 이 글을 쓰고 나서 한참 후에 사람 좋은 노인인 장인에 대해 아내와 이야기하다가 그를 양노원에 보내게 한 사람은 돌바크 씨가 아니라 당시 자선병원 이사들 중 한 사람이었던 슈농소 씨라는 것을 막 듣고 알았다. 나는 이 일은 완전히 잊어버리고, 돌바크 씨만 머리에 매우 생생히 남아서 이 사람으로 단정할 뻔했다.

여생을 마치도록 한 것에 대해 괴로워했다.

거의 이와 같은 시기에 나는 꽤 오랜 친구이기는 하지만 거의 생각조차 못했던 사람의 방문을 받았다. 그는 다름 아닌 내 친구 방튀르였는데, 어느 날 아침 전혀 생각도 못한 때 불쑥 나타났다. 그는 동행이 한 사람 있었다. 내게는 그가 정말 많이 변한 것처럼 보였다. 나는 그에게서 그가 예전에 갖고 있는 매력 대신에 이제는 부랑배 같은 모습만을 보고는 그와 함께 있어도 기쁘지 않았다. 내 눈이 이제는 달라졌는지 혹은 방탕으로 그의 정신이 우둔해졌는지 혹은 처음 그에게 보였던 생기 넘치는 아름다움은 이미 지나가버린 청춘의 그것이었는지, 나는 그를 거의 무관심하게 만났고 우리는 헤어질 때도 꽤 냉정했다. 그러나 그가 떠나고 나자, 우리가 예전에 사귀던 추억이 살아나면서 내 젊은 시절의 추억도 매우 생생히 떠올랐다. 내 청춘은 지금은 거의 방튀르와 마찬가지로 변해버린 그 천사 같은 부인을 위해 그토록 달콤하고 얌전하게 바쳐지지 않았던가! 이와 더불어 그 행복한 시절의 사소한 일화들, 그 두 매력적인 소녀들 틈에서 그토록 순진하고 즐겁게 보낸 툰의 소설과 같은 하루 — 한 번 손에 키스한 것이 그녀들로부터 받은 유일한 애정의 표시였지만 그럼에도 불구하고 그것은 내게 그토록 강렬하고 감동적이며 지속적인 그리움을 남겼다 — 도 생생히 기억에 떠올랐다. 젊은 가슴의 이 모든 매혹적인 열광이여. 그 당시에는 그 열광이 모든 힘을 발휘하는 가운데 그것을 느꼈건만, 이제 그런 시절은 영원히 가버렸다는 생각이 들었다. 이 모든 정다운 회상들로 나는 가버린 청춘에 대해서 그리고 이후 나로서는 잃어버린 열광에 대해서 눈물을 뿌렸다. 아! 그러나 이 청춘과 열광이 때늦게 그리고 불행의 씨앗을 품고 되살아나서 이로 인해 내가 치르게 될 고통들을 미리 알았더라면, 얼마나 많은 눈물을 뿌렸겠는가!

파리를 떠나기 전 그러니까 은둔하기 전 겨울 동안, 나는 아주 마음에 흡족한 즐거움을 완전히 순수한 상태에서 맛보았다. 몇 편의 희곡으로

유명해진 낭시 아카데미 회원인 팔리소[106] 가 뤼네빌에서 폴란드 왕이
참석한 가운데 희곡 한 편을 방금 상연했다. 그는 이 극에서 펜을 들고
감히 왕에게 도전했던 한 인물을 등장시킴으로써 왕에게 환심을 살 것
이라고 진정 믿었다. 그러나 스타니슬라스 왕은 관대하고 풍자를 좋아
하지 않았으므로 자기 눈앞에서 감히 그런 식으로 인신공격을 하는 데
분개하였다. 트레상 백작[107] 은 이 군주의 명령으로 달랑베르와 내게 편
지를 써서 폐하의 의도는 팔리소 씨를 자신의 아카데미에서 내쫓는 것
이라고 알려주었다. 나는 트레상 씨에게 급히 회답을 내어, 팔리소 씨
의 사면을 얻도록 왕에게 중재하도록 간청하였다. 사면이 주어졌고, 트
레상 씨는 왕의 이름으로 이를 내게 알리면서 이 사실은 아카데미의 기
록에 기입될 것이라고 덧붙였다. 나는 그런 조치가 사면하는 것이라기
보다는 영원한 징벌을 내리는 것이라고 응답했다. 이러한 탄원 끝에 마
침내 기록에 아무것도 기재되지 않고 또 이 사건에 관한 아무 공적 증거
도 남지 않는 결과를 얻었다. 이 모든 일에는 왕과 트레상 씨가 표하는
존경과 배려의 표시가 너무나 절절이 배어있었기 때문에 나는 다시없이
만족했다. 그리고 나는 이를 계기로 그토록 존경할 만한 바로 그 사람에
게서 존경을 받는다는 것은 허영심의 감정보다도 훨씬 더 감미롭고 고
상한 감정을 영혼에 낳게 해준다는 것을 느꼈다. 트레상 씨의 편지들을
내 회답들과 함께 내 서류모음집 속에 베껴 두었는데, 그 원문들은 편지
모음집 A의 9, 10, 11호에서 보게 될 것이다.

---

106) Charles Palissot (1730~1814) : 조숙한 나이에 희극과 비극을 쓴 작가이
　　자 23살에 낭시 아카데미 회원이 된 팔리소는 이후 백과전서파들에게 선
　　전포고를 하고 1775년 11월 26일 폴란드 왕 앞에서 루소를 무례하게 조롱
　　하는 희극 〈동아리 혹은 괴짜들〉(Le Cercle ou les originaux) 을 상연하였다.

107) Louis-Elisabeth de La Vergne, comte de Tressan (1705~1783) : 스타
　　니슬라스 궁정의 대원수로 기사도 로망을 근대적으로 개작한 작가이기도
　　하다. 1781년에는 프랑스 아카데미의 회원이 되었다.

이 회고록이 언젠가 세상에서 빛을 본다면, 내가 그 자취를 지워버리고 싶어 했던 사실에 대한 기억을 바로 내 자신이 이를 통해 영구히 전하는 것임을 잘 알고 있다. 그렇지만 나는 본의 아니게도 또 다른 많은 사실들을 전하고 있다. 내 시도가 겨냥하는 그리고 항상 내 눈앞에서 떠나지 않는 원대한 의도와 이 시도를 될 수 있는 한 포괄적으로 수행해야 한다는 피할 수 없는 의무가 아니라면 더욱 미미한 이유들로 내 목적에서 멀어질 수 있을지 모르겠지만, 그 의도와 의무 때문에 그로부터 벗어나게 되지 않을 것이다. 내가 처해 있는 이상하고 유일무이한 상황에서 나는 진리에 헌신할 의무가 있을 뿐이어서 다른 사람에게는 더 이상 어떤 것도 신세지지 않는다. 나를 잘 알기 위해서는 좋은 관계이든 나쁜 관계이든 내가 맺고 있는 모든 관계에 있어 나를 알지 않으면 안 된다. 나에 대한 사실을 고백하는 것은 많은 사람들에 대한 사실을 고백하는 것과 필연적으로 관련되어 있다. 그러므로 나는 나와 관계가 있는 것에 대해서는 전자나 후자나 그 어느 것도 모두 똑같이 정직하게 고백한다. 나 자신에 대해서보다 그가 누구든 다른 사람에 대해서 더욱 조심할 의무가 있다고 생각하지 않지만 그래도 훨씬 더 조심하려고 한다. 나는 언제나 공평하고 진실하고자 하며, 다른 사람에 대해서는 될 수 있는 한 좋은 점을 말하고자 하며, 내게 관계있는 어쩔 수 없는 것이 아니라면 나쁜 점은 결코 말하지 않으려 한다. 이런 상태에 빠진 나에게 도대체 누가 이 이상의 것을 요구할 권리가 있으랴? 내 고백록은 내가 살아 있는 동안이나 관계자들이 살아 있는 동안에 세상에 내놓으려고 쓴 것이 아니다. 만약 내가 내 운명과 이 저술의 운명을 좌우할 수가 있다면, 이 저술은 나와 관계자들이 죽은 지 오랜 뒤에야 세상에 나올 것이다. 그러나 나를 짓누르는 권력자들이 진실이 무서워서 그 자취를 지우느라 애쓰고 있기 때문에, 나도 그 흔적을 보존하기 위하여 가장 엄정한 공정함과 가장 엄격한 정의가 내게 허락하는 모든 것을 하지 않으면 안 된다. 만약 나에 대한 기억이 나의 죽음과 함께 소멸될 것이라고 하면, 누구에게 누를 끼치느니 차라리 부당하지만 일시적인 치욕을 잠자코 참고 견뎠을 것이다. 그렇지만 나의 이름은 결국 살아남을 것이 틀림없으므로, 나는 그 이름과 함께 그 이름을 가진 그 불행한 사람의 기억도 정의롭지 못한 적들이 끊임없이 날조하려고 열을 올리는 대로가 아니라 실제로 있던 그대로 전하려고 노력하지 않으면 안 된다.

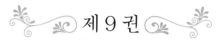

제 9 권

1756~1757

　레르미타주에서 살고 싶어 안달이 난 나는 화창한 계절이 시작되는 5월이 돌아오기를 기다릴 수 없어서, 집이 마련되자마자 돌바크 패거리로부터 심한 야유를 받으면서도 이사를 서둘렀다. 그들은 내가 석 달도 혼자 살지 못하고 얼마 있으면 체면을 꾸기고 돌아와 그들처럼 파리에 살 것이라고 호언장담했다. 15년 전부터 마음 편치 못한 곳에서 살다가 이제 막 내 본성에 맞는 곳으로 돌아가려는 나로서는 그들의 빈정거림은 아무것도 아니었다. 본의 아니게 세상에 뛰어든 이래로, 내 사랑하는 레 샤르메트와 거기서 보냈던 즐거운 생활을 그리워하지 않은 적이 없었다. 나에게는 세상에서 물러난 전원생활이 제격이라고 느꼈다. 다른 곳에서 행복하게 산다는 것은 불가능했다. 베네치아에 있을 때는 계속되는 공무를 수행하면서 일종의 대표라는 자부심을 갖고 승진계획에 우쭐거렸다. 또 파리에서는 사교계의 소용돌이 속에서 만찬의 쾌락과 공연의 화려함과 허영심의 도취에 빠져들었다. 그러나 베네치아에서든 파리에서든 언제나 내가 좋아하는 작은 숲과 시냇물과 혼자 하는 산책이 추억으로 떠올랐고, 그러면 마음이 바뀌어 깊은 슬픔에 잠기고 탄식과 욕망이 새어나왔다. 내가 스스로에게 강요할 수 있었던 노력들, 나의 열정을 발작적으로 부추겼던 야심적인 계획들, 이 모든 것들은 언젠가 이 행복한 전원의 한가로운 생활에 도달하려는 것 이외에 다른 목적이 없었고, 나는 지금 그 생활을 손에 넣으리라 기대하고 있었다. 전에는 그런 생활을 할 수 있으려면 반드시 웬만한 생활의 여유가 있어야만 한다고 생각했지만 그런 여유가 없었던 나는 내가 처한 특수한 상황에 비추어 그렇지 않더라도 그런 생활을 해나갈 수 있으며 정반대의 길을 따라가도 동일한 목적에 도달할 수 있다고 판단했다. 나에게는 고정수입이라고는 동전 한 닢 없지만 명성과 재능이 있었다. 나는 검소했고, 가장 돈이 많이 드는 욕심, 즉 세상 평판에서 나오는 욕심을 이미 모두 버렸다. 1) 그 밖에도 게으르기는 했지만 마음이 내킬 때는 부지런했다.

---

1) 루소는 생존을 위한 자연적 욕구와는 달리 세상 평판에서 나오는 욕망이란 이기심(*amour-propre*)의 표현에 불과하다고 본다. 과도한 부의 추구와 과시는 다른 사람들의 눈에 비치는 자신의 '겉모습'을 충족시키기 위한 것으로서, 삶의 진정한 쾌락이나 행복과 관계가 없다.

　참조. "호화스러운 사륜마차, 수위, 급사장을 갖는 것은 세상 사람들처럼 사는 것이다. 그런데 세상 사람들처럼 살기 위해서는 극소수의 사람들처럼 살아야 한다. 걸어서 다니는 사람들은 세상 사람 축에 끼지 못한다. 그들은 부르주아이고 서민이며 다른 세상의 사람들이다. 사륜마차는 타기 위해서라기보다는 존재하기 위해서 필요한 것처럼 보인다."(《신엘로이즈》, 2부).

　참조. "우리는 즐거움을 갖기를 원한다면 그것을 가질 수 있다. 바로 세상 평판이라는 것 하나가 모든 것을 어렵게 만들고 우리 앞에서 행복을 쫓아낸다. 그리고 행복한 것이 행복한 것처럼 보이는 것보다 백 배는 더 쉽다. 취향이 고상하고 진정으로 향락적인 사람에게는 부 같은 것은 필요하지 않다. 자유롭고 자기를 지배할 수 있으면 그에게는 그것으로 충분하다. 건강을 누리고 생활에 필요한 것에 부족함이 없는 사람이면 누구나, 자기 마음에서 세상 평판에 입각한 행복을 제거해버린다면, 충분히 부유하다. 이것이 호라티우스의 황금의 중용이다. 금고를 갖고 있는 사람들이여, 그러니 당신들의 부를 어떤 다른 용도에 쓸지 찾아보라. 왜냐하면 즐거움을 위해서 부는 아무 소용이 없기 때문이다"(《에밀》 4권).

그러니 나의 게으름은 게으름뱅이가 피우는 게으름이라기보다는 마음
이 내킬 때만 일하기를 좋아하는 독립적인 사람의 게으름이다. 악보 필
경사라는 내 직업은 화려하지도 수입이 대단한 것도 아니지만 안정적이
었다. 세상 사람들은 내가 이런 직업을 선택하는 용기를 가졌던 것에 대
해 호의를 갖고 있었다. 나는 일감이 떨어지지 않으리라 기대할 수 있었
고, 일을 잘하면 그 일감만으로 살기에는 충분했다. 〈마을의 점쟁이〉
나 그 밖의 내 다른 저술들에서 나온 수입 중 나에게 남은 2천 프랑으로
우선 궁색함을 면할 수 있었다. 그리고 준비중인 몇몇 작품들 덕분에 서
적상들에게 과도한 돈을 요구하거나 과로하지 않고 심지어 한가하게 산
책을 즐기면서 편안하게 일하기에 충분한 추가분을 기대할 수 있었다.
세 식구의 단출한 살림에 세 사람 모두 필요한 일을 해서 생활비도 그리
많이 들지 않았다. 요컨대 나의 능력은 나의 욕구와 욕망에 상응하기 때
문에,[2] 당연히 내 성향에 따라 선택한 생활이 행복하고 지속적인 생활
이 되리라고 기대할 수 있었다.

　얼마든지 벌이가 가장 좋은 쪽으로 뛰어들어, 펜을 악보 베끼는 일에

---

2) 루소에게 있어 능력과 욕망을 일치시키는 것은 인간의 행복을 위해 필수적
　인 것이다. 그는 능력과 욕망을 일치시키기 위하여 능력을 확대시키는 것
　보다는 욕망을 줄이는 것을 더욱 중요하다고 생각한다. 왜냐하면 인간의
　능력은 제한적이지만 욕망은 무제한적이기 때문이다.
　　참조. "고통의 감정은 거기서 벗어나려는 욕망과 불가분한 것이다. 또한
　기쁨의 관념도 그것을 즐기려는 욕망과 분리될 수 없다. 모든 욕망은 결핍
　을 전제로 하며, 사람들이 느끼는 결핍은 모두 다 고통스럽다. 결국 우리의
　비참함은 우리가 가진 욕망과 능력의 불균형에 있다. 능력이 욕망과 일치
　하는 감각적 존재가 있다면 그 존재는 절대적으로 행복한 존재이리라. 그
　렇다면 인간의 지혜 혹은 진정한 행복의 길은 어디에 있는가? … 그 길은
　능력에 비해 과도한 욕망을 줄이고 능력과 의지를 완전히 동등하게 만드는
　데에 있다. 오로지 그럴 때에만 모든 힘이 다 발휘되더라도 정신은 평온함
　을 유지하고 인간은 질서 속에 자리잡을 것이다"(《에밀》2권).

212

예속시키는 대신 전적으로 저술에만 바칠 수 있었을 것이다. 나는 이미 명성을 얻었고 또 그 명성을 유지할 수 있다고 느꼈기 때문에, 내가 좋은 책들을 써야 한다는 임무에 작가의 잔꾀를 곁들일 마음만 먹었더라도 저술로써 풍족한 생활 심지어 호사스러운 생활도 할 수 있었다. 그러나 나는 밥벌이를 위해 글을 쓴다면 곧 내 타고난 자질과 재능이 숨이 막혀 죽게 될 것이라고 생각했다. 나의 재능은 펜이 아니라 마음속에 있는 것이어서, 오직 고결하고 자존심이 강한 사고방식에서 생겨났고 또 그것만이 재능을 키울 수 있었기 때문이다. 완전히 돈에 매수되는 펜에서는 힘차고 위대한 어떠한 것도 나올 수 없다. 내가 물질적 필요에 의해서 또 어쩌면 탐욕에 의해서 글을 썼다면 빨리 글을 쓸 수는 있어도 좋은 글을 쓰게 되지는 못했을 것이다. 성공하고 싶다는 마음에, 음모에 끼어들지는 않았더라도 유용하고 진실한 것보다는 대중에 영합하는 것들을 말할 궁리를 하게 되었을 것이고, 품격 높은 작가가 될 수 있는 내가 고작 엉터리 작가밖에 되지 못했을 것이다. 결코 그래서는 안 된다. 나는 작가의 신분이란 그것이 직업이 아닌 한에서만 명성도 얻고 존경을 받으며 또 그럴 수 있다고 항상 느껴왔다. 단지 먹고살기 위하여 생각할 때 고결한 생각을 하기란 너무 어려운 일이다. 위대한 진리를 말할 수 있고 또 용감하게 말하기 위해서는 성공에 연연해서는 안 된다. 나는 나머지 것들은 전혀 고려하지 않고 오직 공공의 선을 위해 말했다는 확신을 갖고 내 책들을 대중 앞에 내놓았다. 저서가 퇴짜를 맞았다면 그 저서를 이용하려고 들지 않은 사람들에게는 유감스러운 일이다. 나로서는 먹고살기 위해서 그들의 칭찬이 필요하지 않았다. 책들이 팔리지 않아도 내 직업으로 먹고살 수 있었다. 그런데 바로 그 때문에 내 책들이 팔린 것이다.

　내가 도시를 떠난 것은 1756년 4월 9일이었고, 이후 다시는 도시에서 거주하지 않았다. 3) 왜냐하면 이후 파리나 런던 또 다른 도시들에서 몇 번인가 잠깐 머물렀던 것은 거주한 것으로 치지 않기 때문이다. 도시는 언제나 지나는 길에 들르거나 마지못해 머물렀다. 데피네 부인은 자기 마차로 우리 셋 모두를 태우러 왔다. 부인 댁 소작인이 와서 내 작은 짐을 날라주었고, 나는 바로 그날로 입주했다. 이 자그만 은신처는 설비나 가구가 소박하지만 깨끗하고 심지어 세련되어 보였다. 그리고 이렇게 설비하느라 정성을 쏟았던 손길로 말미암아 내 눈에 이 설비는 말할 수 없이 귀중한 가치를 갖게 되었다. 그리고 내가 선택한 집이자 내 친구인 여인이 일부러 나를 위해 지어 준 집에서 그녀의 손님이 된다는 생각에 더없이 즐거웠다.

날씨가 쌀쌀하고 아직 눈이 좀 남아있었지만, 대지는 식물의 생장이 시작되고 있었다. 제비꽃과 앵초가 눈에 띄고, 나뭇가지에는 새순이 돋기 시작하였다. 그리고 내가 도착하던 그날 저녁은 처음 듣는 밤꾀꼬리의 노랫소리로 인상 깊었는데, 그 노랫소리는 숲이 집에 붙어있어 거의 창가에서 들렸다. 얕은 잠에 들었다가 깨어나면서 이사 온 것을 잊고 아직도 그르넬 거리에 있는 줄만 알고 있던 나는 갑자기 그 노랫소리에 몸을 떨면서 흥분하여 외쳤다.

"마침내 나의 소원들이 모두 이루어졌구나!"

내가 처음으로 했던 일은 나를 둘러싼 전원의 사물들이 주는 느낌에 내 자신을 맡기는 것이었다. 집안 정리를 시작하는 대신에 산책 준비부터 시작했다. 그 다음 날부터 집 주위의 오솔길이며 잡목림이며 작은 숲이며 구석진 곳이며 돌아다니지 않은 데가 없었다. 이 매력적인 은신처를 살피면 살필수록 이곳이 꼭 나를 위해 만들어진 것처럼 느껴졌다. 야생적이라기보다는 오히려 인적이 없는 이곳에서 나는 세상의 끝에 옮겨와 있다고 상상했다. 이곳에는 도시 가까운 곳에서 거의 볼 수 없는 감

---

3) 이 대목은 루소가 1770년 파리에 돌아와 살기 전에 쓰였다.

동적인 아름다움이 있었다. 그래서 누구라도 갑자기 이곳에 데려오게 되면 파리에서 40리밖에 떨어지지 않은 곳에 있다고는 결코 생각할 수 없었을 것이다.

전원생활에 미쳐 며칠을 보낸 후 서류를 정리하고 일과를 정할 생각이 들었다. 항상 그랬던 것처럼 오전 나절은 악보를 베끼는 일에, 점심 먹은 후는 산책하는 데 쓰기로 했다. 산책할 때는 작은 수첩과 연필을 갖고 나갔는데, 나는 오직 자연의 품안에서만 편안하게 글을 쓰고 생각할 수 있었기 때문에 방법을 바꿀 마음이 없었고, 거의 문가에 있다시피 한 몽모랑시 숲을 이후 내 서재로 삼을 야무진 생각을 했다. 몇몇 저술들을 시작해 놓은 터여서 그것들을 검토했다. 구상에서는 꽤 훌륭했는데, 도시의 소란 통에 그때까지는 작업이 더디게 진행되었다. 그래서 덜 번거로울 때 그 일에 약간 더 속도를 낼 생각이었다. 나는 이러한 기대가 썩 잘 충족되었다고 생각한다. 툭하면 아프고, 라 슈브레트, 에피네, 오본, 몽모랑시 성에 자주 드나들며,[4] 집에 있을 때는 호기심 많은 한가한 사람들에게 끊임없이 시달리고, 언제나 반나절은 악보 베끼는 일에 매달린 사람으로서는 말이다. 레르미타주와 몽모랑시에서 보낸 6년 동안 내가 쓴 저술들을 사람들이 셈하여 평가한다면, 내가 그 기간 동안 시간을 낭비했다 해도 적어도 나태함 속에서 시간을 낭비한 것은 아니었음을 알게 될 것이라고, 나는 그렇게 확신한다.

작업중인 여러 작품들 중 《정치제도론》이 있었는데, 그것은 내가 더 오래전부터 계획하고 가장 애착을 갖고 몰두하고 평생의 노력을 기울이

---

4) 라 슈브레트 성(城)은 데피네 부인 가족들이 애용하는 거처였다. 에피네는 브리슈 성을 말하는데, 데피네 부인은 자기 남편이 해임된 1762년 여름 휴양장소를 그곳으로 옮겼다. 오본은 몽모랑시 숲의 남쪽에 있는 담이 둘러쳐진 작은 경작지로 두드토 부인이 몇 년 동안 여름에만 세를 들었다. 몽모랑시 성은 뤽상부르 공작 부처의 거처였다.

기를 원하고 내 생각으로는 나의 명성을 보증할 것이 틀림없는 작품이
었다. 그것을 처음 구상한 것은 십삼사 년 전이었는데, 그 당시 베네치
아에 있으면서 그토록 칭송받던 베네치아 정부의 결함들을 눈여겨볼 어
떤 기회를 갖게 되었다. 그후 도덕을 역사적으로 연구함으로써 나의 시
야가 무척 넓어졌다. 나는 모든 것이 근본적으로 정치에 달려있다는 사
실과, 사람들이 어떻게 하든 어떤 국민도 그 정부의 성격이 그 국민을
만드는 바 이외의 것이 결코 될 수 없으리라는 사실을 알았다. 5) 따라서
가능한 최선의 정부란 어떤 것인가라는 그 중대한 질문은 다음의 질문
으로 귀착되는 것으로 보였다.

"가장 유덕하고 양식이 있으며 현명한 국민, 요컨대 가장 넓은 의미에
서 최선의 국민을 양성하는 데 적당한 정체(政體)는 어떤 것인가?"

나는 이러한 질문이, 그것과는 다르다고 해도 "그 성격상 언제나 법을
가장 충실히 이행하는 상태에 있는 정부란 어떤 것인가"라는 또 다른 질
문과 매우 밀접한 관계를 맺고 있다고 생각하고 있었다. 이로부터 "법이
란 무엇인가"라는 질문을 위시하여 그와 마찬가지로 중요한 일련의 질
문들이 제기된다. 나는 그 모든 것이 인류의 행복, 무엇보다도 내 조국
의 행복에 유용한 위대한 진리로 나를 인도하는 것을 알았다. 왜냐하면
최근 제네바를 여행하면서 그곳에서 법과 자유에 대해 내가 만족할 정
도로 올바르고 명확한 개념을 보지 못했기 때문이다. 나는 조국의 국민
들에게 그 개념을 전달하는 이러한 간접적인 방식이 그들의 자존심을

---

5) 이러한 진술은 루소의 정치사상에서 특별한 중요성을 갖는다. 이런 관점에
따르면 도덕을 포함한 인간의 모든 문제는 사회구조로부터 생겨나며 정치
를 통해 사회구조를 변혁함으로써만 그 문제가 해결될 수 있기 때문이다.
루소는 정치가 지향하는 목적이 "인간을 자연으로부터 최대한 이탈시켜 그
에게서 절대적 존재를 빼앗고 대신 상대적 존재를 부여하는, 그리하여 단
일한 전체 속에 자아를 옮겨놓는"(《에밀》 1권) 것이라고 말한다.

건드리지 않으면서도 또 내가 그 점에서 그들보다 좀더 멀리 내다볼 수 있었음을 용서받는 가장 적당한 방식이라고 생각했다.

이 작품에 노력을 기울인 지 벌써 5, 6년이 지났음에도 불구하고 아직 별 진척이 없었다. 이러한 종류의 책을 쓰기 위해서는 성찰과 여가와 안정이 필요하다. 게다가 나는 이 작품을 이를테면 몰래 쓰고 있는데, 아무에게도 심지어 디드로에게도 내 계획을 알리고 싶지 않았던 것이다. 나는 이 작품이 내가 글을 쓰고 있는 시대와 나라에 너무 대담하게 보이지는 않을까, 또 친구들이 겁을 먹고 내 집필을 방해하지나 않을까 걱정되었다. 6) 이 작품이 제때에 그리고 내 생전에 출판될 수 있도록 만들어질지 아직 알지 못했다. 나는 아무런 제약 없이 내 주제에 필요한 것이라면 모조리 그 주제에 담을 수 있기를 원했다. 풍자적인 악의가 전혀 없고 적용사례7)를 결코 찾으려 하지 않기 때문에 공정성이라는 점에서라면 언제라도 비난받지 않으리라 확신했다. 확실히 나는 타고난 사

---

6) 〔원주〕 특히 현명하고 엄격한 뒤클로야말로 내게 이러한 걱정이 들도록 해준 사람이었다. 디드로로 말하자면, 나는 어쩐지 그와 상의할 때마다 늘 천성적으로 그런 것보다 더욱 풍자적이고 신랄해지는 경향이 있었기 때문이다. 악의나 편파성의 흔적이 전혀 없이 오직 이성적 추론의 힘만을 전적으로 도입하고자 했던 계획에 대해 그와 상의하는 일을 피했던 것은 바로 그러한 이유에서였다. 내가 이 작품에서 어떠한 어조를 취했는지는 거기서 발췌한《사회계약론》의 어조로 비추어 보아 판단할 수 있을 것이다.

7) 루소는 자신의 비판적인 생각을 어떤 특정한 개인에게 적용하기를 원치 않았다. 그럼에도 불구하고 종종 그의 글이 특정한 개인에게 적용될 수 있다는 말을 들을 때마다 그 자신은 그럴 생각이 전혀 없었다고 주장하였다. 예를 들면《신엘로이즈》에서 나오는 "숯장사의 아내가 왕자의 정부(情婦) 보다 더 존경할 만하다"라는 구절에서 왕자의 정부가 루이 15세의 애첩 퐁파두르 부인을 지칭하는 것이 아니냐는 지적에 대해 루소는 사람들이 이 구절을 그렇게 적용할 수도 있겠지만 자기가 글을 쓸 때 그런 적용을 염두에 둔 것이 아니기 때문에 삭제할 생각이 없음을 밝힌다(《고백록》 10권 참조).

상의 권리를 한껏 행사하기를 원했다. 그러나 내가 그 지배하에서 살아
야만 하는 정부를 언제나 존중하고, 결코 그 정부의 법률을 어기지 않으
며, 국제법을 침해하지 않도록 매우 주의하는 나로서는 그 정부로부터
얻는 특혜를 걱정 때문에 포기하고 싶지도 않았다.

　심지어 고백하건대 프랑스에서 사는 외국인인 나로서는 내 입장이 용
감히 진리를 말하기 위해서 매우 유리하다고 생각했다. 내가 하려고 했
던 것처럼 프랑스 국내에서 허가받지 않고는 어떤 것도 계속 출판하지
않는다면, 내 주의주장에 대해 그리고 그것을 어디든 다른 곳에서 출판
한 것에 대해[8] 프랑스 내에서는 누구에게도 보고할 의무가 없다는 것을
나는 잘 알고 있었기 때문이다. 제네바에서조차 훨씬 더 자유롭지 못했
을 것이다. 왜냐하면 거기서는 내 책들이 어디에서 출판되든지 관계없
이 시 당국이 그 내용에 대해 검열할 권한을 갖고 있기 때문이다. 내가
데피네 부인의 간청에 양보하여 제네바로 이주할 계획을 포기한 데에는
이러한 고려가 큰 몫을 했다. 나는 《에밀》에서 말한 바와 같이 조국의
진정한 복지를 위해 책을 바치려 한다면 모사꾼이 아닌 한 결코 국내에
서 저술해서는 안 된다고 느꼈다.[9]

　아마 나를 그리 고운 눈길로 보지 않을 프랑스 정부가 나를 보호하지

---

8) 루소의 《인간 불평등 기원론》, 《신엘로이즈》, 《에밀》, 《사회계약론》은
　　네덜란드의 암스테르담에서 출판되었다.

9) 참조. "조국의 품안에서 살기보다 조국 밖에서 있을 때가 자기 나라 사람들
　　에게 더 도움이 될 수 있는 그런 상황들도 있네. 그럴 때 그는 자신의 열의
　　에만 귀를 기울이며 묵묵히 자신의 유배를 견디어야 하네. 유배 자체도 그
　　의 의무들 중의 하나이니까. 그러나 에밀, 그런 고통스러운 희생을 조금도
　　강요받지 않는 자네로서는, 사람들에게 진리를 말해야 하는 서글픈 직업을
　　택하지 않은 자네로서는 그들 속으로 들어가 애정 어린 관계 속에서 그들과
　　우의를 다지며 그들에게 선행을 베푸는 사람이, 그들의 모범이 되도록 하
　　게"(《에밀》 4권).

는 않더라도 최소한 나를 가만히 내버려두는 것만을 갖고도 자랑으로 삼을 것이라는 확신이 들어 내 입장이 더욱 유리하게 생각되었다. 막을 수없는 것은 용인하면서 그것을 자기 덕으로 돌리는 것은 매우 단순하지만매우 교묘한 수완으로 보였다. 왜냐하면 나를 프랑스에서 쫓아냈더라도— 정부의 권한으로써 할 수 있는 일이라고는 그것이 전부였다 — 내 책들은 여전히 만들어졌을 것이고, 어쩌면 더욱 과격해졌을지도 모르기때문이다. 반면 정부는 나를 조용히 내버려둠으로써, 작가를 작품의 보증인으로 잡아두었고 게다가 국제법을 적절히 존중한다는 평판을 얻음으로써 유럽의 다른 나라들에 깊이 뿌리박힌 편견들을 불식시켰다.

그 사건에 비추어[10] 나의 확신이 틀렸다고 판단할 사람이 있다면 그사람 자신이 정말 틀린 것일 수도 있다. 나에게 빗발처럼 쏟아졌던 비난에서, 책이란 단지 구실에 불과했고 공격목표는 나라는 사람이었다. [11]

---

10) 1762년 4월 말에 출간된 《사회계약론》과 연이어 5월 22일 출간된 《에밀》은 정부 당국과 고등법원과 예수회의 분노를 샀다. 특히 《에밀》의 "사부아보좌신부의 신앙고백"이 문제가 되어 고등법원은 《에밀》에 분서 처분을,루소에게는 체포령을 내렸다. "사부아 보좌신부의 신앙고백"에 등장하는개인의 양심과 이성에 기초를 둔 신, 그리고 《사회계약론》에 등장하는 사회정의의 확립과 유지를 위한 장치로서의 시민종교는 군주정의 토대인 신정론(神正論)에 대립하는 동시에 부르주아가 주장하는 자연권과 계몽주의적 유물론에 반대한다. 당대 현실에서 주도권을 다투던 이 두 이데올로기와 동시에 대결을 벌인 루소는 체포령을 계기로 스스로 선택한 고독으로부터 강요된 고독으로 유배당한다.
11) 루소는 자신의 저술이 일으킨 정치적 파장과 그로 인해 자신에게 주어진정치적 박해라는 문제가 글에서 표명된 주의주장이라기보다도 글 속에서묘사된 자신을 독자들이 오해하고 증오하는 데서 비롯된 것이라고 생각한다. 그리고 세상 사람들과 자신 사이에 오해가 생기기 시작한 것은 자신에대해 개인적으로 증오를 품고 있는 철학자들 특히 그림의 음모 때문이라고믿었다. 따라서 루소는 독자들의 오해와 증오를 풀기 위해서 본격적으로자기 자신의 진정한 모습을 드러낼 수 있는 자서전을 쓰기에 이른다.

그들은 책을 쓴 저자에는 거의 관심이 없었고 장자크를 파멸시키기를 원했다. 그들이 내 책들에서 발견했던 최대의 죄악은 그것들이 나에게 가져다 줄 수 있는 명성이었다. 그러나 이야기를 앞질러 하지는 말자. 나로서는 아직도 영문을 모를 이러한 수수께끼가 독자들에게는 이후에 밝혀질는지 모르겠다. 그러나 내가 표명한 원칙들 때문에 그런 대접을 받아야 할 것이었다면, 좀더 일찍 그로 인하여 희생되었을 것이라는 점만은 알고 있다. 왜냐하면 내 저술들 중 이러한 원칙들이 가장 대담하게 ― 가장 불손하다고까지는 말하지 않더라도 ― 표명된 저술은 내가 레르미타주에 물러나기도 전에 출판되어 사람들의 이목을 끌었지만, 아무도 나에게 시비 걸 생각을 하지 않았음은 물론이고 그 작품이 프랑스에서 출판되는 것을 막는 것조차 생각하지 않았기 때문이다. 그래서 그것은 네덜란드에서만큼 공공연히 프랑스에서도 판매되고 있었다. 12) 그후 《신엘로이즈》가 또 출판되었는데, 이것도 똑같이 아무 문제없이, 감히 말하면, 똑같은 호평을 받으며 나왔다. 그런데 거의 믿을 수 없는 것처럼 보이는 점은 바로 그 엘로이즈13) 가 임종을 맞으면서 하는 신앙고백이 사부아 보좌신부의 그것과 완전히 같다는 것이다. 《사회계약론》에 대담한 것이 들어있다면 그것은 모두 이미 《인간 불평등 기원론》에서 나온 것이다. 그리고 《에밀》에 대담한 것이 들어있다면 그것은 이미 《쥘리》14) 에서 나온 것이다. 그런데 그 대담한 생각들 때문에

---

12) 《인간 불평등 기원론》이 내포한 정치적 파괴력은 이상할 정도로 간과되어 보수주의 진영에서는 루소가 우려했던 만큼의 비난이 쏟아지지는 않았다. 단지 몇몇 성직들만이 목소리를 높였을 뿐인데, 이러한 비난도 《인간 불평등 기원론》에 "불온한"이라는 형용사를 사용하지는 않았다. 1755년 3월 12일 출판총감인 말제르브는 서적상 레에게 《인간 불평등 기원론》 100부를 파리에 들여오는 것을 허락했다.

13) 《신엘로이즈》의 주인공 쥘리(Julie)를 말한다.

14) 《신엘로이즈》의 원제는 《쥘리 혹은 신엘로이즈》이다.

220

먼저 그 두 작품들에 반대하는 소리는 전혀 나온 적이 없었다. 그러므로 그 때문에 나중의 작품들이 물의를 일으킨 것은 아니었다.

이 무렵 나는 거의 같은 종류의 그러나 훨씬 최근에 계획한 또 다른 집 필에 훨씬 더 몰두하고 있었는데, 그것은 생피에르 신부의 저술들을 발 췌 요약하는 것이었다. 이야기의 흐름에 끌려가다 보니 지금까지 그것 에 대해 언급할 기회가 없었다. 내가 제네바에서 돌아온 후 마블리 신부 는 내게 그런 아이디어를 제시했는데, 그것도 직접 한 것은 아니고 뒤팽 부인의 중재를 통해서였다. 그녀는 내가 그런 제안을 받아들이게 만드 는 것에 일종의 이해관계가 걸려 있었다. 그녀는 파리에서 서너 손가락 안에 드는 미인이었고, 노년의 생피에르 신부는 그녀로부터 총애를 받 았다. 그녀는 그 신부에 대한 우선권을 확실히 갖고 있지 않았더라도 적 어도 데기용 부인15)과 그것을 나누어 갖고 있었다. 그녀는 고인이 된 그 호인에 대한 추억으로 그 둘 모두에게 영예가 되는 존경과 애정을 간 직하고 있었다. 그래서 자기 남자 친구의 사산아(死産兒)라고 할 수 있 는 그 작품들이 자기 비서를 통해 부활되는 것을 본다면 자존심이 충족 되었을 것이다. 그런데 바로 그 작품들은 비록 훌륭한 것들을 담고 있기 는 하지만 너무 엉망으로 쓰여 있어서 참고 읽어내기가 어려웠다. 자기 독자들을 다 큰 어린애들처럼 다루면서도, 자신의 말을 잘 이해시키려 는 배려가 거의 없이 어른들에게 하는 것처럼 그들에게 말하는 것이 놀 랍다. 그 일이 내게 제안된 것은 바로 이러한 이유에서였다. 그것은 그 자체로서 유익하기도 하고, 연구나 요약 발췌에는 열심이지만 작가로 서는 게으른 사람, 생각하는 노고를 피곤하게 생각해서 사상을 창조하 기보다 자기 취향에 맞는 분야에서 다른 사람의 사상을 규명하고 발전

15) Anne-Charlotte de Crussol-Florence, duchesse d'Aiguillon (1700~ 1772) : 데기용 백작부인은 정치인과 철학자 문인들이 드나드는 파리에 가 장 화려한 살롱들 중의 하나를 열고 있었다.

시키는 사람에게 매우 적합했다. 게다가 단순히 번역하는 일로 그치는 것이 아니라 가끔은 내 스스로 생각해도 된다는 허락을 받았기 때문에, 훨씬 더 다행스럽게도 내 이름이 아니라 생피에르 신부의 이름을 빌려, 많은 중요한 진리들이 나오는 그런 형태를 내 작품에 부여할 수 있었다. 그런데 그 작업이 수월치는 않았다. 문제는 다름 아니라, 산만하고 불명확하며 장광설과 중언부언과 근시안적이고 잘못된 짧은 생각들로 가득 찬 스물세 권을 모두 읽고 성찰하며 발췌 요약하는 것이었다. 그리고 그 중에서 이 고통스러운 작업을 견딜 용기를 주는 위대하고 아름다운 것들을 몇 개 건져내야 했다. 나 자신도 이 일을 점잖게 취소할 수만 있었다면 몇 번이나 포기했을 것이다. 그러나 생랑베르[16]의 간청에 따라 신부의 조카인 생피에르 백작으로부터 신부의 원고를 넘겨받으면서 어떻게 보면 그것을 사용하겠다는 약속을 한 셈이어서, 원고를 돌려주든지 아니면 그것을 유용하게 사용하려고 노력하든지 해야만 했다. 그래서 나는 후자를 선택해서 이 원고를 레르미타주에 가지고 왔고, 바로 그것이 이곳에서의 내 여가를 바치기로 작정한 최초의 작품이었다.

나는 또 세 번째 작품을 계획하고 있었는데, 그 착상은 나 자신에 대한 관찰에서 얻어진 것이다. 그 집필이 내가 세웠던 계획에 잘 따라서 이루어진다면, 진정 인류에게 유익한 책을, 아니 더 나아가 인류에게 선사할 수 있을 가장 유용한 책들 중의 하나를 만들 것이라는 희망을 가질 이유가 있었던 만큼 더욱 그 일을 시도할 용기가 나는 것을 느꼈다. 우리는 대부분의 사람들이 살아가면서 종종 자기 자신과 다른 사람이 되기도 하고 전혀 딴 사람으로 변하는 것처럼 보이기도 한다는 것을 관

---

16) Jean-François, marquis de Saint-Lambert (1716~1803) : 군인의 길을 걸었으나 중풍을 맞아 작가의 길로 나서게 되었다. 볼테르의 뒤를 이어 샤틀레 부인의 애인이 되었다가 이어 1751년 두드토 부인의 애인이 되었다. 〈계절들〉이라는 시로 1770년 프랑스 아카데미 회원이 되었다.

찰한 적이 있다. 내가 책을 쓰고자 했던 것은 이렇게 널리 알려진 사실
을 밝히기 위해서가 아니라, 보다 새롭고 보다 중요한 목적이 있어서였
다. 그것은 그러한 변화의 원인들을 탐구하고 우리에게 달려있는 원인
들에 천착해서, 우리를 보다 훌륭하고 보다 자신감 있는 사람으로 만들
기 위해 우리 스스로가 어떻게 그것들을 통제할 수 있는지를 제시하는
것이다. 올바른 인간에게 극복하여야만 하는 욕망이 있을 때, 이미 다
자라버린 욕망에 저항하기보다는 바로 그 욕망의 근원에까지 거슬러 올
라갈 수 있다면 거기서부터 욕망을 예방하고 바꾸며 억제하는 것이 덜
힘들 것이라는 사실은 이론의 여지가 없기 때문이다. 사람은 강하기 때
문에 유혹을 받으면 처음 한 번은 저항하지만, 약하기 때문에 다음번에
는 저항하지 못한다. 그런데 그가 처음과 같았다면, 유혹에 지지 않았
을 것이다. 17)

---

17) 참조. "어쩔 수 없이 죄를 지었다고 중얼대는 죄인들은 악인일 뿐만 아니라
거짓말쟁이다. 자신들이 한탄하는 나약함은 스스로 만들어낸 것이고, 그들
의 최초의 타락은 그들의 의지에서 나온 것이며, 유혹에 빠지고 싶었기 때
문에 마침내 자신도 모르게 그 유혹에 굴복하여 스스로가 유혹을 저항할
수 없는 것으로 만드는 것임을 그들은 어째서 보지 못하는 것일까? 지금은
사악하고 나약한 사람이 안 되려고 해도 더 이상 그들 마음대로 되지 않는
다는 것이 확실하다. 그러나 과거에는 그렇게 되지 않는 것이 그들의 힘으
로 가능했었다. 오, 우리들이 아직 어떤 습관도 갖고 있지 않을 때, 또 우
리의 정신이 깨어나기 시작할 때, 정신이 모르고 있던 것을 평가하기 위하
여 그것이 알아야만 하는 대상들에 정신을 몰두케 할 줄 안다면 우리들은
심지어 이 세상 삶을 사는 동안에도 쉽게 자신과 자기 정념의 주인으로 남
을 것이다. 그리고 우리가 다른 사람들의 눈에 돋보이기 위해서가 아니라
우리의 본성에 따라 선하고 현명해지기 위해서, 또 우리의 의무를 실천하
면서 행복해지기 위해서 진지하게 자신을 계발한다면 역시 그럴 것이다!
이러한 공부는 우리에게 지루하고 고통스러워 보인다. 왜냐하면 우리는 이
미 악덕에 의해 타락하고 난 후에야, 또 이미 정념에 사로잡히고 난 후에야
그것에 대해 생각하기 때문이다. 우리는 선과 악을 알기 전에 우리의 판단

 이렇게 다양한 존재방식이 어디에서 기인하는가를 나 자신과 다른 사람들에게서 조사하면서, 그것들이 대부분 외적 대상들에 대한 예전의 인상에 기인한다는 것과 우리는 감각이나 기관(器官)에 의해 계속 변하면서 부지불식간에 그 변화의 결과를 생각과 감정 심지어 행동에까지 옮긴다는 것을 알았다. 내가 수집했던 놀랍고도 많은 관찰들은 논쟁의 여지가 전혀 없는 것으로, 그 물질적 원칙을 통하여 영혼을 미덕에 가장 유리한 상태로 놓아 유지시킬 수 있는 외적인 요법을 — 그 요법은 상황에 따라 달라진다 — 제공하기에 적당한 것으로 보였다. 도덕적 질서를 너무나 자주 어지럽히는 동물적 조직인 감각이나 기관이 오히려 그 질서에 유리하게 작용하게끔 만들 줄 안다면, 이성(理性)이 얼마나 많은 과오를 모면할 수 있으며 얼마나 많은 악덕이 방지될 수 있을 것인가! 기후, 계절, 소리, 색깔, 어둠, 빛, 환경, 음식, 소음, 정적, 운동, 휴식 등 모든 것이 우리의 육체에, 따라서 우리의 영혼에 작용한다. 그 모든 것이 무심코 우리가 그 지배를 받는 감정들을 그 근원에서부터 통제하기 위한 거의 확실한 수많은 단서들을 제공한다. 바로 이러한 것이 내가 이미 초안으로 써놓았던 기본적 생각이었다. 그리고 나는 이러한 생각을 집필하는 것이 즐거운 만큼 읽기 즐거운 책으로 만드는 것이 어렵지 않아 보였기 때문에, 이러한 생각이 진심으로 미덕을 사랑하면서도 자신의 나약함을 경계하는 천성이 훌륭한 사람들에 대해 그만큼 더 확실한 효과를 내기를 기대했다. 그러나 제목이 《감각적 도덕 혹은 현자의 유물론》(La Morale sensitive ou le matérialisme du Sage)[18]인 이 작품에는

 과 평가를 결정한다. 그러고 나서 우리는 이 잘못된 척도로 모든 것을 측정하기 때문에 어떤 것에도 그 진정한 가치를 부여하지 못한다"(《에밀》4권).
18) '감각적 도덕'의 방법은 로크의 경험론과 콩디야크의 감각론에서 많은 영향을 받은 것으로 보인다. 이러한 방법은 루소의 저술들 도처에서 엿보이는데, 특히 《신엘로이즈》의 볼마르와 《에밀》의 가정교사는 교육적 차원에서

정말 거의 손을 대지 못했다. 여러분들이 곧 그 이유를 알게 되겠지만
어떤 번거로운 일들로 그 작품에 전념할 수 없었다. 또한 여러분들은 내
초안의 운명이 어떻게 되었는지 알게 될 것인데 그 운명은 보기보다 더
내 운명과 밀접한 관계를 맺고 있다.

　이것 모두 말고도, 얼마 전부터 일종의 교육체계를 성찰하고 있었는
데, 일찍이 슈농소 부인이 아들에 대한 남편의 교육 때문에 불안해하면
서 내게 생각해보라고 부탁한 것이었다. 19) 이러한 일은 그 자체로 볼

　　그것을 구체적으로 사용하고 있다. 로베르 모지 (R. Mauzi) 는 《18세기 프
　　랑스 문학과 사상에서 행복의 개념》(*L'idée du bonheur dans la littérature
　　et la pensée françaises au XVIIIe siècle*, Armand Colin, 1960) 에서 볼마르
　　의 방법이 영혼의 지식에 대한 18세기의 가장 풍성한 발견인 두 가지 원칙
　　에 입각하여 있다고 말하는데, 그 하나는 인간이 결코 동일하지 않고 삶
　　전체가 연속적인 실존들로 귀착한다는 것과 또 다른 하나는 외부 대상들이
　　의식을 형성하고 변형시키는 힘을 가지고 있다는 것이다. 이 두 가지 원칙
　　을 확신하는 볼마르는 과거의 연인이었던 생프뢰와 쥘리에게 고통을 주는
　　것이 "과거와 현재의 시간을 혼동하고 너무나 다정했던 추억의 결과를 현재
　　의 감정으로 알고 스스로를 책망하는" 데서 기인한다고 믿는다. 볼마르는
　　이러한 사실에 착안하여 "잊어버려야 하는 시간의 기억"에 "소중하게 여기
　　는 현실의 관념"을 대체함으로써 생프뢰와 쥘리의 새로운 관계를 설정하고
　　자 한다. 에밀의 가정교사도 종종 외적인 환경을 이용하여 에밀을 교육시
　　키는데, 아침 동틀 무렵 높은 언덕에 올라가 아름답고 장엄한 자연을 바라
　　보면서 에밀에게 종교교육을 시작하는 것이 그 두드러진 예들 중 하나이다.
19) 루소는 《에밀》 서문에서 다음과 같이 쓰고 있다. "사실 순서도 없고 일관
　　된 맥락도 거의 없이 반성과 관찰을 기록한 이 글은 사려 깊은 한 훌륭한
　　어머니를 기쁘게 하기 위해 쓰기 시작한 것이다." 그런데 《고백록》 8권에
　　서는 《에밀》에 대해 말하면서 "20년 동안의 성찰과 3년간의 작업"이 필요했
　　다고 말하는데, 이것은 《에밀》에 대한 구상이 마블리의 아이들을 맡아 가
　　정교사를 하던 시절(1740~1741)에 시작되었음을 보여준다. 아마 루소는
　　1758년 초까지는 교육에 대한 글을 쓸 생각을 막연히 갖고 있다가, 슈농소
　　부인의 부탁을 받고서야 진지하게 작업을 시작했던 것으로 보인다.

때는 내 취향에 맞는 것은 아니었지만 우정이 갖는 권위 때문에 다른 어떤 것들보다도 내 마음에서 떠나지 않았다. 그래서 지금 언급했던 모든 주제들 중에서 유일하게 완성을 본 것이 바로 그것이다. 나는 이 일을 하면서 끝을 맺으려고 마음먹었는데, 그 완성은 작가에게 다른 운명을 가져다주었던 것처럼 보인다. 그렇지만 여기서 이런 우울한 주제를 앞질러 이야기하지는 말자. 이 글이 진행되면서 그것에 대해서는 싫도록 말하지 않을 수 없을 테니 말이다.

이렇게 다양한 온갖 계획들이 내게 산책을 위한 사색의 주제를 제공하였다. 이미 말한 것 같은데, 나는 걸을 때만 사색할 수 있기 때문이다. 걸음을 멈추자마자 더 이상 생각이 떠오르지 않는다. 즉, 내 머리는 발과 더불어 움직인다. 그러나 비 오는 날을 대비해서 서재에서의 작업도 마련해 두었다. 나의 《음악사전》이 그것인데, 그 자료가 흩어지고 손상되고 뒤죽박죽이어서 거의 새로 손을 보아야만 했다. 나는 이를 위해 필요한 책 몇 권을 가져왔다. 전에 왕립 도서관에서 빌렸던 다른 많은 책들을 요약하는 데 두 달이 걸렸는데, 그 책들 중 몇 권은 레르미타주에 가져가도 좋다는 허락까지 받았다. 자, 날씨 때문에 밖에 나갈 수 없을 때나 악보 베끼기에 싫증이 났을 때 집에서 정리할 자료들을 바로 이렇게 비축해 두었던 것이다. 이렇게 작업을 배치한 것이 내 취향에 맞아서, 레르미타주나 몽모랑시에서 그리고 나중에는 모티에에서까지 그 덕을 보았다. 모티에에서는 다른 일들을 하면서도 이 일을 마쳤는데, 일을 바꾸어가며 하는 것이 진짜 휴식이라는 생각이 늘 들었다.

얼마 동안은 스스로 정했던 작업의 분배를 상당히 정확하게 지켰고 그 때문에 매우 만족을 느꼈다. 그러나 화창한 계절이 돌아와 데피네 부인이 에피네와 라 슈브레트를 더 빈번히 찾아오게 되자, 애초에는 부담이 되지 않았던 배려로 인해 내 다른 계획들이 상당히 방해를 받게 되었다. 나는 전에는 그것을 고려대상에 넣지 않았던 것이다. 나는 데피네 부인이 사랑스러운 품성을 가졌다고 벌써 말한 바 있는데, 그녀는 친구들을 매우 좋아했고 대단히 열심히 접대했다. 그리고 그들을 위해서는 자기 시간과 정성을 아끼지 않았기 때문에 확실히 그 보답으로 그들로부터 배려를 받을 만했다. 그때까지 나는 이러한 의무를 의무라고 생각하지도 않고 충실히 이행했다. 그러나 결국 내가 오직 우정 때문에 그 부담을 느끼지는 않았지만 사실은 속박되어 있다는 것을 알았다. 이러한 부담은 내가 사람이 많은 사교모임을 혐오하는 바람에 가중되었다. 데피네 부인은 이를 이용하여 나를 만족시키는 것처럼 보이지만 실은 그녀에게 더욱 만족스러운 한 가지 제안을 내놓았다. 그것은 그녀가 혼자거나 거의 혼자일 때 언제나 내게 기별을 주겠다는 것이었다. 나는 내가 무슨 약속을 하는지도 모르고 거기에 동의했다. 그 결과 나는 더 이상 내가 내킬 때가 아니라 그녀가 좋을 때 방문하게 되었고, 그래서 시간이 자유롭다고 확신이 서는 날이 단 하루도 없었다. 이러한 불편함 때문에 그때까지 그녀를 보러가면서 가졌던 즐거움이 상당히 손상되었다. 나는 그녀가 내게 그렇게 약속했던 그 자유가 오로지 내가 결코 그것을 이용하지 않는다는 조건으로만 주어졌다는 것을 알았다. 한두 번 시험삼아 그 자유를 쓰려고 했을 때, 전갈이나 쪽지를 너무 많이 보내고 내 건강에 대해 너무 염려해서, 병상에 누워있다는 핑계라도 대지 않으면 그녀의 말이 떨어지기 무섭게 달려가는 신세를 면할 수 없다는 것을 뼈저리게 느꼈다. 나는 이러한 구속에 복종해야만 했다. 그리고 나는 복종했는데, 그렇게나 예속을 싫어하던 사람으로서는 정말이지 흔쾌히 복종했다. 왜냐하면 내가 그녀에 대해 가졌던 진정한 유대감으로 거기에 따르는 속박을 대부분 느낄 수 없었기 때문이다. 그녀는 자기를 평소 추종하는 사람들이 남겨놓는 여흥의 빈 시간을 이런 식으로 그럭저럭 때웠다. 그녀에게는 이것이 매우 하찮은 대용품이지만, 견딜 수 없는 절대적인 고독보다는 훨씬 더 나았다. 그렇지만 그녀가 문학에 손을 대

고 싶어 하면서 싫든 좋든 소설, 서간문, 희극, 짧은 이야기 그리고 이
와 같이 하찮은 다른 것들을 쓸 생각으로 머리가 가득 찬 이후부터 훨씬
더 수월하게 빈 시간을 채울 거리가 있었다. 그러나 그녀는 그것들을 쓰
기보다는 읽어 주는 것을 즐거워했고, 어쩌다 잇달아 두세 쪽 엉터리 글
을 쓰게 되면 이 엄청난 작업이 끝난 후에는 호의를 갖고 들어 줄 사람이
적어도 두셋은 꼭 있어야 했다. 나는 어떤 다른 사람이 호의를 베풀어야
겨우 그 선택된 사람들 틈에 낄 영광을 가졌다. 혼자 있을 때면 나는 모
든 일에서 거의 언제나 무시당했는데, 데피네 부인의 모임에서만이 아
니라 돌바크 씨의 모임에서도 또 그림 씨가 주도하는 곳이면 어느 곳에
서나 그랬다. 나는 어디서나 이렇게 무시당하는 것이 대단히 편했지만,
단둘이 있는 데서는 예외였다. 거기서는 어떤 태도를 취해야 할지 몰랐
다. 문학을 평가하는 것이 자기 일도 아니면서 문학에 대해 논하는 것도
주제넘었고, 성격이 소심한 데다 늙은 바람둥이의 우스꽝스러움을 죽
기보다 두려워하는 나로서 연애에 대해 말하는 것도 가당찮기 때문이었
다.[20] 뿐만 아니라 데피네 부인 옆에서는 결코 이러한 생각이 나지 않
았으며, 평생을 그녀 곁에서 지낸다 해도 아마 그런 생각은 단 한 번도
들지 않았을 것이다. 그녀라는 사람이 조금이라도 싫어서가 아니라, 반
대로 어쩌면 친구로서 그녀를 너무나 사랑해서 연인으로서 사랑할 수
없었기 때문이다. 나는 그녀를 만나 함께 이야기하는 데서 기쁨을 느꼈
다. 그녀의 화술은 모임에서는 꽤 유쾌했지만 따로 만났을 때는 무미건

---

20) 당시는 40대 중반이면 이미 늙은이라고 생각하는 풍조가 있었다. 특히 루
　소는 40대가 넘은 다음 자신을 늙었다고 생각하면서 사랑의 욕망을 억누르
　고자 했던 것으로 보인다. 그래서 조금 뒤에서도 다음과 같은 표현이 나온
　다. "나는 이미 사랑할 때가 지났다는 것을 알고 있었으며, 연애에 빠지기
　에는 나이가 많은 바람둥이들의 우스꽝스러움을 너무나 절감하고 있었다.
　한창 젊은 시절에도 별로 자신을 대단하게 생각하지 않고 자신감이 없었
　던 내가 만년에 들어와 그렇게 될 리는 만무했다"(《고백록》9권).

조했다. 덜 화려한 나의 화술은 그녀에게 그리 도움이 되지 않았다. 나는 너무 오래 잠자코 있는 것이 겸연쩍어 다시 대화에 활기를 불어넣으려고 애쓰곤 했는데, 이 때문에 자주 피곤하기는 했지만 결코 지겹지는 않았다. 나는 그녀에게 자상한 배려를 베풀고 정말 남매같이 가벼운 입맞춤을 해주는 것이 매우 기분 좋았는데, 내가 보기에 그녀도 이런 입맞춤을 더 관능적으로 받아들이지는 않았다. 그게 전부였다. 그녀는 몹시 마르고 매우 창백했으며 젖가슴이 내 손안에 쏙 들어갈 정도로 매우 작았다. 이러한 결함만으로도 내 열정을 식히기에 충분했을 것이다. 나는 애정이나 관능에 있어 젖가슴이 작은 여성은 여성으로 볼 수 없었고, 또 말할 필요가 없는 다른 이유들 때문에 그녀 곁에서도 그녀가 이성임을 항상 잊어버리게 되었다.

이렇게 해서 어쩔 수 없이 복종해야겠다는 결정을 내린 후 순순히 이에 따랐고, 적어도 처음 1년은 그것이 예상했던 것보다 번거롭지 않다고 생각했다. 데피네 부인은 보통 여름을 거의 전부 시골에서 보내곤 했는데, 그해는 볼 일 때문에 파리에 더 묶여있었는지 아니면 그림이 없어서 라 슈브레트의 체류가 재미가 덜 했는지 여름 일부만을 지냈다. 나는 그녀가 여기서 지내지 않는 기간이나 여기서 많은 사람들과 어울리는 기간을 이용하여, 착한 테레즈 그리고 그녀의 어머니와 함께 고독한 삶을 즐기면서 그 고마움을 속속들이 느끼게 되었다. 몇 해 전부터 시골에 꽤 자주 갔지만, 그곳을 즐길 기회는 거의 없었다. 그런 여행을 할 때마다 잘난 체하는 사람들과 어울려 항상 거북함으로 여행을 망치게 되어, 마음속에서는 전원의 즐거움을 향한 애정이 간절해질 뿐이었다. 내가 그 즐거움의 이미지를 더 가까이에서 보는 것은 단지 그 즐거움을 누리지 못한다는 것을 더욱 생생히 느끼기 위한 것이었다. 나는 살롱, 분수, 관상용 숲, 화단 그리고 이런 모든 것들을 자랑삼아 보여주려는 너무나 지겨운 사람들에게도 몹시 권태를 느꼈다. 또 팸플릿, 클라브생, 카드

놀이, 뜨개질, 어리석은 농담, 싱거운 애교, 시시한 이야기꾼, 거창한
만찬에도 정말 진저리가 났다. 그래서 일개 보잘것없는 가시덤불, 울타
리, 헛간, 목장을 곁눈질하거나 작은 마을을 지나가면서 파슬리를 넣은
맛있는 오믈렛의 냄새를 맡거나, 레이스를 뜨는 여공(女工)들이 부르는
전원풍의 노래 후렴을 멀리서 들을 때, 나는 입술연지도 치맛단의 주름
장식도 호박(琥珀)도 내팽개쳐버렸다. 그리고 농가 아낙네가 만든 점심
과 그 지방에서 나는 포도주가 그리울 때면, 내가 저녁을 먹는 시간에
점심을 먹게 만들고 잠자는 시간에 저녁을 먹게 만드는 주방장 녀석이
나 급사장 녀석의 면상에 주먹을 한 방 먹였으면 하는 마음이 정말 간절
했다. 무엇보다도 괘씸한 것은 시종 녀석들이었는데, 내가 먹는 음식을
탐욕스럽게 쳐다보고 내가 목말라 못 견디기를 기다려 자기 주인의 포
도주에 섞음질한 가짜를 술집에서 가장 좋은 포도주에 치렀을 가격보다
열 배나 비싸게 강매했기 때문이다.

그런데 드디어 쾌적하고 한적한 안식처 안의 내 집에서, 그것을 위해
내가 태어났다는 기분이 드는 독립적이고 평탄하고 평화로운 삶 속에서
마음대로 하루하루를 보낼 수 있게 된 것이다. 내게 있어 이토록 새로운
상황이 내 마음에 준 영향을 말하기 전에, 여러분들이 이 새로운 변화의
추이를 그 원인에서부터 더욱 잘 지켜볼 수 있도록 내 마음속의 은밀한
감정을 간략히 설명하는 것이 좋겠다.

언제나 나는 테레즈와 맺어진 날을 나의 도덕적 존재를 확립한 날로
생각했다. 요컨대 나를 충족시켜 줄 것 같았던 유대감이 그렇듯 쓰라리
게 깨어졌기 때문에, 나에게는 유대감이 필요했다. 행복에 대한 갈망은
사람의 마음속에서 전혀 사라지지 않는 법이다. 엄마는 늙고 비천해졌
다. 엄마가 더 이상 이 세상에서 행복할 수 없다는 것이 내게는 분명해
졌다. 언젠가 그녀의 행복을 함께 나눌 수 있다는 희망을 모두 잃어버린
이상, 이제는 나에게 적합한 행복을 추구하는 길밖에 없었다. 한동안

이런저런 생각과 계획에 마음을 잡지 못했다. 베네치아에 갔을 때 관계를 맺으려고 했던 그 인간이 몰상식하지 않았더라면 그때 공직에 투신했을 것이다. 나는 쉽사리 의욕이 꺾이는 사람이다. 힘이 들고 시일이 오래 걸리는 계획들이라면 특히 그렇다. 그 계획의 실패로 나는 다른 모든 계획조차 싫어졌다. 그래서 내 예전 신조에 따라 요원한 목표는 속기 쉬운 사람들이나 품는 환상이라고 생각하면서 또 인생에서 혼신의 힘을 쏟아붓고 싶은 대상을 아무것도 발견하지 못해 이후로는 그날그날 살아가기로 결정했다.

우리가 알게 된 것은 바로 그 당시였다. 그 착한 아가씨의 유순한 성격은 내 성격과 매우 잘 맞는 것처럼 보여서, 나는 세월이 흘러도 또 잘못이 있다고 해도 변치 않을 유대감으로 그녀와 맺어졌고, 이러한 유대감을 깨뜨렸을지도 모를 일들 모두가 단지 그것을 깊어지게 만들었을 뿐이다. 내 불행이 절정에 달했을 때 그녀가 내 마음에 가했던 비통함과 고통을 앞으로 밝힐 텐데, 그때 여러분들은 이러한 유대감의 힘을 알게 될 것이다. 그러나 이 글을 쓰고 있는 지금까지 나는 결코 아무에게도 그것에 대한 불평을 한마디도 비친 일이 없었다.

테레즈와 헤어지지 않으려고 무슨 일이든 마다 않고 다 하고 또 운명과 사람들에게 맞서 그녀와 함께 25년을 보낸 후, 나는 말년에 이르러 마침내 그녀와 결혼했다.[21] 그녀 편에서 기대나 간청이 있었던 것도 아니고 내 편에서 언질이나 약속이 있었던 것도 아니었다. 여러분들이 이러한 사실을 알게 된다면, 첫날부터 미치게 만든 열광적인 사랑에 내가 서서히 끌려 들어가 마지막에는 그 괴상한 짓을 하기에 이르렀을 뿐이라고 생각할 것이다. 게다가 내가 결코 여기까지 오지 못하도록 막았어야 했을 특별하고도 강력한 이유를 알게 된다면 더욱더 정말 그렇다고

---

21) 루소는 23년의 동거생활 후에 1768년 부르구앵에서 테레즈와 결혼했다.

생각할 것이다. 독자들은 이제 내가 전적으로 진실함을 알 것 같은데, 그런 일체의 진실에 따라 다음과 같은 사실을 말한다면 독자들은 도대체 어떻게 생각할 것인가? 나는 그녀를 처음 본 순간부터 지금까지 그녀에 대해 결코 손톱만큼도 사랑의 불꽃을 느껴본 적이 없었으며, 바랑 부인도 그랬지만 그녀를 소유하고 싶다는 욕망이 없었고, 내가 그녀 곁에서 충족시켰던 감각적 욕구는 내게 단지 성적 욕구에 지나지 않는 것으로 거기에는 개인에 속하는 것이 아무것도 없었다는 것을 말이다. 22) 독자들은 내게 가장 소중했던 여인들과 나를 결합시키는 감정에 전혀 사

---

22) 루소에게 사랑 이전의 성욕은 오직 육체적 욕구의 영역에 속하고 그렇기 때문에 상대를 가리지 않고 충족될 수 있다. 그러나 사랑의 감정에서 주체가 상대방을 선택하여 욕망을 한 대상으로 고정하는 행위는 상대방을 개별성을 갖는 개인으로 파악하는 동시에 바로 자신의 존재에 개별성을 부여하는 것이다. 따라서 루소에게서 사랑은 인간이 자기 자신의 가치를 인식하는 주체가 되는 중요한 계기를 이룬다.
　　참조. "먼저 사랑의 감정에서 정신적인 것과 육체적인 것을 구별하자. 육체적인 것은 이성 상호간에 결합을 이루도록 이끄는 일반적 욕망이다. 정신적인 것이란 이 욕망을 결정하고 그것을 오로지 단 하나의 대상에 고정시키거나 혹은 적어도 그 선택된 대상을 위해 보다 고도의 정력을 그 욕망에 부여하는 것이다"(《인간 불평등 기원론》1부).
　　참조. "본능의 성향은 결정되어 있지 않다. 한쪽의 성이 다른 쪽의 성에 이끌리는 것이야말로 자연의 운동이다. 싫고 좋음을 선택하여 어떤 개인을 사랑하는 것은 지식과 선입견과 습관의 산물이다. 우리가 사랑할 수 있는 존재가 되기 위해서는 시간과 지식이 필요하다. 우리는 판단하고 나서야만 사랑하고, 비교하고 나서야만 더 좋아하는 사람을 선택하기 때문이다. (…) 미덕과 아름다움에 대해 아무런 생각도 갖고 있지 않은 사람이 있다면, 그에게는 어떤 여자라도 다 괜찮아서, 아무 여자나 처음 본 여자가 언제나 가장 사랑스러운 여인이 될 것이다. 사랑은 자연으로부터 나오기는커녕, 자연의 성향을 규제하고 그것에 제동을 거는 것이다. 바로 사랑 때문에 사랑하는 대상을 제외한 이성(異性)은 그에게 더 이상 아무것도 아닌 것이다"(《에밀》4권).

랑이 들어있지 않은 것을 보니 내가 다른 사람과 체질이 달라 사랑을 느낄 수 없었다고 생각할 것이다. 그러나 독자들이여, 조금만 참으시라. 여러분들이 너무나도 절실히 잘못을 깨닫게 될 불길한 순간이 다가오고 있으니 말이다.

여러분들도 아시다시피 나는 같은 말을 되풀이하는데, 그것은 그럴 수밖에 없기 때문이다. 내 욕구 가운데 으뜸가는 욕구, 가장 크고 가장 강하며 가장 억제할 수 없는 욕구는 전적으로 내 마음속에 있었다. 그것은 친밀한 사귐, 가능한 한 가장 친밀한 사귐에 대한 욕구였다. 내게 남자보다는 여자, 남자 친구보다는 여자 친구가 필요했던 것은 특히 그 때문이었다. 이 독특한 욕구는 아무리 긴밀한 육체의 결합이라도 여전히 그것을 충족시킬 수 없을 정도로 강한 그런 것이었다. 나에게는 같은 몸에 깃들인 두 영혼이 필요했던 것 같다. 그렇지 않으면 나는 항상 허전함을 느꼈다. 나는 이제 그런 허전함을 느끼지 않아도 될 시기에 접어들었다고 생각했다. 이 젊은 여인은 수많은 뛰어난 품성들로 인해 사랑스럽고 당시에는 용모까지도 귀여웠고, 꾸미는 태도나 아양이 전혀 없었다. 내가 일찍이 바랐던 것처럼 내가 그녀의 존재를 내 마음속에 가두어둘 수 있었다면 그녀는 나의 존재만을 그녀 마음에 담았을 것이다. 다른 남자들이라면 조금도 걱정할 것이 없었다. 지금도 나는 그녀가 진정으로 사랑했던 유일한 사람이라고 확신하고 있다. 그리고 그녀의 조용한 관능은 별로 다른 남자들을 필요로 하지 않았다. 이 점에서는 심지어 내가 그녀에게 더 이상 남자 구실을 하지 못했던 때도 마찬가지였다. 내게는 가족이 하나도 없었지만 그녀에게는 가족이 있었다. 그런데 그 가족이라는 것이 모두들 그녀의 성격과는 너무나 달라서 도저히 내 가족이 될 수 없음이 밝혀졌다. 바로 이것이 내 불행의 첫 번째 원인이었다. 나는 그녀 어머니의 아들이 되기 위해서라면 어떤 희생이라도 치렀을 것이다. 나는 그렇게 되기 위해 온갖 일을 다 했지만, 그 목적을 달성할 수 없었다. 아무리 우리들의 이해관계를 모두 일치시켜 보려 해도 그것은 내게 불가능했다. 모친이 추구하는 이익은 언제나 나의 이익과 다르거나 상반되었고, 심지어 이미 더 이상 나의 이익과 분리되지 않는 딸의 이익과도 상반되었다. 모친과 그녀의 다른 자식들과 손자들이 죄다 거머리처럼 달라붙게 되었고, 테레즈의 물건을 훔치는 짓이 그들이 그녀에게 저지르는 악행들 중 가장 가벼운 것이었다. 그 가련한 처녀는 심지어 자기 조카딸들에게조차 쩔쩔매는 습관이 들어서 그들에게 가진 것을 털리고 휘둘리면서도 아무 말도 못했다. 나는 내 지갑을 털어주고 충고를 아끼지 않았지만 그녀를 위해 실제로 아무 도움이 되지 않는다는 사실을 알고는 고통스러웠다. 나는 그녀를 모친으로부터 떼어놓으려고 했지만, 그녀는 계속 말을 듣지 않았다. 나는 그녀가 내게 반대하는 것을 존중했고, 그 때문에 그녀를 더 높이 평가했다. 그렇다고 해서 그녀의 거부가 나와 그녀에게 손해를 덜 끼치지 않은 것은 아니었지만 말이다. 그녀는 자기 어머니와 식구들에 얽매여 있어서 나나 그녀 자신보다는 그들을 섬겼다. 그들의 탐욕이 그녀를 파산시키는 것보다 정작 그녀에게 해로운 것은 그들의 조언이었다. 여하튼 나에 대한 그녀의 사랑과 그녀의 착한 성격 덕분에 그녀가 완전히 그들의 지배를 받지는 않았지만, 적어도 내가 그녀에게 심어주려 했던 훌륭한 교훈들을 대부분 효과 없게 만드는 데는 충분한 것이었다. 또 내가 어떤 방식으로 처신하든 간에 우리가 계속해서 하나가 아닌 둘로 지내기에 충분했다.

바로 이러한 까닭으로 내가 마음의 다정함을 모두 기울였던 진실하고도 상호적인 유대감 속에서도 마음의 허전함이 결코 충분히 채워지지 않았던 것이다. 아이들이 생겼다. 아이들로 인해 마음의 허전함이 채워져야 했을 텐데, 사정은 더욱 나빠졌다. 나는 이렇게 막된 가족에게 아이들을 맡겨 더욱 막되게 양육될까 두려워 몸이 떨렸다. 기아 수용시설 교육이 훨씬 더 위험이 적었다. 나는 프랑쾨유 부인에게 보낸 편지에서 내가 내린 결정의 이유들을 모두 진술했지만, 그런 이유들보다 훨씬 강력한 앞의 이유만은 도저히 그녀에게 말할 수 없었다. 나는 그토록 심한 비난에 대해 구차히 변명하기보다는 차라리 내가 사랑하는 사람의 가족을 배려하고 싶었다. 그러나 여러분들은 테레즈의 그 딱한 오빠[23]의 소행에 비추어 보면, 남이야 뭐라고 말하든 내가 그런 위험에도 불구하고 아이들을 그가 받은 교육과 비슷한 교육을 받도록 해야 했는지를 판단할 수 있을 것이다.

내가 필요하다고 느끼는 그 친밀한 사귐을 충만히 맛볼 수 없었기 때문에, 나는 그것에 대한 대체물, 즉 허전함을 충족시키지는 못하지만 그것을 덜 느끼게 해주는 대체물을 찾고 있었다. 내게 온 마음을 쏟는 한 명의 친구가 없어서, 내 무기력을 능가하는 격정을 가진 몇 명의 친구들이 필요했다. 그래서 디드로, 콩디야크 신부와 관계를 돈독히 하면서 점점 가까워졌고, 그림과도 새로 친분을 맺어 훨씬 더 가까워졌다. 그리고 마침내 전에 이야기했던 그 불행한 논문[24]에 의해서 내가 영원히 빠져나온 것으로 여겼던 문학에 나도 모르게 다시 몸을 담게 되었다.

나는 첫 작품을 계기로 새로운 길을 따라 다른 지적 세계로 들어가게 되었는데, 이 세계의 단순하고 고상한 구조를 생각할 때는 감격하지 않을 수 없었다. 곧 이 세계에 너무 빠져든 나머지, 우리 시대의 현자들[25]이 제시하는 학설에서는 오류와 어리석음만을, 우리의 사회질서에서는 압제와 비참함만을 보게 되었다. 어리석은 자부심의 환상에 사로잡혀 나는 내 자신이 이러한 모든 환상들을 걷어내기 위해 태어났다고 생각했다. 그리하여 사람들이 내 말에 귀를 기울이도록 하기 위해 내 행위를

---

23) 루소의 내의를 훔친 것으로 추정되는 테레즈의 큰오빠 장 프랑수아를 가리키는 듯하다.
24) 《학문 예술론》을 말한다.
25) 모럴리스트들과 철학자들을 가리킨다.

내 원칙에 일치시켜야 한다고 생각하고, 독특한 태도를 취했다. 그러나 사람들은 내가 계속해서 이런 태도를 취하는 것을 용납하지 않았고, 자칭 내 친구라는 사람들은 내가 그렇게 본보기를 보이는 것을 용서할 수 없었다. 그런데 내가 이를 계속해서 밀고 나갈 수 있었다면, 처음에는 그 때문에 우스꽝스럽게 보이겠지만 마침내는 존경받게 되었을지도 모른다.

그때까지는 나는 그저 선량했을 뿐이다. 그러나 그때부터 나는 유덕한 적어도 미덕에 도취한 사람이 되었다.[26] 이러한 도취는 머릿속에서 시작해 내 마음속으로 옮아왔던 것이다. 내 마음속, 허영심이 뿌리째 뽑힌 폐허 위에서 가장 고귀한 자부심이 싹텄다. 나는 아무것도 가장하

---

[26] 루소에게서 자연적인 선량함(bonté) 은 사회 상태의 미덕(vertu) 과 본질적인 차이를 갖는다. 왜냐하면 자기 이익을 침해당하지 않는 한도 내에서만 타인을 위하는 것이 선량함이라면, 미덕이란 타인을 위하여 자기 자신의 이익을 포기하는 도덕적 의무이다. 따라서 미덕에는 자연에 맞서는 의지의 힘이 필요하다.
　참조. "오직 노고와 투쟁을 필요로 하는 미덕이 어떻게 나태함과 감미로운 여가 안에서 군림하겠는가? 그는 자연이 그렇게 만들었기 때문에 선량할 것이다. 그는 좋은 일을 하는 것이 자신에게 즐겁기 때문에 좋은 일을 할 것이다. 그러나 자신의 의무를 완수하기 위하여 자신에게 가장 소중한 욕망과 맞서고 자신의 마음을 괴롭히는 일이 문제가 될 때도 역시 그렇게 할 것인가? 내가 볼 때 그것은 의심스럽다. 어쨌든 자연의 법칙과 목소리는 그 정도까지 미치지 않는다. 그때는 다른 것이 명령을 내리고 자연은 침묵하여야 한다"(《대화》, 두 번째 대화).
　참조. "용기가 없으면 행복도 없고, 싸우지 않고는 미덕도 없네. 미덕(vertu)이라는 단어는 힘(force)에서 온 것일세. 따라서 힘이 모든 미덕의 토대가 되네. 미덕은 그 본성상 나약하지만 의지적으로 강해진 존재만이 갖는 것일세. 올바른 인간의 가치는 바로 여기에 있으며, 신은 선을 행하기 위해 노력할 필요가 없으므로 우리가 신을 선량하다고는 불러도 유덕하다고는 부르지 않는 걸세"(《에밀》 5권).

지 않았다. 나는 사실 보이는 바대로의 인간이 되었다. 이러한 열광이 가장 고양된 상태에서 지속되었던 적어도 4년간은 인간의 마음에 싹틀 수 있는 모든 위대하고 아름다운 것들로 내 마음에 떠올릴 수 없었던 것은 하늘과 나 사이에 하나도 없었다. 바로 그로부터 나의 갑작스러운 웅변이 생겨났다. 또 바로 그로부터 나를 불태웠던 진정한 천상의 불길이 나와 내 초기의 저서들 안에서 넘쳐흘렀던 것이다. 그런데 40년 동안 아주 미미한 불꽃조차도 밖으로 나타나지 않았던 것은 아직 그것이 점화되지 않았기 때문이다.

　나는 정말 변해 있었다. 친구들도 아는 사람들도 이제는 나를 몰라볼 정도였다. 나는 소심하고, 얌전하다기보다는 부끄러움을 잘 타고, 과감히 사람들 앞에 나서지도 말도 하지 못하고, 농담 한마디에 어쩔 줄 모르고, 여자가 한번 쳐다보기만 해도 얼굴을 붉히던 그런 사람이 더 이상 아니었다. 대담하고 당당하며 겁이 없어 어디서나 자신감을 잃지 않았는데, 그 자신감은 단순했고 또 내 태도보다는 영혼 안에 들어 있었던 만큼 한층 굳건했다. 깊은 성찰을 통하여 당시의 풍습이나 규범이나 편견에 대해 경멸감을 품게 되어서, 그런 것들에 사로잡힌 사람들의 빈정거림에 아랑곳하지 않게 되었고 마치 벌레를 손가락으로 집어 짓눌러버리듯 그들의 재치 있는 말을 내 단호한 주의주장으로 짓눌러버렸다. 얼마나 대단한 변화인가! 2년 전만 해도 또 10년 후만 해도 무엇을 어떻게 말해야만 하는지 전혀 모르던 바로 그 사람의 신랄하고 통렬한 풍자가 온 파리 사람들의 입에 오르내렸던 것이다. 내 성격과 정반대의 상태를 찾는다면 그 상태가 그럴 것이다. 내가 전혀 딴 사람이 되어 내 자신이기를 멈추었던 내 생애의 그 짧았던 순간들 중 한순간을 여러분들이 기억한다면 내가 말하고 있는 시기에서도 역시 그런 순간을 보게 될 것이다. 그런데 그 순간은 6일이나 6주 동안이 아니라 거의 6년 동안[27] 지속되었고, 그것을 중단시키고 나를 본성으로 돌려보낸 — 나는 그전까지 본성을 넘어서기를 원했던 것이다 — 특별한 사정이 없었던들 어쩌면 아직도 지속되었을지도 모른다.

이러한 변화는 파리를 떠나자마자 시작되었다. 그 거대한 도시의 악덕이 눈에 보이지 않게 되자 그 도시가 나에게 불러일으켰던 분노가 가라앉았던 것이다. 더 이상 사람들을 대하지 않으니, 그들을 경멸하지 않게 되었고 더 이상 사악한 인간들을 보지 않으니 그들을 미워하지 않게 되었다. 남을 미워하는 데는 그리 소질이 없는 나의 마음은 이제 그들이 겪는 비참함을 슬퍼할 뿐이었고 그 비참함으로부터 그들의 사악함을 따로 떼어놓고 생각하지 않았다. 더욱 온화하지만 훨씬 덜 숭고한 이러한 상태는 오래지 않아 나를 그렇게 오랫동안 흥분시켰던 그 격렬한 열광을 식혀주었다. 그리하여 사람들도 눈치 채지 못하고 나 자신도 거의 모르는 사이에 나는 다시 겁이 많고 남의 기분을 살피는 소심한 사람, 한마디로 예전과 똑같은 장자크로 돌아왔다.

이러한 변혁이 단지 나를 내 자신으로 돌려놓는 데 그쳤다면, 모든 것이 순조로웠을 것이다. 그러나 불행하게도 그 도가 지나쳐 급격히 나를 다른 극단으로 몰고 갔다. 그때부터 흔들리는 내 영혼은 휴식의 경계를 넘어섰고, 부단히 새로워지는 동요로 결코 휴식상태에 머무를 수 없었다. 그 두 번째 변혁, 세상에서 유례없는 끔찍한 비운의 시기에 대해 자세한 이야기를 시작하도록 하자.

우리의 은신처에는 셋만 살고 있었기 때문에 한가롭고 적적해서 우리는 자연히 친밀감이 깊어질 수밖에 없었다. 테레즈와 나 사이가 또한 그러했다. 우리는 나무 그늘 아래 단둘이 마주보고 앉아 유쾌하게 몇 시간을 보내곤 했는데, 나는 일찍이 그런 감미로움을 이토록 만족스럽게 느껴본 적이 없었다. 그녀 자신도 지금까지와는 달리 훨씬 더 그 감미로움

27) 《학문 예술론》이 현상논문에 당선된 1750년부터 두드토 부인을 연모하기 시작한 1756까지의 시기를 말한다.

을 즐기는 것처럼 보였다. 내게 조금도 거리낌 없이 마음을 열었고, 오랫동안 힘들여 감추었던 그녀 어머니와 가족에 대한 일들을 털어놓았다. 그녀 어머니와 가족은 뒤팽 부인이 내게 보내온 선물들을 많이 받았는데, 그 교활한 할멈은 나를 난처하도록 만들지 않기 위해서 그녀 자신과 다른 자식들을 위해 그 선물들을 가로챘다는 것이다. 테레즈에게는 아무것도 주지 않으면서 게다가 그 일에 대해 내게 말하지 말라는 엄명을 내렸는데, 그 가련한 처녀는 그 명령을 믿기 어려울 정도로 충실하게 따랐던 것이다.

그런데 더욱더 나를 놀라게 했던 것은 디드로와 그림이 테레즈와 그녀의 어머니를 내게서 떼어놓으려고 종종 그녀들과 내밀한 대화를 나누다가 테레즈의 반대로 성공하지 못했다는 사실을 듣게 된 것이다. 뿐만 아니라 그 뒤로 그 두 사람 모두가 그녀의 어머니와 빈번하게 밀담을 가졌지만 테레즈로서는 그들 사이에서 무슨 일이 꾸며지고 있는지는 전혀 알 수 없다는 것이다. 그녀가 아는 것이라고는 단지 작은 선물들이 그 밀담에 끼어 있었고, 잠깐잠깐 내왕이 있었다는 것인데, 사람들은 애써 그것을 그녀에게 비밀로 했고 그녀는 그 내왕의 이유를 전연 알지 못했다. 우리가 파리를 떠나기 훨씬 전부터, 르바쇠르 부인은 습관적으로 한 달에 두세 번 그림 씨를 보러 가서 그 집에서 몇 시간씩 이야기를 나누곤 했는데, 대화가 하도 은밀해서 그림의 하인마저 항상 쫓겨나올 정도였다.

내가 판단하건대 그 동기는 바로 그 계획, 그러니까 데피네 부인의 힘으로 테레즈 모녀에게 소금 소매점이나 담배 가게를 얻어준다고 약속함으로써, 요컨대 이익을 미끼로 그녀들을 유혹해서 그 딸을 끌어들이고자 했던 계획이 틀림없었다. 그들은 내가 모녀를 위해 아무것도 할 수 없는 형편인데다가 그 둘 때문에 심지어 나 자신을 위해서도 아무것도 할 수 없다는 점을 그네들에게 깨우쳐 주었던 것이다. 그 모든 일에서는 좋은 뜻만 보였기 때문에, 그 점에 대해서는 그들을 전혀 괘씸하게 생각하지 않았다. 다만 내 속을 뒤집어 놓은 것은 그 일을 숨기는 짓이었다. 특히 그 할멈 편에서 숨기는 것이 그랬는데, 게다가 그녀는 날이 갈수록 내게 아양을 부리고 아첨을 늘어놓았다. 그러면서도 뒤에서는 딸에게 나를 너무 사랑한다느니 내게 뭐든 일러바친다느니 어쩔 수 없는 바보라느니 내게 속을 것이라느니 하면서 계속 싫은 소리를 해댔다.

이 여자는 꿩 먹고 알 먹는 수단과 이 사람에게서 얻은 것을 저 사람에게 감추고 다른 모든 사람들에게서 받은 것을 나에게 감추는 기막힌 기술을 갖고 있었다. 나는 그녀가 탐욕스러운 것은 용서할 수 있었지만 감추는 짓은 용서할 수 없었다. 내가 그녀와 그녀의 딸의 행복을 거의 유일한 행복으로 삼고 있는 사실을 너무나 잘 아는 그녀가 그런 나에게 감추지 않으면 안 될 것이 무엇이 있겠는가? 내가 그 딸을 위해 한 일은 나를 위해 한 일이라고 하더라도, 내가 모친을 위해 한 일은 그녀로부터 약소하나마 감사를 받을 만했다. 그녀는 그것에 대해 적어도 자기 딸에게는 감사하게 생각해야 했으며, 나를 사랑하는 딸을 사랑한다면 나를 사랑해야 했을 것이다. 나는 일찍이 그녀를 가난의 밑바닥에서 끌어내 주었고, 그녀는 나의 부양을 받고 있으며, 그녀가 그렇게 톡톡히 이용해 먹는 그 모든 지인(知人)들도 내 덕에 생긴 것이다. 테레즈는 오랫동안 자기가 일해서 모친을 봉양해왔고, 지금은 내 빵으로 모친을 봉양하고 있다. 모친은 자기가 아무것도 해주지 않은 그 딸에게 온갖 신세를 지고 있었다. 그러나 그녀가 파산을 해가면서까지 결혼비용을 만들어준 다른 자식들은 어머니의 생계를 도와드리기는커녕 아직도 그녀의 재산과 나의 재산을 뜯어먹고 있었다. 나로서는 이런 상황에서라면 그녀가 나를 자신의 유일한 친구이자 그녀의 가장 믿음직한 보호자로 여겨야 하고, 내 자신에 관계되는 일을 내게 비밀로 하는 짓이나 바로 내 집에서 나에 대해 음모를 꾸미는 짓을 하지 않는 것은 말할 것도 없고 나에게 관계될 수 있는 일을 나보다 먼저 알았을 때는 그 모든 것을 충실하게 알려주어야 한다고 생각했다. 그러니 내가 그녀의 거짓되고 비밀스러운 행동을 도대체 어떤 눈으로 보아야 좋겠는가? 특히 그녀가 자기 딸에게 강요하는 견해들에 대해 어떻게 생각해야 하겠는가? 그녀가 딸에게 그런 견해들을 불어넣으려 하고 있었다니 그녀의 배은망덕은 정말 극악무도함이 틀림없었다.

이런 모든 생각들로 마침내 내 마음은 그 여인으로부터 멀어져 더 이상 경멸하지 않고는 그녀를 볼 수 없을 정도였다. 그렇지만 나는 여전히 내 동반자의 모친을 공손히 대했고, 매사 그녀에게 거의 아들이 갖는 경의와 존경을 표했다. 그러나 내가 그녀와 오래 같이 살고 싶지 않아진 것은 사실인데, 나는 천성이 거북함을 거의 견딜 수 없다.

이 시기 또한 행복을 바로 눈앞에 두고서도 손에 넣을 수 없었던 내 인생의 그 짧았던 순간들 중의 하나인데, 그 행복을 놓친 것은 내 잘못이 아니었다. 만일 그 여자가 선량한 성격을 가졌더라면, 우리 셋은 모두 죽을 때까지 행복했을 것이 틀림없다. 그리하여 마지막까지 혼자 살아남은 사람만이 동정을 받아야 했을 것이다. 그런데 그렇게 되지 않았다. 여러분들은 사태의 진전을 보고, 내가 그것을 바꿀 수 있었는지 아닌지를 판단하시라.

르바쇠르 부인은 딸의 마음에서 그녀가 차지했던 자리를 나에게 빼앗긴 것을 알고는, 그것을 되찾으려고 노력했다. 그리고 테레즈를 통하여 내 마음에 들려고 하지 않고 그녀를 완전히 내게서 떼어놓으려고 했다. 그녀가 써먹은 수단들 중의 하나는 도와달라고 가족을 부르는 것이었다. 나는 가족들 중 누구도 레르미타주에 들이지 말라고 테레즈에게 미리 부탁했고, 그녀도 내게 그렇게 하겠다고 약속했다. 그런데 내가 없을 때 테레즈에게 상의도 없이 그들을 불러들였고, 게다가 테레즈로부터 이 일에 대해 내게 아무 말도 하지 않겠다는 약속을 받아냈다. 일단 첫 단추가 꿰어지자 그 뒤의 일은 모두 일사천리였다. 일단 자기가 사랑하는 사람에게 무엇인가를 숨기면, 오래지 않아 더 이상 거의 주저하지 않고 그 사람에게 어떤 것이라도 숨기게 된다. 내가 라 슈브레트에 가자마자 레르미타주는 사람들로 법석대고, 거기서 그들은 퍽 흥겹게 놀았다. 천성이 고운 딸에게 어머니란 늘 강한 힘을 발휘하는 법이다. 그러나 그 할멈이 무슨 수단을 써도 결코 테레즈가 자기와 합심해서 편을 먹고 나에게 맞서도록 부추길 수 없었다. 그렇다고 이제 와서 결심을 돌이킬 수 없었다. 한쪽에는 자기 딸과 내가 있는데, 여기서는 먹고살 수는 있겠지만 그것이 전부였다. 다른 쪽에는 디드로, 그림, 돌바크, 데피네 부인이 있는데, 그들은 많은 것을 약속했고 무엇인가를 주고 있었다. 그녀는 징세청부인의 마님이나 남작의 편을 들어서 결코 나쁠 것이 없다고 생각했다. 내가 더 눈치가 빨랐더라면, 그때부터 품안에 뱀을 기르고 있다는 것을 알았을 것이다. 그러나 아직은 어떤 것에도 상처받지 않았던 맹목적인 나의 신뢰감 때문에 마땅히 사랑해야 하는 사람에게 해를 입히려고 하는 사람이 있을 수 있다는 것은 상상조차 못했다. 내 주위에 무수한 음모가 꾸며지는 것을 보면서도, 내가 친구라고 부르는 사람들이 내 방식보다는 그들의 방식에 따라 나를 억지로 행복하게 만들기를 원한다고 생각하면서 그들이 부리는 횡포를 제외하고는 불평할 줄 몰랐다.

테레즈는 자기 모친과 공모하는 것은 거절했지만, 다시 한번 그녀를 위해 비밀을 지켰다. 그녀가 비밀을 지킨 이유는 가상했다. 그녀가 잘한 것인지 잘못한 것인지는 말하지 않겠다. 비밀을 지닌 여자 둘이 모이면 함께 수다 떨기를 좋아하는 법이다. 그래서 그 둘은 가까워졌고, 테레즈는 양다리를 걸치고 있었기 때문에 때로는 내게 혼자라는 느낌을 갖게 했다. 나는 우리 셋 모두가 함께 나누는 교분을 더 이상 교분이라고 생각할 수 없었기 때문이다. 우리 둘이 관계를 맺던 처음 얼마 동안 그녀는 사랑에 빠져 내 말을 고분고분 잘 들었는데, 그것을 이용해서 그녀가 재능이나 지식을 갖추게 해주었다면, 우리는 이 은신처에서 더욱 친밀해져서 그녀의 시간과 내 시간은 즐겁게 채워졌을 것이고 우리는 결코 마주 앉아 대화하면서 지루함을 느끼게 되는 일은 없었을 것이다. 그런데 비로소 그때서야 그렇게 하지 않은 내 잘못을 절감했다. 그렇다고 우리들 사이에 얘깃거리가 없거나 산책할 때 그녀가 지루해 보였던 것은 아니다. 요컨대 우리에게는 서로 공유하는 생각들이 가득 모아둘 정도로 충분히 많지 않았다. 이후 즐기는 것에만 한정된 우리의 계획들에 대해 더 이상 끊임없이 말할 수 없었다. 눈앞에 나타나는 대상들은 내게 성찰을 불러일으켰지만, 그것은 그녀가 이해할 수 없는 것이었다. 12년간의 유대감은 더 이상 말을 필요로 하지 않았다. 우리는 서로를 너무나 잘 알고 있어서 더 이상 서로에게 알려줄 것이 없었다. 남아있는 수단이라고는 경박하고 수다스러운 여자가 의지하는 험담과 야유밖에 없었다. 사색할 줄 아는 사람과 함께 사는 것의 좋은 점을 느끼는 때는 특히 고독에 잠겨 있을 때이다. 내게는 그녀와 함께 있는 것을 즐기기 위하여 그런 수단이 필요하지 않았지만, 그녀에게는 항상 나와 함께 있는 것을 즐기기 위하여 그런 것이 필요했을 것이다. 이것 말고도 가장 딱한 일은 우리 둘이서 나누는 대화도 몰래 가져야 한다는 것이었다. 그녀의 모친이 나를 귀찮게 해서, 그런 기회를 엿보지 않으면 안 되었기 때문이다. 나는 내 집에서도 부자유스러웠으니 더 말할 것도 없다. 겉으로는 사랑처럼 보이는 바람에 좋은 우정을 망쳤다. 우리는 사귈 때는 친밀했지만, 같이 살 때는 친밀하지 못했다.

테레즈가 내가 권하는 산책을 피하기 위하여 가끔 무언가 구실을 찾는 것을 눈치 채자 그녀에게 그것을 권하는 것을 그만 두었지만, 나만큼 산책을 좋아하지 않는다고 해서 그녀에게 투덜거리지 않았다. 즐거움은 전혀 의지에 달려있는 것이 아니다. 나는 그녀의 마음에 확신을 갖고 있었으며, 그것만으로 내게는 충분했다. 나의 즐거움이 테레즈의 즐거움인 동안 나는 그녀와 함께 그 즐거움을 누렸다. 그리고 그렇지 않을 때는 내가 만족하기보다는 그녀가 만족하기를 더 원했다.

바로 이러한 사정으로 내 기대는 반쯤 빗나갔고, 내가 선택한 거주지에서 내가 친애하는 사람과 함께 내 취향에 맞는 생활을 하면서도 나는 거의 고립되었다고 느끼기에 이르렀다. 나는 내게 없는 것 때문에 내가 가진 것도 누리지 못했다. 행복과 쾌락에 있어 나에게는 전부가 필요하든지 아무것도 필요하지 않든지 둘 중의 하나였다. 여러분들은 내가 왜 이렇게 자세히 말하는 것이 필요하다고 생각하였는지는 앞으로 알게 될 것이다. 이제 내 이야기의 본 줄거리로 돌아가자.

나는 생피에르 백작이 내게 주었던 원고 속에 보물들이 있다고 생각했다. 그러나 이것을 검토하면서 이것이 자기 숙부의 인쇄된 저작물들 — 생피에르 신부가 자필로 주석을 달고 수정했다 — 에 아직 발표가 되지 않은 몇몇 다른 소품들을 덧붙여 모은 것에 불과하다는 것을 알게 되었다. 나는 그의 도덕적 저술들을 읽고 전에 크레키 부인이 나에게 보여주었던 그의 편지 몇 통을 통해 가졌던 생각, 즉 그는 내가 생각했던 것보다 훨씬 더 재능이 있다는 생각을 굳혔다. 그러나 그의 정치적 작품들을 더 철저히 검토하다보니 피상적인 견해와 유용하기는 하지만 실천 불가능한 계획만이 제시된 것으로 보였다. 이것은 저자가 인간은 정열보다는 이성의 빛에 의해 인도된다는 생각에서 결코 벗어날 수 없었기 때문이다. 그는 현대의 지식을 높이 평가해서 개선된 이성(理性)이라는 그 그릇된 원칙을 채택하지 않을 수 없었는데, 그것은 그가 제안한 모든 제도들에 대한 기초이자 그의 모든 정치적 궤변의 원천이다. 이 비범한 인간, 그가 살던 시대와 인류의 자랑거리, 인류가 존재한 이래 이성에서 나온 정열 이외에는 다른 어떤 정열도 갖지 않았던 유일한 인간이 자신이 만든 체계들 안에서 나아가면서 단지 오류에 오류를 거듭했을 뿐이다. 그런데 그렇게 된 이유는 그가 지금도 그렇고 또 앞으로 계속 그럴 인간을 있는 그대로 파악하는 대신에 자신과 비슷한 인간을 만들려고 했기 때문이다. 그는 동시대의 사람들을 위해 일한다고 생각하면서도 실은 가상적인 존재들만을 위해서 작업했던 것이다.

이 모든 점을 검토한 후 나는 내 저작에 부여해야 할 형식에 대해 약간 난처한 입장에 놓이게 되었다. 저자의 공상을 그대로 눈감아준다면 그것은 아무 소용도 없는 일을 하는 셈이다. 그렇다고 그 공상을 엄밀히 반박한다면 무례한 짓이 될 것이다. 나는 그의 원고를 맡을 것을 수락했고 심지어 그것을 맡겨달라고 부탁까지 한 처지여서 그 저자를 명예롭게 다룰 의무를 지고 있었다. 마침내 나는 가장 정중하면서도 가장 적절하고 유익하다고 생각되는 방법을 택하기로 결심했다. 그것은 저자의 생각과 나의 생각을 따로따로 제시하는 것이었다. 그러기 위해서는 그의 견해를 파고 들어가 그것을 설명하고 확장하여 그 본래의 모든 가치를 나타내도록 하기 위해 어떤 노력도 아끼지 않을 작정이었다.

그러므로 내 저작은 완전히 분리된 두 부분으로 이루어지게 되었다. 제1부에서는 방금 말한 바와 같이 저자의 여러 계획들을 설명할 예정이었다. 제2부 — 이것은 오직 제1부가 강한 인상을 준 다음에야 나오게 되어 있었다 — 에서는 내가 바로 그 계획들에 대한 판단을 내릴 예정이었다. 그런데 고백하지만 이로 인하여 그 계획들이 때때로 〈인간 혐오자〉의 소네트[28]가 겪은 운명에 처할 수 있었을지도 모른다. 책머리에는 저자의 전기를 실을 예정으로, 이를 위해서 꽤 훌륭한 자료를 모아놓았기 때문에 그것을 이용하면 그 전기를 망치지는 않을 것이라는 은근한 기대를 갖고 있었다. 나는 생피에르 신부와는 그의 만년에 약간 안면이 있었고, 내가 고인에 대해 갖는 존경은 모든 점을 고려할 때 백작님

---

28) 〈인간 혐오자〉는 몰리에르의 희극으로, 오롱트(Oronte)는 자신이 지은 형편없는 소네트를 알세스트에게 있는 그대로 평가해달라고 부탁한다.

이 내가 그의 친척을 다룰 방식에 불만스러워하지 않을 것이라는 보증
이 되었다.

　나는 영구평화에 대한 시론을 썼는데, 이것은 그 문집을 이루는 모든
저작들 중 가장 중요하고 가장 심혈을 기울인 것이다. 나는 내 자신의 성
찰에 몰두하기 전에, 신부가 이 훌륭한 주제에 대해서 쓴 것을 용기를 내
어 전부 다 읽었는데, 그렇게 장황하고 중복이 많았음에도 불구하고 조
금도 싫증을 느끼지 않았다. 독자들은 이미 그 발췌문을 읽었기 때문에
나는 이에 대해 아무 할 말이 없다. 이에 대한 내 평가는 인쇄되지 않았
으며 언젠가 그것이 인쇄될지 어떨지 모르겠으나, 그것은 그 발췌문과
동시에 쓰인 것이다. 다음으로 나는 다원합의제,[29] 즉 복수 위원회로
옮겨갔는데, 이것은 그가 선택했던 행정부를 두둔하기 위하여 섭정 밑
에서 쓴 작품이다. 생피에르 신부는 여기서 이전 행정부를 비난하는 약
간의 글을 써서 뒤 멘 공작부인과 폴리냐크 추기경의 노여움을 사게 되
어 프랑스 아카데미에서 제명되었다.[30] 나는 이전과 같이 발췌문과 함
께 평가까지 마쳐 이 작업을 완성했다. 그러나 이 일을 더 계속하고 싶지
않아서 그것으로 끝냈는데, 애당초 시작하지 않았어야 했을 것이다.

　나로 하여금 그것을 포기하게 한 생각은 저절로 떠올랐는데, 더 일찍

---

29) 다원합의제(*la polysynodie*)란 필립 도를레앙이 섭정하던 1715년부터 1718
　　년 사이에 만들어진 정부체제로 각각의 분야가 귀족과 행정관들로 이루어
　　진 해당 위원회에서 토론되는 체제이다. 이는 루이 14세 시대에 왕과 국무
　　경(*secrétaire d'Etat*)이 가져간 권력을 귀족들에게 다시 나누어준다는 의미
　　를 갖는다.
30) 루이 14세의 서자인 뒤 멘 공작(Le duc du Maine), 대(大)콩데 공작(Le
　　grand Condé)의 딸인 뒤 멘 공작부인, 섭정에 대해 적대감을 갖고 있던
　　폴리냐크 추기경(Le cardinal de Polignac), 빌루아 원수(Le maréchal de
　　Villeroi)가 1718년 생피에르 신부를 아카데미 프랑세즈에서 제명시키는 일
　　을 주도했다.

그런 생각이 나지 않은 것이 이상했다. 생피에르 신부가 쓴 저술들의 대부분은 프랑스 정부의 몇몇 부문들에 대한 비판적인 고찰이거나 또는 그것을 포함한 것이었고, 거기에는 심지어 무척 대담한 것이 들어 있어서 무사히 그것을 썼다는 것이 그에게는 다행한 일이었다. 그러나 정부에서는 늘 생피에르 신부를 진짜 정치가라기보다는 일종의 설교가로 여겨왔다. 아무도 그의 말에 귀를 기울이지 않는다는 것을 잘 알고 있었기 때문에 그가 말하고 싶은 대로 다 말하도록 내버려두었던 것이다. 그러나 만약 내가 사람들로 하여금 그의 말에 주의를 기울이게 하는 데 성공했다면 상황은 달랐을 것이다. 그는 프랑스 사람이었지만 나는 그렇지 않았다. 만약 내가 신부가 한 비난을 되풀이하려 한다면 비록 그의 이름을 빌렸다 해도 사람들로부터 왜 그런 주제넘은 짓을 하는지 좀 거칠지만 부당하지는 않은 질문을 받게 될 위험성이 있었다. 다행히도 너무 멀리 나가기 전에 나 자신에 대한 비난의 빌미를 주고 있다는 것을 알고는 곧 손을 떼었다. 사람들 가운데서 그것도 모두 나보다 강한 사람들 가운데서 혼자 살아가는 나는 내가 어떻게 처신하든 그들에게 밉게 보인다면 그들이 내게 가하고자 하는 해코지로부터 결코 안전히 피할 수 없다는 것을 알고 있었다. 그런 가운데서 내가 할 수 있는 일은 오직 하나밖에 없었다. 그것은 적어도 그들이 내게 해코지를 하려고 할 때 부당한 방법이 아니고서는 그런 짓을 할 수 없게끔 하는 것이었다. 나로 하여금 생피에르 신부의 일을 단념하게 한 그 원칙은 종종 나로 하여금 한층 더 소중한 계획들까지도 포기하게 만들었다. 항상 걸핏하면 남의 재난을 그 사람의 과오 탓으로 돌리는 그런 사람들은 내가 불행 속에 빠지게 될 때 "너는 그래도 싸다"라는 사람들의 말이 진실이 되지 않도록 일생 동안 얼마나 조심했는가를 안다면 무척 놀랄 것이다.

이 일을 그만두자 잠시 동안 다음 일거리가 정해지지 않았다. 이렇게 아무 할 일 없이 지내는 동안에 내 관심을 사로잡는 외부 대상도 없고 해서 나 자신에 대해 생각을 돌리게 되었는데, 이 기간이 나 자신의 파멸이 되었다. 내게는 내 상상을 즐겁게 해줄 수 있는 미래에 대한 계획이 더 이상 없었다. 더욱이 그런 계획을 세울 수조차 없었는데, 내가 지금 있는 상황이 바로 내 모든 욕망들이 통합된 상황이었기 때문이다. 더 이상 세울 계획도 없었지만 그래도 마음은 여전히 허전했다. 나로서는 이것보다 더 나은 처지를 알 수 없었던 만큼 이러한 처지는 더 잔인한 것이었다. 나는 더할 바 없이 따뜻한 애정을 내 마음에 드는 여인에게 쏟고 있었고, 그 여인도 내게 그만큼의 사랑을 바치고 있었다. 나는 그녀와 함께 허물없이 말하자면 마음 내키는 대로 살고 있었다. 그러나 그녀 가까이에 있을 때나 그녀와 멀리 떨어져 있을 때나 어떤 남모르는 비통한 심정이 내게서 떠나지 않았다. 그녀를 소유하였음에도 불구하고 나는 여전히 그녀에 대해 결핍감을 느꼈다. 그리고 내가 그녀에게 전부가 아니라는 생각만으로도 그녀는 내게 거의 아무것도 아니었다.

내게는 남녀 친구들이 몇 있었고, 나는 가장 순수한 우정과 가장 완벽한 존경을 통해 그들과 친분을 맺고 있었다. 그래서 나는 그들로부터 가장 진실한 우정의 보답을 기대했으며, 나에게는 단 한 번도 그들의 진실함을 의심할 생각조차 나지 않았다. 그러나 이러한 우정은 달콤하기보다는 오히려 골치 아팠는데, 그것은 내 모든 취향과 내 성향과 생활태도에 반대하는 그들의 고집스러움과 더 나아가 그들의 열의 때문이었다. 그들과는 조금도 관계없고 오직 나 혼자만 관계되는 어떤 것을 내가 원하는 것처럼 보이기만 해도 바로 그 순간 그들 모두가 똘똘 뭉쳐 나로 하여금 그것을 포기하게끔 강요할 정도였다. 내가 원하는 모든 일에서 나를 간섭하려 드는 그들의 이러한 고집은, 내가 그들의 하고 싶어 하는 일들을 간섭하기는커녕 심지어 그런 것은 알려고도 하지 않기 때문에 그만큼 더 부당한 일이어서, 내게는 너무나 끔찍할 정도로 부담이 되었다. 그래서 나중에는 그들이 보낸 편지 한 통만 받아도 그것을 뜯어보면

서 어떤 두려움을 느끼지 않을 수 없었는데, 그것을 읽어보면 이 두려움
은 결코 기우가 아니었다. 하나같이 나보다 나이도 어리고 또 바로 자기
자신에게나 꼭 필요한 충고들을 나에게 퍼부어대는 사람들이 나를 어린
아이 취급하는 것 또한 너무 심한 일이었다. 나는 그들에게 이렇게 말하
곤 했다.

"내가 자네들을 사랑하듯 나를 사랑하여 주게. 뿐만 아니라 내가 자네
들의 일에 간섭하지 않는 만큼 내 일에 관해서도 간섭하지 말아주게. 내
가 자네들에게 부탁하는 것은 이것이 전부라네."

그들이 이 두 가지 중에서 하나만이라도 들어주었다고 해도, 그것은
적어도 후자는 아니었다.

나는 인적이 드문 매력적인 곳에 외딴집을 갖고 있었다. 내 집에서는
주인으로서 누구의 간섭을 받을 필요 없이 내 멋대로 살 수 있었다. 그
러나 이 집에서 사는 것은 내게 여러 가지 의무들을 부과했는데, 그것들
은 행하기는 쉬우나 하지 않을 수는 없었다. 내 모든 자유는 단지 불안
정한 것에 불과했다. 남의 명령에 따라 복종하고 있지는 않지만 내 의지
에 따라 복종하다보니 남의 명령에 복종하는 것보다 더 복종해야 했다.
아침에 일어나면서 "이 하루는 내 마음대로 쓰겠다"고 말할 수 있었던 날
은 내게 단 하루도 없었다. 뿐만 아니라 데피네 부인의 뜻에 따르는 것
외에도 세상 사람들이나 뜻밖의 방문객의 뜻에도 따라야 했는데 이것은
훨씬 더 귀찮았다. 파리에서 떨어져 살고 있었지만 한가한 사람들이 매
일같이 떼거지로 나를 찾아왔다. 남아도는 자기들의 시간을 주체할 수
없는 그들은 아무 거리낌 없이 내 시간을 펑펑 써버렸다. 전혀 뜻하지
않은 때에도 나는 가차 없이 습격을 받곤 했다. 모처럼 하루를 알차게
보낼 계획을 세워도 번번이 어떤 방문객 때문에 그 계획이 수포로 돌아
갔다.

간단히 말해서, 나는 가장 갈망해 마지않던 행복의 한가운데서도 조

금도 순수한 향락을 발견할 수 없었으므로 훌쩍 젊은 시절의 평화로운 나날들로 다시 돌아가곤 했다. 나는 때로 탄식하면서 소리쳤다.

"아! 여기도 아직 레 샤르메트가 아니구나!"

내 인생의 여러 시절들을 회상하다가 내가 다다른 처지에까지 생각이 미치게 되었고, 벌써 인생의 내리막길에 접어들고 있는 나 자신을 보았다. 내 마음이 갈망하던 쾌락은 거의 하나도 충분히 맛보지도 못했고, 가슴속에 쓰지 않고 간직한 채 느꼈던 약동하는 감정을 발산시켜 보지도 못했고, 그 도취케 하는 관능적 쾌락 — 나는 내 영혼 안에 그것이 잠재해 있음을 느끼는데, 그것은 그 대상을 갖지 못하고 언제나 내 영혼 안에 억제되어 있어서 단지 탄식으로만 발산될 수 있을 뿐이었다 — 을 만끽하지도 또 적으나마 살짝 건드려보지도 못한 채 고통스러운 불행에 시달리면서 내 생애의 마지막에 가까이 왔다고 생각하는 나 자신을 본 것이다.

선천적으로 외부로 발산하는 다정다감한 심정을 가지고 있고, 산다는 것이 곧 사랑한다는 것이라고 믿고 있던 내가 지금까지 내게 온 마음을 쏟는 친구, 진정한 친구를 발견하지 못했던 것은 도대체 무슨 영문이란 말인가? 정말이지 스스로 진정한 친구가 되기 위해 태어났다고 느꼈던 바로 내가 말이다. 그토록 불타기 쉬운 관능과 온통 사랑으로 빚어진 심성을 가진 내가 적어도 단 한 번이나마 어떤 확실히 정해진 연인을 향하여 사랑을 불태워보지 못했던 것은 도대체 어떤 영문이란 말인가? 사랑하고 싶다는 욕구에 애태우면서도 결코 그것을 제대로 충족시킬 수 없었던 나는 노년의 문턱에 도달하여 제대로 살아보지도 못하고 죽어가는 내 모습을 보았다.

서글프면서도 눈물겨운 이러한 성찰로 인해 아쉬움을 갖고 내 자신을 돌아보지 않을 수 없었는데, 이 아쉬움에는 감미로움이 없지 않았다. 운명이 내게 주어야 할 무엇을 아직도 주지 않는 것처럼 생각되었다. 이렇듯 탁월한 재능을 타고났으면서도 그것을 끝까지 한 번도 사용해보지 못한 채 내버려둔다면 무슨 소용이 있을까? 나 자신의 내적 가치에 대한 느낌은 내게 이러한 부당함을 느끼게 하면서도 또한 어떤 의미에서는 그 부당함에 대한 느낌을 보상해주고 나로 하여금 눈물을 쏟게 했는데, 나는 즐겨 그 눈물을 닦지도 않고 그냥 흐르게 내버려 두었다.

나는 1년 중 가장 아름다운 계절인 6월에 시원한 숲 그늘 아래에서 밤 꾀꼬리의 노랫소리와 시냇물이 졸졸 흐르는 소리를 들으면서 이와 같은 명상에 잠겨 있었다. 모든 것이 협력하여 너무나도 유혹적인 나태함으로 다시금 나를 끌어들이려 했는데, 그러한 나태함이 내 천성에는 맞았지만 방금 장기간의 흥분상태로 고양되어 내가 취했던 강경하고 엄격한 태도는 나를 그로부터 영원히 벗어나게 했어야 옳았을 것이다. 그러나 공교롭게도 툰 성에서의 점심식사와 그 매력적인 두 소녀와의 만남이 막 기억나는 참이었는데, 그것은 바로 같은 계절에 그리고 지금 내가 있는 곳과 거의 비슷한 장소에서 벌어졌던 일이었다. 이러한 추억은 거기 깃들어진 순진무구함으로 인해 내게 훨씬 더 달콤하게 다가왔기 때문에 그와 같은 종류의 또 다른 추억들이 떠올랐다. 얼마 되지 않아 젊은 시절 내 가슴을 울렁거리게 만들었던 모든 사랑하는 여인들이 내 주위에 모여 있는 것이 보였다. 갈레 양, 그라펜리드 양, 브레이유 양, 바질 부인, 라르나주 부인, 내 예쁜 여자제자들, 내 마음에서 잊힐 수 없는 요염한 줄리에타까지 나타났다. 나는 오래전부터 알고 있는 극락 궁전의 미녀들에게 둘러싸여 있는 것만 같았는데, 그녀들에 대한 더할 나위 없이 절절한 애정은 내게 새로운 것이 아니라 항상 느끼고 있던 감정이었다. 피는 끓어 부글거리고, 머리카락은 이미 희끗희끗 세기 시작했지만 머리는 돌아버렸다. 이리하여 제네바의 근엄한 시민, 거의 45세에 가까운 엄격한 장자크가 다시 갑자기 사랑에 넋이 나간 목동이 된 것이다. 나를 사로잡은 이 도취의 상태는 참으로 갑작스럽고 열광적인 것임에도 불구하고 참으로 지속적이고 강력해서, 만일 내가 그로 인하여 예상치 못한 무서운 불행의 밑바닥으로 떨어지지 않았더라면 도저히 정신을 차릴 수 없었을 것이다.

이러한 도취상태는 퍽 심한 정도까지 갔지만, 내가 이 때문에 내 나이나 처지를 잊을 정도까지는 아니었다. 또한 여전히 사랑을 불어넣을 수 있다고 헛된 기대를 갖거나 어린 시절부터 쓸 데 없이 내 가슴을 태운다고 느꼈던 이 열렬한 그러나 실속이 없었던 사랑의 불길을 이제야 다른 여인과 함께 나누려고 시도할 정도까지는 아니었다. 나는 그런 것을 바라지도 심지어 원하지도 않았다. 나는 이미 사랑할 때가 지났다는 것을 알고 있었으며, 연애에 빠지기에는 한물 간 바람둥이들의 우스꽝스러움을 너무나 절감하고 있었다. 한창 젊은 시절에도 별로 자신을 대단하게 생각하지 않았고 자신감이 없었던 내가 만년에 들어와 그렇게 될 리는 만무했다. 더욱이 평화를 사랑하는 나는 가정에 풍파를 일으키는 것이 무서웠을 것이다. 테레즈를 너무나 진정으로 사랑해서, 내가 그녀에게서 받는 애정보다 더욱 강렬한 애정을 다른 여자들에게 기울이는 것을 보여 그녀를 고통받게 할 수는 없었다.

이러한 경우에 나는 어떻게 했던가? 여기까지 내 이야기를 읽어온 독자라면 벌써 알아챘을 것이 틀림없다. 현실의 존재에 도달하는 것이 불가능하여 나는 공상의 세계로 뛰어들었다. 그리고 존재하는 것들 중 내가 열광할 만한 것은 아무것도 보지 못해서 그것을 이상적인 세계에서 키워나갔는데, 내 창조적인 상상력은 곧 그 이상적인 세계를 내 마음에 맞는 존재들로 가득 채웠다. 이런 수단이 그때보다 더 때맞추어 온 적도 없었고 그때보다 더 풍부한 결실을 맺은 적도 없었다. 나는 지속적인 황홀감 속에서 일찍이 인간의 마음속에 깃들었던 가장 감미로운 감정의 격류에 도취되었다. 인간들이란 족속을 완전히 망각하고, 그들의 아름다움만큼이나 그들의 미덕으로 천상계에 속하는 완벽한 피조물들과 교제하고, 내가 이 지상에서는 결코 본 적이 없었던 그런 확실하고 사랑스럽고 변함이 없는 친구들을 사귀었다. 천상세계에서 나를 둘러싼 이 매력적인 상대들 사이로 이렇게 날아다니는 데 너무 재미를 붙여 세월 가는 것도 모르고 지냈고, 다른 모든 일에 대한 기억은 잊어버리고, 서둘러 빵 한 조각을 먹자마자 달려가 내 숲을 다시 만나기 위해서 자리에서 빠져나오려고 안절부절못했다. 막 환상의 세계로 떠나려고 하는데 그 되먹지 못한 인간들이 찾아와서는 나를 이 세상에 다시 붙잡아두려고 할 때면, 분통을 참을 수도 감출 수도 없었다. 그래서 더 이상 나 자신을 억제하지 못하고 그들에게 매우 무례한 대접을 했는데, 이는 난폭하게 비쳐질 수도 있었다. 이로 인하여 인간 혐오자라는 내 평판만 높아졌을 뿐인데, 만약 사람들이 내 마음을 더 잘 이해해주었더라면 그 모든 것은 내게 정반대의 평을 가져다주었을 것이다.

흥분이 절정에 달했을 무렵 나는 내가 잘 걸리는 병이 꽤 심하게 발작하여 연이 실에 끌려오듯 갑자기 끌어내어져 자연에 의해 내 자신의 본래 위치에 돌아왔다. 나는 내 고통을 가라앉혀 주었던 유일한 치료법, 즉 소식자를 사용했다. 이리하여 내 천상의 사랑도 중단되고 말았다. 그도 그럴 것이 사람이 아플 때는 거의 사랑도 할 수 없는데다가, 전원과 나무 아래서는 생기를 띠는 내 상상력은 방안과 천장 들보 아래서는 활기를 잃고 사그라져버리기 때문이다. 나는 종종 이 세상에 숲의 요정들이 없다는 것을 유감으로 생각하곤 했다. 내가 변치 않는 사랑을 쏟았다면 그 상대는 아마 틀림없이 그 요정들 중의 하나였을 것이다.

이와 동시에 집에 다른 풍파들이 일어나 내 괴로움이 더해졌다. 르바쇠르 부인은 내게는 다시없이 듣기 좋은 칭찬을 늘어놓으면서도 있는 힘을 다해 자기 딸을 내게서 떼어놓으려고 했다. 전에 이웃에 살던 사람들로부터 편지 몇 통을 받았는데, 그 편지들을 읽고 그 못된 노파가 나 몰래 테레즈의 이름으로 여러 군데 빚을 지고 있다는 사실을 알게 되었다. 테레즈는 그것을 알고 있으면서도 내게는 전혀 말하지 않았다. 내가 빚을 갚아주어야 한다는 것보다도 그 빚을 내게 숨겼다는 사실에 훨씬 더 화가 치밀었다. 아! 나는 그녀에게 무엇이고 숨긴 일이 없는데 그녀가 어떻게 내게 비밀을 가질 수 있단 말인가? 자기가 사랑하는 사람에게 무엇인가를 숨길 수 있단 말인가? 돌바크 일당은 내가 파리에 한 번도 오지 않은 것을 보고 내가 전원생활을 즐기며 시골에 눌러앉을 만큼 미친 것이 아닌지 진심으로 걱정하기 시작하였다. 그래서 사람들은 간접적으로 나를 도시로 불러내리려고 귀찮게 굴기 시작했다. 디드로는 그렇게 빨리 자기 모습을 드러내고 싶지 않아서 우선 들레르[31]를 내게서 떼어놓으려 했다. 이 사람은 내 주선으로 디드로를 알게 되었는데, 그는 그 진정한 목적도 알지 못한 채 디드로가 그에게 주고자 하는 인상을 받아들여 내게 그것을 전달하였다.

이 모든 것이 한데 어울려 달콤하고 광적인 몽상에서 나를 끌어내리려는 것 같았다. 병이 아직 낫지 않았을 때에 나는 《리스본의 붕괴에 대한 시》[32]라는 시집을 한 부 받았다. 저자가 이 시집을 내게 보내준 것으로

---

31) Alexandre Deleyre (1726~1797) : 백과전서파의 협력자들 중 한 사람으로 1756년 여름과 가을에 루소와 지속적으로 관계를 맺고 그에게 많은 편지들을 보냈다. 이 편지들에서는 파리에 남은 루소의 친구들이 그의 침묵에 대해 그리고 그가 추운 겨울을 혼자 보내는 것에 대해 걱정하고 있었음을 보여주고 있다.

32) 《리스본의 참사와 자연 법칙에 대한 시》(*Poèmes sur le désastre de Lisbonne et sur la loi naturelle*)는 1755년 3만 명 이상의 목숨을 앗아간 리스본 대지진에 관한 볼테르의 시로, 그는 여기서 이 세계가 "모든 가능한 세계들 중 최선의 세계"라는 포프와 라이프니츠의 견해를 반박했다. 볼테르에게 리스본의 참사는 이러한 낙관주의와 은총을 베푸는 신의 섭리라는 명제를 반박하는 증거였다. 그러나 루소는 〈섭리에 대해 볼테르에게 보내는 편지〉(*Lettre à Voltaire sur la Providence*)에서 리스본 지진에서 그렇게 많은 사람들이 목숨을 잃은 것은 사람들이 도시에 밀집하여 살았기 때문이라고 말

254

생각했다. 이렇게 시집을 받았으니 저자에게 답례의 편지를 써야만 했
고 그 작품에 대해서도 언급해야만 했다. 나는 편지를 보내면서 그것에
대해 언급했는데, 그 편지는 훨씬 뒤에 내 동의도 없이 인쇄되었다. 이
에 대해서는 다음에 말하기로 하자.

　나는 이 가련한 사람이 말하자면 성공과 영광을 지겹도록 누리고 있
으면서도 이 인생의 비참함을 신랄하게 비난하고 항상 모든 것이 악이
라고 생각하는 것을 보고 충격받아, 그로 하여금 자기반성을 하게 만들
고 그에게 모든 것이 선이라는 것을 증명하겠다는 어처구니없는 계획을
세웠다. 볼테르는 언제나 신을 믿는 것처럼 보이지만 사실은 악마를 믿
고 있을 뿐이었다. 왜냐하면 이른바 그가 믿는 신이란 그에 따르면 사람
을 해치는 데서만 기쁨을 느끼는 악의적인 존재에 불과할 따름이기 때
문이다. 이러한 교의가 불합리하다는 것은 명백한데, 좋은 것들은 모두
한껏 누리면서도 행복의 한가운데서 자신이 모면한 갖가지 재난들을 무
섭고 끔찍하게 그려냄으로써 사람들을 절망시키려고 하는 사람에게서
그 불합리함은 특히 가증스럽다. 인생의 불행을 헤아리고 검토하는 데
는 그보다 더 자격을 갖고 있는 나는 그것들을 공정히 검토했다. 그리고
이 모든 불행 가운데 신에게 책임이 돌아가는 불행이란 하나도 없으며,
이 모든 불행의 근원은 자연 자체에 있다기보다는 인간이 자신의 능력
을 남용하는 데 있다는 것을 그에게 설명해주었다. 나는 이 편지 속에서
최대한의 존경과 배려와 조심성을 갖고 그를 대했다. 나는 가능한 모든
경의를 표했다고 말할 수 있다. 그렇지만 극도로 흥분을 잘하는 그의 자
존심을 알기 때문에 그 편지를 그에게 직접 보내지 않고 그의 주치의이
자 친구인 트롱솅에게 보냈는데, 그가 가장 적합하다고 판단하는 바에

─────────
　　하면서 대부분의 물리적인 악은 바로 인간들 자신이 만든 것이라고 주장했
　　다. 볼테르의 시집이 제네바에 나온 것은 1756년 3월이었지만 루소는 7월
　　이 되어서야 볼테르의 부탁을 받은 뒤클로로부터 그 시집을 전달받았다.

따라 그것을 그에게 전하든지 혹은 없애든지 마음대로 하라고 했다. 트
롱솅은 그 편지를 볼테르에게 전했다. 볼테르는 겨우 몇 줄 되지도 않는
답장을 보냈는데, 자기도 병중이고 또 남의 병시중도 들고 있으므로 답
장은 훗날로 미루겠다고 하면서 그 문제에 대해서는 한마디도 쓰지 않
았다. 트롱솅은 그 편지를 내게 보내면서 자기 편지도 덧붙여 보냈는
데, 거기서 그는 그 편지를 자신에게 맡겼던 사람에 대해 거의 경의를
표하지 않았다. 나는 이 같은 하찮은 승리를 과시하고 싶지 않으므로 이
두 통의 편지를 발표한 적도 없으며 심지어 누구에게 보인 적도 없었다.
그러나 나의 자료모음집 속에는 원문 그대로 들어 있다(편지모음집 A.
20호와 21호). 그후 볼테르는 내게 약속했던 답장을 내게는 보내지 않고
그대로 출판했다. 《캉디드》33) 란 소설이 바로 그것인데 나는 그것을 읽
지 않았으므로 그것에 관해서는 아무 말도 할 수 없다.

　이러한 모든 소일거리들은 내가 빠진 이상야릇한 사랑의 병을 근본적
으로 고쳐주어야 옳았을 것이다. 그리고 그것은 이러한 사랑의 불행한
결과를 피하도록 하늘이 내게 준 방편이었는지도 모른다. 그러나 내 불
운은 무엇도 막을 수 없었다. 다시 밖에 출입하게 되자마자 내 마음과
머리와 발은 다시 전과 같은 길로 접어들었던 것이다. 그러나 같다고는
하지만 몇몇 점에서만 그런 것이다. 내 생각은 이전보다 약간 덜 열광적
이어서 이번에는 지상에 머물러 있었기 때문이다. 그러나 지상에서 발
견할 수 있는 온갖 종류의 사랑스러운 모든 것을 매우 섬세하게 선택하였

33) 볼테르의 콩트 중 최대 걸작인 《캉디드》(Candide) 는 유순하고 고지식하며
순박한 소년 캉디드가 이 세상의 온갖 우여곡절을 거치며 낙관론자인 팡글
로스와 비관론자인 마르텡의 가르침을 넘어서 인간의 능력에 맞는 예지를
찾게 된다는 이야기다. 볼테르는 우리에게 세상은 선과 악의 혼합이라고
말한다. '우리의 정원을 가꾸어야 한다'는 유명한 경구는 인간의 3대악, 즉
지루함, 악덕, 빈곤을 해결하는 방책이다. 인간은 노동과 근면함을 통하여
이 세 가지 악을 멀리할 수 있기 때문이다.

기 때문에 그 정수(精髓)는 내가 포기했던 공상적 세계에 못지않은 환상적인 것이었다.

나는 내 마음속에 품고 있던 2개의 우상인 사랑과 우정을 가장 황홀한 영상들로 그려보았다. 나는 이것들을 평소에 숭배했던 여성의 온갖 매력들로 장식하면서 즐겼다. 나는 남자 친구 두 사람보다는 여자 친구 두 사람을 상상했다. 왜냐하면 이러한 예는 극히 드문 만큼 더욱 사랑스럽기 때문이다. 나는 이 두 여성에게 유사하지만 다른 성격을 부여했다. 또 완전하지는 않지만 내 취향에 맞고 호의와 감수성으로 생기가 넘치는 얼굴도 부여했다. 한쪽은 갈색 머리로 다른 쪽은 금발로, 한쪽은 활발하고 다른 쪽은 온순하게, 한쪽은 현명하고 다른 쪽은 연약하게 — 그러나 매우 사람의 마음을 감동시키는 연약함이어서 미덕이 그 때문에 득을 보는 것처럼 보였다 — 만들었다. 그리고 나는 두 여성들 중 한 여성에게는 연인을 마련해주었고, 또 다른 여성은 그 남자의 다정한 여자 친구 더 나아가 그 이상의 것이 되게 했다. 그러나 경쟁이나 싸움이나 질투 같은 것은 허락하지 않았다. 왜냐하면 고통스러운 감정은 어떤 것이든 상상하기 괴로웠고, 그것이 어떤 것이든 자연을 타락시키는 것으로 이 즐거운 그림을 더럽게 훼손하고 싶지 않았기 때문이다. 내가 만든 이 두 아름다운 모델에 반한 나는 될 수 있는 대로 그 연인이며 친구인 남자와 하나가 되었다. 그러나 나는 그를 사랑스럽고 젊은 남자로 만들었고, 게다가 그에게 내가 지녔다고 생각되는 장점과 단점을 부여했다.

내가 만든 인물들에게 알맞은 거처를 마련해주려고 내가 여행 중에 보았던 가장 아름다운 곳들을 차례로 검토해보았다. 그러나 내 마음에 드는 아주 싱그러운 숲도 정말 감동을 주는 경치도 떠오르지 않았다. 테살리아 계곡[34]은 내가 실제로 보았다면 마음에 들었을 수도 있다. 하지

---

34) 그리스에 있는 산으로 둘러싸인 넓은 평야.

만 없는 것을 만들어내는 데 지친 내 상상력은 상상의 근거가 될 수 있는 그래서 내가 거기 거주시키려고 하는 사람들의 현실성에 대해 나를 현혹시킬 수 있는 어떤 실제적인 장소를 원했다. 나는 전에 그 매혹적인 광경을 보고 감격하였던 보로메 섬들을 오랫동안 생각해보았는데, 그곳은 내 인물들에 비해서 장식과 기교가 지나치게 보였다. 그렇지만 호수가 하나 있어야 했다. 그래서 마침내 끊임없이 내 마음이 그 주위를 헤매고 있던 호수를 택하고 말았다. 나는 이 호숫가의 어느 부분에 거처를 정했는데, 그곳은 운명적으로 내가 만족해야만 했던 상상적인 행복 속에서 오래전부터 내 거처로 기원하던 곳이었다. 그리고 가엾은 엄마의 고향이라는 점 또한 내게는 특별한 매력이었다. 그 대조적인 지형들, 풍부하고 다양한 경치, 감각을 매혹시키고 마음을 감동시키며 영혼을 고양시키는 화려하고 장엄한 전체적 조화 때문에 마침내 나는 마음을 정하고 내 젊은 제자들을 브베에 자리잡게 했다. 이것이 내가 단숨에 상상했던 전부고, 그 나머지는 그 후에 가서 첨가된 것에 불과했다.

나는 오랫동안 이토록 막연한 구상으로 만족했는데, 그 구상만으로도 즐거운 대상들로 내 상상력을 채우고 내 마음이 품고 싶어 하는 감정들로 내 마음을 채우기 충분했기 때문이다. 이 허구들이 상당히 되풀이되면서 마침내 더욱 확실해져서 내 머릿속에서 일정한 형태로 고정되었다. 이러한 허구들이 내게 제공하는 상황들 몇 개를 종이 위에 옮겨 표현하려는 생각이 문득 든 것도, 젊은 시절에 느꼈던 모든 것을 떠올리면서 지금까지 애만 태우고 충족시킬 수는 없었던 사랑하고 싶은 욕망을 말하자면 이렇게 해서라도 마음껏 발산하도록 하고 싶다는 생각이 문득 든 것도 바로 이때였다.

우선 순서도 연관도 없어서 분산되어 있는 편지 몇 통을 종이 위에 되는 대로 썼다. 그래서 그것들을 짜 맞추고 싶다는 생각이 들었을 때는 종종 몹시 곤란했다. 잘 믿어지지는 않겠지만 정말 틀림없는 사실은 처음의 제 1부와 제 2부가 거의 전부 이런 식으로 쓰였다는 것이다. 나는 잘 짜인 어떤 계획도 없었고 심지어는 언젠가 이것들을 정식 작품으로 만들고 싶어질 것이라는 예상도 못했던 상태였다. 그래서 이 제 1부와 제 2부는 그 자료들이 현재 들어있는 자리에 딱 들어맞도록 다듬어지지 않았던 자료들로 사후에 만들어졌기 때문에, 다른 책에서는 볼 수 없는 수다스러운 땜질들로 꽉 차 있음을 볼 수 있다.

한창 이와 같은 달콤한 몽상에 잠겨 있을 때 두드토 부인의 방문을 받았다. 부인이 살면서 나를 방문한 것은 처음이지만, 여러분들이 다음에 보게 되듯이 불행하게도 그것이 마지막 방문은 아니었다. 두드토 백작 부인은 징세청부인 고(故) 벨가르드 씨의 딸이며, 데피네 씨 및 라 리브 씨와 라 브리슈 씨의 누이였는데, 라 리브 씨와 라 브리슈 씨는 이후 둘 다 외국사절을 국왕에게 소개하는 관리가 되었다. 내가 이 부인을 처녀 시절에 알았다는 것은 이미 말한 바 있다.[35] 결혼한 이후로는 그녀의 올케인 데피네 부인의 라 슈브레트 성에서 열리는 연회에서만 그녀를 보았다. 에피네에서나 라 슈브레트에서나 종종 며칠씩 그녀와 함께 지내본 나는 언제나 그녀를 매우 사랑스러운 여자라고 생각했을 뿐만 아니라 내게 호의를 갖고 있다고 생각했다. 그녀는 나와 산책하기를 꽤 좋아했다. 우리 둘은 산책하기를 좋아했으며, 또 우리 둘 사이에는 화젯거리가 떨어져서 대화가 끊어지는 일이 없었다. 부인이 내게 여러 차례 파리에 와서 만나자고 부탁하기도 했고 심지어 간청까지 했음에도 불구하고 한 번도 그렇게 하지는 못했다. 내가 사귀기 시작했던 생랑베르 씨와 그녀의 관계로 인하여 나는 그녀에게 한층 더 관심을 가지게 되었고, 부인이 레르미타주에 나를 보러 온 것도 내가 그 무렵 마옹에 있다고 생각하던 그 친구의 소식을 내게 전하기 위해서였다.

---

35) 두 사람의 만남은 데피네 부인의 라 슈브레트에서 이루어졌는데, 이것은 7권에 언급되어 있다.

이 방문은 약간 소설의 시작처럼 보였다. 부인은 길을 잘못 들어 헤매었다. 마부는 도는 길을 벗어나 클레르보의 방앗간에서 곧장 레르미타주로 가로지르려고 했다. 마차는 깊은 골짜기에서 진창 속에 빠지고 말았다. 그녀는 마차에서 내려서 남은 길을 걷기로 했다. 부인의 예쁜 구두는 곧 구멍이 났고 부인은 진창에 빠져, 그녀 하인들이 죽을 고생을 하여 겨우 부인을 끌어냈다. 결국 부인은 장화를 신은 채 대기를 가를 정도로 웃음소리를 내며 레르미타주에 도착했는데, 나는 그녀가 도착하는 것을 보면서 그녀의 웃음소리에 내 웃음소리를 덧붙였다. 부인은 옷을 모두 갈아입어야만 했다. 테레즈가 옷을 마련해주었다. 나는 부인에게 시골 간식을 하려면 체면 같은 것은 잊어버려야 한다고 권고했고, 부인은 그 간식에 아주 만족했다. 시간이 늦었으므로 부인은 잠깐 동안만 머물렀다. 그러나 이 대면은 퍽 유쾌하여 부인의 마음에 들었고 그래서 또 오고 싶어 하는 눈치였다. 그러나 이듬해에야 비로소 부인은 이 계획을 실행했다. 그러나 슬프도다! 이러한 지연은 나를 무엇으로부터도 지켜주지 못했다.

나는 그해 가을을 아무도 짐작 못할 일을 하며 지냈는데, 그것은 데피네 씨의 과수원지기 일이었다. 레르미타주는 라 슈브레트 공원의 수원지였다. 여기에는 담장이 쳐지고 그 담장에 늘어선 과일나무들과 다른 나무들이 가득 찬 정원이 있었는데, 데피네 씨는 이 정원에서 나는 과일의 4분의 3은 도둑맞는데도 불구하고 라 슈브레트의 채소밭에서보다 이곳에서 훨씬 많은 과일을 수확했다. 나는 완전히 밥만 축내는 손님이 되지 않으려고 정원관리와 정원지기의 감독을 맡기로 하였다. 수확기까지는 모든 일이 순조로웠으나 과일이 익어감에 따라 웬 영문인지 과일들이 눈에 띄게 없어졌다. 정원지기는 내게 들쥐가 모두 먹어치운다고 단언했다. 그래서 나는 들쥐잡기를 시작하여 들쥐를 많이 퇴치했으나 과일은 여전히 줄어갔다. 잘 살펴보니 정원지기 자신이 커다란 들쥐라는 것을 알았다. 그는 몽모랑시에 살고 있었는데 밤마다 여편네와 자식들을 이끌고 와서 자기가 낮에 모아두었던 과일들을 가져가서는, 자신이 과수원이나 갖고 있는 것처럼 그것들을 파리의 시장에 버젓이 내다 팔게 시킨 것이다. 나는 이 가련한 사람에게 온갖 친절을 베풀었고, 테레즈는 그 아이들에게 옷을 주었으며, 나는 또 거지 노릇을 하던 그 부친을 거의 먹여 살렸음에도 불구하고, 그 사람은 염치없게 그리고 손쉽게 우리 과일을 턴 것이다. 세 사람 중 아무도 그 일을 대비할 정도로 경계를 잘 서지 않아 그가 하룻밤 사이에 우리 창고를 싹 쓸어버려 다음 날 거기에 아무것도 남지 않았던 것이다. 그 일이 오직 내게 관계된 것처럼 보였던 동안에는 모든 것을 참고 있었지만, 과일에 대한 보고를 하려 하니 하는 수 없이 도둑놈을 대지 않을 수 없게 되었다. 데피네 부인은 그에게 급료를 주어 내보내고 다른 사람을 구해달라고 부탁했다. 나는 부인의 말대로 하였다. 그랬더니 이 대단한 망나니는 매일 밤 곤봉처럼 보이는 굵은 쇠몽둥이를 들고 자기 같은 무뢰한들을 이끌고 레르미타주 주위를 배회하였다. 그놈 때문에 몹시 겁을 먹은 '가정부들'을 안심시키기 위하여 후임자를 밤마다 레르미타주에서 자게 했지만 그래도 여인들은 여전히 마음을 놓지 못하고 있었다. 그래서 나는 데피네 부인에게서 총을 한 자루 달라고 해서 정원지기 방에 두었는데, 그에게는 누가 문을 억지로 열려고 하든가 담을 넘어 정원에 들어오려고 하면 필요한 경우에만 그 총을 사용하도록 하게 하고 또 총을 쏠 때에는 오직 도둑들에게 겁을 주기 위해 공포만을 쏘도록 단단히 일러두었다. 이것은 숲속에서 겁 많은 두 여인과 함께 홀로 겨울을 보내야만 하는 몸이 불편한 인간이 모두의 안전을 위하여 취할 수 있는 최소한의 대비였음이 분명하다. 마지막에는 파수를 보도록 작은 강아지도 한 마리 얻어왔다. 이 무렵에 들레르가 나를 보러왔는데, 그에게 내 처지를 설명하고 그와 함께 내가 무장한 것을 보고 웃었다.

들레르가 파리로 돌아가자 이번에는 이 이야기로 디드로를 즐겁게 해
주려고 했다. 바로 이렇게 해서 돌바크 패거리는 내가 진심으로 레르미
타주에서 겨울을 나려고 한다는 것을 알게 되었다. 그들이 상상할 수 없
었던 이러한 끈기에 그들은 어찌할 바를 몰랐다. 그래서 그들은 나로 하
여금 내 거처를 싫어하도록 만들기 위해[36] 어떤 다른 귀찮은 일을 궁리
하면서 그동안 디드로를 통해 바로 그 들레르를 내게 파견했다. 들레르
는 처음에는 내 대비책을 아주 소박하다고 하더니 끝내는 그것이 내 원
칙과는 모순되는 것이며 우스꽝스럽기 짝이 없는 것이라고 편지들에 써
보냈다. 그 편지들에서 그는 내게 가혹한 야유를 퍼부었는데, 그것은
매우 가시 돋친 야유여서 만약 내 기분이 그쪽으로 기울어졌다면 나는
감정을 상했을 것이다. 그러나 당시 나는 사랑스럽고 부드러운 감정에
가슴이 벅차서 다른 어떤 감정도 받아들일 수 없었기 때문에, 그의 신랄
한 빈정거림도 그저 농담으로 넘기고 딴 사람이면 그를 정신 나간 사람
이라고 생각했겠지만 나는 그저 장난치기 좋아하는 사람으로만 생각하
고 있었다.

철저히 경계하고 세심한 주의를 기울인 덕분에 나는 정원을 잘 지키
는 데 성공하여 그해는 과일 수확이 별로 신통하지 않았건만 수입은 오
히려 지난 몇 해 동안에 비해 3배나 되었다. 사실 나는 수확물을 지키기
위해 조금도 수고를 아끼지 않아 라 슈브레트나 에피네로 과일을 보낼

---

36) 파리 원고에서 루소는 후에 주(註)로 다음과 같이 덧붙였다. "내가 이 글을
쓰고 있었을 무렵 돌바크 일당이 내가 시골로 가 있는 것을 못마땅하게 여
겼던 것은 주로 르바쇠르 할멈에 대해서라는 사실을 눈치 채지 못했던 내
우둔함이 지금에 와서는 놀랍다. 그들은 자신들이 만든 기만의 체계의 시
간과 장소가 고정된 지점들에서 그들의 길잡이를 해주는 그녀를 더 이상
자기들 마음대로 주무를 수 없었기 때문이었다. 이런 생각은 아주 뒤늦게
떠올랐지만 어떤 다른 추정으로도 풀 수 없는 그들의 행위의 기묘한 점을
완전히 밝혀주었다."

때 뒤따라가고 몸소 바구니들을 운반하기까지 했다. 한 가지 기억나는 일이 있다. '아줌마'와 나 둘이서 꽤 무거운 바구니를 하나 지고 갔는데, 무거운 짐을 견디지 못하고 쓰러질 판이었다. 우리는 열 걸음마다 쉬어야 했고 땀으로 흠뻑 젖어서야 겨우 도착했던 것이다.

날씨가 궂은 계절이 시작되어 집안에 틀어박히게 되자 나는 다시 집안에서 하는 소일거리에 착수하려고 했지만, 그것은 불가능했다. 어디서나 눈앞에 어른거리는 것은 오직 그 매력적인 두 여자 친구, 그녀들의 남자 친구, 그녀들의 주변 사람들, 그녀들이 사는 지방, 그녀들을 위해 나의 상상력이 만들어내고 미화한 것들뿐이었다. 나는 더 이상 한순간이라도 나 자신으로 있을 수 없었고, 이제 망상이 나를 떠나지 않았다. 이 온갖 허구들을 내게서 떼어버리려고 애를 많이 썼지만 소용이 없이 마침내 나는 그 허구들의 유혹에 완전히 빠지고 말았다. 그래서 이제는 다만 그것에 약간의 질서와 일관된 맥락을 부여하여 그것을 일종의 소설로 엮어내려고 노력하는 데만 열중했다.

내게 가장 난처한 것은 이렇게 소설을 씀으로써 그토록 명백하고 공공연하게 내 자신의 원칙을 번복한다는 부끄러움이었다. 그토록 세상을 시끄럽게 하면서 엄격한 원칙들을 세운 후, 그렇게 강력하게 근엄한 처세훈을 설교한 후, 사랑과 안일함이 넘쳐흐르는 유약한 책들에 대해 신랄한 욕을 그렇게도 퍼부은 후, 내가 그렇게나 가혹히 비난했던 그 책들의 저자들 중 하나로 갑자기 내 이름을 손수 올린 것을 본다면 사람들은 그것보다 더 뜻밖이고 불쾌한 것을 상상할 수 있었을까? 나는 이러한 모순을 완전히 절감했고 그것에 대해 자책했으며 부끄러움을 느끼고 화가 났다. 그러나 이 모든 것도 나로 하여금 이성으로 되돌아가게 하기에는 부족했다. 완전히 굴복당한 나는 이제는 모든 위험을 무릅쓰고 다른 사람들이 무엇이라고 하든 개의치 않겠다고 결심하는 수밖에 없었다. 다만 이 작품을 다른 사람에게 보일 것인가 보이지 않을 것인가를 결정하는 것은 나중에 생각하기로 했다. 이때는 아직 그것을 출판하게 되리라고는 생각해보지도 않았기 때문이다.

나는 이런 결심을 하고 거침없이 몽상에 몰두했고, 그것을 머릿속에서 이리저리 궁리해서 그 몽상으로부터 여러분들이 지금 그 실천의 결과를 본 바 있는 그런 종류의 구상을 짜게 되었다. 이것은 확실히 내 광기로부터 나올 수 있었던 최선의 활용이었다. 일찍이 내 마음에서 떠난 일이 없었던 선을 사랑하는 마음이 그 광기를 도덕이 이용할 수 있는 유용한 대상들로 돌렸던 것이다. 내 관능적인 묘사는 만약 거기에 순진무구함이라는 부드러운 색조가 결여되었다면 그 모든 우아함을 상실하고 말았을 것이다. 마음 약한 처녀는 연민의 대상이며, 사랑을 하면 관심의 대상이 될 수 있으며 흔히 더욱 사랑스러운 대상이 된다. 그러나 지금 유행하는 풍습을 보면서 분노하지 않고 그 광경을 참을 수 있는 사람이 누가 있겠는가? 공공연히 자기의 모든 의무를 발밑에 짓밟아버리면서도, 남편에게 호의를 베풀어 자신이 현장에서 붙들리고 싶어 하지 않는다는 것에 대해 남편이 지극히 감사해야 한다고 주장하는 부정한 아내의 오만보다 더 불쾌한 일이 어디 있으랴? 완전한 존재란 자연에는 없으며, 그러한 존재가 주는 교훈은 우리에게 그리 가까이 다가오지 않는다. 그러나 여기에 천성적으로 정숙하고 마음씨 부드러운 젊은 여인이 있어 처녀시절에는 사랑에 정복당하지만 남의 아내가 된 후에 이번에는 힘을 되찾아 그 사랑을 극복하고 다시 미덕을 회복하게 되었다고 하자. 이러한 묘사가 전체적으로 보아 추잡스럽고 유익하지 못하다고 말하는 사람이 있다면, 그는 거짓말쟁이이며 위선자이다. 그러한 사람의 말에 귀를 기울여서는 안 된다.

근본적으로 사회질서 전반에 결부되는 풍습이나 부부 사이의 정조라는 이러한 주제를 넘어서 나는 공중의 화합과 평화라는 더욱 은밀한 주제를 마음에 품고 있었다. 이것은 그 자체로서도 그렇지만 적어도 그 당시에는 아마 더욱 크고 중요한 주제였을 것이다. 《백과전서》가 일으킨 파란은 진정되기는커녕 이즈음에 와서는 그 절정에 이르렀다. 37) 두 파는 서로에게 극도로 격분하여, 서로 가르쳐주고 설득하여 서로를 진리의 길로 데려가고 싶어 하는 기독교신자나 철학자라기보다는 차라리 서로 잡아먹으려고 미쳐 날뛰는 늑대와 같았다. 만일 양편에 어느 정도 인망이 높고 활동적인 지도자들이 몇 사람 있었다면 내란으로 악화되었을지도 모른다. 그리고 종교적인 내란이 일어났다면 그것이 어떤 결과를 가져왔을까 하는 것은 신만이 알 것인데, 양편 모두 가장 잔인한 불관용 (不寬容) 이라는 점에서는 사실상 같았기 때문이다. 그것이 어떤 당파심이든 당파심에는 타고난 반감을 갖고 있는 나는 두 파의 사람들에게 엄정한 진리를 분명하게 말해주었건만 그들은 귀담아 듣지 않았다. 그래서 나는 다른 방법을 생각해냈는데, 그것은 내 순진한 마음에 굉장한 것처럼 보였다. 그것은 그들의 편견을 타파하고 공중의 존경과 모든 사람들의 경의를 받을 만한 다른 파의 장점과 미덕을 서로에게 보여줌으로써 서로의 반감을 누그러뜨리는 것이다. 그러나 그리 사려 깊지 않은 이 계획은 사람들에게 선의가 있음을 가정한 것으로, 그로 인해 나는 생피에르 신부를 비난한 것과 같은 오류에 빠져들었다. 그래서 이 계획은 그것이 받아 마땅한 성과를 거두었다. 즉, 그것은 전혀 그 두 파를 가까워지게 하지도 못했고 오직 나를 타도하기 위해서만 그들을 단결시켰다. 그러나 경험을 통해 내 어리석음을 깨달았을 때까지 나는 말하자면 내

---

37) 사실 파란이 절정에 이른 것은 1758년 엘베시우스의 《정신론》(De l'Esprit) 이 처벌을 받았을 때였다. 여론은 그의 유물론적 명제들을 백과전서파 전체의 주장으로 간주했다. 1759년 《백과전서》를 주도하는 사람들에게 부여되었던 특권이 폐지되었다. 그런데 루소가 〈달랑베르에게 보내는 편지〉를 쓰고 디드로와 절교한 것은 1758년 봄이었다. 백과전서파가 곤경에 처했을 때 루소가 이렇게 공개적으로 우정을 포기한 것은 배신으로 보일 수 있었다.

게 이러한 계획을 품게 한 동기에 걸맞은 열성을 갖고 거기에 몰두하였
다. 그리고 나는 볼마르[38]와 쥘리 두 사람의 성격을 황홀감을 갖고 구
상했는데, 이러한 황홀감은 이 둘을 다 사랑스러운 존재로 만들며 게다
가 한쪽을 통해 다른 쪽을 사랑스럽게 만드는 일에 성공하였으면 하는
바람을 갖게 만들었다.

내 구상의 초안을 대충 잡은 데 만족하여, 전에 그려놓았던 세부적인
장면들에 다시 손을 댔다. 그것들을 정리하여 《쥘리》의 제 1부와 제 2
부가 나왔다. 그해 겨울 동안은 말할 수 없는 기쁨 속에서 그것을 만들
고 정서했다. 이를 위해서 금테 두른 가장 좋은 종이를 사용했고, 글자
를 말리기 위해 하늘색과 은색 가루를 썼고, 푸른색 가는 리본으로 원고
를 철했다. 요컨대 내가 피그말리용[39]이나 되는 것처럼, 열렬히 사랑하
는 그 사랑스러운 소녀들을 위해서는 아무리 세련되고 예쁜 것이라 해도
충분하다고 생각되지 않았다. 매일 저녁마다 나는 화롯가에서 '가정부
들'에게 이 두 부를 읽고 또 읽어주었다. 딸은 아무 말도 못하고 감격하
여 나와 함께 흐느껴 울었다. 그 어머니는 거기서 칭찬할 것이라고는 조
금도 보지 못했고 또 그것을 전혀 이해하지도 못했으므로 가만히 있다
가, 조용해지면 "참 아름답군요"라고 내게 계속해서 되뇔 뿐이었다.

데피네 부인은 내가 겨울에 숲속 외딴집에서 홀로 있는 것을 알고 염
려하여 빈번히 사람을 보내 나의 안부를 물었다. 그녀가 나에 대해 이렇
게 매혹적인 우정의 표시를 보여준 적은 결코 없었으며, 또 나의 우정이
그녀의 우정에 대해 더 열렬하게 화답한 적도 일찍이 없었다. 이러한 우

---

38) 무신론자이자 이성(理性)의 화신으로 아버지의 반대로 생프뢰와 헤어진
   쥘리와 결혼한다.
39) 키프로스의 조각가인 피그말리용은 이상적인 여자를 발견할 수 없자 상아
   로 자기가 원하는 여자를 만들어 그 조각상을 사랑하였는데, 비너스가 그
   를 동정하여 그것에 생명을 불어넣어 주었다고 한다.

정의 표시들 중에서도 그녀가 내게 자기 초상화를 보냈다는 점과 살롱에 전시되었던 라 투르40)가 그린 내 초상화를 수중에 넣기 위해 필요한 문의를 내게 부탁했다는 점을 명확히 밝히지 않는다면 내 잘못일 것이다. 그녀가 내게 베푼 친절 중 또 하나 빼놓을 수 없는 것이 있는데, 그것은 우스워 보일지 몰라도 그것이 내게 준 인상을 통해 내 성격의 역사에 중요성을 갖는다. 얼음이 꽁꽁 언 어느 날 그녀로부터 온 소포를 열어보니 그녀가 장을 봐다 준 여러 가지 물건들 틈에 영국제 플란넬 짧은 속치마가 있었다. 그녀가 입었던 것인데 내 조끼로 만들어 입었으면 좋겠다고 말했다. 그녀가 보낸 편지의 표현은 매력적이고 애정과 소박함으로 차 있었다. 너무나 우정 어린 이러한 배려는 내게 마치 나를 입히기 위해 자신의 옷을 벗어준 것처럼 매우 감동적으로 보여 감격스러워 눈물을 흘리면서 그 편지와 치마에 몇 번이고 입을 맞추었다. 테레즈는 내가 미쳤다고 생각했다. 데피네 부인이 내게 아낌없이 보여준 우정의 모든 표시들 중에 내게 일찍이 이처럼 감동을 준 것은 없었으며, 또 심지어 그녀와 결별한 이후에도 이것을 다시 생각할 때마다 감동하는 것은 이상한 일이다. 나는 그녀가 준 이 짤막한 편지를 오랫동안 간직해두었다. 그 편지가 당시의 다른 편지들과 같은 운명에 처하지만 않았더라면 아직도 내 수중에 남아있을 것이다.

그해 겨울은 요폐가 거의 끊일 사이가 없을 정도였고 겨울 중 얼마 동안은 소식자를 사용하지 않으면 안 되었지만, 그래도 모든 것을 따져보면 내가 프랑스에서 살기 시작한 이래 가장 감미롭고 가장 조용하게 지낸 계절이었다. 날씨가 나빠서 뜻밖의 방문객으로부터 덜 시달리게 된 4, 5개월 동안 현실에서는 두 '가정부들'과 공상 속에서는 두 사촌 자매41)만을 벗삼아 독립적이고 평탄하고 소박한 삶을 즐겼는데 — 내게서

---

40) Quentin de La Tour(1704~1788): 당대의 유명한 파스텔 화가로 루소와 볼테르를 비롯하여 수많은 명사들의 초상화를 그렸다.

이러한 생활의 즐거움은 생활의 가치를 증가시킬 뿐이었다 — 이러한 즐거움은 그 전에도 그 후에도 없었다. 내가 자기들의 압제에서 벗어난 것을 보고 친구들이 분히 여겨 아우성을 치는데도 불구하고, 현명하게 취했던 내 결심에 대해 날이 갈수록 더욱 기뻐한 것도 특히 그 무렵이었다. 한 미치광이의 테러소식[42] 을 듣고 들레르와 데피네 부인의 편지에서 혼란과 동요가 파리를 휩쓸고 있다는 말을 들었을 때, 나는 이러한 공포와 범죄의 광경들에서 나를 멀리 있게 해주신 하늘에 얼마나 감사했는지 모른다. 만일 이런 광경을 내가 보았더라면 사회의 무질서가 내게 심어준 화내기 쉬운 기질이 더 커지고 격해지기만 했을 것이다. 그러나 반대로 내 은신처 주위에서 보이는 것이라고는 즐겁고 유쾌한 것들뿐이어서 내 마음은 오직 사랑스러운 감정에 빠져 있을 뿐이었다. 나는 여기서 내 자신에게 남겨진 최후의 평화로운 세월의 흐름을 흐뭇한 마음으로 적어둔다. 이처럼 조용한 겨울 다음에 온 봄에는 이제부터 써나가야 할 불행들이 싹텄고, 여러분들은 그 불행들이 연속되는 과정에서 내가 지금과 같이 한가로이 숨을 쉴 그런 겨를을 다시는 볼 수 없을 것이다.

  그렇지만 나는 이 평화스러운 기간 동안 철저히 고독한 생활을 하면서도 돌바크 일당 때문에 아주 평온하게 지내지는 않았던 것으로 기억하고 있다. 디드로는 내게 어떤 근심거리를 주었는데, 내가 곧 말해야만 할 그의 〈사생아〉[43] 가 나온 것이 그해 겨울이 아니었는지 매우 헷갈린다. 이것은 여러분들이 나중에 알게 될 이유 때문이기도 하지만 그 이외에 이때의 확실한 기록이 거의 내게 남아있지 않을 뿐 아니라 내게 남아있는 기록까지도 날짜가 매우 확실치 않다.[44] 디드로는 자기 편지에

---

41) 《신엘로이즈》의 여자 주인공인 쥘리와 클레르는 사촌간이다.
42) 다미앵(Damiens)은 1757년 1월 4일 루이 15세를 시해하려고 시도했다.
43) 〈사생아〉(Le fils naturel)는 디드로가 쓴 희극으로 1757년 2월 출간되었다.
44) 루소가 모아두었던 그 당시의 자료와 편지 등은 나중에 분실되는데, 루소

결코 날짜를 쓰지 않았다. 데피네 부인도 두드토 부인도 편지에 거의 요일밖에는 쓰지 않았고, 들레르도 대개는 그녀들과 마찬가지였다. 그 편지들을 순서대로 정리하려고 했을 때는 나도 믿을 수 없는 불확실한 날짜를 어림짐작으로 채워 넣을 수밖에 없었다. 이런 이유로 불화가 시작된 시기를 확실히 규정할 수 없기 때문에, 내가 그것에 대해 기억할 수 있는 것 모두를 다음에 일괄해서 보고하는 편이 낫겠다.

봄이 돌아오자 사랑에 대한 망상이 더 심해졌다. 그리고 나는 사랑의 흥분 속에서 《쥘리》의 마지막 부분들을 위해 편지를 여러 통 지었는데, 그 편지에는 그것을 쓸 당시의 황홀감이 엿보인다. 나는 그 중에서도 엘리제 정원을 언급하는 편지와 호수 위에서의 뱃놀이를 언급하는 편지를 들 수 있는데, 이것들은 내 기억이 확실하다면 제 4부의 끝에 있다. 이 두 편지를 읽으면서 내게 그 편지들을 받아쓰게 한 감동 속에서 자기 마음이 부드러워져 녹는 것을 느끼지 못하는 사람이라면 이 책을 덮어버려야 할 것이다. 그런 사람은 감정의 문제들을 판단하기에 적당치 않기 때문이다.

바로 같은 시기에 두드토 부인으로부터 예상치도 않은 두 번째 방문을 받았다. 기병대장인 남편도 또 군에 복무하는 애인도 부재중이라서 그녀는 몽모랑시 골짜기의 한가운데 있는 오본에 와서 아주 예쁜 집을 빌려 살고 있었다. 그녀는 바로 거기서부터 레르미타주에 처음 소풍나온 것이다. 이 여행에서 그녀는 말을 타고 남자 복장을 했다. 나는 이러한 종류의 우스꽝스러운 복장을 별로 좋아하지는 않지만 소설에나 나옴직한 그녀의 외모에 사로잡혔다. 그리고 이번에 그것은 사랑이었다. 그것은 내 생애 전체에 걸쳐 최초의 그리고 유일한 사랑이었으며 그 결과는 그 사랑을 내 추억 속에서 영원히 기억될 끔찍한 것으로 만들게 될 것

는 그의 적들이 그것들을 훔쳐갔다고 확신했다.

이기 때문에, 이 사항을 어느 정도 자세히 다루는 것을 양해해 주었으면
한다.

두드토 백작부인은 나이가 서른에 가까웠고 전혀 아름답지도 않았
다. 그녀의 얼굴에는 곰보 자국이 있었고 안색도 곱지 않았다. 근시인
데다 눈도 좀 둥글었다. 그러나 이 모든 점에도 불구하고 젊어 보였고,
발랄하고 부드러운 얼굴은 애교가 있었다. 숱이 대단히 많은 까맣고 긴
머리카락은 원래 곱슬머리인데 무릎까지 내려왔다. 그녀의 몸매는 귀
여웠고 그 모든 행동에 어색함과 우아함이 동시에 들어있었다. 그녀의
기질은 매우 자연스럽고 유쾌했는데, 거기에는 쾌활함과 경솔함과 순
진함이 서로 잘 배합되어 있었다. 그녀는 매력적인 재치가 넘쳐흘렀는
데, 그것은 전혀 그녀가 꾸며서 하는 것이 아니라 가끔 그녀도 모르게
튀어나왔다. 그녀는 사람을 즐겁게 하는 여러 가지 재주를 갖고 있었
다. 클라브생을 연주하고 춤도 잘 추며 꽤 멋진 시를 썼다. 그녀의 성격
에 대해 말하자면 천사와 같아서, 유순한 마음이 그 바탕을 이루고 있었
다. 그리고 그 성격에는 신중함과 힘을 제외한 모든 미덕들이 겸비되어
있었다. 그녀는 무엇보다도 사람과 사귀거나 교제할 때 너무나 입이 무
겁고 신의가 두터워 그녀의 적들까지도 그녀를 피할 필요가 없었다. 내
가 그녀의 적들이라고 하는 것은 그녀를 미워하는 사람들 더 정확히 말
하자면 여자들을 의미한다. 왜냐하면 그녀로서는 사람들을 미워할 수
있는 마음조차 갖지 않았기 때문이다. 그리고 나는 이런 유사성이 내가
그녀에게 열을 올리는 데 상당히 기여했다고 생각한다. 가장 절친한 친
구들과 속내이야기를 나눌 때도 나는 그녀가 자리에 없는 사람들에 대
해 심지어 올케[45]에 대해서도 험담하는 것을 들어본 적이 결코 없다.
그녀는 자기가 누구에 대해 생각하는 바를 숨길 수도 없었고 심지어 자

---

45) 두드토 부인을 미워하던 올케 데피네 부인을 말한다.

신의 감정들 중 어떤 것도 억제할 수도 없었다. 그래서 나는 그녀가 자기 친구들이든 아는 사람들이든 누구든 가리지 않고 자기 애인에 대해 말한 것처럼, 심지어 자신의 남편에게까지도 그 애인에 대해 말했을 것이라고 확신한다. 너무나도 엄청난 부주의와 우스꽝스러운 경솔함에서 나오는 실수를 곧잘 저지르는 그녀로부터 자신에게 매우 불리한 실수가 무심코 나오는 경우는 종종 있었지만 어느 누구를 모욕하는 실수가 나오는 경우는 결코 없었는데, 요컨대 그런 점이야말로 그녀의 훌륭한 천성이 갖는 순수성과 진실함을 반박할 여지없이 입증하는 것이다.

그녀는 매우 젊었을 때 자신의 의사와는 관계없이 두드토 백작46)과 결혼했다. 그는 지체가 높은 귀족이고 훌륭한 군인이었으나 노름꾼에다 트집쟁이고 사랑스러운 구석이라고는 거의 없어서 그녀는 조금도 그를 사랑하지 않았다. 그녀는 생랑베르 씨가 자기 남편이 갖고 있는 장점들과 더불어 더 유쾌한 자질들과 재치와 미덕과 재능을 겸비하고 있음을 보았다. 이 시대의 풍습에서 용납할 만한 점이 있다고 한다면, 그것은 아마 그 지속으로 순수해지고 그 결과로 존경받고 오직 서로간의 존중으로 공고해지는 애정일 것이다.

그녀가 나를 보러 온 것은 어느 정도는 자기가 좋아서라고 생각할 수도 있겠지만 상당한 정도는 생랑베르의 환심을 사기 위해서였다. 그는 전부터 그녀에게 그렇게 하기를 권했는데, 우리들 사이에서 맺어지기 시작한 우정 때문에 이러한 교제가 우리 세 사람 모두에게 즐거운 것이 되리라는 그의 생각은 옳았다. 그녀는 내가 그들의 관계에 대해 알고 있다는 것을 모르지 않았고, 내게 그에 대해 거리낌 없이 이야기할 수 있어서 나와 함께 있기를 좋아하는 것도 당연했다. 그녀가 왔고 나는 그녀

---

46) Claude-Constant-César, comte d'Houdetot: 1724년 8월 5일 파리에서 태어나 14살에 근위기병대에 들어가 결혼 3주일 전인 1748년 1월 1일 베리 기병대 대장으로 임명되었다.

를 보았다. 나는 대상 없는 사랑에 도취되어 있었는데, 이러한 도취감
이 내 눈을 현혹시켜 그 대상이 그녀로 정해졌다. 나는 두드토 부인에게
서 나의 쥘리를 보았고, 곧 두드토 부인밖에는 더 이상 눈에 보이는 것
이 없었다. 나는 그 직전에 내 마음의 우상을 모든 장점들로 미화해 놓
았는데, 그 장점들이 고스란히 그녀에게 옮겨진 것이다. 내게 마지막
일격을 가하기 위해 그녀는 열렬한 연인으로서 생랑베르에 대해 말했
다. 사랑의 전염력이여! 그녀의 말에 귀를 기울이며 내가 그녀 옆에 있
음을 느낄 때 나는 결코 누구의 곁에서도 맛보지 못했던 감미로운 전율
에 사로잡혔다. 그녀는 말하고 나는 감동을 느꼈다. 그녀에 대해 그 비
슷한 감정을 품고 있으면서도 단지 그녀의 감정에만 관심이 있을 뿐이라
고 믿었다. 나는 서서히 독배를 들이키고 있으면서도 여전히 그 달콤한
맛만을 느끼고 있었다. 마침내 나도 그녀도 모르는 사이에 그녀는 자신
의 애인에 대해 표현했던 모든 감정을 내게 불어넣었던 것인데, 그것은
고스란히 그녀를 향하게 되었다. 슬프도다. 그것은 정말 때늦은 사랑이
었고, 그 마음이 다른 사람에 대한 사랑으로 꽉 찬 여성을 향해 불행한
만큼이나 격렬한 열정으로 정말 고통스럽게 불타오르는 사랑이었다.

　그녀 곁에서 느꼈던 예외적인 감정의 동요에도 불구하고 처음에 나는
내게 무슨 일이 있어났는지를 알아차리지 못했다. 그런데 바로 그녀가
가버린 후에야 쥘리를 생각하려고 하는데 더 이상 두드토 부인밖에 생
각할 수 없다는 사실에 깜짝 놀랐다. 나는 그때야 비로소 알아차렸다.
나는 내 자신의 불행을 느꼈고 그것을 한탄하였지만, 그 결과를 예측하
지는 못했다.

　그녀에 대해 어떻게 처신해야 좋을지 몰라 오랫동안 망설였다. 마치
진정한 사랑이 심사숙고에서 나온 결정을 따를 만한 충분한 이성을 남
겨두기나 하는 것처럼 말이다. 내가 아직 마음을 결정하지 못하고 있을
때 그녀가 다시 찾아와 내게 기습공격을 가했다. 이번에는 나도 내 상태

를 알고 있었다. 죄악에 따르는 수치심으로 그녀 앞에서 몸을 떨면서 아무 말도 하지 못했다. 나는 감히 입을 열지도 눈을 바로 뜰 수도 없었다. 말로 표현할 수 없는 혼란에 싸여 그녀가 그것을 눈치 채지 않을 수 없었다. 나는 그녀에게 그 사정을 고백하고 그녀가 그 원인을 짐작하게끔 내버려두겠다고 작정했는데, 그것은 그녀에게 그 원인을 아주 분명하게 말하는 것이었다.

내가 젊고 사랑스러웠다면 또 그 뒤 두드토 부인의 마음이 약해졌다면, 나는 여기서 그녀의 행동을 비난할 것이다. 그러나 모든 사실은 그렇지 않아서 나는 오로지 그 행동에 찬사와 찬미를 보낼 수밖에 없다. 그녀가 내린 방침은 관대하고 신중한 것이었다. 그녀는 나를 만나라고 손수 권했던 생랑베르에게 그 이유를 말하지 않은 채 갑자기 나를 멀리할 수 없었다. 그렇게 한다면 두 친구가 절교할 위험도 있고 어쩌면 그녀가 피하고 싶어 하는 물의를 일으킬 위험도 있기 때문이었다. 그녀는 내게 존경과 호의를 갖고 있었고 내 광기를 가엾게 여겼다. 그래서 그것을 부추기지 않고 동정하면서 고쳐보려고 애썼다. 그녀는 자신이 존중하는 친구를 자기 애인과 또 그녀 자신에게서 떠나보내지 않아야 흡족했다. 그래서 그녀는 내가 정신을 차린 다음 내게 우리 세 사람 사이에 맺어질 수 있는 친밀하고 달콤한 교제에 대해 무엇보다도 즐겁게 말하곤 했다. 그러나 그녀가 항상 이런 우정 어린 격려 정도로 끝냈던 것은 아니고, 필요할 때는 내가 받아 마땅한 더욱 가혹한 비난도 아끼지 않았다.

나로 말하자면 훨씬 더 스스로를 비난했다. 홀로 있으면 곧 내 정신으로 돌아왔다. 말하고 난 후에는 마음이 더 가라앉았다. 사랑은 사랑을 불러일으킨 여인이 알게 되면 그 때문에 더 참을 만하게 된다. 나 스스로 내가 품은 사랑을 강하게 자책하였으니만큼 만약 사랑이 치유될 수 있는 것이라면 치유되어야만 했을 것이다. 이 사랑을 억누르는 데 효과적인 이유들이라면 그 도움을 받기 위해 둘러대지 않은 것이 없다. 내 품행, 내 감정, 내 원칙, 수치, 불신, 죄, 우정을 믿고 맡긴 사람을 가로채는 죄, 그리고 마지막으로 이미 그 마음이 다른 사람에게 팔려있어 내 사랑에 대해 아무런 보답도 할 수 없고 희망도 전혀 남겨둘 수 없는 상대에 대해 내 나이에 더할 나위 없이 터무니없는 정열로 불타오르는 어리석음이 그것이다. 게다가 그 정열이란 것은 일편단심이라고 해서 무슨 소득이 있기는커녕 나날이 견딜 수 없는 것이 되었다.

그런데 이 마지막 이유가 다른 모든 이유들에 무게를 더욱 실어주어야 했음에도 불구하고 오히려 그것들을 빠져나가는 이유가 되었다면 도대체 누가 그것을 믿겠는가? 나는 생각했다.

"나 혼자에게만 해로운 광기라면 거리낄 것이 없다. 대관절 내가 두드토 부인이 몹시 두려워하지 않을 수 없는 젊은 기사라도 되는가? 내 주제넘은 양심의 가책에 대해 어느 누가 나의 감언이설과 풍채와 옷차림이 그녀를 유혹할 것이라고 말하겠는가? 이봐! 가련한 장자크여, 양심의 가책을 받을 것 없이 네 마음껏 사랑하려무나. 그리고 네 사랑의 탄식이 생랑베르에게 폐를 끼칠까 걱정하지 말라."

여러분들은 내가 심지어 젊었을 때조차 결코 나 자신을 대단하게 생각한 적이 없다는 것을 이미 알고 있다. 이러한 사고방식은 내 정신적 성향에 맞는 것으로 내 열정을 부추겼다. 이것으로 아무런 거리낌 없이 사랑에 몰두하기에 또 이성(理性)보다는 허영심에서 생겼다고 생각되는 내 쓸데없는 조심성을 비웃기에 충분했다. 악덕은 결코 드러내 놓고 사람을 공격하는 것이 아니라 항상 어떤 궤변의 가면을 쓰거나 종종 어떤 미덕의 가면을 쓰고 기습하는 방법을 찾는다는 것은 마음이 바른 사람들에게는 커다란 교훈이다.

뉘우침을 모르는 죄인, 나는 곧 극단적으로 그런 죄인이 되었다. 내 사랑의 정열이 끝내 나를 심연으로 밀어 넣기 위해 어떻게 내 천성을 따라 모방했는지 제발 잘 보아주기 바란다. 처음에 그 정열은 나를 안심시키기 위하여 겸손을 가장하고 있었다. 다음에는 나를 대담하게 만들기 위하여 이 겸손을 불신으로까지 이끌어갔다. 두드토 부인은 나의 광기를 한순간도 부채질하는 일 없이 계속 내 의무감과 이성을 환기시켰다. 그러나 나를 다시없이 상냥하게 대해주고 내게 더할 나위 없이 다정한 우정 어린 말투를 취했다. 맹세컨대 내가 그 우정을 진실한 것이라고 믿었다면 나는 그 우정으로 충분했을 것이다. 그런데 내가 보기에 그 우정은 진실하기에는 너무도 강렬했다. 그래서 연령으로 보나 풍채로 보나 이제는 별로 어울리지 않는 사랑 때문에 내가 부인의 눈에 천하게 보였으며, 이 분별 없는 젊은 여자가 나와 내 때늦은 사랑을 단지 놀리고 싶어 하고, 그녀가 이것을 생랑베르에게 내밀히 이야기했으며, 그래서 나의 배신에 분개한 그녀의 애인이 그녀의 생각에 공감하여 그 둘이서 끝까지 내 정신을 돌게 하고 나를 조롱하자고 합의를 보았다는 생각까지 들 정도였다. 26세 때 내가 잘 알지 못했던 라르나주 부인에게 엉뚱한 짓을 한 것도 그런 어리석음 때문이었는데, 내가 두드토 부인이나 그녀의 애인이나 둘 다 그런 교양 없는 장난을 하기에는 너무도 예의바른 사람들이라는 사실을 만일 몰랐다면, 45세 때 두드토 부인에 대해 저지른 나의 그런 어리석은 행동은 용서받을 수 있었을지도 모르겠다.

두드토 부인은 계속해서 나를 찾아주었고, 나도 그 답례로 지체 없이 그녀를 방문했다. 그녀도 나처럼 걷기를 좋아했으므로, 우리들은 황홀한 고장에서 오랫동안 거닐었다. 그녀를 사랑하고 또 그것을 감히 말하는 것으로 만족한 나는 만약 내 엉뚱한 언동이 그 매력을 송두리째 깨뜨려버리지 않았더라면 더없이 달콤한 상태에 있었을 것이다. 처음에 그녀는 내가 그녀의 애정표현을 받아들일 때 당황하는 기분을 조금도 이해하지 못했다. 그러나 마음속에서 일어나는 것을 도무지 숨길 수 없는 내 마음은 내가 품은 의혹을 오랫동안 그녀에게 알리지 않고 있을 수가 없었다. 그 말을 듣자 그녀는 일소에 부치려고 했으나, 그런 수단은 성공하지 못했다. 계속 그렇게 했다면 격렬히 화를 내는 결과가 빚어졌을 것이다. 그래서 그녀는 태도를 바꾸었다. 그녀의 동정어린 온화함에는 어쩔 수 없었다. 그녀는 나를 나무랐는데, 그것은 내 가슴에 파고들었다. 내가 갖는 부당한 두려움에 대해서는 염려를 표명했는데, 나는 그것을 기화로 삼았다. 나는 그녀가 나를 조롱하지 않는다는 증거를 요구했다. 그녀는 나를 안심시킬 방법이 달리 없다는 것을 알았다. 나는 집요해졌고, 국면은 미묘해졌다. 까다롭게 굴 수도 있었던 여인이 그 난관을 그토록 쉽사리 넘긴 것은 놀라운 일이며 어쩌면 전무후무한 일일 것이다. 그녀는 정다운 우정의 범위 내에서 최대한 허용될 수 있는 것은 하나도 내게 거절하지 않았다. 그러나 자신을 부정한 여인으로 만들 수 있는 것은 아무것도 허락하지 않았다. 그런데 그녀의 가벼운 호의로 내 관능은 불타올랐지만 그 불길이 그녀의 관능에는 전혀 불꽃도 붙이지 못한 것을 보고 나는 모욕을 느꼈다.

　관능에 무엇인가를 허락하지 않으려고 할 때에는 그것에 어떤 것도 허용해서는 안 된다는 것을 나는 어디선가 말한 적이 있다. [47] 이러한 준칙이 두드토 부인에게서는 얼마나 틀린 것이었는지 또 부인이 자기 자신을 신뢰하는 것이 얼마나 옳은 것이었는가를 알기 위해서는, 우리 둘만의 길고도 잦은 회합들을 자세히 이야기하고, 우리가 함께 지냈던 4개월 동안 ─ 우리는 그동안 이성(異性)의 두 친구들 사이에서 거의 유례없을 정도로 친밀하게 지냈지만 한계를 두고 결코 그것에서 벗어나지 않았다 ─ 이루어진 그 회합들을 더할 나위 없이 생생하게 따라가야 할 것이다. 아아! 나는 너무나 늦게 진실한 사랑을 느껴서 그때야 비로소

---

47) 《신엘로이즈》 3부, 열여덟 번째 편지에서 쥘리는 다음과 같이 말한다. "나는 클라랑의 작은 숲에서 내가 나 자신을 너무 믿었고, 관능에 무엇인가를 허락하지 않으려고 할 때에는 그것에 어떤 것도 허용해서는 안 된다는 것을 알았다."

내 감정과 관능은 제대로 그 연체료를 지불했는데, 비록 짝사랑인데도 이와 같은 환희를 불러일으킬 수가 있다면, 우리를 사랑하는 애인 곁에서 맛보게 되어 있는 그 환희란 도대체 어떤 것일까?

그런데 내가 여기서 짝사랑이라고 말한 것은 잘못이다. 어떻게 보면 내 사랑은 서로 나누는 사랑이었다. 그러나 양쪽이 서로를 사랑하지는 않았지만 양쪽이 마찬가지로 사랑을 하고 있었다. 우리는 둘 다 사랑에 취해 있었다. 그녀는 그녀의 애인에게, 나는 그녀에게. 우리의 한탄과 달콤한 눈물은 뒤섞였다. 서로에게 자신의 흉금을 털어놓는 다정한 친구가 된 우리의 감정에는 너무나 유사한 점이 있어서 어떤 점에서는 합쳐지지 않을 수 없었다. 그럼에도 불구하고 이런 위험한 도취의 한가운데에 있으면서도 그녀는 한순간도 자신의 본분을 잊는 일이 없었다. 나는 맹세코 단언하거니와 내가 때로는 관능 때문에 눈이 어두워 그녀를 부정한 여인으로 만들려고 했지만 결코 진심으로 그것을 원한 것은 아니었다. 내 열정의 격렬함은 열정 자체를 통해 열정을 억제하고 있었다. 자제의 의무가 내 영혼을 고양시켰다. 온갖 미덕의 빛이 내 눈앞에서 내 마음의 우상을 미화시켰다. 그 숭고한 영상을 더럽힌다는 것은 그것을 파괴해버리는 것과 같았을 것이다. 나는 어쩌면 죄악을 범할 수 있었을 것이다. 내 마음속에서 몇 백 번이고 죄악을 범했다. 그러나 내가 어찌 내 사랑하는 소피를 타락시키랴? 아! 그것은 있을 수 없는 일이었다. 안 된다, 그럴 수 없다. 나는 몇 번이고 그녀에게도 이렇게 말했다. 가령 내가 마음대로 내 욕심을 채울 수 있었다 하더라도 또 그녀가 자신의 의지를 내 처분에 맡겼다 하더라도, 흥분으로 정신을 잃은 몇 번의 짧은 순간들이 아니라면 그런 희생을 치러가면서까지 행복하게 되는 것은 거부했을 것이다. 그녀를 소유하려고 하기에는 나는 그녀를 너무도 사랑하고 있었다.

레르미타주에서 오본까지는 10리 가까이 된다. 내가 자주 나들이할

때는 가끔 그곳에서 자기도 했다. 어느 날 저녁 우리는 마주앉아 저녁식
사를 마치고 매우 아름다운 달빛 아래 정원을 산책하러 나갔다. 정원 안
쪽에는 꽤 커다란 잡목림이 있었는데, 우리는 그곳을 거쳐 폭포로 꾸며
진 아름다운 작은 숲을 찾아갔다. 이 폭포는 내가 그녀에게 아이디어를
주어 그녀가 사람을 시켜 만들어놓은 것이다. 순결과 즐거움의 영원한
추억이여! 꽃이 만발한 아카시아나무 아래 잔디밭 벤치 위에 그녀와 나
란히 앉아 내 감정을 표현하는 데 진실로 적합한 말을 찾아낸 것은 바로
이 숲속에서였다. 그것은 내 생애 처음이자 마지막이었다. 그러나 가장
다정하고 가장 열렬한 사랑이 인간의 마음속에 불어넣을 수 있는 사랑
스럽고 유혹적인 일체의 것을 숭고하다고 부를 수 있다면 나는 숭고했
다. 나는 그녀의 무릎 위에 황홀한 눈물을 얼마나 많이 흘렸던가! 그리
고 그녀는 나로 인해 본의 아니게 얼마나 많은 눈물을 흘렸던가! 마침내
그녀는 자기도 모르게 열광에 빠져 이렇게 외쳤다!

"아니에요. 당신만큼 그렇게 사랑스러운 사람은 없었어요. 그리고 당
신처럼 사랑하는 애인도 결코 없었어요. 그렇지만 당신의 친구 생랑베
르가 우리 말을 듣고 있어요. 그리고 내 마음은 두 번 사랑할 수는 없을
거예요."

나는 한숨만 쉬며 잠자코 있었다. 나는 그녀에게 입을 맞추었다. 아
아! 그 입맞춤이란! 하지만 그것이 전부였다. 그녀는 6개월 전부터 혼
자 살고 있었다. 즉, 애인과 남편으로부터 떨어져 있었던 것이다. 나는
석 달 전부터 거의 매일같이 그녀를 만나왔다. 그리고 그녀와 나 사이에
는 줄곧 제3자로서의 사랑을 두고 있었다. 우리는 마주앉아 저녁을 같
이 했다. 단둘이서 작은 숲속 달빛 아래 있었다. 그리고 가장 열렬하고
가장 정다운 대화를 두 시간 동안 나눈 후 그녀는 한밤중에 그 작은 숲과
친구의 팔에서 벗어났는데, 육체적으로나 정신적으로나 이곳에 들어왔
을 때와 똑같이 흠 없이 순결한 상태였던 것이다. 독자들은 이런 모든 사

정을 참작하여 주기 바란다. 나는 더 이상 말하지 않겠다.

그런데 이때의 내 관능이 테레즈나 엄마 곁에서처럼 나를 평온하게 놓아두었다고 생각해서는 안 된다. 앞서 말한 바와 같이 이번에는 사랑이었다. 더구나 그 힘과 격렬함이 절정에 달한 사랑이었다. 내가 계속적으로 느낀 흥분, 전율, 설렘, 경련, 심장의 불규칙한 박동 따위를 기술하지는 않으련다. 단지 그녀의 모습을 떠올리는 것만으로도 내게 어떤 결과가 생겨나는지를 알면 그것들에 대해 판단할 수 있을 것이다. 레르미타주에서 오본까지가 멀다는 것은 말한 바 있다. 나는 아름다운 앙디이 언덕을 넘어가곤 했다. 나는 걸어가면서 이제 만나게 될 그녀와 그녀에게 받을 친절한 접대와 나의 도착을 기다리고 있는 입맞춤을 꿈꾸고 있었다. 이 단 한 번의 키스, 이 치명적인 키스는 그것을 받기도 전에 내 피를 몹시 끓게 하여 머릿속이 혼란해지고 현기증으로 눈이 어두워지며 무릎이 떨려서 몸을 가눌 수가 없었다. 나는 할 수 없이 걸음을 멈추고 주저앉곤 했다. 온몸이 알 수 없는 어떤 혼란상태에 빠져 금방이라도 실신할 것만 같았다. 위험을 깨닫고 나는 다시 걸으며 기분을 돌려 다른 것을 생각하려고 애썼다. 스무 걸음도 못 가서 같은 추억과 그 추억에 따르는 여러 가지 사건이 다시 떠올라 나를 덮치는 바람에 나는 도저히 거기서 헤어날 수가 없었다. 어떤 수단을 썼다 하더라도 혼자서 무사히 이 행로를 마친 적은 없었던 것 같다. 오본에 도착할 즈음에는 기운이 없고 지치고 기진맥진하여 거의 몸을 가눌 수가 없었다. 그러나 나는 부인을 보는 순간 다시 모든 기운을 회복했다. 그녀 곁에서는 단지 지칠 줄 모르는 그러나 언제나 쓸 곳이 없는 정력으로 번거로움을 느낄 뿐이었다. 도중에 오본이 바라보이는 곳에 올랭프 산이라고 불리는 쾌적한 높고 평평한 지대가 있었다. 가끔 우리 두 사람은 각각 자기가 있는 쪽에서 이곳으로 와서 만났다. 내가 먼저 도착하곤 했는데, 내 운명은 부인을 기다리게 되어 있었다. 그러나 그 기다림이 내게는 얼마나 고통스러운 것이었던가! 나는 기분을 전환하기 위해서 연필로 짧은 편지들을 써보았는데, 내 가장 순결한 피로써 썼다고 할 수 있다. 그러나 읽을 수 있는 편지는 결코 한 장도 완성할 수가 없었다. 우리가 미리 약속한 움푹 파인 곳에서 그녀가 그 편지들 중 어떤 하나를 찾아내어도, 거기에서는 단지 그것을 쓰면서 내가 정말로 얼마나 가엾은 상태에 있었는가를 알 수 있을 뿐이었다. 이러한 상태에서, 특히 3개월에 걸쳐 계속 흥분하고 절제하는 이러한 상태가 지속되면서, 나는 기력이 고갈되어 수년간 이런 기진맥진한 상태에서 헤어나지 못했고 마침내는 탈장이 되었다. 나는 이 탈장을 무덤에 데리고 가거나 아니면 탈장이 나를 무덤으로 데리고 갈 것이다. 어쩌면 일찍이 자연이 낳은 남자들 중 가장 불타오르기 쉽고 동시에 가장 수줍은 기질의 남자가 맛본 유일한 사랑의 기쁨은 이상과 같은 것이었다. 또한 이 세상에서 내게 배당된 최후의 행복한 날들은 이런 것이었다. 오랫동안 꼬리를 물고 지속되는 내 생애의 불행은 여기서 시작하는데, 여러분들은 내 불행이 중단되는 것을 거의 보지 못할 것이다.

여러분들이 내 전 생애를 통해 보았듯이 수정같이 투명한 나의 마음48)은 거기에 약간의 강렬한 감정이 깃들어져 있다면 그것을 꼬박 1분 간만이라도 숨길 줄 몰랐다. 내가 두드토 부인에게 품은 사랑을 오래도록 숨기는 것이 가능했는지 여러분이 판단하시기 바란다. 우리의 친밀한 관계는 모든 사람의 눈길을 끌었으며, 우리는 그것을 비밀에 부치거나 숨기려고 하지 않았다. 우리 관계의 성격은 그런 것들을 필요로 하지 않았다. 왜냐하면 두드토 부인은 나에 대해 전혀 가책할 것이 없는 가장 다정한 우정을 품고 있었고, 나도 부인에 대해 내가 어느 누구보다도 그 정당성을 고스란히 잘 알고 있는 존경심을 갖고 있었기 때문이다. 부인

---

48) "투명한 마음"은 루소의 가장 중심적인 주제 중 하나이다.

은 솔직하고 주의력이 없고 경솔했고, 나는 진실하고 서투르고 자존심이 강하고 성급하고 흥분을 잘했다. 그래서 우리는 근거도 없이 마음을 놓고 우리에 대한 비난거리를 더욱 많이 제공했는데, 우리가 실제로 죄를 범했다면 비난거리를 훨씬 덜 만들었을 것이다. 우리는 둘이서 같이 라 슈브레트에 간 적도 있고 거기서 자주 함께 있었으며 심지어는 약속하고 만난 적도 이따금 있었다. 거기서는 우리가 평소 하는 것처럼 살았다. 우리는 데피네 부인의 방과 마주보이는 곳, 그 방 창가 아래 있는 공원에서 매일같이 나란히 산책하면서 우리들의 사랑과 의무와 친구와 순진무구한 계획을 이야기하곤 했다. 데피네 부인은 그 창에서 늘 우리를 살피면서 자기가 무시당했다고 믿고서 그 마음속을 분노와 분개의 시선으로 가득 채우고 있었다.

여성들은 모두 분노를 숨기는 재주가 있다. 분노가 심하면 특히 그렇다. 데피네 부인은 과격하지만 사려가 깊어서 특히 누구보다도 뛰어나게 그런 재주를 갖고 있었다. 그녀는 아무것도 못 본 체하고 아무것도 의심하지 않는 체했다. 그리고 내게는 전에 없이 관심과 배려를 배가하고 거의 아양을 부리는 동시에 자기 시누이는 예의 없는 태도와 경멸의 표시로 들볶으려 했는데, 그것을 내게 알리고 싶어 하는 것 같았다. 그녀가 뜻을 이루지 못한 것은 잘 아시리라. 그러나 나는 정말 괴로웠다. 나는 서로 상반되는 감정에 가슴이 찢어질 듯했는데, 데피네 부인의 다정스러운 언행에 감동하는 동시에 그녀가 두드토 부인에게 무례한 짓을 하는 것을 보았을 때 분노를 억제하기 힘들었기 때문이다. 천사같이 온순한 마음씨를 가진 두드토 부인은 아무 불평도 않고 심지어 그녀에 대해 더 불만스럽게 생각하지도 않으면서 모든 것을 참고 견뎠다. 게다가 그녀는 그러한 일에 흔히 부주의하고 언제나 별로 민감하지 않아서, 대개는 그런 것을 눈치채지 못했다.

나는 열정에 사로잡혀 소피(이것이 두드토 부인의 이름들 중 하나이다)

밖에는 아무것도 눈에 보이지 않았다. 그래서 내가 온 집안의 그리고 불의의 방문객들의 웃음거리가 된 것도 깨닫지 못하고 있었다. 내가 알기로는 지금까지 라 슈브레트에 한 번도 온 일이 없었던 돌바크 남작도 이불의의 방문객들 중의 하나였다. 내가 당시에 그 이후처럼 의심이 많았더라면 데피네 부인이 사랑에 미친 시민을 남작에게 재미있는 선물로 보이려고 이러한 나들이를 주선한 것이라고 강하게 의심했을 것이다. 그렇지만 나는 그때 아주 어리석어서 모든 사람의 눈에 훤히 보이는 것조차 보지 못하고 있었다. 그러나 아무리 바보라고 해도 남작이 평소보다도 한결 기분이 좋아서 즐거워하는 모습은 볼 수가 있었다. 습관처럼 음흉한 시선으로 나를 보던 것과는 달리 내가 전혀 이해할 수 없는 조롱조의 농담을 내게 자꾸 늘어놓았다. 나는 아무 대꾸도 못하고 눈만 휘둥그렇게 뜨고 있었고, 데피네 부인은 배를 잡고 웃고 있었다. 나는 그들이 왜 그러는지 알 수 없었다. 그러나 어떤 말도 아직 농담의 범위를 벗어나지 않았고 내가 눈치 챘다고 하더라도 그저 받아넘기기만 하는 것이 상책이었다. 그러나 남작의 빈정거리는 쾌활함 속에서도 그 눈에 악의 섞인 기쁨이 번득이는 것이 보였는데, 만일 내가 후에 그것을 회상했을 때만큼이나 그때 그것을 분명히 알아차렸다면 나는 아마 불안에 떨었을 것이다.

어느 날 나는 두드토 부인을 만나러 오본에 갔다. 부인이 파리 여행에서 막 돌아온 때였다. 내가 보기에 부인은 슬퍼하는 것 같았고 나는 그녀가 울었다는 것을 알았다. 부인의 시누이 블랭빌 부인이 거기 있었으므로 나는 하는 수 없이 자제하고 있었다. 그러다가 틈이 나자마자 내 불안을 그녀에게 표명했다. 그녀는 한숨을 쉬면서 내게 이렇게 말했다.

"아! 당신의 그런 철없는 짓으로 내 앞날이 편안치 않을까 정말 걱정입니다. 생랑베르는 사실을 알고 있고 그것도 잘못 알고 있습니다. 그는 내가 잘못하지 않은 것은 인정하지만 기분 나빠하고 있습니다. 그런데 더욱 나쁜 것은 자기가 기분 나빠하는 것의 일부를 내게 숨기고 있다는 점입니다. 그렇지만 다행스럽게도 나는 그에게 우리의 관계에 대해 조금도 숨기지 않았습니다. 사실 우리 관계가 맺어지게 된 것도 그의 주선 때문이었으니까요. 내 마음은 당신만을 생각하고 있었으므로 편지도 언제나 당신 생각으로 꽉 차있었습니다. 내가 그에게 감추었던 것은 오직 당신의 무분별한 사랑에 대한 것뿐이었는데, 나는 당신이 앓는 그 사랑의 열병을 고쳐주고 싶었습니다. 그런데 그분은 내게 그런 말을 안 하지만 나는 그분이 그것을 내 죄로 나무라는 것을 압니다. 누가 우리를 중상했고 해코지했던 거예요. 그렇지만 상관없습니다. 이젠 우리들의 관계를 완전히 끊었으면 합니다. 아니면 당신의 본분을 지키시든가요. 나는 더 이상 내 사랑하는 사람에게 아무것도 숨기고 싶지 않으니까요."

내가 조언자 구실을 해주어야 마땅했을 젊은 여자 앞에서 정당한 비난을 받고, 내 잘못을 저질렀다는 생각으로 창피를 당해 수치를 느낀 것은 이번이 처음이었다. 그 때문에 내가 나 자신에 대하여 느낀 분노는 아마 내 약한 마음을 극복하기에 충분했을 것이다. 그러나 그 희생물이 된 그녀가 내게 불어넣어준 그토록 따뜻한 동정심은 다시 내 마음을 녹여주었다. 아아! 눈물이 마음 구석구석까지 스며들어 넘쳐흐를 때 어찌 내가 마음을 모질게 먹을 수 있겠는가? 이러한 감동은 곧 비열한 밀고자들에 대한 분노로 변했다. 그들은 죄가 되지만 고의가 아닌 감정에서 나오는 죄악만을 보고, 그 죄악을 속죄하는 마음의 참다운 성실성을 믿으려고 하기는커녕 그것을 상상조차 해보지 않는 것이다. 이렇게 타격을 가한 자를 알아내는 데는 시간이 오래 걸리지 않았다.

나와 두드토 부인은 데피네 부인이 생랑베르와 편지를 주고받는 것을 알고 있었다. 데피네 부인이 두드토 부인에게 풍파를 일으킨 것은 이번이 처음이 아니었다. 데피네 부인은 두드토 부인과 그 애인 사이를 갈라놓으려고 갖은 노력을 다했고, 그 노력이 얼마쯤 성공하여 그 뒤로 두드토 부인은 불안에 떨곤 했다. 게다가 카스트리 씨[49] 휘하에서 종군하였던 것 같은 그림이 생랑베르와 마찬가지로 베스트팔렌에 있었으므로 그들은 가끔 만나고 있었다. 그림은 두드토 부인에게 몇 번 수작을 걸었으나 성공하지 못했다. 그림은 몹시 기분이 상해 그녀를 만나는 것을 완전히 중단하고 말았다. 세상 사람들로부터 겸손하다는 평을 듣는 그림이 자기보다 나이도 많은 남자 더구나 그가 고관대작들의 집에 드나들게 되면서부터는 자기의 피보호자로밖에는 취급하지 않던 남자를 두드토 부인이 더 좋아한다고 생각하면서 얼마나 냉담한 태도를 취했는지 여러분들도 짐작이 갈 것이다.

데피네 부인에 대한 내 의심은 내 집에서 무슨 일이 일어났는가를 알았을 때 확신으로 변했다. 내가 라 슈브레트에 있었을 때 테레즈는 편지를 가져다주느라고 혹은 건강이 좋지 못한 내게 필요한 간호를 하느라고 자주 왔었다. 데피네 부인은 테레즈에게 두드토 부인과 내가 편지를 주고받는지 어떤지 물었다. 테레즈가 사실대로 말하자 데피네 부인은 감쪽같이 겉봉을 다시 붙여놓겠다고 장담하면서 두드토 부인의 편지들을 자기한테 건네 달라고 졸라댔다. 테레즈는 이런 제안에 너무나 분개했지만 그런 기색은 보이지 않고 또 심지어 내게도 알리지 않고 내게 가져오는 편지를 더 꼭꼭 감추기만 했다. 그것은 아주 적절한 대비였다. 왜냐하면 데피네 부인은 테레즈가 오는 것을 지켜보게 하여 그녀가 지나가기를 기다려 뻔뻔스럽게도 테레즈의 앞치마 가슴받이 속까지 뒤져보는 짓을 여러 번 저질렀으니 말이다. 데피네 부인은 더한 짓도 했다. 내가 레르미타주에 머물게 된 이후 어느 날 처음으로 데피네 부인을 마르장시 씨와 함께 레르미타주의 오찬에 초대했는데, 부인은 내가 마르

---

49) Le marquis de Castries (1727~1801) : 그는 당시 독일에 있는 수비즈 군 기병대의 지휘를 막 맡은 상태였다. 이후 프랑스의 원수가 되었고, 루이 16세 때에는 해군성 장관으로 명성을 날렸다.

284

장시와 산책을 나간 틈을 타서 테레즈 모녀와 함께 내 서재로 들어가 두 드토 부인의 편지들을 보여 달라고 졸라댔다. 그 어미가 편지들이 어디 있는지 알고 있었다면 물론 편지들은 부인의 손에 넘겨졌을 것이다. 다행히 딸만이 알고 있었으므로, 내가 편지는 하나도 보관하지 않는다고 우겨댔다. 이 거짓말은 정말 정중함과 충실함과 관대함으로 가득 찬 것이다. 반면에 진실을 말했다면 그것은 오직 배신밖에 되지 않았을 것이다. 데피네 부인은 테레즈를 꼬드길 수 없음을 알자, 테레즈에게 사람이 좋아 눈이 멀었다고 나무라면서 질투심을 이용하여 그녀를 선동하려 했다. 부인은 이렇게 말했다.

"그들이 죄가 되는 교분을 서로 나누고 있는 것을 당신은 어떻게 모를 수 있습니까? 당신의 눈길을 끄는 모든 것에도 불구하고 또 다른 증거들이 필요하다면, 그것을 입수하기 위해 필요한 일에 동참하십시오. 주인 양반이 두드토 부인의 편지를 읽고 나면 곧 찢어버린다고 했지요. 그러면 찢어진 종잇조각들을 잘 주워 모았다가 그것을 내게 주세요. 내가 책임지고 맞춰드릴 테니까요."

이런 것들이 내 여자 친구가 내 반려자에게 준 교훈이었다.

테레즈는 신중하게도 이 모든 시도들에 대해 꽤 오랫동안 내게 말하지 않았다. 그러나 내가 어쩔 줄 몰라 하는 것을 보고 그녀는 내게 모든 것을 말하지 않으면 안 된다고 생각했다. 그것은 내가 어떤 사람을 상대하고 있는지 알고, 사람들이 내게 준비하고 있던 배신으로부터 나 자신을 지키기 위한 조치를 취하도록 하기 위해서였다. 내 분개와 격분은 이루 말할 수 없다. 나는 데피네 부인을 본받아 부인에게는 아무렇지도 않은 체하면서 그 계략에 대응하는 꼼수를 사용하는 대신에, 지나칠 정도로 격하게 성질을 부렸고 평소의 경솔함으로 아주 대놓고 버럭 화를 냈다. 여러분들은 다음의 편지들을 통해 내 무분별함을 판단할 수가 있는데, 그 편지들은 이 경우 쌍방이 취했던 태도를 충분히 보여주고 있다.

데피네 부인의 편지 (편지모음집 A. 44호)

제 친애하는 벗이여, 어째서 통 뵈올 수가 없습니까? 저는 당신을 염려하고 있습니다. 레르미타주에서 이곳까지의 왕래만은 하시겠다고 그토록 굳게 제게 약속하지 않으셨습니까! 이 점에 대해서는 당신의 뜻대로 하시라고 하였는데, 일주일이 지나도록 전혀 와주지 않으시네요. 건강하시다는 말을 인편에 듣지 못하였더라면, 편찮으신 줄 알았을 거예요. 저는 그제도 어제도 당신을 기다리고 있었는데도, 당신이 오시는 걸 볼 수가 없습니다. 대관절 어찌된 일입니까? 일도 없으시고 또 걱정도 없으신 모양입니다. 자만일지 모르겠지만 그랬었다면 한시바삐 그것을 제게 털어놓기 위해 오셨으리라 믿습니다. 도대체 병환이라도 나셨나요? 어서 빨리 저를 불안에서 구해주십시오. 부탁입니다. 안녕, 제 친애하는 벗이여. 이 작별인사가 제게 당신으로부터 만남의 인사를 가져다주기를.

답 장

수요일 아침

저는 아직 당신에게 아무 말씀도 드릴 수가 없습니다. 좀더 자세한 사정을 알게 되기를 기다리고 있으니, 조만간 알게 되겠지요. 그때까지 다음과 같은 사실을 확실히 아십시오. 결백한 사람은 비방을 받을지라도 거짓 비방을 한 사람들이 누구든 후회하게 만들 정도로 열렬한 옹호자를 얻게 될 것입니다.

데피네 부인의 두 번째 편지 (편지모음집 A. 45호)

당신의 편지로 제가 놀라고 있다는 것을 아십니까? 대체 당신은 편지에서 무슨 말씀을 하시려는 것입니까? 스물다섯 번 이상이나 그 편지를 되풀이해 읽어보았지만, 사실 전혀 이해할 수가 없습니다. 편지를 보고는 당신께서 불안해하고 고민하신다는 것, 제게 그것에 대해 말하기 위해서 그 불안과 고민이 사라지기를 기다리고 있다는 것밖에는 알 수 없습니다. 제 친애하는 벗이여, 바로 이것이 우리가 약속했던 것인가요? 그 우정과 신뢰는 대체 어떻게 되었습니까? 그리고 저는 그것을 어쩌다가 잃었는지요? 당신이 노하신 것은 저에 대해서인지 혹은 저 때문인지요? 어쨌든 당장 오늘 저녁에 오시기를 간청드립니다. 어떤 것도 마음에 접어두지 않고 그 즉시 제게 말씀하시겠다던, 제게 했던 일주일도 채 안 된 약속을 기억하시나요? 제 친애하는 벗이여, 저는 그런 신뢰감 속에서 산답니다 … 자, 막 당신의 편지를 또 읽었습니다. 그 편지가 무슨 뜻인지 더 모르겠고, 불안으로 몸이 떨릴 따름입니다. 당신께서는 지독하게 흥분하고 계신 것 같군요. 당신의 마음을 진정시켜 드리고 싶습니다만, 당신이 무엇 때문에 불안해하시는지 모르므로 당신을 뵈올 때까지는 제가 당신과 똑같이 불행하다는 것밖에는 드릴 말씀이 없습니다. 만약 당신께서 오늘 저녁 6시까지 이곳으로 못 오시면 내일은 날씨가 어떻든 제 상태가 어떻든 제가 레르미타주로 가겠습니다. 왜냐하면 이런 불안에서 견딜 수가 없기 때문입니다. 안녕히 계십시오, 제 친애하는 선량한 벗이여. 어쨌든 위험을 무릅쓰고 당신에게 말씀드리는 바인데, 당신께는 이런 말이 필요할는지 모르지만, 고독 속에서 불안이 커진다는 사실에 유의하고 그 진행과정을 멈추도록 노력하십시오. 파리 한 마리가 괴물이 된다고 하는데, 저도 그것을 자주 경험한 바 있습니다.

답 장

수요일 저녁

지금과 같은 불안이 지속되는 동안은 당신을 뵈러 갈 수도 없고, 당신의 방문을 받아들일 수도 없습니다. 당신이 말씀하는 신뢰감이란 이젠 존재하지 않으며, 당신이 그것을 회복한다는 것도 쉬운 일이 아닐 것입니다. 지금 저로서는 당신이 보이는 친절이 남의 고백으로부터 당신의 계획에 적합한 어떤 이점을 얻어내려는 욕심으로밖에는 보이지 않습니다. 그리고 제 마음은 자기 마음을 열고 제 마음을 받아들이려는 사람에게는 금시라도 심정을 토로하지만, 간계와 술책에 대해서는 닫혀져 있습니다. 제 편지를 이해하기가 어렵다고 하시는데, 바로 그 점에서 저는 당신의 평소 재주를 인정합니다. 당신이 이해하지 못했다고 믿을 만큼 그렇게 제가 쉽게 속아 넘어갈 것이라고 생각하십니까? 천만에요. 하지만 저는 솔직한 것으로 당신의 교묘함을 이길 수 있을 것입니다. 저는 당신이 저를 더욱더 이해하지 못하도록 더욱 분명히 제 생각을 밝히려고 합니다.

굳게 결합되고 서로 사랑할 자격이 있는 그 두 연인은 제게 소중한 사람들입니다. 제가 당신에게 그들의 이름을 밝히지 않으면 제가 누구에 대해서 말하려는 것인지 당신께서는 모르실 것으로 예상됩니다. 이 연인들의 사이를 갈라놓으려고 기도한 사람이 있어 그 사람이 그들 중 한 사람에게 질투심을 불어넣기 위하여 바로 저를 이용했다고 짐작하고 있습니다. 저를 선택한 것은 그리 잘한 짓은 아니지만, 심술을 부리기에는 편리하게 보였습니다. 그리고 저는 그 심술을 부리고 있는 분이 바로 당신이 아닌지 의심하고 있습니다. 이 점이 더욱 명백해지기를 바랍니다.

따라서 제가 가장 존경하는 그 여인은 제가 알고 있는 바와 같이 두 사람의 애인에게 마음과 몸을 나누어주고 있다는 치욕을, 또 저는 이 두 비열한 사람들 중 하나라는 치욕을 당하지 않겠습니까? 만약 당신이 평생 한순간이라도 그 부인이나 저에 대해 그렇게 생각할 수 있었다는 것을 안다면, 저는 당신을 죽을 때까지 미워할 것입니다. 그러나 제가 당신을 비난하는 것은 당신이 그렇게 믿었기 때문이 아니라 그렇게 말했기 때문입니다. 저는 이런 경우 당신이 세 사람 중의 누구를 해치려고 했는지 이해하지 못하겠습니다. 그러나 당신이 평온을 사랑하신다면, 불행하게도 당신이 성공했을 경우를 두려워하십시오. 제가 몇몇 관계들에 관해서 좋지 못하다고 생각한 것은 당신에게도 그녀에게도 하나도 숨기지 않았습니다. 그렇지만 그런 관계들이 그 동기와 마찬가지로 올바른 수단을 통해 끝나고, 불륜의 사랑이 영원한 우정으로 바뀌기를 바라고 있습니다. 어떤 사람에게도 결코 나쁜 짓을 한 적이 없는 제가 우직하게 친구를 해치는 도구가 될 수 있겠습니까? 그럴 수는 없습니다. 저는 당신에게 그것을 결코 용서할 수 없을 것이고 당신의 불구대천의 적이 될 것입니다. 그러나 당신의 비밀만은 지켜질 것입니다. 왜냐하면 저는 결코 신의 없는 사람은 되지 않을 것이기 때문입니다.

제가 처한 난처한 상황이 상당히 오래 계속될 수 있다고는 상상하지 않습니다. 제가 잘못 생각했는지 아닌지는 곧 알게 될 것입니다. 그때 어쩌면 저는 커다란 잘못들을 사죄해야 할지 모릅니다. 그러면 평생의 다시없는 기쁨으로 그렇게 할 것입니다. 그런데 제가 당신 곁에 머무르는 극히 짧은 기간에 어떻게 제 과실을 속죄할 것인지 아시는지요? 저 이외의 어느 누구도 할 수 없는 일을 하는 것입니다. 즉, 세상 사람들이 당신에 대해 어떻게 생각하고 있는지 또 당신의 평판에 대해 당신이 고쳐야만 하는 결점을 당신에게 솔직히 말하는 것입니다. 당신의 주위에서 친구라고 자처하는 모든 사람들에도 불구하고, 제가 당신의 곁을 떠나는 것을 볼 때 당신은 영원히 진실에 작별을 고할지도 모릅니다. 그리고 당신에게 진실을 말하는 사람을 더는 찾지 못할 것입니다.

데피네 부인의 세 번째 편지 (편지모음집 A. 46호)

오늘 아침에 온 당신의 편지를 저는 이해하지 못했습니다. 사실 그러했으므로, 저는 당신에게 그렇게 말씀드렸습니다. 오늘 저녁의 편지는 이해가 됩니다. 제가 언젠가 그것에 답장을 보낼까 걱정하지 마십시오. 저는 그저 그것을 어서 빨리 잊고 싶을 뿐입니다. 당신은 내게 동정심을 불러일으키지만 당신의 편지로 제 마음은 고통으로 가득 차 어찌할 바를 모르겠습니다. 제가 당신에게 간계와 술책을 쓰다니요! 제가 치욕 중 가장 끔찍한 치욕으로 비난을 받다니요! 이젠 영원한 이별입니다. 그래도 당신이 … 유감입니다. 저는 … 무슨 말을 하는지 모르겠습니다. 아니, 영원한 이별입니다. 저는 한시바삐 당신을 용서하고 싶을 것입니다. 언제라도 원하실 때 오십시오. 당신의 의심이 요구하는 것보다도 당신은 더 나은 접대를 받으실 것입니다. 다만 제 평판에 대한 걱정만은 하지 마시기 바랍니다. 사람들이 저를 어떻게 평하든 관계치 않습니다. 제 행위는 올바르고, 제게는 그것만으로 충분합니다. 게다가 당신에게도 소중하지만 제게도 역시 소중한 그 두 사람에게 무슨 일이 생겼는지 저는 전혀 모르고 있었습니다.

이 마지막 편지는 나를 무서운 곤경에서 구해주었지만, 거의 이에 못지않은 또 다른 곤경 속에 나를 다시 몰아넣고 말았다. 이 편지와 회답들은 모두 하루 동안에 긴급히 오고갔지만, 이 시간적 간격은 내가 분노하여 흥분한 사이사이에 좀 시차를 두어 내 터무니없는 경솔한 행동을 반성케 하기에 충분했다. 두드토 부인은 단지 내게 조용히 있어줄 것, 이 난제를 자기 혼자서 처리하도록 일임할 것, 특히 이때에는 절교나 물의를 일으키는 일은 일체 피해줄 것만을 누누이 당부했었다. 그런데 나는 이미 모욕을 받을 각오를 단단히 하고 있는 한 여자의 마음에 더할 나위 없이 노골적이고 잔인한 모욕을 가하여 끝내 격노를 일으키려 했던 것이다. 그러므로 내가 더할 나위 없이 못되고 비열하지 않은 이상 즉시 그녀의 집을 떠나지 않고는 배길 수 없을 만큼, 아주 거만하고 경멸적이며 멸시에 찬 회답이 그쪽에서 올 것이라고 기대해야 했던 것은 당연한 일이었다. 다행히 내가 흥분하고 있는 데 비하면 훨씬 더 능란한 그녀는 그 답장의 표현법으로 나를 그런 극단적인 상황으로 몰아넣는 것을 피했다. 그러나 그녀의 집을 나오든가 당장 그녀를 만나러 가든가 하지 않으면 안 되었다. 이런 양자택일은 불가피했다. 나는 그녀를 만나러 가기로 결심했다. 그러나 내가 미리 마련해둔 해명을 하면서 취해야 할 태도로 몹시 난감했다. 그도 그럴 것이 두드토 부인이나 테레즈를 끌어넣지 않고 어떻게 내가 곤경을 벗어나겠는가? 그러나 내가 이름을 댄다면 그녀에게는 불행이 닥칠 것이다! 집요하고 간계를 품은 여자가 복수하려고 할 경우 그 대상이 되는 여자에게 무슨 짓을 할지 몰라 나는 걱정이었다. 내가 편지 속에서 혐의에 대해서만 말하고 내가 갖고 있는 증거를 명확하게 말하지 않은 것도 이러한 불행을 미리 막기 위해서였다. 그로 인하여 내 분노가 더욱 용서받을 수 없게 된 것은 사실인데, 단순한 혐의라면 그 어떤 혐의라도 내가 방금 데피네 부인에게 했듯이 한 여인을 그것도 한 여자 친구를 그렇게 다루는 것을 정당화할 수 없기 때문이다. 그러나 내가 당당하게 수행한 그 위대하고 고귀한 과업은 여기서 시작되는데, 그것은 내가 저지를 수도 없고 또 결코 저지른 적도 없는 더욱 중대한 과실을 떠맡음으로써 내 숨겨진 과오와 약점을 속죄하는 것이다.

내가 두려워했던 말다툼을 참을 필요가 없이 일은 단지 걱정만으로 끝났다. 내가 데피네 부인 곁으로 가자 그녀는 내 목을 얼싸안고 울기 시작했다. 뜻하지 않은 이런 대접을 옛 여자 친구로부터 받자 몹시 감동하여 나도 무척 울었다. 나는 그녀에게 별 의미도 없는 말을 두세마디 했다. 그녀도 내게 몇마디 했지만 그것은 훨씬 더 의미 없는 말이었다. 그리고 그것으로 모든 것이 끝났다. 식사준비가 되어 우리는 식탁으로 갔다. 저녁식사 뒤로 미룬 것이라고 짐작되는 해명을 기다리면서 나는 식탁에서 시무룩한 표정을 짓고 있었다. 나는 걱정이 들면 그것이 아무리 사소한 걱정이라도 몹시 신경을 쓰기 때문에 아무리 눈치가 없는 사람에게도 감출 수 없을 정도였다. 내 당황한 태도는 부인에게 용기를 주었을 것이 틀림없지만, 부인은 영 모험을 하지 않았다. 저녁식사가 끝난 뒤에도 식사를 하기 전과 마찬가지로 변명을 하지 않았다. 다음 날도 역시 마찬가지였다. 서로 잠자코 마주앉아 있는 시간을 채운 것은 오직 관계가 없는 일에 대한 이야기나 혹은 내 편에서 꺼내는 점잖은 화제 정도였다. 나는 이런 화제를 통해 내 의혹의 근거에 대해서는 아직 아무 말도 할 수가 없음을 그녀에게 보이면서, 만약 이 의혹이 근거가 없다고 판명된다면 내 일생을 바쳐서라도 그 부당함을 바로잡을 것이라고 정말 진심으로 다짐했다. 그녀는 그 의혹이 무엇이며 또 그 의혹이 내게 어떻게 생겨났는가에 대해서 정확히 알고 싶어 하는 호기심을 전혀 나타내지 않았다. 두 사람의 화해는 내 편에서나 그녀 편에서나 처음에 서로 포옹했을 때 이미 성립된 것이었다. 적어도 형식상으로는 그녀 혼자만 모욕을 당한 것이므로, 그녀 자신이 해명을 요구하지 않는데 내가 그럴 것까지는 없다고 생각하고 갈 때와 마찬가지로 돌아왔다. 게다가 예전과 다름없이 계속 부인과 함께 생활하면서 나는 곧 이 말다툼을 거의 완전히 잊어버렸다. 그리고 그녀 역시 더 이상 그 일을 기억하고 있지 않은 것처럼 보여서 나는 어리석게도 그녀마저도 그 일을 잊었다고 믿었다.

　이제 곧 알게 되겠지만 내 약점이 초래한 근심은 그뿐만이 아니었다. 그러나 이에 못지않게 고통스러운 다른 근심들이 있었는데, 그것들은 전혀 내가 초래한 것이 아니었고 그 원인이란 단지 고독 속에 있는 나를 괴롭혀서 그곳엔 나를 끌어내려는[50] 사람들의 욕심에 불과했다. 이 근심들은 디드로와 돌바크 일당이 내게 만들어낸 것이다. 내가 레르미타주에 자리를 잡은 이래 디드로는 자신이 직접 혹은 들레르의 손을 빌려 끊임없이 그곳에 있는 나를 괴롭혀왔다. 이윽고 나는 들레르가 내 작은 숲속의 소풍을 빈정댄 말에서 그들이 이 은자(隱者)를 바람둥이 목동으로 왜곡시켜놓고 얼마나 즐거워하고 있는가를 알았다. 그러나 디드로와 나와의 싸움에서 문제가 된 것은 그런 일이 아니었다. 거기에는 보다 심각한 원인이 있었다. 〈사생아〉[51]가 출간된 후 그는 내게 그것을 한 부 보냈고, 나는 으레 사람들이 친구의 작품에 보이는 흥미와 주의를 갖고 그것을 읽었다. 그가 거기에 삽입한 그런 유의 대화체로 된 시학(詩

---

50)〔원주〕다시 말하면 이 음모를 준비하는 데 필요한 노파를 그곳에서 끌어내려는 것이었다. 그들이 파리로 불러내고 싶었던 것은 내가 아니라 노파였는데, 내 바보 같은 신뢰로 그 긴 소란 동안 그것을 깨닫지 못했다는 것이 놀라울 뿐이다.

51) 1757년 2월에 출간되었다.

學) 52) 을 읽으면서 나는 고독한 사람들에 대하여 무례하기는 해도 참을
수 있는 글들 가운데서 '홀로 있는 사람은 악인밖에 없다'라는 그 신랄하
고 혹독하며 가차 없는 격언조의 글귀를 보고 깜짝 놀랐고 심지어 다소
비탄에 빠졌다. 내게 이 글귀는 모호하고 두 가지 뜻을 갖고 있는 것으
로 보이는데, 그 한 가지 뜻은 아주 진실하나 또 다른 뜻은 아주 거짓이
다. 왜냐하면 홀로 있고 홀로 있고자 하는 사람이 누군가를 해칠 수 있
거나 해치려고 하는 것은 심지어 불가능하기 때문에 그 결과 그가 악인
이라는 것도 전혀 말이 되지 않는다. 그러므로 그 글귀 자체는 해석을
필요로 했다. 이러한 글귀를 인쇄할 때 고독 속에 은거한 친구를 둔 저
자의 입장에서는 훨씬 더 그럴 필요가 있었다. 그것을 출판하면서 그 고
독한 친구를 잊었다는 것, 아니면 그 친구를 기억하면서도 그가 어쨌든
이 일반적인 격언에서 그 친구만이 아니라 어느 시대에나 은둔 속에서
조용함과 평화를 찾았던 그렇게나 많은 존경받는 현자들을 예외로 해주
지 않았다는 것이 내게는 불쾌하고 무례하게 보였다. 이러한 예외는 그
친구나 현자들이 마땅히 그로부터 받아야 하는 명예롭고도 정당한 것인
데도 불구하고, 일개 작가가 붓장난 한 번으로 이들 모두를 무차별적으
로 악당으로 몰 생각을 한 것은 이 세상이 생긴 이후 처음 있는 일이다.

　나는 디드로를 다정다감하게 사랑하였으며 진심으로 존경했다. 그리
고 나는 완전한 신뢰를 갖고 그쪽에서도 똑같은 감정을 기대했다. 그러
나 내 취향이나 생활방법이나 나 혼자에게만 관계되는 모든 일에서 줄
곧 내게 반대만 해대는 그의 지칠 줄 모르는 고집에 짜증이 나기도 하
고, 나보다 더 나이 적은 사람이 어떻게 해서라도 나를 어린애처럼 좌지
우지하려는 것을 보고 분개하기도 하며, 그가 약속은 쉽게 하면서 잘 지
키지 않는 것에 반감을 갖기도 하고, 자기가 걸핏하면 만나자고 하고서

---

52) "〈사생아〉에 대한 대화"(Entretiens sur le Fils naturel)를 말한다.

는 그것을 지키지 않는 것이나 언제나 만날 약속을 다시 하고는 또다시 그것을 지키지 않고 변덕을 부리는 것이 지겹기도 하며, 한 달에 서너 번씩 그 자신이 정한 날에 헛되이 그를 기다리거나 생드니까지 그를 마중 나가 온종일 기다린 후 저녁에 혼자서 식사하기도 난감하여, 내 속은 이미 그가 저지른 여러 많은 잘못들로 터질 것만 같았다. 내게 그 마지막 잘못은 더욱 중대해 보였고 나를 더욱 속상하게 만들었다. 나는 그것에 대해 불평하기 위하여 그에게 편지를 썼다. 그러나 그 편지는 온화함과 감동을 갖고 쓴 것이어서 편지지를 내 눈물로 흠뻑 적셨고, 마땅히 그의 눈물을 자아내야 했을 정도로 감동적이었다. 이것에 대한 그의 회답이 어떤 것이었는지 여러분들은 도저히 짐작하지 못할 것이다. 한 자도 빼지 않고 그대로 옮긴 편지가 이것이다 (편지모음집 A. 33호).

> 내 작품이 자네의 마음에 들고 자네를 감동시켰다니 매우 기쁘네. 자네는 은자들에 대해 나와 의견이 다르더군. 그들에 대해 자네 좋을 대로 좋게 말하게나. 어쨌든 자네는 내가 좋게 생각하는 단 한 사람의 은자이네. 이에 대하여 말할 것은 많겠지만 자네의 감정을 상하게 할까봐 아무 말도 안 하겠네. 80살이나 된 노파 등. 이것은 데피네 부인 아드님의 편지의 한 구절이라고 하는데, 이것이 몹시 자네를 괴롭혔을 것이네. 그렇지 않다면 내가 자네의 심중을 잘 모르는 것이네.

이 편지의 마지막 두 구절에는 설명이 필요하다.

내가 레르미타주에 머물게 되자 처음부터 르바쇠르 부인은 그곳이 마음에 들지 않은 것 같았다. 거처가 너무 적적하다고 생각했던 모양이다. 그런 이야기가 내 귀에 들어와 나는 그녀에게 만약 파리에 있는 것이 더 좋으면 파리로 돌려보내고 그곳 집세도 지불하고 여전히 나와 같이 있는 것과 똑같이 그녀를 돌보아주겠다고 제안했다. 그녀는 내 제안을 거절하고, 레르미타주에 있는 것이 매우 좋고 시골 공기가 자기 건강에 좋다고 내게 공언하였다. 그것은 사실로 보였다. 그도 그럴 것이, 말하자면 그녀는 파리에 있을 때보다 젊어졌다고 할까 훨씬 더 몸이 좋아졌기 때문이다. 그녀의 딸인 테레즈도 내게 단언하기를 만약 우리가 정말 매력적인 거처인 레르미타주를 떠났다면 자기 어머니는 자기가 관리하는 정원이나 과수원의 소소한 허드렛일을 매우 좋아하기 때문에 속으로 매우 섭섭했을 것이라고까지 했다. 그러나 내가 파리에 돌아가기를 권유하기 위해 애쓰는 다른 사람들이 자기 어머니에게 그렇게 말하라고 시켰던 것을 그대로 말했을 뿐이라고 했다.

이 계획이 성공하지 못했기 때문에 그들은 친절로 얻지 못했던 효과를 우려를 내세워 얻으려고 노력했다. 그래서 그들은 이런 노파를 그 나이에 필요할 수 있는 도움을 받기 어려운 멀리 떨어진 그런 곳에 붙잡아 놓는 것은 죄라고 나를 비난했다. 그들은 마치 노인들이 있을 곳은 파리뿐이고 그 이외의 어느 곳에서도 살아갈 수 없다는 듯이, 그 지방의 좋은 공기로 장수하는 이 노파나 많은 다른 노인들이 내가 가까이 있는 몽모랑시에서 그런 도움을 얻을 수 있다는 생각은 하지 않았던 것이다. 르바쇠르 부인은 식욕이 매우 왕성하고 또 많이 먹어서 항상 담즙이 역류하고 심한 설사를 일으키기 일쑤였는데, 그것이 며칠씩 계속되어 그녀에게 약 구실을 했다. 파리에 있었을 때 그녀는 그것에 대하여 아무런 치료도 하지 않고 자연에 맡겨두었다. 그보다 더 나은 방법은 없다는 것을 잘 알고 있었기 때문에, 레르미타주에 와서도 역시 같은 방법을 취했다. 시골에서는 의사도 약제사도 없으니 그녀가 아무리 건강하다고 해도 그녀를 그곳에 두는 것은 그녀가 죽기를 바라는 것이라고 떠들어도 상관없다. 그렇다면 디드로는 몇 살 이상의 노인은 더 이상 파리 이외의 곳에서 살게 해서는 안 되며 그것을 어기면 살인죄라고 정해버렸어야 했을 것이다.

바로 이것이 그가 '홀로 있는 사람은 악인밖에 없다'라는 판결에서 나

를 제외하지 않은 근거가 되는 그 두 가지 가혹한 비난들 중 하나였던 것
이다. 또 그의 비장한 절규 그리고 그가 '80살이나 된 노파 등'이라는 구
절에 너그럽게도 덧붙인 '등'이 의미하는 바도 그것이었다.

　이 비난에 대한 회답은 르바쇠르 부인 자신에게 일임하는 것이 가장
좋겠다고 생각했다. 나는 그녀에게 그녀의 의견을 자연스럽게 데피네
부인에게 쓰도록 부탁했다. 그녀로 하여금 더욱 마음 편하게 쓰도록 하
려고 나는 그 편지를 보지 않기로 했고, 다음에 옮겨 쓰는 바와 같은 데
피네 부인에게 쓴 편지도 그녀에게 보여주었다. 나는 디드로에게서 온
전번 편지보다도 훨씬 더 심한 다른 편지에 대한 회답을 쓰려고 했는데
데피네 부인이 그 회답을 보내는 것을 만류했었다. 이 편지는 그 회답에
대해 부인에게 쓴 것이다.

목요일

　제 정다운 벗이여! 르바쇠르 부인이 당신에게 편지를 쓸 것입니다. 그
녀가 생각하는 것을 당신에게 정직하게 쓰도록 부탁했습니다. 그녀가
정말 마음 편하게 쓸 수 있도록 저는 그 편지를 보고 싶지 않다고 말했
습니다. 당신도 그 편지 내용에 대해서 제게 아무런 말씀도 하지 않기
를 부탁드립니다.

　당신께서 반대하시니 제 편지는 보내지 않기로 하겠습니다. 그러나
심한 모욕을 받는다고 느끼면서도 제가 잘못이라고 시인한다면 그것은
제 스스로에게 허용할 수 없는 비겁이거나 위선일 것입니다. 복음서에
는 따귀를 맞으면 다른 쪽 뺨도 내밀라고 명하지만 용서를 구하라고는
하지 않습니다. 몽둥이찜질을 하면서 "이것이 철학자의 역할이다"라고
외치는 그 희극 속의 인물53) 을 기억하시는지요?

---

53) 몰리에르의 희극 〈스카펭의 간계〉(Les Fourberies de Scapin) 의 스카펭을
　　말한다.

날씨가 좋지 않으므로 그가 오지 못할 것이라고 기대하지 마십시오. 그는 우정 때문이라면 시간이나 힘이 없지만, 분노 때문이라면 시간과 힘이 생길 것입니다. 그리하여 그의 생애 중 처음으로 자기가 약속한 날짜에 나타날 것입니다. 그는 이미 수차에 걸친 편지로 저를 모욕했지만 그것도 모자라서 제게 직접 와서 그 모욕을 되풀이해 퍼붓기 위해 무진 애를 쓸 것입니다. 저는 전혀 그것을 끝까지 참고 견딜 수 없을 것입니다. 그는 파리로 돌아가서 병을 앓을 것이고, 저로 말하면 관례에 따라 아주 몹쓸 인물이 될 것입니다. 어찌하겠습니까? 고통을 감수하는 수밖에 도리가 없지요. 그러나 생드니에서의 오찬에 저를 전세마차로 데려가서 다시 데려오겠다고 하다가(편지모음집 A. 33호) 일주일 후에는(편지모음집 A. 34호) 재산이 넉넉지 않아 이제는 레르미타주에 도보로밖에는 갈 수가 없다고 하는 이 사람의 용의주도함에 당신은 감탄하지 않으십니까? 그의 말을 빌린다면 그것이야말로 성의 있는 태도라고 하는 것도 절대 불가능하지 않습니다. 그러나 그렇다면 일주일 만에 그의 재산에는 이변이 생겼어야만 했을 것입니다.

어머니께서 병환이시라니 매우 걱정이 되시겠지만, 저도 걱정을 함께 나누고 있습니다. 그러나 당신이 알다시피 당신의 고통은 제 고통과는 비교도 안 됩니다. 사랑하는 사람이 아픈 것을 보는 것은 그 사람이 부정하고 잔인한 것을 보는 것에 비하면 훨씬 덜 괴롭기 때문입니다.

안녕! 제 다정한 벗이여. 이 불행한 사건에 대해 당신에게 말하는 것도 이것이 마지막이 될 것입니다. 당신께서는 태연히 파리에 갈 작정이라고 제게 말하시는데, 그런 태연함은 지금이 아니라 다른 때 같으면 저를 즐겁게 했을 것입니다.

나는 데피네 부인 자신의 제안에 따라서 르바쇠르 부인에 대해 내가 한 일을 디드로에게 편지로 썼다. 누구나 쉽게 생각할 수 있듯이 르바쇠르 부인은 레르미타주에 머무르기로 결정했다. 이곳에서는 매우 건강도 좋고 항상 같이 지내는 사람들이 있으며 또 대단히 유쾌하게 지냈기 때문이다. 이후 디드로는 더 이상 무엇을 갖고 비난할지 몰라서 내 쪽에서 취하는 이러한 조심성을 무슨 죄나 되는 것처럼 비난하고, 르바쇠르 부인이 계속해서 레르미타주에 거주하게 된 것도 어쨌든 내 또 다른 죄로 비난했다. 레르미타주에서 계속해서 사는 것도 그녀의 선택이었고, 또 내 곁에서와 똑같이 내가 주는 도움을 받으면서 파리에 돌아가 사는 것도 예전이나 지금이나 언제든지 그녀에게 달려있었는데도 말이다.

이것이 디드로에게서 온 편지 33호의 첫째 비난에 대한 설명이다. 둘째 비난에 대한 설명은 34호에 있다.

> 성벽 위에서 굶주림과 추위로 죽어가는 20명의 빈민들이 있어 자네가 던져주는 푼돈을 기다리고 있다는 소식은 학자님(이것은 그림이 데피네 부인의 아들에게 붙인 우스운 별명이다)이 자네에게 편지로 전해드렸을 것이네. 이것은 우리들이 나누는 자잘한 수다의 일례이네. 자네가 나머지 것을 듣는다면 아마 이것처럼 재미있어 할 것이네.

이렇게 지독한 논법에 디드로는 자못 득의양양하게 보였는데, 이에 대한 내 회답은 다음과 같다.

> 학자님, 즉 징세청부인의 아드님에게는 내가 이미 회답을 했다고 생각하네. 그가 성벽 위에서 보았던 내 돈을 기다리는 빈민들을 나는 딱하게 여기지 않으며, 그가 그 빈민들에게 내가 주지 않은 돈에 대해 충분히 보상했을 것이 분명하고, 내가 그를 내 대리자로 세웠으며, 파리의 빈민들은 이러한 교체에 불평할 필요가 없을 것이고, 착한 사람을 훨씬 더 필요로 하는 몽모랑시의 빈민들을 위해 내가 그렇게 착한 사람을 찾은 것은 쉽지 않았으리라는 것이 그 내용이네. 지금 이곳에는 일생을 노동으로 보내고 더 이상 일을 할 수 없어서 그 만년에 굶주림으로 죽어가는 존경할 만한 한 선량한 노인이 있다네. 내 양심은 성벽 위의 거지들 모두에게 나누어 주었을 25수보다 월요일마다 이 노인에게 주는 2수에 더 기분이 좋다네. 당신네 철학자들이 도시의 주민들 모두만을 당

신들의 의무로 인해 당신들과 연결된 유일한 사람들이라고 간주한다
면, 당신들은 이상한 사람들이네. 인류를 사랑하고 인류를 위해 봉사
하는 것을 배우는 곳은 바로 시골이네. 도시에서는 단지 인류를 경멸하
는 것을 배울 수 있을 것이네.

어리석게도 어떤 재주 있는 사람이 내가 파리를 떠나온 것을 내게 무
슨 죄나 되는 것처럼 심각하게 비난하고 또 악인이 아니면 수도 이외의
곳에서 살 수 없다는 것을 내 자신의 실례에 의하여 내게 증명해보이려
고 했는데, 그 근거가 되는 기묘한 우려가 바로 이상과 같은 것이었다.
회답 대신 기껏해야 코웃음이나 쳐주면 될 것을 왜 내가 회답을 썼고 또
화를 내는 어리석은 짓을 했는지 지금은 이해가 되지 않는다. 그렇지만
사람들은 데피네 부인의 판결과 돌바크 패거리의 아우성으로 너무나 정
신이 홀려 디드로를 편들었고 그 결과 이 사건에서 일반적으로 내가 나
쁘다고 생각하게 되었다. 두드토 부인까지도 디드로를 대단히 숭배하
고 있었으므로 내가 파리에 가서 디드로를 만나 어떻게 해서든 화해를
먼저 제안하기를 원했다. 이 화해는 나로서는 매우 진실하고 전폭적인
것이었지만 결국 오래 지속되지는 못했다. 54) 부인이 내 마음을 돌리기
위해 사용했던 결정적인 논거는 그때 디드로가 불행에 빠져 있다는 것
이었다. 《백과전서》에 반대해서 일어난 소란 외에도 그는 그때 자기가
쓴 희곡 때문에 극심한 질책을 받고 있었다. 그가 서두에 그 세세한 일
화를 붙여놓았음에도 불구하고 사람들은 완전히 골도니의 표절이라고
비난했던 것이다. 55) 디드로는 볼테르보다 비평에 훨씬 더 민감했기 때

---

54) 이것은 정확한 사실이 아니다. 왜냐하면 편지로 말다툼을 벌인 후 2주 정도
지나서 디드로가 먼저 레르미타주에 와서 루소를 방문했기 때문이다. 루소
가 파리에 가서 디드로의 집에 머문 것은 7월이 되어서였다.

55) 프레롱과 팔리소는 디드로의 〈사생아〉가 골도니의 〈진정한 친구〉를 표절
했다고 비난했다. 디드로는 〈가장〉(Le père de famille) 다음에 나온 《드라

문에 당시 이로 인해 의기소침해졌다. 그라피니 부인56)은 심지어 심술궂게도 내가 그 기회에 디드로와 절교했다는 소문을 퍼뜨리고 다녔다. 나는 그렇지 않다는 것을 공개적으로 입증하는 것이 정당하고 관대한 일일 것이라고 생각했으므로 이틀 동안 디드로와 같이 지낼 뿐만 아니라 그의 집에서 머무르려고 길을 나섰다. 이것은 내가 레르미타주에 머문 이후 두 번째 파리 나들이였다. 첫 번째는 그 불쌍한 고프쿠르가 뇌출혈로 졸도하였을 때 달려간 것이었는데, 결국 그는 완쾌하지는 못했으나 나는 그가 위험한 상태를 벗어날 때까지 그의 머리맡을 떠나지 않았다.

디드로는 나를 반가이 맞아주었다. 친구와 얼싸안고 보면 정말 많은 잘못들이 씻은 듯 사라질 수 있다. 그 후에 무슨 원한이 마음속에 남겠는가? 우리 두 사람은 해명도 별로 없었다. 서로의 욕설에 대해서 그런 것은 필요하지 않은 법이다. 단지 그것을 잊기만 하면 그만이었다. 적어도 내가 아는 범위에서는 거기에 아무런 은밀한 행동은 없었다. 그것이 데피네 부인 때와는 달랐다. 그는 〈가장〉(家長)의 줄거리를 보여주었다. 나는 그에게 이렇게 말했다.

"이것이면 〈사생아〉에 대한 가장 훌륭한 변호가 되겠군. 묵묵히 정성을 기울여 이 작품을 만들게나. 그러고 나서 반박 대신 그저 자네 적들의 코앞에 불쑥 그것을 들이대게나."

그는 그렇게 했고 그것을 만족스럽게 여겼다. 약 6개월 전에 나는 그

___
마 시학론》(Le discours sur la poésie dramatique)에서 이러한 비난에 대해 변명했다.

56) Françoise d'Issembourg d'Apponcourt (1695~1758) : 프랑수아즈 디셈부르 다퐁쿠르는 위그 드 그라피니(Hugues de Graffigny)와 이혼하고 50세가 넘어 《스페인 소식》(Nouvelle espagnole)으로 등단하였다. 처녀작은 비난받았으나 1747년 그 뒤를 이어 나온 《페루인의 편지》(Lettres péruviennes)는 대단한 성공을 거두었다.

에게 《쥘리》에 대한 그의 의견을 들으려고 제1부와 2부를 보냈는데 그는 그때까지도 그것을 읽지 않고 있었다. 우리 두 사람은 그 공책을 같이 읽었다. 그의 의견으로는 이 모두가 '잎만 무성하다'라는 것이었다. 이 말은 그의 독특한 용어로, 다시 말하면 말이 많고 장황하다는 뜻이었다. 그것은 나 자신도 벌써 절감하고 있었다. 그렇지만 그것은 흥분에서 나오는 수다여서 아무래도 그것을 수정할 수가 없었던 것이다. 그러나 뒷부분은 그렇지 않았다. 특히 제4부와 6부는 언어 표현방식의 측면에서 걸작이었다.

내가 도착한 다음 날 디드로는 나를 꼭 돌바크 씨 댁 만찬에 데리고 가려고 했다. 우리는 뜻이 맞지 않았다. 왜냐하면 나는 화학에 관한 원고를 그와 계약했지만 그 작자에게 신세를 지는 것이 불쾌해서 심지어 그 계약을 해약할 작정이었기 때문이다. 그러나 디드로는 모든 일에서 이겼다. 그는 돌바크 씨가 진심으로 나를 좋아하고 있으며, 그는 모든 사람들에게 그런 태도를 취하고 누구보다도 친구들이 더 그 때문에 괴로움을 받는 것은 당연하니 그의 그런 태도를 용서해주어야 한다고 내게 잘라 말했다. 그리고 2년 전에 원고를 쓸 것을 승낙해놓고서 지금에 와서 그것을 거절하는 것은 은혜를 베푼 사람에 대한 부당한 모욕이며 이렇게 거절하면 그것은 원고계약을 체결하는 데 너무 오래 기다렸다는 은근한 비난으로 잘못 해석될 수도 있을 것이라고 내게 충고했다. 그리고 그는 이렇게 덧붙였다.

"나는 돌바크와 매일 만나고 있네. 그러니 나는 자네보다도 그의 마음씨를 더 잘 알고 있다네. 자네가 그 친구에게 만족할 이유가 없다 하더라도, 자네 친구인 내가 자네에게 비열한 짓을 하라고 권할 수 있다고 생각하나?"

요컨대 나는 평소 그런 것처럼 마음이 약해져서 그가 하자는 대로 했다. 그래서 우리는 함께 남작 댁 만찬에 나갔다. 그는 평소처럼 나를 맞아주었다. 그러나 그의 부인은 나를 냉담하고 거의 무례하게 접대했다. 처녀 시절에 그토록 내게 호의를 보여주었던 그 상냥한 카롤린57)의 모습은 더 이상 찾아볼 수가 없었다. 나는 그림이 덴의 집에 자주 출입하면서부터 이 집 사람들이 나를 더 이상 예전처럼 호의적으로 보지 않는다는 것을 오래전부터 느껴왔다.

　내가 파리에 있는 동안 생랑베르가 군대에서 돌아왔다. 나는 그것을 까맣게 몰랐으므로 시골에 돌아와서야 그를 만났다. 58) 처음에는 라 슈브레트에서 만났고 다음에는 레르미타주에서 만났다. 그때 그는 두드토 부인과 같이 와서 내게 저녁식사를 하자고 했다. 내가 그들을 기쁘게 맞았는지 아닌지는 여러분들이 판단할 수 있을 것이다. 나는 두 사람이 사이가 좋은 것을 보고 더욱더 즐거웠다. 내가 그들의 행복을 깨지 않은 것에 만족하고 그 때문에 나 자신도 행복했다. 그리고 너무나 미친 듯한 열정에 휩싸인 와중에서도 특히 이 순간에는 설사 내가 그로부터 두드토 부인을 빼앗을 수 있다고 해도 그런 짓은 원치 않았을 것이고 또 그럴 생각조차 들지 않았을 것이라고 맹세할 수 있다. 생랑베르를 사랑하는 그녀는 내게 무척 사랑스럽게 보여서 그녀가 다른 사람 아닌 나를 사랑한다고 해도 그만큼 사랑스러울 수 있었을지 거의 상상이 되지 않았다. 그리고 나는 두 사람의 결합을 방해할 생각은 없었다. 극도로 흥분한 상태에서 내가 가장 진실로 그녀에게 바랐던 것이라고는 그저 그녀가 내 사랑을 가만 내버려두었으면 하는 것이었다. 요컨대 내가 그녀에 대해 아무리 격렬한 애정으로 불타오른다 해도 그녀의 사랑이야기를 듣는 친구가 되는 것이 그녀의 사랑의 대상이 된 것만큼이나 기분이 좋다고 생

57) 샤를로트 쉬잔 덴(Charlotte-Suzanne d'Aine)은 돌바크의 두 번째 부인으로 돌바크 전처와 자매이다.
58) 루소가 두드토 백작부인에게 보낸 편지로 미루어보면 이는 틀린 주장으로 보인다. 루소는 디드로의 집에서 생랑베르를 만난 것이 거의 틀림없다.

각했다. 그리하여 나는 잠시도 그녀의 애인을 내 연적으로 보지 않고 늘 친구로 보아왔다. 그것은 아직 사랑이 아니라고 말하는 사람이 있을 것이다. 그럴는지도 모른다. 그러나 그것은 그렇기 때문에 사랑 이상의 것이었다.

생랑베르로 말하면, 그는 올바르고 현명한 사람으로 행동했다. 죄가 있는 것은 나 한 사람뿐이었으므로 또한 나 혼자 벌을 받았고 그것도 심지어 관대한 벌이었다. 그는 엄격하지만 우정을 갖고 나를 대해주었다. 그래서 나는 그로부터 어느 정도 존경을 잃었지만 우정에서는 전혀 잃은 것이 없다는 것을 알았다. 내게서 존경을 회복하는 것이 우정을 회복하는 것보다 쉽고, 또 그가 본의 아닌 일시적인 나약함을 성격적 결함과 혼동할 만큼 사려가 부족한 사람이 아니라는 것을 알고 있었기 때문에 그것에 대한 위안이 되었다. 지난 모든 일에서 내 과실이 있었다고 치더라도 그것은 극히 사소한 것이다. 그의 애인을 쫓아다녔던 것이 나인가? 그녀를 내게 보낸 것은 그가 아니던가? 나를 쫓아다녔던 것은 그녀가 아니던가? 내가 그녀를 받아들이지 않을 수 있었을까? 내가 어떻게 할 수 있었을까? 그들만이 가해자였고 피해자는 바로 나였다. 그가 나였다면 그도 나와 똑같은 잘못을 저질렀을 것이다. 어쩌면 더 나쁜 짓을 했을지 모른다. 왜냐하면 두드토 부인이 아무리 정숙하고 존경받을 만했어도 역시 여자였다. 그는 부재중이었고 기회는 얼마든지 있었고 유혹은 강렬했다. 그녀가 나보다 더 대담한 사나이에게 걸렸더라면, 내게 그랬던 것처럼 언제나 성공적으로 몸을 지킨다는 것은 상당히 어려웠을 것이다. 그러한 상황에서 우리가 선을 그어두고 결코 그것을 감히 넘어서지 않을 수 있었다는 것은 그녀로서나 나로서나 확실히 보통 일이 아니었다.

나는 마음속에서 내게 제법 명예로운 유리한 증언을 하고 있었지만 겉으로 드러나는 양상들은 내게 불리한 것이 너무 많았다. 그래서 나를 항상 지배하던 어쩔 수 없는 수치심 때문에 그의 앞에서 딱 죄인처럼 보였다. 그래서 그는 이런 점을 이용해서 나를 모욕하기도 했다. 서로의 입장은 다음과 같은 한 예에서도 알 수 있다. 점심식사가 끝난 후에 나는 작년에 볼테르에게 써 보낸 것으로 생랑베르도 소문으로 들은 바 있는 그 편지를 그에게 읽어주었다. 읽는 동안 그는 잠이 들었다. 그런데 예전에는 그토록 자존심이 강하던 내가 오늘은 아주 바보가 되어 차마 읽기를 중단하지 못했고, 그가 계속 코를 골고 있는 동안 나는 계속 읽고 있었다. 내 체면은 그 정도로 꾸겨졌고 또 그의 복수도 그 정도로 심했다. 그러나 그는 관대해서 우리들 세 사람만 있는 곳이 아니면 절대로 그런 복수를 하지 않았다.

그가 군대로 다시 떠나자 두드토 부인이 나를 대하는 태도가 아주 변한 것을 알았다. 나는 마치 그것을 예상할 수 없었던 것처럼 놀랐다. 의외의 충격을 받았던 것이다. 그리고 이 때문에 나는 많은 고통을 겪었다. 내 병을 고쳐줄 것이라고 기대를 걸었던 모든 것이 오직 내 마음속 더욱 깊이 화살을 박는 것 같았다. 그리고 마침내 나는 그 화살을 빼버리기보다 차라리 꺾어버렸다.

나는 나 자신을 극복하려고 또 나 자신의 미친 듯한 열정을 순수하고 영속적인 우정으로 바꾸기 위해 무슨 일이든 하려고 단단히 결심했다. 그러기 위해 더할 바 없이 거창한 계획을 세웠는데, 이를 실행하기 위해서는 두드토 부인의 협력이 필요했다. 그래서 그녀에게 말하려고 했더니 그녀는 딴전을 피우면서 난처한 기색을 보였다. 나는 그녀가 이제는 나를 좋아하지 않는다는 것을 느꼈다. 그리고 그녀가 내게 말하고 싶어하지 않고 나도 통 모르는 무슨 일이 생겼다는 것을 분명히 알았다. 해명을 들을 수도 없는 이러한 변화에 나는 마음이 괴로웠다. 그녀는 자기가 보낸 편지들을 돌려달라고 요구했다. 나는 신의를 지켜 그것을 모두 돌려주었지만, 그녀는 한때 내 신의에 의심을 품고 내게 모욕을 가했다. 이러한 의심 또한 그녀가 너무나 속속들이 알고 있음에 틀림없는 내 가슴에 뜻밖의 처절한 슬픔이었다. 그녀는 내가 옳다는 것을 인정했지만 그것은 그 즉시는 아니었다. 그녀는 내가 보낸 소포를 조사해보고 나서야 비로소 자기의 잘못을 깨닫게 되었다는 것을 알았다. 그녀가 그것을 뉘우쳤다는 것까지 알게 되었다. 그래서 나는 얼마쯤 마음이 풀릴 수 있었다. 그녀는 자기의 편지를 돌려받고 내가 보낸 편지들을 반환하지 않을 수가 없었다. 그녀는 내 편지들을 불태워버렸다고 했다. 이번에는 내가 감히 의심하게 되었다. 솔직히 말해서 나는 지금도 의심하고 있다. 그럴 리가 없다. 그와 같은 편지들을 태워버릴 수는 없다. 사람들은 《쥘리》의 편지들이 열정으로 타오른다고 생각했다. 아! 그 편지들을 보았다면 그것들에 대해 사람들은 도대체 무슨 말을 했을 것인가! 아니, 아니, 그 정도의 열정을 불러일으킬 수 있는 여인에게는 결코 그 열정의 증거를 불태워버릴 만한 용기는 없었을 것이다.[59] 그러나 나는 그녀가 그 편지를 악용했을지도 모른다는 걱정 또한 하지 않는다. 그녀가 그런 짓을 할 수 있다고 생각하지 않는다. 게다가 그에 대한 대비도 강구해 두었다. 세상 사람들의 놀림감이 될지도 모른다는 어리석지만 강렬한 두려움 때문에 나는 처음부터 그 편지들을 남에게는 보일 수 없는 어투로 쓰게 되었다. 그녀에게 한창 열중하고 있을 때였으므로 편지에서 반말을 할 정도로 허물없이 굴었다. 그런 반말이란! 그녀가 이러한 반말에 모욕받았다고 생각할 리는 없었다. 그렇지만 그녀는 여러 번 그에 대해 불평하기도 했지만 효과는 없었다. 그녀의 불평은 더욱 나의 두려움을 자극시킬 뿐이었다. 게다가 나는 물러설 결심을 할 수도 없었다. 만약 이 편지들이 아직 남아 있어서 언젠가 알려진다면 여러분들은 내가 어떻게 사랑했는지를 알게 될 것이다.

---

59) 두드토 부인은 이 편지들을 잘 보관해두었지만, 부인의 사후 그녀의 조카 딸이 그것들을 불태워버렸다고 한다.

　두드토 부인의 냉담함이 내게 일으킨 모든 고통과 그것이 부당하다는 확신에서 나는 바로 생랑베르에게 그것에 대한 불평을 털어놓으려는 기묘한 결심을 하기에 이르렀다. 이 문제에 관해 그에게 보낸 편지의 결과를 기다리는 동안 오락에 빠져들었는데, 이러한 오락을 더 일찍 찾았으면 좋았을 것이다. 라 슈브레트에서 축제가 있었는데, 그 축제를 위해 나는 작곡을 했다. 두드토 부인 곁에서 그녀가 좋아하는 재능으로 존경받는다는 기쁨이 내 영감을 자극했을 뿐 아니라, 또 다른 목적이 그것을 북돋아주는 데 기여하였는데 그것은 〈마을의 점쟁이〉의 저자가 음악에 정통하다는 것을 세상에 보여주고 싶은 욕심이었다. 왜냐하면 내가 음악에 정통하다는 것, 적어도 작곡에서는 그렇다는 사실을 의심쩍게 만들려고 은밀히 애쓰는 사람이 있다는 것을 나는 오래전부터 눈치 채고 있었기 때문이다. 파리에서의 내 데뷔, 뒤팽 씨나 라 포플리니에르 씨 집에서 수없이 겪었던 시련, 가장 저명한 예술가들 가운데에서 또 그들의 눈앞에서 14년간 내가 작곡해온 그 많은 음악들, 끝으로 오페라 〈사랑의 시신들〉 및 〈마을의 점쟁이〉, 펠 양을 위해 지어서 그녀가 종교음악회에서 불렀던 성가, 가장 훌륭한 거장들과 이 아름다운 예술에 대해 가졌던 그 많은 토론들, 이 모든 것들이 그러한 의심을 방지하고 또 풀어줄 것으로 보였다. 그렇지만 그 의심은 심지어 라 슈브레트까지 퍼져서 내가 보기에 데피네 씨도 그런 의심을 품고 있었다. 나는 그것을 눈치 채지 못한 척하고 라 슈브레트 예배당에 봉헌할 성가를 그에게 지어주는 일을 맡았다. 그리고 데피네 씨에게 가사를 선택해 달라고 부탁했다. 데피네 씨는 그것을 자기 아들의 가정교사인 드 리낭에게 맡겼다. 드 리낭은 그 주제에 맞는 가사를 지었다. 나는 가사를 받은 지 일주일 후에 성가를 완성하였다. 이번에는 분한 생각이 내 영감의 원천이었다. 그 후에는 이보다 내용이 풍부한 곡이 내 손으로는 만들어지지 않았다. 가사는 "보라, 이 천둥치는 주피터의 왕좌를 …"이라는 구절로 시작한다.[60] 서두의 장엄함은 가사와 잘 어울리고, 계속되는 성가 전체도 모든 사람들을 감동시키는 노래의 아름다움을 갖고 있다. 나는 대관현악곡을 만들었던 것이다. 데피네 씨는 가장 훌륭한 교향곡 연주가들을 모았다. 이탈리아의 여가수 브루나 부인이 성가를 불렀는데 그 반주가 좋았다. 이 성가는 대단한 성공이어서 그후 종교 음악회에서도 연주되었다. 이때에는 은밀한 책동이 있었고 연주도 매우 못마땅했지만 두 번이나 똑같은 청중의 갈채를 받았다. 나는 또 데피네 씨의 축제를 위하여 드라마와 무언극을 절반씩 섞은 일종의 희곡을 제안했는데, 데피네 부인이 대본을 쓰고 내가 또 작곡을 했다. 그림은 도착하자마자 내 음악에 대한 성공의 소문을 들었다. 그런데 한 시간 후에는 아무도 더는 그 이야기를 하지 않았다. 그러나 적어도 내가 아는 한에서는 내가 작곡을 한다는 것을 더 이상 문제 삼는 사람은 없었다.

라 슈브레트도 이미 재미가 없어져가던 차에, 그림은 그곳에 오자마자 내가 누구에게서도 결코 본 일이 없고 생각조차 해본 일이 없는 잘난 체를 해서 마침내 내게는 그곳에 머무르기가 견딜 수 없게 되고 말았다. 그림이 도착한 전날 나는 묵고 있던 데피네 부인의 방과 이웃한 특별실에서 쫓겨났다. 그 방은 그림을 위해 준비되었고, 내게는 더 멀리 떨어진 다른 방을 주었다. 나는 웃으면서 데피네 부인에게 "이런 식으로 새로 온 사람들이 예전에 온 사람들을 갈아 치우는군요" 했더니 부인은 당황해하는 눈치였다. 나는 그 이유를 그날 저녁부터 더 잘 이해하게 되었다. 왜냐하면 부인의 방과 내가 비워준 방 사이에는 서로 통하는 비밀문이 있다는 것을 내가 알게 되었기 때문인데, 그녀는 내게 이 문을 알려 줄 필요가 없다고 생각했던 것이다. 부인과 그림의 관계는 모르는 사람이 없어서, 그녀 집안에도 세상에도 심지어는 남편에게까지도 다 알려

---

60) 〔원주〕 그후 나는 이 가사가 상뢰이유의 것이고, 드 리낭 씨가 이것을 슬쩍 가로채 자기 것으로 삼았다는 것을 알았다.

져 있었다. 그녀는 자신에게 훨씬 더 중요한 비밀을 내게 털어놓고 나를 매우 신뢰하고 있으면서도 그림과의 관계는 내게 털어놓지 않고 언제나 딱 잡아뗐다. 나는 이러한 조심성이 그림 때문이라는 것을 알았는데, 그는 내 비밀이란 비밀은 모두 알고 있으면서도 내가 자기 비밀을 하나라도 알게 되는 것은 원치 않았다.

아직도 다 꺼지지 않은 나의 예전 감정과 그 작자가 갖고 있는 실제의 가치 때문에 나는 그에 대한 호감을 갖고 있었지만 그가 그것을 없애는 데 열심이어서 그 호감은 지속될 수가 없었다. 그가 사람을 대하는 방식을 보면 마치 튀피에르 백작[61] 같았다. 내가 인사를 해도 거의 답례를 해주지 않았다. 단 한 번도 내게 말을 걸지 않았고 내게 전혀 대답해주지 않아서 곧 그에게 말을 거는 잘못은 고치게 되었다. 어디에서나 그는 맨 앞에 나섰고 어디에서나 제일 좋은 자리를 차지하면서, 내게는 절대로 주의를 기울이지 않았다. 그것도 모자라 눈에 거슬리는 거드름만 피우지 않았다면 그 정도는 참을 수가 있었을 것이다. 수많은 예 가운데서 단 한 가지 예만 갖고도 그를 판단할 수 있을 것이다. 어느 날 저녁 데피네 부인이 몸이 좀 좋지 않아서 식사를 자기 방으로 가져오도록 일렀다. 그리고 난롯가에서 저녁을 들려고 올라갔다. 그때 그녀가 나보고 같이 올라가자고 하기에 그렇게 했다. 그림은 그 다음에 왔다. 조그마한 식탁에 식사준비는 다 되어 있었지만 두 사람 분의 식사만 차려 있었다. 음식이 나온다. 데피네 부인은 난롯가 한쪽에 자리를 잡는다. 그림은 안락의자를 가지고 난롯가 다른 쪽에 앉아 그 조그마한 식탁을 자기들 둘 사이로 끌어당기고 냅킨을 펴고 내게는 아무 말도 없이 냉큼 식사를 들려고 한다. 데피네 부인은 얼굴이 빨개져서 그에게 그의 무례함을 사죄하도록 하기 위해 자기 자신의 자리를 내게 양보한다. 그는 나에게 아

---

61) 데투슈(Destouches) 의 희곡 〈거만한 사람〉(*Le Glorieux*, 1732) 의 주인공.

무 말도 않았고, 나를 쳐다보지도 않았다. 나는 불 곁으로 갈 수가 없어서 내 몫의 식사를 가져올 때까지 방안을 왔다갔다할 작정을 했다. 그는 내게 전혀 예절도 표하지 않은 채 난로에서 멀리 떨어진 식탁 끝머리에서 저녁을 들게 내버려 두었다. 건강도 좋지 않고 그보다 나이가 위며 이 집에서는 그의 선배이고 그를 이 집에 소개했던 내게 말이다. 그는 심지어 부인이 총애하는 사람이므로 나를 각별히 대접해야 했을 것이다. 나에 대한 그의 모든 태도는 이런 본보기에서 한 치도 어긋나지 않았다. 정확히 말하면 그는 나를 자기보다 못한 사람으로 대한 것이 아니라 별 볼일 없는 사람으로 간주했다. 일찍이 작센 고타 세자의 저택에서 내가 바라보는 눈길을 영광스러워하던 저 옛날의 학교 사환 같은 모습은 찾아보기 힘들었다. 그는 자신이 알기에 내게 다정한 우정을 품고 있는 사람들 모두에게는 나에 대한 다정한 우정을 자랑했는데, 나는 그 전적인 침묵과 모욕적인 교만함을 그 우정과 양립시키기가 더욱더 어려웠다. 그는 내가 조금도 불만으로 생각하지 않는 내 처지를 딱하게 여기거나, 나는 만족하고 있는 내 비극적 운명을 동정하거나, 그가 내게 입으로만 베풀고 싶어 하는 친절한 배려를 내가 완강히 거절하는 것을 보면서 한탄하는 것 외에는 거의 우정을 보이지 않은 것도 사실이다. 그는 바로 이러한 수법을 써서 그의 인정 어린 아량이 사람들로부터 칭찬받고 내 배은망덕한 비사교적 성격이 비난받게 만들었다. 그리고 또한 이러한 수법을 통해 모든 사람들이 자기와 같은 보호자와 나와 같은 가련한 사람 사이에서도 대등한 우정이 가능하다고는 생각하지 못하고 한편에서는 은혜를 베풀고 다른 편에서는 의무를 갖는 관계 외에는 없다고 생각하는 데 부지불식간에 익숙해지도록 만들었다. 나로서는 이 새로운 보호자에게 어떤 점에서 감사할 것이 있는지 찾아보았지만 헛수고였다. 내가 그에게 돈을 꿔준 일은 있어도 그가 내게 돈을 꿔준 일은 한 번도 없었다. 나는 그가 아플 때 보살폈지만 그는 내가 아플 때 나를 보러 온 일도 거의 없었다. 내 친구들은 모두 그에게 소개시켰지만, 그는 결코 자기 친구들 중 누구 한 사람 내게 소개시켜주지 않았다. 나는 내가 할 수 있는 데까지 그를 적극 칭찬했다. 그런데 그는 … 나를 칭찬한다고 해도 나처럼 공개적으로 한 것이 아니며 그 방법도 달랐다. 그는 나를 위해 어떤 종류의 수고도 해주지 않았고 심지어 그런 제안조차 하지 않았다. 이러한 그가 도대체 어떻게 내 후원자란 말인가? 또 내가 어떻게 그의 피보호자란 말인가? 나로서는 알 수 없는 일이었고 지금도 모를 일이다.

그가 누구에 대해서나 다소 거만했으나 나에 대해서처럼 심하지 않았다는 것은 사실이다. 한번은 생랑베르가 일종의 면박을 받고 하마터면 자기 접시를 그의 머리 위에 던질 뻔했던 것이 기억나는데, 그림이 식탁에 가득 모인 사람들 앞에서 생랑베르에게 "그것은 사실이 아닙니다"라고 무례하게 말했기 때문이다. 본시 단호한 어투에 벼락출세한 사람의 거만함이 덧붙었고, 건방진 나머지 심지어 우스꽝스럽게 되었다. 고관대작들과의 교제에 마음이 끌려서, 그런 사람들 중에서도 가장 무분별한 자들에게서나 구경할 수 있는 오만방자함을 부리고 있었다. 그는 자기 하인을 부를 때는 언제나 "여봐라!" 하고 불렀다. 마치 지체 높은 나리께서 많은 하인들 중 누가 당번인지 몰랐던 것처럼 말이다. 하인에게 심부름을 시킬 때도 그의 손에 돈을 쥐어주지 않고 땅바닥에 던졌다. 요컨대 그 하인도 사람이라는 것을 완전히 잊고 매사에 지독한 모욕과 가혹한 경멸로 하인을 다루었다. 그래서 데피네 부인이 그림에게 붙여준 그 불쌍한 젊은이는 매우 행실 바른 사람이지만 하인 노릇을 집어치우고 말았다. 다른 불평은 없었으나 이와 같은 대접에는 참을 수 없었던 것이다. 그는 또 다른 '거만한 사람'을 모시는 하인 라 플뢰르[62]였던 것

---

62) 라 플뢰르는 〈거만한 사람〉의 주인공인 튀피에르 백작의 하인이다.

이다.

그림은 건방진 만큼이나 자신이 여자들에게 매력적이라고 생각해서, 커다랗고 탁한 눈에 체격은 홀쭉했는데도, 여자 곁에서는 우쭐했다. 게다가 펠 양을 상대로 익살극을 벌인 후부터는 몇몇 여자들 사이에서 대단히 감정이 풍부한 남자로 통하고 있었다. 그 때문에 그는 유행아가 되었고 또 여자의 몸단장에 흥미를 갖게 되었다. 그는 멋을 부리기 시작했고, 그의 화장은 큰 일거리가 되었다. 그가 분을 바르는 것은 누구나 알고 있었다. 나는 처음에는 그것을 전혀 믿지 않았지만, 그의 얼굴이 고와지고 그의 경대 위에 분이 담긴 잔들이 놓여 있는 것을 보았을 뿐만 아니라 어느 날 아침 그의 방에 들어가면서 그가 일부러 만든 작은 솔로 손톱을 닦고 있는 것을 보고서야 — 그는 내 앞에서도 자랑스럽게 그 작업을 계속했다 — 그것을 믿게 되었다. 나는 매일 아침 이렇게 두 시간씩이나 자기 손톱을 솔로 닦는 사나이라면 자기 피부의 패인 구멍들을 분으로 떡칠하는 데는 적지 않은 시간을 보낼 수 있으리라 판단했다. 악의 없는 호인인 고프쿠르는 그에게 분칠한 폭군이라는 꽤 재미있는 별명을 붙였다.

이러한 모든 것은 우스꽝스러울 뿐이었지만 내 성격과는 매우 상반되는 것이었다. 그러한 것들로 해서 나는 마침내 그의 성격을 의심하게 되었다. 이런 식으로 얼빠진 인간이 정상적인 마음을 간직할 수 있으리라고 믿기 어려웠다. 그는 무엇보다도 영혼의 감수성과 감정의 활력을 뿜내고 있었다. 이러한 것이 소인배들에게 특유한 결점들과 어떻게 조화되었겠는가? 감수성이 풍부한 마음이 자신의 외부로 쏟아내는 그 강렬하고도 지속적인 열정을 갖는다면 어떻게 일신의 안락을 돌보는 그 많은 자잘한 일들에 끊임없이 몰두할 수 있을까? 아! 저런! 자기의 마음이 천상의 불로 타오르는 것을 느끼는 사람은 그 불길을 밖으로 발산하여 자기의 내심을 보여주려고 한다. 그는 자기의 마음을 얼굴에 드러내려고 하지만, 그 외의 다른 분칠은 결코 생각하지 않을 것이다.

나는 그의 도덕 개요(概要)가 기억났는데, 그것은 데피네 부인이 내게 말해준 바 있으며 또 그녀도 채택하고 있었던 개요이다. 그것은 단지 1개 조항으로 된 것인데, 말하자면 인간의 유일한 의무는 모든 면에서 자기 마음의 성향을 따르는 데 있다는 것이다. 내가 이러한 도덕을 들었을 때 그것을 말장난으로밖에 받아들이지 않았지만, 대단히 생각할 거리를 주었다. 그런데 나는 곧 그것이 실제 그림의 행동법칙이라는 것을 알았다. 그후 나는 내 희생을 대가로 그 증거를 너무 많이 잡아 탈이었다. 그것은 디드로가 내게 걸핏하면 말한 것이지만 한 번도 내게 설명한 일은 없는 내적인 신조였다.

나는 여러 해 전에 사람들로부터 이 작자가 위선적이며 감정을 가장하고 있으며 특히 나를 사랑하고 있지 않다는 주의를 자주 받았던 일이 기억났다. 나는 프랑쾨유 씨나 슈농소 부인이 그 점에 대해 내게 말한 여러 가지 사소한 일화들을 상기했다. 이들 두 사람은 다 그림을 존경하지 않았지만 그를 잘 알고 있었음이 틀림없다. 슈농소 부인은 고(故) 프리즈 백작의 절친한 친구였던 로슈슈아르 부인의 딸이었으며, 프랑쾨유 씨는 당시 폴리냐크 자작과는 아주 친밀하여서 그림이 팔레 루아얄63)에 출입하고 있을 바로 그때 그곳에서 많이 살았기 때문이다. 프리즈 백작이 죽은 후에 그림이 낙담하였다는 것은 파리 사람 모두가 알고 있었다. 펠 양으로부터 매정한 대접을 받은 후에 그로서는 그때까지 얻은 평판을 유지하는 것이 문제였다. 그런데 그때 내가 좀더 분별이 있었더라면 누구보다도 그 허풍을 더 잘 알아보았을 것이다. 그는 카스트리 씨의 저택에 끌려가야만 했는데, 그곳에서 그는 이를 데 없이 격심한 비탄에 잠겨 있는 자신의 역할을 훌륭히 연출했다. 매일 아침 그는 그 저

---

63) 프리즈 백작의 사후 그림은 오를레앙 공작의 서기가 되었는데, 당시 팔레 루아얄은 오를레앙 공작의 거처였다.

택 정원에 나가서 마음껏 울어보였고, 그 저택에서 보이는 동안 눈물에 젖은 손수건을 눈에 대고 있었다. 그러나 어떤 길모퉁이에 접어들면 그가 생각지도 않은 사람들이 보는 줄도 모르고 곧 손수건을 주머니에 넣고 책을 꺼냈다. 사람들이 자주 이런 일을 보게 되어 그것은 곧 파리 시내 전체에 공공연한 사실이 되었지만 거의 그와 동시에 바로 잊혀졌다. 나 자신도 그것을 잊어버렸는데 나와 관계된 어떤 사건이 그것을 내게 상기시키는 데 도움이 되었다. 그르넬 거리에서 나는 병상에 누워 빈사 상태에 있었다. 그림은 시골에 있었다. 어느 날 아침 그는 아주 숨을 가쁘게 몰아쉬면서 나를 보러 와서는 지금 막 도착하는 길이라고 했다. 나는 조금 후에 그가 전날 도착하여 바로 그날 극장에 간 것을 누가 보았다는 말을 들었다.

　이런 종류의 일들로 생각나는 것은 얼마든지 있었다. 그러나 다음의 한 사건은 그 어느 것보다도 내게 충격을 주었는데 내가 그것을 그렇게 늦게 주목한 데 또한 놀랐다. 나는 내 친구들 모두를 예외 없이 그림에게 소개했다. 그들은 모두 그림의 친구가 되어버렸다. 나는 그림의 곁을 거의 떠날 수 없게 되어서, 그림이 출입할 수 없는 집에 나 혼자만 드나드는 것을 꺼릴 정도였다. 그림을 받아들이기를 거절한 사람은 크레키 부인밖에 없었는데, 그때부터 나는 거의 그녀를 찾아가지 않았다. 그림은 그림대로 자기 스스로 또는 프리즈 백작을 연줄로 다른 친구들을 사귀었다. 그런데 이런 친구들 중 단 한 사람도 내 친구가 된 사람은 없었다. 그는 내게 어쨌든 그런 사람들을 사귀어보라고 권유하는 말이라곤 한마디도 한 적이 없었다. 그리고 내가 그의 집에서 가끔 만났던 모든 사람들 중 누구 하나 내게 조그만큼의 호의를 표시했던 사람이 없었다. 심지어 프리즈 백작까지 그랬는데, 그가 프리즈 백작 댁에서 살고 있었으므로 백작과 다소 관계를 맺었다면 내게 무척 즐거웠을 것이다. 프리즈 백작의 친척으로 그림이 훨씬 더 친하게 지내던 숑베르그 백작 역시 마찬가지였다.

이보다 더한 일도 있다. 원래 내 친구들로 그림에게 소개해 그의 친구가 된 사람들은 모두 그와 알기 전에는 나와 친밀한 관계를 맺고 있었는데 일단 그림을 알게 되면 눈에 띄게 달라졌다. 그는 자기 친구들 중 아무도 내게 주지 않았지만, 나는 내 친구들을 모두 그에게 주었다. 그러면 결국 그는 그들을 전부 내게서 빼앗아갔다. 이것이야말로 우정의 결과라면, 증오의 결과는 과연 어떨 것인가?

디드로조차 처음에는 내가 그토록 믿고 있는 그림이 내 친구가 아니라고 여러 번 경고했다. 그러나 후에 그 자신이 내 친구가 아니었을 때 그는 말을 바꾸었다.

나는 내 자식들을 처리했던 방법에 대해서 누구의 협력도 필요로 하지 않았다. 그렇지만 나는 이 일을 내 친구들에게 알렸는데, 그것은 단지 그들에게 그 일을 알리기 위해서였고 또 그들의 눈에 내 실제 모습보다 더 좋게 보이지 않기 위해서였다. 이 친구들은 디드로, 그림, 데피네 부인 세 사람이었다. 내 속내 이야기를 듣기에 가장 적격자인 뒤클로는 내가 그 일을 털어놓지 않은 유일한 사람이었다. 그렇지만 그 이야기를 그는 알고 있었다. 누구에게서 들었을까? 나는 모르겠다. 그러나 이러한 배신이 데피네 부인에게서 나왔다는 것은 거의 가능성이 없다. 왜냐하면 부인은 만약 내가 부인의 예를 따를 수만 있다면 그렇게 해서 내 쪽에서도 가혹한 복수를 할 수 있는 재료가 있다는 것을 알고 있었기 때문이다. 남은 것은 그림과 디드로인데, 당시 두 사람은 매우 많은 사안들에 대해 굳게 뭉쳐 있었으며 특히 내게 반대하는 일에 대해서는 그랬기 때문에 아마 그 죄는 그 두 사람 공동의 책임인 것이 틀림없다. 뒤클로에게는 내가 비밀을 말해주지 않았으므로 따라서 그 비밀을 누설하는 것은 그의 자유였지만, 나는 그가 나를 위해 이 비밀을 지켜준 단 한 사람이라고 장담할 수 있다.

그림과 디드로는 '가정부들'을 내게서 떼어내려는 계획에서 뒤클로를 자기들 편에 끌어들이려고 애를 썼다. 그러나 그는 언제나 이것을 경멸적으로 거절했다. 그런데 나는 그 후에서야 비로소 그때 이 문제로 그들 사이에 무슨 일이 벌어졌는지 그 전말을 뒤클로에게 들었다. 그러나 이 무렵부터 테레즈를 통해 그런 사정을 꽤 듣고 있어서 그 모든 일에 무언가 은밀한 계획이 있으며 사람들이 내 의사를 거스르는 것은 아니라고 해도 적어도 나 몰래 나를 마음대로 갖고 놀려고 하거나 또는 이 두 여인을 어떤 음모의 도구로 이용하려 하고 있다는 것을 알게 되었다. 이러한 모든 짓은 분명 정당한 일은 아니었다. 뒤클로의 반대가 그것을 여실히 증명하고 있다. 그것이 우정이었다고 생각하고 싶은 사람은 그렇게 믿어도 좋다.

이른바 이런 우정은 밖에서와 마찬가지로 안에서도 내게는 치명적이었다. 수년 전부터 르바쇠르 부인에게는 길고도 잦은 밀담이 오갔는데, 이로 인하여 나를 대하는 그녀의 태도가 눈에 띄게 달라졌다. 그리고 이 변화는 정녕 내게 득이 되는 것은 아니었다. 그런데 그 기묘한 구수회의에서 그들은 대체 무엇을 논했을까? 그 대단한 비밀은 무엇 때문이었을까? 그 노파의 이야기가 그렇게 은밀히 하지 않으면 안될 만큼 즐겁고 그렇게 극비에 부칠 정도로 중대했단 말인가? 이러한 토론들이 3, 4년 지속되는 동안 그것들이 내게는 우습게 보였다. 그러나 그때 그것들을 다시 생각하면서 비로소 놀라기 시작했다. 만약 그때부터 이 노파가 내게 어떤 일을 준비하고 있는지 알았다면 이런 놀라움은 불안으로까지 번져나갔을 것이다.

그림은 나를 위해 열성을 바치고 있는 것처럼 밖에서는 뽐내고 다녔다. 그러나 자칭 그 열성이라는 것에도 불구하고 바로 나 자신을 대할 때 그가 취하는 태도와 그 열성을 양립시키기 어려웠고, 그로부터는 어느 모로도 내게 이로운 것이라고는 아무것도 들은 적이 없다. 그리고 그는 내게 동정을 갖고 있는 척했는데 그 동정이라는 것도 내게 도움이 되는 것보다 훨씬 더 나를 깎아내리려는 데 목적이 있었다. 그는 나를 엉터리 악보 필경사라고 헐뜯고 다니면서 심지어 힘자라는 한 내가 선택한 직업의 수단을 빼앗기까지 했다. 나는 그 점에 대해 그가 진실을 말했다는 것은 인정하지만, 진실을 말하는 것은 그의 몫이 아니었다. 그는 다른 악보 필경사를 이용해서 내게 빼갈 수 있는 단골들은 죄다 빼가서 그것이 농담이 아니라는 것을 증명했다. 그의 계획은 내가 먹고살기 위해 그와 그의 영향력에 의존케 하고 내가 그럴 수밖에 없는 처지에 몰릴 때까지 생계의 원천을 고갈시키는 것 같았다.

이 모든 것을 요약하자면, 나의 이성(理性)은 아직도 영향력을 잃지 않고 있었던 예전의 좋은 선입견을 마침내 침묵시키고 말았다. 그리고 그의 성격은 적어도 매우 수상쩍다고 판단했으며 그의 우정에 관해서는 허위라고 판정을 내렸다. 그 다음으로 더 이상 그를 만나지 않겠다고 결심하고, 그것을 데피네 부인에게 알렸다. 그때는 내 결심을 뒷받침하는 반박의 여지없는 여러 가지 사실들을 들었는데, 지금은 그 사실들을 잊어버렸다.

부인은 이러한 결심을 강하게 반박했지만, 그 근거가 되는 이유들에 대해서는 무슨 말을 해야 할는지 별로 알지 못했다. 그녀는 아직 그림과 의견을 조율하지 않았던 것이다. 그러나 그 다음 날 그녀는 나와 만나서 구두로 자신의 생각을 말하는 대신 둘이서 같이 짜 맞춘 지극히 교묘한 한 장의 편지를 내게 전달했다. 그 편지에서 그녀는 세부적인 사실들은 전혀 언급하지 않은 채 그림의 성격이 과묵하다는 것으로써 그를 변호하고 그가 친구를 배신했다고 의심했던 점은 내 잘못이라고 비난하면서 그와 화해하도록 권고했다. 여러분이 편지모음집 A. 48호에서 보게 될 이 편지는 내 마음을 흔들어놓았다. 다음에 우리가 이야기를 나누었을 때 나는 부인이 처음보다 더욱 용의주도하게 준비하는 것을 보고 결국 넘어갔다. 그래서 내가 판단을 잘못했을 수도 있고 만약 그렇다면 실제로 친구에 대하여 속죄해야만 하는 중대한 잘못을 했다고 생각하기에 이르렀다. 한마디로 말하면 벌써 여러 번 디드로나 돌바크 남작에게 그랬던 것처럼, 내가 모든 화해의 제의를 요구할 권리가 있으면서도 절반은 본의로 또 절반은 마음이 약해서 이쪽에서 먼저 말을 붙인 것이다. 나는 조르주 당댕[64] 처럼 그림이 내게 가한 모욕에 대해 사과하러 그의 집에 갔다. 나는 여전히 온화한 마음과 예절 바른 태도를 아끼지 않으면 어떠한 증오도 풀린다는 그릇된 확신을 갖고 있었는데, 이러한 확신 때문에 일생 동안 가짜 친구들에게 비굴하게 머리를 숙인 일이 얼마나 많은지 모른다. 그런데 반대로 악인들의 증오는 그것을 정당화할 근거를 찾아내기 불가능하기 때문에 오히려 더 격화되어갈 뿐이며, 그들 자신이 정당치 못하다는 의식은 그 희생물이 된 사람에 대해 품는 또 하나의 불만이 될 뿐이다. 내 자신의 경험에만 비추어보더라도 이러한 원칙의 극히 유력한 증거를 그림과 트롱쉥에게서 볼 수 있는데,[65] 이들은 내가 그 두 사람 중 누구에게 일찍이 저질렀던 어떤 종류의 잘못도 내세울 수 없으면서 취미로 심심풀이로 혹은 일시적 기분으로 내 불구대천의 원수가 되었다.[66] 그런데 그들의 분노는 쉽사리 충족되기 때문에 마치 맹호의 분노처럼 날로 심해졌던 것이다.

나는 내 관용과 화해의 제의에 대해 그림이 몸 둘 바를 몰라 하며 더할 나위 없이 다정한 우정을 갖고 두 팔을 벌려 나를 맞아줄 것을 기대하고

---

64) 몰리에르의 희극 〈조르주 당댕〉(*George Dandin*)에 등장하는 동명의 주인공.

65) 트롱쉥의 경우는 10권 전반부에 나온다.

66) [원주] 나는 그후 트롱쉥에게 어릿광대라는 별명을 지어주었는데, 그때는 그의 적의가 밝혀지고 그가 제네바나 다른 곳에서 내게 불러일으킨 참혹한 박해가 이루어지고 나서 한참 후였다. 나는 내가 완전히 그의 희생물이 된 것을 보고는 곧 그 별명을 없애버리기까지 했다. 비천한 복수심은 내 심성에 어울리지 않으며 증오는 내 마음에 발을 붙이지 못한다.

있었다. 그런데 그는 내가 누구에게서도 결코 본 적이 없는 교만함을 부리면서 로마 황제처럼 나를 맞이했다. 나는 이러한 대우를 받으리라고는 전혀 예상치 못했다. 나는 얼토당토않은 역할을 맡은 데 당황하여 수줍은 태도로 몇 마디로 간단히 그에게 온 목적을 말했다. 그러자 그는 나를 용서하여 받아들이기 전에 미리 준비해둔 장광설을 아주 위풍당당하게 늘어놓았는데, 거기에는 자기가 가진 보기 드문 미덕들 특히 우정에 관한 미덕들이 길게 열거되어 있었다. 그가 오랫동안 역설하던 한 가지는 처음에 내게 무척 충격을 주었는데, 그것은 자기가 언제나 같은 친구들과 교제를 계속하는 것을 사람들이 알고 있다는 말이었다. 그가 그 말을 하는 동안 나는 그 규칙에서 나 한 사람만을 예외로 하는 것은 정말 잔인하지 않은가 마음속으로 생각했다. 그는 몇 번이고 이 말을 되풀이하면서 무척 으스대고 있었으므로 나는 이런 생각을 하게 되었다.

"만약 그가 이 점에서 자기 마음에서 우러나는 감정만을 따른다면 그는 이 원칙에 그렇게 감명받지 않을 것이다. 그는 출세의 방편에 있어 그것을 자기 목적에 유용한 기법으로 삼은 것이다."

그때까지 나도 역시 같은 입장에서 내 친구들 모두와 계속 교분을 유지하고 있었다. 아주 어린 유년시절부터 나는 죽은 사람이 아니면 한 사람의 친구도 잃은 일이 없다. 그렇지만 나는 그때까지 그것에 대해 깊이 생각한 적이 없었다. 그것은 내가 스스로에게 규정한 원칙이 아니었기 때문이다. 그 당시 그것이 그와 나 쌍방에 공통적인 장점인 이상 그가 선수를 쳐 그 장점을 내게서 빼앗을 생각이 아니었다면 도대체 무엇 때문에 특히 그것을 자랑했을까? 다음에 그는 우리 두 사람 모두에게 친구인 사람들이 나보다도 자기를 더 좋아하는 증거를 들어 나를 모욕하려고 애썼다. 이렇게 친구들이 그림을 더 좋아한다는 것은 나도 그림만큼 잘 알고 있었다. 문제는 그가 그런 유별난 사랑을 어떤 자격으로 얻었느냐는 것이다. 그럴 만한 자질 덕분인지 아니면 교활한 재주 덕분인지?

자기 자신을 끌어올려서인지 아니면 나를 끌어내리려고 애쓴 때문인지? 끝으로 그는 내게 막 베풀어주려 하는 용서의 가치를 높일 수 있도록 자신과 나 사이의 거리를 제멋대로 최대한 벌린 다음, 마치 국왕이 새로 작위를 받는 기사들에게 하사하는 포옹과 유사한 가벼운 포옹을 하면서 화해의 입맞춤을 허용하였다. 나는 너무나 놀라서 아연실색했다. 무슨 말을 해야 할지 또 무엇이라고 해야 할지 몰랐다. 이 모든 광경은 마치 교사가 자기 학생에게 회초리로 맞는 징벌은 면제해주고 꾸짖는 것과 흡사하였다. 나는 그때 일을 생각할 때마다 일반대중들이 그렇게나 중요시하는 겉모습에 근거한 판단들이 얼마나 기만적인지 그리고 죄 있는 쪽은 대담하고 거만한 반면 죄 없는 쪽이 오히려 수치와 곤경에 빠지는 일이 얼마나 많은가를 절감하지 않을 수 없다.

우리들은 화해가 되었다. 싸우기만 하면 죽을 정도로 마음이 괴로운 내게는 그래도 어쨌든 이것이 위안이 되었다. 이러한 화해로 그의 태도가 달라지지 않았다는 것은 여러분도 충분히 짐작이 갈 것이다. 그것은 단지 내게 그의 태도에 대해 불평할 권리를 빼앗아갔을 뿐이다. 그래서 나는 모든 것을 참고 더 이상 아무 말도 하지 않기로 결심했다.

나는 계속해서 닥쳐오는 이토록 많은 비통스러운 일들로 낙담에 빠져 자제심을 회복할 힘이 거의 남아있지 않았다. 생랑베르로부터는 아무 회답도 오지 않았고 두드토 부인에게는 버림을 당해 더 이상 감히 누구에게도 내 속마음을 토로할 수 없었던 나는 내 마음속에서 우정을 우상으로 받들면서 일생을 망상에 바쳤던 것이 아닌가 걱정되기 시작했다. 곰곰이 검토해보니 나와 관계가 있는 사람들 중 내 모든 존경을 잃지 않고 내 마음으로부터 신뢰할 수 있는 사람은 단 두 사람밖에 남지 않았다. 그 두 사람은 뒤클로와 생랑베르인데, 뒤클로는 내가 레르미타주에 은거한 이래 한 번도 본 일이 없었다. 나는 생랑베르에 대한 나의 잘못을 제대로 속죄하기 위해서는 그에게 내 마음을 남김없이 털어놓는 수밖에 없다고 생각했다. 그래서 나는 그의 애인의 명예에 누를 끼치지 않는 범위 내에서 모든 것을 그에게 전부 고백하려고 결심했다. 나는 이러한 선택 역시 더욱 그녀에게 가까이 있게 만들기 위해 내 열정이 파놓은 함정이었음을 의심하지 않는다. 그러나 내가 그녀 애인의 가슴에 아무런 거리낌 없이 뛰어들어 전적으로 그가 하라는 대로 하고 가능한 한 솔직한 태도를 취하려 했을 것이라는 점은 확실하다. 나는 그에게 두 번째 편지를 쓸 참이었고, 그가 그 편지에 답장할 것이라 확신하고 있었다. 그런데 그때 그가 내 첫 번째 편지에 대해서 침묵을 지킨 비통한 이유를 알게 되었다. 그는 그 전쟁에서의 피로를 끝까지 견뎌낼 수 없었던 것이다. 나는 데피네 부인에게서 그가 막 중풍에 걸렸다는 말을 들었다. 그리고 두드토 부인은 비탄으로 끝내 자기까지 병이 나서 내게 곧 편지를 쓸 수 없었지만, 2, 3일 후 당시 그녀가 있었던 파리로부터 그가 엑스라샤펠에 온천치료를 받기 위해 이송된다는 소식을 주었다. 이 슬픈 소식에 나도 그녀와 똑같이 괴로워했다고 말하지는 않겠다. 그렇지만 그녀 때문에 받은 내 마음의 비통함이 그녀의 고통이나 눈물보다 덜 고통스러웠다고는 생각하지 않는다. 그가 그런 상태에 있다는 것을 알았을 때의 고통은, 혹시 근심이 그를 그렇게 만든 원인들 중 하나가 아닌가 하는 염려 때문에 한층 더해져 그때까지 내게 일어난 모든 일보다도 더 마음에 충격을 주었다. 그리고 내 스스로 평가할 때 이렇게 많은 비탄을 견디기 위해 필요한 힘이 내게 부족함을 통감했다. 다행히도 이 너그러운 친구는 오랫동안 나를 그러한 낙담 속에 내버려두지 않았다. 그는 병중에서도 나를 잊지 않았다. 그리고 나는 곧바로 다름 아닌 그를 통해서 내가 그의 감정이나 상태에 대해 너무나 잘못 판단하고 있었다는 것을 알았다. 그러나 내 운명의 대변혁 혹은 파국에 마침내 도달할 시간이 되었는데, 그것은 내 생애를 전혀 다른 두 부분으로 갈라놓고 극히 사소한 원인에서 그토록 끔찍한 결과를 가져왔다.

320

어떤 날 전혀 뜻밖에 데피네 부인이 나를 부르러 사람을 보내왔다. 들어가면서 나는 그녀의 눈이나 거동 전체에서 동요하는 기색을 엿볼 수 있었다. 자기 얼굴빛이나 동요를 그녀보다 더 잘 다스릴 줄 아는 사람은 이 세상에 없었으므로, 나는 평소와 다른 그녀의 이런 기색 때문에 더욱 충격을 받았다. 부인은 내게 이렇게 말했다.

"벗이여, 나는 제네바로 떠날까 합니다. 가슴이 좋지 않군요. 건강이 나빠져 모든 일을 중단하고 트롱솅을 만나 진찰을 받아야만 하겠습니다."

그토록 갑자기 그것도 궂은 계절로 접어들려는 마당에 이런 결심을 한 것은 내가 그녀와 36시간 전에 헤어졌을 때만 해도 그런 말이 없었던 만큼 더 나를 놀라게 했다. 나는 누구를 같이 데리고 갈 것이냐고 물었다. 아들을 드 리낭 씨와 함께 데리고 갈 것이라고 하면서 그 다음에 건성으로 "어때요, 곰 선생님, 당신도 함께 가지 않을래요?"라고 덧붙여 말했다. 다가오는 궂은 계절에 내가 거의 제 방에서 나올 수도 없다는 것을 알고 있는 그녀가 진심으로 그런 말을 했다고는 생각지 않았기 때문에, 병자가 병자를 수행하면 꽤나 도움이 되겠다고 농담을 했다. 그녀 자신도 진심으로 그런 제안을 하지 않았던 것으로 보여 그것은 더 이상 문제가 되지 않았다. 그 다음에 우리는 그녀의 여행준비에 관한 이야기만 했는데, 그녀는 2주 후에는 떠나기로 결심해서 매우 분주하게 여행준비에 전념했다.

이 여행에는 사람들이 내게 말하지 않은 어떤 비밀스러운 동기가 있다는 것을 깨닫기 위해 그리 깊은 통찰력이 필요하지 않았다.[67] 이 비밀은 온 집안에서 나만 빼놓고 모르는 사람이 없었는데, 나는 바로 다음 날 테레즈에게 듣고 알았다. 급사장 테시에가 그것을 하녀에게서 듣고

[67] 데피네 부인이 결핵이 걸렸다는 이야기도 있고, 그림과의 관계에서 임신을 했다는 이야기도 있는데, 두 번째 가정도 배제해서는 안 된다. 루소는 여행을 같이 가자는 제안이 함정에 불과하다고 확신하고 있었다.

다시 테레즈에게 누설했던 것이다. 나는 이 비밀을 데피네 부인에게서 들은 것이 아니므로 그녀에 대해 이 비밀을 지킬 의무는 없었지만, 그것은 그녀에게서 들은 비밀들과 너무 밀접한 관계가 있으므로 이것만을 떼어서 말할 수는 없다. 그래서 나는 그것에 대해서는 아무 말도 않기로 하겠다. 그러나 내 입이나 펜을 거쳐서는 결코 나온 적도 없고 나오지도 않을 그러한 비밀들은 너무도 많은 사람들에게 알려져 있어서 데피네 부인의 모든 주위 사람들에게 알려지지 않을 수 없었다.

나는 이번 여행의 진짜 동기를 알고 있었기 때문에 나로 하여금 부인의 여행을 수행하게 하는 계획 속에 적의 은밀한 부추김이 있었음을 알아차려야 했을 것이다. 그러나 부인이 그것을 별로 조르지 않아서 나는 고지식하게도 계속 그 계획을 조금도 진지하게 여기지 않았다. 그리고 만약 내가 어리석게도 그 역을 떠맡았다면 내가 얼마나 멋진 역을 했을지 웃음이 나올 뿐이다. 그런데 내가 거절한 것이 그녀에게는 이득이 되었다. 왜냐하면 결국 그녀는 바로 자기 남편을 설득해서 동행하도록 만들었으니 말이다.

며칠 후 나는 디드로에게서 다음과 같은 짤막한 편지를 받았다. 이 편지는 사람들이 그 속 내용 전부를 쉽사리 읽을 수 있도록 반으로 접기만 해서 데피네 부인 집을 주소로 해서 내게 보내졌는데, 아들의 교사이자 어머니의 심복인 드 리낭 씨가 수취인이었다.

디드로의 편지 (편지모음집 A. 52호)

나는 자네를 사랑하고 자네에게 괴로움을 주려고 태어난 사람 같네. 나는 데피네 부인이 제네바에 간다는 것은 알고 있네만 자네가 그녀와 동행한다는 말은 듣지 못했네. 친구여, 자네가 데피네 부인에 대해 만족한다면 그녀와 함께 떠나야 하네. 그러나 만족스럽지 않다면 훨씬 더 빨리 떠나야만 하네. 자네가 부인에게 진 신세는 자네에게 너무 과중하지 않은가? 이번이야말로 그 일부를 갚아 자네의 부담을 덜 수 있는 기회이네. 자네 생애에서 부인에게 감사를 표할 기회가 달리 또 있겠는가? 부인은 완전히 낯선 나라로 가는 것이네. 부인은 아파서 여흥과 기분전환이 필요할 것이네. 겨울이라고! 이보게, 친구여! 자네는 건강상의 이유를 들어 반박하는데, 그것은 내가 생각하는 것보다 훨씬 더 심할지 모르겠네. 그러나 한 달 전보다는 오늘이 더 아프고, 오늘보다는 봄이 올 때 덜 아프겠는가? 지금부터 3개월 후에는 오늘보다 더욱 편안히 여행을 하겠는가? 나 같으면 솔직히 말해 마차를 견딜 수 없으면 지팡이를 짚고라도 부인을 따라갈 것이네. 게다가 자네는 사람들이 자네의 행위를 잘못 해석하지나 않을까 걱정되지 않는가? 사람들은 자네가 배은망덕하거나 아니면 다른 은밀한 동기를 갖고 있다고 의심할 것이네. 무슨 일을 하든지 자네는 언제나 자신에 대해 항상 정당하다는 양심의 확신을 가질 것이라는 사실을 나는 잘 알고 있네. 그러나 단지 양심의 확신만으로 충분할까? 어느 정도까지 다른 사람들의 판단을 무시하는 것이 허락되는가? 그런데 친구여, 내가 자네에게 이 편지를 보내는 것은 자네와 나 자신에 대한 의무를 이행하기 위해서라네. 이 편지가 감정을 상하게 했다면 이 편지를 불에 던져버리게. 편지가 쓰인 적이 없었던 것처럼 더 이상 그것이 문제가 되지 않도록 말일세. 자네를 사랑하여 포용하면서, 그만 글을 맺겠네.

이 편지를 읽는 동안 나는 분노 때문에 치가 떨리고 현기증이 나서 끝까지 읽기조차 힘들었다. 그러나 디드로가 여기서 그의 다른 편지들에서보다 한결 부드럽고 한결 다정하고 한결 정중한 어조를 능란하게 가장하였다는 것을 주목하지 않을 수 없었다. 다른 편지에서는 고작해야 나를 '내 친애하는 이'라고 할 뿐 '친구'라고 불러준 일이 없었다. 이 편지가 어떤 간접적인 경로를 거쳐서 내게로 왔는지 쉽사리 알 수 있었고, 편지의 서술방식이나 형태나 배달과정은 꽤나 서툴 정도로 그 술책을 드러내고 있었다. 왜냐하면 우리는 보통 몽모랑시의 우편이나 역마차를 통해 서신을 왕래했고 디드로가 이런 방법을 쓴 것은 이번이 처음이자 마지막이었기 때문이다.

처음에는 분노로 흥분했었으나 좀 진정되어 편지를 쓸 수 있게 되자 부랴부랴 그에게 다음과 같은 답장을 썼다. 그것을 데피네 부인에게 보여주려고 그 즉시 당시 내가 있던 레르미타주에서 라 슈브레트로 들고 갔다. 나는 분별을 잃을 정도로 분노한 나머지 디드로가 보낸 편지와 함께 나 자신이 직접 그 편지를 부인에게 읽어주려 했던 것이다.

> 내 친애하는 벗이여, 자네는 모르네. 내가 데피네 부인에게 입을 수 있는 은혜의 구속력이 얼마나 강한지, 그 은혜가 나를 어느 정도까지 구속하는지, 부인이 과연 그 여행에 실제로 나를 필요로 하는지, 내가 부인과 동행할 것을 부인이 원하는지, 그렇게 하는 것이 내게 가능한 일인지, 내가 그렇게 하지 않는 이유가 있을 수 있는지를 말일세. 나는 이 모든 점에 대해 자네와 논의하는 것을 거부하지 않네. 그러나 내가 해야 될 일을 판단할 자격을 갖지 못했으면서도 그 일을 그처럼 독단적으로 명령한다는 것은, 내 친애하는 철학자여, 참으로 경솔한 발언이라는 점을 우선 인정하게나. 이 일에서 내가 가장 나쁘게 생각하는 것은 자네의 의견이 자네에게서 나온 것이 아니라는 사실이네. 나는 자네 이름으로 제3자나 제4자에 의해 휘둘리고 싶지 않을 뿐더러, 이러한 간접적인 방식에는 자네의 솔직한 성질에는 어울리지 않는 어떤 계략들이 있다고 생각하네. 자네를 위해서나 나를 위해서 앞으로는 그런 일을 삼가는 것이 좋을 것이네.
>
> 자네는 사람들이 내 행동을 잘못 해석할까봐 걱정하지만 나는 자네 같은 심성의 소유자가 내 마음에 대해 감히 잘못 해석하지는 않으리라 믿네. 만약 내가 다른 사람들을 더 많이 닮았다면 아마 그들은 나에 대해서 더 좋게 말할 것이네. 신이시여, 내가 그들의 칭찬을 받지 않도록 나를 지켜주소서. 악인들이 나를 염탐하고, 내 행동을 해석하게 하소서. 그들을 두려워할 루소도 아니고 그들의 말에 귀를 기울일 디드로도

아니니까 말입니다.

　자네 편지가 마음에 거슬리면 자네는 내가 그것을 불 속에 던져버리고
그것이 더 이상 문제되지 않기를 바라네만, 자네에게서 나오는 말을 그
런 식으로 잊을 수가 있다고 생각하는가? 내 친애하는 이여, 자네는 내
게 몸을 돌보라고 하면서 내 생명과 건강은 소중하게 생각하지 않는 만
큼 자네가 내게 준 고통 속에서 내가 흘리는 눈물 역시 소중하게 생각하지
않네. 만약 이런 점을 자네가 고칠 수 있다면, 그로 인하여 자네와의 우정
은 더욱 정겨워질 것이고 나는 덜 동정을 받을 만한 사람이 될 것이네.

데피네 부인의 방에 들어갔을 때 그림이 부인과 같이 있는 것을 보고
나는 무척 기뻤다. 나는 내 자신도 믿을 수 없을 정도로 대담성을 보이
면서 크고 또렷한 소리로 내가 가진 두 통의 편지들을 그들에게 읽어주
었다. 그리고 끝내면서 내 대담성에 어긋나지 않는 몇 마디 말을 거기에
덧붙였다. 평소에 그토록 겁이 많은 사람에게서 뜻하지 않게 이러한 대
담함이 나오자 두 사람은 다 아연실색하여 한마디 대꾸도 못하는 모습
을 보였다. 특히 그 거만한 사내가 눈을 아래로 내리깔고 내 불꽃 튀는
시선에 감히 맞서지 못하는 것을 보았다. 그러나 바로 그 순간에 그는
마음속으로 나를 파멸시킬 것을 다짐하고 있었다. 그리고 나는 그들이
서로 헤어지기에 앞서 그것에 합의했다고 확신하고 있다.

생랑베르가 보낸 답장(편지모음집 A. 57호)을 마침내 두드토 부인을
통해서 받은 것은 거의 이즈음에서였다. 그것은 그가 병에 걸린 후 며칠
되지 않아 아직 볼펜부텔[68]에 있으면서 부친 것인데, 도중에 오래 지체
되었던 내 편지에 대한 답장이었다. 이 답장은 그때 내게 몹시 필요하던
위로를 가져다주었는데, 존경과 우정의 표시들로 가득 차 있었기 때문
이다. 그리고 그 표시들은 그것들에 보답하여야겠다는 용기와 힘을 내
게 주었다. 이 순간부터 나는 내 의무를 다했다. 그러나 만약 생랑베르

---

68) 독일 중북부의 도시명.

가 덜 사려가 깊고 덜 관대하며 덜 신사였다면 나는 돌이킬 수 없는 파멸에 빠졌을 것이 틀림없다.

추운 계절이 시작되었고, 사람들은 시골을 떠나기 시작했다. 두드토 부인은 이 계곡에 작별을 고하러 오겠다고 생각한 날짜를 내게 알리고 나와 오본에서 만날 약속을 했다. 그날은 우연히도 데피네 부인이 여행 준비를 끝내기 위해 라 슈브레트를 출발하여 파리로 가는 바로 그날이었다. 다행히 부인은 아침에 출발했으므로, 나는 부인과 헤어져서 그의 시누이와 점심식사를 하러 갈 시간이 아직 있었다. 나는 생랑베르의 편지를 주머니 속에 넣고 있었으므로 길을 가면서 여러 번 거듭 읽었다. 이 편지는 나의 약한 마음에 대해 방패 역할을 했다. 나는 두드토 부인을 여자 친구로서 또는 친구의 애인으로서밖에는 달리 보지 말자고 결심했고 또 그 결심을 지켰다. 그래서 나는 즐겁고 평온한 마음으로 그녀와 마주앉아 네다섯 시간을 지냈다. 그것은 심지어 향락이라는 점에서도, 내가 그때까지 그녀 곁에서 느낀 불타는 듯한 흥분의 발작보다는 훨씬 더 바람직한 것이었다. 그녀는 내 마음이 변치 않은 것을 너무도 잘 알고 있었으므로, 내가 나 자신을 억제하기 위해 치른 노력을 마음 속 깊이 느꼈다. 그녀는 그 때문에 나를 더욱 존경했고, 나는 내게 대한 그녀의 우정이 조금도 식지 않은 것을 보고 기뻐했다. 그녀는 내게 얼마 안 있으면 생랑베르가 돌아온다는 소식을 알려주었는데, 그는 병은 상당히 많이 회복되었지만 전쟁의 피로를 더 견딜 수가 없어서 그녀 곁에 와서 평화롭게 살려고 제대했다고 했다. 우리들은 우리 세 사람 사이의 친밀한 교제를 위한 즐거운 계획을 세웠고, 이 계획이 오랫동안 지속적으로 실행될 수 있으리라는 희망을 가질 수 있었다. 왜냐하면 다감하고 정직한 마음들을 하나로 연결할 수 있는 모든 감정이 그 바탕이 되고, 우리 세 사람 모두가 우리 자신만으로 충분하여 다른 외부의 보충을 필요로 하지 않을 정도로 충분한 재능과 지식을 구비하고 있었기 때문이다. 아! 나는 이토록 즐거운 삶의 희망에 정신이 팔려있어서 나에게 닥쳐올 삶에 대해서는 거의 생각하고 있지 않았다.

다음에 우리는 데피네 부인에 대한 내 현재의 입장에 대해 이야기했다. 나는 디드로의 편지를 내가 쓴 답장과 함께 그녀에게 보여주고, 이 문제에 관해서 일어났던 일 모두를 상세히 들려주었다. 그리고 레르미타주를 떠나겠다는 당시 내 결심도 그녀에게 밝혔다. 그녀는 그것에 극력 반대하며 그 이유들을 몇 가지 들었는데, 그 이유들은 모두 내게 강력한 영향력을 발휘했다. 그녀는 내가 제네바 여행을 했으면 하고 간절히 바라고 있었다는 것을 분명히 말했는데, 내가 거절하면 사람들이 반드시 그 거절에 그녀를 연루시킬 것을 예견했기 때문이다. 그리고 디드로의 편지는 미리 그것을 예고하는 것처럼 보였다. 그렇지만 그녀는 나 자신만큼 내가 거절하는 이유를 잘 알고 있었으므로 그 문제에 대해서 고집하지는 않았다. 그러나 그녀는 어떤 희생을 치르더라도 일체의 소동을 피할 것과 내 거절에 매우 그럴듯한 이유를 붙여 그녀가 거기 관여했을 수도 있다는 부당한 혐의를 받지 않도록 해달라고 내게 간청했다. 나는 그녀에게 말하길, 그녀가 내게 부과하는 의무가 쉬운 일은 아니지만 내 명예를 희생하는 일이 있더라도 내 잘못에 대해 속죄할 결심을 한 나로서는 내 명예가 허용하는 모든 것에서 부인의 명예를 우선하겠다고 했다. 여러분들은 내가 이러한 약속을 이행할 수 있었는지 그 여부를 곧 알게 될 것이다.

내 불행한 열정은 조금이라도 그 힘을 잃기는커녕 내가 그날만큼 열렬하고 또 다정하게 나의 소피를 사랑한 일은 결코 없었다고 맹세할 수 있다. 그러나 생랑베르의 편지에서 받은 감명, 즉 의무감과 배신에 대한 공포가 너무 강해서 이 만남이 이루어지는 내내 나의 관능은 그녀 옆에서도 나를 완전히 잠잠한 상태에 놓아두었고 나는 그녀 손에 입맞춤할 생각조차 일어나지 않았다. 떠날 때 그녀는 하인들 앞에서 내게 입맞춤을 했다. 이 입맞춤은 이전에 잎이 우거진 나무 밑에서 가끔 그녀에게 훔쳤던 입맞춤들과는 전혀 달라서 내가 다시 자제심을 회복했다는 것을 보증하는 것이었다. 내게 평온한 가운데 마음을 굳힐 시간적 여유만 있다면 근본적으로 치유되는 데 3개월도 필요하지 않았으리라는 것을 나는 거의 확신한다.

여기서 두드토 부인과 나의 개인적인 관계는 끝난다. 이 관계는 그 겉모습에 근거하여 각자가 자기 자신의 마음의 성향에 따라 판단할 수 있으리라. 그러나 그 관계에서 그 사랑스러운 여인이 내 마음에 일으킨 열정, 어떤 사람도 일찍이 느껴보지 못했을 아마도 가장 강렬한 열정은 우리 두 사람이 의무와 명예와 사랑과 우정을 위해 바친 보기 드문 고통스러운 희생으로 하늘과 우리들 사이에서 영원히 찬양받을 것이다. 우리들은 서로를 쉽게 더럽힐 수 있기에는 서로의 눈에 너무나 고결해 보였다. 타락하기에는 서로의 눈에 너무도 서로의 품격이 높아 보였다. 이토록 고귀한 존경을 잃을 각오를 하기 위해서는 어떠한 존경도 받을 만한 자격을 잃는 수밖에는 없을 것이다. 그리고 우리들을 죄인으로 만들 수 있던 감정의 힘 자체가 오히려 우리 두 사람이 죄를 짓는 것을 막았던 것이다.

이 두 부인들 중 한 사람에게는 그토록 오랫동안 우정을 쏟고 또 한 사람에게는 그토록 강렬한 사랑을 바친 후에 나는 바로 이와 같이 같은 날 두 부인에게 따로따로 이별을 고했다. 그리고 한 부인과는 평생 동안 다시 만나지 못 했고, 또 한 부인과는 그후 기회가 되어 단지 두 번 다시 만났을 뿐인데 그 일에 대해서는 다음에 이야기하게 될 것이다.

그들이 떠나버린 후 나는 내 무분별함에서 생겨난 그토록 많은 절박하고 모순적인 의무들을 이행하기에 대단히 난처한 상황에 빠졌다. 만약 내가 자연스러운 상태에 있었다면 이번 제네바 여행에 대한 권유를 받고 이를 거절한 후 가만히 있기만 해도 되었고, 그것으로 모든 일은

끝났다. 그러나 어리석게도 나는 그 일로 사건을 일으켰는데, 이 사건
은 그대로 있을 수 없는 사건이었다. 그래서 내가 사후 변명을 일체 하
지 않을 수 있으려면 레르미타주를 떠나지 않으면 안 되었다. 그런데 그
때는 두드토 부인에게 그곳을 떠나지 않겠다고, 적어도 당장에는 떠나
지 않겠다고 막 약속을 하고 난 후였다. 뿐만 아니라 부인은 사람들이
내가 이 여행을 거절한 것을 자기 탓으로 돌릴까 두려워 나보고 이른바
내 친구들이라고 하는 사람들에게 그 거절에 대해 변명할 것을 요구한
바 있었다. 나는 데피네 부인이 나를 위해 모든 일을 해준 이후 정녕 그
녀에게 감사해야 할 은혜를 입고 있었는데, 그녀에게 모욕을 주는 일 없
이는 그 진정한 이유를 설명할 수가 없었다. 아무리 생각해보아도 데피
네 부인이나 두드토 부인이나 아니면 나, 세 사람 중 한 사람에게 결례
를 저질러야 할 힘들지만 불가피한 처지에 빠지게 되었다. 그래서 나는
마지막 수단을 택했다. 나는 당당하게, 전적으로, 아무런 주저 없이,
그리고 자신을 희생할 정도로 관대하게 — 그것은 분명 나를 이러한 곤
경에 처하게 한 내 잘못들을 씻을 만했다 — 그 마지막 수단을 택했던 것
이다. 내 적들은 이러한 희생을 이용할 줄 알았고 어쩌면 기다리고 있었
을 것이다. 그래서 이 희생은 내 명예를 실추시켰고 그들의 세심한 배려
를 통해 대중들의 존경을 내게서 빼앗아갔다. 그러나 이것은 내게 자존
심을 회복시켜 주었고 불행한 가운데서도 나를 위로하여 주었다. 앞으
로 보겠지만 내가 그런 희생을 치른 것은 이것이 마지막은 아니었으며,
또한 사람들이 나를 괴롭히려고 그것을 이용한 것도 이것이 마지막은
아니었다.

  그림만이 이 사건에 전혀 관여하지 않은 것처럼 보이는 유일한 사람
이었으므로, 나는 그에게 말해 보기로 결심했다. 나는 그에게 긴 편지
를 썼는데, 그 편지에서 이번에 제네바 여행을 내 의무로 만들려 하는
것은 우스운 일이라는 점, 내가 그 여행에서 데피네 부인에게 무익할 뿐

아니라 심지어 폐가 된다는 점, 또 그 여행 때문에 나 자신에게도 불편한 일들이 생길 것이라는 점을 설명했다. 또 이 편지에서 나는 내가 내막을 알고 있었다는 사실과 사람들이 이 여행을 동행하는 것이 나의 의무라고 주장하면서도 정작 그림 자신은 여행하지 않아도 되고 그의 이름이 언급되지 않는 것이 내게는 이상해 보인다는 사실을 그에게 내비치고 싶은 유혹을 이겨내지 못했다. 이 편지에서는 내가 가진 이유들을 명백히 말할 수 없었으므로 종종 변죽을 울렸기 때문에, 사람들이 이 편지를 보면 내게 많은 허물이 있는 것처럼 보였을 것이다. 그러나 내가 비록 편지에서 말하지 않았지만 내 행동의 정당함을 전적으로 증명하는 사정들을 잘 알고 있는 그림 같은 사람들에게 이 편지는 조심성과 신중함의 본보기였다. 나는 사람들이 나에 대한 좋지 않은 편견을 하나 더 갖게 되는 것조차 두려워하지 않았다. 그래서 두드토 부인도 같은 생각을 했었다는 사실을 넌지시 말하기 위해서 ─ 사실이 그러했기 때문이다 ─ 디드로의 의견을 내 다른 친구들이 한 말이라고 했고, 또 부인이 내 의견을 듣고 의견을 바꾸었다는 사실에 대해서 입을 다물었다. 부인이 나와 공모했다는 혐의를 벗기기 위해서는, 내가 이 문제에 관해서는 부인에게 불만인 것처럼 보이는 것보다 더욱 좋은 방법은 없었기 때문이다.

이 편지는 어느 누구라도 감동했을 신뢰의 표시로 끝을 맺고 있었다. 그럴 것이 나는 그림에게 내 이유들을 잘 검토한 후에 그의 의견을 들려달라고 부탁하고, 그것이 어떤 의견이든 따르겠다고 말했던 것이다. 그가 심지어 내가 떠나라는 의견을 냈더라도 나는 그 의견을 따를 작정이었다. 왜냐하면 데피네 씨가 이 여행에서 자기 아내의 동반자가 된 이상 내가 동행하는 것은 전혀 다른 양상을 나타내기 때문이다. 반면 사람들이 애초 이런 역할을 맡기려고 했던 것은 나였고, 내가 거절하기 전까지는 데피네 씨가 문제가 되지 않았다.

그림으로부터의 회답은 한참 후에야 왔다. 그 회답은 이상한 내용이었다. 여기에 그것을 옮겨 적을 테니 보시라(편지모음집 A. 59호).

> 데피네 부인의 출발은 연기되었습니다. 부인의 아드님이 병환이므로 그가 회복할 때까지 기다리지 않을 수 없습니다. 저는 귀하의 편지에 대해 숙고하겠습니다. 귀하는 그냥 귀하가 계신 레르미타주에 조용히 계시기 바랍니다. 제 의견은 적당한 때에 전달해 드리겠습니다. 부인은 수일 내로는 떠날 수 없는 것이 확실하니 조금도 서두르실 것은 없습니다. 그 사이 귀하가 적당하다고 생각하시면, 당신의 제의를 부인에게 전할 수 있을 것입니다. 비록 제게 그것은 여전히 아주 상관없는 것처럼 보이기는 하지만 말입니다. 그럴 것이 귀하 못지않게 귀하의 입장을 잘 아는 저로서는 귀하의 제의에 대해 부인이 의당 도리에 맞게 대답할 것이라고 의심치 않기 때문입니다. 그리고 내가 보기에 여기에서 얻어질 이익이라고는 고작해야 귀하를 추궁하는 사람들에 대해 귀하가 동행하지 않는 것은 귀하가 선뜻 나서지 않았기 때문이 아니라고 말할 수 있다는 것입니다. 그런데 나는 왜 귀하께서 그 철학자가 모든 사람들의 대변인이기를 간절히 원하고, 또 그의 의견이 당신이 여행을 떠나는 것이라고 해서 왜 귀하의 친구들 모두가 같은 주장을 한다고 생각하는지 모르겠습니다. 귀하가 만일 데피네 부인에게 편지를 쓰면 그녀의 답장은 귀하의 친구들에게 보내는 항변으로 쓰일 수 있을 것입니다. 그들에게 항변하는 것이 당신에게 그렇게 중요한 일이니까 말입니다. 그럼 안녕히, 르바쇠르 부인과 형사[69]에게 안부 전하여 주십시오.

이 편지를 읽으면서 깜짝 놀란 나는 불안한 마음으로 이 편지가 무엇을 뜻하는가를 찾아보았으나 아무것도 발견할 수가 없었다. 어찌된 일인가! 내 편지에 솔직하게 회답을 보내는 대신에 지금까지 들인 시간으

---

69) 〔원주〕 자기 부인에게 다소 거친 취급을 받던 르바쇠르 씨는 부인을 형사 재판관이라고 불렀다. 그럼 씨는 농담삼아 같은 별명을 그 딸에게 갖다 붙였고, 줄이기 위해 거기서 재판관이라는 단어를 생략하기를 좋아했다.

로도 아직 부족한 것처럼 더 시간을 두고 숙고해 보겠다는 것이다. 그는
나를 미결상태로 붙들어놓기 위해서 답장을 미루겠다는 통고까지 했다.
마치 해결해야 할 심각한 문제가 달려있는 것처럼 혹은 그가 내게 자기
견해를 드러낼 때까지 그것을 간파할 수 있는 일체의 수단을 내게서 빼
앗아버리는 것이 자기 계획에서 중요한 것처럼 말이다. 도대체 이런 신
중함과 지체와 비밀은 무엇을 의미하는가? 신뢰에 보답하는 길이 그런
것인가? 이런 태도가 정직함과 선의에서 나온 것인가? 나는 이러한 행
동에 어떤 호의적인 해석을 찾아보았지만 헛된 노력이었다. 나는 아무
것도 찾지 못했다. 그의 계획이 어떤 것이든, 설사 그것이 내게 불리한
것이라고 하더라도, 그의 입장에서 그것을 실행하는 일은 어렵지 않았
다. 그렇지만 나의 입장으로서는 그것을 저지할 수가 없었다. 그는 대
공(大公)의 집에서 총애를 받고 사교계의 총아이며 우리가 같이 드나드
는 모임들에서 절대적인 권위를 갖는 인물로 따라야만 하는 본보기의
역할을 했기 때문에, 그의 평소 솜씨를 부리면 무슨 음모든 마음대로 꾸
밀 수 있었다. 그러나 나로서는 내가 사는 레르미타주에 홀로 남은 채
모든 것에서 멀어져 어느 누구의 의견도 들을 수 없고 아무런 연락도 없
이 그저 잠자코 기다리는 수밖에 다른 방법이 없었다. 단지 데피네 부인
에게 그 아드님의 병을 위문하는 더할 나위 없이 정중한 편지를 썼을 뿐
이다. 그러나 그 편지에서 부인과 같이 떠나자는 제의를 하여 덫에 걸려
들지는 않았다.

　이 잔인무도한 인간 때문에 나는 극심한 불안에 빠져 일각이 여삼추
처럼 기다리다가 일주일인가 열흘이 지난 후에 데피네 부인이 이미 출발
했다는 소식을 듣고, 그가 보낸 두 번째 편지를 받았다. 그 편지는 일고
여덟 줄밖에 되지 않았지만 나는 그것을 끝까지 읽지 않았다… 그것은
절교장이었다. 그런데 그것은 가장 흉악무도한 증오에서만 나올 수 있
는 그런 언사들, 너무나 모욕적인 것이 되려다가 심지어 우습게까지 된

언사들로 쓰여 있었다. 그는 마치 자기 나라에 입국을 금지라도 하는 것
처럼 내게 자기와의 만남을 금하고 있었다. 웃기 위해서는 그의 편지를
조금 더 냉정히 읽기만 해도 족했다. 나는 그것을 베껴두거나 심지어 끝
까지 읽지도 않고 그 자리에서 다음 편지와 함께 그에게로 돌려보냈다.

  나는 당신에 대한 내 정당한 불신에 눈을 감았습니다만, 너무 늦게 당
  신을 완전히 알게 되었습니다.
    그런데 이것이 바로 당신이 충분히 숙고할 여유를 갖고 쓴 편지군
  요. 나는 이 편지를 당신에게 돌려보냅니다. 이것은 내게 올 것이 아닙
  니다. 내 편지를 천하에 공개하여 나를 공공연히 증오해도 됩니다. 그
  것이 당신 편에서 보면 위선을 하나 줄이는 것이 될 것입니다.

  내가 그에게 앞의 편지를 공개해도 좋다고 한 것은 그의 편지의 한 대
목에 관계되는 것으로서, 그것으로 비추어 이 사건의 처음부터 끝까지
그가 얼마나 용의주도한 간계를 부렸는지 판단할 수 있을 것이다.
  나는 사정을 잘 모르는 사람들로서는 내 편지를 보고 나에 대해 많은
비난거리를 찾을 수도 있다고 말한 바 있다. 그림은 이것을 알고 기뻐했
다. 그렇지만 그 자신을 위태롭게 하지 않고서야 어떻게 그것을 이용할
수 있을까? 이 편지를 공개한다면 그는 자기 친구의 신뢰를 악용했다는
비난을 면치 못할 것이 분명했다.
  그는 이런 곤경에서 빠져나오려고 가능한 한 가장 통렬한 방식으로
나와 절교하고, 또 내게 은혜를 베풀어 내 편지를 공개하지 않겠다고 편
지에 써서 그 은혜를 내세울 생각을 했다. 그는 내가 분격한 나머지 그
의 가식적인 신중한 태도를 거절하고 모든 사람들에게 내 편지를 공개
해도 좋다는 허락을 하리라는 것을 분명 확신하고 있었다. 그것이 바로
그가 원하던 것이었고, 모든 일은 그가 계획한 대로 돌아갔다. 그는 내
편지에 자기 멋대로 주석을 붙여서 파리 전역에 돌렸다. 그러나 그것은

그가 기대했던 만큼의 완전한 성공을 거두지는 못했다. 그는 내 편지를 공개해도 좋다고 하는 승낙을 내게서 억지로 빼앗아냈지만, 사람들은 그런 승낙이 있었다고 해서 그가 그렇게 경솔히 내 말을 액면 그대로 받아들여 나를 해치려고 했다는 비난을 피할 수 없다고 생각했다. 그리고 내가 그렇게 맹렬한 증오에 구실이 될 만한 어떤 개인적인 잘못을 그에게 저지른 것이 아닌지 계속 물었다. 결국 사람들은 그가 절교하지 않을 수 없을 정도의 잘못이 내게 있다 하더라도, 그림은 여전히 우정 ─ 그것이 비록 소멸되었다 하더라도 ─ 에 따른 권리를 존중해야 했을 것이라고 생각했다. 그러나 유감스럽게도 파리라는 곳은 경박한 곳이어서, 이런 지적은 곧 잊힌다. 눈앞에 없는 불행한 사람은 무시당하고, 잘나가는 사람은 거기 있음으로써 사람들로부터 존경을 받는다. 음모와 사악함에서 나오는 활동은 계속되고 새로워지며, 끊임없이 되살아나는 그 효과는 곧 전에 있었던 모든 잘못을 지워버린다.

그토록 오랫동안 나를 속여오던 이 인간은 이런 상태까지 사태를 끌고 온 이상 그 가면이 필요 없게 되었다고 확신해서, 바로 이런 식으로 마침내 나에 대해 쓴 자신의 가면을 벗었던 것이다. 이 가증스러운 인간에 대해 부당하게 굴었던 것이 아닐까라는 걱정을 하던 나는 그를 자신의 양심에 맡기고 그에 대해서는 그만 생각했다. 이 편지를 받고 나서 일주일 후에 데피네 부인으로부터 전에 내가 보낸 편지에 대해 제네바에서 부친 답장(편지모음집 B. 10호)을 받았다. 나는 이 편지에서 그녀가 생전 처음으로 쓴 말투를 보고, 그림과 부인이 그들의 대책이 성공하리라 기대하면서 공모했고, 나를 돌이킬 수 없이 파멸한 인간으로 간주하면서 이후 아무런 위험 없이 나를 완전히 짓밟아버리는 기쁨에 도취되었음을 알 수 있었다.

내 처지는 정말 뭐라 말할 수 없을 정도로 비참했다. 나로서는 웬일인지 그 이유는 알 수 없었지만 내 모든 친구들이 내게서 멀어져 가는 것을 보았다. 내 옆에 남겠다고, 혼자라도 남겠다고 큰소리치던 디드로도 석 달 전부터 나를 방문하겠다고 약속했건만 한 번도 오지 않았다. 겨울이 다가오는 것이 느껴지기 시작했고, 겨울과 더불어 내 지병도 발병하기 시작했다. 내 체질이 강인하긴 했지만 이렇게나 많은 상반되는 정념들과의 싸움을 견딜 수는 없었다. 나는 기진맥진한 상태에서 힘이나 용기가 남아있지 않아 아무것에도 저항할 수 없었다. 이전에 내가 한 약속이나 또 디드로와 두드토 부인의 계속적인 충고를 구실로 삼아 이때 레르미타주를 떠날 수 있었다 하더라도, 어디로 갈지 또 어떻게 이 몸을 끌고 갈지 몰랐다. 나는 움직일 수도 생각할 수도 없어서 가만히 바보처럼 있었다. 한 걸음을 뗄 생각만 해도, 편지 한 장 쓸 생각만 해도, 말 한마디 할 생각만 해도 몸서리쳐졌다. 그러나 내가 데피네 부인과 그녀의 친구의 가혹한 처사를 받아 마땅하다고 시인하지 않는 이상 그녀의 편지에 답변을 하지 않고 있을 수 없었다. 그래서 내 생각과 결심을 부인에게 알리기로 작정했다. 그때에는 그녀의 단점들에도 불구하고 그녀에게서 볼 수 있다고 생각되는 인정과 관용과 예의와 선의로써 즉각 나에게 동의할 것을 의심치 않았다. 내 편지는 다음과 같다.

1757년 11월 23일, 레르미타주에서

사람이 비탄에 빠져 죽을 수 있다면 저는 이미 이 세상 사람이 아닐 것입니다. 그러나 저는 드디어 마음을 정했습니다. 부인, 우정은 이미 우리 사이에선 사라졌습니다. 그러나 우정은 존재하지 않지만 아직 그 권리는 보존되어 있고, 저는 그 권리를 존중할 줄 압니다. 저는 저에 대한 당신의 호의를 결코 잊은 적이 없습니다. 그리고 더 이상 사랑해서는 안 되는 사람에 대해 가질 수 있는 감사라면, 어떤 것이든 모두 제게서 기대하셔도 좋습니다. 다른 일체의 변명은 필요 없을 것입니다. 저는 저 자신을 위하여 제 양심을 갖고 있으며, 당신을 당신의 양심으로 되돌려 보내드립니다.

저는 이 레르미타주를 떠나려고 했고 또 당연히 그렇게 해야 했습니
다. 그러나 사람들이 봄까지는 여기 머물러야 한다고 합니다.[70] 그리
고 제 친구들이 그러기를 원하기 때문에 당신이 승낙하신다면 봄까지
여기 머무르겠습니다.

이 편지를 써서 보내고 난 다음 나는 레르미타주에서 조용히 살면서
건강을 돌보고 원기를 회복하여 봄이 되면 결별을 공표하지 않고 조용
히 이곳을 나갈 대책을 세우는 것밖에는 더 이상 아무 생각도 하지 않았
다. 그러나 여러분들이 곧 알게 되듯이 그림 씨와 데피네 부인의 계산은
그런 것이 아니었다.

며칠 후에 마침내 나는 기쁘게도 디드로가 그렇게 자주 약속했으면서
도 지키지 않았던 그 방문을 받았다.[71] 더없이 적절한 방문이었다. 그
는 나의 가장 오랜 친구이며 나에게 남아있는 거의 유일한 친구이기도
했다. 이런 경우에 그를 만난 내 기쁨을 여러분들은 짐작할 수 있을 것
이다. 내 가슴은 벅차 있었고, 그의 마음에 내 마음을 토로했다. 사람들
이 그에게 말하지 않거나 속이거나 꾸며댄 많은 사실들에 대해 내 자신
을 해명했다. 나는 지나간 모든 것을, 말해도 괜찮을 모든 것을 그에게
알렸다. 나의 어리석고도 불행한 사랑이 파멸의 도구가 되었다는, 그도
너무나 잘 아는 사실조차 그에게 덮어두고 싶지 않았다. 그러나 두드토
부인이 내 사랑을 알고 있었다든가 적어도 내가 그것을 고백했다든가
하는 것은 결코 인정하지 않았다. 데피네 부인이 자기 시누이가 내게 보
낸 아주 결백한 몇 통의 편지를 가로채려고 벌인 비열한 술책에 대해 그

70) 여기서 '사람들'은 두드토 부인을 말한다. 그녀는 11월 13일자 편지로 그렇
    게 하기를 권했다.
71) 디드로는 1757년 12월 5일 루소를 방문했다. 그리고 바로 그날 저녁 그는
    루소를 비방하는 편지를 그림에게 보냈다.

에게 말했다. 나는 그가 이런 상세한 내용을 데피네 부인이 꼬드기려고 한 바로 그 여인들의 입을 통해서 알기를 바랐다. 테레즈는 그에게 그 일을 정확히 이야기했다. 그러나 그 어미 차례가 되어 그녀가 그런 일은 전혀 아는 바가 없다고 딱 잘라 말하는 것을 들었을 때 내 심정이 어떠했겠는가! 이것이 그녀의 말이었으며 그녀는 조금도 그 말을 취소하지 않았다. 그녀가 바로 내게 그 이야기를 되풀이한 지 나흘도 못 되어 내 친구 앞에서 정면으로 내 말이 거짓이라고 반박하는 것이다. 이 말이 내게는 결정적인 것으로 보였다. 나는 이런 여자를 이토록 오랫동안 내 곁에 두고 돌보아왔던 내 경솔함을 이때 절감했다. 나는 그녀에게 욕설도 전혀 퍼붓지 않고, 겨우 몇 마디 경멸의 말을 해주었을 뿐이다. 나는 그 딸에게 입은 은혜를 생각했는데, 그녀의 강직함은 그 어미의 수치스러운 비열함과 대조되었다. 그래서 그때부터 노파에 대한 내 결심은 정해졌고, 나는 그 결심을 실행할 기회만을 기다렸다.

그 시기는 내가 기대하던 것보다 빨리 왔다. 12월 10일 나는 데피네 부인으로부터 내 먼저 편지에 대한 답장을 받았다. 그 내용은 이러하다.

1757년 12월 1일, 제네바에서 (편지모음집 B. 11호)

수년 동안 가능한 한 우정과 호의의 모든 표시를 당신에게 베푼 다음 지금에 와서 제게 남은 일은 그저 당신을 동정하는 것뿐입니다. 당신은 정녕 불행한 분입니다. 저는 당신의 양심도 내 양심과 마찬가지로 평안하기를 바랍니다. 그것이 당신 생애의 안식에 필요할 것입니다.

당신이 레르미타주를 떠나기를 원하고 또 마땅히 그렇게 해야 하는데도 당신 친구들이 당신을 말렸다니 놀랍군요. 저로서는 제 의무에 대해서 제 친구들과 상의하지 않으므로, 당신의 의무에 대해서 말씀드릴 것이 더 이상 없습니다.

너무나 뜻밖이지만 이렇게까지 분명히 임대차의 해약을 요구하니 이제는 한시도 주저할 수가 없었다. 날씨가 어떻든, 내 건강이 어떻든, 비록 숲속이나 당시 대지를 덮고 있는 눈 위에서 자야만 하더라도, 또 드드토 부인이 무슨 말을 하든 무슨 행동을 하든, 즉시 나가야만 했다. 왜냐하면 무슨 일에서나 그녀의 뜻에 기꺼이 따르려고 했지만, 치욕까지는 받을 수가 없었기 때문이다.

나는 지금까지 겪은 중에 제일 끔찍한 곤경에 처하게 되었다. 그러나 내 결심은 서 있었다. 어떠한 일이 일어날지라도 일주일 후에는 결코 레르미타주에서 자지 않기로 맹세했다. 나는 가재를 끄집어내는 준비에 착수했다. 열쇠를 일주일 후에 돌려줄 수 없다면 차라리 가재를 들판 한가운데 버려둘 결심이었다. 왜냐하면 무엇보다도 제네바에 편지를 내고 회답이 오기 전에 모든 일을 끝내버리려 했기 때문이다. 지금까지 내게서 느껴본 적이 없었던 용기가 났고 모든 힘이 되살아났다. 체면과 분노가 데피네 부인이 내게서 기대하지 못했던 힘을 내게 돌려준 것이다. 행운이 나의 대담성에 도움을 주었다. 콩데 대공의 관할 법정 대리인 마타 씨[72]가 내가 곤경에 처해 있다는 말을 듣고 사람을 보내 몽모랑시 몽 루이의 자기 정원에 있는 조그만 집을 내게 제공하겠다는 말을 했다. 나는 두말없이 감사히 그 제안을 받아들였다. 계약은 곧 성립되었다. 나는 테레즈와 같이 기거하기 위하여 내가 이미 갖고 있던 가구와 함께 사람을 시켜 얼마간의 가구를 급히 사들였다. 내 가재를 짐수레로 운반시키는 데 고생도 무척 했고 비용도 많이 들었다. 그렇지만 얼음과 눈에도 불구하고 이사는 이틀 후에 끝났다. 그리하여 12월 15일 집세는 치를 수가 없었지만 정원사의 급료는 지불한 후 레르미타주의 열쇠를 돌려주었다.

르바쇠르 부인에게는 우리가 헤어져야만 한다고 선언했다. 딸은 내

---

72) 자크 조제프 마타(Jacques-Joseph Mathas)는 1733년부터 몽모랑시 관할 법정 대리였다.

결심을 돌리려했지만 나는 굽히지 않았다. 나는 그녀와 딸이 공동으로 소유했던 모든 가재며 비품과 함께 장모를 우편마차에 태워 파리로 보냈다. 돈도 좀 주었다. 그리고 자기 자식들 집에서 살든 다른 곳에서 살든 그녀의 방세는 내가 지불해주고 생계도 내가 할 수 있는 데까지 돌보아주며, 내 자신에게 먹을 빵이 있는 한 결코 그녀에게 빵이 떨어지지 않도록 하겠다고 약속했다.

　마침내 몽 루이에 도착한 지 사흘째 되는 날 나는 데피네 부인에게 다음과 같은 편지를 썼다.

1757년 12월 17일, 몽모랑시에서

　부인이여, 제가 당신 집에 머물러 있는 것을 당신이 동의하지 않으실 때, 그곳을 나가는 것보다 당연하고 필요한 일은 없습니다. 남은 겨울 동안 레르미타주에서 지내도록 승낙하기를 당신께서 거절하였기에 저는 12월 15일 그곳을 나왔습니다. 본의 아니게 레르미타주에 들어가 또 본의 아니게 그곳을 나오는 것이 제 운명이었습니다. 저를 그곳에서 거주하도록 권유하여주신 데 대해 감사드립니다. 만일 제가 주거비를 더 싸게 지불하였다면 더욱 감사드릴 텐데요. 그런데 저를 불행하다고 생각하시는 것은 당신이 옳습니다. 또 제가 얼마나 불행하게 될 것인지 당신보다 더 잘 아는 사람은 이 세상에 아무도 없습니다. 만약 친구들을 잘못 선택하는 것이 불행이라고 한다면, 그토록 달콤한 잘못을 깨닫는 것 또한 그것 못지않게 끔찍한 불행일 것입니다.

　이상이 레르미타주에 머문 동안의 일과 거기서 나오지 않으면 안 되었던 이유들을 사실대로 서술한 것이다. 나는 이 이야기를 중단할 수 없었다. 그리고 내 생애의 이 시기는 그 뒤에 영향을 미쳤고 그 영향이 내 마지막 날까지 미칠 것이기 때문에 최대한 정확하게 이야기를 따라가는 것이 중요했다.

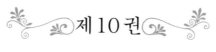

제 10 권

1758~1759

    일시적인 흥분으로 놀라운 힘이 솟아나 레르미타주를 떠났으나, 그 힘은 그곳을 나오자마자 사라지고 말았다. 새로운 거처에 채 자리를 잡기도 전에 그 고질적인 요폐증의 격렬하고 잦은 발작이 일종의 탈장(脫腸)에서 ─ 나는 그것이 탈장이라는 것도 모르고 얼마 전부터 고통을 받아왔다 ─ 생겨난 새로운 불편함과 더불어 심해졌다. 곧 너무나 끔찍한 증상이 나타났다. 오랜 친구인 의사 티에리가 진찰 와서 오래전부터의 내 상태를 설명해 주었다. 소식자, 부지,[1] 탈장대(脫腸帶) 등 노환에 쓰이는 온갖 기구가 주위에 즐비한 것을 보고, 육체가 젊음을 잃은 마당에 마음만 젊으면 탈이 나지 않을 수 없다는 것을 뼈저리게 느꼈다. 화창한 계절인 봄이 돌아와도 내 기력은 회복되지 않았고, 나는 1758년 한 해를 고스란히 쇠약한 상태로 보내며 내 생애의 마지막에 접어들고 있다는 생각을 품게 되었다. 나는 그 종말이 다가오는 것을 일종의 기꺼움을 갖고 바라보고 있었다. 우정의 환상에서 깨어나 내게 삶을 사랑하게 만들었던 그 모든 것과 인연이 끊어지고 나니 더 이상 내게는 인생을 즐겁게 할 수 있는 것이 보이지 않았다. 이제 인생에서 보이는 것이라고

---

1) 소식자의 일종.

는 나 자신을 향유하는 것을 막아버리는 병과 고통밖에 없었다. 나는 적들에게서 벗어나 자유로워지는 순간을 갈망하고 있었다. 그러나 사건의 추이를 다시 따라가도록 하자.

내가 몽모랑시로 물러나자 데피네 부인이 난처하게 되었던 모양이다. 아마 그녀는 그것을 예상치 못했던 것 같다. 내 비참한 상태와 혹독한 계절, 내가 모든 사람들로부터 버림받는 처지에 놓였다는 것, 이 모든 점에 비추어 그림과 데피네 부인은 나를 최악의 궁지에까지 밀어 넣으면 내가 명예를 위해서는 떠나야 할 그 안식처에 남아있기 위해 애걸복걸하면서 자신의 품위를 손상시켜 비천함의 맨 밑바닥까지 떨어지지 않을 수 없으리라 예상했었다. 그러나 내가 너무도 갑작스럽게 이사를 해서 그들은 그런 돌발적인 행동을 미리 막을 틈이 없었고, 이제는 모든 것을 다 걸고 승부를 띄워 끝끝내 나를 파멸로 몰아넣느냐 아니면 다시 데려오도록 노력해보느냐 하는 선택밖에 남아있지 않았다. 그림은 첫 번째 방법을 택했으나 데피네 부인은 두 번째 방법을 선호했던 것 같았는데, 나는 그것을 내 마지막 편지에 대한 그녀의 답장으로 판단할 수 있었다. 여기에서 부인은 앞선 편지들에서 취했던 어조를 훨씬 누그러뜨리고 화해의 길을 열어줄 것처럼 보였다. 꼬박 한 달을 기다리게 할 정도로 그 답장이 늦게 온 것은 부인이 거기에 적당한 표현을 찾기에 부심했음을, 그리고 그것을 쓰기 전에 고심했음을 역력히 보여준다. 부인은 자신의 체면을 손상하지 않고서는 더 써나갈 수가 없었던 것이다. 그러나 그녀가 앞서 보냈던 편지들 이후에 또 내가 그녀의 집에서 갑자기 나온 이후에 이 답장 속에 불친절한 말을 단 한마디도 흘리지 않도록 세심하게 주의를 기울이고 있다는 것에 대해서는 놀랄 수밖에 없다. 나는 이제 여러분들이 판단하도록 편지의 전문을 옮겨 놓겠다.

1758년 1월 17일, 제네바에서 (편지모음집 B. 23호)

선생님, 저는 12월 17일자 선생님의 편지를 어제서야 받았습니다. 그 편지는 여러 가지 물건들로 가득 찬 상자 속에 넣어져 저에게 배달되었는데, 이 상자가 그동안 줄곧 운송중에 있었던 것입니다. 추신에 대해서만 답변을 드리겠습니다. 편지 본문은 잘 이해할 수가 없기 때문입니다. 서로 해명할 수 있는 기회가 온다면 저는 지나간 모든 일들을 오해로 돌리고 싶은 마음 간절합니다. 그럼 추신에 대해서 말씀드리겠습니다. 선생님도 기억하시겠지만 레르미타주의 정원사에게 줄 급료는 당신 손을 통해 나가도록 결정을 보았던 것입니다. 그것은 정원사가 당신에게 고용되어 있다는 것을 더욱 절실히 느끼게 하여 그의 선임자가 벌인 것과 같은 어리석고 무례한 싸움이 당신에게 일어나지 않도록 하기 위해서였습니다. 그의 1, 2분기의 급료를 당신께 돌려드린 것도, 내가 출발하기 바로 며칠 전에 당신이 미리 낸 돈을 돌려드리겠다고 당신과 합의를 보았던 것도 그 증거입니다. 처음에는 당신이 선금에 반대한 것으로 압니다. 그러나 이 선금을 내라는 것은 제가 당신께 간청했던 것이고, 그러니 제가 갚는 것이 문제될 것이 없으며 또 우리는 그렇게 하기로 합의했습니다. 카우에는 당신께서 그 돈을 도무지 받지 않으려 하셨다고 내게 전해주었습니다. 거기에는 확실히 무슨 오해가 있는 것 같습니다. 당신에게 돈을 다시 가져다 드리도록 일러두겠습니다. 우리가 합의했음에도 불구하고 왜 우리 집 정원사에게 급료를 지불하려고 하시는지, 더구나 레르미타주에 거주하신 기간 외의 것까지도 지불하려고 하시는지 저로서는 그 이유를 모르겠습니다. 그러하오니, 선생님, 내가 영광스럽게도 당신에게 드리는 모든 말씀을 잊지 마시고 나를 위해 기꺼이 지불했던 선금을 사양하지 않고 돌려 받아주시리라 기대합니다.

이런 모든 일을 겪고 나서는 데피네 부인을 더 이상 믿을 수가 없었으므로 나는 그녀와 다시 관계를 맺고 싶지 않았다. 이 편지에 나는 답장을 보내지 않았고 우리의 편지 왕래도 거기서 끝났다.[2] 내 마음이 정해진 것을 알고 부인도 그녀대로 결심을 했고, 그림과 돌바크 패거리의 온갖 계획에 가담하여 나를 매장시키려는 노력에 힘을 보탰다. 그들이 파리에서 활동하고 있을 때 부인은 제네바에서 활동했다. 그림은 그후 제네바로 가서 부인을 만나 그녀가 시작해 놓은 일을 마무리했다. 그들이 힘도 들이지 않고 매수한 트롱솅은 그들에게 강력한 도움을 주었으며 나를 박해하는 사람들 중에서도 가장 극렬한 박해자가 되었지만, 그림이나 마찬가지로 그도 나에 대해서는 조그마한 불만거리조차도 가진 적이 없었다. 이들 세 사람은 한마음이 되어 4년 후에 꽃을 피우게 될 씨앗을 제네바에 은밀하게 뿌려두었다.

이들은 파리에서는 더 힘이 들었는데, 거기서는 내가 더 잘 알려져 있었으며 남을 증오하는 성향이 보다 적은 이곳 사람들은 그 영향에 그렇게 쉽사리 휩쓸리지 않았기 때문이다. 그들은 더 교묘하게 타격을 가하기 위해서 그들을 떠난 것은 바로 나라고 소문내는 일부터 시작했다. 들레르의 편지(편지모음집 B. 30호)를 보시라. 그들은 반대쪽에서는 여전히 내 친구인 척하면서, 자신들의 친구가 저지른 부당함을 하소연하는 것처럼 해서 악의적인 비방을 교묘하게 퍼뜨리고 다녔다. 이 때문에 사람들은 경계를 덜 하고 그들의 말에 더 귀를 기울이며 나를 비난하게 되었다. 내가 신의가 없고 배은망덕하다는 은밀한 비난은 조심스럽게 퍼뜨려진 만큼 바로 그로 인해 효과도 더 컸다. 나는 그들이 내게 온갖 끔찍한 흉악한 짓들을 뒤집어씌운다는 것은 알았으나, 무엇을 근거로 그렇게 꾸며낸 것인지는 도저히 알 수가 없었다. 공공연히 떠도는 소문으로 내가 미루어볼 수 있었던 것이라고는 기껏해야 그 소문이 다음 네 가

---

2) 이것은 사실과 다르다. 1758년 2월 20일 루소는 데피네 부인에게 답장을 보내 그가 정원사의 급료를 돌려받는다는 것을 수락할 수 없으며, 정원사는 항상 그의 돈으로 급료를 받았다고 말했다.

지의 중요 죄목으로 귀결된다는 점이었다. 첫째는 내가 시골로 은거한 것, 둘째는 내가 두드토 부인을 사랑했다는 것, 셋째는 데피네 부인을 수행하여 제네바에 가기를 거절했다는 것, 넷째는 레르미타주에서 나왔다는 것이다. 그 밖에도 그들은 다른 불만들을 덧붙였지만 매우 적절한 조치를 취했기 때문에 나로서는 그 이유가 무엇인지 안다는 것이 절대 불가능했다.

그러므로 하나의 조직이 설립된 것은 바로 이때로 볼 수 있다고 생각하는데, 그 이래로 나를 마음대로 주무르는 사람들은 이 조직을 따랐다. 그런데 이러한 조직의 설립은 매우 신속히 발전하고 성공해서, 인간의 악의를 조장하는 모든 것이 얼마나 쉽게 자리잡는지를 모르는 사람에게는 그것이 기적같이 보일 정도이다. 이 시커멓고 속을 알 수 없는 조직에서 내 눈에 띄는 것만이라도 간략하게 설명하려고 노력해야만 한다.

내 이름은 이미 유럽 전체에 파다하게 알려져 있었으나, 나는 본래의 소박한 취향을 간직하고 있었다. 당파니 도당이니 음모니 하는 모든 것들에 대한 극도의 혐오 때문에, 나는 내 마음이 끌리는 것 외에는 아무런 구속도 없이 자유롭고 독립적으로 살아왔다. 고독한 이방인으로서 사람들과 어울리지 않으면서 의지할 곳도 가족도 없이 오로지 내 원칙과 의무에만 매달려, 정의와 진리를 희생해가면서 누구에게 아첨하거나 누구의 비위도 맞추지 않고 대담하게 옳은 길을 걸어가고 있었다. 뿐만 아니라 2년 전부터는 인적 없는 곳으로 물러나서 사람들과 소식조차 주고받는 일 없이 세상일들과는 관계를 끊고 어떤 정보도 받지 못하고 또 궁금해 하지도 않으며 파리에서 40리 떨어진 지점에서 살고 있었는데, 내 무관심으로 수도에서 떨어져 사는 것이 마치 바다를 사이에 두고 멀리 떨어진 티니앙 섬3) 에나 사는 것 같았다.

---

3) 태평양 중서부에 위치한 미크로네시아에 있는 마리아나 군도의 섬.

 이와 반대로 그림과 디드로와 돌바크는 소용돌이의 중심에 위치하면서 최상류사회에 빈번히 출입하며 살고 있었고, 거의 그들 셋이서 사교계의 모든 영역들을 나누어 갖고 있었다. 그들이 공모하면 고관귀족, 재사, 문인, 법조인, 여인들까지 모두 다 자기들 말에 귀를 기울이게 할 수 있었다. 여러분들은 내가 처해 있는 제 4자의 위치에 비해서 이러한 위치가 굳게 결속한 세 사람에게 유리하다는 것을 벌써 알아차렸을 것이다. 사실 디드로와 돌바크는 적어도 내가 믿기로는 그렇게 사악한 음모를 꾸밀 사람들이 아니었다. 디드로에게는 그럴 만한 악의가 없었으며 돌바크에게는 그럴 능력이 없었다. 그렇지만 그렇기 때문에 상대편은 결속이 더욱 잘되었다. 그림 혼자서 머릿속에 계획을 세우고, 협력하여 실천에 옮기는 데 알아둘 필요가 있는 것들만 나머지 두 사람에게 일러주고 있었다. 그림이 그들에게 갖고 있는 영향력으로 이러한 협력이 용이해졌고, 그 모든 일의 결과는 그의 탁월한 재능에 부합하는 것이었다.

 그는 우리 각자의 위치에서 끌어낼 수 있는 유리함을 의식하고는 바로 이러한 탁월한 재능을 발휘하여 자신의 명예는 손상하지 않으면서 내 명성을 완전히 뒤집어엎어 지금과는 정반대의 악평을 듣게 하겠다는 계획을 세웠다. 그는 내 주위에 어둠의 음모를 꾸미는 것부터 시작했는데, 그의 술책을 밝히고 그의 가면을 벗기기 위해 그 음모를 간파하는 것은 내게 불가능했다.

 이러한 시도는 거기에 협력해야 하는 사람들의 눈에 그 부당함을 감추어야 한다는 점에서 쉽지 않은 일이었다. 올바른 사람들을 속여야만 했다. 나와 모든 사람의 사이를 떼어놓아야 했고, 시시한 사람이든 대단한 사람이든 단 한 사람이라도 내게 친구로 남겨두어서는 안 되었다. 아니, 한마디라도 진실한 말이 내 귀까지 들어와서는 안 되었다. 만일 한 사람이라도 아량이 넓은 사람이 내게 와서 "당신은 덕이 높은 척합니다만, 사람들이 당신을 어떻게 취급하고 어떤 것을 갖고 판단하는지 보십시오. 무슨 하실 말씀이 없으십니까?"라고 말했다면, 진실은 승리했고 그림은 파멸했을 것이 틀림없다. 그림은 이를 알고 있었다. 그러나 그는 자기 자신의 마음을 헤아려보아 인간을 그들이 지니고 있는 가치만큼만 평가했다. 그의 계산이 그토록 정확했다는 사실은 인류의 명예를 두고 볼 때 안타까운 일이다.

이렇게 은밀한 일을 진행하기 위해서는 그의 발걸음이 빠르지 않았음이 틀림없다. 그는 12년 전부터 이러한 계획을 진행했는데, 넘어야 할 가장 커다란 난관이 아직 남아있다. 그것은 온 세상 사람들을 속여야 한다는 것이었다. 세상에는 그가 생각하는 것보다 더 가까이 그를 지켜 보아왔던 눈이 있다. 그는 이를 두려워하고 그래서 아직 감히 자신의 음모를 백일하에 드러내지 못하고 있다. 4) 그러나 그는 자신의 음모에 권력을 개입시킨다는 별로 어렵지 않은 방법을 발견했고, 그 권력은 나를 좌지우지하고 있다. 그는 이러한 지원에 기대어 한결 위험을 덜면서 나아가고 있다. 권력의 추종자들은 보통 공정함이라는 것을 대수롭지 않게 여기고 더군다나 정직함이라는 것은 더욱 아무렇지도 않게 생각하기 때문에, 그는 이제 어떤 선량한 사람이 경솔한 짓을 하지 않을까 두려워해야 할 필요가 거의 없다. 그도 그럴 것이 아무리 교묘하게 음모를 꾸몄다고 해도 그 음모가 나의 시선을 견뎌낼 수 없다는 것을 잘 알고 있었으므로, 그에게 특히 필요한 일은 간파할 수 없는 어둠으로 나를 둘러싸서 그의 음모가 내게 항상 은폐되도록 하는 것이었기 때문이다. 그의 대단한 수완은 나를 중상하면서도 아껴주는 것처럼 보이고 자신의 배신을 아량처럼 가장하는 데 있다.

---

4) 〔원주〕 이 글을 쓰고 난 후에 드디어 그는 용단을 내려 가장 완벽한 그리고 상상도 못할 성공을 거두었다. 내 생각에 그에게 그럴 용기를 주고 방법을 가르쳐준 사람은 트롱솅이다.

나는 이 조직이 발휘하는 최초의 효과를 돌바크 패거리의 음험한 중상을 통해 알았지만, 그러한 중상의 내용이 무엇인지 알 수도 없었고 심지어 추측할 수도 없었다. 들레르는 편지를 통해 사람들이 흉악한 짓들을 내게 전가하고 있다고 전했다. 디드로는 똑같은 이야기를 더욱 의미심장하게 전했고, 이 두 사람에게 자세한 해명을 요구하면서 따지고 들어가니 모든 것이 위에서 지적한 주요 죄목으로 귀결되었다. 나는 두드토 부인이 보내는 편지들을 통해 그녀가 점점 냉담해져가는 것을 느꼈다. 나는 이러한 냉담함을 생랑베르의 탓으로 돌릴 수는 없었다. 그는 여전히 변함없는 우정으로 내게 계속 편지를 보냈을 뿐만 아니라, 제대해 돌아온 후에는 나를 보러 오기까지 했다. 그러나 그 잘못을 내 탓으로 돌릴 수도 없었다. 왜냐하면 우리는 서로에게 만족한 상태에서 헤어졌고, 그 이후로는 레르미타주를 떠난 것 말고는 내게 아무런 일도 일어나지 않았기 때문이다. 그런데 레르미타주를 떠난 것은 부인 자신도 그 필요성을 느끼고 있었던 일이다. 따라서 이 냉담함을 누구 탓으로 돌려야 할지 몰라서 — 부인은 그렇지 않다고 했지만 내 마음은 속아 넘어가지 않았다 — 나는 만사가 불안했다. 부인의 올케와 그림이 생랑베르와 친하게 지내므로, 부인이 이 두 사람을 무척 조심스럽게 대하고 있다는 것을 알고 있었다. 나는 그들이 꾸미는 일이 두려웠다. 이러한 불안 때문에 내 상처가 다시 벌어지고, 내 편지는 완전히 그녀의 비위를 상하게 할 정도까지 격렬하게 되었다. 수많은 끔찍한 것들이 어렴풋이 보이긴 했지만, 어떤 것도 분명히 식별할 수는 없었다. 나는 상상력이 쉽사리 자극받는 인간이라면 가장 견디기 어려운 입장에 있었을 것이다. 만일 내가 완전히 세상에서 떨어져 있거나 전혀 아무것도 모르고 있었다면 좀더 평온할 수 있었을지도 모른다. 그러나 내 마음은 아직도 애정에 집착하고 있었고, 내 적들은 이를 이용해서 내게 온갖 영향력을 행사했다. 그리고 내 은신처에 새어드는 희미한 빛은 적들이 내게 숨기고 있는 비밀의 어두운 악랄함을 보여주는 데만 소용이 있었다.

　만약 이 상태가 계속되었더라면 나는 의심할 여지없이 너무 잔인한 이러한 고통에, 개방적이고 솔직한 나의 성격으로는 너무나 견디기 어려운 이 고통에 무너져 내렸을 것이다. 왜냐하면 나는 감정을 숨기는 것이 불가능한 성격으로 사람들이 내게 숨기는 감정들에 대해 모든 것을 두려워하기 때문이다. 그러나 아주 다행스럽게도 꽤 내 마음의 흥미를 끄는 일들이 일어나서 본의 아니게 골몰하는 일들로부터 벗어나 유익한 기분전환을 할 수 있었다. 디드로가 마지막으로 레르미타주로 나를 찾아왔을 때, 그는 달랑베르가 《백과전서》 속에 넣은 “제네바” 항목에 대해 내게 말했다. 5) 그가 일러주기를 이 항목은 제네바 상류계급 사람들과 합의된 것으로 제네바에 극장을 설립하는 것을 목표로 하고 있으며, 따라서 적절한 조치가 취해져서 머지않아 그 설립을 보게 되리라는 것이었다. 디드로는 이 모든 일이 대단히 좋다고 생각하는 것처럼 보였고 성공을 의심치 않았다. 나도 그 항목에 대해서 또다시 논쟁을 벌이기에는 그와 따질 다른 논쟁거리들이 너무 많아서 그에게는 아무 말도 하지 않았다. 그러나 내 조국에서 이런 유혹의 술수를 부리는 것에 분개한 나는 이 불행스런 공격을 피할 수 있도록 거기에 어떤 반박문을 쓸 만한 방법이 없을지 알아보려고, 그 항목이 실린 《백과전서》가 나오기를 초조하게 기다리고 있었다. 몽 루이에 자리를 잡은 지 얼마 되지 않아 나는 그 책을 받았다. 그 항목이 많은 기교와 솜씨를 들여 쓴 것이며 그것을 맡은 자의 필치에 손색이 없다고 생각했다. 그렇다고 해서 그것이 반박문을 쓰려는 내 마음을 돌리지는 못했다. 쇠약해진 상태에서 비애와 병에 시달리고 있으면서도, 또 계절도 혹독했고 아직 정돈할 시간이 없어서 새로운 거처가 불편했지만, 나는 이 모든 것을 뛰어넘는 열의를 가지

---

5) “제네바” 항목이 들어간 《백과전서》 7권은 1757년이 끝나갈 무렵 출간됐다.

고 일에 착수했다.

꽤 추위가 혹독했던 그 겨울 2월에, 그리고 앞에서 말한 바와 같은 처지에서, 나는 날마다 오전 두 시간과 오후 두 시간을, 내 거처가 있는 정원의 끝에 위치한 완전히 개방된 망루에 가서 보냈다. 계단식으로 올라가는 작은 길 끝에 있는 이 망루는 몽모랑시의 계곡과 연못을 향하고 있었고, 그곳에서는 지평선 끝으로 덕망 높은 카티나 원수6)의 은신처인 소박하지만 당당한 생그라티앵 성이 바라보였다. 나는 그때 얼어붙은 그곳에서 눈보라가 몰아쳐도 피할 곳 하나 없이, 내 가슴의 불꽃밖에는 다른 불기라곤 없이, 3주에 걸쳐 《연극에 대해 달랑베르에게 보내는 편지》를 썼다. 내가 쓴 글들 중에서 일을 하면서 매력을 느낀 것은 이때가 처음이었다. 그도 그럴 것이 당시에는 《쥘리》를 아직 절반밖에 쓰지 못했기 때문이다. 그때까지는 미덕에서 일어나는 분노가 내게 아폴론7)의 역할을 해주었는데 이번에는 영혼의 다정함과 부드러움이 그것을 대신하였다. 내가 방관자에 불과했을 때는 불의에 분노했지만, 이제 내가 불의의 대상이 되고 보니 그 때문에 마음이 슬퍼졌다. 그런데 원한이 없는 이러한 비애는 자신과 똑같은 기질이리라 생각되던 사람들로부터 배반을 당하고 자신의 내면으로 숨어들 수밖에 없었던 너무도 애정이 깊고 너무도 다감한 마음을 가진 사람의 비애일 뿐이었다. 최근에 일어났던 모든 일들로 복잡하고 아직도 그 숱한 격렬한 동요로 흥분되어 있는 내 마음속에서는, 그 문제에 대한 숙고로 생겨났던 생각들이 내 비통한 감정과 뒤섞여 있었다. 나의 글에서는 그러한 뒤섞임의 영향이 느껴졌다. 나도 모르는 사이에 나는 내 현재 처지를 그 속에서 묘사하고 있었다. 또 그림, 데피네 부인, 두드토 부인, 생랑베르 그리고 나 자신까지

---

6) Le maréchal Catinat(1637~1712) : 탁월한 전공을 쌓은 카티나 원수는 생그라티앵에 있는 자신의 영지에 은거하여 《회고록》을 집필했다.
7) 아폴론은 시와 노래의 신이기도 하다.

도 그려놓았다. 그것을 쓰면서 감미로운 눈물을 얼마나 많이 흘렸던가! 아아! 그렇지만 거기서 사랑, 내가 벗어나려고 노력하였던 그 치명적인 사랑이 아직도 내 마음속에서 사라지지 않았던 것이 너무나 잘 느껴질 따름이다. 이 모든 것에는 내 자신에 대한 어떤 안쓰러운 마음도 섞여져 있었다. 나는 죽음이 다가옴을 느끼고 세상에 마지막 작별을 고하고 있다고 생각했던 것이다. 죽음을 두려워하기는커녕 나는 오히려 기쁜 마음으로 죽음이 다가오는 것을 바라보고 있었다. 그러나 나는 세상 사람들이 내가 가지고 있는 가치를 모두 알기도 전에, 또한 나를 더 잘 알았더라면 내가 얼마나 그들의 사랑을 받을 만한 사람인지를 알기도 전에, 그들을 떠난다는 것이 안타까웠다. 이것이 이 작품에 지배적인 그리고 앞선 논문8)의 어조와 너무나 놀라울 정도로 뚜렷한 대조를 이루는 독특한 어조의 숨겨진 원인들이다.

　내가 이 편지를 다시 손질하고 정서해서 막 인쇄시키려고 할 즈음 두드토 부인에게서 오랫동안의 침묵을 깨뜨리고 한 통의 편지가 왔다. 이 편지는 나를 새로운 비탄에 빠뜨렸는데 이는 내가 일찍이 느껴보지 못했던 가장 고통스러운 것이었다. 이 편지(편지모음집 B. 34호)에서 그녀는 자신에 대한 나의 열애가 파리 전체에 알려졌다는 것, 그것은 나한테서 그 이야기를 전해들은 사람들에게서 퍼져 나온 이야기라는 것, 그 소문이 자기 애인의 귀에까지 들어가서 하마터면 자신의 목숨까지 위태로울 뻔했다는 것, 그러나 결국은 그가 그녀의 정당함을 인정하여 애인과 화해했다는 것, 그러니 이제는 애인을 위하여 또 자신과 자신의 평판을 지키기 위하여 나와의 교제를 일체 중단하지 않으면 안 되겠다는 것 등을 알려왔다. 게다가 그들 두 사람은 내게 계속 관심을 갖고 세상 사람들 앞에서 나를 변호할 것이며 그녀도 내 소식을 묻기 위해 이따금 사람

8) 〔원주〕《불평등 기원론》.

을 보내겠노라고 내게 약속하였다.

　"그래 디드로! 자네까지도! 이 보잘것없는 친구야…"

　나는 이렇게 외쳤다. 그러나 아직은 그를 심판하겠다는 마음이 서지 않았다. 나의 약점이 다른 사람들에게도 알려져 있어서 그들이 그가 입을 열도록 만들었는지도 모른다. 나는 의심하고 싶었지만 더 이상 그렇게 할 수 없었다. 얼마 지나지 않아 생랑베르는 그의 아량에 어울리는 행동을 했다. 내 마음을 충분히 아는 그는 친구들 일부에게 배신당하고 다른 친구들에게서는 버림받은 내가 어떤 상태에 있을지를 생각했던 것이다. 그는 나를 만나러 왔다. 첫 번째 방문에서는 내게 할애할 시간이 많지 않았다. 그는 다시 찾아왔다. 공교롭게도 그가 오리라고는 생각하지 않았으므로 나는 집에 없었다. 집에 있었던 테레즈가 그와 두 시간 이상이나 대화를 나누었고, 그러면서 많은 사실들을 서로 이야기했는데, 그것들에 대해 그와 내가 아는 것이 내게는 중요했다. 그림이 지금 데피네 부인과 살고 있는 것처럼 나도 전에 부인과 동거하고 있었다는 것을 의심치 않는 사람이 사교계에는 아무도 없다는 말을 그로부터 들었을 때의 내 놀라움은 생랑베르 자신이 이 소문이 얼마나 허황된 것인가를 알았을 때의 놀라움에나 비견될 수 있는 것이었다. 데피네 부인에게는 대단히 불쾌하게 느껴지겠지만, 생랑베르도 나와 같은 입장에 있었던 것이다. 이 대화를 통해 모든 것이 명백해지자 부인과 영원히 절교한 것을 애석하게 생각했던 마음이 내게서 완전히 사라지고 말았다. 두드토 부인에 관해서도 그는 여러 가지 사정을 테레즈에게 자세히 들려주었다. 그것은 테레즈도 심지어 두드토 부인조차도 모르고 나 혼자 알고 있었던 것인데, 우정을 조건으로 오직 디드로에게만 말해준 것이었다. 그런데 그는 바로 생랑베르를 택해서 그 비밀을 누설했던 것이다. 이 마지막 언행이 내 결심이 서게 만들었다. 디드로와 영원히 절교하기로 작정한 나는 이제 그 방식에 대해서만 궁리했다. 왜냐하면 공개적으로 절교하지 않으면, 그것은 내 가장 잔혹한 적들에게 우정이라고 하는 가면을 남겨두는 것이 되므로 내게 불리해진다는 것을 깨달았기 때문이다.

사교계에서 통용되는 우정에 대한 예의범절은 거짓과 배신의 정신에서 나온 것 같다. 이미 친구도 아니면서 여전히 한 사람의 친구인 체하는 것은 정직한 사람들을 속이면서 친구였던 사람을 해칠 수 있는 방법을 자신을 위해 남겨두는 셈이다. 나는 저 유명한 몽테스키외가 투르느민 신부와 절교했을 때 이를 서둘러 솔직하게 선언하고 모든 사람들에게 다음과 같이 말했던 것을 기억해냈다. 9)

"투르느민 신부가 나에 대해 말하는 것에도, 내가 그에 대해 말하는 것에도 귀 기울이지 마십시오. 우리는 더 이상 친구가 아니기 때문입니다."

이 행동은 대단한 칭찬을 받았고 모두들 그 솔직함과 고귀함을 찬양했다. 나는 디드로에 대해서 이 전례를 따르기로 결심하였다. 그러나 내가 은둔생활을 하는 마당에 어떻게 이 절교를 정확하게 그러면서도 물의를 일으키지 않고 공표할 수 있을 것인가? 나는 이번 작품 속에 주석 형식으로 〈집회서〉10)의 한 구절을 삽입할 생각을 했다. 이 구절은 사정을 아는 사람에게는 이러한 절교와 그 이유까지도 상당히 명백히 선언하고 있지만, 그 밖의 사람들에게는 아무런 의미가 없는 것이었다.

---

9) 1721년 《페르시안의 편지》를 출간한 후 몽테스키외는 〈트레부지〉의 편집장인 투르느민 신부(Le père de Tournemine, 1661~1739)로부터 괴롭힘을 받아 그와 사이가 나빠졌다.

10) 《구약성서》 가운데 〈지혜와 윤리적 형성에 바쳐진 글〉로 격언집(格言集)의 성격을 갖는다. 51장으로 되어 있으며, 기원전 2세기의 작품으로 추정된다. 가톨릭의 성경에는 들어가지만 개신교의 성경에는 들어가지 않는다. 루소가 자신과 디드로의 절교를 알리기 위해 라틴어로 인용한 구절은 다음과 같다. "친구에게 칼을 뽑아 들었다 하더라도 절망하지 말라, 우정을 돌이킬 길이 있다. 친구와 다투었다고 걱정하지 말라. 다시 화해할 수 있는 길이 있다. 그러나 모욕과 멸시와 비밀폭로와 배신행위, 이런 것들은 친구를 영영 잃게 한다"(〈집회서〉, 22장, 26절~27절).

심지어 사라져버린 우정에 대해서도 여전히 그것에 표해야만 하는 경의를 갖지 않고서는 이 작품에서 절교한 친구를 지칭하지 않으려고 애썼다. 이 모든 것은 바로 내 작품에서 찾아볼 수 있다.

　세상만사는 운수 나름이며, 어떤 용감한 행위도 역경에 처해있을 때는 일종의 죄악처럼 보이는 것이다. 몽테스키외에게서는 찬양을 불러왔던 똑같은 언행이 나에게는 비난과 질책만을 불러왔다. 내 작품이 인쇄되어 증정본 몇 부를 받게 되자마자, 나는 한 부를 생랑베르에게 보냈다. 마침 그도 바로 전날 두드토 부인과 그 자신의 이름으로 더할 나위 없이 다정한 우정이 넘치는 짤막한 편지 한 통(편지모음집 B. 37호)을 내게 보내주었던 것이다. 그런데 이것이 그가 내 증정본을 돌려보내면서 내게 보낸 편지이다.

1758년 10월 10일, 오본에서(편지모음집 B. 38호)

　선생님, 사실 저는 당신께서 제게 방금 보내주신 선물을 받을 수가 없습니다. 서문에서 디드로에 관해 〈전도서〉[11] (〈집회서〉인데 그는 착각하고 있다)의 한 구절을 인용하신 부분을 읽고 저는 책을 두 손에서 떨어뜨렸습니다. 지난여름에 이야기를 나눈 후 저는 선생님께서 생각하시던 것과 같이 디드로가 이른바 비밀을 누설한 자가 아니라 결백하다는 사실을 선생님께서 납득하신 줄로 알았습니다. 그가 선생님께 어떤 과오를 범했을 수도 있겠지요. 저는 그에 대해서는 아는 바가 없습니다. 그렇다고 해도 그 과오 때문에 당신께서 그를 공공연하게 모욕할 권리가 없다는 것은 잘 알고 있습니다. 선생님도 그가 겪고 있는 박해

---

11) 《구약성서》 가운데 하나로 〈지혜 문학〉에 속한다. 1장 1절에서 저자가 솔로몬 왕임을 암시하고 있으나 용어·시대상황·비판 내용 등으로 미루어 기원전 3세기 무렵 그리스 문화의 영향을 받은 한 신앙인이 쓴 것으로 추정되고 있다. "모든 것이 헛되다"는 주제로 인생의 덧없음을 강조하고 있다.

를 모르시지 않겠지요. 12) 당신께서는 시기심의 외침소리에 예전 친구의 목소리를 덧붙이려 하고 있습니다. 이러한 험담으로 제가 얼마나 분개하고 있는지 선생님께 숨길 수가 없습니다. 저는 디드로와 함께 살고 있지는 않지만 그를 존경하고 있으며, 적어도 제 앞에서는 그의 약간의 결점 외에는 결코 탓하지 않으셨던 당신께서 그에게 가하는 이러한 마음의 고통을 절감하고 있습니다. 선생님, 우리 두 사람은 언젠가 서로 뜻이 맞기에는 각자의 원칙이 너무나 다릅니다. 그러니 저의 존재를 잊어주십시오. 그것은 어려운 일이 아닐 것입니다. 저는 사람들의 기억에 오래도록 남을 정도로 선한 일이나 악한 일을 한 번도 한 적이 없습니다. 저로서도 선생님의 재능만을 기억해두고 인간으로서의 선생님은 잊겠다고 약속드리는 바입니다.

나는 이 편지에 분개하는 만큼 가슴이 찢어지는 듯하였다. 극도의 비참함 속에서도 마침내 자존심을 회복하여 다음과 같은 짤막한 편지로 그에게 답했다.

1758년 10월 11일, 몽모랑시에서

귀하의 편지를 읽으면서 귀하께 영광되게도 나는 경악하고 말았습니다. 그리고 어리석게도 흥분하고 말았습니다. 그러나 귀하의 편지는 회답을 드릴 만한 것이 못된다고 생각했습니다.

　이제부터는 두드토 부인을 위해 사본13) 을 만드는 일도 계속하고 싶지 않습니다. 만약 부인께서 갖고 계신 것을 보관하기가 탐탁지 않으시다면 내게 돌려주어도 됩니다. 나도 부인이 준 돈을 돌려드리겠습니

---

12) 디드로는 당시 《백과전서》로 인하여 〈주르날 드 트레부〉의 예수회원들로부터 공격을 받고 있었다.

13) 이는 두드토 부인을 위한 《신엘로이즈》의 사본을 말한다. 그러나 루소는 소설이 완성될 때까지 이 일을 계속한다.

354

다. 만약 부인께서 그대로 보관하신다 하더라도 여하튼 사람을 보내어 남아있는 종이와 돈을 찾아가셔야 할 것입니다. 그러시는 김에 부인께서 맡고 계신 취지서도 돌려주시기를 부탁드리는 바입니다. 그럼 선생님께 작별을 고합니다.

불운에 처한 사람의 용기는 비열한 인간을 분개시키지만 고결한 심성의 사람들에게는 환심을 산다. 내 편지로 생랑베르는 반성하고 자신이 한 짓에 대해 후회하는 것 같기도 했다. 그러나 공개적으로 자신이 했던 일을 재차 언급하기에는 그로서도 자존심이 있었으므로 그는 내게 가한 타격을 완화시킬 방법을 찾았다. 어쩌면 그러한 방법을 마련했는지도 모르겠다. 그로부터 2주 후에 나는 데피네 씨로부터 다음과 같은 편지를 받았다.

26일 목요일(편지모음집 B. 10호)[14]

선생님께서 친절히도 보내주신 책은 받아보았고 너무나 기쁜 마음으로 읽고 있습니다. 이것은 제가 당신의 펜에서 나오는 모든 저작을 읽을 때마다 항상 느꼈던 감정입니다. 이에 대한 제 감사의 마음을 받아주시기 바랍니다. 잠시라도 선생님이 계신 곳 가까이 머무를 수 있도록 여건이 허락되었다면 제가 직접 감사를 드렸을 것입니다. 그러나 올해는 라 슈브레트에 거의 머물지 못했습니다. 뒤팽 씨 부부가 와서 내게 오는 일요일에 여기서 점심을 함께 하자고 합니다. 생랑베르 씨와 프랑쾨유 씨, 그리고 두드토 부인도 참석할 예정으로 생각되오니 선생님께서도 우리와 동석해주신다면 정말 기쁘겠습니다. 저희 집에 모일 사람들은 모두가 선생님의 참석을 원하고 있사오며, 선생님과 더불어 한때를 보내는 즐거움을 저와 함께 나눌 수 있다면 매우 기뻐할 것입니다. 최고의 경의를 표할 수 있어서 영광입니다. 등.

14) 1758년 10월 26일.

이 편지를 읽고 내 가슴은 무섭도록 두근거렸다. 1년 동안이나 파리의 화젯거리가 되었다가 이제 다시 두드토 부인과 마주앉은 내 모습을 남의 눈에 보인다고 생각하니 몸이 떨려왔고, 이런 시련을 견디기에 충분한 용기를 찾기가 힘들었다. 그러나 부인과 생랑베르가 나의 참석을 원하고 있으며, 데피네 씨가 손님 모두의 이름으로 말했고, 또 내가 만나기가 꺼려지는 사람들의 이름은 하나도 말하지 않았으므로, 나는 말하자면 이들 모두가 초대하는 오찬에 참석을 승낙했다고 해서 요컨대 내 자신이 위태로워지게 되리라고는 생각하지 않았다. 그래서 나는 그러마 약속했다. 일요일이 되자 날씨가 좋지 않았다. 데피네 씨가 사륜마차를 보내주어서 나는 그것을 타고 갔다.

나의 도착은 센세이션을 일으켰다. 나는 이보다 더한 환대를 받아본 적이 없었다. 내가 얼마나 위안을 필요로 하였는지를 모든 사람들이 다 알고 있다고 말할 수 있을 정도였다. 이러한 종류의 세심한 배려를 아는 심성의 소유자들은 오직 프랑스 사람들밖에 없다. 그러나 그곳에는 내가 예상했던 것보다 많은 사람들이 와있었다. 그 중에는 내가 전혀 만나본 적이 없는 두드토 백작, 그리고 이 자리에 없어도 내게 좋았을 그의 누이 블랭빌 부인이 있었다. 그녀는 지난해에 여러 번 오본에 왔었고, 그녀의 올케인 두드토 부인은 우리끼리만 산책하는 동안 종종 그녀가 따분하게 오래 기다리도록 내버려두곤 했다. 그 때문에 그녀는 내게 유감을 품고 있었고 오찬을 드는 동안 실컷 그 앙갚음을 했다. 그도 그럴 것이, 두드토 백작이나 생랑베르의 앞에서는 내 편을 들어줄 사람들도 없었고, 극히 편안한 대화에서도 당황하는 내가 이런 모임이라고 해서 특별히 빛을 발할 리가 없었기 때문이다. 나는 이렇게 괴로움을 겪어본 일도, 이렇게 침착성을 잃었던 일도, 이렇게 뜻하지 않은 타격을 받아본 일도 결코 없었다. 드디어 사람들이 식사를 마치고 일어나자 나는 이 복수의 여신에게서 물러났다. 생랑베르와 두드토 부인이 내게로 다가

오는 것을 보니 기뻤다. 우리 세 사람은 함께, 사실 잡담이기는 했지만, 내 과오가 있기 전이나 다를 바 없이 친밀하게 이야기를 나누며 오후의 한때를 보냈다. 이러한 정중함은 내 마음속에서 사라지지 않았으며, 만일 생랑베르가 내 마음속을 읽을 수 있었다면 그도 틀림없이 만족했을 것이다. 내가 맹세할 수 있는 것은, 그곳에 도착할 때는 두드토 부인의 모습을 보고 기절이라도 할 듯이 가슴이 뛰었으나 돌아올 때에는 그녀를 거의 생각하지 않았다는 사실이다. 다만 나는 생랑베르에 대한 생각에만 잠겨 있었다.

블랭빌 부인이 심술궂게 빈정거리기는 했지만 이 오찬은 내게 큰 도움이 되었고, 나는 초대를 거절하지 않기를 참 잘했다고 생각했다. 나는 여기서 그림이나 돌바크 일당의 음모가 나와 옛 친구들을 좀처럼 갈라놓지 못했다는 것을 알았다.[15] 뿐만 아니라 두드토 부인이나 생랑베르의 감정이 내가 생각했던 것만큼 변하지는 않았다는 것을 알게 되어 내 기분은 더욱 좋아졌다. 그리고 마침내 나는 그가 내게서 부인을 멀어지게 한 것이 나를 경멸해서가 아니라 오히려 질투해서였다는 것을 알아차렸다. 이런 사실은 나에게 위안이 되었으며 또 나를 진정시켜주었다. 내가 존경하는 사람들로부터 경멸받고 있지 않다는 것을 확신하자 나는 한층 더 용기를 갖고 내 자신의 마음을 가다듬어 더욱 좋은 결과를 얻었다. 죄 많고 불행한 정념의 불길을 내 마음속에서 완전히 꺼버릴 수는 없었지만, 적어도 나는 남은 정념의 불길은 충분히 다스려서 그 후로는 단 하나의 과오도 범하지 않았다. 두드토 부인의 권유로 사본을 만드는 일을 다시 시작하고[16] 또 저서가 나올 때마다 부인에게 계속 보내주

15) 〔원주〕 내 순박한 마음에 이 고백록을 쓸 때까지도 여전히 나는 그렇게 믿고 있었다.
16) 절교했음에도 불구하고 두드토 부인은 루소에게 계속 《쥘리》의 사본을 만들어 달라고 부탁했다.

자 여전히 가끔 그녀에게서 사소하지만 호의적인 전언과 짧은 편지들을 받아볼 수 있었다. 우리가 다음에 보게 되겠지만, 부인은 심지어 그 이상의 일까지 했다. 우리들의 관계가 중단되었을 때 우리 세 사람이 서로에 대해 취한 태도는 예의바른 사람들이 교제를 계속하는 것이 더 이상 바람직하지 않을 때 서로 결별하는 방식의 본보기가 될 수 있을 것이다.

이 오찬이 내게 가져다준 또 하나의 이익은, 이것이 파리에서 화제가 되어 내가 그곳에 참석했던 모든 사람들 특히 데피네 씨와 극도로 사이가 나쁘다고 나의 적들이 사방으로 퍼뜨리고 다닌 소문을 반박할 여지없이 뒤집어 놓았다는 것이다. 레르미타주를 떠날 때 나는 매우 정중한 감사편지를 데피네 씨에게 보냈고, 그도 그에 못지않은 정중한 회답을 보내주었다. 그리하여 우리들 상호간의 배려는 계속되었고 그 동생인 라 리브 씨17) 와도 역시 마찬가지였다. 그래서 그 동생까지도 몽모랑시로 나를 보러오고 자신의 판화를 보내주기도 했다. 그러므로 두드토 부인의 시누이와 올케를 제외하고는 나는 데피네 집안의 그 누구와도 결코 사이가 나쁘지 않았다.

내가 달랑베르에게 쓴 편지는 커다란 성공을 거두었다. 내가 쓴 작품들은 모두 성공을 거두었지만, 이번 성공은 내게 더욱 기분 좋았다. 그것은 돌바크 패거리의 중상모략을 불신하도록 대중들을 깨우쳐 주었기 때문이다. 내가 레르미타주로 떠났을 때 그 패거리는 평소의 자만심을 발휘하여, 내가 그곳에서 석 달도 견뎌내지 못할 것이라고 예견했었다. 내가 그곳에서 20개월이나 머물고 부득이 떠나게 된 후에도 역시 시골에 거처를 정하는 것을 보고, 그들은 그것이 순전히 고집이고 내가 은신처에서 죽도록 지루해하고 있다고 주장했다. 그렇지만 괴롭다 하더라도 자존심 때문에 했던 말을 취소하고 파리로 돌아오기보다는 차라리

---

17) Ange-Laurent Lalive de Jully (1727∼1775) : 화가이자 수집가로 1757년에는 외국 사신을 국왕에게 알현케 하는 신하로 임명되었다.

358

이곳에서 자기 고집의 희생자가 되어 죽는 편이 낫다고 생각한다는 것
이었다. 그러나 달랑베르에게 쓴 편지에는 짐짓 꾸몄다고 생각할 수 없
는 다정한 마음이 생생히 나타나 있었다. 만일 내가 은신처에서 언짢은
기분에 시달리고 있었다면 내 어조에서 그 흔적이 느껴졌을 것이다. 파
리에서 쓴 모든 글 속에는 그러한 기분이 지배적이었다. 그러나 시골에
와서 쓴 첫 번째 글에서부터 이미 그런 기분은 지배적이지 않았다. 옳게
관찰할 줄 아는 사람이라면 이것을 보고 결정적으로 판단할 수 있었다.
사람들은 내가 내 본성에 맞는 곳으로 돌아왔다는 것을 알았다.

그러나 어디까지나 온화한 것이었음에도 불구하고 바로 이 저작이,
나의 서투름과 일상이 되어버린 불운함으로 말미암아, 이번에는 문인
들 가운데 새로운 적을 한 사람 만들었다. 나는 라 포플리니에르 씨 집
에서 마르몽텔18)을 알게 되었고 돌바크 남작의 집에서 그와 친분을 쌓
아갔다. 당시 마르몽텔은 〈메르퀴르 드 프랑스〉를 만들고 있었다. 나
의 저작을 정기간행물에 기사를 쓰는 사람에게는 결코 보내지 않는 것
을 긍지로 여기고 있었지만 그에게는 이 책을 보내주고 싶었다. 그렇기
때문에 그 직함 때문이라거나 〈메르퀴르〉에서 다루어주기를 바라서라
고 그가 생각하지 않도록 하기 위해서 나는 증정본 위에 〈메르퀴르〉의
기자가 아니라 마르몽텔 씨에게 드리는 것이라고 써두었다. 나는 그에
게 대단한 찬사를 보냈다고 생각했는데, 그는 이것을 잔인한 모욕이라
고 생각하고 나와 불구대천의 원수가 되어버렸다. 그는 바로 이 편지에

---

18) Jean-François Marmontel(1723~1799): 그리 뛰어나지 않은 시인이자
비극 작가인 마르몽텔은 루이 15세에게 바친 시 덕분에 퐁파두르 부인의
눈에 들어 부아시가 죽은 다음 〈메르퀴르 드 프랑스〉의 편집장이 되었고,
1763년에는 아카데미 회원이 되었다. 등단할 때 볼테르의 격려를 받았던
그는 볼테르와 오랫동안 서신을 주고받았으며, 백과전서파 사람들에 대해
언급하는 《회고록》을 저술했다. 그는 여기서 일반적으로 디드로의 글을 토
대로 루소에게 비난을 가했다.

정중히 반박하는 글을 썼으나 원한이 묻어나는 것을 쉽게 느낄 수 있었다. 그때부터 그는 기회만 있으면 모임에서 나를 헐뜯고 자기가 쓴 저서들을 통해 나를 간접적으로 혹평했다. 그만큼 문인들의 성마른 자존심은 다루기 어렵고, 또 그만큼 우리가 그들에게 찬사를 보낼 때도 거기에서 조금이라도 애매하게 보일 수 있는 것은 남기지 않도록 주의를 기울여야 한다.

주변이 모두 안정되자 나는 내가 누리던 한가로움과 자유를 이용하여 보다 지속적으로 작업을 재개하였다. 그해 겨울에는 《쥘리》를 완성하여 레에게 보냈고, 그는 다음 해에 그것을 인쇄했다. 그런데 그 작업도 또 사소하기는 하지만 꽤 불쾌하기까지 한 다른 일로 중단되었다. 나는 오페라극장에서 〈마을의 점쟁이〉를 재공연할 준비를 하고 있다는 말을 들었다. 나는 이 위인들이 내 재산을 건방지게 멋대로 사용하려고 하는데 분노하여 예전에 다르장송 씨에게 보냈다가 회답을 받지 못한 그 각서를 다시 꺼냈다. 나는 그것에 약간의 수정을 가한 후 따로 한 통의 편지를 첨부하여 제네바 변리공사 셀롱 씨[19]를 통해 오페라 극장 관할에서 다르장송 씨의 후임으로 있던 생플로랑탱 백작에게 전해주도록 했는데, 셀롱 씨는 기꺼이 그 일을 맡아주었다. 생플로랑탱 백작은 곧 회답을 주겠다고 약속해놓고는 소식이 없었다. 이러한 경위를 뒤클로에게 편지로 알렸더니 그는 이것을 '작은 바이올린들'[20]에게 이야기했다. 그런데 이들은 내 오페라를 돌려주는 것이 아니라 내가 더 이상 이용할 수도 없는 무료입장권을 주겠다고 제안했다. 어느 쪽을 보아도 어떠한 정의도 기대할 수 없다는 것을 알고는 나는 이 사건을 포기해버렸다. 오페라 극장의 경영진은 나의 이의에 회답하거나 그것을 들어보려고도 하지

---

19) Jean-François Sellon (1707~1790) : 1749년부터 1764년까지 파리 주재 제네바 변리공사로 있었다.

20) 8권에 등장하는 르벨과 프랑쾨르를 말한다.

않고 〈마을의 점쟁이〉를 마치 자기네 재산처럼 계속해서 마음대로 사용하고 이익을 얻었다. 그러나 그것이 나 한 사람의 소유라는 것은 조금도 이론의 여지가 없다. 21)

폭군과 같은 친구들의 멍에에서 벗어난 후 나는 상당히 평탄하고 평화스러운 생활을 하고 있었다. 너무도 열렬한 애착의 매력은 잃었지만 동시에 그 무거운 사슬로부터 해방되었다. 나의 운명을 어떻게 해서든 좌지우지하려고 들며 내 뜻에는 상관없이 이른바 그들의 은혜에 나를 굴복시키려고 하는 보호자처럼 구는 친구들에게 싫증을 느껴, 나는 이제부터는 단순한 호의관계만으로 만족하기로 결심했다. 그런 관계는 자유를 구속하지 않으면서 삶을 즐겁게 만들며, 평등하게 주고받는 것을 그 기반으로 하는 것이다. 나는 친구들로부터 예속당하지 않으면서도 자유의 감미로움을 맛보는 데 필요한 정도만큼 그런 종류의 친구들이 있었다. 이러한 생활방식을 시도하자마자, 나는 이것이야말로 내가 막 반쯤 빠져 들어갔던 소동과 불화와 번거로움들로부터 멀리 떨어져 고요함 속에서 여생을 끝마치기 위해서 내 나이에 적당한 생활방식임을 느꼈다.

레르미타주에 머무르는 동안, 그리고 몽모랑시에 자리잡은 이후 나는 몇 사람의 이웃을 사귀었는데, 그들은 내게 상냥하면서도 나를 조금도 구속하지 않았다. 그 선두에는 젊은 루아조 드 몰레옹22) 이 있었는데, 그는 막 변호사가 되어서 자신도 장차 자기 지위가 어떻게 될지 모르고 있었다. 그러나 나는 그처럼 그런 의심을 갖지 않았다. 나는 금방

---

21) 〔원주〕최근에 나와 새로 체결한 합의에 따라 그 작품은 그후 오페라 극장의 소유로 되어 있다.
22) Alexandre-Jérôme Loyseau de Mauléon (1728~1771) : 1751년 파리 고등법원의 법관이 되어 장 칼라스와 포르트 백작의 변호를 맡기도 했다. 1768년 법관직을 사임하고 로렌 회계법원 고문이 되었다.

그에게서 오늘날 그가 하는 눈부신 활동을 알아보았던 것이다. 그래서 그에게 예언하기를 만약 그가 소송사건의 선택에 엄격해지고 오로지 정의와 미덕의 수호자가 된다면, 숭고한 감정으로 드높아진 그의 천재성은 가장 위대한 웅변가의 천재성과 견주게 될 것이라고 했다. 그는 나의 충고를 따랐고 그 충고의 효과를 느꼈다. 포르트 씨에 대한 그의 변호는 데모스테네스23) 에 견줄 만한 것이었다. 그는 해마다 휴가를 보내러 레르미타주에서 1킬로미터 정도 떨어진 생브리스의 몰레옹 영지에 왔다. 그곳은 그의 모친 소유로 예전에는 저 위대한 보쉬에가 살던 곳이다. 영지의 주인들로 이와 같은 사람들이 잇달아 나온다면 귀족계급의 지탱은 어려워질 것인데, 몰레옹 영지도 그런 영지들의 하나이다.

나는 바로 그 생브리스 마을의 서적상 게랭24) 과도 친분이 있었는데, 그는 재기발랄하고 교양 있고 친절하며 그 직업에서는 신분이 높은 사람이었다. 그는 내게 암스테르담의 서적상으로 자신의 거래처이자 친구이기도 한 장 네올므25) 도 소개해주었는데 그가 후에 《에밀》을 출판했다.

또한 나는 생브리스보다 가까운 곳인 그롤레의 주임사제 말토르 씨26) 와도 알게 되었는데, 그는 한 마을의 주임사제보다는 차라리 정치가나 대신이 되는 것이 더 어울리는 사람이었고, 만약 지위가 재능에 따라 결

---

23) Demosthenes (BC 384~BC 322) : 고대 그리스의 정치가이자 웅변가.
24) Hippolyte-Lucas Guérin (1698~1765) : 파리의 서적상으로 1755년 루소의 《불평등론》을 배포하였다. 1760년에는 《볼테르에게 보내는 루소의 편지》를 출간할 것을 생각했으나 후에 포기하였다.
25) Jean Néaulme (1694~1780) : 네덜란드의 암스테르담, 헤이그, 라이덴과 독일의 베를린에서 사업을 한 서적상으로 헤이그에서는 1765년부터 1767년까지 서적을 판매했다.
26) Antoine Maltor (1689~1767) : 그롤레의 주임사제이자 베르들렝 부인의 친구.

정되는 것이라면 적어도 한 교구를 다스리게 해도 좋을 사람이었다. 그
는 전에 뒤 뤼크 백작의 서기관이었으며, 장 바티스트 루소와는 각별한
교분을 맺고 있었다. 이 추방당한 유명인사에 대한 유덕을 매우 기리는
만큼이나 교활한 소랭27)의 기억을 잔뜩 혐오하는 그는 이 두 사람에 대
해 흥미로운 일화들을 많이 알고 있었는데, 그것은 스기가 아직 원고상
태로 갖고 있는 뒤 뤼크 백작의 전기28)에도 아직 넣지 않은 것이었다.
그는 드 뤼크 백작이 루소에게 어떠한 불평을 하기는커녕 생을 마칠 때
까지 가장 열렬한 우정을 간직했다고 내게 확인해 주었다. 그의 후견인
이었던 백작이 사망한 후에 뱅티밀 씨29)로부터 상당히 훌륭한 이 은신
처를 물려받은 말토르 씨는 예전에는 여러 가지 많은 일에 종사하기도
했고, 비록 늙긴 했지만 아직 그에 대한 생생한 기억을 가지고 있어서
그때 일들을 곧잘 따져보곤 했다. 그의 이야기는 교훈적이면서도 재미
있어서 시골 사제 같은 냄새는 전혀 풍기지 않았다. 그는 서재에 묻혀
사는 사람의 지식에다 사교계 인사의 어투를 겸비하고 있었다. 언제나
변함없는 모든 이웃사람들 중에서도 이 사람과의 교제가 내게 가장 유
쾌하였고, 따라서 그와 헤어질 때가 가장 섭섭하였다.

　나는 몽모랑시에서 오라토리오 회원들, 그 중에서도 물리학 교수인
베르티에 신부30)와 가까웠다. 다소 현학적인 체하기도 했지만 그에게

---

27) 조제프 소랭(Joseph Saurin, 1659~1737)은 과학아카데미 회원으로, 장
　　바티스트 루소에게 외설적인 풍자가요를 쓴 장본인으로 고발당했지만 1712
　　년 무죄선고를 받았다. 장 바티스트 루소는 그 풍자가요로 영구추방을 당
　　하게 되는데, 죽을 때까지 자신은 그 풍자가요의 작가가 아니라고 주장했다.
28) 스기가 쓴 이 전기는 끝내 출간되지 않았다.
29) 뱅티밀(M. de Vintimille) 씨는 1729년부터 1746년까지 파리 대주교로 있
　　었다.
30) Joseph-Etienne Bertier(1702~1783) : 여러 콜레주에서 철학과 물리학 교
　　수로 지냈다.

는 어딘가 호인의 풍모가 있음을 보고 그를 좋아하게 되었다. 그러나 나로서는 고관귀족들이나 귀부인들, 독실한 신자들이나 철학자들 사이에서 어디서든 주책없이 참견하려고 하는 그의 욕심과 재주를 그 대단한 순박함과 양립시키기가 힘들었다. 그는 어떻게든 모든 사람의 비위를 맞출 줄 알았던 것이다. 나도 그와 어울리는 것을 대단히 좋아했고 누구에게나 그런 말을 했다. 내가 말한 것이 아마 그의 귀에 들어간 모양이었다. 어느 날 그는 히죽거리면서, 자기를 좋은 사람으로 봐주어서 고맙다고 내게 말했다. 나는 그 미소 속에서 무언지 모를 조소의 빛을 보았는데, 이것이 내 눈에 비친 그의 인상을 완전히 바꾸어버리고 그 후로 내 기억 속에 자주 떠올랐다. 이 미소를 댕드노의 양떼를 사는 파뉘르주[31]의 미소와 비교하는 것이 내가 할 수 있는 가장 적절한 비교다. 우리가 알기 시작한 것은 내가 레르미타주에 도착한 지 얼마 되지 않았을 때로, 그는 매우 자주 나를 보러 왔다. 그가 다시 파리로 돌아가 살기 위해 그곳을 떠났을 때 나는 이미 몽모랑시에 자리잡은 후였다. 그는 파리에서 르바쇠르 부인과 자주 만났다. 그런데 어느 날 뜻밖에도 그는 부인을 대신하여 내게 편지를 보내, 그림 씨가 부인의 부양을 맡겠다는 제의를 했다는 것을 알리고, 내게 그 제안을 받아들인다는 승낙을 요구했다. 나는 그 제안의 내용이 르바쇠르 부인이 연금 3백 리브르를 받고, 라 슈브레트와 몽모랑시 사이에 있는 되이유에 살게 된다는 것임을 알았다. 이 소식이 내게 어떤 인상을 주었는지는 말하지 않겠다. 가령 그림에게 1만 리브르의 연금수입이 있다거나, 부인과 더 납득하기 쉬운 관계가

---

31) 파뉘르주(Panurge)는 16세기의 가장 위대한 이야기꾼 프랑수아 라블레(François Rabelais)가 창조한 거인 팡타그뤼엘(Pantagruel)의 친구이다. 《제 4서》에서 파뉘르주는 배에서 상인인 댕드노와 언쟁을 벌인 후 복수하기 위해 그의 양을 한 마리 사서 바다에 던졌다. 다른 양들이 그 양을 따라 바다로 들어가고 마지막 양에 매달린 상인 역시 바다에 빠지게 된다.

있다거나, 아니면 전에 내가 부인을 시골로 모셔갔을 때 사람들이 내게 그 일로 그토록 비난하지 않았더라면 — 그런데 그녀가 그 이래로 더 젊어진 것처럼 이제 와서는 그림이 그녀를 다시 시골로 데려가고 싶다는 것이다 — 이 소식이 그토록 놀랍지는 않았을 것이다. 만약 내가 승낙하기를 거절했다고 해도 그 못된 노파는 그 승낙이 진짜로 필요하지는 않았을 것이다. 단지 내 편에서 보내는 돈을 놓치게 될까봐 그녀가 내게 그런 승낙을 요구하고 있다는 것을 깨달았다. 그림의 이러한 자선이 당시에도 내게 대단히 터무니없게 보였지만, 그때보다 그후 그로 인해 더욱 놀라게 되었다. 그러나 그후 내가 알아챈 것을 그 당시 다 알고 있었다 하더라도, 그림 씨가 제안한 금액보다 더 많을 돈을 줄 수 없는 한, 그때 내가 한 것처럼 또 그렇게 하지 않을 수 없었던 것처럼 역시 나는 동의하고 말았을 것이다. 그때부터 나는 베르티에 신부 덕분에 그가 호인이라는 착각을 어느 정도 고쳤는데, 그런 착각은 그에게 매우 재미있는 것으로 보였고 나는 아주 경솔히 그를 그런 사람으로 믿었던 것이다.

바로 이 베르티에 신부에게는 지인(知人) 두 사람이 있었는데, 그들은 또한 나와 사귀려 들었다. 나는 그 이유를 알 수가 없는데, 왜냐하면 그들의 취향과 나의 취향 사이에는 정말 통하는 점이 거의 없었기 때문이다. 그들은 멜키세덱[32]의 후예들로, 사람들은 그들의 고향도 집안도 모르고 진짜 이름조차도 모르는 것 같았다. 그들은 장세니스트로 '변장한 사제'라는 별명으로 통하고 있었는데, 아마도 장검을 찬 모습이 오히려 칼에 매달려 있다고 할 정도로 우스꽝스럽기 때문이었을 것이다. 그들이 자신들의 일거수일투족에 부여하는 엄청난 은밀함으로 인해 그들

32) 멜키세덱은 성서에서 메시아의 화신 혹은 영원한 하느님의 사제로 등장하며 사도 바울은 그에 대해 "생애의 시초도 생명의 끝남도 없으며, 아버지도 없으며 어머니도 없고, 영원히 살아 있다"고 말한다. 그래서 "멜키세덱의 후예"라는 말은 그에 대해 아무것도 알려진 것이 없는 사람을 말한다.

은 마치 한 당파의 우두머리 같아 보였고, 나는 그들이 〈교회신문〉[33]을 만들고 있다는 것을 결코 의심하지 않았다. 키가 크고 온화하며 알랑거리기를 잘하는 사람은 페랑 씨였고, 키가 작고 뚱뚱하며 비웃기 잘하고 까다로운 사람은 미나르 씨였다. 그들은 서로 사촌처럼 행세했다. 파리에서는 달랑베르와 함께 그의 유모였던 루소 부인이라는 여자 집에 머물렀고, 몽모랑시에서는 여름을 나려고 조그만 집 하나를 잡았다. 그들은 하인이나 심부름꾼도 없이 손수 집안일을 했다. 그들은 매주 교대로 식료품을 사러 가기도 하고 음식도 만들고 집안청소도 했다. 게다가 그들은 행실이 상당히 발라서, 우리는 가끔 서로 집으로 초대하여 식사를 하기도 했다. 나는 그들이 왜 내게 관심을 가지고 있었는지 모르겠다. 다만 나는 그들이 체스를 두기 때문에 관심이 있었고, 그래서 그 하찮은 체스 한 판을 두기 위해서 4시간이나 지루함을 참은 적도 있었다. 그들은 어디나 주책없이 끼어들고 아무 일에나 참견하려 들었으므로 테레즈는 그들을 '수다스러운 아줌마들'이라고 불렀고, 그들에게 붙은 이 별명은 몽모랑시에 남게 되었다.

  우리 집주인인 선량한 마타 씨와 더불어 이런 사람들이 내가 시골에서 주로 가까이 지낸 사람들이었다. 파리에서도 즐겁게 지내려고만 한다면 문단 아니더라도 친하게 지낼 사람이 얼마든지 남아 있었는데, 문단에서는 친구로 꼽을 사람은 뒤클로 하나밖에 없었다. 그도 그럴 것이 들레르는 당시로서는 너무 젊었고, 또 철학자 패거리가 내게 행하는 술책을 가까이에서 보고는 그들로부터 완전히 떨어져 나오긴 했지만 — 적어도 나는 그렇게 믿고 있었다 —, 나는 그가 쉽사리 내 옆에서 그 사람들 모두의 확성기 역할을 했다는 사실을 여전히 잊을 수가 없었다.

  우선 내게는 존경할 만한 옛 친구 로갱 씨가 있었다. 그는 내 저서가

---

33) 아마도 예수회에 대항하기 위하여 은밀히 배포된 〈교회소식〉(les Nouvelles ecclésiastiques)을 가리키는 것으로 보인다.

아니라 나 자신의 인간성을 통해 사귄 좋은 시절의 친구로, 그런 이유 때문에 나는 그와의 우정을 계속 지켜왔다. 그리고 나와 동향인인 선량한 르니엡스와 당시에는 생존해 있었던 그의 딸 랑베르 부인이 있었다. 또 쿠앵데[34]라는 제네바 청년이 있었는데 그는 내 눈에는 착하고 세심하며 친절하고 헌신적인 젊은이로 비춰졌다. 그러나 무식하고 거만하며 대식가인데다가 안하무인이었던 그는 내가 레르미타주에 자리를 잡자마자 찾아와서, 다른 사람의 소개도 없이 또 내가 원하지도 않았는데 곧 내 집에 눌러앉아버렸다. 그는 그림에 약간의 취미를 가지고 있었고 화가들도 알고 있었다. 그는 《쥘리》에 들어갈 판화를 위해서는 내게 쓸모가 있었다. 그는 그림과 판화를 총괄하는 일을 맡았고 그 임무를 훌륭히 수행하였다.

뒤팽 씨 집안도 나와 친한 사이였는데, 이 집안은 뒤팽 부인의 전성기 때보다는 화려하지 않았지만 주인들의 재능과 그곳에 모이는 정선된 사교계 명사들 때문에 그래도 여전히 파리의 최고 명문가 중 하나였다. 내가 그 집안사람들보다 더 좋아한 사람도 없었고 또 그들과 헤어진 것은 오직 자유롭게 살기 위해서였기 때문에, 그들도 전과 다름없이 우정을 갖고 계속 나를 보러 왔다. 그리고 나는 뒤팽 부인에게 언제나 환대받고 있다는 것을 확신하고 있었다. 그들이 클리쉬에 거처 하나를 마련한 이후로는 뒤팽 부인을 시골에서의 내 이웃 중 한 사람으로 칠 수 있을 정도였다. 나는 가끔 클리쉬에 가서 하루나 이틀씩 지내곤 했는데, 만약 뒤팽 부인과 슈농소 부인이 좀더 사이좋게 지냈다면 더 자주 다녔을 것이다. 그러나 한 집안에서 서로 마음이 맞지 않는 두 부인 틈에 끼여 양쪽을 상대해야 하는 고충 때문에 클리쉬가 너무나 거북스러워졌다. 나는

34) François Coindet (1734~1809) : 텔뤼송 은행의 현금출납원인 그는 1760년 《신엘로이즈》의 판화를 제작하게 하는 일을 맡았다. 루소와의 서신교류는 루소가 트리에 머물며 모든 친구들과 인연을 끊을 때까지 지속되었다.

슈농소 부인과 더 한결같고 친밀한 우정으로 연결되어 있었으므로, 되
이유에서 더 편안하게 그녀를 만나는 즐거움을 누리곤 했다. 그녀는 거
기서 작은 집에 세를 들었는데 그곳은 거의 우리 집 문 앞과 같이 가까웠
다. 그리고 그녀는 심지어 우리 집에도 상당히 자주 찾아왔다.

내게는 크레키 부인도 있었는데, 그녀는 극도의 신앙심에 몸을 바쳐
서 달랑베르 사람들이나 마르몽텔 사람들 그리고 대부분의 문인들과 만
나는 것을 중단하고 있었다. 다만 내가 알기로 트뤼블레 신부만은 예외
였는데, 그는 당시에 어중간한 위선자의 부류로 부인 자신도 그에 대해
상당히 귀찮아하고 있었다. 부인이 나와는 교제를 원했으므로 나로서
는 그녀의 호의도 잃지 않았고 그녀와의 서신교환도 중단되지도 않았
다. 그녀는 새해 선물로 내게 르 망산(産) 영계를 몇 마리 보내주기도
했다. 그리고 다음 해에는 나를 만나러 올 계획이었으나, 그녀의 여행
이 뤽상부르 부인의 여행과 엇갈려 중단되고 말았다. 나로서는 여기에
서 부인을 위한 자리를 따로 마련해야 마땅하다. 부인은 내 기억 속에
언제나 각별한 자리를 차지할 것이다.

로갱을 제외하고 내가 제일 먼저 언급했어야 할 사람이 한 명 있다.
그는 나의 옛 동료이며 친구인 카리오이다. 그는 이전에 베네치아 주재
스페인 대사관의 정식 서기관이었고, 그후 스웨덴에서 스페인 궁정 대
리공사가 되었으며, 마침내 정말로 파리 주재 스페인 대사관의 서기관
으로 임명되었다. 그런데 그는 내가 전혀 예상치도 않았던 때에 몽모랑
시로 찾아와 나를 놀라게 했다. 그는 그 이름이 기억나지는 않지만 아름
다운 보석 십자가가 달린 스페인 훈장을 하나 달고 있었다. 그는 자신이
귀족임을 입증하는 칭호로 카리오(Carrio)라는 이름에 한 글자를 더 붙
여야만 했고, 그래서 'n'자를 붙여 드 카리옹 기사(Chevalier de Carrion)
라는 이름을 갖게 되었다. 그는 언제나 한결같고 그 훌륭한 마음도 변함
이 없었고 재기는 나날이 매력을 더해 가는 것으로 생각되었다. 나는 쿠

앵데만 아니었다면 그에 대해 예전과 같이 친밀한 관계를 회복했을 것이다. 그러나 쿠앵데가 평소 하는 대로 우리 사이에 끼어들었고, 내가 멀리 떨어져 있는 것을 이용하여 내 자리를 비집고 들어가고 내 이름으로 그의 신뢰를 얻어, 나를 도우려는 지나친 열의에서 나를 밀어내고 말았다.

　카리옹을 기억하자니 시골에서의 내 이웃 중 한 사람의 기억이 떠오른다. 나는 그에게 정말 용서받을 수 없는 잘못 하나를 고백하지 않을 수 없기 때문에 그에 대한 이야기를 빠뜨린다면 그만큼 더 잘못을 저지르는 것이 될 것이다. 그 사람은 베네치아에서 나를 도와주었던 성실한 르 블롱 씨다. 그는 가족과 함께 프랑스로 여행을 오게 되었을 때 몽모랑시에서 멀지 않은 라 브리슈의 시골 집 한 채에 세를 들었다.[35] 그가 내 이웃이 되었다는 사실을 알고 나는 진심으로 기뻐했고, 그를 방문하러 가는 것을 하나의 의무라기보다는 오히려 낙으로 여겼다. 나는 이를 위해 다음 날이 되자마자 떠났다. 그런데 도중에 나를 만나러 오는 사람들과 맞닥뜨리게 되어 그들과 함께 집으로 돌아오지 않으면 안 되었다. 이틀 후에 나는 다시 떠났다. 그렇지만 그는 가족 모두와 함께 파리에 점심을 먹으러 가고 없었다. 세 번째로 찾아갔을 때는 그가 집에 있었다. 여자들의 목소리가 들렸고, 문 앞에 있는 사륜마차를 보자 불안해졌다. 나는 적어도 처음이니만큼 그와 편안하게 만나서 지난날의 회포를 풀고 싶었다. 마침내 방문을 차일피일 미루어온 끝에 그러한 의무를 너무 늦게 이행하는 것이 부끄러워서 영 이행하지 않을 수밖에 없게 되었다. 그토록 만나기를 벼른 후 이제는 얼굴을 내밀 용기가 나지 않았던 것이다. 이러한 소홀함에 르 블롱 씨가 노하는 것은 당연한 것이었고, 이것은 그의 눈에 나의 태만함을 배은망덕하게 보이도록 만들었다. 그

---

35) 〔원주〕 내가 이것을 쓰고 있을 때는 오랜 맹목적인 신뢰로 가득 차서 그가 한 파리 여행의 진정한 동기나 결과에 대해선 정말 별 의혹을 갖지 않았다.

렇지만 나는 마음속으로 별로 잘못을 저질렀다고 느끼지 않아서, 비록 그가 모르게라도 그에게 뭔가 진정한 기쁨을 줄 수 있는 기회가 있었더라면 그가 나를 태만한 사람이라고 생각하지 않았을 것이라고 확신한다. 그러나 나태함, 소홀함, 그리고 사소한 의무들을 이행하는 것을 미루는 점이 커다란 악행보다 내게 더 큰 손해를 끼쳤다. 내 가장 큰 결점은 일을 소홀한다는 것이었다. 나는 하지 말아야 할 일을 한 적은 드물었으나, 불행히도 해야 할 일을 한 적은 훨씬 더 드물었다.

화제가 베네치아의 지인들로 돌아온 이상 베네치아와 관계가 있는 지인 한 사람을 잊어서는 안 되겠다. 다른 사람들과 마찬가지로 얼마 전까지도 그와의 교제가 끊어지지 않았다. 그 지기는 다름 아닌 종빌 씨로, 그는 제노아에서 돌아온 후에도 내게 계속 두터운 호의를 보여주었다. 그는 나를 만나 함께 이탈리아에서의 일들이며 몽테귀 씨의 추태들을 이야기하기를 무척 좋아했는데, 그로서는 자신이 밀접한 관계를 맺고 있는 외무국을 통해 그의 행적을 많이 알고 있었다. 나는 또 그의 집에서 나의 옛 동료 뒤퐁[36]을 다시 만나는 기쁨을 누렸는데, 그는 자신이 태어난 지방에 관직을 하나 샀고 그 업무 때문에 가끔 파리로 나오곤 했다. 종빌 씨가 점점 더 열성적으로 나를 만나고자 하는 통에 그가 귀찮을 정도까지 되었고, 서로 멀리 떨어진 구역에서 살고 있음에도 불구하고 내가 일주일 내내 그의 집으로 식사하러 가지 않으면 우리 사이에 잡음이 생기곤 했다. 그는 종빌 지방에 갈 때에는 언제나 나를 데리고 가려고 했다. 그러나 한 번 그곳에 가서 일주일을 지내고는 그 기간이 어찌나 길게 느껴졌는지 다시는 가고 싶은 생각이 들지 않았다. 종빌 씨는 정말이지 성실하고 점잖은 사람이었고 어떤 면에서는 다정하기까지 하였다. 그러나 재치가 부족했고, 미남이어서 약간 자기 모습에 도취되어

---

36) 제노아에서 종빌 씨의 서기관이었던 뒤퐁은 1746년에도 여전히 외무성에 근무하고 있었다.

있었고 적잖이 싫증나게 했다. 그는 특이하고 어쩌면 세상에 하나밖에 없을 수집품을 갖고 있었다. 그는 그것에 대단히 열중했으며 또한 자기 집에 오는 손님들도 그것에 관심을 갖도록 했지만, 손님들은 때때로 그만큼 그것을 즐거워하지 않았다. 그것은 궁정과 파리에서 유행했던 모든 보드빌[37]을 50년도 넘게 매우 완벽히 수집한 것으로, 그 속에서는 다른 곳에서는 구하려고 해도 구할 수 없을 많은 기담(奇談)들을 찾아볼 수 있었다. 그것들은 프랑스 역사를 위한 추억의 기록들로, 다른 어느 나라에서도 그러한 것을 거의 생각하지도 못할 것이다.

우리들의 관계가 더 이상 좋을 수 없었던 어느 날, 그는 몹시 차갑고 냉정하고 쌀쌀맞고 그의 평소의 태도와는 아주 다르게 나를 맞이해서, 그에게 해명할 기회를 주고 심지어 해명을 간청한 후에, 그의 집을 나올 때는 이제 다시는 그곳에 발을 들여놓지 않겠다는 결심을 했다. 그리고 나는 그 결심을 지켰다. 그도 그럴 것이 나는 한 번이라도 냉대를 받은 곳에는 다시 가지 않았고, 또 그곳에는 종빌 씨를 변호해줄 디드로도 없었기 때문이다. 내가 그에게 어떤 잘못을 했는지 기억을 더듬어 보았으나 헛수고였다. 아무것도 떠오르지 않았다. 나는 그나 그의 주변사람들에 대하여 말할 때는 언제나 최대의 경의를 표하였음을 확신했다. 왜냐하면 나는 그에게 진정으로 애정을 갖고 있었고 그에 대하여 좋은 점밖에는 말할 것이 없었을 뿐 아니라, 언제나 내가 자주 출입하는 집안들에 대해서는 오직 예우를 지켜 이야기하는 것이야말로 절대로 침해할 수 없는 내 신조였기 때문이다.

나는 결국 곰곰이 생각한 끝에 다음과 같이 추측하였다. 우리가 마지막으로 만났을 때 그는 나를 초대해서 자기가 아는 색싯집에서 2, 3명의 외무국 직원들과 함께 저녁식사를 베풀었다. 그들은 매우 친절한 사람

---

37) 풍자적인 속요.

들이었고 방종한 태도나 어조는 조금도 찾아볼 수 없었다. 나로서는 단연코 이 여인들의 불행한 팔자에 대해 서글프게 성찰하면서 그날 밤을 보냈다고 맹세할 수 있다. 종빌 씨가 우리에게 식사를 낸 것이기 때문에 나는 내 몫의 돈을 내지 않았고, 파도아나 여인의 경우처럼 대가를 받을 만한 일을 시키지 않았기 때문에 그 여인들에게도 한 푼도 주지 않았다. 만약 그렇지 않았더라면 대가를 지불했을 수도 있었을 것이다. 우리 모두는 매우 유쾌하고 화기애애한 가운데 자리를 떴다. 나는 그 색싯집에는 다시 들르지 않았고, 3, 4일 후 그간 보지 못했던 종빌 씨 집으로 점심을 먹으러 갔다. 이때 그는 내게 앞에서 말한 것과 같은 냉대를 했던 것이다. 그날의 저녁식사와 관련된 어떤 오해 외에 그것에 대한 다른 이유를 상상할 수 없었고, 또 그가 해명하려고도 하지 않는 것을 보고 그와는 만나지 않기로 결심했다. 그렇지만 나는 그에게 내 저서는 계속해서 보냈고, 그는 종종 내게 찬사를 보내주었다. 어느 날 코미디 극장의 난방 휴게실에서 우연히 만났을 때, 내가 더 이상 자신을 보러 오지 않는다고 친절하게도 나를 나무랐다. 그렇다고 해서 내가 다시 그의 집을 찾아가지는 않았다. 그러므로 이 사건은 절교라기보다는 차라리 토라진 상태같이 보였다. 그렇지만 그 이후로 그를 다시 만나지 못하고 그에 관한 소식도 듣지 못하였으므로, 여러 해 동안 발을 끊은 후에 다시 그의 집을 찾기에는 너무 늦은 감이 있었다. 비록 꽤 오랫동안 종빌 씨의 집에 드나들었지만 여기서 그가 내 친구들 목록 속에 들어가지 않은 것은 이와 같은 이유에서이다.

그다지 친하지 않았거나 내가 없는 동안에 멀어졌던 그리고 시골의 내 집에서나 이웃에서 그래도 가끔 보기는 하는 다른 많은 지인들로 이 목록을 부풀리지는 않겠다. 예를 들면 콩디야크 신부, 마블리 신부, 메랑 씨, 라 리브 씨, 부아주루 씨,[38] 바틀레 씨,[39] 앙슬레 씨 그리고 다른 많은 지인들이 그러한 사람들인데, 그 이름들을 열거한다면 너무 길

372

어질 것이다. 왕의 시종으로 돌바크 패거리의 옛 일원이었으나 나처럼
탈퇴했고 데피네 부인의 옛 친구였으나 역시 나처럼 헤어진 마르장시
씨와의 교분에 대해서, 그리고 그의 친구이자 〈무례한 자〉40)라는 희극
으로 한때 유명한 작가였던 데마이와의 교분에 대해서도 간단히 언급하
고 지나가겠다. 마르장시 씨는 그의 영지 마르장시가 몽모랑시 부근에
있었으므로 나의 시골 이웃이었다. 우리들은 오래전부터 아는 사이인
데다가 서로 이웃하고 어느 정도 서로 비슷한 경험을 공유해서 더욱 가
까워졌다. 데마이는 얼마 되지 않아 세상을 떴다. 그는 유능하고 재치
있는 사람이었다. 그러나 그 어딘가 자신이 쓴 희극의 모델 같은 면이
있어서, 여자들 앞에서 약간 거들먹거리는 편이라 여자들은 죽은 그를
그리 그리워하지 않았다.

  그런데 그 무렵 내가 새롭게 시작한 서신교환을 빠뜨릴 수 없는데, 그
것은 내 남은 삶에 지대한 영향을 미쳤기 때문에 어떻게 시작되었는지
이야기하지 않을 수 없다. 그것은 왕실 경비 충당용 조세원장 라무아뇽
드 말제르브 씨에 대한 것인데, 당시에는 출판총감을 맡고 있었다. 그
는 풍부한 지식만큼이나 온화한 성품으로 출판사들을 감독하여 문인들
에게는 대단한 만족을 주었다. 나는 단 한 번도 파리로 그를 만나러 간
적은 없었다. 그러나 검열문제에서는 그에게서 언제나 더할 나위 없이
호의적인 편의를 제공받았다는 것을 알았다. 또 그가 내게 반대하는 글

---

38) Paul-Louis Roualle de Boisgelou(1734~1806): 음악가이자 음악이론서
   의 저자.
39) Claude-Henri Watelet(1718~1786): 오를레앙 납세구의 세무관. 예술 애
   호가로 조각, 미술, 판화 등에 손을 대 다양한 작품들을 발표했고 아카데미
   프랑세즈의 회원이 되었다.
40) 데마이(Desmahis)의 희극 〈무례한 자〉(L'Impertinent)는 1750년 8월 31
   일 프랑스 극장에서 최초로 상연되어 15회 상연되었는데, 이는 당시로는
   상당한 성공이었다.

을 쓴 사람들을 여러 차례 호되게 다루었다는 사실을 알고 있었다. 나는 《쥘리》의 출판과 관련해서도 그가 베푸는 호의의 새로운 증거를 보았다. 그렇게 방대한 작품의 교정쇄를 암스테르담에서 우편으로 보내오는 데에는 비용이 많이 들기 때문에 그는 우편요금이 면제되는 자신 앞으로 교정쇄를 보내도록 허락해주었고, 그것을 다시 자기 아버지[41]인 국새상서(國璽尚書)의 무료배달 표시를 찍어 역시 무료로 내게 보내주었다. 책이 인쇄되었을 때에는, 내가 반대했음에도 불구하고 내게 이익이 되도록 별쇄본[42]이 다 팔리기 전까지는 국내에서 책의 판매를 허락하지 않았다. 그러나 나로서는 내가 그 이익을 챙긴다면 이미 내게 원고를 샀던 레에게서 도둑질하는 것이 되므로 레의 동의 없이는 내게 마련된 그 선물을 받아들이고 싶지 않았다. 그런데 그는 이에 관대하게 동의하였다. 또한 나는 1백 피스톨에 달하는 이 선물을 레와 나누고 싶었으나 그는 전혀 원치 않았다. 그런데 그 1백 피스톨 때문에 나는 말제르브 씨가 내게 알리지 않았던 불쾌한 일을 겪게 되었는데, 그것은 끔찍하게도 내 저작이 훼손되는 것을 보고도 이 잘못된 판본이 다 팔리기 전에는 정본을 발매하지 못하게 된 일이었다.

　나는 언제나 말제르브 씨를 어떠한 시련에 부딪쳐도 공정함을 지키는 사람으로 보아왔다. 내게 일어난 그 어떤 일도 그의 성실함을 잠시나마 의심하게 한 적이 없었다. 그러나 정직한 만큼 마음이 약하기도 해서 그는 관심을 가진 사람을 보호해 주려던 나머지 가끔 그 사람에게 피해를 입히기도 했다. 그는 파리판(版)에서 백 쪽 이상이나 삭제했을 뿐 아니라 퐁파두르 부인에게 증정한 정본 한 부에서는 책을 배신했다 할 정도

---

41) Guillaume de Lamoignon de Malesherbes (1683~1772) : 말제르브 씨의 아버지로 루이 15세 밑에서 국새상서(國璽尚書)를 역임했다.
42) 이는 말제르브가 불법으로 허가하여 로뱅(Robin)이 파리에서 발행한 판본이다.

로 삭제를 가했다. 그 책의 어디에선가 '숯장수의 아내가 군주의 정부 (情婦)보다 더 존경할 만하다'고 말한 구절이 있다. 맹세컨대 이 구절은 어느 누구를 지칭한 것이 아니고 그저 열심히 책을 써나가다가 우연히 머리에 떠오른 것이었다. 작품을 다시 읽어보면서 독자들이 이것을 구체적인 인물에게 적용시킬 수도 있으리라는 생각이 들었다. 그렇지만 글을 쓰면서 누군가에게 적용하려고 한 것이 아니라는 양심상의 확신이 있을 때라면, 사람들이 그것을 누군가에게 적용할 수 있을지 모른다는 우려로 삭제하는 글은 한 글자도 없게 하겠다는 매우 무모한 신조에 따라 나는 이 문장을 지우려 들지 않았다. 그래서 나는 처음에 썼던 '왕'이라는 말을 '군주'로 바꾸는 것에 만족했다. 이 정도의 완화는 말제르브 씨에게는 만족스럽게 보이지 않았다. 그는 일부러 인쇄시킨 새로 조판한 페이지에서는 이 문장을 완전히 삭제한 뒤 퐁파두르 부인에게 증정하는 책 속에 이 페이지를 감쪽같이 붙여놓게 했다. 부인이 이런 속임수를 모를 리가 없었다. 그것을 부인에게 일러준 친절한 사람들이 있었던 것이다. 나는 오랜 뒤에서야 그 사실을 알았는데, 그때는 그 여파를 감지하기 시작했을 때였다.

이와 비슷한 처지에 있던 또 다른 귀부인[43]이 내게 품은 드러나지 않은, 그러나 깊은 원한 또한 여기서 그 최초 원인을 찾아야 하지 않을까? 나는 그에 대해 전혀 아는 바가 없었고, 그 구절을 쓸 당시 그 부인을 알지도 못했다. 책이 출판되었을 때는 교제가 이루어졌으므로 나는 매우 불안했다. 내가 그 이야기를 로랑지 기사에게 꺼냈더니, 그는 나를 비웃으며 부인은 그 일을 그다지 언짢아하지도 않고 따라서 신경조차 쓰지 않는다고 잘라 말했다. 나는 필시 조금은 경솔하게 그의 말을 곧이듣고 터무니없는 안도감을 느꼈던 것이다.

---

43) 1751년부터 콩티 대공의 정부가 된 부플레르 백작부인(La comtesse de Boufflers)을 말한다.

　겨울로 접어들며 말제르브 씨는 내게 또다시 호의를 표했다. 그의 호의를 이용하는 것은 탐탁지 않았지만 그 호의에 대해서만큼은 감격하였다. 〈주르날 데 싸방〉(Journal des savants) 이라는 신문사에 공석이 생겼다. 마르장시 씨가 내게 편지로 그 자리를 제안했다. 그는 마치 자의에 의해서 그러한 제안을 하는 것처럼 썼지만, 편지(편지모음집 C. 33호)의 문구로 보아 누군가의 지시와 허락을 받아 쓴 것임을 쉽게 짐작할 수 있었다. 그 후의 편지(편지모음집 C. 47호)에서 본인 스스로도 그 제안이 부탁받은 것이었음을 나에게 실토했다. 그 자리에 앉아 할 일이란 대수롭지 않은 것이었다. 고작 한 달에 두 번씩 서적들을 받아 요약 발췌하는 게 전부인데, 파리까지 왕래할 필요도 없었고 더욱이 행정관을 방문하여 고맙다는 인사치례를 할 필요조차 없었다. 그 일을 매개로 나는 메랑 씨, 클레로 씨,[44] 기뉴 씨[45] 그리고 바르텔르미 신부[46] 같은 일류 문인들의 모임에 끼일 수 있을 것이다. 이 중 앞의 두 사람과는 이미 아는 사이였고, 나머지 두 사람들과도 좋은 교제를 할 수 있는 기회였다. 요컨대 별 힘들이지 않고 수월하게 해낼 수 있는 그 일에 8백 프랑의 보수가 딸려 있었다. 나는 결정을 내리기 전 몇 시간 곰곰이 생각해보았다. 분명히 말하면 내가 망설인 이유는 단 하나, 혹 마르장시의 기분을 거스르지 않을까, 또 행여 말제르브 씨가 섭섭하게 여기지 않을까 하는 염려 때문이었다. 그러나 원하는 시간에 일을 하지 못하고 시간의 지배를 받아야 한다는 견딜 수 없는 속박, 또 내가 책임져야 할 직무들을 제

---

44) 알렉시스 클로드 클레로(Alexis-Claude Clairaut, 1713~1765) 는 유명한 기하학자로 18살에 과학아카데미의 회원이 되었다.

45) 조제프 드 기뉴(Joseph de Guignes, 1721~1800) 는 동양학자로 콜레쥬 드 프랑스의 고대 시리아어 교수였다.

46) 장자크 바르텔르미 신부(Abbé de Jean-Jacques Barthélemy, 1716~1795) 는 동양어들과 동양 고미술품에 조예가 깊었다.

대로 이행할 수 없으리라는 확신이 앞서자, 결국 내게는 적합지 않은 그 자리를 사절하기로 결심했다. 나의 재능은 오직 내가 다루어야 할 주제들에 대한 어떤 뜨거운 정신적 열정에서만 나온다는 사실, 또 나의 타고난 재능에 활력을 불어넣어 줄 수 있는 것은 위대함과 진실함과 아름다움에 대한 사랑밖에 없다는 것을 나는 알고 있었다. 그런데 내가 발췌해야 할 대부분의 책들의 주제, 그리고 그 책들 자체가 내게 무엇을 가져다 줄 것인가? 대상에 대한 나의 냉담함은 펜을 얼어붙게 하고 나의 정신을 둔화시킨다. 사람들은 내가 다른 모든 문인들처럼 직업적으로 글을 쓸 수 있다고 믿지만, 나는 오로지 열정에 의하지 않고는 글을 쓸 수 없었다. 〈주르날 데 싸방〉에서 원하는 것은 확실히 그런 것이 아니었다. 그러므로 나는 마르장시에게 가능한 한 정중하게 쓰여진 감사의 편지를 보내고 너무도 상세한 해명을 하였으므로, 그도 말제르브 씨도 거절의 이유가 불만도 오만도 아니라는 것을 믿지 않을 수 없었다. 그래서 두 사람 모두 그 일로 전혀 내게 낯을 붉히지 않고 내 뜻에 찬성해 주었다. 그리고 이 일은 비밀에 부쳐져 세상에는 조금도 그 소문이 퍼져나가지 않았다.

그 제의는 사실 나로서는 받아들이기에 썩 달갑지 않던 시기에 이루어졌다. 그럴 것이 얼마 전부터 나는 문단을, 특히 작가라는 직업을 완전히 등질 계획을 품고 있었기 때문이다. 그 무렵 내 신상에 일어난 모든 일 때문에 문인들이라면 넌더리가 났는데, 어떤 식으로든 그들과 교제하지 않고서 같은 직업에 종사한다는 것은 불가능하게 느껴졌다. 사교계의 사람들에 대해서도, 그리고 반쯤은 나를 위해 반쯤은 나에게는 어울리지 않는 사교계를 위하여 살아왔던 얼치기 생활에 대해서도 염증이 났다. 나는 지속적인 경험을 통하여 모든 불평등한 교제는 언제나 약한 편에 불리하기 마련이라는 것을 그 어느 때보다 절실히 느끼고 있었다. 내가 선택한 것과는 다른 지위를 가진 부유한 사람들과 교제하면

서 나는 그들처럼 집을 관리하지도 못하는 처지에 여러 가지 면에서 그
들을 모방하지 않을 수 없었다. 그들에게는 아무것도 아닌 비용이 나에
게는 생활에 꼭 필요한 비용일 뿐만 아니라 막대한 금액이기도 했다. 시
골 별장에 초대받아 가더라도 다른 사람들은 시종을 대동하고 가서 식
탁에서든 자기 침실에서든 시중을 들게 하고 필요한 것이 있으면 모두
시종을 보내 구해오게 한다. 그래서 그 집 하인들을 직접 상대하는 일도
심지어 그들을 대면할 일도 없으므로 기분 내킬 때만 기분 나는 대로 선
심을 쓰면 그만이다. 그러나 하인 없이 혼자인 나로서는 그 집 하인들의
눈치만 살피기 마련이다. 골탕을 먹지 않으려면 반드시 하인들의 호의
를 사두어야 한다. 그 집주인과 대등한 대우를 받는 나로서는 주인이 하
는 것만큼 그들을 대접하지 않을 수 없었고, 사실 그들을 훨씬 더 많이
필요로 하는 사람이 나였으므로 다른 사람 이상으로 그들에게 잘해주지
않으면 안 되었다. 하인의 수가 몇 안될 때는 문제가 되지 않는다. 그러
나 내가 드나들던 집들에는 늘 하인들이 수가 많은 데다 하나같이 극도
로 거만하고 매우 교활하며 민첩했는데, 이 말의 의미는 자기들 잇속에
민첩했다는 것이다. 그 고약한 놈들은 내가 자기네들 전부를 차례로 찾
도록 만들 줄 알았다. 그렇게나 재치 넘치는 파리의 연인들도 이 점에
대해서는 정확히 알지 못했다. 그래서 내 지갑의 부담을 덜어준답시고
그 부인들은 도리어 나를 거덜 내곤 했다. 내가 집에서 좀 떨어진 시내
에서 저녁식사를 하고 돌아올 때면, 마차를 부르러 보내는 수고를 면하
게 해주려고 그 집의 마나님은 자기 집 마차를 대령하여 나를 실어다주
게 한다. 그리고는 마차 삯 24수를 절약시켜 주었다고 매우 흡족해하지
만 실상 내가 하인과 마부에게 쥐어주는 에퀴에 대하여는 생각지 못하
는 것이다. 어떤 부인이 파리에서 레르미타주나 몽모랑시에 있는 내게
편지를 보내면서 우편료 4수를 부담시키는 것을 안타깝게 여겨 그 편지
를 자기 하인 중의 한 사람의 손에 들려 보낸다. 하인이 걸어오느라 흠

뻑 땀에 젖은 통에 나는 그에게 점심을 대접하고 그가 당연히 받아야 할 1에퀴[47]를 내준다. 부인은 한두 주일 자기네 시골로 가서 같이 지내자고 나를 초청한다. 그 부인은 속으로 이렇게 생각할 것이다. 어쨌든 저 가난뱅이 남자가 돈을 절약할 수 있을 거야, 그동안은 식비가 한 푼도 들지 않을 테니까. 그 때문에 내가 그 사이 일을 조금도 하지 못한다는 것, 가족의 생활비며 집세며 내복 값이며 의복 값이 그 때문에 절약된 것도 아니라는 것, 이발료가 갑절로 든다는 것, 그리고 내 집에 있을 때보다 그녀의 집에서는 어쨌든 더 많은 비용을 쓰게 된다는 것은 생각지 못한다. 평소 자주 출입하는 집에서만 적은 팁을 주기도 했지만 그것만으로도 파산할 지경이었다. 오본에 있는 두드토 부인 댁에서는 네다섯 번밖에 묵지 않았는데도 25에퀴를 쏟아 부었고, 5, 6년간을 제일 열심히 드나든 에피네와 라 슈브레트에서는 백 피스톨[48] 이상을 쏟아 부었다고 장담할 수 있다. 아무런 대책도 준비할 줄 모르고 또 아무런 요령도 없고 그렇다고 하인이 투덜대며 얼굴을 찌푸린 채 시중을 드는 꼴도 차마 보고 견딜 수가 없는 나 같은 기질의 사람으로서는 이런 지출은 어쩔 수 없는 것이었다. 한집안 식구처럼 지냈고 또 그 집 하인들에게 내가 여러 가지 편의를 봐준 뒤팽 부인의 집에서조차 돈에 호소하지 않고서는 그들의 시중을 받은 적이 단 한 번도 없었다. 그후 더 이상 사정이 여의치 않아 이런 자잘한 선심마저 중단하지 않을 수 없게 되었는데, 바로 그때 나는 신분이 다른 사람들과 교제하는 데서 생겨나는 불편함을 훨씬 더 혹독하게 체험하지 않을 수 없었다.

그런대로 이러한 사교생활이 구미에 맞았다면 그런 것쯤은 쾌락의 대가로 생각하고 자위할 수 있었을 것이다. 그러나 지루함을 느끼기 위해 파산한다는 것은 참을 수 없는 일이었다. 그런 생활방식에 중압감을 너

---

47) 루소가 말하는 1에퀴는 3프랑이다.
48) 100피스톨은 천 프랑이다.

무나 절감하게 된 나는 그 즈음에 얻게 된 막간의 자유를 이용해 그 참에
아예 그 기간을 영구화할 심사로, 상류사회도 저술도 일체의 문학적 교
제도 완전히 끊어버리고 내가 편안하게 느끼는 비좁고 평화스러운 영역
속에 틀어박혀 여생을 보내기로 결심하였다.

　레르미타주 시절에 바닥이 났던 내 자산은 《달랑베르에게 보내는 편
지》와 《신엘로이즈》의 수익으로 다소 늘었다. 내 앞으로 천 에퀴 가량
이 나올 예정이었다. 《엘로이즈》를 탈고한 뒤 전력을 기울인 《에밀》이
많은 진척을 보여, 이것이 출판되면 그 수익은 적어도 현재 자산의 갑절
은 될 것이다. 나는 이 자금을 투자하여 자그마한 종신연금을 받고, 거
기다 악보 베끼는 일에서 나오는 수입을 합치면 앞으로는 글을 쓰지 않
더라도 생계를 유지할 수 있도록 계획을 짰다. 아직도 작업중인 저서가
두 권 있었다. 그 중 하나는 《정치제도론》이었다. 나는 이 책의 상태를
검토한 뒤 이 책을 탈고하는 데 아직도 수년의 작업이 필요하다는 것을
알았다. 그러나 내 결의를 단행하기 위해서 이 책을 완성할 날까지 기다
릴 만한 용기는 없었다. 그래서 그 저작은 단념하고, 여기에서 추려낼
수 있는 부분들만을 따로 간직하여 두고 나머지는 모두 불태워버리기로
작정했다. 《에밀》의 저술을 중단하지 않은 채 이 작업을 열심히 진척시
킨 덕분에 채 2년이 못되어 나는 《사회계약론》에 마지막 손질을 가할 수
있었다.

　《음악사전》도 남아 있었다. 이 책은 마음만 먹으면 어느 때든 할 수
있는 단순노동으로서, 그 목적도 오로지 돈을 버는 데 있었다. 모아놓
은 다른 수입의 형편에 따라서 이 일을 해야 할 필요가 있거나 굳이 할
필요가 없다거나 할 것이기 때문에 마음 내키는 대로 그 일을 그만둘 수
도 끝까지 완성할 수도 있다고 생각해 결정을 보류했다. 《감각적 도
덕》은 계획만 세워 놓은 상태이므로 완전히 포기하고 말았다.

　악보 베끼는 일에서 완전히 손을 떼는 것이 가능하기만 하다면, 나의

최종계획은 예기치 못한 손님들이 들이닥쳐서 생활비도 많이 들고 돈벌이할 시간도 뺏기는 파리를 떠나는 것이었다. 은거한 뒤 이른바 펜을 놓은 작가가 빠져든다고 하는 권태를 피하기 위해서 고독의 틈을 메워 줄 수 있는 그러나 결코 생존 중에 출판할 생각은 없는 소일거리를 하나 마련해 두었다. 레가 무슨 생각에서인지 오래전부터 회고록을 써보라고 졸라댔다. 그때까지는 나의 이력에 별반 흥미로운 점이 없었지만 내가 거기에 집어넣을 수 있는 솔직함으로 회고록이 흥미로워질 수 있다고 느꼈다. 그래서 나는 그것을 그 솔직함에서 전례를 찾아볼 수 없는 유일무이한 작품으로 만들 결심을 세웠다. 그래서 적어도 한 번쯤은 인간을 내면에 있는 그대로 볼 수 있게 하려고 했다. 나는 늘 몽테뉴의 허위적인 순진성을 비웃어 왔다. 그는 자기의 결점을 고백하는 척하면서도 자신에게 사랑스러운 결점들만을 부여하도록 대단히 신경을 쓴다. 반면에 모든 것을 곰곰이 따져 볼 때 이 세상에서 가장 선량한 인간은 결국 나 자신이라고 늘 믿어왔고 지금도 그렇게 믿고 있는 나는 아무리 순수한 인간이라도 그 내면에 어떤 끔찍한 악덕을 숨기지 않은 인간은 없다고 느끼고 있다. 세상은 나를 아주 얼토당토않게 그리고 가끔은 아주 뒤틀린 모습으로 묘사하고 있음을 잘 알고 있었다. 그래서 내게 악덕이 있고 그 악덕을 숨기고 싶은 의도가 전혀 없다고 하더라도, 있는 그대로의 나를 드러내면 결국 내게 더 득이 될 수밖에 없었다. 게다가 있는 그대로의 나를 드러내려면 다른 사람들 역시 있는 그대로의 자신을 보게 할 수밖에 다른 도리가 없다. 그러므로 이 책은 나를 비롯한 다른 많은 사람들이 죽고 난 뒤에만 세상에 나올 수 있을 것이다. 이러한 상황으로 나는 대담하게 어느 누구 앞에서도 얼굴을 붉힐 필요 없이 고백록을 쓸 수 있게 되었다. 그래서 나는 이 계획을 훌륭히 실행하는 데 내 여가를 바치기로 결심했다. 기억을 이끌고 일깨워줄 수 있는 편지와 서류들을 모으기 시작했는데, 그때까지 내가 찢고 불태우고 잃어버린 모든 것들이 매우 아쉽게 생각되었다.

이 전적인 은둔계획은 여태껏 내가 세운 가장 현명한 계획들 중 하나로 내 머릿속에 뚜렷이 새겨졌다. 그러나 내가 그 계획을 이미 실행에 옮기려고 노력하고 있을 때, 나를 위해 또 다른 운명을 준비해둔 하늘은 새로운 소용돌이 속으로 나를 던져 넣었다. 유명한 몽모랑시 가문의 유서 깊고 아름다운 세습영지 몽모랑시는 몽모랑시 가문의 재산이 몰수된 후부터 그 가문의 소유가 아니었다. 이 토지는 앙리 공작의 누이를 통해 콩데 집안으로 넘어갔고, 그로 인해 몽모랑시라는 지명도 앙기앵으로 바뀌었다. 49) 이 공작령에는 오래된 망루 이외에 다른 성채는 없었는데, 그곳에 고문서들을 보관하고 그곳에서 가신 서약을 받는다. 그러나 몽모랑시 혹은 앙기앵에는 '불쌍한 사람'이라고 불리던 크루아자50) 가 지은 별관이 있었다. 그 별관은 가장 휘황찬란한 성들에서나 볼 수 있는 웅장함을 지니고 있어서 성이라고 불릴 만했고 실제로도 그렇게 불리고 있었다. 이 아름다운 건물의 당당한 외관, 건물을 받치고 있는 테라스, 어쩌면 이 세상에서 유일무이한 전망, 뛰어난 장인이 그림을 그려 넣은 널찍한 살롱, 유명한 르 노트르51) 가 나무를 심은 정원, 이 모든 것이 종합되어 전체적으로 위풍당당한 느낌을 주면서도 어딘지 모르게 소박한 멋

---

49) 루이 13세는 1632년 앙리 2세, 몽모랑시 공작(Henri II, duc de Montmorency)을 대역죄로 처형하고 그 영지를 몰수하여 콩데 공작에게 하사했다. 그런데 콩데 공작의 부인은 처형당한 앙리 2세의 누이인 샤를로트 마르그리트 드 몽모랑시(Charlotte-Margureite de Montmorency)였다. 왕은 땅의 하사를 확실히 하기 위해 몽모랑시라는 이름을 앙기앵으로 바꾸었다.

50) 피에르 크로자(Pierre Crozat)는 1702년 몽모랑시의 영지를 구입했다. 크루아자(Croisat)는 루소의 착오로 보인다.

51) André Le Nôtre(1613~1700): 루이 14세 밑에서 베르사유 정원을 만든 궁정 조경사(宮廷造景師)로서 조경사상 보기 드문 천부적 재능을 발휘하여, 후세에 '왕의 정원사이면서 정원사의 왕'이라는 칭찬을 받았다.

을 품어 보는 사람의 탄성을 자아냈다. 당시 이 저택을 사용하던 뤽상부르 공작 원수[52]는 이 지방을 해마다 두 차례씩 찾아와 5, 6주일간 묵고 갔다. 한때는 자신의 선조들이 소유했던 그 땅을 단순한 거주자의 자격으로 다시 찾는 것뿐이지만, 그 행차는 과거 가문이 누리던 영화에 뒤떨어지지 않는 화려함을 갖추고 있었다. 내가 몽모랑시에 정착한 이후 처음으로 그가 이곳에 나들이를 왔을 때, 원수와 원수부인[53]이 시종을 보내 내게 인사를 전하고 내가 좋을 때 어느 때든 만찬에 오라고 초대했다. 그들은 이곳에 다시 올 때마다 똑같은 인사와 초대를 반복하는 것을 잊지 않았다. 이와 관련되어 생각나는 것은 브장발 부인이 점심식사 때 나를 부엌 옆 찬방으로 보냈던 일이었다. 세태는 변했지만 나는 조금도 변하지 않았다. 나는 찬방으로 내쫓겨 식사하는 것도 원치 않지만 귀족과 식탁에서 함께 드는 식사에도 그다지 관심이 없었다. 나를 환대하지도 천시하지도 않고 그저 나를 있는 그대로 내버려두는 쪽이 더 좋았을 것이다. 나는 뤽상부르 부처의 인사에 정중하고 공손하게 회답을 보냈으나 그들의 제안은 받아들이지 않았다. 궁색한 처지일 뿐만 아니라 내성적인 기질에 말할 때 당황하기 때문에 궁정사람들의 모임에 나간다는 생각만으로 몸이 떨렸다. 나는 심지어 답례의 방문을 하러 성에 가지도 않았다. 비록 그것이 그들이 원하는 것이며, 이 모든 열성이 호의에서라기보다는 호기심에서 비롯된 것이라는 점을 충분히 이해했음에도 말이다.

그럼에도 불구하고 선심공세는 멈추지 않았을 뿐더러 심지어 점점 그

---

52) 샤를르 프랑수아 프레데릭 드 몽모랑시, 뤽상부르 공작(Charles-François -Frédéric de Montmorency, duc de Luxembourg, 1702~1764)은 수많은 전공을 세운 후 1757년 프랑스 원수로 임명되었다.

53) 마들렌 앙젤리크 드 빌루아(Madeleine-Angélique de Villeroy, 1702~ 1764)는 부플레르 공작과의 첫 번째 결혼에서 과부가 된 후 1750년 역시 홀아비가 된 뤽상부르 원수와 재혼했다.

강도가 더해갔다. 원수부인과 막역한 사이인 부플레르 백작부인[54] 이 몽모랑시에 내려와 인편으로 나의 안부를 묻고 나를 만나고 싶다고 제 안했다. 나는 의무감에 회답은 보냈으나 꼼짝도 하지 않았다. 이듬해인 1759년 부활절 나들이 때, 콩티 대공의 궁궐과 뤽상부르 부인의 사교계에 드나드는 로랑지 기사가 수차례 나를 만나러 왔다. 우리는 가까워졌다. 그는 성에 가보라고 나를 졸랐다. 그래도 나는 전혀 말을 듣지 않았다. 드디어 어느 날 오후 뜻밖에도 뤽상부르 원수가 5, 6명을 거느리고 나를 찾아왔다. 이쯤 되자 더 이상 꼼짝할 수 없었다. 자칫하다가는 오만불손하고 무례한 사람이라는 평을 듣게 될 처지라 도리 없이 답례로 원수를 방문하고 원수부인을 찾아가 인사를 올렸다. 원수는 부인을 구실로 삼아 내게 여러 가지 극진한 호의를 베풀어 주었다. 이렇게 해서 내가 더는 뿌리칠 수 없었던 관계가 불길한 조짐 속에서 시작되었는데, 내가 그 관계 속으로 끌려들어갈 때까지 나는 너무도 충분한 근거가 있는 어떤 예감 때문에 그 관계에 두려움을 품지 않을 수 없었다.

나는 뤽상부르 부인을 극도로 두려워하고 있었다. 그 부인이 친절한 분이라는 것은 알고 있었다. 10년인가 12년 전 수차례 극장에서도 그렇고 뒤팽 부인 댁에서도 부인을 본 적이 있었다. 그때 부인은 부플레르 공작부인이었고 여전히 앳된 미모로 빛나고 있던 시절이었다. 그러나 부인은 심술궂은 여자라는 평을 듣고 있었다. 그 같은 귀부인이 그런 평판을 얻고 있다는 사실에 나는 떨렸다. 그러나 부인을 보자마자 나는 곧바로 매료되고 말았다. 부인은 아주 매력적이었고 세월이 흘러도 변치 않는 그 매력은 내 마음을 송두리째 흔들어 놓고도 남았다. 나는 부인의

---

54) 마리 샤를로트 드 캉페소종(Marie-Charlotte de Campet-Saujon, 1725~
1800)은 1746년 부플레르 루브레 백작(Comte de Boufflers-Rouveret)과
결혼하였지만 남편과 별거하고 1776년 콩티 대공이 죽을 때까지 그의 첩으
로 살았다.

화법이 신랄하고 독설로 가득 차 있을 거라고 예상했었다. 그러나 전혀
그렇지가 않았다. 예상보다 훨씬 나았다. 뤽상부르 부인의 화술은 재치
가 번득이지는 않았다. 거기에는 기지도 없었고 엄밀히 말하자면 심지
어 세심함도 없었지만, 강한 인상을 남기지 않는 대신 늘 사람을 유쾌하
게 만드는 우아한 세심함이 있었다. 그녀의 비위를 맞추는 말은 소박하
여 그만큼 더 사람을 황홀하게 했다. 그것은 무심결에 새어나오는 것 같
고, 오직 그녀의 마음이 너무 가득 차 있기 때문에 마음이 흘러나오는
것 같다. 나의 어색한 태도와 서툰 말솜씨에도 불구하고 첫 대면에서부
터 부인에게 불쾌한 인상을 준 것 같지는 않은 눈치라고 믿었다. 진심이
든 거짓이든 궁정여인이라면 누구든 원하는 순간에 남들에게 그런 확신
을 줄 수 있다. 그렇다고 해서 모든 궁정여인이 뤽상부르 부인처럼 그러
한 확신에 대해 더 이상 의심을 품고 싶은 생각을 하지 않을 정도로 감미
로운 느낌을 줄 수 있는 것은 아니다. 첫날부터 부인에 대한 나의 신뢰
가 워낙 컸던 터라 만일 젊고 경솔하고 꽤나 심술궂고 내 생각에 좀 까다
로운 듯한 그녀의 며느리 몽모랑시 공작부인[55]이 나를 공격할 생각만
하지 않았다면, 그리고 그녀의 시어머니에게서 나오는 넘치는 칭송과
그녀 자신의 위선적 교태를 한 몸에 받으면서 내가 우롱당하고 있지 않
나 하는 의구심을 갖지 않았다면, 원수부인에 대한 나의 신뢰는 곧 전폭
적인 것이 되었을 것이다.

　나는 원수의 지극한 호의에 비추어 두 귀부인의 호의도 진실하다고
확신했는데, 그렇지 않았다면 그 두 부인 곁에서 이러한 두려움을 떨쳐
버리고 마음을 놓기란 쉽지 않은 일이었을 것이다. 나의 소심한 성격에

) 루이즈 프랑수아즈 폴린 드 몽모랑시포쇠(Louise-Françoise-Pauline de
Montmorency-Fosseux)는 1734년생으로 1752년 안 프랑수아 드 몽모랑
시 공작(Duc Anne-François de Monmorency)(원수와 첫 번째 부인 사이
의 아들)과 결혼했다.

비추어 볼 때, 나와 동등한 위치에서 사귀고 싶다는 원수의 말을 즉각적
으로 곧이곧대로 받아들인 것보다 더 놀라운 일은 없을 것이다. 절대적
인 독립상태에서 살고 싶다는 나의 말을 원수 쪽에서도 또 그렇게 즉각
적으로 받아들였다는 점을 생각지 않는다면 말이다. 내가 내 신분에 만
족하며 그래서 신분을 바꾸려 하지 않는 것이 옳다고 확신했던 뤽상부
르 부처는 나의 주머니 사정이나 나의 재산은 단 한순간도 염두에 두지
않으려는 것 같았다. 두 사람이 다 나에게 다정한 관심을 갖고 있는 것
만은 의심할 여지가 없었으나, 나에게 자리를 알선해주겠다든가 영향
력을 발휘해준 일은 한 번도 없었다. 단 한 번 뤽상부르 부인이 내가 아
카데미 프랑세즈에 들어가기를 바라는 것처럼 보였던 적은 있지만 말이
다. 나는 종교를 핑계삼았다. 부인은 종교는 문젯거리가 되지 않는다
고, 또 문제가 된다 하더라도 그 문제는 자기가 해결해주겠다고 말했
다. 이 말에 나는 그렇게 유명한 단체의 회원이 된다는 것이 물론 더없
는 영예지만, 이미 트레상 씨에게 어찌 보면 폴란드의 왕에게 낭시 아카
데미의 가입을 거절한 나로서는 이제 신의를 깨지 않고는 어떤 아카데
미에도 가입할 수 없다고 대답했다. 뤽상부르 부인은 고집을 부리지 않
았고 그 이야기는 더 이상 언급되지 않았다. 나를 위해 무엇이든 할 수
있었던 그토록 지체 높은 귀족들 — 뤽상부르 씨는 왕의 특별한 친구였
고 또 의당 그럴 자격이 있었다 — 과의 그 담백한 교제는 내가 막 결별
한 나를 보호한다고 자처하는 친구들이 보였던 끊임없는 배려와는 참으
로 묘한 대조를 이루었다. 왜냐하면 그 배려는 친절한 만큼이나 성가시
기도 했고, 내 친구들은 내게 도움이 되기보다는 모멸감을 주려고 애썼
기 때문이다.

　원수가 몽 루이로 나를 찾아왔을 때, 나는 그를 그러니까 원수와 그의
일행을 나의 단칸방에서 맞이하는 데 힘이 들었다. 지저분한 식기들이
며 깨진 단지들 따위 한가운데 그를 앉게 할 수밖에 없어서가 아니라,

386

마룻바닥이 썩어 파손되어서 일행의 무게로 마룻바닥이 완전히 주저앉지 않을까 염려되었기 때문이다. 나 자신의 위험보다는 이 선량한 귀인이 자신의 상냥함으로 인해 당하게 될 위험을 생각해서, 아직 쌀쌀한 날씨에도 불구하고 나는 서둘러 자리를 옮기게 하여 사방이 트이고 난로도 없는 망루로 모셨다. 일단 망루로 옮기고 나서 부득이 이쪽으로 안내하지 않을 수 없었던 이유를 그에게 설명했다. 그는 이 말을 부인에게 전했고, 원수 부처는 마룻바닥이 다 수리될 때까지 성에 와서 기거해 달라고 내게 간청했다. 나만 좋다면 정원 한가운데 자리 잡은 '작은 성'이라고 불리는 외딴 건물에 머물러 달라고 했다. 이 매력적인 거처에 대해서는 여기서 이야기할 만한 가치가 있다.

몽모랑시 공원 혹은 정원은 라 슈브레트처럼 평평하지 않다. 그곳은 울퉁불퉁하고 기복이 있으며 언덕과 골짜기가 뒤섞여 있는데, 솜씨 좋은 조경사가 그것들을 이용해서 덤불숲과 장식물과 분수와 전망지점으로 다양한 변화를 주었고 이를테면 자체로는 꽤나 빠듯했던 공간을 솜씨와 재치로 늘려놓았다. 이 공원은 위쪽으로는 테라스와 성관으로 둘러싸여 있고 아래쪽으로는 협곡을 이루었는데, 그 협곡은 계곡을 따라 내려가면서 점점 폭이 넓어졌고 그 협곡의 모퉁이는 대단히 넓게 펼쳐진 연못으로 채워져 있다. 이렇게 펼쳐진 협곡에 위치한 오렌지 밭과, 덤불숲과 나무들로 잘 꾸며진 작은 언덕으로 에워싸인 넓게 펼쳐진 연못 사이에, 앞서 말한 작은 성이 있었다. 이 건물과 그 주변의 땅은 저 유명한 르 브랭[56]의 소유였는데, 르 브랭은 위대한 화가로서 길렀던 장식물과 건축에 대한 그 섬세한 취향을 갖고 이 건물을 짓고 장식하는 일을 낙으로 삼았다. 이 성은 그후 개축되었지만, 설계는 여전히 첫 번째 주인의 것 그대로였다. 작고 소박하지만 운치가 있는 성이었다. 오렌지

---

56) Charles Le Brun(1619~1690): 루이 14세 때의 궁정화가로 베르사유 궁전 거울의 방에 천정화를 그렸다.

밭의 저수조와 대단히 넓게 펼쳐진 연못 사이 저지대에 위치해 습하기 쉬운 터라, 건물 한가운데를 터서 두 줄의 원주 사이에 채광용 회랑을 지었고, 그 덕분에 건물 전체에 통풍이 잘되어 그 위치에도 불구하고 건물 안은 늘 건조하다. 이 건물을 조망할 수 있는 맞은 편 높은 곳에서 바라보면 이것은 꼭 물에 둘러싸여 있는 것같이 보였고, 그래서 마법의 섬, 또는 마조레 호수에 떠 있는 3개의 보로메오 섬 중에서도 가장 아름다운 이졸라 벨라[57] 섬을 보는 듯했다.

　이 고적한 건물 안에는 4개의 완비된 거처가 있는데 그 중 하나를 내 마음대로 선택하라고 했다. 그 이외에도 1층에는 무도실과 당구장과 부엌도 갖추어져 있었다. 나는 부엌 — 부엌도 내 것이었다 — 바로 위에 있는 제일 작고 소박한 방을 골랐다. 그 방은 쾌적하고 정갈하며, 실내 장식이 흰색과 푸른색으로 꾸며져 있었다. 바로 이 깊고 감미로운 고독 속에서, 숲과 물의 한가운데서, 온갖 새들의 노랫소리와 오렌지 꽃향기에 파묻혀, 끊임없는 황홀경에 빠져 나는 《에밀》의 제 5권을 집필하였는데, 그 책의 꽤나 신선한 색조는 대부분 그 책을 썼던 그 고장의 생생한 인상에서 얻어왔다.

　해가 뜰 무렵 회랑의 향기 그윽한 공기를 마시려고 매일 아침 얼마나 열심히 뛰어다녔던가! 그곳에서 나의 테레즈와 둘이 마주앉아 마시던 밀크커피는 얼마나 맛있었던가! 암고양이 한 마리와 수캐 한 마리가 우리들 곁에 있었는데, 이런 수행원들만으로도 나는 결코 한순간도 권태를 느끼지 않고 한평생 지내기에 넉넉하였다. 내게는 그곳이 지상낙원이었다. 나는 그곳에서 낙원에서만큼이나 천진무구하게 살았으며, 낙

---

57) 이탈리아 북부 알프스 산과 접하는 마조레 호수에 위치하는 이졸라 벨라는 17세기 이탈리아를 대표하는 정원으로, 호숫가의 도시 스트레사에서 이졸라 벨라의 정원과 궁전을 바라보면 마치 바다 위에 떠있는 거대한 여객선처럼 보인다.

원에서와 똑같은 행복을 맛보았다.

7월 나들이 동안 뢱상부르 부부가 내게 어찌나 많은 배려와 친절을 베풀었던지, 그들의 집에 기거하며 그들의 호의를 잔뜩 입고 있는 나로서는 최소한 그들을 꾸준히 만나는 것으로 그것에 답례하는 수밖에 없었다. 나는 거의 내내 그들과 함께 있었다. 아침에 부인에게 인사하러 갔다가 거기에서 오찬을 하기가 일쑤였고, 오후에는 원수와 같이 산책을 나가곤 했다. 그러나 저녁은 거기에서 들지 않았다. 손님이 많기도 하였거니와 그들의 저녁식사 시간이 내게는 너무 늦었기 때문이다. 여기까지는 모든 일이 순조로웠다. 그러므로 내가 그 정도 선을 지켰더라면 여전히 아무 일도 없었을 것이다. 그러나 나는 도대체 애정의 중용을 지킬 줄 몰랐으며, 교제의 의무만을 간단히 이행할 줄도 몰랐다. 나는 언제나 전부가 아니면 무(無)였다. 그리고 나는 곧 전부가 되었다. 이런 명사들에게 환대와 극진한 위함을 받게 되자 나는 도를 넘어섰고, 그들에 대해 동등한 신분이 아니고서는 허락될 수 없는 우정을 품게 되었다. 그들은 나를 대하는 태도에서 내게 습관을 붙여준 예의를 조금도 소홀하지 않았건만 나의 태도에서는 우정에서 나오는 친숙함이 고스란히 배어나왔다.

그래도 나는 원수부인에 대해 결코 허물없이 굴지는 않았다. 부인의 성격에 대해서도 완전히 마음을 놓을 수가 없었지만, 그것보다 더 두려운 것은 그녀의 기지였다. 부인이 나를 위압하는 것도 특히 그 때문이었다. 부인이 대화에서 까다롭다는 것, 또 그녀에게 그만한 권리가 있다는 것을 나는 잘 알고 있었다. 여성들, 특히 귀부인들은 무슨 일이 있더라도 재미있기를 바란다는 것과, 그녀들을 권태롭게 하기보다는 차라리 모욕하는 편이 더 낫다는 것도 잘 알고 있었다. 그래서 방금 자리에서 일어서 나간 사람들이 말했던 것에 대한 부인의 평을 듣고 나의 아둔함에 대해 부인이 어떻게 생각할까를 판단했다. 나는 부인 곁에서 말해야 하는 곤욕을 모면해 보려고 한 가지 대책을 강구해 냈다. 그것은 책을 읽어 주는 일이었다. 부인은 사람들이 쥘리에 대해 말하는 것을 들은 바 있고 《쥘리》가 인쇄중이라는 사실을 알고 있었다. 그 책을 빨리 보고 싶다는 눈치를 내비쳤다. 그것을 낭독해주겠다고 제안했더니 부인은 이를 받아 들였다. 나는 매일 아침 10시경에 부인을 찾아갔다. 뤽상부르 씨도 왔 다. 문은 닫아두고 나는 부인의 침대 옆에서 책을 읽었다. 읽을 분량을 아주 잘 조절했기 때문에 체류가 중단되지 않았더라도58) 체류하는 내내 읽을거리가 떨어지지 않았을 것이다. 이 궁여지책은 예상외의 성과를 거두었다. 뤽상부르 부인은 《쥘리》와 그 저자에 심취하여, 늘 나에 관 한 이야기만을 했고, 나만을 생각하였고, 온종일 내게 달콤한 이야기만 들려주었으며, 하루에도 열 번씩 나에게 입맞춤을 해주었다. 식탁에서 부인은 내가 자기 옆에 앉기를 바랐고, 다른 귀족들이 그 자리에 앉으려 하면 그것은 내 자리라고 하여 그들을 다른 자리에 앉혔다. 아주 사소한 호의의 표시에도 마음이 움직이는 내게 이런 매혹적인 거동이 어떤 효과 를 발휘하였을지 여러분은 쉽사리 판단할 수 있으리라. 부인이 내게 표 시해준 애정의 크기에 비례해서 부인에 대한 나의 애정은 실제로 커져가 고 있었다. 이러한 열광을 보면서 또 내 기질에는 이러한 열광을 유지하 기 위한 매력이 너무도 부족함을 느끼자, 나는 그것이 혐오로 바뀌지는 않을까 하는 것만이 염려되었다. 불행하게 나의 이런 염려는 너무도 충 분한 근거가 있었다.

부인과 나의 성격 사이에는 천성적인 상극이 있었음이 틀림없다. 대 화에서나 심지어 편지에서도 매번 무심코 우르르 새어나오는 우둔한 말 은 고사하고라도, 그녀와 더 없이 사이가 좋은 때도 나는 무슨 까닭인지 상상조차 할 수 없는 데 부인의 감정을 상하게 하는 것들이 있었기 때문

---

58) 〔원주〕 커다란 전투의 패배로 국왕은 대단히 몹시 괴로워했고, 이 일로 뤽 상부르 씨는 급히 궁정으로 되돌아가지 않을 수 없었다.

이다. 그런 경우가 허다하지만 한 가지 예만을 들어보겠다. 부인은 내가 두드토 부인을 위하여 페이지당 돈을 받고 《엘로이즈》의 필사본을 쓰고 있는 것을 알고 있었다. 부인도 마찬가지로 필사본을 한 권 갖고 싶어 했다. 나는 부인에게 그것을 써주겠다고 약속했다. 그리고 그 점에서 부인을 고객의 한 사람으로 생각하고 그에 관해 친절하고 정중한 편지를 보냈다. 적어도 나의 의도는 그러했다. 그러나 부인의 다음과 같은 답장은 나를 아연실색케 하였다.

화요일, 베르사유에서 (편지모음집 C. 43호)

저는 기쁘고 만족합니다. 귀하의 편지가 저를 한없이 기쁘게 하였기에 저는 서둘러 귀하에게 이 기쁨을 알리고 감사의 말씀을 드리고자 합니다. 귀하의 편지에서 쓴 말은 정확히 다음과 같습니다. "비록 부인께서는 지극히 훌륭한 고객임에는 틀림이 없습니다만, 부인에게 돈을 받자니 적이 죄송한 마음이 듭니다. 원칙적으로 말씀드리자면 부인을 위해 일할 수 있는 기쁨에 대하여 도리어 제 쪽에서 사례를 지불해야 할 듯싶습니다." 이에 대해서는 더 이상 왈가왈부하지 않겠습니다. 다만 저로서는 귀하의 건강이 어떠하신지 한마디 말씀도 없으신 것만이 섭섭할 따름입니다. 그것만큼 제가 관심을 두고 있는 바가 없으니까요. 저는 귀하를 진심으로 흠모하고 있습니다. 사실 내가 이 말씀을 직접 드리면 매우 기쁘겠사오나 편지로 전하게 되어 정말이지 대단히 아쉽게 생각합니다. 뤽상부르 씨도 당신을 흠모하며 귀하에게 진심으로 포옹을 보냅니다.

나는 편지를 받고 기분 나쁜 그 모든 해석들에 항의하려고 급히 회답을 내기로 작정하고 좀더 세심히 살펴보았다. 불안한 마음으로 — 그 불안은 짐작할 수가 있을 것이다 — 그러한 검토에 며칠을 보냈으나 여전히 아무것도 이해할 수가 없었다. 결국 이에 대한 나의 마지막 답장은 다음과 같았다.

1759년 12월 8일, 몽모랑시에서

지난 번 제가 편지를 보낸 이래, 문제가 된 구절에 대하여 수백 번 거듭 생각해보았습니다. 저는 그 구절을 고유한 본래의 의미로도 생각해보았고, 또 그 구절에 사람들이 부여할 수 있는 모든 의미로도 생각해보았습니다. 그러나 원수부인이시여, 솔직히 말씀드리자면 부인에게 사죄해야 할 사람이 제 쪽인지, 아니면 저에게 사과할 사람이 부인이 아니신지 더 이상 모르겠습니다.

이런 편지들이 오고간 지 지금에 와서 10년이 지났다. 그 후에도 그것들에 대해 종종 생각해보았지만, 오늘날까지도 나의 어리석음은 여전해서 이 구절에서 부인이 무엇을 발견할 수 있었는지 이해할 수 없었다. 모욕적인 것은 고사하고 부인의 기분을 거스를 수 있는 것조차도 감지할 수 없었던 것이다.

뤽상부르 부인이 가지고 싶어 한 《엘로이즈》의 필사본에 대해서 여기서 말해둘 것이 있다. 나는 이 필사본을 다른 모든 필사본들과 다르게 만들기 위하여 여기에 어떤 특별한 배려를 하려고 생각하고 있었다. 나는 〈에두아르 경의 모험담〉(*Les aventures de Mylord Edouard*)을 따로 써두었다. 《엘로이즈》에는 이것이 없어서는 안 된다고 생각해서 그것 전체를 삽입할까 아니면 발췌해서 삽입할까 오랫동안 망설이고 있었다. 그러나 결국 전문을 삭제하기로 결정하였다. 이 모험담의 어조가 나머지 모든 글과는 달랐으므로 그것을 넣으면 본문의 감동적인 소박성이 손상될 우려가 있었기 때문이다. 그런데 뤽상부르 부인을 알게 되고나서부터는 더 큰 또 다른 이유가 생겼다. 그 모험담에는 성미가 매우 고약한 로마의 한 후작부인이 등장한다는 것이다. 그런데 그 후작부인의 몇 가지 특징은 실상 뤽상부르 부인과 전혀 무관하지만, 평판만을 듣고 그녀를 아는 사람들이 그것을 부인에게 적용시킬 우려가 있었다. 그래서 나는 그 연애담을 삭제하기로 한 결정에 대해 대단히 만족했고, 이 결정을 고수했다. 그러나 부인에게 증정할 책에는 다른 책에는 없는 뭔가로 가치를 높일 생각에서 그 불행한 연애담을 생각해내고 그것을 요약한 글을 만들어 그 책에 덧붙일 계획을 세운 것이 아니었던가? 무분별한 계획이었다. 나를 파멸로 이끌어가는 눈먼 숙명에 기대지 않고서는 그 엉뚱함을 도저히 설명할 수 없을 것이다.

"주피터는 사람을 파멸시키려 할 때 먼저 그 이성을 앗아간다."

나는 어리석게도 이 요약문을 만드는 데 많은 공과 노력을 들여 세상에서 가장 아름다운 것처럼 이 부분을 부인에게 보냈다. 그러나 원문은 태워버렸으므로 이 요약문은 오직 부인 한 사람만을 위한 것이며, 따라서 부인이 직접 누구에게도 보여주지 않는다면 아무에게도 알려지는 일은 없을 거라고 곧이곧대로 부인에게 알려주었다. 그러나 이것은 내가 기대했던 대로 나의 조심스러움과 신중함을 입증하기는커녕, 사람들이 로마 여인의 특징을 부인에게 적용시킬 수 있어서 그녀가 불쾌해 할 수도 있을 것이라는 내 자신의 판단을 부인에게 미리 알려주는 것에 불과했다. 게다가 부인이 나의 처사에 대해 흐뭇해하고 있다는 것을 믿어 의심치 않을 정도로 나의 어리석음은 대단했다. 부인은 내가 그로부터 기대했던 극찬을 보내지 않았다. 그리고 대단히 놀랍게도 부인은 내가 보낸 필사본에 대해 결코 아무런 언급도 하지 않은 것이다. 나로서는 이 일에서 취했던 내 행동에 대해 계속 만족하고 있어서, 내 행동이 어떤 결과를 초래했는지는 오랜 후에야 다른 조짐들을 근거로 판단해 알 수 있었다.

나는 부인에게 보내는 필사본에 대한 특별한 배려로 또 다른 생각을 갖고 있었는데, 그것은 더욱 분별이 있는 것이지만 더욱 먼 훗날의 결과로 볼 때 그에 못지않게 내게 해를 끼쳤다. 그 정도로 운명이 한 인간을 불행으로 이끌 때면 만사가 이 운명의 장난에 협력하는 법이다. 나는 이 필사본을 《쥘리》의 판화그림들로 장식할 생각이었는데, 그 판화그림들은 필사본과 같은 크기였다. 나는 쿠앵데에게 그 그림들을 요구하였다. 그것은 어떤 점으로 보나 나의 소유였고, 게다가 대단히 잘 팔리는 도판의 수익금을 이미 저쪽에 양보하였으므로 더욱 그러했다. 그러나 내가 고지식한 만큼이나 쿠앵데는 교활했다. 그는 이 그림들을 여러 번 부탁하게 해서 내가 그것을 갖고 무엇을 하려는지 알아내는 데 성공했다. 그래서 그는 이 그림들에 몇 가지 장식을 덧붙인다는 구실로 그림을 못 가져가게 하더니 기어이 자기가 그것을 부인에게 증정하고 말았다.

"시는 내가 썼는데 그 영광은 남이 누렸다."

이런 수단으로 마침내 그는 뤽상부르 공의 저택에 어떤 자격으로 출입하게 되었다. 내가 '작은 성'에 거주할 때부터 그는 매우 자주 나를 찾아오곤 했다. 특히 뤽상부르 부처가 몽모랑시에 와 있을 때면 언제나 아침부터 나를 찾아왔다. 이렇게 되면 나는 그와 하루 종일 함께 지내느라고 성에는 좀처럼 가지 못했다. 이렇게 가지 않고 빠져서 책망을 들었다. 나는 그 이유를 설명했다. 그러면 쿠앵데 씨도 데리고 오라고 다그쳤다. 나는 그렇게 했다. 그 녀석이 노렸던 게 바로 그것이었다. 이렇게 해서 나에 대한 뤽상부르 부처의 도에 넘치는 호의 덕분에 텔뤼송 씨 ― 텔뤼송 씨는 식사를 같이 할 상대가 아무도 없을 때만 가끔 그와 식사하려 했다 ― 의 일개 서기인 그가 갑자기 대공들, 공작부인들, 그리고 궁정의 모든 고관대작들과 함께 프랑스 원수의 식탁에 끼어들 수 있었다. 내가 결코 잊을 수 없는 일이 한 가지 있다. 어느 날 쿠앵데는 일찍 파리로 돌아가야 했는데, 공작이 시골에서 점심을 마친 후 좌중에게 "생드니가는 길로 산책하러 갑시다. 쿠앵데 씨를 거기까지 데려다주지요"라고 말했다. 이 가엾은 사나이는 이 말에 어쩔 줄을 몰랐다. 그의 머리는 완

394

전히 돌아버렸다. 나로서도 무척 감동해서 한마디 말도 할 수 없었다. 어린아이처럼 감격의 눈물을 흘리며 일행의 뒤를 따랐다. 그리고 이 자상한 공작의 발자국에 입이라도 맞추고 싶어서 죽을 지경이었다. 여기서는 사본에 관한 이야기가 계속 되어서 나중 일을 앞당겨 말하지 않을 수 없었다. 그러나 기억이 허락하는 한 순서대로 이야기를 다시 계속하기로 하자.

몽 루이의 작은 집의 수리가 끝나자 나는 곧 깨끗하고 소박하게 가구를 갖추고 그리로 돌아가 자리를 잡았다. 레르미타주를 떠날 때 사는 집만은 언제나 내 것으로 가지고 있어야 한다고 다짐한 그 원칙을 포기할 수가 없었기 때문이다. 그렇지만 나는 또 "작은 성"에 있는 내 거처를 떠날 결심도 할 수가 없었다. 나는 그 곳의 열쇠를 간직하고 있었고 회랑의 멋진 아침식사도 대단히 좋아했기 때문에, 종종 그곳에 가서 잠을 자기도 하고 가끔 시골별장처럼 2, 3일씩 묵기도 하였다. 아마 그때 나는 개인으로서 유럽에서는 제일 훌륭하고 유쾌한 거처에서 살았던 것 같다. 집주인 마타 씨는 더할 수 없이 호인이어서 몽 루이의 집수리 지휘를 전적으로 내게 맡겼고 일꾼들도 내 뜻대로 쓰게 해주었으면서도 심지어 아무런 간섭도 하지 않았다. 그래서 나는 2층에 있는 방 하나로 침실과 대기실과 옷방으로 이루어진 완비된 거처를 만들 방법을 찾아냈다. 아래층에는 부엌과 테레즈의 방이 있었다. 망루는 유리를 끼운 훌륭한 칸막이와 사람들을 시켜 그곳에 만든 벽난로를 이용하여 서재로 사용했다. 그 집에 입주하자 나는 테라스 꾸미는 일을 낙으로 삼았다. 이미 두 줄의 싱싱한 보리수들이 테라스에 그늘을 이루고 있었는데, 여기에 두 줄을 더 심게 하여 녹색의 서재를 만들었다. 테이블과 돌 벤치도 가져다 놓게 해서 라일락, 고광나무, 인동덩굴로 그 주위를 둘러쌌다. 두 줄의 나무들과 나란히 아름다운 화단도 만들게 했다. 이 테라스는 성의 테라스보다 높았으며 전망도 그에 못지않게 아름다웠다. 나는 거기에서 갖가지 새들을 길들이고, 뤽상부르 부처를 위시하여 빌루아 공작, 탱그리 대공, 다르망티에르 후작, 몽모랑시 공작부인, 부플레르 공작부인, 발랑티누아 백작부인, 부플레르 백작부인, 그리고 이런 지위의 또 다른 인물들을 맞아들이기 위한 접대실로 사용했다. 그들은 성에서 나와 매우 힘든 언덕길을 통해 이곳 몽 루이까지 순례하는 일을 소홀하지 않았다. 이 모든 방문이 전부 뤽상부르 부처의 덕택이었다. 나는 그렇게 느꼈고 진심으로 그에 대해 경의를 표했다. 한번은 이렇게 감격하여 흥분한 나머지 뤽상부르 공작을 껴안고 이렇게 말한 적이 있다.

"원수님! 저는 각하를 알기 전에는 고관대작들을 미워했습니다. 그러나 그들이 얼마나 쉽게 남의 흠모를 받을 수 있는지를 각하께서 내게 그토록 절감케 한 이후로 저는 그들이 더욱더 밉습니다."

그런데 이 시기에 나를 만났던 모든 사람들에게 나는 그들이 나의 이런 모습을 본 적이 있는지 묻고 싶다. 내가 이러한 화려함 앞에서 단 한 순간이라도 눈먼 적이 있었던가? 그 향기에 내가 넋을 잃었던가? 내 품행에 덜 소탈한 데가 있었고 내 태도에 덜 소박한 데가 있었던가? 평민들에게 덜 상냥하고 내 이웃들과 덜 친근한 적이 있었던가? 수도 없이 이어지고 때로는 무리한 성가신 부탁에 끊임없이 시달리면서도 결코 그 부탁을 거절하는 일 없이 할 수 있다면 모든 사람들에게 도움이 되기를 주저했던 적이 있었던가? 나의 마음은 그 주인들에 대한 진실한 애정 때문에 몽모랑시 성에 이끌리기도 했지만, 그와 동시에 평탄하고 소박한 생활의 달콤함을 맛보기 위하여 이웃사람들에게로 되돌아왔다. 그러한 생활을 떠나면 나에게 행복은 없었기 때문이다. 테레즈는 필뢰라는 이웃 석공의 딸과 친해졌고, 나는 마찬가지로 그의 아버지와 가깝게 지냈다. 그래서 오전에는 불편하기는 하지만 원수부인의 비위를 맞추기 위해서 성에서 식사한 후에, 사람 좋은 필뢰 씨와 그의 가족들과 함께 때로는 그의 집에서 때로는 나의 집에서 저녁식사를 하려고 얼마나 서둘러서 집에 돌아오곤 했는지 모른다.

이윽고 나는 이 두 숙소 이외에 뢱상부르 저택에 제3의 처소를 갖게 되었다. 그 집주인들이 자신들을 보러 가끔 그곳에 오라고 하도 강권해서 나는 파리에 대한 혐오감에도 불구하고 이를 수락했다. 나는 레르미타주에 은거한 이후 파리에 가기가 싫어서 이미 말한 바와 같이 단 두 번 밖에는 다녀오지 않았다. 59) 파리에 갔다고 해도 그저 약속한 날에 만찬을 하고는 그 다음 날 아침에 곧바로 돌아와버렸다. 나는 큰 길로 난 정원을 통하여 출입했다. 따라서 사실을 아주 정확히 말하자면 파리의 보도에는 발도 들여놓지 않았다고 할 수 있다.

이런 일시적 영화에 종지부를 찍을 파국이 그 영화의 한가운데서 오래전부터 준비되고 있었다. 몽 루이로 돌아온 지 얼마 되지 않아 나는 그곳에서 늘 그랬던 것처럼 정말 본의 아니게 새로운 사람을 사귀게 되었는데, 이 사람은 또 내 역사에 한 획을 긋게 된다. 좋은 일로인지 나쁜 일로인지는 후에 알게 될 것이다. 나의 이웃, 베르들랭 후작부인60)이 바로 그 주인공인데, 후작부인의 남편은 얼마 전 몽모랑시에서 가까운 수아지에 시골별장을 샀다. 귀족이지만 가난한 다르스 백작의 딸 다르스 양은 베르들랭 씨와 결혼했다. 그는 늙고 못생긴 데다 귀가 멀고 성미가 무뚝뚝하며 거칠고 질투심이 강하며 얼굴에 흉터까지 있는 애꾸였다. 요컨대 다룰 줄만 알면 사람은 좋은 편이었고 연수입이 1만 5천에서 2만 리브르나 되어, 말하자면 그녀는 이 돈 때문에 결혼한 셈이다. 이

---

59) 루소는 1756년 12월 고프쿠르가 아파서 파리로 달려갔고 1757년에는 디드로와 함께 《쥘리》의 1부와 2부에 대해 논의하기 위해 갔다. 사실 루소는 1757년 1월 고푸쿠르를 문병하기 위해 재차 파리를 방문했지만, 이는 방문 목적이 같아서 한 번으로 기억하는 것 같다.

60) 마리 마들렌 드 브레몽 다르스(Marie-Madeleine de Brémond d'Ars, 1728~1810)는 22살에 자기 친척들 중 한 사람인 64세의 포병 연대장 베르나르 드 베르들랭 후작(Le marquis Bernard de Verdelin)과 결혼했다.

귀여운 사나이는 온종일 욕설을 늘어놓고 소리를 지르고 투덜거리며 호통을 치고 아내를 울렸지만 결국에는 언제나 아내가 원하는 것을 해주었는데, 그것은 아내의 화를 돋우기 위해서였다. 그럴 것이 아내는 그것을 원하는 것은 남편이고 자기는 그것을 원하지 않는다고 남편을 납득시킬 줄 알았기 때문이다. 앞서 말한 마르장시 씨는 그녀의 친구였으므로 후작과도 친구가 되었다. 몇 해 전에 그는 오본과 앙디이 근처 마르장시에 있는 자신의 성을 이들 두 사람에게 빌려준 일이 있었다. 내가 두드토 부인에게 사랑을 품고 있을 때 이들이 마침 거기서 살고 있었다. 두드토 부인과 베르들랭 부인은 양쪽 모두의 친구였던 도브테르 부인[61]의 소개로 사귀게 되었다. 그런데 마르장시 정원이 두드토 부인이 즐겨 찾는 산책길인 올랭프 산으로 가는 길목에 있었으므로, 베르들랭 부인은 두드토 부인이 지나갈 수 있도록 정원 열쇠를 내주었다. 나도 그 열쇠 덕분에 부인과 같이 정원을 지나다녔다. 그러나 나는 예기치 못했던 사람을 만나는 것을 좋아하지 않았다. 그래서 산책길에서 우연히 베르들랭 부인을 만나게 되면 나는 베르들랭 부인에게는 한마디도 없이 두 부인들을 남겨둔 채 항상 나 혼자 앞서 갔다. 별로 정중하지 않은 이런 행동으로 베르들랭 부인이 나를 좋게 생각했을 리 만무했다. 그럼에도 불구하고 부인은 수아지에 왔을 때 그래도 나와 사귀려 들었다. 부인이 누차 나를 만나러 몽 루이에 왔다가 허탕치고 돌아간 일이 있었다. 그런데도 내가 자신을 답방하지 않자 어떻게 해서든 내게 답방을 강요하기 위해서 내 테라스를 위한 화분 몇 개를 보낼 생각을 해냈다. 나는 부인에게 감사인사를 하러 가지 않을 수가 없었다. 이것만으로 충분했다. 우리들은 이렇게 해서 친분을 맺게 되었다.

내가 마음에도 없이 맺었던 모든 관계가 그랬던 것처럼 이 교제도 처

---

61) 마리 로잘리 드 세포 드 보프레오(Marie-Rosalie de Scépeaux de Beaupréau)는 도브테르 백작(1714~1788)의 두 번째 부인이다.

음은 순탄치 않았다. 심지어 이 교제에서는 참다운 평온이 결코 주조가 될 수 없었다. 베르들랭 부인의 성격과 나의 성격은 그럴 수 없을 정도로 상극이었다. 부인에게서는 짓궂은 말과 독설이 너무나 쉽사리 튀어나왔으므로, 그녀가 사람을 언제 조롱하는지 눈치채려면 지속적인 주의가 필요했는데 나로서는 그것이 매우 피곤했다. 언뜻 생각나는 어리석은 짓 하나만으로도 내 어리석음을 충분히 판단할 수 있을 것이다. 얼마 전 부인의 오빠가 영국인들과 싸우러 출항하는 군함의 함장이 되었다. 나는 군함의 민첩함을 저해하지 않고서 그 군함을 무장하는 방법에 대해 이야기하고 있었다. 부인은 아주 단조로운 어조로 "그래요. 전투에 꼭 사용할 대포만 싣고 가면 되겠지요"라고 말했다. 나는 그녀가 자리에 없는 어떤 친구에 대해 좋게 이야기하는 것을 본 적이 거의 없었다. 그녀는 꼭 그들에게 불리한 어떤 말을 교묘히 흘렸다. 부인은 모든 것을 나쁘게 보거나 그렇지 않으면 우습게 여겼다. 그녀의 친구인 마르장시도 예외는 아니었다. 더욱이 부인에게서 내가 참을 수 없다고 본 것은 소소한 물건과 선물과 편지를 보내 계속해서 나를 부담스럽게 하는 것이었다. 거기에 회답하기 위해서는 대단히 고생해야 했고, 감사하거나 거절하는 것도 언제나 새로운 걱정거리였다. 그래도 자주 만나다 보니 결국 나는 부인에게 애정을 느끼게 되었다. 나처럼 부인도 나름대로의 비애가 있었다. 서로 속에 있는 이야기를 나누다보니 둘이 함께 있는 것이 재미있어졌다. 같이 눈물을 흘리는 감미로움만큼 마음을 이어주는 것은 없다. 우리는 서로 위안하기 위해 서로를 찾았다. 이러한 필요 때문에 나는 종종 많은 것들에 대해 눈감아 주었다. 부인을 대하는 나의 솔직함 속에는 너무나 거친 구석이 있어서, 이따금 부인의 성격에 별로 존경을 보이지 않은 다음에 부인이 진실로 나를 용서했을 것이라고 믿으려면 실제로 많은 존경심을 갖는 것이 필요했다. 다음은 내가 부인에게 이따금 썼던 편지들의 견본이다. 그리고 부인에게서 온 어떤 답장에

도 부인이 내 편지들로 기분을 상한 것처럼 보이지 않는다는 것은 주목
할 만하다.

1760년 11월 5일, 몽모랑시에서

부인! 부인은 제가 제 생각을 제대로 밝히지 못한다는 것을 제게 이해
시키기 위해서 당신 생각을 제대로 설명하지 못했다고 말씀하십니다.
부인이 이른바 자신의 어리석음에 대해 내게 말씀하지만, 그것은 실상
제 어리석음을 깨닫게 하기 위한 것입니다. 부인께서는 제가 행여 부인
의 말씀을 곧이곧대로 받아들일까 두려워하는 것처럼, 부인 자신이 한
낱 아녀자에 불과하다고 뽐내면서 제게 사과하지만, 그것은 사과할 사
람은 오히려 저라는 것을 가르쳐 주기 위한 것입니다. 그렇습니다. 부
인! 그 점 저도 잘 알고 있습니다. 저야말로 우둔한 자이오며 한낱 필
부에 불과하며, 어쩌면 그보다 훨씬 못할지도 모릅니다. 부인만큼 말
에 세심한 주의를 기울이며 말을 잘하는 프랑스의 아름다운 귀부인의
눈으로 본다면 제대로 용어를 선택하지 못하는 사람은 나입니다. 그렇
지만 저는 일반적인 의미에서 그러한 용어들을 사용한 것이며, 덕망 높
은 파리의 사교계 사람들이 그것들에 부여하는 예의바른 의미들은 아
는 바도 없고 관심도 없다는 것을 고려해 주십시오. 때로 저의 표현에
애매한 점이 있다하더라도, 저는 내 행동이 그 의미를 결정할 수 있도
록 노력하고 있습니다. 등.

이 편지의 나머지 부분도 거의 같은 어투였다. 이에 대한 회답(편지모
음집 D. 41호)을 읽고 여인의 마음이 보여주는 놀라운 절제력에 대해 판
단하기 바란다. 그런데 그녀의 마음은 이러한 편지에 대해서 그녀의 답
장이 내비치는 것이나 내게 나타냈던 것보다 더한 원한을 품을 수 없을
것이다. 후안무치할 정도로 당돌하고 뻔뻔스런 쿠앵데는 내 친구들 모
두를 노렸고, 곧 내 이름을 팔고 베르들랭 부인 댁에 들락거리기 시작하

여 어느 틈엔가 나보다도 더 친한 사이가 되었다. 이 쿠앵데라는 놈은 참 별난 인간이었다. 그는 내 이름을 대고 내가 아는 사람들 집을 죄다 찾아가 거기서 머물면서 염치없이 밥을 축냈다. 나를 돕는 일이라면 흥분하고 나에 대해 이야기를 할 때면 늘 두 눈에 눈물이 글썽거렸지만, 나를 만나러 와서는 이런 모든 관계에 대해서나 그가 알기로 내가 관심을 둘 것이 틀림없는 모든 일에 대해서는 아예 입을 꾹 다물었다. 그는 자기가 듣고 말하고 본 것 중에서 내 관심을 끄는 것을 말해주는 대신 내 말만 듣고 심지어 캐묻기까지 했다. 파리에 대해서도 내가 알려준 것 외에는 결코 아는 게 없었다. 요컨대 모든 사람이 내게 그에 대한 이야기를 하는데도, 그는 누구에 대해서도 내게 말하지 않았다. 그는 자기 친구에 대해서만 숨기는 것과 비밀이 많았다. 그러나 지금은 쿠앵데나 베르들랭 부인에 대해서 이쯤 해두자. 후에 다시 그 이야기를 꺼내게 될 것이다.

내가 몽 루이로 돌아온 지 얼마 후 라 투르라는 화가가 나를 찾아왔다. 그때 그는 몇 해 전 파리의 살롱에 출품했던 나의 파스텔 초상화를 가져왔다. 그는 예전에 이 초상화를 내게 주려 했지만 나는 그것을 받지 않았다. 나에게 자기 초상화를 준 데피네 부인이 그 초상화를 탐내 라 투르에게서 그것을 다시 달라고 하라고 나를 졸라댔다. 라 투르가 초상화를 다시 손질하는 데 시간이 걸렸다. 그러는 동안에 데피네 부인과 나는 절교하게 되었다. 그래서 나는 부인에게 그녀의 초상화를 돌려주었고, 내 것은 그녀에게 줄 필요가 없어졌으므로 '작은 성'의 내 방에 걸어두었다. 이 그림을 뤽상부르 공이 와서 보고는 좋다고 하기에 그에게 그것을 선사하겠다고 했고 그는 수락했다. 나는 그에게 초상화를 보내주었다. 원수 부처는 나도 그들의 초상화를 가지면 매우 기뻐할 것이라는 사실을 깨달았다. 매우 훌륭한 화가에게 자신들의 조그마한 초상화를 그리게 하고 금이 박힌 천연수정 과자상자에 끼워 넣게 한 다음 아주 정중하게 선물을 해서 나는 그것에 매혹되었다. 뤽상부르 부인은 자기 초상화가 상자의 상부를 차지하는 데 찬성하지 않았다. 또 부인은 내가 부인보다 원수를 더 좋아한다고 나를 여러 번 나무라기도 했다. 그것이 사실이었으므로 나는 그것을 부인하지 않았다. 부인은 자기의 초상화를 놓은 방식을 통해 내가 원수를 더 좋아한다는 사실을 자신이 잊지 않고 있음을 매우 점잖게 그러나 분명히 지적해주었다.

거의 이와 때를 같이하여 나는 한 가지 어리석은 짓을 했는데, 이것은 부인의 호의를 잡아 두는 데 도움이 되지 않았다. 나는 실루엣 씨[62]와 전혀 안면도 없고 또 그를 별로 좋아하는 처지도 아니었지만 그의 행정에 관해서는 높은 평가를 하고 있었다. 나는 그가 징세청부인들에게 압력을 가하기 시작했을 때 그런 작업을 시작하기에는 적절한 시기가 아니라고 판단했다. 그렇다고 내가 그의 성공을 비는 데 미온적인 것은 아니었다. 그가 좌천되었다는 것을 듣고 나는 대담할 정도로 경솔하게 그에게 다음과 같은 편지를 보냈다. 이 편지를 정당화하려는 생각은 추호도 없다.

1759년 12월 2일, 몽모랑시에서

비록 귀하와 일면식도 없사오나 귀하의 재능을 높이 사며 귀하의 행정을 존중하는 일개 은자의 충고를 부디 거두어 주시기 바랍니다. 저는 귀하에게 영예스럽게도 귀하가 그 자리에 오래 몸담지 못하리라고 생각하고 있었습니다. 국가를 망하게 한 수도를 희생시키지 않고서는 국가를 구할 수 없던 까닭에, 귀하는 모리배들의 아우성에 용감히 맞섰습니다. 귀하께서 그런 비루한 자들을 여지없이 분쇄하는 것을 보고 소생

---

[62] 에티엔 드 실루엣(Etienne de Silhouette)은 1759년 3월에서 11월까지 재무장관직에 있었다.

은 귀하의 지위를 부러워했습니다. 또 스스로를 기만함이 없이 그 직위에서 용퇴하심을 보고 저는 귀하에게 탄복하고 있습니다. 스스로를 자랑스럽게 여기십시오. 귀하의 지위는 귀하께 영예를 남겨주었고, 사기꾼들의 저주란 의인의 영광인 것입니다.

뢰상부르 부인은 내가 이 편지를 썼다는 것을 알고, 부활절 나들이를 왔을 때 그 이야기를 꺼냈다. 나는 그녀에게 편지를 보여주었다. 부인이 사본을 원했으므로 나는 부인에게 사본을 만들어 주었다. 그러나 나는 부인에게 사본을 주면서도, 부인이 징세청부제도에 관심을 갖고 실루엣을 좌천시킨 모리배들 중의 하나라는 사실은 모르고 있었다. 내가 저지른 모든 우둔한 짓들로 미루어 사람들은 내가 상냥하고 권세 있는 부인에게 이유 없이 점점 더 미운 짓만 하고 있다고 할는지 모른다. 그러나 사실 그녀에 대한 나의 애착은 날이 갈수록 커져서, 비록 많이 서툴러서 부인의 총애를 잃을 만한 짓을 모두 하기는 했지만 일부러 부인의 미움을 사려고 한 일은 결코 없었다. 내가 이미 제 1부에서 말한 트롱솅 씨의 아편제 이야기도 부인과 관계가 있다는 것은 새삼 말할 필요도 없을 것으로 생각한다. 그 이야기에 등장하는 또 다른 귀부인은 미르푸아 부인이었다. 이 두 부인은 그 일에 대해서 다시 말을 꺼내지 않았으며, 그것을 기억하는 내색조차 보이지 않았다. 비록 그 뒤의 사건들에 대해서는 아무것도 모르지만, 뢰상부르 부인이 정말로 그 일을 잊을 수 있다고 믿기란 내게 매우 어려운 일로 보였다. 나는 어떤 바보짓도 고의로 부인을 모욕하려고 한 것이 아니었다는 사실을 스스로에게 입증함으로써 내가 저지른 바보짓의 결과에 대해 마음을 접었다. 거기에 고의는 조금도 없었다는 아주 절대적인 확신이 있기만 하면 어떤 여성이라도 그 같은 바보짓을 용서해줄 수 있는 것처럼 말이다.

부인은 아무것도 보지 않고 아무것도 느끼지 않는 것처럼 보였고 또 나는 여전히 부인의 열의가 줄어들거나 그녀의 태도가 변했다고 생각하

지 않았지만, 너무도 근거가 뚜렷한 예감이 지속되고 또 심지어 증폭되
어 현재의 열광이 조만간 권태로 바뀌지나 않을까 끊임없이 불안에 떨
었다. "나는 부인의 변치 않는 마음을 유지시킬 재간이 별로 없으면서,
이런 지체 높은 귀부인이 이를 견뎌내고 변치 않는 마음을 갖기를 기대
할 수 있을까?"

　나는 나 자신을 불안하게 만들고 단지 점점 의기소침하게 만들 뿐인
이러한 은밀한 예감을 부인에게 숨길 수도 없었다. 여러분들은 다음 편
지로 이를 짐작할 수 있을 것인데, 이 편지에는 아주 기묘한 예언이 담겨
있다.

　　주의: 이 편지의 초고에는 날짜가 없지만 아무리 늦어도 1760년 10월
　　에 쓰인 것이다.
　　부인의 호의는 얼마나 잔인한 것인지! 더 이상 삶의 근심을 느끼고 싶
　　지 않아 삶의 즐거움을 포기해버린 은자의 평화를 어찌하여 어지럽히
　　십니까? 저는 제 삶을 바쳐 변치 않을 애정을 찾아보았지만 소용이 없
　　었습니다. 제가 도달할 수 있는 신분들에서는 그런 애정을 맺을 수 없
　　었습니다. 그런 애정이란 부인이 속한 신분에서나 찾아야만 하는 걸까
　　요? 저는 야망에도 이해관계에도 아무런 유혹을 느끼지 못합니다. 저
　　는 별로 허영심이 많지도 겁이 많지도 않습니다. 저는 애정의 표시가
　　아니라면 그 무엇에도 흔들리지 않을 수 있습니다. 두 분께서는 어찌하
　　여 제가 극복해야 할 약점을 갖고 저를 공격하시는지요? 우리를 갈라놓
　　는 거리 때문에 정이 넘치는 마음을 털어놓는다 해도 제 마음이 당신들
　　의 마음에 가까이 다가가서는 안 되는데 말입니다. 자신을 바칠 수 있
　　는 방법을 한 가지밖에는 알지 못하며 오직 우정만을 품을 수 있다고
　　스스로 느끼는 심성의 소유자에게는 감사만으로도 충분할까요? 우정
　　이라고요! 원수부인! 아! 저의 불행이 바로 거기에 있습니다. 부인께
　　서, 그리고 원수 각하께서 이 말을 사용하는 것은 아름다운 일이지만,
　　제가 당신들의 말을 곧이곧대로 받아들이는 것은 무분별한 짓입니다.

404

당신들은 장난을 하고 계시지만 저는 집착하고 있습니다. 그리고 그 장난이 끝나면 제게는 새로운 후회거리들이 밀려올 것입니다. 저는 정말 당신들의 갖가지 칭호들을 증오하며, 그 칭호들을 지녀야 하는 당신들을 동정하고 있습니다! 내게는 당신들이 사생활의 매력을 맛보실 자격이 너무나 있는 분들로 보입니다! 어찌하여 클라랑에서 살지 않으시나요? 그곳에 당신들이 계시다면 저는 제 삶의 행복을 찾으러 그리로 갈 것입니다. 그런데 몽모랑시 성, 뤽상부르 저택이라니요! 사람들이 그런 곳에서 장자크를 만나야만 할까요? 평등을 지지하는 사람이 다감한 마음에서 나오는 애정을 보여야만 하는 곳이 그런 곳일까요? 그런데 그 다감한 마음은 사람들이 그에게 보이는 존경의 대가를 그렇게 애정으로 지불함으로써 받은 만큼 돌려준다고 믿습니다. 부인께서는 선량하고 다감하십니다. 저는 그것을 잘 알고 있으며 눈으로 보았습니다. 좀 더 일찍 그렇게 생각할 수 없었던 것을 유감스럽게 여기고 있습니다. 그러나 부인의 신분이나 생활방식에서는 아무것도 지속적인 인상을 남길 수 없습니다. 너무나 많은 새로운 대상들은 서로를 지워버려서 어느 것 하나 남지 않습니다. 부인, 당신은 제가 당신을 따라할 수 없는 상태에 빠뜨린 후 저를 잊을 것입니다. 당신은 저를 불행하게 만들고 스스로는 용서받을 수 없는 여인이 되기 위해 많은 일들을 하게 될 것입니다.

이 편지에 내가 뤽상부르 씨의 이름을 함께 써넣은 것은 부인에게 드리는 인사말의 가혹함을 누그러뜨리기 위해서였다. 게다가 뤽상부르 씨에 대해서는 확신할 수 있다고 믿었고, 그의 우정이 지속되리라는 것에 대해서는 걱정 한 번 해본 적이 없을 정도였기 때문이다. 원수부인 쪽에서 나를 겁먹게 했던 것들 중 어떤 것도 원수에게까지 번져나간 적은 단 한순간도 없었다. 원수의 성격이 유약하지만 변함없다는 것을 알고 있었으므로, 나는 그의 성격을 조금도 의심하지 않았다. 그에게서 영웅적인 애정을 기대할 수 없듯이 냉랭함 또한 염려하지도 않았다. 우리가 서로에게 취했던 소박하고 허물없는 태도는 우리가 얼마나 서로를 신뢰하는가를 보여주는 것이었다. 우리는 둘 다 옳았다. 내가 살아 있는 한 나는 이 존경할 만한 귀인에 대한 기억을 존중하고 소중히 여길 것이다. 그분과 나를 이간시키려고 남들이 갖은 짓을 다 했을지라도 그분은 나의 친구로서 죽었다는 것을 내가 그의 임종을 지켜본 것처럼 확신하고 있다.

1760년 두 번째 몽모랑시 나들이 중에 《쥘리》의 낭독이 끝났으므로, 부인 옆에 계속 있기 위해서 《에밀》을 낭독하는 수단을 쓰기로 했다. 그러나 이 책의 주제가 부인 취향에 맞지 않았는지 아니면 부인이 너무 낭독을 많이 들어 결국 지루해졌는지, 그것은 그리 좋은 성과를 거두지 못했다. 그렇지만 부인은 내가 상대하는 서적상들에게 당하고 있다고 나무라며, 더 큰 수익을 올리기 위해 이 작품을 출판하는 수고를 자기에게 맡겨달라고 했다. 나는 프랑스에서는 절대로 출판하지 않는다는 조건을 분명히 하고 거기에 동의했다. 그런데 이 때문에 우리 두 사람은 긴 논쟁을 벌었다. 나로서는 암묵적 허락을 받는 것은 사실상 불가능하므로 그것을 청원하는 일부터가 경솔한 짓이며, 다른 식으로 왕국 내에서 출판을 허락하기를 전혀 원하지 않았다. 그러나 부인은 정부가 채택했던 제도 내에서 그로 인해 검열에 어려움이 생기는 일은 심지어 전혀 없을 것이라고 우겼다. 부인은 자신의 견해에 말제르브 씨를 동조하게 하는 수법을 썼다. 이 문제에 관해 말제르브 씨는 손수 장문의 편지를 내게 보내서, "사부아 보좌신부의 신앙고백"이야말로 모든 곳에서 인류의 동의를 얻는 것은 물론이고 현 상황에서는 궁정의 동의를 얻기에도 적합한 작품이라고 입증했다. 나는 항상 그렇게 소심하기만 하던 그 행정관이 이 문제에는 이렇듯 서글서글한 것을 보고 놀랐다. 그가 승인한 저서의 출판은 그것만으로도 합법적인 것이므로, 나로서는 이 저서를 출판하는 데 더 이상 내세울 만한 이의가 없었다. 그렇지만 나는 극도의 노파심에서 이 책이 네덜란드에서, 그것도 서적상 네올므에 의해 출판되어야 한다고 계속 요구했다. 또 서적상을 네올므로 지정하는 것만으로 만족할 수가 없어서 그에게 그 사실을 통고하기까지 했다. 게다가 출판은 프랑스 서적상에 이익이 돌아가야 하고, 일단 출판이 끝나면 그 판매의 문제는 나와 무관하므로 파리든 어디서든 그것을 팔아도 된다는 데 동의했다. 나와 뢱상부르 부인 사이에 합의한 것은 정확히 이상과 같았다. 이러한 합의가 이루어진 후 나는 부인에게 내 원고를 넘겼다.

부인은 이 여행에 지금은 로쟁 공작부인이 된 손녀 부플레르 양을 데려 왔다. 당시 그녀는 아멜리[63]라고 불렸다. 매력적인 아가씨였다. 참으로 그녀는 처녀다운 용모와 부드러움과 수줍음을 갖고 있었다. 그녀의 용모보다 더 사랑스럽고 더 관심을 끄는 것은 없었고, 그녀가 불어넣는 감정보다 더 다정하고 더 순결한 것은 없었다. 게다가 아직 어린아이여서, 11살이 안 됐다. 그녀가 너무 수줍음을 탄다고 생각한 원수부인은 그녀를 활달하게 만들려고 애를 썼다. 그녀는 여러 번 내게 그 아이에게 입맞춤하는 것을 허락했다. 나는 그 입맞춤도 여느 때처럼 멋쩍게 했다. 이런 경우에 내가 아닌 다른 사람이었더라면 친절한 말을 했으련만, 나는 아무 말도 못하고 당황하고 있었으니, 이 가련한 소녀와 나 중 어느 쪽이 더 수줍어했는지 모를 일이다. 어느 날 나는 '작은 성'의 계단에서 혼자 있는 그녀와 마주쳤다. 그녀는 방금 테레즈를 만났고, 그녀의 가정교사는 아직 테레즈와 같이 있었다. 무슨 말을 해야 할지 몰라서 나는 소녀에게 입을 맞추자고 제의했고, 그녀는 순진한 마음에서 그것을 거절하지 않았다. 그녀는 바로 그날 아침에도 할머니 앞에서 할머니가 시키는 대로 내게서 입맞춤을 받았기 때문이다. 그 다음 날 원수부인 머리맡에서 《에밀》을 읽어주다가 전날 내가 한 것과 같은 짓을 정당한

---

63) 아멜리 드 부플레르(Amélie de Boufflers, 1751년 5월 5일 출생)는 원수가 첫 번째 부인에게서 얻은 아들 부플레르 백작의 딸이다.

이유로 비판하는 바로 그 대목에 부딪쳤다. 64) 그녀는 그 견해가 매우
올바르다고 생각하여 그에 관해 매우 타당한 몇마디 말을 했고, 나는 얼
굴을 붉혔다. 이 어처구니없는 바보짓을 내가 얼마나 저주했는지 모른
다. 그런 바보짓은 그저 내가 어리석고 얼이 빠진 것뿐인데도 종종 나를
비열한 죄인처럼 보이게 한다. 지성이 없지 않다고 알려진 사람이 저지
르는 그런 바보짓은 사람들에게 심지어 거짓 변명처럼 받아들여진다.
다른 입맞춤에서도 그랬지만, 비난받아야 마땅할 이 입맞춤에서도 아
멜리 양의 마음과 감각이 결코 나보다 더 순수한 것은 아니었다고 맹세
할 수 있다. 그리고 만일 그때 내가 그녀와 마주치는 것을 피할 수 있었
다면 그렇게 했을 것이라고까지 맹세할 수 있다. 그녀를 만나는 것이 대
단히 즐겁지 않아서가 아니라 지나가면서 그녀에게 건넬 어떤 즐거운
말을 찾아야 하는 곤혹 때문이다. 왕들의 권력 앞에서도 두려워하지 않
았던 한 사내가 어찌 한낱 어린아이 앞에서 주눅들 수 있단 말인가? 어
떻게 해야 할까? 임기응변에 궁한 내가 어떻게 처신해야 하나? 나는 사
람들과 마주쳐 억지로 말을 걸어야 할 때면 꼭 요령부득의 말이 튀어나
온다. 그렇다고 아무 말도 안한다면, 나는 염세가, 야수, 곰이 된다.
차라리 완전한 백치가 훨씬 더 좋았을 것이다. 그러나 이 사교계에서 내
가 갖추지 못한 재능은 나만이 가진 재능을 내 파멸의 도구로 삼았다.

---

64) 소피의 아버지는 에밀에게 부모 앞에서 소피와 입맞춤하도록 한 후 다음과
   같이 말한다.
   "그러면 부모가 있는 데서 허용되는 장난과, 부모가 없는 데서 그들의
   신임을 악용하고 부모가 보는 앞에서는 순수하기만 한 바로 그 애정의 표시
   들을 함정으로 바꾸면서 마음대로 하는 짓거리들 사이에 어떤 차이가 있는
   지 선생님이 자네에게 일러줄 것일세 … 왜냐하면 예절상 사람들 앞에서 묵
   인될 수 있는 일이 무엇인지는 다들 알고 있지만, 자신의 엉뚱한 짓들에
   대해 혼자 판단하는 사람이 남들이 없는 은밀한 곳에서는 어디서 행동을
   멈추는지는 아무도 모르기 때문일세"(《에밀》5권).

이 나들이가 끝날 무렵 뤽상부르 부인은 한 가지 좋은 일을 했는데, 나도 여기에 얼마쯤 협력했다. 디드로가 뤽상부르 씨의 딸 로베크 공작부인을 함부로 모욕하자 부인의 보호를 받고 있던 팔리소가 〈철학자들〉이라는 희극을 갖고 그녀의 복수를 했는데, 희극 속에서 나는 웃음거리가 되었고 디드로는 몹시 가혹한 취급을 받았다.[65] 작가가 거기서 나를 더 많이 봐준 것인데, 그 이유는 내게 받은 은혜라기보다는 자기 후원자의 아버지로부터 미움을 사지 않을까 하는 두려움 때문이었다. 그는 내가 원수의 총애를 받고 있다는 것을 알고 있었기 때문이다. 희곡이 출판되자 당시 내가 전혀 모르던 뒤쉔이라는 서적상이 그 희곡을 내게 보내주었는데, 나는 그것이 팔리소의 지시에 의한 것이었다고 추측하고 있다. 아마 팔리소는 나와 절교한 사람이 심한 공격을 당하는 것을 보고 내가 즐거워할 줄 알았던 모양이다. 그러나 그는 대단히 착각한 것이다. 나는 디드로를 악인이라기보다는 조심성 없고 심약한 사람으로 믿고 있으며, 비록 그와 의절했어도 마음속으로는 여전히 그에 대해 어느 정도의 애정을 간직하고 있었다. 그리고 심지어 오랜 우정에 대한 경의와 존경도 잃지 않았는데, 나는 내 쪽에서만큼 그쪽에서도 그 우정이 오랫동안 진실했다고 알고 있다. 성격이 위선적인 그림은 사정이 완전히 다르다. 그는 결코 나를 사랑하지도 않았고, 심지어 사랑할 능력조차 없는 사람이다. 그리고 아무런 불평거리도 없는데도 의도적으로, 단지 자신의 음흉한 시기심을 만족시키기 위해 가면 뒤에 숨어서 나의 가장 잔인한 비방자가 되었다. 이 자는 더 이상 내게 아무것도 아니다. 그러나 디드로는 영원히 나의 옛 친구로 남을 것이다. 이 추악한 희곡을 읽자니 오장육부가 뒤틀렸다. 끝까지 참고 읽을 수가 없어서 중도에서 그만두고, 나는 다음과 같은 편지와 함께 그 작품을 뒤쉔에게 돌려보냈다.

---

65) 철학자들 특히 볼테르와 루소를 심하게 야유한 〈철학자들〉은 1760년 5월 2일 프랑스 극장에서 최초로 상연되었다.

1760년 5월 21일, 몽모랑시에서

귀하가 보내주신 희곡을 훑어보다가 거기서 제가 칭찬받는 것을 보고 모골이 송연했습니다. 이런 끔찍한 선물은 받지 못하겠습니다. 이 책을 보내시어 저를 모욕하기를 원했던 것은 전혀 아니라고 확신합니다. 그러나 귀하께서는 다음과 같은 사실을 모르시거나 잊으셨습니다. 저는 영광스럽게 이 풍자문에서 부당하게 중상모략당한 존경받을 만한 사람의 친구였습니다.

뒤쉔은 이 편지를 사람들에게 보여주었다. 이 편지에 감동해야 할 디드로는 도리어 화를 냈다. 자존심이 센 그는 내가 관대한 처신으로 자신보다 우위에 서는 것을 용서할 수가 없었다. 나는 그의 아내가 가는 곳마다 독살스럽게 나에 대해 분통을 터뜨렸다는 것을 알았지만, 그녀가 말씨가 상스러운 여자라고 세상에 알려져 있는 것을 아는 터여서 그 독살스런 말에 별다른 상처를 입지 않았다.

디드로는 자기대로 모를레 신부에게서 자기를 위해 복수해 줄 사람을 발견했다. 그 신부는 《소예언자》를 모방한 〈환상〉이라는 제목의 짤막한 글로 팔리소에게 반격을 가했다. [66] 이 글에서 그가 로베크 부인을 매우 함부로 모욕해서, 부인의 친구들은 그를 바스티유에 처넣어버렸다. 이것을 친구들의 짓이라고 말할 수 있는 것은, 부인은 원래 복수심 같은 것이 별로 없는 사람이며 또 당시 빈사상태에 있었으므로 그녀가 이 일에 개입하지 않았다는 사실을 확신하기 때문이다.

모를레 신부와 대단히 친분이 깊었던 달랑베르는 내게 편지를 보내 뤽상부르 부인에게 신부의 석방을 간청해 달라고 부탁했다. 그리고 감

---

[66] 모를레(Morellet)는 20여 쪽의 소책자 《철학자들의 희극 서문 혹은 샤를 팔리소의 환상》을 썼는데, 여기서 팔리소만이 아니라 그의 후원자인 로베크 공작부인까지 공격했다.

사의 표시로 《백과전서》에 부인에 대한 찬사를 쓰겠다고 약속했다. 67)
내 답장은 이러했다.

귀하의 편지를 기다릴 것도 없이 나는 이미 원수부인에게 모를레 신부
의 구금으로 내가 얼마나 가슴 아파하는지를 알렸습니다. 뢱상부르 부
인은 이 일에 대한 내 관심을 알고 있으며, 귀하가 보이시는 관심 또한
알게 되실 겁니다. 모를레 신부가 재주 있는 사람이라는 사실을 아시는
것만으로도 부인 자신도 이 일에 관심을 갖게 되실 겁니다. 게다가 비
록 부인과 원수 각하께서 영광스럽게도 내게 내 삶의 위안이 되는 호의
를 베풀어주시고 또 귀하의 친구인 내 이름이 원수 내외에게 모를레 신
부를 위한 추천장이 된다 하더라도, 이러한 상황에서 원수 부처가 그들
의 지위에 결부된 영향력과 그들의 인격에서 기인하는 존경을 어느 선
까지 발휘하는 게 적합한지 나는 모르겠습니다. 문제가 된 복수행위가
로베크 공작부인과 관계된다고 귀하는 믿고 계신 것 같은데, 나는 그
정도도 확신할 수조차 없습니다. 또 설사 그렇다고 해도, 복수의 즐거
움이 철학자들만의 전유물이고 또 철학자들이 여성이 되고 싶어 한다
고 해서 여성들이 철학자가 될 거라고 기대해서는 안될 것입니다.
　귀하의 편지를 뢱상부르 부인에게 보인 뒤, 부인이 내게 무슨 말씀
을 하시면 귀하에게 전해드리겠습니다. 어쨌든 부인을 충분히 잘 알고
있다고 믿는 나는 부인이 모를레 신부의 석방에 기꺼이 협력한다 하더
라도 귀하가 그녀에게 《백과전서》의 글을 통해 드리겠다고 약속한 감
사의 조공을 수락하는 일은 없을 거라고 미리 단언할 수 있습니다. 그
러한 찬사에 대해 부인이 영예롭게 생각할지 모르오나, 부인이 선행을
하시는 것은 결코 찬사를 얻기 위해서가 아니라 선량한 마음의 만족을
위해서이기 때문입니다.

---

67) 〔원주〕 그 편지는 뢱상부르 성에서 다른 편지들과 함께 없어진 반면, 다른
서류들은 거기에 보관되어 있다.

나는 그 가엾은 수인을 위하여 뤽상부르 부인의 열성과 연민을 불러 일으키려고 있는 힘을 다했고 성공했다. 부인은 생플로랑탱 백작을 만나러 일부러 베르사유까지 나들이를 했다. 이 나들이로 몽모랑시 체류는 단축되었고, 때를 같이하여 원수도 몽모랑시를 떠나 루앙에 가지 않으면 안 되었다. 그곳 고등법원에 무슨 소동이 있어서 그것을 제지하려고 국왕이 원수를 노르망디 지사로 파견한 것이다. 다음의 편지는 뤽상부르 부인이 그가 출발한 다음다음 날 내게 보낸 것이다.

수요일, 베르사유에서 (편지모음집 D. 23호)

뤽상부르 씨는 어제 아침 6시에 출발하셨습니다. 저도 뒤따라가게 될지는 아직 모르겠습니다. 그분 자신도 그곳에 얼마나 머물게 될지 모르기 때문에 저는 소식을 기다리고 있습니다. 저는 모를레 신부의 일을 가장 잘 처리할 수 있을 생플로랑탱 씨를 만나보았습니다. 여기에 난관이 없는 것은 아니지만 그는 다음 주에 있을 첫 번째 어전협의에서 그 난관을 극복할 것이라 기대하고 있습니다. 신부를 유배보내는 일이 논의되고 있었으므로 저는 제발 그렇게 하지 말라고 부탁했습니다. 사람들은 그를 낭시로 보내려 했던 것입니다. 이상이 제가 얻어 낼 수 있었던 것입니다. 하지만 당신이 바라는 대로 사건이 해결될 때까지는 잠시도 생플로랑탱 씨를 편안히 놔두지 않겠다는 것을 당신에게 다짐합니다. 그러니 이제는 그렇게 일찍 귀하와 작별하게 된 서글픔에 대해 말씀드려도 되겠지요. 당신께서 제 서글픔을 의심치 않으리라 기대하고 있습니다. 진심으로 그리고 제 생명이 다할 때까지 당신을 사랑합니다.

며칠 후에 달랑베르에게서 참으로 반가운 이러한 짤막한 편지를 받았다.

8월 1일 (편지모음집 D. 26호)

친애하는 철학자여! 귀하의 수고 덕택으로 신부가 바스티유에서 출옥
했고 그의 구금은 아무런 후유증을 가져오지 않을 것입니다. 신부는 시
골로 떠나며, 나처럼 귀하게 무한한 감사와 인사를 드리고 있습니다.
안녕히 계십시오. 그리고 나를 사랑해주십시오.

　신부도 며칠 후 내게 감사의 편지 (편지모음집 D. 29호)를 보냈다. 내
가 보기에 편지에는 어떤 진심을 토로하는 기색이 있는 것 같지 않았고,
그는 어떻게 보면 내가 그에게 베푼 도움을 대수롭지 않은 것으로 여기
는 듯했다. 그후 얼마 지나자 달랑베르와 그는, 뤽상부르 부인 곁에서
나를 밀어냈다고까지는 말하지 않겠지만, 이를테면 내 뒤를 이었으며,
그들이 부인 곁에게 얻은 것만큼 내가 잃은 것이 있다는 것을 알게 되었
다. 하지만 내가 부인의 총애를 잃는 데 모를레 신부가 일조했다고 의심
하는 것은 정말 아니다. 그런 의심을 품기에는 너무도 그를 존경하고 있
다. 달랑베르 씨에 관해서는 여기서 아무 말도 하지 않겠다. 후에 다시
이야기하게 될 것이다.
　이 무렵 또 다른 사건이 하나 생겼다. 내가 볼테르 씨에게 최후의 편
지를 쓰게 된 것도 이 사건이 동기가 되었다. 그는 그 편지를 가증스러
운 모욕으로 여기고 크게 노하여 내던져버렸지만, 어느 누구에게도 보
여주지 않았다. 그가 하고 싶지 않았던 것을 내가 여기서 대신하기로 하
겠다.
　약간 알고는 있었지만 별로 만난 적은 없는 트뤼블레 신부가 1760년 6
월 13일 편지 (편지모음집 D. 11호)를 보내왔다. 서신을 서로 교환하는
그의 친구 포르메 씨[68] 가 자신의 신문[69]에 내가 쓴 〈리스본의 참사에

---

68) 장 앙리 사뮤엘 포르메 (Jean-Henri-Samuel Formey, 1711~1770)는 베

관해 볼테르 씨에게 보내는 편지〉를 실었다고 알려주기 위해서였다. 트뤼블레 신부는 어떻게 이 글이 인쇄될 수 있었는지를 알고 싶어 했다. 그리고 교활한 또 예수회원 특유의 위선적인 사고방식에 따라 자신의 의견은 말하지 않은 채 이 편지의 재인쇄에 관한 나의 의견을 물었다. 이런 부류의 사기꾼들을 끔찍이도 증오했으므로 나는 내가 마땅히 갖추어야 할 사의는 표명했지만, 거기에 그가 알아차릴 만큼 냉담한 어조를 곁들였다. 그럼에도 불구하고 그는 두세 번 더 편지로 나를 구슬려 결국 자기가 알고 싶어 하는 것은 전부 다 알아냈다.

트뤼블레가 뭐라 지껄이든, 나는 포르메가 이 편지가 인쇄된 적이 없다고 생각해서 그것을 최초로 인쇄했다는 것을 잘 알고 있었다. 포르메가 비록 이미 발행된 책에서 저자의 이름을 빼고 자기 이름으로 고쳐 그걸 팔아 이익을 보는 믿을 수 없이 파렴치한 짓까지는 아직 하지 않았지만, 나는 그가 남의 작품들에서 나오는 수입을 거리낌 없이 가로채는 뻔뻔스런 표절자라고 알고 있었다.[70] 그런데 어떻게 해서 이 원고가 그의 수중에 들어갔을까? 바로 그것이 문제였는데, 이 문제를 풀기는 어렵지 않았다. 그러나 나는 그것에 난처함을 느낄 정도로 우직했다. 이 편지에서 비록 볼테르가 지나치게 존경받은 게 사실이지만 만약 내가 그의 동의 없이 인쇄를 시켰다면 그는 자기의 무례한 태도에도 불구하고 결국 내게 불평할 자격을 갖게 되었을 것이다. 그 때문에 나는 이 문제로 그에게 편지를 쓰기로 작정했다. 이 두 번째 편지는 다음과 같다. 그는 이 편지에 아무런 회답도 않고, 좀더 편안하게 자신의 난폭함을 드러내

를린 아카데미 종신 사무국장으로 프리드리히 2세의 후원을 받아 《총서》와 《새 독일 총서》를 시작했다.

69) 〈학문과 풍습의 현 상태에 대한 편지들〉, 베를린, 43~44호, 1759년 10월 23~30일.

70) 〔원주〕 그는 이런 방법으로 나의 《에밀》을 자기의 것으로 만들었다.

기 위해 그 편지 때문에 미친 듯이 화가 난 척했다.

1760년 6월 17일, 몽모랑시에서

언젠가 귀하와 편지를 주고받게 되리라고는 생각지 않았습니다. 그러나 내가 1756년 귀하에게 보낸 편지가 베를린에서 인쇄되었다는 사실을 알게 되어 이에 대한 나의 처신에 대해 말씀드리지 않을 수 없고, 그래서 나는 진실하고 솔직하게 그 의무를 이행하려 합니다.

사실 그 편지는 귀하 앞으로 보내진 것으로, 인쇄하기 위해 쓴 것은 결코 아니었습니다. 나는 그 편지를 세 사람에게만 조건부로 열람시켰습니다. 우정의 권리 때문에 나는 그들에게 이와 유사한 어떤 것도 거부할 수 없었으며, 바로 그 같은 우정의 권리 때문에 그들 역시 약속을 어기면서 그들에게 위탁된 편지를 남용하는 것은 더욱더 허용될 수 없었습니다. 그 세 사람이란 뒤팽 부인의 며느리인 슈농소 부인, 두드토 백작부인, 그리고 그림이라는 독일 사람입니다. 슈농소 부인은 이 편지를 출판하기를 바라며 그것 때문에 나의 동의를 요청하였습니다. 나는 그녀에게 그것은 귀하의 뜻에 달려 있다고 말했습니다. 그래서 귀하의 동의가 요청되었던 것인데, 귀하는 그것을 거부했고, 더 이상 그 일은 문제가 되지 않았습니다.

그런데 나와는 어떤 종류의 친분도 없는 트뤼블레 신부가 최근 경의에 가득 찬 정중한 편지를 내게 보냈습니다. 그는 포르메 씨가 발행하는 신문을 받아 거기서 바로 이 편지를 읽었는데, 1759년 10월 23일자 신문에서 발행인은 이 편지를 몇 주 전에 베를린의 서점들에서 발견했으며 그것은 머지않아 영구히 사라질 낱장으로 흩어진 종이들의 하나여서 자기 신문의 지면을 거기에 할애해야 한다고 생각했다는 설명을 붙여 놓았다고 합니다.

이상이 내가 아는 전부입니다. 지금까지 파리에서는 이 편지에 관하여 말을 들은 사람조차 없다는 것은 매우 확실한 사실입니다. 또한 원고상태로든 혹은 인쇄상태로든 포르메 씨의 수중에 들어간 사본은 오직 귀하에게서 흘러나왔거나 — 이것은 있음직하지 않은 일입니다 —, 아니면 아까 제가 말한 세 사람 중의 한 사람에게서 나올 수 있었음이 매우 확실합니다. 그래도 두 부인이 그 같은 배신을 할 리 없다는 것도 매우 분명합니다. 나는 은거해서 더 이상 그 일에 대해 알 수가 없습니다. 귀하는 여러 사람과 서신을 교환하고 계시니까 그럴 필요가 있다고 느끼시면 그들을 통해 그 출처로 거슬러 올라가 진상을 확인하기 용이하실 것입니다.

트뤼블레 신부는 바로 그 편지에서 그 인쇄물을 따로 간직하고 있으며 나의 동의 없이는 남에게 빌려주지 않겠다고 분명히 말했습니다. 나는 동의하지 않을 것입니다. 그러나 그 사본이 파리에서 유일한 것이 아닐 수 있습니다.

볼테르 씨, 나는 이 편지가 파리에서 인쇄되지 않기를 바라며 그렇게 하기 위하여 최선을 다하겠습니다. 그러나 만약 인쇄가 불가피하고 제때에 알게 되어 내가 우선권을 가질 수 있다면, 그때는 내가 직접 나서서 그것을 인쇄시키는 데 주저치 않을 것입니다. 나에게는 그것이 정당하고 당연하게 보입니다.

바로 그 편지에 대한 귀하의 회답에 관해서는 그것이 아직 아무에게도 열람되지 않았습니다. 그리고 귀하께서는 이 편지가 귀하의 동의 없이는 인쇄되지 않으리라는 것을 믿으셔도 좋습니다. 나는 한 사람이 다른 사람에게 편지를 쓴 것은 대중에게 쓴 것이 아니라는 것을 잘 알고 있기 때문에 귀하에게 그런 동의를 요청하는 경솔한 짓을 하지는 않을 것이 분명합니다. 그러나 귀하께서 내 앞으로 보내는 공개편지를 보내고 싶다면 그 편지는 내 편지에 충실하게 첨부하리라는 것과 그 편지에 대해 한마디의 항변도 하지 않을 것을 귀하에게 약속합니다.

볼테르 씨, 나는 귀하를 전혀 좋아하지 않습니다. 귀하는 귀하의 제자이며 예찬자인 나에게 비할 바 없는 고통을 주는 갖가지 해를 끼쳤습니다. 귀하는 제네바에서 받은 피난처에 대한 보답으로 제네바를 타락시켰으며, 내가 동포들의 틈에 섞여 귀하에게 아낌없이 보냈던 박수갈

416

채에 대한 보답으로 내 동포들을 나로부터 멀어지게 만들었습니다. 그
렇게 해서 내가 도저히 내 고국에서 살아갈 수 없게 만든 사람이 귀하
입니다. 나로 하여금 죽음을 눈앞에 둔 사람들이 누릴 수 있는 모든 위
안을 빼앗긴 채 예우라고 해야 고작 길바닥에 던져져 낯선 이국땅에서
죽게 만들 사람도 귀하입니다. 반면에 내 나라에서 귀하는 한 인간이
기대할 수 있는 모든 예우들을 누리게 될 것입니다. 결국 내가 귀하를
증오하는 것은 귀하가 그것을 원했기 때문입니다. 그러나 내가 당신을
증오하는 것은, 귀하가 내 사랑을 원하셨다면 훨씬 더 당신을 사랑할
만한 사람으로 증오하는 것입니다. 내 심중에 가득 스며든 귀하에 대한
모든 감정들 중에 남아있는 것은 귀하의 훌륭한 재능에 대한 거부할 수
없는 찬탄과 귀하가 쓴 글에 대한 사랑뿐입니다. 내가 귀하에게서 오직
귀하의 재능밖에 존경할 수 없는 것은 내 잘못이 아닙니다. 나는 결코
귀하의 재능에 대한 존경을 잊지 않을 것이며 이러한 존경이 요구하는
태도를 저버리지 않을 것입니다.

글로 인해 생겨난 이렇게 소소한 번거로운 일들이 점점 내 결심을 더
굳게 했지만, 그런 와중에 나는 문학이 내게 가져다준 그리고 내게 가장
감격적이었던 최고의 영예를 얻었다. 그것은 콩티 대공[71]이 나를 두 차
례 방문한 것인데, 한 번은 '작은 성'에서였고 또 한 번은 몽 루이에서였
다. 대공은 심지어 두 번 다 뤽상부르 부인이 몽모랑시에 없는 때를 택
했는데, 그것은 오직 나를 만나기 위해서만 왔다는 것을 한층 분명히 하
기 위해서였다. 내가 처음에 콩티 대공의 호의를 받게 된 것은 뤽상부르
부인과 부플레르 부인의 덕택이라는 것을 한 번도 의심한 적이 없다. 그

71) 루이 프랑수아 드 부르봉, 콩티 대공(Louis-François de Bourbon, prince
de Conti, 1717~1776)은 군대의 사령관으로 있다가 1747년 군직을 떠나
루이 15세의 비밀외교 고문 역할을 수행했다. 그러나 퐁파두르 부인으로
인하여 왕의 총애를 잃고 1756년 6월 공직에서 물러났다. 그는 구속을 싫
어하고 사교계에서 신분차별을 하지 않았다고 한다.

러나 그후 그가 내게 끊임없이 베풀어 준 호의는 대공 자신의 감정과 나 자신 때문이라는 것 또한 의심치 않는다. 72)

　몽 루이에 있는 나의 처소는 아주 아담하고 망루의 위치가 매력적이 어서 나는 콩티 대공을 그리로 안내하였다.　그런데 대공은 분에 넘치는 호의를 베풀어 영광스럽게도 내가 그와 체스를 두기를 원했다.　나는 대 공이 나보다 훨씬 강한 로랑지 기사를 이겼다는 것을 알고 있었다.　그렇 지만 로랑지 기사와 그 보좌관들의 눈짓이나 찌푸린 얼굴에도 아랑곳하 지 않고 나는 두 판을 두어 내리 이겼다.　승부가 끝나자 나는 공손하고 도 정중한 어조로 "전하, 체스에서 늘 져드리기에는 전하를 너무도 존경 하고 있습니다"라고 말했다.　재치와 식견이 넘치며 또 아첨을 받지 않아 도 될 정도로 그토록 고귀한 이 위대한 왕자는 사실 그 자리에서 자신을 인간으로 대우한 사람이 나 한 사람밖에 없다고 느꼈다.　적어도 내가 생 각하기로는 그렇다.　그리하여 대공이 이 말에 대하여 진심으로 내게 감 사하였으리라고 믿어도 무방할 것이다.

　혹 그가 이 일로 내게 불만을 품었다 하더라도 나는 모든 점에서 그를 속일 생각이 전혀 없었으므로 나 자신을 책망하지는 않았을 것이며, 또 마음속으로 그의 친절에 적절치 못하게 대응하지 못했다는 자책감을 느 낄 필요도 분명 없었다.　그러나 대공 자신은 내게 친절을 드러내는 태도 에 무한한 감사를 곁들이는 반면에, 내가 가끔 그 친절에 마지못해 대응 한 것에 대해서는 정말 자책을 느끼지 않으면 안 되었다.　며칠이 지나지 않아 그는 사냥한 고기들을 한 바구니 보내왔다.　나는 예의상 그것을 받 았다.　그후 얼마 있다가 또 한 바구니를 보내주었다.　그의 수렵 관리인

---

72)〔원주〕이러한 맹목적이고 어리석은 신뢰가 잘못된 것이라는 사실을 내게 가장 여실히 깨닫게 해주어야만 했던 그 모든 대접들을 받으면서도 끈질기 게 신뢰를 버리지 않은 것을 주목하시라.　이러한 인내는 1770년에 내가 파 리로 돌아간 이후에서부터야 비로소 멈추었다.

들 중 한 사람이 대공의 명에 의해 그것은 전하의 사냥에서 나온 것이며 전하께서 직접 잡으신 사냥감이라고 편지를 써 보냈다. 나는 그것도 받았다. 그러나 나는 부플레르 부인에게 편지를 보내어 더 이상은 그런 것을 받지 않겠다고 했다. 이 편지는 모든 사람들로부터 비난을 샀고 사실 비난받아 마땅하였다. 한 왕족이 그것도 그토록 예의를 차려 보내준 사냥감 선물을 거절한다는 것은 자신의 독립을 지키려는 자존심 강한 사람의 신중한 태도라기보다는 윗사람에 대해 자신의 처지를 망각한 무례한 사람의 상스러운 행위였다. 나는 서류모음집에서 그 편지를 꺼내어 다시 읽을 때마다 얼굴을 붉히지 않을 수 없었고, 그것을 썼던 나 자신을 책망하지 않을 수 없었다. 그러나 요컨대 내가 고백록을 계획한 것은 내 어리석은 언행을 덮어두려는 의도에서가 아니었고, 더욱이 그때의 행동은 내 스스로에게도 너무나 참을 수 없는 것으로 여겨져 그냥 감추어 둘 수가 없다.

나는 콩티 대공과 라이벌이 되는 우를 범하지는 않았지만, 자칫하면 그렇게 될 뻔했다. 당시 부플레르 부인이 아직 대공의 정부였는데, 나는 그 사정은 전혀 모르고 있었던 것이다. 부인은 꽤 자주 로랑지 기사와 함께 나를 찾아왔다. 부인은 아름답고 아직 젊었다. 부인은 고대 로마의 기풍을 갈구했고 나로 말하면 언제나 공상적인 기풍을 갖고 있었는데, 두 기풍은 매우 가까운 것이었다. 하마터면 나는 부인에게 빠져들 뻔했다. 나는 부인이 그것을 눈치 챘다고 생각한다. 로랑지 기사도 눈치를 챘다. 어쨌든 그는 나에게 그것에 대해 더구나 나를 낙담시키지 않을 방식으로 말해 주었다. 그러나 이번에는 내게도 분별이 있었고, 나이가 쉰이니 그럴 때도 되었다. 얼마 전 달랑베르에게 보내는 편지에서 늙다리들에게 교훈을 준 바 있었는데, 그 교훈을 마음속 깊이 새긴 나 자신이 그것을 그렇게나 제대로 써먹지 못하다니 부끄러웠다. 뿐만 아니라 그때까지 모르고 있었던 일을 알고 보니, 정신이 온전히 박혔다면 그런 높은 분과 경쟁할 수는 없는 노릇이었다. 끝으로, 아마 두드토 부인에 대한 열정이 아직도 제대로 치유되지 않은 것 같으므로 내 마음 속에서는 더 이상 아무것도 그녀를 대신할 수가 없다고 느꼈다. 그래서 여생 동안 나는 사랑과는 영원히 작별을 고했다. 내가 이 글을 쓰고 있는 요즘에도, 나를 노리고 있는 한 젊은 부인이 얼마 전 심상치 않은 눈빛을 보이며 내게 매우 위험천만한 교태를 부렸다. 이 여인은 내 나이가 예순이라는 것을 잊은 척했지만, 나는 내 나이를 잘 기억하고 있었다. 이런 곤란한 일에서 발을 뺀 이상 다시는 실족을 두려워할 필요가 없고 여생 동안 나는 내 자신을 책임질 수 있다.

부플레르 부인은 자신이 내 마음에 동요를 일으켰다는 것을 눈치 챘으므로 내가 그것을 극복했다는 것도 눈치 챌 수 있었다. 나는 이 나이에 부인의 마음을 녹일 수 있었다고 믿을 만큼 어리석지도 않았고 오만하지도 않다. 그러나 부인이 테레즈에게 한 몇몇 말들로 미루어 보건대 내가 부인의 호기심을 자극한 모양이었다. 만일 그렇다면, 그리고 부인이 자신의 호기심을 충족시켜 주지 않은 나를 용서치 않았다면, 나는 정말 태어나기를 내 약점들의 희생물이 되도록 태어났다고 인정해야만 한다. 승리한 사랑도 내게 그토록 치명적이지만 패배한 사랑은 더욱더 치명적이기 때문이다.

지금까지 이 두 권[73]에서 내 길잡이가 되어 주었던 편지모음집은 이것으로 끝이 난다. 이제부터는 내 기억의 흔적들을 더듬어나가는 수밖에 없을 것이다. 그러나 이 잔인한 시기의 기억들은 매우 강렬했고 그 강한 인상은 내게 너무 고스란히 남아있어, 불행의 거대한 바다 속에서 길을 잃은 나는 첫 번째 난파 이후의 일들에 대해서는 어렴풋한 기억만을 갖고 있지만 그 난파에 대한 세세한 사항들은 잊을 수 없다. 그래서

---

[73] 9권과 10권.

나는 다음 권에서는 더욱더 확신을 갖고 나갈 수 있다. 그러나 이야기가 더 앞으로 진행되면, 그때부터는 기억을 더듬어 나가는 수밖에 없을 것이다.

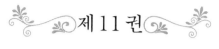

제11권

1760~1762

오래전부터 인쇄중이던 《쥘리》는 1760년 말까지도 출간되지 않았음에도 불구하고 커다란 반향을 일으키기 시작했다. 이미 뤽상부르 부인은 궁정에서, 두드토 부인은 파리에서 이 작품에 대한 소문을 냈던 것이다. 두드토 부인은 생랑베르를 위해 폴란드 왕이 원고상태의 《쥘리》를 읽어도 좋다는 허락까지 내게서 받았는데, 왕은 이 작품에 매우 만족스러워했다. 나는 뒤클로에게도 읽어보게 했는데, 그는 아카데미에서 이에 대한 이야기를 했다. 파리 전체가 이 소설을 보려고 조바심을 내고 있었다. 생자크 거리의 서적상들과 팔레 루아얄 거리의 서적상에게 이 소설에 대한 소식을 물으러 오는 사람들이 몰려들었다. 마침내 책이 나왔고,[1] 이 책의 이례적인 성공은 책이 나오기를 열광적으로 기다리던 독자들의 기대에 부응하였다. 이 책을 제일 먼저 읽은 여인들 중 한 사람인 태자비는 뤽상부르 씨에게 매혹적인 작품이라고 말했다. 문인들 사이에서는 의견들이 갈라졌지만 세간에서는 의견이 일치했고, 특히

---

1) 《신엘로이즈》의 두 가지 판, 그러니까 암스테르담에서 레가 인쇄한 판과 파리에서 로뱅이 인쇄한 판은 1761년 1월 말 동시에 파리에서 나왔다. 그러나 저자용 기증본에서 빼낸 몇 권은 12월 중순에 은밀히 퍼져나갔다.

422

여인들은 책과 저자에 푹 빠져서 만일 내가 시도만 했더라면 심지어 지체 높은 여인들까지 포함하여 정복하지 못할 여인들이 거의 없을 정도였다. 여기에 쓰고 싶지는 않지만 나는 그 증거들을 갖고 있고, 그것들을 굳이 시험해 보진 않았지만 그 증거들은 충분히 내 견해를 뒷받침해 주고 있다. 이 작품에서 프랑스 사람은 남자든 여자든 그리 좋게 그려지지 않았건만, 이 책이 유럽의 다른 나라들에서보다 프랑스에서 더 큰 성공을 거두었다는 것은 이상한 일이다. 내 기대와는 정반대로 스위스에서 가장 성공을 거두지 못했고 파리에서 가장 큰 성공을 거두었다. 그렇다면 다른 곳보다도 프랑스에서 더 우정이니 사랑이니 도덕이니 하는 것들이 널리 퍼져 있는가? 아마 그렇지는 않을 것이다. 그러나 파리에서는 그러한 것들의 이미지에 마음을 동하게 하고 우리로 하여금 더 이상 우리에게 없는 순수하고 다정하고 정직한 감정들을 다른 사람들 속에서는 소중히 여기도록 하는 그 세련된 감각이 아직도 성행하고 있다. 이제 타락은 어디나 마찬가지이다. 유럽에는 더 이상 미풍양속도 미덕도 존재하지 않는다. 그러나 그것들에 대한 약간의 사랑이 아직도 남아있다면, 그것을 찾아야 할 곳은 바로 파리이다.[2]

그 많은 편견과 부자연적인 정념 가운데서 자연의 진정한 감정들을 식별해내기 위해서는 그러한 편견과 정념을 넘어서 인간의 마음을 잘 분석할 줄 알아야 한다. 이 작품을 가득 채우고 있는 마음의 미묘한 점들을 — 내가 감히 이렇게 말할 수 있다면 — 느끼기 위해서는 상류사회의 교육에서만 획득될 수 있는 섬세한 직감이 필요하다. 나는 이 책의 제4부를 《클레브 공작부인》[3]에 견주어도 꿀릴 것이 없다. 그리고 이 두 작품이 지방에서만 읽혔다면, 지방 사람들은 결코 그것들의 가치를

2) 〔원주〕 나는 이 부분을 1769년에 썼다.
3) 《클레브 공작부인》(*La Princesse de Clèves*, 1678)은 17세기 라 파이예트 부인(Mme de Lafayette)의 소설로 섬세한 심리분석 소설의 효시로 꼽힌다.

속속들이 다 느끼지 못했을 것이라고 말하련다. 그러므로 이 책이 가장 큰 성공을 거둔 곳이 궁정이라고 해서 놀랄 필요는 없다. 이 책은 강렬하면서도 베일로 가린 듯한 모호한 표현들이 넘쳐흐르고 있는데, 궁정 사람들이 그것들을 꿰뚫어보는 데 더욱 능숙하기 때문에 그것들은 그 사람들 마음에 들기 마련이다. 그러나 또다시 분명히 해두어야 할 것이 있다. 머리에 권모술수만 들어있어서 악을 꿰뚫어보는 데만 예민하고 오직 선만을 보아야 할 곳에서는 전혀 아무것도 보지 못하는 그런 꾀바른 사람들에게 이 책을 읽는 것은 확실히 적당치 않다. 예를 들어 《쥘리》가 내가 생각하는 어느 나라에서 출판되었다면, 아무도 끝까지 읽는 사람이 없어서 세상에 나오자마자 매장되었을 것이라고 확신한다. 4)

나는 이 작품에 관해 내게 보내온 대부분의 편지를 모아 철해 놓았는데, 그 편지모음집은 나다이야크 부인의 수중에 있다. 5) 언젠가 이 서간집이 나오면, 사람들은 여기서 정말 기묘한 사실들과 더불어 대중을 상대한다는 것이 무엇인지를 보여주는 판단의 대립을 보게 될 것이다. 여기서 비록 사람들이 가장 주목하지 못했지만 이 책을 영원히 유일무이한 작품으로 만들게 될 것은 주제의 단순성과 흥미의 연속성인데, 그것은 세 사람 사이에 집중되어 여섯 권에 걸쳐 유지된다. 에피소드도 없고 소설적인 모험담도 없으며 인물에서나 줄거리 전개에서나 어떤 종류의 사악함도 없는 상태에서 말이다. 디드로는 리처드슨6)의 놀라울 정도로

---

4) 루소는 자기 조국을 생각했던 것이 틀림없다. 게다가 그는 이러한 저항을 예상해서 그 책이 제네바에 보내지지 않기를 원했다.

5) 《신엘로이즈》의 독자들이 루소에게 보낸 편지는 뇌샤텔 도서관에 보관되어 있다. 루소는 트리로 떠나기 전인 1768년 5월 테레즈를 시켜 고메르 퐁텐(Gomer-Fontaine) 수녀원장인 나다이야크 부인(Madame de Nadaillac)에게 여러 원고들, 특히 《고백록》의 초본과 편지모음집을 맡겼다. 1770년 7월 파리에 돌아왔을 때 루소는 자신이 맡긴 것의 반환을 요구했고 그것은 즉시 회수되었다.

다양한 장면들과 수많은 등장인물에 대하여 그를 격찬했다. 7) 사실 리처드슨은 인물들 모두의 특징을 훌륭히 드러냈다는 장점을 갖고 있다. 그러나 그 수에 대해 말하자면 그는 사상의 빈약함을 인물들과 모험담으로 보충하는 가장 따분한 소설가들과 공통점을 갖고 있다. 주마등의 그림들처럼 지나가는 전대미문의 사건들과 새로운 얼굴들을 끊임없이 제시하면서 관심을 환기시키는 것은 쉬운 일이다. 그러나 이러한 관심을 신기한 모험도 없이 똑같은 대상들에 대해 계속 유지시킨다는 것은 분명 보다 어려운 일이다. 그리고 다른 조건이 모두 같다고 할 때 주제의 단순성이 작품의 아름다움을 증대시키는 것이라면, 리처드슨의 소설들은 다른 많은 점에서 우월하다고 해도 이 점에 관해서는 내 것과 비교될 수 없을 것이다. 8) 그럼에도 불구하고 지금 내 소설은 매장되었다는 것을 나는 알고 있다. 나는 그 이유도 안다. 그러나 그것은 다시 부활할 것이다.

---

6) Samuel Richardson (1689~1761) : 영국의 소설가. 동업자로부터 교훈서를 겸한 모범서간집을 쓰도록 권유받아 집필하는 동안 새로운 형태의 이야기의 가능성에 대하여 힌트를 얻어 서간체의 처녀작 《파멜라》(*Pamela or Virtue Rewarded*, 1740) 를 발표하였다. 하녀인 파멜라는 자신을 겁탈하려 드는 여주인의 아들에 대항하여 정조를 지켜 마침내 그로 하여금 그녀에게 정식으로 청혼하게 만든다. 이후 《클라리사》(*Clarissa or the History of a Young Lady*, 1747~1748) 는 그의 작가로서의 명성을 확립시켰다. 그의 작품은 새로운 시민계급의 호감을 사 애독되었다. 독일에서는 새로운 시민비극의 성장을 촉진시켰고 프랑스에서는 디드로와 루소에게 많은 영향을 주었다. 시민적인 도덕과 사실주의를 특색으로 하는 초기 영국소설은 리처드슨에 의해 확립되었다.

7) 디드로의 《리처드슨에 대한 찬사》(*Eloge de Richardson*) 는 1761년 출간되었다. 여기서 디드로는 리처드슨의 묘사가 갖는 사실주의적 특징을 강조하면서 그를 호메로스에 비견되는 '자연의 화가'로 격찬했다.

8) 루소는 《신엘로이즈》에서 리처드슨처럼 세부적인 사실의 묘사에 관심을 갖기보다는 더욱 내면적인 행위를 묘사했다.

  내 걱정은 주제가 너무 단순해서 진행이 지루하지나 않을까, 또 충분한 흥미를 유발하여 그것을 끝까지 유지시킬 수 있을까에 온통 쏠려 있었다. 그런데 한 가지 사실로 나는 안심하였는데, 그것 하나가 내가 이 작품에서 받을 수 있었던 모든 찬사들보다도 나를 더욱 우쭐하게 만들었다.
  책은 사육제가 시작할 때 나왔다. 오페라 극장에 무도회가 있던 어느 날 책을 파는 방물장사가 탈몽 공작부인9)에게 그 책을 전해주었다. 저녁식사 후에 그녀는 무도회에 가려고 옷단장을 하게 시킨 뒤 시간이 되기를 기다리면서 그 새 소설을 읽기 시작했다. 자정에 그녀는 말을 마차에 매어두라고 일러놓고는 계속 책을 읽었다. 사람이 와서 그녀에게 말을 매어두었다고 말했지만, 그녀는 아무런 대답도 하지 않았다. 하인들은 그녀가 정신없이 몰두해 있는 것을 보고는 와서 2시라고 알렸다. 그녀는 여전히 책을 읽으면서 아직 서두를 것이 없다고 말했다. 얼마 후에 자기 시계가 서 있어서 벨을 눌러 몇 시냐고 물어보았다. 4시가 되었다는 말을 듣고 그녀는 그렇다면 무도회에 가기엔 너무 늦었으니 말을 다시 풀어놓으라고 말했다. 그녀는 옷을 벗기게 시킨 뒤 날이 샐 때까지 책을 읽었다.
  이러한 말을 전해들은 이후 나는 늘 탈몽 공작부인10)을 만나보고 싶어 했다. 단지 그 이야기가 정말 사실인가를 그녀에게서 알아보기 위해서만이 아니라 이른바 육감(六感)인 도덕적 감각을 갖고 있지 않다면 《엘로이즈》에 대해 그렇게 강한 흥미를 가질 수 없다고 늘 생각했기 때문이다. 그런데 그런 도덕적 감각을 지닌 심성의 소유자들은 거의 없으며, 이것이 없이는 아무도 내 심정을 이해할 수 없을 것이다.
  여성들이 이처럼 내게 호의를 갖게 된 것은 내가 내 자신의 이야기를 썼고 바로 내가 이 소설의 주인공이라고 그녀들이 확신하고 있었기 때

---

 9) 〔원주〕실은 그녀가 아니고 내가 이름을 모르는 다른 귀부인이다.
10) 탈몽 부인(Princesse de Talmont)은 폴란드 여인으로 1730년 탈몽 공작과 결혼하였고 1733년 사망하였다.

문이다. 이러한 믿음이 어찌나 확고했던지 폴리냐크 부인은 베르들랭 부인에게 편지를 보내 쥘리의 초상화를 볼 수 있도록 내게 부탁해 달라고 청했을 정도였다. 자기가 전혀 느껴보지 못했을 감정들을 그렇게 생생하게 표현할 수 없으며 자기 자신의 마음에서 우러나오지 않았다면 사랑의 격정을 그런 식으로 묘사할 수 없다고 모두들 확신하고 있었다. 이 점에서 사람들의 생각은 옳았다. 그리고 내가 이 소설을 가장 정열적인 황홀감 속에서 쓴 것은 확실하다. 그러나 그런 황홀감을 만들기 위해서 현실적인 대상들이 필요했다고 생각한다면 그것은 옳지 않았다. 내가 상상적인 대상들에 어느 정도까지 열광할 수 있는지 미처 짐작하지 못한 것이다. 청춘시절의 몇몇 아련한 추억들과 두드토 부인이 없었더라면 내가 느끼고 묘사한 사랑은 공기의 요정과 나누는 사랑에 불과했을 것이다. 나는 내게 유리한 잘못된 생각에 대하여 옳고 그름을 가리고 싶지 않았다. 여러분들은 내가 별도로 인쇄시킨 대화체로 된 서문에서 내가 어떻게 독자들을 그 점에 대하여 미결상태로 내버려두었는지 볼 수 있다. 11) 지나칠 정도로 엄격한 사람들은 내가 아주 솔직하게 진실을 고백해야 했을 것이라고 말한다. 그러나 나로서는 내가 왜 그렇게 해야만 하는지를 알 수 없고, 그럴 필요도 없는데 그런 고백을 한다면 솔직하다기보다는 어리석은 일이었을 것이라고 생각한다.

　거의 같은 시기에 《영구평화안》이 출판되었는데, 이 작품의 원고는 그 전해에 〈르 몽드〉라는 정기간행물의 편집자인 바스티드[12] 라는 사

---

11) 《신엘로이즈》의 서문에서 루소는 다음과 같이 말한다. "내가 모든 것을 지었고, 서간 전체가 허구인가? 세상 사람들이여, 무슨 상관인가? 그것은 당신에게 허구임이 분명하다."

12) Jean-François de Bastide (1724~1798) : 연애소설 작가로 1758년 정기간행물 〈새로운 목격자〉(le Nouveau Spectateur) 를 냈고, 1760년에는 그것을 대신하여 〈있는 그대로의 세상〉(le Monde comme il est) 을 1761년에는 〈르 몽드〉(le Monde) 를 냈다. 1760년 5월 그는 《신엘로이즈》의 원고에

람에게 넘겨주었다. 그는 그 잡지에 좋든 나쁘든 내 원고들은 무엇이나 싣고 싶다고 했다. 그는 뒤클로 씨의 친지로 그의 소개로 내게 찾아와서 〈르 몽드〉에 글을 실어 자신을 도와달라고 졸라댔다. 그는 《쥘리》에 관한 말을 듣고는 내가 그것을 자기 간행물에 실었으면 했고 또 《에밀》도 싣기를 원했다. 만약 그가 《사회계약론》이 있다는 것을 짐작했다면 그것도 실었으면 했을 것이다. 결국 그의 끈질긴 부탁에 못 이겨 12루이에 《영구평화안》 발췌본을 그에게 넘겨주기로 결정했다. 원고를 그의 간행물에 싣는다는 것이 우리가 맺은 협약이었다. 그러나 그는 이 원고를 소유하자마자 검열관이 요구하는 몇 군데를 삭제하고는 단행본으로 출판하는 것이 적절하다고 판단했다. 만일 내가 거기다가 작품에 대한 내 의견까지 곁들여 실었다면 일이 어찌 되었을까? 천만다행으로 나는 거기에 대해서는 단 한마디도 바스티드 씨에게 하지 않았고 따라서 그것은 우리의 계약조건에 들어있지 않았다. 이 의견은 지금도 초고상태로 내 문집에 들어있다. 만일 후일 이것이 빛을 본다면 이 문제에 대한 볼테르의 야유와 거만한 어조가 얼마나 나를 웃겼을지 알 수 있을 것이다. 나로서는 그 가련한 인간이 중뿔나게 설쳐대는 정치문제에 대해 가진 역량이 과연 어느 정도인지를 훤히 알고 있었다.

독자들 사이에서 성공을 거두고 부인들 사이에서 인기가 높아지는 가운데서도 나는 뤽상부르 저택에서는 전보다 더 못한 상태로 떨어지고 있다는 것을 느꼈다. 그런데 그것은 날이 갈수록 더한층 나에 대해 호의와 우정을 베푸는 것처럼 보이기까지 하는 원수에게서가 아니라 원수부인에게서 받은 느낌이었다. 내게 더 이상 부인에게 읽어줄 것이 없었던 이후부터, 그녀의 방은 내게 예전만큼 잘 개방되지 않았고 부인이 몽모

대해 2백 루이를 제안했으나 루소는 그 원고를 레에게 보냈다. 1760년 12월 5일 뒤클로의 주선으로 루소는 바스티드에게 《영구평화안 발췌본》의 원고를 넘겼다.

랑시에 나들이하는 동안에 내가 꽤나 열심히 빠지지 않고 얼굴을 내밀
었건만 식탁에서가 아니면 거의 부인을 보지 못했다. 심지어 식탁에서
의 내 자리조차도 더 이상 예전처럼 그녀 곁에 지정되지 않았다. 그녀는
이제 내게 자리를 권하지도 별로 말도 건네지 않았으며, 나 역시 그녀에
게 특별히 할 이야기도 없었으므로 더 편한 다른 자리에 앉는 것이 더 좋
았다. 특히 저녁이면 그러했는데 나도 모르게 차츰 원수와 더 가까운 곳
에 자리를 잡는 습관이 생겼기 때문이다.

　저녁이라는 말에 관해서라면 내가 성관에서 저녁을 먹지 않았다고 말
했던 기억이 나는데, 사귀기 시작한 초기에는 그랬던 것이 사실이다.
그리고 뢱상부르 씨가 점심을 전혀 들지 않고 심지어 식탁에도 앉지 않
았으므로, 몇 달이 지나 이미 그 집 사람들과 친숙해진 후에도 나는 여
전히 그와 한 번도 식사를 같이한 적이 없었다. 그는 친절하게도 그 사
실을 지적했다. 이 말을 듣고 나는 그 집에 별로 손님이 없을 때에는 가
끔 저녁식사를 하기로 했다. 저녁은 매우 만족스러웠는데, 점심은 대개
어수선하게 말하자면 벤치 끝에 걸쳐 앉아 먹는 반면, 저녁식사의 경우
는 사람들이 긴 산책에서 돌아와 즐겁게 휴식을 취하면서 식사했으므로
매우 길었기 때문이다. 또한 뢱상부르 씨가 미식가였으므로 저녁식사
는 대단히 맛있었고, 그의 부인이 황홀할 정도로 식사를 주재하여 매우
유쾌했다. 이런 설명 없이는 뢱상부르 씨가 보낸 편지(편지모음집 C. 36
호)의 끝부분, 즉 그가 우리들의 산책을 더할 나위 없는 기쁨으로 기억
한다고 말하면서 특히 저녁때 안마당으로 들어섰는데 마차바퀴 자국이
하나도 보이지 않을 때가 그러하다고 덧붙이는 대목을 이해할 수 없을
것이다. 매일 아침 마차바퀴 자국을 지워버리기 위하여 마당의 모래 위
를 쇠스랑으로 쓸었으므로, 나는 그 자국의 수를 헤어보고 오후에 불시
에 온 손님이 얼마나 되는지를 판단했던 것이다.

　이 1761년은 내가 이 훌륭한 귀인을 만나게 된 영광을 가진 이후로 그

가 계속해서 당했던 가족과의 사별이 절정에 도달한 해였다. 마치 운명
이 나를 위해 준비했던 재난이 내가 가장 애착을 갖고 또 가장 그 애착을
받을 만한 사람부터 시작한 것 같았다. 첫해에는 그의 누이인 빌루아 공
작부인을 잃었고, 다음 해에는 딸 로베크 공작부인을 잃었으며, 다음다
음 해에는 외아들인 몽모랑시 공작과 손자인 뤽상부르 백작, 즉 그의 가
문과 이름을 유일하게 물려받은 최후의 후계자들을 잃었다. 13) 그는 겉
으로는 의연하게 이런 모든 사별들을 견뎌냈지만, 속으로는 남은 생애
내내 하염없이 피눈물을 흘렸고 그의 건강은 쇠퇴해갈 뿐이었다. 그런
데 원수의 아들의 예기치 못한 비극적 죽음은 국왕이 근위대장직을 맡
고 있는 원수의 후임자로 그의 아들을 지정하는 특권을 부여하고 또 그
의 손자를 다음 후임으로 지정하는 특권을 약속한 직후였기 때문에, 그
만큼 더 뤽상부르 원수에게 고통스러웠음이 틀림없다. 그는 가장 큰 희
망을 걸었던 손자가 시름시름 죽어가는 것을 보고 비통해했다. 그런데
그것은 그 어머니가 의사를 맹목적으로 신뢰해서 생긴 일로, 그 의사는
음식 대신에 약만을 줘서 이 가엾은 아이를 영양실조로 죽게 만들었던
것이다. 아아! 내 말을 들었다면 할아버지와 손자가 둘 다 아직도 살아
있으련만. 내가 원수에게 얼마나 말하고 편지를 썼던가! 몽모랑시 부인
이 의사를 믿고 자기 아들에게 따르게 한 지나치게 엄격한 식이요법에
대해 부인께 얼마나 많은 충고를 드렸던가! 그러나 뤽상부르 부인은 나
와 같은 생각을 가졌지만 어머니의 권위를 침해하는 것을 원치 않았다.
온유하고 마음 약한 남자인 뤽상부르 씨는 다른 사람을 난처하게 만들
기를 조금도 원치 않았다. 몽모랑시 부인은 보르되14)를 신용했고 그녀

---

13) 빌루아 공작부인은 1759년 12월에, 로베크 공작부인은 1760년 7월에, 몽
모랑시 백작은 1761년 5월 22일에, 뤽상부르 백작은 4살의 나이로 1761년
6월에 죽었다.
14) Théophile de Bordeu(1722~1776) : 1752년부터 파리에 자리를 잡은 그는

의 아들은 마침내 그 희생물이 되었다. 이 가엾은 아이는 부플레르 부인과 함께 몽 루이로 오는 허락을 얻어 테레즈에게 간식을 달래서 약간의 음식으로 주렸던 배 속을 채울 수 있었을 때 얼마나 기뻐했던가! 나는 그렇게 많은 재산과 그렇게 훌륭한 이름과 온갖 칭호와 높은 관직을 물려받을 그 유일한 상속자가 보잘것없는 조그마한 빵 조각 하나를 게걸스럽게 먹는 것을 보고 마음속으로 부귀권력에서 생기는 재난을 얼마나 개탄했던가! 결국 내가 무슨 말이나 행동을 하건 헛일이 되었고, 의사가 승리하여 그 아이는 굶어죽고 말았다.

손자를 죽게 한 돌팔이 의사들에 대한 바로 그 맹신이 할아버지의 무덤을 파게 만들었다. 게다가 노환을 받아들이지 않으려는 소심함까지 거기에 가세했다. 뤽상부르 씨는 가끔 엄지발가락에 약간의 통증을 느꼈다. 몽모랑시에서도 이러한 증세가 한 번 나타났는데, 이 때문에 불면증도 생기고 열도 좀 올랐다. 내가 용기를 내 통풍이라는 말을 했더니 뤽상부르 부인은 나를 나무랐다. 원수님의 시의인 외과의사는 통풍이 아니라고 우기며 아픈 부위에 진통용 방향제를 바르기 시작했다. 불행스럽게도 고통은 가라앉았다. 그래서 다시 아플 때는 그 고통을 가라앉혔던 똑같은 약을 빼먹지 않고 썼고, 체질이 나빠지면서 아픔은 심해졌다. 그리고 약도 같은 비율로 늘어갔다. 뤽상부르 부인도 마침내 그것이 통풍이라는 것을 제대로 알고는 그런 몰상식한 치료법에 반대했다. 그러자 사람들은 그녀를 피했고, 뤽상부르 씨는 고집스럽게 자기 병을 고치려 들었기 때문에 자신의 잘못으로 몇 년 후에 죽고 말았다. 그러나 뒤에 일어날 불행들을 이렇게 앞서 말하지 말자. 내게는 그 전에 이야기해야 할 또 다른 불행들이 얼마든지 있지 않은가!

내가 할 수 있었던 모든 말이나 행동이, 심지어 내가 뤽상부르 부인의

당대의 명의 중 한 사람으로 알려져 있었다.

호의를 잃지 않으려고 정말 단단히 결심했을 때조차도, 어떤 숙명처럼 그녀의 기분을 상하게 만든 것 같아서 이상하게 느껴진다. 뢱상부르 씨가 연이어 겪었던 불행으로 나는 그에게 한층 애착을 갖게 되었고, 그 결과 뢱상부르 부인에 대해서도 그러했다. 왜냐하면 내게 그들은 언제나 매우 진실하게 맺어진 것처럼 보여서, 한편에 대해 품고 있는 감정은 필연적으로 다른 한편에게까지 번져갔기 때문이다. 원수는 늙어갔다. 궁정에 부지런히 출입하고, 그 때문에 마음을 쓰며, 계속 사냥을 하고, 특히 1년에 석 달 동안 해야 하는 근무로 피곤했기 때문인데, 그런 일은 젊은 사람의 기력이 아니고는 감당해나갈 수 없었을 것이다. 내가 보기에 이러한 업무에서 그의 기력을 지탱해 줄 수 있는 것이 더 이상 없었다. 그가 죽은 다음 그가 가진 높은 관직들은 흩어져 사라질 것이고 그의 가문은 끊기게 될 것이므로 그가 힘든 생활을 계속할 필요는 거의 없었다. 사실 그러한 생활의 주요한 목적은 자기 자손들이 군주의 은총을 입도록 미리 안배하는 것이었기 때문이다. 어느 날 우리 세 사람만 있을 때, 그는 자손들을 잃어 낙담한 사람으로서 궁정의 고역들에 대하여 불평을 늘어놓았다. 이때 나는 서슴지 않고 은퇴를 화제로 삼고, 그에게 시네아스가 푸로스 왕에게 한 것 같은 충고를 해주었다. 그는 한숨을 쉬며 확답하지 않았다. 그러나 뢱상부르 부인은 나를 따로 만난 첫 순간에 그 충고를 두고 나를 성가시게 굴었다. 그 충고가 그녀를 놀랐게 했던 모양이다. 그녀는 내게 한 가지 사항을 덧붙여 말했는데, 나도 그 말에 수긍이 되어서 같은 말을 되풀이하는 것을 완전히 단념하게 되었다. 그녀의 말은 궁정생활의 오랜 습관이 진짜로 생활에 필요한 것이 되어 심지어 지금은 그것이 뢱상부르 씨에게 일종의 소일거리이고, 내가 권한 은퇴는 그에게 휴식이 되기보다는 귀양살이가 되어서 그로부터 생겨나는 무위와 권태와 비애 때문에 곧 그의 건강을 몽땅 해치게 되리라는 것이다. 그녀는 내가 설득 당했다는 것을 알았고 내가 그녀에게 약속하고 그것을 지키리라 믿는 것처럼 보였다. 그럼에도 불구하고 그녀는 그 점에 대해서 좀처럼 마음이 놓이지 않는 것 같았다. 그래서 그 후부터는 나와 원수가 단둘이서 마주앉을 기회가 줄어들었고 그런 기회가 있다고 해도 거의 언제나 방해를 받은 것으로 기억된다.

　나의 요령 없는 처신과 불행이 한데 어울려 이렇게 부인의 마음을 상하게 하고 있을 때, 부인이 가장 많이 만나고 가장 사랑하는 사람들은 부인에 대해서라면 내게 도움이 되지 않았다. 특히 그럴 수 없이 뛰어난 청년인 부플레르 신부[15]가 그랬는데, 그는 전혀 나를 좋게 생각하지 않는 것처럼 보였다. 그리고 그는 원수부인의 사교계 인사들 중 내게 조금도 정중함을 표하지 않았던 유일한 사람이었을 뿐 아니라, 나는 그가 몽모랑시로 나들이 올 때마다 부인으로부터 무엇인가를 잃어가고 있다는 낌새를 알아챘다. 사실 그가 그런 것을 원하지 않았다 하더라도 그가 참석해 있다는 것만으로도 그렇게 하기에 충분했다. 그 정도로 그의 상냥한 언행의 우아함과 재치가 나의 부적절한 언사를 한층 더 무겁게 만들었다. 그는 처음 2년간은 몽모랑시에 거의 오지 않았다. 나는 부인의 관대함 덕분에 그럭저럭 그녀의 신뢰를 잃지 않고 지냈다. 그러나 그가 어느 정도 계속 나타나자마자 나는 돌이킬 수 없이 짓밟히고 말았다. 나는 그의 날개 밑에 몸을 숨기고 그의 환심을 사려고 했다. 그러나 나로 하여금 그의 마음에 드는 것을 필요하게 만들었던 바로 그 무뚝뚝함 때문에 나는 그의 환심을 사는 데도 성공할 수 없었고, 그렇게 하기 위해 내가 저지른 어수룩한 행동은 부인의 총애도 몽땅 잃게 만들었고 그의 환심을 얻는 데도 유용하지 않았다. 그 정도의 재능을 가졌다면 그는 무슨

---

15) Stanislas de Boufflers(1738~1815) : 문단과 살롱에서 부플레르 기사라는 이름으로 유명한 그는 가족에 의해 성직에 들어갔으나 세속적인 즐거움을 더 좋아했다. 몰타 기사 수도회 기사였으며 이후 아카데미 프랑세즈의 회원이 되었다.

일을 하든 성공했을 것이다. 그렇지만 무엇에든 전념하지 못하고 방탕에 맛을 들여서 모든 부분에서 필요한 재능의 반밖에 획득할 수 없었다. 반면 그에게 재능은 많았고, 그것이 그가 두각을 나타내고 싶어 하는 상류 사교계에서 필요한 전부였다. 그는 짧은 시도 매우 잘 지었으며, 짧은 편지도 매우 잘 썼고, 현악기인 시스트르도 좀 다루고, 서투르게나마 파스텔화도 좀 그렸다. 그는 뤽상부르 부인의 초상화를 그리려고 했지만, 그 초상화는 끔찍했다. 그녀는 그것이 전혀 자기와 비슷하지도 않다고 주장했는데, 그 말은 사실이었다. 이 간악한 신부는 내 의견을 물었는데, 나는 바보처럼 그리고 거짓말쟁이처럼 그 초상화가 닮았다고 했다. 나는 신부의 비위를 맞추려다가 원수부인의 비위를 몹시 상하게 하고 말았다. 부인은 나의 이 말을 잊지 않았다. 신부는 자기 계략이 성공했으므로 나를 비웃었다. 뒤늦게 처음으로 시도한 아첨이 이렇게 꼴좋게 성공하고 나니 양식에 어긋나는 아첨이나 아부를 하고 싶은 생각이 더 이상 들지 않는 법을 배우게 되었다.

내 재능은 유익하지만 가혹한 진실을 힘찬 기백과 용기를 갖고 사람들에게 말하는 데 있었다. 나는 그것을 고수해야만 했다. 나는 아첨은 물론이고 남을 칭찬할 줄 아는 재주도 타고나지 못한 사람이다. 내가 하려고 했던 이 어색한 칭찬의 말은 신랄한 비판보다 더 많은 화를 불러들였다. 나는 여기서 매우 끔찍한 일례를 들어야겠는데, 그것은 그로부터 생겨난 여파가 내 남은 인생의 운명을 좌우했을 뿐만 아니라 아마 자손만대에 걸친 내 평판까지 결정하게 될 정도로 끔찍했다.

슈아죌 씨[16]는 몽모랑시에 나들이하는 동안 가끔 성관에 저녁식사를

---

16) Etienne-François, duc de Choiseul(1719~1785) : 퐁파두르 부인의 도움으로 1757년 빈 주재 대사가 되어 오스트리아와의 동맹을 성공시켰고, 1758년 외무성 대신으로 있다가 1761년 1월 육군성 장관이 되었고 1761년 10월에는 해군성 장관을 겸직했다. 1761년 그는 '가족협약'을 교섭했는데,

434

하러 오곤 했다. 하루는 내가 성관에 없는 사이에 와서 사람들과 나에
대해 이야기했다. 뤽상부르 씨는 베네치아에서 나와 몽테귀 씨 사이에
서 일어났던 사건을 그에게 이야기했다. 슈와쾰 씨는 내가 그 일을 포기
한 것은 유감스러운 일이며, 만일 내가 그 길로 다시 들어서기를 원한다
면 정말이지 기꺼이 내게 일자리를 주겠다고 했다. 뤽상부르 씨가 그 말
을 내게 다시 전해주었다. 나는 대신들의 총애를 받아본 일이 없었으므
로 더욱 그 말에 감격했다. 그리하여 나의 결심에도 불구하고 내 건강이
그것을 고려하도록 허락했더라면 다시 한번 그런 어리석은 짓을 해보지
않았으리라고는 장담할 수 없다. 나는 다른 모든 정열이 나를 가만히 놓
아두는 짧은 기간들에만 야심에 불타올랐다. 그러나 그 짧은 기간들 중
하나라도 나를 다시 끌어들이는 데 충분했을 것이다. 슈아쾰 씨의 이러
한 호의 때문에 나는 그에게 마음이 끌리게 되어 그의 집무상의 활동에
있어 내가 그의 재능에 대해 품었던 존경이 한층 깊어졌다. 특히 그가
주도한 '가족협약'17) 은 그가 일류 정치가라는 것을 보여주는 것 같았다.
또 내가 일종의 수상으로 간주하고 있었던 퐁파두르 부인을 포함하여
그의 전임자들을 나는 그리 높이 평가하지 않았으므로, 그는 더욱 내 마
음을 사로잡았다. 그래서 그 두 사람 중의 한편이 다른 편을 몰아낼 것
이라는 소문이 떠돌았을 때, 나는 슈아쾰 씨가 승리하도록 빌면서 그것
이 프랑스의 영광을 위해 비는 것이라고 생각했다. 나는 퐁파두르 부인

이로 인하여 부르봉가의 군주들(프랑스, 스페인, 양시칠리아 왕국, 파르
마의 군주) 이 결속되었다. 그러나 그는 중농주의적 재정가를 임용하여 고
등법원과 대립했으며, 군비확장 정책도 반대에 부딪혀 1770년 실각했다.
저서로는 《회고록》(1790) 이 있다.
17) 슈아쾰의 주도로 프랑스 왕과 스페인 왕 그리고 파르마 공작 사이에 맺어진
조약으로 조약 당사자들이 모두 부르봉 가문에 속했기 때문에 이러한 이름
이 붙었다. 이 조약의 목적은 영국의 해군력이 우위에 서는 것을 방지하려
는 것이었으나 만족스러운 성과를 거두지는 못했다.

에 대해 항상 반감을 갖고 있었고, 심지어 그녀가 출세하기 전 아직 데 티올 부인이라는 이름을 쓰고 있었을 때 라 포플리니에르 부인 댁에서 그녀를 만났을 무렵에도 그러했다. 그 이후부터 디드로에 대한 그녀의 침묵도, 나에 대한 그녀의 모든 행동도 나로서는 못마땅했다. 〈라미르 의 향연〉과 〈사랑의 시신들〉 및 〈마을의 점쟁이〉에 대한 그녀의 행동 도 불만이었는데, 〈마을의 점쟁이〉는 어떤 면에서도 내게 그 성공에 합 당한 수익을 가져오지 않았던 것이다. 그리고 어떤 경우에도 그녀는 내 게 은혜를 베풀 생각이 별로 없어 보였다. 그런데도 로랑지 기사는 이 귀부인을 찬양하기 위해 무엇이라도 해보라고 제안하면서 그것이 내게 도움이 될 수 있을지 모른다고 넌지시 말했다. 이러한 제안에 나는 분개 했는데, 그것이 그의 생각에서 나온 것이 아니라는 것을 잘 알고 있기 때문에 더욱 그러했다. 나는 이 위인이 자기 혼자서는 아무것도 하지 못 하고 오직 남의 선동에 따라 생각하고 행동한다는 것을 알고 있었다. 나 는 너무나 자제할 줄 몰라서, 그의 제의를 경멸하고 있다는 점을 그에게 감추거나 왕의 애첩에 대해 별 애정이 없다는 점을 누구에게도 감출 수 없었다. 그녀도 그런 것을 알고 있었음이 틀림없다고 생각한다. 그리고 이런 모든 이유로 내가 슈아죌 씨를 위해서 기원을 드린 데에는 내 자연 적인 애정에 내 자신의 이해관계가 섞여 있었다. 그에 대해 아는 것이라 고는 그의 재능뿐이었지만 그 재능에 존경을 품고 있었고, 그의 호의에 대해 감사한 마음으로 가득 차 있었으며, 게다가 은둔하고 있기 때문에 그의 기호나 생활태도는 전혀 몰랐던 나는 미리부터 그를 대중과 나 자 신을 위한 복수자로 보아왔다. 당시 나는 《사회계약론》을 마무리하면 서 전임 장관들과 그들을 압도하기 시작하는 장관에 대해 내가 생각하 는 바를 한마디 써넣었다.[18] 나는 이번 경우에 가장 변함없이 지켜온

---

18) 《사회계약론》 3권 6장(군주정에 대하여)의 다음 구절을 말한다. "그러므 로 천만다행으로 통치하기 위해 태어난 사람들 중 한 사람이 그 많은 한심

436

원칙을 어겼다. 그뿐 아니라 같은 글에서 이름을 거명하지 않은 채 누군
가를 열렬히 칭찬하고 또 누군가를 심하게 비난할 때는, 제 아무리 의심
많은 자존심을 갖고 있는 사람이라도 결코 오해하는 일이 없도록 찬사
의 대상이 그 찬사가 자신을 향한 것임을 분명히 알 수 있도록 해야 한다
는 데 생각이 미치지 못했다. 나는 그 점에 대해 너무나 어리석을 정도
로 안심하고 있어서 착각하는 사람이 있으리라는 생각조차 머리에 떠올
리지 못했다. 내가 옳았는지 틀렸는지 그 여부는 곧 알게 될 것이다.

　내 지긋지긋한 행운들 중 하나는 항상 여류작가들과 관계를 가졌다는
것이다. 나는 적어도 고관대작들 사이에 있으면 이런 불행을 모면할 것
이라고 믿었다. 그러나 전혀 그러지 못했다. 거기서도 불행은 여전히
나를 따라다녔다. 내가 아는 바로는 뤽상부르 부인은 이런 별난 취미에
사로잡혀 있지 않았다. 그러나 부플레르 백작부인은 그랬다. 그녀는 산
문비극을 한 편 썼다. 처음에는 콩티 대공님의 주변사람들이 그것을 읽
고 돌려보고 격찬했는데, 그렇게나 많은 찬사로도 성이 차지 않은 그녀
는 내 찬사를 받기 위해 내 의견도 물어보길 원했다. 그녀는 내 찬사를
받았지만, 그것은 그 작품에 어울리는 평범한 찬사였다. 거기다가 나는
그녀에게 꼭 알려주어야 한다는 생각에서 주의를 주었는데, 그 내용은
〈관대한 노예〉라는 제목을 단 그녀의 작품이 별로 알려지지는 않았지
만 번역이 된 〈오루노코〉19) 라는 제목의 영국 작품과 상당히 유사하다

───────────

　한 관리자들에 의해 거의 엉망이 된 군주정에서 국정을 운영할 때, 사람들
　은 그가 발견하는 유효한 수단들에 대해 깜짝 놀라게 되며 그의 치적은 한
　나라의 역사에 신기원을 이룬다. ”

19) 아프라 벤(Aphra Behn)이 쓴 〈오루노코 이야기〉(Histoire d'Oroonoko)는
　사우서른(Southerne)에 의해 연극으로 개작되고 피케 뒤 보카주(Fiquet
　du Bocage)에 의해 번역되었는데, 그는 1751년 이 작품이 수록된 《운문과
　산문의 다양한 작품들을 실은 문집》(Mélanges de différentes pièces de vers
　et de prose)을 출간하였다.

는 것이었다. 부플레르 부인은 내 의견에 감사하면서도 어쨌든 자기 작
품이 그 영국 작품과는 조금도 비슷하지 않다고 내게 단언했다. 나는 이
표절에 관해서 오직 부인을 제외하고는 결코 아무에게도 말하지 않았
다. 그녀에게 말한 것도 그녀가 내게 부과했던 의무를 다하기 위해서였
다. 그럼에도 불구하고 그 후로 나는 질 블라스가 설교가인 주교에 대해
의무를 완수함에 따라 생긴 결과를 종종 생각하지 않을 수 없었다. 20)

나를 싫어하던 부플레르 신부와 또 부플레르 부인 — 그녀에 대해 나
는 여성들에게서도 작가들에게서도 용서받을 수 없는 잘못을 범했다 —
이외에도 원수부인의 다른 모든 친구들 역시 별로 내 친구가 되어주고
싶은 마음이 여전히 없어 보였다. 그 중에 에노 법원장21) 도 있었는데,
그는 작가 축에 들어 그들의 단점에서 벗어나지 못했다. 그 중에는 또
데팡 부인과 레스피나스 양22) 도 있었는데, 이 두 사람은 모두 볼테르와
상당히 친했으며 달랑베르와도 절친한 친구였다. 심지어 레스피나스

20) 르사주의 소설 《질 블라스》(*Gil Blas*)에 나오는 매우 유명한 이야기를 암
시한 것인데, 여기서 주인공은 경솔하게도 그라나다의 대주교에게 그의 설
교에 대한 자기의 생각을 아첨 없이 말하고 해고를 당한다. 부플레르 부인
은 1761년 15일부터 21일에 걸쳐 쓴 세 통의 편지에서 루소의 선의를 주장
하고 자신의 작품을 수정했다.

21) Le président Hénault(1685~1770) : 에노는 시와 비극만이 아니라 역사적
편집물을 썼다.

22) 데팡 후작부인(La marquise du Deffand, 1697~1780)은 1718년 데팡 후
작과 결혼했지만 실패하고 사교계로 진출했다. 재치가 뛰어나고 성적 쾌락
을 추구하던 그녀는 볼테르, 몽테스키외, 튀르고, 흄 등 당대의 지성들과
교류한 서간집을 남겼다. 그녀는 1752년부터 1754년 사이에 시력을 잃고
22살의 쥘리 드 레스피나스(Julie de Lespinasse, 1732~1776)를 사귀었
다. 알봉 백작부인의 사생아로 태어난 레스피나스 양은 10년 동안 그녀에게
책을 읽어주고 비서 역할을 했다. 이후 자신도 문학 살롱을 주재하였는데
이곳의 단골은 달랑베르, 콩디야크, 튀르고, 콩도르세 등이었다. 데팡 부
인은 볼테르에게 보내는 편지에서 기회가 있을 때마다 루소의 험담을 했다.

양은 마침내 달랑베르와 같이 살기까지 했으며 지금도 순수한 사이로 잘 지내고 있는데, 이것은 심지어 달리 이해될 수조차 없다. 23) 나는 우선 데팡 부인에게 지대한 관심을 갖기 시작했는데, 그녀는 두 눈을 잃어 내 눈에 동정의 대상으로 비치었다. 그러나 그녀의 생활방식은 나와는 너무도 달라서, 한 사람이 잠자리에서 일어나는 시간이 거의 한 사람이 잠자리에 드는 시간이었다. 또 그녀는 경박한 재사를 한없이 좋아하고 출판된 것이면 아무리 사소한 쓰레기 같은 글이라도 덮어놓고 중하게 여겼다. 그녀가 내리는 신탁은 전제적이고 격정적이었으며, 모든 일에 찬성하든 반대하든 지나치게 심취하여 무엇에 대해 말하든 경련을 일으킬 수밖에 없었고, 편견은 믿을 수 없을 정도였으며, 고집은 굽힐 줄 몰랐고, 정념에 치우친 판단의 고집스러움으로 그녀가 이르게 되는 무분별함은 열광적이었다. 이런 모든 것 때문에 나는 그녀에게 베풀고 싶었던 배려를 곧 거두어들이고 싶어졌다. 나는 그녀를 소홀했고, 그녀도 이것을 알아차렸다. 이것만으로도 그녀가 격렬히 화를 내기에는 충분했다. 그리고 나는 이런 성질을 가진 여자가 얼마나 무서운가를 너무나 충분히 알고 있었지만, 그녀의 우정에서 생겨나는 재앙보다 그녀의 증오에서 생겨나는 재앙을 당하는 편이 훨씬 더 낫다고 생각했다.

뤽상부르 부인의 주변사람들 중에 내 친구가 별로 없다는 것으로 충분하지 않았는지 설상가상으로 그녀의 가족 중에 적이 있었다. 그 중 꼭 한 사람이 적이었는데, 그 사람은 오늘날 내 처지로 보아서는 100명의 적에 맞먹는다. 그 사람은 물론 부인의 오빠인 빌루아 공작24) 은 아니었

23) 레스피나스 양이 달랑베르에게 쏟은 우정은 그녀가 데팡 부인과 헤어진 원인들 중 하나가 되었다. 그녀는 자신의 보호자였던 데팡 부인의 살롱을 능가하는 살롱을 열었다. 1765년 달랑베르는 그녀의 집에 거처를 정했지만, 그녀는 스페인 대사의 아들인 모라 백작에게 빠져 달랑베르의 사랑에 응하지 않았다.

다. 왜냐하면 그는 나를 보러 왔을 뿐만 아니라 여러 번 빌루아로 오라
고 초대했기 때문이다. 그리고 나는 이 초대에 가능한 한 공손하고 정중
하게 답장을 썼으므로, 그는 이 애매한 답변을 승낙하는 것으로 알고 뤽
상부르 부처와 약 2주간의 여행을 주선했다. 나도 거기에 끼어야 했으
며 또 그렇게 해달라는 제안도 받았다. 당시 나는 건강을 위해 몸조리가
필요했으므로 탈 없이 여행할 형편이 되지 못했다. 그래서 뤽상부르 씨
에게 제발 그 여행에서 나를 빼달라고 부탁했다. 그가 비할 바 없는 호
의로 그 부탁을 들어주었다는 것은 그의 답장(편지모음집 D. 3호)을 통
해 알 수 있다. 또 빌루아 공작님은 그 일에도 불구하고 여전히 전과 다
름없는 친절함을 내게 보여주었다. 그러나 그의 조카이자 상속인인 젊
은 빌루아 후작25)은 그의 삼촌같이 내게 호의를 베풀지 않았을 뿐만 아
니라 감히 고백하지만 내가 삼촌에게 갖고 있는 존경심에도 공감하지
않았다. 그의 경솔한 태도로 나는 그를 참을 수 없게 되었고, 내 쌀쌀한
태도는 그의 반감을 샀다. 어느 날 저녁 식탁에서 그는 내게 아주 심한
말까지 했다. 나는 우둔하고 임기응변의 재주가 전혀 없었고 또 분노로
인해 그나마 조금이라도 있던 것이 자극되기는커녕 사라져버려, 그런
곤경에서 제대로 빠져나오지 못했다. 나는 개를 기르고 있었는데, 레르
미타주에 왔을 무렵 누가 아주 어린 녀석을 한 마리 주었던 것이다. 나
는 그 녀석을 당시 '뒤크'26)라고 부르고 있었다. 그 개는 잘 생기지는 않
았지만 귀한 품종으로, 나는 그 녀석을 내 반려자이자 친구처럼 — 친구

---

24) Louis-François-Anne de Neufville, duc de Villeroy et de Retz(1695~
   1765) : 아버지가 죽은 후 1716년 12명의 제후로 이루어진 프랑스 국왕 자
   문단(pairs de France)의 일원이자 리오네, 포레, 보졸레의 지사가 되었다.
25) 1731년 태어난 가브리엘 루이 프랑수아 드 뇌프빌(Gabriel-Louis-François
   de Neufville)은 후작이었다가 숙부가 죽은 후 빌루아 공작이 되었으며 프
   랑스 국왕 자문단 자리와 리오네의 지사 자리도 물려받았다.
26) 'Duc'는 '공작'이라는 뜻이다.

라는 이름을 차용했던 대부분의 사람들보다 더 이러한 명칭을 받을 자격이 있었음이 확실하다 — 데리고 있었다. 귀엽고 다감한 성격인 데다가 우리는 서로에게 애착을 갖고 있었으므로 그 개는 몽모랑시 성관에서 유명해졌다. 그러나 나는 매우 바보 같은 소심함 때문에 그 개의 이름을 '튀르크'27) 로 바꿨다. 정작 '마르키'28) 라고 불리는 개가 많이 있어도 그 때문에 분개하는 후작은 하나도 없는데 말이다. 개의 이름이 이렇게 바뀐 것을 알게 된 빌루아 후작은 그 점에 대해 나를 몹시 추궁하여 식탁에 가득 모인 사람들 앞에서 내가 했던 일을 말하지 않을 수 없었다. 이 문제에서 '공작'이란 이름에 모욕적인 것은 그 이름을 내가 개에게 붙였다는 것보다도 그 이름을 다시 떼었다는 것이었다. 무엇보다도 난처한 일은 그 자리에 공작들이 몇 사람 있었다는 것이다. 뤽상부르 씨가 그러했고, 그의 아들도 그러했다. 빌루아 후작도 공작이 될 사람이었고 오늘날 공작이 되었는데, 그런 사람이 나를 난처하게 만들어놓고 그 난처함과 그 난처함이 만들어 놓은 결과를 잔인한 즐거움을 갖고 좋아라했던 것이다. 사람들은 다음날 내게 그의 아주머니가 그 일에 대해 그를 매우 호되게 꾸짖었다고 확실히 말해주었다. 독자들은 이러한 질책이 사실이라면 그것이 그에 관련된 내 일을 상당히 해결했음이 틀림없는지 아닌지 판단할 수 있을 것이다.

뤽상부르 저택에서나 탕플29) 에서나 이런 모든 문제에 대한 지지자로서는 나의 친구라고 공언했던 로랑지 기사 한 사람뿐이었다. 그러나 그

27) 'Turc'는 '터키 사람'이라는 뜻이다.
28) 'Marquis'는 '후작'이라는 뜻이다.
29) 예루살렘 성당 기사단의 사원을 말한다. 1667년 자크 드 수브레(Jacques de Souvré)는 사원에 인상적인 궁전을 건축했다. 당시 콩티 대공은 프랑스의 대수도원장 자격으로 탕플에 있는 궁전에 거주하면서 거기서 손님을 접대하며 축제와 공연을 벌였다.

는 나보다 달랑베르와 훨씬 더 친한 친구였고, 달랑베르 덕분에 여자들 사이에서 위대한 수학자로 알려져 있었다. 게다가 부플레르 백작부인 의 ─ 그녀 자신도 달랑베르와 매우 친한 사이였다 ─ 수행기사 아니 그 녀의 환심을 사기에 여념이 없는 아첨꾼이었다. 그리고 로랑지 기사는 오로지 그녀를 통해서만 존재하며 생각했다. 그녀에게 나를 두둔해주 기 위하여 내 어리석은 언행을 억제해줄 만한 사람을 외부에서 갖기는 커녕, 그녀에게 접근하던 사람들 모두가 합심하여 부인이 마음속으로 나를 좋지 않게 여기게끔 만드는 것처럼 보였다. 그렇지만 그녀는《에 밀》의 출판을 맡아주려고 했던 것 이외에도 동시에 내게 또 다른 관심과 호의의 표시를 보여주었다. 이 일로 나는 그녀가 나를 귀찮아하면서도 평생 변치 않겠노라고 그토록 여러 번 다짐했던 나에 대한 우정을 간직 하고 있으며 영원히 간직할 것임을 믿게 되었다.

　이러한 그녀의 감정을 믿을 수 있다고 생각하자마자 나는 그녀에게 내 모든 잘못을 고백하여 마음의 부담을 더는 일부터 시작했다. 친구들 에 대해서는 그들에게 나 자신을 더 좋게도 나쁘게도 보이지 않고 바로 있는 그대로의 내 모습을 그들에게 보인다는 것이 내 확고한 원칙이었 다. 나는 그녀에게 테레즈와의 관계와 그것에 관련된 모든 사실들을 밝 혔고 내가 아이들을 어떤 방식으로 처리했는지까지 빼놓지 않고 말했 다. 그녀는 내 고백을 매우 친절히 들어주었다. 심지어 너무 지나칠 정 도로 친절해서 내가 마땅히 받아야 할 비난도 하지 않았다. 특히 나를 감동시킨 것은 그녀가 테레즈에게 아낌없는 호의를 베푼 일이었다. 그 녀는 테레즈에게 작은 선물들을 하고, 그녀를 데리러 사람을 보내거나, 자기를 보러 오라고 초대하거나, 매우 다정히 맞아주고 사람들이 다 있 는 데서 무척이나 자주 포옹까지 해주었다. 이 가련한 처녀는 기쁘고 감 사한 마음에 어쩔 줄 몰랐으며, 나도 분명 그 기쁨과 감사를 기꺼이 함 께 나누었다. 뤽상부르 부처가 그녀를 통해 내게 한껏 베푼 우정은 내게 직접 배푼 우정보다 훨씬 더 강한 감동을 주었던 것이다.

꽤 오랫동안 상황이 이런 상태로 유지되었다. 결국 원수부인은 고아원에서 내 자식들 중 하나를 데려오겠다고 할 정도로 호의를 베풀었다. 부인은 내가 장남의 배내옷에 이름 머리글자를 붙여놓았다는 것을 알고, 그 머리글자의 사본을 달라고 했다.[30] 나는 그것을 내주었다. 부인은 아이를 찾는 이 일에 자기 시종이자 심복인 라 로슈를 붙였는데, 그의 수색은 수포로 돌아가 아무것도 찾지 못했다. 겨우 12년에서 14년밖에 지나지 않았기 때문에, 버려진 아이들의 명부가 잘 정리되어 있다거나 조사가 잘 이루어졌다면 그 머리글자를 틀림없이 찾았을 텐데 말이다. 아무튼 이러한 실패로 유감스럽기는 했지만, 만약 내가 그 아이가 태어난 때부터 찾아다녔다면 그것보다 더욱 유감스러웠을 것이다. 만일 정보를 얻어 누가 내 아이라고 어떤 아이를 내보인다면, 그것이 정말 내 자식일까 아니면 다른 아이를 바꿔온 것은 아닐까 하는 의심이 불안으로 번져 내 마음을 죄어들게 했을 것이므로, 자연적으로 우러나는 진정한 감정의 모든 매력을 속속들이 맛보지는 못했을 것이다. 적어도 아이가 어린 동안은 이러한 감정이 유지되기 위해서 습관에 그 뿌리를 박을 필요가 있다. 아직 부모들이 잘 모르는 아이를 오랫동안 부모에게서 떨어지게 하면 부모로서의 감정이 약화되고 끝내는 그 감정이 아주 사라진다. 그러므로 유모에게 맡겨 기른 아이는 부모 슬하에서 자란 아이만큼 부모의 사랑을 받지 못할 것이다. 내가 여기서 하는 성찰은 그 결과로 보면 내 잘못을 가볍게 할 수 있으나 그 원인으로 보면 더 무겁게 하는 것이다.

---

30) 루소가 뤽상부르 부인에게 1761년 6월 12일자로 보낸 편지가 진본이라면, 그가 자신이 자식들을 버렸다는 사실을 고백한 것은 대화가 아니라 편지를 통해서였다. 루소는 자신이 죽어가고 있다고 생각했을 때 이런 사실을 고백했으며 아울러 부인에게 테레즈를 돌보아 달라는 부탁도 했다.

　바로 이 라 로슈가 테레즈의 소개로 르바쇠르 부인을 알게 되었다는 것을 지적해두는 것은 무익한 일이 아닐 것이다. 그림은 그녀를 몽모랑시에서 멀지 않은 슈브레트 근처 되이유에 계속 붙잡아 두고 있었다. 나는 그녀 곁을 떠난 후에도 바로 라 로슈 씨를 시켜 그녀에게 계속해서 돈을 보내 주도록 했다. 나는 이 돈을 그에게 보내지 않은 적이 없었으며 원수부인이 보내는 선물도 그만큼 자주 그가 그녀에게 전달한 것으로 생각된다. 그러므로 그녀는 늘 불평하고 있었지만 사실 행복한 사람이었다. 나는 내가 미워해야 하는 사람에 관해서는 말하기도 싫어하므로, 그림에 대해선 부득이한 경우를 제외하고는 뤽상부르 부인에게 절대로 말하지 않았다. 그러나 그녀는 여러 번 그의 이야기를 꺼냈는데, 그에 대한 자기 생각은 말하지 않았고 또 그 인간과 친분이 있는지 없는지도 드러내지 않았다. 우리가 어떤 사람들을 좋아하고 또 그 사람들도 우리에게 전혀 격의가 없는데도 불구하고 그들에게 격의를 둔다는 것은 내 취미에 맞지 않았고 특히 그들에 관한 일에 대해서는 그러했으므로, 나는 그때부터 가끔 그 같은 격의에 대해 생각했다. 그렇지만 그것은 단지 다른 사건들로 인하여 자연스럽게 그런 생각이 났을 때뿐이었다.

　나는 《에밀》의 원고를 뤽상부르 부인에게 넘겨준 이래 오랫동안 그것에 대한 말을 듣지 못하고 있었는데, 마침내 파리의 서적상 뒤쉔과 계약이 성립되고 또 그를 통하여 암스테르담의 서적상 네올므와도 계약이 성립된 것을 알았다. 뤽상부르 부인은 내게 서명하라고 뒤쉔과 맺은 계약서 사본을 2통 보냈다. 나는 그 필적이 말제르브 씨가 대필로 보낸 편지들의 필적과 같다는 것을 알았다. 내 계약서가 행정관 말제르브의 승인을 얻어 그가 보는 앞에서 작성되었다는 것을 이렇게 확신했기 때문에 안심하고 그것에 서명했다. 뒤쉔은 이 원고에 대해 6천 프랑을 내게 주었는데, 그 중 반은 현금이었다. 또 책도 1, 2백 부 보내온 것 같다. 그 2통의 계약서 사본에 서명한 다음 뤽상부르 부인의 요청대로 2통을 다 그녀에게 보냈다. 그녀는 한 통은 뒤셴에게 주고 또 한 통은 내게 다시 보내는 대신에 자기가 간직해서, 나는 계약서를 두 번 다시 보지 못했다. [31]

뤽상부르 부처와 알게 되어 나의 은거계획은 다소 잊혔지만 내가 그것을 포기한 것은 아니었다. 심지어 원수부인에게서 총애를 가장 많이 받던 때도, 나로 하여금 원수 부처의 주위사람들을 참아내게 만들 수 있었던 것은 오직 내가 원수님과 그녀에게 가졌던 진실한 애착밖에는 없다고 항상 느꼈다. 그리고 바로 이러한 애착을 내 취향에는 더 맞지만 내 건강에 덜 해로운 생활방식과 조화시키는 것이 내가 걱정한 전부였다. 그런데 내 건강은 이러한 속박과 밤늦은 만찬들로 사람들이 내가 건강을 해치는 일이 없도록 온갖 세심한 주의를 기울임에도 불구하고 계속해서 나빠졌다. 실제로 다른 모든 점에서 그렇지만 이 점에서도 더할 수 없이 친절한 대우를 받기는 했다. 예를 들면, 매일 저녁식사 후에 일찍 잠자리에 드는 원수는 싫든 좋든 나도 가서 자도록 꼭 데리고 나갔다. 그가 이러한 친절을 베풀기를 그만둔 것은 — 나는 그 이유를 모른다 — 내게 파국이 일어나기 불과 얼마 전이었다.

원수부인의 냉담함을 눈치 채기 전에도, 그런 일을 당하지 않도록 나는 내 예전계획을 실행하려고 했다. 그러나 그럴 수 있는 방도가 없어서 《에밀》의 계약이 체결되기를 기다릴 수밖에 없었다. 그동안 《사회계약론》을 최종적으로 손질해서 레에게 보내면서 그 원고료를 천 프랑으로 정했는데, 그가 그 돈을 보내주었다. 이 원고에 대한 한 가지 사소한 사실을 빼먹어서는 안될 것 같다. 나는 그 원고를 잘 봉해서 보 지방 출

---

31) 뇌샤텔 도서관에 보관된 《에밀》 계약서 원장에 따르면 루소는 자신의 원고를 뒤셴에 6천 프랑에 팔았는데, 반은 현금이고 반은 어음 지불이었다. 이 외에 뒤셴은 작품을 발매하기 전에 가제본 100부를 루소에게 인도할 것을 약속했다.

신의 목사이자 네덜란드 대사관의 전속 목사인 뒤 부아쟁32) 에게 보냈
다. 그는 가끔 나를 만나러 오던 사람으로, 그와 연락하는 레에게 원고
를 보내는 역할을 맡아주었다. 이 원고는 아주 작은 글씨로 썼으므로 부
피가 작아 그의 주머니를 불룩이 채우지도 못했다. 그러나 성문을 통과
하다가 그의 짐이 어찌된 영문인지 세관원들의 손에 들어가, 그들이 짐
을 열고 조사했다. 그들은 그가 대사의 이름으로 반환을 요구한 후에야
그것을 돌려주었다. 이렇게 해서 그는 그 원고를 직접 읽을 수 있게 되
었다. 그는 순진하게 그런 이야기를 내게 하면서 작품에 대한 비평이나
비난은 한마디도 않고 칭찬을 늘어놓았지만, 아마 이 작품이 출판되면
기독교를 위해 복수하려고 복수를 미룬 것 같다. 그는 다시 원고를 봉해
서 레에게 보냈다. 이것이 그가 내게 그 사건에 대해 보고한 편지에서
들려준 이야기의 개략적인 내용이며 또 그것에 대해 내가 알게 된 전부
이다.

　앞의 두 작품과 시간 날 때마다 계속해서 작업했던 《음악사전》 이외
에도 그다지 중요하지 않은 몇 편의 다른 글들이 있었다. 모두 출판할
수 있는 것으로서 나는 그것들 또한 단행본으로 내든지 언젠가 내 전집
을 내게 되면 그곳에 실을 생각이었다. 지금도 그 대부분이 초고상태로
뒤 페루의 수중에 남아있는데 그 중 중요한 것은 《언어 기원론》33) 이었
다. 이것을 말제르브와 로랑지 기사에게 읽어보게 했더니, 기사는 이
작품에 대해 칭찬했다. 나는 이 저서들을 전부 합치면 모든 비용을 다

---

32) Jean-Jacques Duvoisin (1726~1780) : 1756년부터 파리 주재 네덜란드 대
　사의 전속 목사로 장 칼라스 사건으로 유명한 장 칼라스의 막내딸 나네트
　(Nanette) 와 1767년 재혼했다.
33) 《언어 기원론》(*Essais sur l'origine des langues*) 은 루소의 《음악논고》
　(*Traité sur la musique*) 의 한 권으로 뒤 페루에 의해 제네바에서 처녀 출간
　되었다.

446

제하고도 적어도 8천 내지 1만 프랑의 재산이 들어오리라 생각했다. 나는 이것을 나와 테레즈의 종신연금으로 전환하려고 했다. 이후에는 내가 이미 말했듯이 그녀와 함께 어느 시골구석으로 살러 갈 작정이었다. 더 이상 대중들이 내게 마음을 쓰게 하지 않고 또 나 자신도 더 이상 다른 일에 마음을 쓰지 않고, 오직 인생 여정을 평화롭게 마치고 내 주변 사람들에게 계속해서 내가 할 수 있는 선행을 모두 다 베풀면서 내가 생각해온 회고록이나 한가롭게 쓰면서 말이다.

내 계획은 이상과 같았다. 그리고 레의 너그러움은 — 나는 그것에 대해 말하지 않을 수 없다 — 더욱 그 실행을 용이하게 해주었다. 파리에서 사람들이 내게 그토록 좋지 않게 말했던 이 서적상은 내가 관계한 모든 서적상들 중 내가 항상 만족해했던 유일한 사람이다. 34) 사실 우리들은 내 작품들의 출판에 관하여 자주 언쟁을 벌였다. 그는 경솔하고 나는 성을 잘 냈다. 그러나 그것에 관련된 이해관계나 일하는 방식에서는 그와 정식으로 계약서를 작성한 적은 없지만, 나는 언제나 그가 더할 나위 없이 정확하고 정직하다고 생각했다. 심지어 그는 나 때문에 사업이 잘 되고 있다는 것을 솔직하게 털어놓은 유일한 사람이기도 했다. 그리고 그는 종종 자기가 돈을 번 것은 내 덕이라고 말하면서 그 일부를 내게 나누어주겠다고 제의하기도 했다. 그는 감사의 뜻을 직접 내게 표할 수 없어서 적어도 내 '가정부'를 통하여 사의를 전하려 했다. 그는 3백 프랑의 종신연금을 테레즈에게 주면서, 그것이 내 덕분으로 본 이익에 대한 감사의 표시라고 증서에 써넣었다. 그는 우리 두 사람 사이의 일이라고 그렇게 하면서 과시도 하지 않고 건방을 떨지도 않고 소문을 내지도 않았다. 내가 먼저 세상 사람들에게 그 일에 대해 말하지 않았다면 아무도

---

34) 〔원주〕 내가 이 글을 쓸 때에는 아직 그 사기를 조금도 상상하지도 생각하지도 믿지도 못했으나 후에 내 글들을 출판할 때에서야 간파했고, 그는 결국 그것을 시인하지 않을 수 없었다.

그것에 대해 전혀 알지 못했을 것이다. 나는 이런 태도에 몹시 감동하여 그 후로 레에 대해 진실한 우정을 느끼게 되었다. 얼마 후에 그는 내가 자기 아이들 중 한 아이의 대부가 되기를 바랐고, 나는 그것을 승낙했다. 사람들에 의해 이런 처지에 몰린 내가 애석해하는 것들 중의 하나는 이후 내 대녀나 그 부모에게 내 애정을 유용한 것으로 만들 수 있는 모든 방법을 박탈당했다는 것이다. 이 출판사의 자그마한 아량에는 이렇게 민감한 내가 어찌하여 그 숱한 상류층 사람들의 요란한 친절에는 그토록 무덤덤했던가? 그 사람들은 내게 좋은 일을 해주려 했다고 말하면서 그 좋은 일로 세상을 화려하게 채우지만 나는 그것에 대해 아무 느낌이 없었다. 그것은 그들의 잘못인가, 나의 잘못인가? 그들이 잘난 체하는 사람들에 지나지 않는가 아니면 내가 배은망덕한 사람에 지나지 않는가? 분별 있는 독자들이여, 심사숙고하고 결정하시라. 나로서는 아무 말도 않겠다.

이 연금은 테레즈의 생활비로서는 큰 수입원이었고 나에게는 큰 위안이었다. 그런데 나는 그녀가 사람들로부터 받았던 모든 선물들도 마찬가지였지만 그로부터 나를 위한 직접적인 이익을 끌어낸 적은 결코 없었다. 그녀는 늘 모든 것을 자신이 처리했다. 내가 그녀의 돈을 맡을 때면 깨끗이 계산해 주었고, 한 푼도 공동의 비용에 쓰는 일이 없었다. 심지어 그녀가 나보다 부유할 때도 그렇게 했다. 나는 그녀에게 "내 것은 우리 것이지만 당신 것은 당신 것이야"라고 말하곤 했다. 내가 그녀에게 처신함에 있어 그녀에게 종종 되풀이해서 말했던 이 원칙에서 벗어난 적은 결코 없었다. 내 손으로 거절한 것을 그녀의 손을 통해 받는다고 나를 비난했던 천박한 사람들[35]은 아마 자신들의 마음에 비추어 내 마음을 판단했던 것 같은데, 나를 매우 잘못 알고 있었던 것이다. 나는 테

---

35) 아마 그림과 데피네 부인을 가리키는 것 같다.

레즈가 벌어온 빵이라면 아마 기꺼이 그녀와 함께 그 빵을 먹을 것이다. 그러나 그녀가 다른 사람으로부터 받은 빵이라면 절대로 함께 먹지 않을 것이다. 나는 이제부터 또 자연의 섭리에 따라 내가 먼저 죽고 그녀만이 생존해 있을 때라도 이 점에 대해서는 그녀를 증인으로 세우겠다. 유감스럽게도 그녀는 어느 모로 보나 절약에는 거의 소질이 없고 별로 꼼꼼하지 않을 뿐더러 돈을 매우 헤피 썼다. 그런데 그것은 그녀가 허영이 있다든가 맛있는 것을 좋아해서가 아니라 다만 무관심 때문이었다. 이 세상에 완벽한 사람은 없다. 그리고 그녀의 장점에 대가가 따라야만 하는 이상, 그녀에게 악덕보다는 결점이 있는 것이 더 낫다. 비록 그 결점이 우리 둘 모두에게 훨씬 더 많은 피해를 끼치더라도 말이다. 내가 전에 엄마에게 그랬듯이 그녀를 위해 훗날에 수입원이 될 수 있는 약간의 선금을 모아주려고 얼마나 신경을 썼는지는 상상할 수 없을 정도이다. 그러나 그것은 언제나 헛수고였다. 엄마나 테레즈나 자신의 처신을 반성하지 않았다. 그래서 나의 모든 노력에도 불구하고 들어오는 것은 모조리 나가고 말았다. 테레즈는 아주 간소하게 옷을 입었지만, 레의 연금도 그녀의 옷값에 충분하지 않았다. 그래서 나는 매년 거기에 내 돈을 좀 보태주지 않으면 안 되었다. 우리 둘 다 언젠가 부자가 될 팔자로 태어나지 못했지만, 내가 그것을 나의 불행으로 치부하지 않은 것은 확실하다.

《사회계약론》은 꽤 빨리 인쇄되고 있었다. 《에밀》의 경우 사정은 달랐는데, 나는 계획했던 은둔계획을 실행하려고 그 출판을 기다렸다. 뒤쉔은 가끔 인쇄견본을 보내와 선택하라고 했다. 내가 선택해도 그는 인쇄는 않고 또 다른 견본들을 보냈다. 마침내 우리가 책의 판형과 활자에 대해 딱 부러지게 결정을 보고 그가 이미 몇 쪽을 인쇄한 후, 내가 교정을 보다 약간 좀 고치자 그는 모두 다시 시작했다. 6개월이 다 되어도 첫날보다도 더 진척이 없었다. 이렇게 모든 시도를 해보는 동안에 나는 내 책이 네덜란드처럼 프랑스에서도 인쇄되고 있으며 두 판이 동시에 만들어지고 있음을 확실히 알게 되었다. 내가 무엇을 할 수 있었겠는가? 나는 더 이상 내 원고를 마음대로 할 수 없었다. 나는 프랑스 판본에 참여하기는커녕 오히려 계속 반대했다. 그러나 결국 그 판이 내 뜻과는 관계없이 진행되었고 또 다른 판의 모델 구실을 하는 이상, 나는 내 책이 엉망으로 왜곡되지 않도록 내 눈으로 교정을 보지 않으면 안 되었다. 게다가 이 저서는 행정관 말제르브의 충분한 승인을 얻어 인쇄되어, 어떻게 보면 이 기획을 지휘했던 사람이 그일 정도였다. 그래서 그는 내게 자주 편지를 보냈고, 이 문제로 한 번 기회를 잡아 나를 만나러 오기까지 했는데 그 일에 대해서는 곧 말하게 될 것이다.

뒤쉔이 거북이걸음으로 나가는 동안에 뒤쉔이 붙잡고 있는 네올므는 그보다도 훨씬 더 느리게 나갔다. 인쇄가 차츰 진행되면서 네올므에 넘겨져야 할 것들이 제대로 전달되지 않았던 것이다. 네올므는 뒤쉔, [36] 다시 말하면 뒤쉔을 대행하는 기의 수작이 불성실하다고 생각했다. 그는 계약이 잘 이행되지 않음을 알고 내게 푸념과 불만이 가득 찬 편지들을 계속해서 보냈는데, 내 자신의 불만도 해결하지 못하던 나로서는 그의 불만을 해결해주기란 더욱더 불가능했다. 당시 나와 대단히 자주 만났던 그의 친구 게랭은 줄곧 그 책에 관해 말했지만, 항상 비할 바 없이 조심스러운 태도를 보였다. 그는 그 책이 프랑스에서 인쇄되고 있다는 것을 아는 것 같기도 하고 모르는 것 같기도 했다. 또한 행정관 말제르브가 거기 관여하고 있다는 것에 대해서도 그런 것처럼 보였다. 그는 이 책으로 인해 내게 닥칠 곤경을 동정하면서도 내가 신중치 못하다고 비

---

36) 니콜라 보나방튀르 뒤쉔(Nicolas-Bonaventure Duchesne, 1712~1716)은 파리 생자크 거리의 서적상으로 '취미의 사원'(Temple du goût)이라는 간판을 내걸고 기(Guy)와 동업했다. 기는 후에 과부가 된 뒤쉔의 부인과 동업을 계속했다.

450

난하는 것 같았다. 그러나 그 신중하지 못하다는 말이 무엇을 의미하는
지는 결코 말하려 하지 않았다. 그는 끊임없이 완곡한 표현을 쓰고 말끝
을 흐렸다. 그는 오직 내게 말을 시키기 위하여 말을 하는 것처럼 보였
다. 나는 당시 완전히 안심하고 있어서 이 일에 대해 그가 취한 조심스
럽고 비밀스러운 말투를 그가 상당히 자주 드나들던 대신이나 관리의
사무실에서 얻은 나쁜 습관으로 비웃었다. 이 작품에 대해서는 모든 점
에서 규정을 지키고 있다는 확신이 있었고 행정관 말제르브의 승낙과
보호를 받고 있을 뿐만 아니라 정부 부처의 호의를 받을 만하고 또 그렇
게 호의를 받고 있다고 굳게 믿었으므로 좋은 일을 한 내 자신의 용기에
기뻤다. 그리고 나 때문에 걱정하는 것처럼 보이는 소심한 친구들을 비
웃었다. 뒤클로도 그런 사람들 중의 하나였다. 고백하건대 만일 내가
이 작품의 유용성과 그 후원자들의 정직성을 그토록 신뢰하지 않았던들
그의 올바름과 지성을 신뢰하고 있던 나로서는 그와 같이 불안을 느꼈
을 것이다. 그는 《에밀》이 인쇄중에 있을 때 바이유 씨37) 집에서 나오
는 길에 나를 찾아왔다. 그는 내게 이 책에 관해 이야기했다. 나는 "사
부아 보좌신부의 신앙고백"을 그에게 읽어주었다. 그는 매우 조용히 그
것을 듣고 상당히 흡족해하는 듯했다. 내가 읽기를 끝내자 그는 내게 말
했다.

"그런데 시민이여, 그건 파리에서 인쇄하는 책의 일부인가요?"

나는 그에게 "그렇습니다. 국왕의 명령으로 루브르38)에서 인쇄해도
좋을 책이지요"라고 말하니까 그는 내게 이렇게 말했다.

"나도 동감입니다. 그러나 이 부분을 내게 읽어주었다는 말은 제발 아
무에게도 하지 말아 주십시오."

37) 바이유 씨(M. Baille)는 뒤클로의 친구로 프랑스 공장 총감독관 아베이유
   씨(M. Abeille)로 추정된다.
38) 당시 루브르에 왕립 인쇄소가 있었다.

자신의 의사를 표시하는 이런 충격적인 태도는 나를 놀라게 했지만 겁주지는 못했다. 나는 뒤클로가 말제르브 씨를 자주 만나고 있다는 것을 알고 있었다. 나는 그가 똑같은 것에 대해서 어떻게 말제르브 씨와 그렇게나 다른 의견을 가지고 있는지 이해하기 어려웠다.

나는 4년 이상이나 몽모랑시에서 살았는데 단 하루도 건강한 날이 없었다. 그곳은 공기는 좋았으나 물이 나빴다. 이것이 필시 내 지병들을 악화시킨 원인 중의 하나일 것이다. 1761년 가을도 끝날 무렵, 나는 완전히 병들었고 겨울 내내 거의 끊임없는 괴로움 속에서 지냈다. 수많은 불안으로 심해진 육체적 고통 때문에 내게는 그 괴로움이 한층 더 민감하게 느껴졌다. 얼마 전부터 무슨 연유인지 알지 못할 음울한 예감이 나를 불안하게 만들었다. 나는 상당히 이상한 익명의 편지를 몇 통 받았고 거의 그것 못지않게 이상한 서명한 편지들까지 받았다. 그 중 한 통의 편지는 파리 고등법원의 법관으로부터 온 것인데, 현 상황에 대해 불만이고 훗날에 대해 비관적으로 예상하던 그는 제네바나 스위스에 안식처를 정해 가족과 함께 은둔하려 한다며 어디를 선택하는 것이 좋겠냐고 내 의견을 물어왔다. 또 한 통은 모(某) 고등법원 수석판사 모 씨(某氏)[39]가 보낸 것이었는데, 그는 내게 필요한 모든 기록과 자료를 제공할 테니 당시 궁정과 사이가 좋지 않던 자기네 고등법원을 위해서 청원서와 건의문을 작성해 달라고 제안했다. 나는 병으로 고생하고 있을 때는 성질을 잘 낸다. 이런 편지들을 받자 성질이 나서, 그 답장을 쓰면서 성질을 부리고 사람들이 내게 부탁한 것을 딱 잘라 거절해버렸다. 이런 편지들은 내 적들[40]이 쳐놓은 함정일 수도 있었고 또 사람들이 내게 부

---

39) 그는 샤를 드 브로스(Charles de Brosses, 1709~1777)로 1741년부터 디종 고등법원 수석판사였다.

40) 〔원주〕내가 알기로는, 예를 들면 모 고등법원의 수석판사는 백과전서파나 돌바크 일당과 매우 친분이 깊었다.

452

탁했던 것은 내 원칙에 배치되는 것이기도 했기 때문에 ─ 그런데 나는 어느 때보다 더 내 원칙을 포기하고 싶지 않았다 ─ 정말 나는 이렇게 거절한 것을 자책하지 않는다. 그러나 부드럽게 거절할 수 있으면서도 야박스럽게 거절한 것은 내 잘못이었다.

방금 말한 두 통의 편지는 내 문집 속에서 볼 수 있을 것이다. 나는 법관의 편지에는 조금도 놀라지 않았다. 왜냐하면 나도 그나 또 다른 많은 사람들과 마찬가지로 기울어져 가는 정체(政體) 때문에 머지않아 프랑스가 붕괴할 위험에 처해있다고 생각했기 때문이다. 모두가 정부의 실책에서 초래된 불행한 전쟁41)의 참화들, 상상도 못할 재정적 혼란, 그때까지 2, 3명의 대신들이 ─ 그들은 서로 공공연히 싸움을 벌이면서 서로를 해치기 위해서 왕국을 파멸의 구렁텅이로 몰아넣었다 ─ 나누어가졌던 행정권의 계속적인 갈등, 민중과 국가의 모든 계층의 전반적인 불만, 한 집요한 여인42)의 고집 ─ 그녀에게 지성이 있는지는 모르지만 지성이 있다면 그것을 언제나 자신의 정념을 위해서 희생시키고 거의 언제나 가장 유능한 사람들을 국정에서 물러나게 하고 가장 자기 마음에 맞는 사람들을 그 자리에 앉혔다 ─, 이런 모든 것들이 한데 모여 그 법관과 일반대중과 나의 예측이 옳음을 증명하고 있었다. 이런 예측으로 나 자신도 왕국을 위협하는 것처럼 보이는 혼란이 오기 전에 국외로 피신처를 찾아나서야 할지 어떨지 여러 번 망설이기까지 했다. 그러나 내 보잘것없는 신세와 온화한 기질에 마음이 놓여, 내가 들어가 살려고 하는 외딴곳에서는 어떤 비바람도 내게까지 들이칠 수 없으리라고 생각했다. 오직 유감스러운 것은 이런 상태에서 뤽상부르 씨가 자신에게 임시로 부여된 임무에 동의했다는 사실인데, 그는 그 임무로 장차 자기가

─────────────

41) 1756년부터 1763년에 걸쳐 프랑스와 영국이 벌인 7년 전쟁을 말하는데, 프랑스는 전쟁의 결과로 인도와 캐나다를 잃었다.
42) 퐁파두르 부인을 말한다.

일하는 정부에서 더욱 반감을 사게 되었다. 나는 현재 상태에서 국가라는 거대한 기관이 무너지는 일이 두려워할 만한 일로 보였기 때문에, 만약 그런 사태가 일어난다면 그가 만일의 사태에 대비하여 그곳에 은신처를 마련해두기를 바랐다. 만일 모든 정권이 어떤 한 사람[43]의 수중에 들어가지 않았더라면 프랑스 왕국은 지금 곤경에 빠져 있을 것이라는 점은 내게 지금도 의심할 여지가 없어 보인다.

내 상태가 악화되는 동안 《에밀》의 인쇄는 지지부진하다가 마침내는 완전히 중단되었다. 나는 그 이유를 알 수 없었고 기는 더 이상 내게 편지도 답장도 보내주지 않았다. 그리고 당시 말제르브 씨는 시골에 있었으므로 나는 누구로부터 소식을 들을 수도 없었고 어떤 일이 일어나고 있는지 전혀 알 수가 없었다. 나는 어떠한 불행일지라도 그것이 어떤 것인지 알기만 하면 결코 당황하거나 낙담하지 않는다. 그러나 내 타고난 성향은 어둠을 두려워하며, 나는 그 어두운 분위기를 무서워하고 싫어한다.[44] 비밀은 언제나 나를 불안하게 한다. 비밀은 경솔하다고까지 말할 수 있을 정도로 솔직한 내 성격과는 너무도 상반된 것이다. 아무리 흉악한 괴물을 보아도 그다지 무서워할 것 같지 않지만, 밤중에 하얀 시트를 뒤집어 쓴 어떤 형체를 어렴풋이 본다면 무서울 것이다. 바로 그렇기 때문에 그렇게 오랜 침묵으로 자극받은 나의 상상력은 결국 유령의 모습을 그려내는 데 골몰했다. 내 최후의 저서이자 최고의 저서를 출판하는 데 신경을 쓰면 쓸수록 그것을 막을 수 있는 요인을 찾기에 고심하

---

43) 슈아죌을 말한다.

44) 루소는 《에밀》 2권에서 어둠에서 생겨나는 두려움이 감각이 부재한 상태에서 상상력이 더욱 자유롭게 활동하는 데서 온다고 말하면서, 어린 시절 랑베르시에 목사가 몹시 어두웠던 어느 가을 저녁에 그에게 성당 열쇠를 주면서 설교단에 두고 온 성서를 가서 찾아오라고 해서 두려움에 떨며 그 일을 수행했던 일을 회상한다. 루소는 종종 어둠과 어둠 속의 유령에 대한 두려움에 대해 말한다.

였으며, 항상 모든 일을 극단까지 밀고가는 나로서는 이 인쇄의 중단을 책에 대한 발행금지라고 믿었다. 그렇지만 그 원인이나 방법을 상상할 수가 없어서 더할 나위 없이 끔찍한 불안에 빠져 있었다. 나는 기와 말제르브 씨와 뤽상부르 부인에게 거듭 편지를 띄웠다. 그런데도 전혀 회답은 오지 않았고, 또 내가 회답을 기다리고 있을 때 오지 않았으므로 나는 완전히 당황하여 정신착란에 빠졌다. 불행하게도 나는 바로 그때 예수회원인 그리페 신부가 《에밀》에 대해 언급하고 그 몇 구절을 인용했다는 것을 알게 되었다. 순간 상상이 번개처럼 작동하여, 그 간악한 비밀의 정체가 고스란히 내 눈앞에 드러났다. 마치 그 죄악이 내게 폭로된 것처럼 명백하고 확실하게 진행되는 과정이 보였다. 콜레주45)에 관해 말했을 때 취했던 내 경멸적인 어조에 분개한 예수회원들이 나의 저작을 탈취했고 그 출판을 막는 것도 바로 그들이라고 상상했다. 또 내 근황에 대해 그들의 친구인 게랭으로부터 듣고 내 죽음이 멀지 않았음을 — 그것은 나도 의심하지 않았다 — 예측한 그들이 자기네 목적을 충족시키기 위해 내 저작을 훼손하고 왜곡하여 나와는 다른 견해를 내 것으로 여기게 할 계획으로 그때까지 인쇄를 지연시키려 했다고 생각했다. 놀랍게도 너무나 많은 사실과 정황들이 머릿속에 떠올라 이러한 망상에 투사되어 그 망상을 그럴듯하게 보이게 했다. 아니, 그런 정도가 아니라 내게 그것에 대한 명백한 사실과 증거를 보여주었다. 내가 알기로는 게랭은 완전히 예수회원들의 수중에 있었다. 나는 그가 내게 베푼 우정에서 나온 모든 제안들을 예수회원들의 술책으로 돌렸다. 또 그가 나를 다그쳐 네올므와 계약을 맺게 한 것도 그들의 충동질에 의한 것이며, 바로 이 네올므를 통해 그들은 내 저서의 최초 인쇄본을 수중에 넣은 이후 뒤쉔네에서 인쇄를 막는 수단을 찾았든지 어쩌면 내가 죽은 후

---

45) 루소가 말하는 콜레주(collège)는 보통 교회에서 운영하는 초중등 사립학교를 가리킨다. 루소는 《에밀》에서 콜레주의 교육에 대해 많은 비판을 가했다.

자기들 마음대로 그것을 개작하여 출판해도 될 때까지 자기들 멋대로
가필하려고 내 원고를 탈취하는 수단을 찾은 것이라고 확신했다. 나는
베르티에 신부의 번지르르한 말에도 불구하고 예수회원들이 나를 좋아
하지 않는다는 것을 항상 느끼고 있었다. 그것은 그들이 보기에 내가 백
과전서파의 한 사람일 뿐만 아니라 내 모든 원칙들이 백과전서파인 내
동료들의 무신앙보다 훨씬 더 그들의 주의주장과 평판에 상반되었기 때
문이다. 왜냐하면 광적으로 신을 믿지 않는 것이나 광적으로 신을 믿는
것은 둘 다 공통적으로 관용이 없다는 점에서 비슷하기 때문에 심지어
협력할 수도 있는데, 그들은 중국에서 그렇게 했고46) 또 나를 해치기
위해서도 그렇게 하고 있다. 반면 합리적이고 도덕적인 종교는 양심에
대한 인간의 영향력을 모두 배제하므로 이러한 영향력을 멋대로 행사하
는 사람들에게 더 이상 수단을 남겨두지 않는다. 나는 국새상서47) 역시
예수회원들과 막역한 친구 사이라는 것을 알고 그의 아들이 아버지에게
위협을 받아 그가 보관했던 저술을 어쩔 수 없이 그들에게 넘겨주지 않
았는지 걱정했다. 제1권과 2권에 대해 사람들이 내게 가하기 시작한 간
섭 속에서 이렇게 넘겨준 일의 결과가 보이는 듯하기까지 했는데, 사람
들은 여기서 아무것도 아닌 것들 때문에 수정을 요구한 것이다. 반면 다
른 두 권은 누구나 알다시피 대단히 과격한 것들로 가득 차 있어서 앞의
두 권처럼 검열을 받는다면 몽땅 개정하지 않으면 안 되었을 것이다. 게
다가 말제르브 씨 자신이 내게 말한 바, 그가 이 출판의 검열을 위임한

---

46) 여기서 루소는 예수회를 백과전서파와 대립시켰던 논쟁을 암시하고 있다.
   1692년 중국의 황제는 예수회가 기독교를 전파하는 것을 허가하였는데, 이
   때 예수회원들은 유덕한 중국인들이 기독교와 가깝다고 주장했다. 반면 철
   학자들에게 그들은 기독교의 신을 모르는 이교도이면서도 유덕할 수 있다
   는 증거가 된다.
47) 말제르브의 아버지.

그라브 신부 또한 예수회에 속한 사람이라는 사실을 나는 알고 있었다. 어디에나 예수회원들만이 내 눈에 띄었다. 그들은 전멸되기 직전이었 고 자기 스스로를 방어하는 데 온통 정신이 팔려있었기 때문에 자기네 들과 관계도 없는 어떤 책의 인쇄 따위에 대해 안달하는 것 말고도 달리 할 일이 있었는데, 나는 그런 점은 생각하지 않았다. 아니, '생각하지 않았다'고 하는 것은 잘못이다. 왜냐하면 나는 그 점에 대해 매우 깊이 생각해보았으며, 또 말제르브 씨가 내 망상을 알게 되자마자 내게 신경 을 써서 제기했던 반박근거도 바로 그 점이었다. 그러나 깊숙한 은신처 로부터 자기가 전혀 알지도 못하는 중대한 사건들의 비밀을 판단하려고 하는 인간이 갖는 이 또 하나의 나쁜 버릇 때문에 나는 예수회가 위험에 처해 있다고는 영 믿기지 않았다. 그래서 항간에 퍼진 그에 대한 소문은 그들이 자신들의 적을 잠재우기 위해 쓴 술책으로 보고 있었다. 과거 그 들이 거둔 성공은 결코 흔들릴 수 없는 것으로 내게 그들의 권력에 대해 매우 무서운 생각을 품게 해서 나는 벌써 고등법원이 갖고 있는 권위의 실추를 슬퍼했다. 슈아죌 씨가 예수회에서 교육을 받았고, 퐁파두르 부 인이 그들과 사이가 나쁘지 않으며, 그들이 왕의 애첩들이나 대신들과 맺은 동맹이 자기네들 공동의 적에 대해 싸울 때 양편 서로에게 항상 유 리하게 보였다는 것을 나는 알고 있었다. 조정에서는 아무런 간섭도 하 지 않은 듯했다. 예수회가 언젠가 호된 타격을 받는다 해도 고등법원은 절대 그런 타격을 가할 정도로 강력하지 못할 것임을 확신하던 나는 조 정의 이 같은 무기력에서 예수회가 갖는 확신의 근거와 예수회가 거둘 승리의 전조를 보았다. [48] 요컨대 나는 당시의 모든 소문들이 단지 그들

---

48) 루소의 생각은 완전히 잘못된 것이다. 예수회는 백과전서파, 프랑스 교회 파, 고등법원의 공격의 희생물이 되었다. 1761년 8월 6일 파리 고등법원의 판결은 예수회의 교리를 위험하고 혐오스러운 것이라 선언하고 예수회가 운영하는 콜레주의 폐쇄를 명했다. 예수회원들은 1763년부터 1764년에 걸

에게서 나온 속임수와 계략이라고 생각했기 때문에 또 그들이 안전한
상태에서 모든 일에 개입할 여유가 있다고 믿었기 때문에, 머지않아 그
들이 장세니슴도 고등법원도 백과전서파도 또 그들에게 굴복하지 않은
모든 사람들도 타도해버릴 것이며 결국 그들이 내 책의 출간을 내버려
둔다면 그것은 내 독자들을 기만할 목적으로 내 이름을 이용해서 내 책
을 자신들을 위한 무기로 만들 정도로 변형시킨 후에나 그럴 것임을 의
심치 않았다.

나는 내 자신이 죽어가고 있다고 느꼈다. 어떻게 이런 터무니없는 일
이 나를 끝장내지 않았는지 이해하기 힘들 정도이다. 내가 죽은 후 나의
가장 가치 있고 훌륭한 저서 속에서 내 평판이 훼손되어 남겨진다는 생
각은 그 정도로 끔찍스러웠기 때문이다. 내가 죽는다는 것을 이때만큼
두려워한 적은 없다. 만약 이러한 처지에서 죽었다면 절망 속에서 죽었
을 것이라고 생각한다. 심지어 오늘날까지도 한 인간의 사후 명성을 해
치기 위해 꾸며진 가장 음험하고 추악한 음모가 아무런 방해도 없이 실
행되어 나가는 것을 보지만, 나는 조만간 인간들의 음모를 이겨낼 내 자
신의 증거를 내 저술들 속에 남겼다고 확신하므로 훨씬 더 조용히 죽어
갈 것이다.

내 초초한 마음을 보기도 하고 그 이야기를 들어주기도 하던 말제르
브 씨는 나를 진정시키기 위해 수고를 아끼지 않았는데, 이것은 그의 한
없이 선량한 마음씨를 보여준다. 뤽상부르 부인도 이 좋은 일에 협력했
고, 이 출판이 어떻게 되는지 알기 위해 뒤셴네에도 여러 번 갔다. 결국
인쇄는 재개되었고 더욱 신속하게 진행되었는데, 나는 왜 그 인쇄가 전
에 중단되었는지는 전혀 알 수가 없었다. 말제르브 씨는 나를 안심시키
려고 수고스럽게도 몽모랑시에 와주었다. 그는 용케 성공을 거두었다.

처 프랑스에서 추방되었고, 1773년 교황 클레멘트 14세는 예수회를 전면적
으로 해산시켰다.

나는 그의 올바름에 대해 완벽한 신뢰를 갖고 있어서, 그 신뢰감이 내 가련한 머리의 착란을 물리쳐서, 내가 정신을 차리도록 그가 했던 모든 일이 효과를 거두었다. 내 고민과 정신착란을 보고서 그가 나를 몹시 측은하게 여긴 것도 무리가 아니다. 그러므로 이렇게 보살펴준 것이다. 그를 둘러싸고 있었던 철학자 패거리가 끊임없이 늘어놓던 객담이 그의 마음에 떠올랐다. 내가 레르미타주에 가서 살려고 했을 때 그들은, 앞에서 이미 말한 바와 같이, 내가 거기서 결코 오래 버티지 못할 것이라고 떠들어댔다. 또 내가 계속하여 눌러 있는 것을 보자, 이를 두고 고집 때문이니 자존심 때문이니 또는 한번 말한 것을 취소하는 것이 부끄러워서 그렇다느니 입방아를 찧으면서 그곳에서 내가 심심해 죽을 지경이고 매우 불행히 살고 있다고 했다. 말제르브 씨는 그 말을 믿고 내게 그 일을 편지로 썼다. 내가 그토록 존경하는 사람이 그러한 잘못된 생각을 품고 있다는 데 깊이 느낀 바 있어 나는 그에게 잇따라 4통의 편지를 썼는데, 여기에서 나는 그에게 내 행동의 진정한 동기를 설명하면서 나의 취미, 성향, 성격 그리고 마음에서 일어나는 모든 것을 사실과 다름없이 표현했다. 초안도 잡지 않고 붓 가는대로 단숨에 써내려간 그리고 심지어 다시 읽어보지도 않은 이 4통의 편지는 아마 내 전 생애 중 힘 들이지 않고 썼던 유일한 글일 것이다. 특히 놀라운 것은 이것이 고통이 한창일 때 극도로 쇠약해진 가운데 쓰였다는 사실이다. 나는 몸이 쇠약해 가는 것을 느끼면서 올바른 사람들의 마음속에 나에 대해 별로 올바르지 않은 평판을 남겨 놓는다고 생각하니 탄식이 흘러나왔다. 그래서 나는 4통의 편지 속에서 급히 그린 소묘를 통해 일찍이 내가 계획했던 회고록을 어떤 의미에서 보충하려고 했다. 말제르브 씨는 이 편지들이 마음에 들어 파리에서 사람들에게 보여주었는데, 이것들은 말하자면 내가 여기서 더욱 자세히 진술하는 것의 개요라고 할 수 있는 것으로 이런 의미에서 보존할 만한 가치가 있는 것이다. 그가 나의 부탁으로 그 사본을 만들게 했고 그것을 수 년 후에 내게 보내주었는데, 그것은 내 문집 속에서 볼 수 있을 것이다.

　그 후부터 죽음이 멀지 않았다는 생각을 할 때 몹시 서글픈 단 한 가지 일은 내가 죽은 후에 내 서류들을 맡겨 그것을 정리하는 일을 시킬 수 있는 믿을 만하고 학식 있는 사람을 곁에 두지 못했다는 것이다. 제네바를 여행한 이래 나는 물투와 우정을 맺었다. 나는 이 청년에게 마음이 끌렸고 그가 와서 내 임종을 지키기를 바랐다. 그에게 이 소원을 알렸는데, 만일 그의 일과 가족이 그것을 허락했다면 그는 기꺼이 이러한 인정 어린 행위를 해주었을 것이라고 생각한다. 이러한 위안을 얻지는 못했지만 나는 적어도 그에게 내 신뢰를 보여주기 위해서 아직 간행되지 않은 "사부아 보좌신부의 신앙고백"을 보내주려 했다. 그는 그것에 기뻐했지만, 그가 보낸 회답에서는 당시 내가 그 결과를 기대하면서 품고 있었던 확신을 그도 함께 나누고 있다고는 보이지 않았다. 그는 다른 사람이 갖고 있지 않은 내가 쓴 어떤 작품을 갖고 싶어 했다. 나는 〈고 오를레앙 공작을 위한 조사(弔辭)〉를 그에게 보내주었다. 이 조사는 다르티 신부 때문에 썼는데, 신부의 예상과는 달리 조사를 읽는 일이 그에게 맡겨지지 않은 까닭에 낭독되지는 않았다.

　인쇄는 재개된 후 아주 순조롭게 진행되어 완료되었다. 나는 여기서 기묘한 점에 주목했는데, 그것은 처음 두 권에 대해서는 엄격하게 수정을 요구한 후 마지막 두 권에 대해서는 아무런 말도 없었고 또 그 내용이 출판에 어떠한 지장을 주지도 않고 넘어갔다는 것이다. 그러나 내게는 약간의 불안이 여전히 남아있었는데, 이에 대해서는 꼭 언급하고 넘어가야 한다. 예수회를 걱정했던 나는 이번에는 장세니스트와 철학자들이 걱정이었다. 당파니 파벌이니 패거리니 하는 것들이라면 모두 싫어하는 나로서는 그런 데 속한 사람들로부터는 무엇 하나 좋은 일을 기대하지 않았다. 그런데 그 '수다스러운 아낙네들'[49]이 얼마 전부터 전에 살던 곳을 떠나서 바로 내 집 옆으로 옮겨왔다. 그래서 내 방이나 테라스에서 하는 말이 그들의 방에까지 다 들렸고, 그들의 정원에서는 그 정원과 우리 집 망루를 갈라놓은 작은 담을 매우 손쉽게 기어오를 수가 있었다. 나는 이 망루를 서재로 쓰고 있었으므로 거기 있는 테이블 위에는 《에밀》과 《사회계약론》의 교정지와 원고가 수북이 쌓여 있었다. 나는 이 원고들을 받는 대로 가제본하기 때문에 테이블 위에는 출판되기 훨씬 전에 내 모든 책들이 책이 되어 있는 셈이었다. 나의 경솔과 태만, 그리고 우리 집을 둘러싸고 있는 정원의 소유자인 마타 씨에 대한 나의 신뢰 때문에 저녁마다 망루의 문을 닫는 것을 잊고 아침이면 그 문이 활짝 열려져 있는 것을 보게 되는 일이 종종 있었다. 서류가 좀 흩어져 있는 것이 눈에 띄는 것 같지 않았다면, 그로 인해 거의 걱정을 하지 않았을 것이다. 몇 번이나 이런 일을 주목한 후 나는 더욱 조심하여 망루의 문을 닫게 되었다. 자물쇠가 좋지 않아서 열쇠는 반 바퀴밖에 돌아가지 않았다. 더 주의를 기울이게 된 나는 문을 활짝 열어 놓아두었을 때보다도 오히려 훨씬 더 서류가 흩어져 있는 것을 알아챘다. 결국은 내 책들 중 한 권이 어느 날 밤부터 다음다음 날 아침까지 사라진 일이 발생했다. 어떻게 된 것인지 알 길이 없는 상태로 사흘째 되는 아침에서야 그것을 테이블 위에서 다시 찾았다. 나는 마타 씨에 대해서도 그의 조카인 뒤물랭 씨에 대해서도 그때나 지금이나 절대로 의심한 일이 없었다. 나는 그들 둘 다 나를 좋아하고 있는 것을 알고 있었고 또 그들을 전적으로 믿었기 때문이다. 나는 이때부터 '수다스러운 아낙네들'을 믿지 못하기 시작했다. 나는 그들이 장세니스트들이긴 하지만 달랑베르와는 얼마간 관계를 맺고 있으며 한 집에 사는 것도 알고 있었다. 이런 일로 해서 나는 다소 불안해졌고 더욱 주의를 하게 되었다. 그래서 서류를 내 방에 들여

---

49) 10권에 나오는 장세니스트 페랑 씨와 미나르 씨의 별명이다.

놓고, 그 사람들과 만나는 일을 완전히 그만두었다. 게다가 내가 경솔하게도 그들에게 빌려주었던 《에밀》의 첫 권을 그들이 자랑삼아 여러 집에서 내보인 것을 알고 있었기 때문이다. 비록 내가 떠날 때까지 그들은 계속해서 나와 이웃하고 있었지만 그때부터 나는 그들과 더 이상 교제하지 않았다.

　《사회계약론》은 《에밀》보다 한두 달 먼저 나왔다. 50) 나는 레에게 내 책들 중 한 권도 절대로 프랑스에 몰래 들여와서는 안 된다고 늘 부탁했건만, 그는 《사회계약론》을 루앙을 경유하여 들여오는 허가를 얻기 위해 당국에 문의했고, 해로로 그의 화물을 루앙까지 발송했다. 그러나 레는 아무런 답변도 얻지 못했다. 그의 짐은 루앙에 여러 달 머물러 있던 끝에 그에게 다시 반송되었는데, 당국은 그전에 몰수하려다가 그가 하도 법석을 떨어 그에게 되돌려준 것이다. 호기심이 많은 사람들은 암스테르담에서 몇 부를 빼내어 유포시켰는데 별로 소문은 나지 않았다. 이러한 소문을 들었을 뿐만 아니라 심지어 그 중 어떤 것을 보기도 한 몰레옹이 내게 그것을 말해주었는데, 그의 은밀한 말투는 나를 놀라게 했다. 모든 점에서 규정을 지키고 있으며 책망받을 만한 짓은 하나도 없다고 확신한 내가 내 위대한 원칙에 기대어 태연함을 유지했기 망정이지

---

50) 《사회계약론》은 2개의 수하물로 4월 13일 해상으로 암스테르담에서 덩케르크로 운송되었고, 덩케르크에서 운하를 따라 루앙으로 수송되었다. 4월 30일 레는 한 부를 말제르브에게 발송했고, 말제르브는 5월 5일이나 6일에 루소에게 그 수령을 통지했다. 며칠 후 레는 출판총감인 말제르브가 《사회계약론》을 읽은 후 프랑스에 그 책의 반입을 허가하기를 거절했다는 통고를 받았다. 말제르브는 레에게 루소의 저술 표제 위에 있는 작가의 이름을 삭제할 것을 권했지만, 루소는 레에게 문의를 받고 이를 거절했다. 마침내 레는 같은 경로로 수하물을 돌려받는 허락을 얻었는데, 이것이 또 몇 주 걸렸다. 그 사이 《사회계약론》은 스위스와 영국에 도착했고 그곳에서 4월부터 판매되었다.

그렇지 않았다면 그 말투로 인해 불안해지기까지 했을 것이다. 슈아죌 씨는 이미 내게 호의를 갖고 있었고, 나도 그에 대한 존경심에서 이 저서에서 그를 칭찬했는데 그는 이 칭찬에 상당히 감사하고 있었다. 그래서 나는 그가 이 경우 퐁파두르 부인의 악의에 대해 내 편을 들어주리라는 것을 의심조차 하지 않았다.

나는 어느 때보다도 더 당시에 뤽상부르 씨의 호의와 필요하다면 그의 도움까지 기대할 이유가 분명 있었다. 왜냐하면 그가 이때만큼 더욱 빈번한 그리고 더욱 감동적인 우정의 표시를 보여준 일은 없었기 때문이다. 부활절 나들이 때 나는 비참한 상태로 인해 성관에 갈 수가 없었는데, 그는 단 하루도 거르지 않고 나를 보러 왔다. 그리고 마침내는 내가 줄곧 고통스러워하는 것을 보고 하도 권해서, 나는 콤 수도사[51]의 진찰을 받을 결심을 했다. 그는 사람을 시켜 콤 수도사를 불러오게 하고 몸소 그를 내게로 데리고 왔다. 그리고 시간이 오래 걸리는 끔찍한 수술 동안 내 집에 머무는 용기를 보여주었는데, 이러한 용기는 대귀족에게는 참으로 보기 드문 것이고 칭송받을 만한 것이다. 고작해야 소식자를 넣어 검진받는 것이 문제가 되었지만, 나는 한 번도 그런 검진을 받아볼 수가 없었다. 심지어 모랑도 여러 번 시도했지만 번번이 실패했다. 콤 수도사는 비할 데 없이 능란하고 민첩한 솜씨를 갖고 있어서 두 시간 이상 걸려 마침내 아주 작은 알가리[52]를 삽입하는 데 성공했다. 그동안 나는 무척 괴로웠지만 어진 원수님의 심약한 마음에 상처를 주지 않으려고 신음소리를 참느라 애썼다. 처음 진찰에서 콤은 커다란 결석을 발

---

51) Jean Baseilhac(1703~1781) : 능숙한 외과의사로 1729년 생콤(Saint-Cosme) 수도사라는 이름으로 푀이양 교단에 들어가 결석을 제거하고 요폐증을 치료하는 방법을 통하여 명성을 얻었다.

52) 알가리(*algalie*)는 방광 속을 비우는 데 쓰이는 은으로 만든 속이 빈 소식자를 말한다.

견하는 줄 알고 내게 그렇게 말했다. 그러나 두 번째 진찰에서 그는 더이상 결석을 찾지 못했다. 두 번 세 번 정성껏 정확하게 진찰을 되풀이한 — 그 시간이 내게는 매우 길게만 느껴졌다 — 그는 결석은 없으나 전립선이 딱딱한 종양처럼 되어 있으며 이상하게 비대해져 있다고 선언했다. 그가 보기에 방광은 크고 양호한 상태에 있었다. 그는 마침내 내가 고생은 많이 하겠지만 오래 살 것이라고 선언했다. 두 번째 예언이 첫번째 예언처럼 잘 들어맞는다면, 나의 고통은 곧 끝장나지 않을 것이다.

이렇게 여러 해 동안 갖고 있지도 않은 20여 종의 병에 대해 잇달아 치료를 받은 후, 나는 마침내 내 병이 생명에는 관계가 없으나 고칠 수는 없는 것이어서 죽을 때까지 지속될 것이라는 사실을 알게 되었다. 이러한 사실을 알게 되자 상상력도 억제되어, 이제 결석의 고통 속에서 끔찍하게 죽으리라는 예상은 사라져버렸다. 나는 오래전에 요도 속에서 부러진 소식자의 끝부분이 결석의 핵이 된 것은 아닐까 하는 걱정도 벗어버렸다. 나로서는 실제의 병보다도 더욱 괴롭던 상상의 병에서 벗어나자 실제의 병을 더욱 평온하게 견뎌냈다. 그때까지 병 때문에 받던 고통이 이때부터 훨씬 더 가벼워졌다는 것은 확실하다. 그리하여 나는 이렇게 고통이 줄어든 것이 뤽상부르 씨의 덕분이라는 사실을 회상할 때마다 새삼 그의 기억을 떠올리며 감격한다.

말하자면 죽었다가 다시 살아나 내 여생을 바치고자 하던 계획에 어느 때보다도 몰두하게 된 나는 그 계획을 실행에 옮기기 위해서 오직 《에밀》의 출간만을 기다리고 있었다. 나는 전에 가본 일이 있는 투렌을 생각했는데,[53] 그곳은 그 온화한 기후며 온화한 주민들 때문에 내 마음에 매우 들었다.

---

53) 1762년 4월 27일 루소가 친구 다니엘 로갱에 보낸 편지를 보면, 그가 로갱이 있는 이베르댕에 갈 생각도 있었던 것으로 보인다.

> 부드럽고 행복하고 쾌적한 대지는
> 자기를 쏙 빼닮은 주민들을 낳는다네. 54)

나는 이미 내 계획에 대해 뤽상부르 씨에게 말해놓았는데, 그는 내 계획을 단념시키려고 했다. 나는 재차 그에게 그것에 대해 말했는데, 이번에는 결정된 사항으로 못을 박았다. 그래서 그는 파리에서 150리나 떨어진 메를루 성을 은신처로 제의했는데, 그곳은 아마 내 마음에도 들 것이고 자기도 부인도 나를 거기에 정착시키는 즐거움을 가질 것이라고 했다. 이런 제의에 내 마음이 움직여 싫지가 않았다. 무엇보다도 먼저 그 장소를 보아야 했다. 그래서 원수님은 나를 그곳에 안내하기 위하여 마차와 그의 시종을 보내주겠다고 했고 우리는 그 날짜를 정했다. 그러나 그날 나는 몸이 몹시 편치 않아 계획을 연기하지 않으면 안 되었다. 그 후에도 뜻하지 않은 일들이 일어나 그곳에 갈 수가 없었다. 그후 메를루의 영지가 원수님의 소유가 아니고 그 부인의 소유라는 말을 듣고서는 그곳에 가지 않은 것에 대해 더욱 쉽게 마음을 달랬다.

마침내 《에밀》이 나왔다. 55) 수정하라는 말도 듣지 못했고 어떤 어려움에 대해 말하는 것도 듣지 못했다. 그것이 출간되기 전에 원수는 이 저서와 관계된 말제르브 씨의 편지들을 모두 돌려줄 것을 요구했다. 나는 이 두 사람 모두를 대단히 신뢰하고 있었고 아주 마음을 턱 놓고 있어서 이러한 요구에 이상한 점이 있거나 심지어 염려스러운 점이 있다는 것을 생각할 수 없었다. 깜빡 잊고 책갈피에 끼워져 남아 있었던 한두 통의 편지를 제외하고는 그 편지들을 모두 돌려보냈다. 이보다 얼마 전에 말제르브 씨는 내가 예수회에 대해 근심하던 동안 뒤쉔에게 썼던 내

---

54) 이것은 타소의 〈해방된 예루살렘〉에서 인용된 시구이다.

55) 《에밀》이 출간된 것은 5월 22일로 추정할 수가 있는데, 바로 그날 뒤쉔이 손수 루소와 뤽상부르 부처와 그 부처의 친구들에게 돌릴 책들을 몽모랑시에 가지고 왔기 때문이다.

편지들을 자기가 회수하겠다는 의사를 밝힌 적이 있었다. 솔직히 말하면 이 편지들은 내 이성(理性)에 그다지 명예가 되는 것은 아니었다. 그러나 나는 어떤 일에서도 실제의 나보다 훌륭하게 보이고 싶지는 않으니 뒤쉔에게 그 편지들을 그에게 내주어도 좋다고 했다. 나는 그가 그것을 어떻게 했는지는 모른다.

이 책은 앞선 내 모든 저술들과는 달리 화려한 박수갈채를 받으며 출간되지는 못했다. 어떤 저서도 이 책처럼 개별적으로는 그토록 엄청난 찬양을 받았으면서도 공적으로는 그토록 별 칭찬을 받지 못한 것은 없었다. 이 책에 관하여 가장 올바른 평가를 할 수 있는 사람들이 이 책에 대해 말이나 서신을 통해 내게 확신시켜 준 사실은 이것이야말로 내 저술들 중 가장 중요한 동시에 가장 훌륭하다는 것이었다. 그렇지만 이 모든 칭찬은 더없이 이상한 조심성을 갖고 이루어져서, 마치 이 책에 대해 사람들이 생각한 좋은 점은 비밀로 해두는 것이 중요한 것 같았다. 부플레르 부인은 온 인류가 이 책의 저자를 위해 동상을 세우고 숭배해야 마땅하다고 내게 말했지만, 편지 끝에는 이 편지를 되돌려달라고 염치없이 부탁했다. 달랑베르는 이 저서가 내 우월함을 결정하고 나를 모든 문인들의 선두에 서게 할 것이라고 내게 편지했으나 그 편지에는 서명하지 않았다. 그때까지 내게 보낸 편지들에는 모두 서명했으면서도 말이다. 뒤클로는 믿을 만한 친구였고 또 진실한 사람이었으나 조심스러운 성격이어서, 이 책을 높이 평가하기는 했지만 그것을 내게 글로 써서 말하는 것은 피했다. 라 콩다민은 "사부아 보좌신부의 신앙고백"에 덤벼들어 헛소리만 늘어놓았다. 클레로[56]는 그가 보낸 편지에서 같은 부분을 다루는 데 그쳤다. 그러나 그는 책을 읽고 느낀 감동을 거리낌 없이 표현했다. 그는 적절하게도 이것을 읽고 그의 늙은 영혼이 고양되었다고

---

56) Alexis Clairaut(1713~1765): 프랑스의 수학자.

내게 말했다. 내가 책을 보내주었던 모든 사람들 가운데 오직 클레로 한 사람만이 모든 사람들을 향해 그것에 대해 자신이 좋다고 생각한 모든 것을 당당하고 자유롭게 말했던 것이다.

나는 이 책이 발매되기 전에 한 부를 마타 씨에게도 주었는데, 그는 이것을 스트라스부르 지사의 아버지로 고등법원 법관인 블레르 씨[57]에 게 빌려주었다. 블레르 씨는 생그라티앵에 별장을 가지고 있었고, 그의 옛 친구인 마타 씨는 기회가 나면 가끔 그를 만나러 그곳에 들르곤 했다. 그는 블레르 씨에게 아직 발행되지 않은 《에밀》을 읽게 했다. 책을 돌려주면서 블레르 씨는 그에게 다음과 같은 적절한 말을 했고, 그는 바로 그날 그 말을 내게 전해 주었다.

"마타 씨! 이것은 대단히 훌륭한 책이고 머지않아 화제가 될 것이오. 그러나 그것이 지나쳐 저자를 위해서는 바람직하지 않을 수도 있겠소."

그가 내게 이 말을 다시 옮겼을 때 나는 단지 그것을 일소에 부쳤을 뿐이었다. 그리고 이 말에서 모든 일을 비밀스럽게 만드는 법조인들의 거드름을 보았을 뿐이다. 내게 들려온 불안스런 모든 말들이 더 이상 내 주의를 끌지 못했고, 내게 다가오고 있는 파국을 조금도 예견하지 못했다. 내 저서가 유익하고 아름다우며 모든 점에서 규정을 지키고 있다는 점을 확신하고 있었고 또 그때 생각으로는 뤽상부르 부인의 모든 영향력과 당국의 호의를 믿고 있어서 나를 시기하는 자들을 모두 분쇄하고 난 다음 승리의 절정에서 물러난다는 내 결심에 마음이 흐뭇했다.

이 책을 출간하는 데 내게 걸리는 일이 단 한 가지 있었는데, 그것은 내 안위라기보다는 내 마음의 안도감에 대해서였다. 나는 레르미타주와 몽모랑시에서 제후들의 오락만을 각별히 배려해서 가련한 농민들이 성가심을 당하는 것을 가까이서 보고 분개했었다. 농민들은 사냥감들이

---

57) 블레르 씨(M. de Blaire)는 1709년 파리 고등법원의 법관으로 임명되어 50년 이상 동안 봉직했다.

그들의 밭에 끼치는 손해를 참지 않으면 안 되었고 다만 소리를 내서 짐
승들을 쫓아내는 것 이외에 감히 자신을 지킬 방도가 없었다. 그래서 멧
돼지들을 쫓기 위하여 냄비며 북이며 방울 등을 갖고 콩밭에서 매일 밤
을 지새워야 했던 것이다. 나는 샤롤루아 백작이 하인들을 시켜 이 가련
한 사람들을 무지막지할 정도로 가혹하게 다루는 것을 목격하고 《에
밀》의 끝부분에서 이러한 잔인성에 욕설을 퍼부었다. [58] 내 원칙을 위반
하는 또 다른 사건도 응징을 모면할 수가 없었다. 나는 콩티 대공의 관
리들이 그의 영지에서 거의 이에 못지않은 가혹한 짓을 한다는 말을 들
었다. 나는 내가 진심으로 존경하고 감사해 마지않는 대공이 내가 인도
적 분노로 그의 백부에 대해 했던 말을 자기에 대한 말로 오해하고 그것
을 자신이 모욕당했다고 여기지나 않을까 겁났다. 그렇지만 이 점에 대
해 내 양심상 전혀 거리낄 것이 없어서 양심에 의한 판단에 비추어 안심
했다. 또 그렇게 하기를 잘했다. 어쨌든 나는 그 위대한 대공이 그 대목
에 대하여 조금이라도 주의를 기울였다는 말을 들은 적이 전혀 없는데,
그것은 내가 대공에게 소개되는 영광을 갖기 훨씬 이전에 쓴 것이다.

　　그 시일은 그리 확실히 기억나지 않지만, 내 책이 출간되기 며칠 전인
지 혹은 며칠 후인지 같은 주제를 다룬 또 한 권의 책이 세상에 나왔다.
이것은 내 저서 첫 권에서 발췌한 것으로 이 발췌된 부분에 섞어놓은 진
부한 말들을 빼면 한마디도 틀리지 않았다. 이 책은 발렉세르라는 어느
제네바 사람의 이름으로 되어 있고, 표지에는 하를렘 아카데미상을 받

---

58) 참고. "내 영지의 주민들은 내 산토끼들이 그들의 밀을 휘젓고 다니고 내
　　멧돼지들이 그들의 잠두콩을 망치는 것을 유쾌하게 보지는 않을 것이다.
　　그들의 작업을 망치고 있는 적을 감히 죽이지는 못하지만 하여간 저마다
　　그 적을 자기 밭에서 쫓아내고 싶어 할 것이다. 하루 종일 밭을 간 후, 밤
　　새도록 밭을 지켜야만 할 것이다. 그들은 맹견, 북, 나팔, 방울을 사용할
　　것이고, 이러한 소란으로 나의 잠을 방해할 것이다"(《에밀》 4권).

468

은 것이라고 쓰여 있었다. 59) 나는 이따위 아카데미니 상이니 하는 것이
대중의 눈에 표절을 숨기기 위해 완전히 새로 만든 것임을 쉽게 깨달았
다. 그러나 이에 앞서 어떤 음모가 있었음을 알아차렸는데, 그 음모가
무엇인지는 전혀 알 수가 없었다. 그 음모란 내 원고를 빼돌리는 것일
수도 있는데, 그렇지 않다면 이런 표절은 이루어질 수 없었을 것이기 때
문이다. 또 그 따위 상에 대한 이야기를 꾸며내기 위한 음모였을지도 모
른다. 이야기에 어떤 근거를 부여하는 것이 정말 필요했을 테니까 말이
다. 몇 해가 지나고서야 나는 디베르누아 씨60)의 입에서 새어나온 한마
디 말로 그 비밀을 간파했고 발렉세르 씨를 끌어들인 사람들이 누군지
어렴풋이 느꼈다.

　폭풍에 앞서 은은한 노호(怒號)가 들려오기 시작하였다. 조금이라도
통찰력이 있는 사람이라면 내 저서와 나에 대해 어떤 음모가 은밀히 꾸
며지고 있으며 그것이 곧 폭발하게 되리라는 것을 명백히 알아차렸다.
그럼에도 나 자신은 너무나 마음을 놓고 멍청히 있어서 자신에게 닥쳐
오는 불행을 예견하기는커녕 그 결과를 생생히 느낀 후에도 그 원인을
짐작조차 못했다. 사람들은 아주 교묘하게 소문을 퍼뜨리는 일부터 시

---

59) 루소는 여기서 환상에 빠진 것처럼 보인다. 1761년 네덜란드 과학협회(하
　를렘 아카데미)는 "어린아이들이 오래 건강하게 살기 위해서 아이들이 태
　어나는 순간부터 청년기에 이르기까지 옷을 입고 음식을 먹고 운동을 하는
　데 준수해야 하는 가장 좋은 방침이란 어떤 것인가?"라는 주제를 갖고 현상
　논문을 내걸었다. 파리에서 개업한 제네바 출신 의사인 자크 발렉세르
　(Jacques Balexert)가 1762년 5월 22일 그 상을 받았고, 그의 논문은《어
　린아이의 탄생에서부터 사춘기에 이르기까지 아이들의 신체교육에 대한 논
　고》라는 제목으로 파리에서 출간되었다. 1762년 10월 13일자로 출판허가
　를 받았다. 이 책에 루소의《에밀》에 표명되어 있는 생각이 상당수 포함된
　것은 사실이지만, 그것을 진정한 의미의 표절이라고 볼 수는 없다.
60) François-Henri d'Ivrenois(1722~1778): 제네바 대표파의 우두머리들 중
　한 사람으로 12권에서 상세히 이야기될 것이다.

작했는데, 이 소문에 따르면 예수회를 탄압하는 중이어서 종교를 공격한 저서들과 저자들에 대해서도 편파적인 관용을 베풀 수는 없다는 것이었다. 나는 《에밀》에 내 이름을 써넣었다는 이유로 비난을 받았다. 마치 다른 모든 글들에서는 내 이름을 넣지 않았던 것처럼 말이다. 그런데 전에는 그 글들에 이름을 넣었어도 아무 문제가 없었다. 당국은 마지못해 어떤 조치들을 취해야만 하는 상황을 두려워했던 것 같았는데, 사정상 그 조치들은 불가피한 것이며 그에 대한 빌미를 제공한 것도 나의 경솔함이었다. 이러한 소문이 내 귀에 들려도 나는 별반 불안해하지 않았다. 나는 이 사건 전체에서 조금이라도 내게 개인적으로 관련된 것이 있을 수 있으리라고는 생각조차 못했다. 나 자신은 전혀 비난받을 만한 것이 없고 매우 든든한 후원을 받고 있으며 어느 점에서도 규정에 어긋나지 않았다고 느꼈으며, 설사 내게 어떤 잘못이 있다고 해도 그것은 전적으로 뤽상부르 부인 한 사람에게만 관계된 것이므로 그 때문에 부인이 나를 곤란한 처지에 내버려두리라고 걱정하지 않았다. 그런데 나는 이런 경우에 일이 어떻게 돌아가는지, 즉 관례적으로 저자에게는 관대하면서도 서적상에 대해서는 엄벌을 가한다는 것을 알고 있었으므로, 만약 말제르브 씨가 뒤셴을 버리는 일이라도 생기게 된다면 가련한 그는 어떻게 되나 하고, 그에 대해서는 염려가 없지 않았다.

나는 가만히 있었다. 소문은 불어나갔고 곧 그 어조가 바뀌었다. 대중들 특히 고등법원은 내가 가만히 있어서 흥분한 것 같았다. 며칠 후에는 동요가 격심해졌으며, 협박은 상대를 바꾸어 직접 나를 향했다. 저서를 태워버리는 것만으로는 안 되고 저자를 화형에 처해야 한다고 고등법원 사람들이 아주 공공연하게 떠드는 말이 들렸다. 서적상들에 대해서는 아무 말도 없었다. 고등법원 법관이라기보다는 고아[61]의 종교

---

61) 인도 중서부 아라비아 해에 접한 주로, 1510년 포르투갈령이 되어 아시아 진출의 거점이 되었으며 그리스도교 포교의 중심지로 번영하였다. 루소의

재판관에게 더 합당한 이 말이 처음으로 내 귀에 들어왔을 때, 나는 그것이 나를 겁먹도록 해서 도망가도록 부추기기 위해 애쓰는 돌바크 일당의 간계라는 것을 의심치 않았다. 나는 그 유치한 계략을 비웃었고, 그들을 조롱하면서 그들이 일의 진상을 알았더라면 나를 위협하는 어떤 다른 방법을 찾았을 것이라고 속으로 생각했다. 그런데 마침내 그 소문은 소문에 그치지 않고 사실이라는 것이 분명해졌다. 뤽상부르 부처는 그해 두 번째 몽모랑시 나들이를 앞당겨서 6월 초에는 이곳에 와 있었다. 파리에서는 내가 쓴 새 책들에 대한 평판이 자자했으나, 여기서는 이에 대해 별 말이 들리지 않았다. 그리고 집주인들도 이에 대해 내게 전혀 말하지 않았다. 그런데 어느 날 아침 내가 뤽상부르 씨와 단둘이 있을 때 그는 이렇게 말했다.

"《사회계약론》에서 슈아죌 씨에게 좋지 않은 말을 하셨던가요?"

"내가요?" 나는 깜짝 놀라 뒤로 물러서면서 그에게 말했다. "아니요, 절대로 없습니다. 도리어 그 반대지요. 찬사를 모르는 내 붓으로 일찍이 어떤 대신도 받지 못했던 가장 아름다운 찬사를 보냈습니다."

그리고 나는 즉시 그에게 그 구절을 들려주었다.

"《에밀》에서는요?" 그는 말을 이었다. 나는 대답했다.

"한마디도 없습니다. 그 분에 관계되는 말은 한마디도 거기에 없습니다."

"아!" 그는 평소보다 더 격하게 말했다. "그 다른 저서에서도 똑같이 그렇게 했으면 좋았을 텐데요. 혹은 더 분명히 했어야 했습니다."

나는 덧붙여 말했다. "나는 분명히 했다고 생각했습니다. 그 정도로 나는 그분을 존경했으니까요."

그때 그는 다시 말을 이으려 했다. 나는 그가 막 흉금을 털어놓으려고 하는 것을 보았다. 그러나 그는 갑자기 멈추고 입을 다물었다. 가장 좋

시대에는 이미 몰락하여 총독과 가혹하기로 소문난 종교재판관과 수도사들과 만여 명의 가난한 주민들밖에 남아있지 않았다.

은 사람들 사이에 있을 때에도 우정 자체를 억누르는 궁정인의 그 불행한 이해타산이여!

　이 대화는 짧긴 했지만 적어도 어떤 점에서는 내 처지가 어떤지 깨우쳐주었고 사람들이 다름 아닌 내게 악의를 품고 있다는 것을 깨닫게 했다. 나는 좋은 일을 말하고 행했건만, 그 모두를 내게 해롭게 만드는 전대미문의 불운을 나는 한탄했다. 그러나 이 사건에서는 뤽상부르 부인과 말제르브 씨가 내 보호자가 되어줄 것이라고 생각했으므로, 사람들이 어떻게 했기에 그들을 제치고 내게까지 올 수 있었는지 알지 못했다. 하지만 그때부터 나는 이 문제가 더 이상 공정이나 정의의 문제가 아니며, 또 아무도 내가 실제로 잘못이 있는지 그렇지 않은지를 조사하는 데 마음 쓰지 않을 것이라는 점을 절감했다. 그렇지만 폭풍우의 위세는 더욱 사나워져갔다. 다름 아닌 네올므마저도 장황한 객설을 늘어놓으면서 내게 이 저작에 관계했던 것을 후회하는 내색과 이 저서와 저자에게 닥쳐오는 운명에 대해 그가 가졌던 것처럼 보이는 확신을 내비쳤다. 그러나 한 가지가 여전히 나를 안심시켰는데, 그것은 내가 보기에 뤽상부르 부인이 매우 태연하고 만족하며 심지어 명랑하기까지 해서 그녀가 미리 자신의 성공을 확신한 것이 틀림없었다는 점이다. 왜냐하면 그녀는 내 문제에 대해 조금도 근심하지 않았고, 내게 단 한마디의 동정이나 사과도 하지 않았고, 그녀가 이 사건에 전혀 관련이 없으며 내게 조금도 관심이 없는 것처럼 그토록 냉정하게 이 사건의 추이를 지켜보았기 때문이다. 내게 놀라웠던 것은 그녀가 내게 전혀 아무 말도 하지 않았다는 것이다. 내 생각에 그녀가 내게 무엇인가를 말했어야 할 것 같았다. 부플레르 부인은 덜 태연해 보였다. 그녀는 분개한 표정으로 들락날락거리며 부산히 움직였고, 콩티 대공도 내게 다가올 공격을 막기 위해서 역시 부산히 움직이고 있다는 것을 확언했다. 그리고 그녀는 이 공격을 언제나 현 상황 탓으로 돌리면서, 현 상황에서 고등법원이 예수회원들에게 종교에 대해 무관심하다는 비난을 받지 않는 것이 중요하다고 했다. 하지만 부인은 콩티 대공이나 자신이 벌이는 교섭에 별로 기대하지 않는 것처럼 보였다. 그녀의 이야기는 모두가 나를 안심시키기보다는 불안을 주는 것이어서 내게 피신을 권하는 쪽으로 나갔다. 그녀는 내게 줄곧 영국으로 갈 것을 권하였고, 영국에 있는 많은 친구들을 소개시켜주겠다고 했는데 그 중에는 오래전부터 그녀와 친한 저 유명한 흄도 있었다. 내가 가만히 머물러 있기를 고집하는 것을 보고 그녀는 내 결심을 흔들어 놓을 보다 효과적인 술책을 썼다. 내가 체포되어 신문을 받게 되면 어쩔 수 없이 뢱상부르 부인의 이름을 대야 하는데, 부인이 내게 보이는 우정을 생각할 때 부인을 위태롭게 만들 위험을 무릅쓰는 것은 정말 당치않다고 나를 설득시켰다. 나는 그런 경우에 뢱상부르 부인이 안심해도 좋으며 내가 그녀를 전혀 위태롭게 하지 않을 것이라고 대답하다. 그러나 부인은 그러한 결심을 하기는 쉬워도 실제로 행하기는 어렵다고 응수했다. 그 점에서는 그녀가 옳았으며 특히 나에게는 더욱 그랬다. 왜냐하면 나는 진실을 말하는 것에 어떠한 위험이 따를 수 있더라도 재판관들 앞에서 거짓 맹세하거나 거짓말을 결코 하지 않겠다고 굳게 결심했기 때문이다.

　내가 이러한 생각으로 약간 동요되었지만 도망할 결심을 하지 못한 것을 보자 그녀는 고등법원의 권한을 벗어나는 수단으로 몇 주 동안 바스티유 감옥에 들어가 있는 것이 어떠냐고 말했다. 고등법원은 국사범에는 관여하지 못하기 때문이다. 나는 이 기묘한 사면이 나의 이름으로 청원된 것이 아니었으므로 이에 대하여 아무런 반대도 하지 않았다. 그리고 그녀가 더 이상 이에 대해 말하지 않아서, 나는 그후 그녀가 이러한 생각을 제안한 것은 단지 내 마음을 떠보기 위한 것에 불과하며, 모든 문제를 끝내는 방책을 사람들이 받아들이려 하지 않는다고 판단했다.

　그리고 며칠 지나지 않아서 원수님은 그림과 데피네 부인의 친구인

되이유의 주임사제로부터 한 통의 편지를 받았는데, 거기에는 정통한 소식통에 의해 그가 얻은 정보가 담겨져 있었다. 고등법원은 나를 더할 나위 없이 엄중히 기소할 예정이며, 어느 어느 날에 — 그는 그 날짜를 적어놓았다 — 내게 구속영장이 발부되리라는 것이었다. 나는 이 정보를 돌바크 일당이 날조한 것이라고 판단했다. 내가 아는 바로는 고등법원은 절차에 매우 신중한데, 이러한 경우에 내가 그 저서를 내 것으로 인정하고 또 실제로 내가 그 저자라는 것을 법률적으로 인지하기도 전에 구속영장부터 발부한다는 것은 그 절차를 모두 위반하는 것이었다. 나는 부플레르 부인에게 이렇게 말했다.

"공공의 안녕을 침해한 죄가 아니라면, 피고인이 처벌을 피하지 못하도록 단지 상황증거에 근거해 구속영장을 발부하지 않습니다. 그리고 내 경우와 같은 범죄를 — 이것은 사실 존경의 표시와 상을 받아 마땅합니다 — 처벌하고 싶으면, 서적은 기소해도 될 수 있는 한 저자를 문책하는 일은 피하는 법입니다."

그녀는 내게 이에 대해 미묘한 구별을 하여 — 나는 지금 이러한 구별이 기억나지 않는다 — 신문을 하고자 소환하는 대신에 구속영장을 발부한 것은 호의에서 나온 것이라는 것을 입증하려 했다. 그 다음 날 나는 기에게서 한 통의 편지를 받았는데, 그는 그날 검사장 사무실에 있었다가 검사장의 책상 위에서 《사회계약론》과 그 저자에 대한 논고의 초고를 보았다는 것을 알려주었다. 그런데 그 기라는 사람이 그 작품을 인쇄했던 뒤쉔과 동업자라는 것에 유의하시라. 그는 자기로서는 아무 일 없이 느긋하면서 자비롭게도 저자에게 이 소식을 전한 것이다. 이 모든 것이 내게 얼마만큼의 신빙성 있어 보였는지 여러분들도 상상할 수 있을 것이다! 검사장의 면회가 허락된 일개 서적상이 법관의 책상 위에 흩어진 원고며 초고들을 유유히 읽었다고 하는 것이 그토록 간단하고도 자연스러운 일이라니 말이다. 부플레르 부인이나 그 밖의 사람들도 똑같은 사실을 내게 확인해 주었다. 이러한 어처구니없는 말을 귀가 아프도록 듣고 나니, 세상 사람들이 모조리 미쳐가는 듯했다.

　이런 모든 일의 배후에는 사람들이 내게 말하고 싶어 하지 않는 어떤 비밀이 있다는 것을 절감했기 때문에, 나는 이 사건 전반에 대한 나의 올바름과 결백을 믿고 조용히 그 결말을 기다렸다. 어떠한 박해가 나를 기다린다고 해도 진리를 위해 고난을 당하는 영광의 길로 부름을 받은 것에 너무나 행복해 하면서. 두려워하거나 숨으려 하기는커녕 날마다 성관에 가고 오후에는 평소대로 산책했다. 영장이 발부되기 전날인 6월 8일에는 오라토리오회의 교수인 알라마니 신부와 망다르 신부와 더불어 산책했다. 우리는 샹포62)로 약간의 간식을 가지고 가서 매우 맛있게 먹었다. 컵을 갖고 가는 것을 잊어서 호밀 대롱으로 컵을 대신해 병 속의 포도주를 빨아마셨는데, 매우 구멍이 넓은 대롱을 고른 것을 뽐내면서 경쟁이나 하듯 빨아먹었다. 내 평생 이렇게 즐거운 적은 없었다.

　내가 젊었을 때 어떻게 해서 불면증에 걸렸는지 이미 이야기한 바 있다. 그 후부터 나는 매일 밤 침대 속에서 졸려서 눈꺼풀이 무거워지는 것을 느낄 때까지 책을 읽는 버릇이 생겼다. 그때서야 촛불을 끄고 한동안 잠을 청하지만 졸음이 오래간 적은 거의 없었다. 밤에 보통 읽는 책은 성서였다. 나는 이렇게 해서 적어도 대여섯 번 계속해서 성서를 다 읽었다. 그날 밤은 여느 때보다도 잠이 오지 않아서 나는 더 오래도록 책을 읽었다. 그리하여 〈에브라임의 레위 사람〉 이야기 끝나는 한 권을 전부 읽었다. 그후 성경을 다시 읽지 않았기 때문에 잘 모르겠으나 내가 착각하지 않았다면 그것은 《판관기》(判官記)였다. 나는 이 이야기에 몹시 감동하여 일종의 몽상상태에 빠져 그 이야기에 몰두하고 있었는데 갑자기 인기척이 나고 등불이 비쳐 정신이 들었다. 테레즈가 든 등불이

---

62) 현재 몽모랑시 성이 있는 곳이다.

라 로슈를 비췄다. 그는 자리에서 벌떡 일어나 앉는 나에게 말했다.

"놀라지 마십시오. 원수부인 댁에서 부인과 콩티 대공이 보낸 편지를 가지고 왔습니다."

과연 뢱상부르 부인의 편지 속에는 대공의 특사가 그녀에게 막 가져온 편지가 들어 있었다. 그가 갖은 노력을 다하였음에도 불구하고 나를 매우 엄중하게 기소한다는 결정이 내려졌다는 소식이었다. 그녀에게 보낸 콩티 대공의 글은 이러했다.

"동요가 극심하여 아무래도 공격을 막을 수가 없습니다. 궁정에서도 그것을 요구하고, 고등법원도 그것을 바랍니다. 내일 아침 7시에는 그에게 구속영장이 발부될 것이며 그를 체포하러 즉각 사람을 보낼 것입니다. 피신한다면 추격하지는 않겠다는 동의는 얻었지만, 체포되고 싶다고 고집을 부리면 체포될 것입니다."

라 로슈는 원수부인이 전하는 것이라고 하면서 일어나서 부인과 상의하러 가는 것이 어떠냐고 간청했다. 2시였다. 부인은 막 잠자리에 누웠을 것이다. "부인은 지금 당신을 기다리고 계십니다"라고 그는 말을 덧붙였다. "당신을 보기 전에는 주무시고 싶어 하지 않으십니다."

나는 서둘러 옷을 입고 그녀에게 달려갔다. 그녀는 몹시 불안해 보였다. 그렇게 보이기는 처음이었다. 그녀가 불안한 것을 보고 나는 감동되었다. 이 야밤에 일어난 뜻밖의 사건에 나 자신도 동요하지 않을 수 없었다. 그러나 그녀를 보니 나 자신을 잊고 오직 내가 자진해서 체포되었을 때에 그녀가 맡을 괴로운 역할만이 생각났다. 왜냐하면 진실이 나를 해치고 파멸로 몰아넣을지라도 내게는 오직 진실만을 말할 충분한 용기가 있음을 느꼈지만, 심한 추궁을 당한다면 부인에게 누를 끼치지 않을 만큼 충분한 임기응변과 재치 그리고 어쩌면 꿋꿋함도 없다고 느꼈다. 그래서 나는 그녀의 평안을 위하여 내 명예를 희생하겠다고, 나 자신을 위해서라면 결코 하지 않을 일도 이번 경우에는 그녀를 위해서

하겠다고 다짐했다. 결심을 굳힌 순간, 내 희생을 그녀에게 팔아넘겨 그 희생의 가치를 떨어뜨리기를 전혀 바라지 않았기 때문에 내가 결심한 바를 그녀에게 밝혔다. 이러한 결심의 동기에 대해 그녀가 오해할 수 없었다고 나는 확신하지만, 그녀는 이에 감격했음을 나타내는 말은 한마디도 하지 않았다. 나는 부인의 무관심에 마음이 상해서 내가 한 말을 취소해버릴까 망설일 정도였다. 그러나 뜻밖에 원수가 오고, 잠시 후에 부플레르 부인이 파리에서 도착해서, 그들이 뤽상부르 부인이 해야 했을 일을 대신 해주었다. 나는 그들이 내 비위를 맞추는 것을 잠자코 받아들였고, 내가 한 말을 취소한다는 것이 부끄럽게 여겨졌다. 이제 내가 피신하는 장소와 출발하는 시간만이 문제였다. 뤽상부르 씨는 더 여유 있게 심사숙고하고 조치를 취하기 위해 며칠 동안 자기 집에 숨어 있으라고 권했다. 나는 이러한 제안에도, 또 몰래 콩디 대공의 탕플에 가라는 제안에도 동의하지 않았다. 나는 그곳이 어디든 숨어 있기보다는 차라리 그날로 떠나겠다고 고집을 부렸다.

프랑스 왕국 안에는 비밀스럽고 강력한 적들이 있다는 것을 알고 있으므로, 프랑스에 애착을 지니고 있었지만 평온함을 확보하기 위해서는 이 왕국을 떠나야 한다고 판단했다. 내 즉각적인 반응은 제네바로 피신하는 것이었으나, 잠깐만 생각해도 그런 바보 같은 짓을 그만두지 않을 수 없었다. 파리에서보다 제네바에서 훨씬 더 강력한 세력을 갖고 있는 프랑스 당국이 나를 괴롭히려는 결심만 한다면, 이 도시들 중 어느 도시에서나 나를 조용히 놓아둘 리 없을 것이라는 사실을 알고 있었다. 나는 《불평등론》이 제네바 시의회에서 나에 대한 증오를 불러일으켰다는 것을 알고 있었는데, 그 증오는 시의회가 감히 표명하지 않았던 만큼 더 위험스러운 것이었다. 끝으로, 내가 쓴 《신엘로이즈》가 출판되었을 때 시의회에서는 의사 트롱솅의 요청으로 성급히 판매금지를 했는데, 아무도 심지어 파리에서조차 시의회를 따라하지 않는 것을 보고 이러한 경솔한 짓에 무안해져서 판매금지를 철회했다는 것도 알고 있었다. 여기서 더욱 유리한 기회를 잡은 시의회가 그 기회를 이용하기 위해 열을 올릴 것임을 나는 의심치 않았다. 모든 가식에도 불구하고 모든 제네바 사람들의 심중에는 나에 대한 은밀한 질투심이 지배하고 있어서 오직 그것을 해소할 기회가 오기만을 기다리고 있다는 것도 알고 있었다. 그런데도 조국에 대한 사랑은 나를 조국으로 부르고 있었다. 그러니 내가 그곳에서 평화롭게 살 수 있으리라는 기대를 가질 수 있었다면 나는 주저하지 않았을 것이다. 하지만 내 체면과 이성에 비추어 볼 때 도망자로서 조국으로 피신할 수 없었기 때문에 단지 조국 가까이에 가기로 하고, 제네바에서 나에 대해 어떤 방침을 취하는가를 스위스에서 관망하기로 결심했다. 그러나 이러한 망설임이 오래 가지 않았다는 것을 여러분은 곧 알게 될 것이다.

부플레르 부인은 이러한 결심을 극력 반대하고 나를 설득시켜 영국으로 보내려고 다시 노력했다. 그러나 그녀로 인해 내 마음은 흔들리지 않았다. 나는 영국도 영국인도 결코 좋아하지 않았다. 그래서 부플레르 부인이 아무리 열변을 늘어놓아도 그것은 내 반감을 꺾기는커녕 웬일인지 모르게 조장하는 것 같았다.

바로 그날[63] 떠날 것을 결심하고 남들에게는 아침부터 떠난 것으로 해두었다. 내 서류들을 찾으러 라 로슈를 보냈는데 그는 테레즈에게까지도 내 출발 여부를 말하려 하지 않았다. 후일 내 회고록을 쓰리라고 결심하고 나서부터 나는 많은 편지들과 그 밖의 서류를 모으고 있었으므로 그것들을 여러 차례 날라야 했다. 이미 추려낸 일부의 서류는 따로 남겨두고 아침나절 남은 시간에 그 밖의 것들을 추리는 데 몰두했는데, 내게 소용될 만한 것만 가져가고 나머지는 불에 태워버릴 작정이었다.

---

63) 1762년 6월 9일.

478

뤽상부르 씨가 내가 이 일을 하는 것을 기꺼이 도와주려 했지만, 그 일은 시간이 매우 걸려 아침나절에 끝낼 수가 없었고 내게는 어떤 것 하나 불태울 겨를도 없었다. 원수님은 그 나머지 분류를 책임지고, 어느 누구에게도 맡기지 않고 버릴 것들은 손수 불에 태워버리고, 따로 남겨둘 것은 모두 내게 보내주겠노라고 했다. 나는 그런 수고에서 해방되어 내게 남은 얼마 되지 않은 시간을 영원히 이별해야 할 그토록 정다운 사람들과 함께 보낼 수 있게 되어 매우 기뻐하며 그의 제안을 수락했다. 내가 그 서류들을 놓아둔 방의 열쇠는 그가 맡았다. 그리고 나의 간청으로 그는 내 불쌍한 '아줌마'를 부르러 사람을 보냈다. 그녀는 내 현재의 처지와 장차 자신의 처지에 대해 극도로 당황하여 초췌해졌는데, 체포하는 집행관들이 언제라도 들이닥칠 것같이 생각하면서 자신이 어떻게 행동하고 그들에게 어떤 답변을 해야 할지 몰랐다. 라 로슈는 그녀에게 아무 말도 하지 않고 그녀를 성관으로 데리고 왔다. 그녀는 이미 내가 멀리 떠나버린 줄로 믿고 있었다. 나를 보자 대기를 찢을 듯 날카로운 비명을 지르며 와락 내 품 안으로 뛰어들었다. 오! 우정, 서로 닮은 심성, 습관, 친밀감이여. 행복하게 정답게 평화롭게 함께 지냈던 그토록 많은 날들이 이렇듯 다정하고도 괴로운 한순간에 압축되어, 17년 가까운 동안 거의 단 하루도 헤어져본 일이 없다가 이제 처음으로 이별하는 데서 오는 가슴을 에어내는 듯한 슬픔을 더욱 뼈저리게 느끼지 않을 수 없었다. 우리의 이 포옹을 보고 있던 원수도 눈물을 참을 수 없었다. 그는 우리를 놓아두고 나갔다. 테레즈는 이제 내 곁을 떠나려 하지 않았다. 나는 그녀에게 이러한 시기에 나를 따라오는 것은 곤란하다는 점과 재산을 정리하고 내 돈을 인수하기 위해서 그녀가 남아있어야 한다는 점을 느끼게 했다. 사람에게 구속영장을 발부할 때는 으레 그의 서류를 압수하고, 재산을 차압하거나 혹은 재산목록을 작성하고, 이에 관리인을 임명하는 것이 관례이다. 그러므로 그녀가 남아서 무슨 일이 일어나는지 유의하여 가능한 한 가장 적절한 모든 조치를 취하지 않으면 안 되었다. 나는 머지않아 그녀와 다시 만날 것을 약속했다. 원수님도 내가 한 약속을 보증해주었다. 그러나 나는 내가 어디로 가리라는 것을 결코 그녀에게 말해주고 싶지는 않았는데, 그녀가 나를 체포하러 올 사람들에게 신문받았을 때 이에 대해 진실로 모른다고 맹세할 수 있도록 하기 위해서였다. 우리가 서로 헤어져야 하는 순간 그녀를 포옹한 나는 마음속에서 매우 야릇한 감정을 느꼈다. 격정에 사로잡힌 나는 그녀에게 이런 말을 했는데, 아, 그것은 슬프게도 너무나 예언적이었다.

"사랑하는 이여, 용기를 가져요. 당신은 내 즐겁던 시절의 낙을 함께 나누었고, 당신이 바라는 이상 내 불운을 함께 나누는 일이 남아 있소. 나를 따라간다면 치욕과 불행만이 당신을 기다릴 것이오. 이 슬픈 날로부터 내게 시작되는 운명이야말로 내 최후의 시각까지 나를 계속 쫓아다닐 것이오."

이제는 내게 출발을 생각하는 일만이 남았다. 집행관들은 10시에 올 예정이었다. 내가 떠난 것은 오후 4시였는데, 그들은 아직 오지 않았다. 나는 역마차를 타기로 정해져 있었다. 내게는 마차가 없었으므로 원수가 그의 이륜마차를 선사하고 또 첫 역참까지 말 몇 마리와 마부 한 사람도 빌려주었다. 그가 취해놓은 조치로 이곳에서 내가 탈 말을 구하는 데는 전혀 어려움이 없었다.

나는 식탁에서 점심식사도 하지 않았고 성관에 모습을 나타내지 않았으므로 부인들이 내가 그날 하루를 보내고 있던 중이층(中二層)으로 찾아와서 석별의 정을 나누었다. 원수부인도 몇 번이나 슬픈 모습으로 나를 포옹해주었지만 2, 3년 전 그녀가 내게 아낌없이 쏟아준 포옹의 진한 애정은 거기서 더 이상 느껴지지 않았다. 부플레르 부인도 역시 나를 포옹해주며 매우 듣기 좋은 말을 들려주었다. 하지만 나를 더욱 놀랍게 한 것은 미르푸아 부인의 포옹이었다. 왜냐하면 그녀도 이곳에 와 주었기 때문이다. 미르푸아 원수부인은 극히 냉정하고 예의가 바르며 신중한 여인으로 내 보기에는 로렌 가문 특유의 교만한 티를 완전히 벗지 못한 것 같았다. 그녀가 내게 대단한 관심을 보인 적은 결코 없었다. 내가 이 뜻밖의 영광에 기분이 좋아져 이 영광의 가치를 내 스스로에게 높이려고 했기 때문인지, 아니면 실제로 그녀가 관대한 심성의 소유자들이 타고난 그 동정심을 이 포옹 속에 얼마쯤 집어넣은 때문인지, 나는 그녀의 몸짓과 시선에서 무언지 모르게 내 가슴을 파고드는 힘찬 무엇을 느꼈다. 그후 종종 그때를 회상하면서, 내가 어떤 운명을 선고받았는지 모르지 않았던 그녀가 내 운명에 대해 한순간 연민을 금할 수 없었을 것이라고 짐작했다.

원수님은 입을 열지 않았다. 그는 죽은 사람처럼 창백했다. 그는 물마시는 곳에서 대기하는 마차까지 기어이 나와 동행하고자 했다. 우리는 한마디의 말도 없이 정원을 쭉 가로질러 지나갔다. 내게 정원 열쇠가 하나 있었으므로 나는 문을 연 다음 그 열쇠를 내 주머니에 다시 집어넣는 대신에 아무 말 없이 원수에게 내밀었다. 그는 깜짝 놀랄 정도로 민첩하게 그 열쇠를 받았다. 그후 나는 종종 그 민첩함을 생각하지 않을 수 없었다. 내 일생에 이 작별의 순간보다 더 비통한 순간은 거의 없었다. 우리는 오랫동안 말없이 포옹했다. 우리는 다 같이 이 포옹을 최후의 고별로 느꼈다.

라 바르와 몽모랑시 사이에서 나는 전세 마차에 탄 검정 옷차림의 네 사나이와 만났는데, 그들은 웃으면서 내게 인사를 보냈다. 후에 테레즈가 집행관들의 모습과 그들의 도착시간과 행동거지에 대해 내게 전한 바에 비추어 볼 때 바로 그들이 집행관들이라는 것은 의심할 여지가 없다. 특히 내게 통고되었던 바와 같이 체포령이 7시에 내려지지 않고 정오가 되어서야 내려졌다는 사실을 그 뒤에 듣고 보니 의심할 여지가 없었다. 나는 파리 전역을 가로질러 지나가지 않으면 안 되었다. 무개마

차 안에서는 얼굴을 잘 가릴 수 없었다. 길에서 나를 아는 척하며 인사
하는 사람들을 여럿 보았지만, 나는 한 사람도 알아보지 못했다. 그날
저녁때 나는 방향을 돌려 빌루아에 들렀다. 리옹에서 역마차의 우편물
은 주둔 사령관의 검문을 받아야 한다. 그것은 거짓말을 하거나 거짓 이
름을 대고 싶지 않은 사람들에게는 귀찮을 수 있었다. 나는 뤽상부르 부
인의 서신을 갖고 빌루아 씨[64]에게 가서 이 고역을 면할 수 있도록 해달
라고 부탁했다. 빌루와 씨는 내게 한 통의 편지를 주었으나 나는 리옹을
경유하지 않았기 때문에 그것을 사용하지 않았다.

   이 편지는 아직도 봉해진 채 내 문집 틈에 끼워져 있다. 빌루아 공작
은 그곳에서 자고 가기를 강권했으나 나는 오히려 대장정을 계속하는
편이 좋았으므로 당일로 두 역이나 더 갔다.

   마차는 견디기 힘들었고, 나는 강행군을 하기에는 너무도 몸이 좋지
않았다. 게다가 내게는 좋은 대접을 받을 만한 당당한 풍채도 없었다.
알다시피 프랑스에서 역마차의 말들은 오직 마부의 어깨를 내려치는 회
초리만을 느낀다. 나는 안내인들에게 후하게 지불함으로써 변변찮은
외모와 말투를 보충하리라 생각했는데, 사정이 훨씬 더 나빠졌다. 그들
은 나를 난생 처음으로 역마차를 타고 심부름을 다니는 촌놈으로 보았
다. 그때부터 나는 힘이 없는 늙다리 말만 타고 마부들의 놀림감이 되었
다. 나는 결국 꾹 참고 아무 말도 하지 않고 그들 하자는 대로 움직였는
데, 처음부터 그래야 했을 것이다.

   내게 방금 일어났던 모든 일들에 대해 떠오르는 생각들에 골몰하느라
도중에 지루할 일이 없었다. 그러나 이것이야말로 내 사고방식도 내 마
음의 성향도 아니었다. 나는 지나간 불행은 그것이 아무리 최근에 일어
난 것일지라도 너무나 쉽사리 잊어 놀랄 정도였다. 미래에서 그 불행을

64) 뤽상부르 부인과 동기간인 빌루아 공작(Le duc de Villeroy)은 리옹 시의
    지사였다.

482

보는 동안 그것을 예측하는 것은 나를 두렵게 하고 혼란시키지만, 그와 마찬가지로 그 불행이 일어나자마자 그 기억은 희미하게 되살아났다가 쉽사리 소멸된다. 아직 오지 않은 불행을 미리 피하고자 끊임없이 괴로워하는 내 끔찍한 상상력은 내 기억을 흩뜨려 이미 가버린 불행을 회상하지도 못하도록 한다. 이미 일어나버린 일에는 더 이상 대비할 필요가 없으며, 이에 몰두하는 것은 무익한 짓이다. 나는 말하자면 불행을 미리 고갈시켜버린다. 불행을 예견하는 것이 고통스러웠을수록 그것을 잊기란 더욱 쉽다. 그것과는 반대로 나는 과거의 행복에 끊임없이 몰두하여 그것을 다시 불러낸다. 말하자면 그것을 되씹어서 내가 원할 때는 또다시 즐길 수 있을 정도이다. 내가 느끼기로는, 나는 바로 이 행복한 기질 덕분에 남으로부터 받은 모욕을 늘 기억함으로써 복수심 강한 마음속에 끓어오르는 그런 앙심, 자기 적에게 가하고 싶어 하는 모든 나쁜 짓으로 자기 자신의 마음을 괴롭히는 그런 앙심을 결코 체험했던 적이 없다. 천성이 성마른 나는 최초의 충동에서 분노와 심지어 격분까지 느꼈다. 그러나 복수심은 내 마음속에 결코 오래 머물러 있지 않았다. 나는 별로 모욕을 염두에 두지 않아서 모욕을 주는 자들을 그다지 마음에 두지 않는다. 내가 그들로부터 받은 고통을 생각하는 것도 오로지 또다시 그러한 고통을 받을지도 모른다는 생각 때문이다. 그러나 다시는 내게 고통을 주지 않을 것이라 확신한다면 그가 내게 준 고통은 곧 잊힐 것이다. 65) 우리는 모욕을 당하거든 용서하라는 설교를 많이 듣는다. 이

---

65) 루소는 《대화》에서 자신이 묘사한 자연인의 모델이 바로 자기 자신이라고 말한다. "오늘날 그렇게 왜곡되고 조롱받는 자연을 묘사하고 옹호하는 사람이 바로 자기 자신의 마음에서가 아니라면 어디서 그 모델을 끌어낼 수 있었을까요?"
    그런데 우리는 복수심이 없는 심성이야말로 루소가 묘사한 자연인의 특징들 중 하나임을 주목해야 한다. "그들(=자연인들)은 자신들이 당할 수 있었던 폭력을 쉽게 고칠 수 있는 고통으로 간주했지 처벌해야만 하는 모욕

것은 매우 아름다운 미덕임에 틀림없지만 내게는 소용이 없다. 나는 내 마음이 자신이 품은 증오를 억제할 수 있을지 없을지를 잘 모른다. 왜냐하면 내 마음은 증오를 느껴본 적이 결코 없으며 나는 별로 내 적들을 생각하지 않아서 그들을 용서한다는 공덕을 가질 수 없다. 나는 그들이 나를 괴롭히기 위하여 얼마나 그들 자신을 괴롭히고 있는가를 말하지 않겠다. 나는 그들의 손아귀에 들어있다. 그들은 전권을 갖고 있고 그것을 사용한다. 그러나 그들의 힘으로 할 수 없는 유일한 것이 있는데, 나는 그들에게 그것을 할 수 있으면 해보라고 말하련다. 그런데 그것은 그들이 나 때문에 괴로워하기 때문에 내가 그들 때문에 괴로워하도록 강요하는 것이다.

출발한 다음 날부터 나는 막 일어났던 일 모두를 씻은 듯이 잊어버렸다. 고등법원도 퐁파두르 부인도 슈아쥘 씨도 그림도 달랑베르도 또 그들의 음모와 그 공모자들도 깨끗이 잊어버려서, 조심할 필요가 없었다

으로 생각하지 않았고 사람들이 자신에게 던진 돌을 물어뜯는 개처럼 아마도 즉시 반사적으로 반응하는 것을 제외하고는 복수할 생각조차 하지 않았기 때문에 그들의 다툼은 먹을 것보다 더욱 민감한 이유가 없었을 때는 거의 피를 흘리는 결과를 가져오지 않았다"(《인간 불평등 기원론》 1부).

반면 인간이 자연상태를 벗어나 사회로 진입하면서 자아가 강화될수록 복수심 역시 강해진다. "사람들이 서로를 평가하기 시작하고 그들의 정신 속에서 존경이라는 관념이 형성되자마자 각자 그 권리를 갖고 있다고 주장했다. 그리고 누구에게도 존경을 표하지 않고 무사하기란 불가능했다. 이로부터 예의법절의 최초 의무들이 심지어 야만인들 사이에서도 생겨났다. 그리고 이로 인하여 모든 고의적인 잘못은 모욕이 되었다. 왜냐하면 모욕에서 나온 고통과 더불어 모욕을 받은 사람은 거기서 자신의 인격에 대한 경멸을 보았는데, 그 경멸은 종종 고통 자체보다 더욱 견딜 수 없었기 때문이다. 이렇게 해서 각자는 사람들이 자기에게 표한 경멸을 스스로 자신을 존중하는 정도에 따라 처벌하였으므로 복수는 끔찍해지고 사람들은 피를 좋아하며 잔인하게 되었다"(《인간 불평등 기원론》 2부).

면 여행하는 내내 그것을 다시 생각조차 하지 않았을 것이다. 이 모든
것을 대신하여 내게 기억난 것은 내가 출발하기 전날 밤 마지막으로 한
독서였다. 나는 또 게스너[66]의 《목가》(牧歌)가 생각났는데, 그것은
그 번역자인 위브너[67]가 얼마 전에 내게 보내준 것이다. 이 두 가지 생
각이 내 머릿속에 매우 뚜렷이 되살아나 뒤섞여, 나는 〈에브라임의 레
위 사람〉의 주제를 게스너의 시풍으로 다루어 이 둘을 결합시켜 보려고
했다. 그러나 이러한 목가적이며 소박한 시풍이 그토록 잔혹한 주제에
그리 적절할 것 같지 않았고, 또 지금의 내 입장이 그 주제를 재미있게
만들 만큼 퍽이나 유쾌한 착상을 제공해준다고는 거의 생각할 수 없었
다. 그렇기는 하지만 나는 단지 마차 안에서 즐기기 위해 그 일을 시도
했으며, 성공해보려는 희망도 전혀 품지 않았다. 쓰기 시작하자마자 내
착상이 온화하다는 것과 그것을 표현하면서 느껴지는 수월함에 놀라웠
다. 나는 사흘에 걸쳐 이 단시(短詩)의 첫 세 편을 만들었고, 나중에 모
티에에서 이것을 완성했다. 나는 내 일생에 이보다 더욱 감명을 주는 부
드러운 품성, 더욱 생기발랄한 색채, 더욱 순진한 묘사, 더욱 정확한 시
대적 지역적 특성의 재현, 더욱 오래된 시대의 소박성이 전편에 넘쳐흐
르는 시를 쓴 적이 없다. 그리고 이 모든 것이 사실은 끔찍스러운 주제
에서 생겨나는 혐오스러움에도 불구하고 만들어진 것이다. 그러니 나
머지 모든 것은 내버려두더라도 어려움을 극복했다는 공적은 여전히 내
게 남는 것이다. 〈에브라임의 레위 사람〉은 내 작품들 중 최고의 것은

---

66) Salomon Gessner(1730~1788) : 스위스의 화가이자 시인으로 거의 한평
　　생을 자신이 태어난 취리히에서 보냈다. 그는 달콤함과 멜로디가 넘치는
　　전형적인 목가를 써서 상당한 인기를 끌었다.

67) 위브너(Hubner)가 아니라 위베르(Hubert). 라이프치히대학 교수 미셸 위
　　베르(Michel Huber, 1727~1804)는 1761년 11월 루소에게 자신이 번역
　　한 잘로몬 게스너의 《목가와 전원시》를 보냈다.

아니라 하더라도 언제나 가장 사랑받는 것이 될 것이다. 나는 예전에도 그랬고 앞으로도 그럴 것이지만, 이것을 다시 읽을 때면 원한이 없는 마음, 자신의 불행으로 기분이 상하기는커녕 홀로 자기 자신을 달래며 자기 내면에서 그 불행에 대한 보상을 찾는 마음에 대한 찬양을 언제나 내심 느낀다. 자신이 쓴 책에서는 자신이 체험한 적도 없는 시련을 이겨내는 그 모든 위대한 철학자들을 모아서 그들을 나와 비슷한 입장에 처하게 하고 모욕당한 명예심으로 인해 최초의 분노에 사로잡혔을 때 그들에게 내가 쓴 것과 비슷한 작품을 쓰게 한다면, 그들이 그 어려움을 어떻게 벗어날 것인지 보게 될 것이다.

몽모랑시를 떠나 스위스로 향할 때에는 이베르댕에 가서 선량한 옛 친구인 로갱 씨 집에 머물 작정이었다. 그는 몇 년 전부터 그곳에 은퇴해 있었으며, 내게 방문해 달라고 청하기까지 했다. 나는 리옹에 들르면 길을 돌게 된다는 사실을 도중에 알게 되었고, 그래서 그곳을 거치지 않았다. 그러나 그 대신 요새(要塞) 도시인 브장송을 경유해야만 했는데, 그 결과 리옹에서와 같은 불편을 겪어야 했다. 나는 뒤팽 씨의 조카인 미랑 씨를 방문한다는 구실로 옆길로 들어서 사랭을 거쳐 갈 생각을 해냈다. 제염공장에서 일하는 그는 예전에 자기를 보러 그리로 오라고 청한 적이 많았다. 이 궁여지책은 잘 들어맞았다. 미랑 씨는 부재중이었다. 나는 지체하지 않게 된 것을 매우 다행으로 여기고 계속 길을 갔는데 누구 한 사람 내게 말 한마디 걸지 않았다.

베른 영지에 들어서자 나는 마차를 세웠다. 마차에서 내려 엎드려 포옹하듯 팔을 벌리고 흙에 입을 맞추었다. 그리고는 열광하여 소리쳤다.

"미덕의 보호자이신 신이여, 나는 그대를 찬미하나이다. 나는 자유의 땅을 밟았나이다!"

바로 이와 같이 자신이 품는 희망에 맹목적인 믿음을 갖고 있던 나는 장차 나를 불행하게 만들 것에 대해 언제나 열광하였다. 마부는 깜짝 놀

486

라 나를 미쳤다고 생각했다. 나는 마차에 다시 올랐다. 그리고는 몇 시
간 뒤에는 존경스러운 로갱의 팔에 꼭 안겨 있음을 느끼면서 순수하고
도 강렬한 기쁨을 맛보았다. "아! 이 훌륭한 주인의 집에서 잠시 숨을
돌리자! 여기서 용기와 힘을 회복할 필요가 있다. 그리고 곧 그 힘과 용
기를 쓸 일이 있을 것이다."

내가 회상할 수 있었던 모든 정황들에 대해 방금 이야기를 길게 늘어
놓았던 데는 그럴 만한 이유가 있었다. 그 정황들이 그리 분명하게 보이
지 않음에도 불구하고 그 음모의 단서가 한번 잡히기만 하면 그것들은
그 음모의 진행을 밝힐 수 있을 것이다. 예를 들면, 그 정황들은 내가 제
기하려는 문제를 이해하는 단초를 제공하지는 않지만 그 문제를 푸는
데는 많은 도움을 준다.

나를 표적으로 삼은 음모를 실행하기 위해 나를 멀리 떠나보내는 것
이 꼭 필요하였다고 가정한다면, 그 실행을 위해서 모든 일이 거의 지금
까지 일어났던 것처럼 진행되어야 했다. 그러나 만약 뤽상부르 부인이
한밤중에 보낸 전갈에 겁먹지 않고 부인의 불안에도 당황함이 없이 처
음에 그랬던 것처럼 계속 꿋꿋이 행동하면서 성관에 머물러 있는 대신
내 침실로 돌아가 선선한 아침나절까지 조용히 잠을 갔다고 하면, 그래
도 역시 내게 체포령이 떨어졌을까? 이것은 중대한 문제로, 다른 많은
문제들의 해답도 여기에 달려 있다. 그러므로 이러한 문제를 검토하기
위하여 체포령이 떨어진다고 위협하던 시간과 실제로 체포령이 떨어진
시간을 주목하는 것은 무익한 일이 아니다. 이는 사실들의 숨겨진 원인
을 탐구하면서 그것을 귀납적으로 찾아내려 할 경우, 그 사실들의 설명
에서 가장 사소한 내용이 갖는 중요함을 보여주는 대략적인 그러나 두
드러진 사례이다. [68]

68) 루소는 《에밀》이 유죄판결을 받은 정황에 대해 전적으로 오해하고 있다.

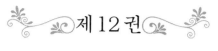

제 12 권

1762~1765

　여기서부터 가공할 음모가 시작된다. 나는 8년 전부터[1] 이 음모 속에 파묻혀 있는데, 내가 그 어떤 수단을 취할 수 있었다 하더라도 그 무서운 어둠을 꿰뚫고 빠져 나가기란 불가능했다. 나는 내가 빠져있는 불행의 심연에서 내게 가해지는 타격을 느끼고 그 직접적인 도구를 보면서도 그것을 조정하는 손도 또 그 손이 사용하는 방법들도 알 수 없다. 치욕과 불행은 그 원인이 밝혀지지 않은 채 마치 저절로 나를 덮치는 듯하다. 내 찢겨진 가슴에서 신음이 흘러나올 때 나는 이유 없이 한탄하는 사람 같았다. 그리고 나를 파멸로 몰아넣은 장본인들은 대중을 자기들 음모의 공범자로 만드는 상상할 수도 없는 방안을 찾아냈다. 그런데 대중들 자신은 그것을 짐작하지도 못하고 그 결과도 알지 못하는 상태에 있다. 그러므로 내게 관계되는 사건들, 내가 받았던 대접들, 그리고 내게 일어났던 모든 일들을 이야기하면서도 나는 그것을 주도하는 손까지 거슬러 올라갈 수도 없고, 사실들을 말하면서도 그 원인들을 밝힐 수 없다. 본래의 원인들은 앞의 세 권에 모두 기록되어 있다. 그리고 나에 관한 온갖 이해관계와 모든 비밀스런 동기들이 거기에 설명되어 있다. 그

---

1) 이 글은 1769년 말이나 1770년 초에 쓰였다.

488

러나 이러한 여러 원인들이 어떻게 서로 얽혀 내 생애의 그 이상한 사건들을 일으켰는지를 말한다는 것, 이것이야말로 내게는 설명하기 불가능하며 추측조차 할 수 없다. 만약 내 독자들 가운데 이러한 비밀을 깊이 파고들어 그 진상을 밝히고 싶어 할 정도로 인정 많은 분들이 있다면, 세심한 주의를 기울여 앞의 세 권을 다시 읽어보기 바란다. 다음에는 여러분들이 다음 권들에서 읽게 될 각각의 사건에서 이용할 수 있는 정보를 얻어서 한 음모에서 다른 음모로, 한 하수인에서 다른 하수인으로 거슬러 올라가 모든 것을 최초로 꾸며낸 주모자들을 찾아내도록 하라. 나는 그들의 탐색이 어떤 결말에 이르게 될 것인지를 확실히 알고 있다. 그렇지만 나는 그 탐색을 그곳까지 인도할 지하의 어둡고 구불구불한 미로에서 길을 잃고 만다.

이베르댕에 체류하는 동안 나는 로갱 씨 가족 전부를 그 중에서도 그의 조카딸인 부아 드 라 투르 부인[2]과 그 딸들을 알게 되었다. 이미 앞에서도 말한 바 있는 것 같은데, 나는 그 딸들의 아버지를 예전에 리옹에서 알고 있었다. 그 부인은 자기 삼촌과 자매들을 보러 이베르댕에 와 있었다. 열다섯쯤으로 보이는 그녀의 맏딸[3]은 대단한 분별력과 훌륭한 성품으로 나를 매혹시켰다. 나는 이들 모녀에게 다시 없이 따뜻한 우정

---

2) Mme Boy de la Tour(1715~1780) : 쥘리 안 마리 로갱(Julie-Anne-Marie Roguin)은 1740년 뇌샤텔의 상인인 피에르 부아 드 라 투르(Pierre Boy de la Tour)와 결혼하여 리옹에 정착하였다. 결혼한 지 18년 만에 과부가 된 그녀는 남편이 남겨준 상점을 관리했고, 루소는 1762년 7월 27일 그녀에게 천 에퀴의 금액을 맡겼다. 이 돈의 대부분은 후에 테레즈 앞으로 이체되었다. 루소는 12년 넘게 그녀와 지속적으로 서신을 교환하며 리옹에서의 물품구입과 심부름을 맡겼다.

3) 마들렌 카트린 부아 드 라 투르(Madeleine-Catherine Boy de la Tour)는 1747년 8월에 태어났고 1766년 10월 파리의 은행가인 에티엔느 들르세르(Etienne Delessert)와 결혼했다.

을 느끼며 가깝게 지냈다. 로갱 씨는 이 딸을 자기 조카[4]로 나이가 상당히 든 대령과 결혼시킬 작정이었는데, 이 대령 또한 내게 더할 나위 없이 큰 애정을 보여주었다. 그러나 삼촌이 이 결혼을 열망하고 있고 조카도 또한 그것을 간절히 바랐으며 나도 두 사람을 만족시키는 데 대단히 신경을 썼음에도 불구하고, 나이 차가 너무 크고 그 처녀가 너무나 마음이 내켜 하지 않는 것을 보고서 나는 그녀의 어머니와 힘을 합쳐 이 결혼을 단념토록 만들어 그 결혼은 성사되지 않았다. 그후 대령은 자기 친척뻘로 대단히 내 마음에 드는 성격과 아름다움을 갖춘 딜랑 양과 결혼했고, 그녀는 대령을 가장 행복스러운 남편이자 아버지로 만들었다. 그럼에도 불구하고 로갱 씨는 그때 나 때문에 자기 소원이 이루어지지 않았다는 사실을 잊을 수 없었다. 그래도 나는 그나 그의 가족에 대해서나 다시 없이 신성한 우정의 의무를 완수했다는 확신으로 그 일에 대해 나 자신을 위안했는데, 그 의무란 항상 상대의 마음에 들도록 하는 것이 아니라 항상 최선을 다해서 충고하는 것이다.

내가 제네바에 돌아가고 싶은 경우 거기서 나를 어떻게 맞아줄 것인가라는 의문은 오래지 않아 풀렸다. 그곳에서 내 책은 불살라지고 6월 18일 그러니까 파리에서 나에 대한 체포령이 내린 지 9일 뒤 체포령이 내려졌다. 이 두 번째 영장에는 어처구니없을 정도로 불합리한 조항들이 무더기로 들어있고 교회칙령에 너무나 명백히 위배되어서, 나는 제네바로부터 들어온 최초의 소식을 믿기를 거부할 정도였으며, 그것이 충분히 확인되었을 때는 상식의 법을 위시하여 모든 법률들을 그토록 명명백백하게 위반했다는 것이 제네바를 뒤집어 놓지 않을까 하는 불안

---

4) George-Augustin Roguin(1718~1788) : 사르데냐에 소속한 스위스 연대의 대령으로 복무하였는데, 부아 드 라 투르 양보다 거의 30살이 더 많았다. 그는 1766년 2월 잔 마리 안 딜랑(Jeanne-Marie-Anne d'Illens)과 결혼하여 7명의 아이를 낳았다.

에 떨 정도였다. 그러나 내게는 안심할 만한 이유가 있었는데, 모든 것이 잠잠한 상태에 있었기 때문이다. 하층민에서 어떤 불만의 소리가 일어났을 때 그것은 오로지 내게 반대하는 것이었고, 나는 공개적으로 경박하고 수다스러운 사람들과 유식한 체하는 사람들 모두로부터 교리문답을 제대로 외지 못했기 때문에 회초리로 위협을 당하는 학생 같은 취급을 받았다.

그런데 이 두 번에 걸친 영장이 신호가 되어 유럽 전역에서 나에 대한 저주의 외침이 일찍이 유례를 볼 수 없었던 맹위를 떨치면서 터져 나왔다. 모든 잡지와 신문과 소책자들이 더할 나위 없이 무서운 경종을 울렸다. 프랑스 사람들은 매우 온화하고 예의바르며 관대한 국민으로 불행한 사람들에게 예의와 존경을 잃지 않는다고 그토록 대단히 자부하고 있다. 그런데 특히 그 프랑스 사람들이 갑자기 자신들이 아끼던 미덕을 헌신짝처럼 던져버리고는, 그 횟수와 강도가 유다른 모욕을 퍼부으면서 앞 다투어 나를 괴롭혔다. 그들에 따르면 나는 부도덕한 자, 무신론자, 미치광이, 광견병자, 야수, 늑대였다. 〈주르날 드 트레부〉[5]의 계승자는 나의 이른바 낭광병(狼狂病)[6]에 대해 여담을 하다가 그 이야기가 빗나가 제 자신의 낭광병을 여실히 드러내게 되었다. 요컨대 파리에서는 사람들이 그 어떤 주제에 대한 글을 출판하든 내게 모욕을 가하는 데 소홀하면 경찰에 걸려들게 될 것을 두려워하는 것처럼 보였다. 이렇게 모든 사람들이 일치단결하여 나를 증오하는 원인을 찾다가 지쳐 모든 사람들이 미쳤다고 생각할 지경이었다. 뭐라고! 《영구평화론》의 편집자가 불화를 부채질하고, "사부아 보좌신부"의 편찬자가 부도덕한 자

---

5) 예수회가 주도한 정기간행물로 주로 과학, 역사, 신학에 대한 시사적인 기사를 다루었다.
6) 자신이 늑대라는 망상에 사로잡히는 정신병. 여기서는 늑대처럼 잔인한 사람의 정신상태를 의미한다.

이고, 《신엘로이즈》의 저자가 늑대이고, 《에밀》의 저자가 광견병자라니. 아, 맙소사! 만약 내가 《정신론》(De l'Esprit)[7]이나 그와 유사한 어떤 다른 저서를 출판했더라면, 도대체 어떻게 되었을까? 그러나 이 책의 저자에 대한 비난이 들끓었을 때도 대중들은 그를 박해하는 사람들에게 성원을 보내기는커녕 그를 칭찬함으로써 그들에게 보복했다. 그 저서와 내 저서들을 비교하고, 그것들이 받은 서로 다른 대접과 유럽의 여러 국가에서 이 두 저자가 받은 대우를 비교해 보시라. 그리고 이러한 차이들에서 양식 있는 사람을 만족시킬 수 있는 원인들을 찾아보시라. 이것이 내가 요구하는 전부이고, 나는 이제 입을 다물겠다.

이베르댕에서의 체류는 대단히 편안해서 로갱 씨와 그의 가족 모두의 간청으로 나는 그곳에 머물 결심을 했다. 이 도시의 사법행정관인 무아리 드 쟁쟁 씨[8]도 역시 친절하게 그의 관할 내에 머무르도록 내게 용기를 주었다. 대령은 자기 집의 안뜰과 정원 사이에 있는 아담한 별채에 거처해 주십사고 너무나 간곡히 청하여 나도 그렇게 하기로 하였다. 그는 즉시 서둘러 내 조촐한 살림에 필요한 모든 것을 들여놓아 별채를 채워놓았다. 가장 친절한 사람들 중 한 사람인 시 행정 책임자 로갱 씨[9]는 종일 내 곁을 떠나지 않았다. 나는 그렇게나 극진한 호의를 베풀어주는 데 항상 매우 감격했지만 그로 인해 가끔은 꽤 성가시기도 했다. 새 집으로 이사할 날이 이미 정해져서 나는 테레즈에게 이곳으로 와 나와 합치자고 편지를 냈다. 그때 돌연 베른에서 내게 반대하는 격렬한 소동이 일어났다는 말을 들었다. 사람들은 이를 신앙심이 독실한 사람들의 소

7) 엘베시우스의 저서로 유물론적 철학으로 분서령에 처해졌다.
8) 무아리의 영주인 빅토르 드 쟁쟁(Victor de Gingins)은 1758년부터 1765년에 걸쳐 이베르댕의 법관이었다.
9) Georges-François Roguin(1695~1764) : 이베르댕 시 행정 책임자로 다니엘 로갱의 먼 친척 중 한 사람이다.

492

행으로 돌렸으나 나는 그 근본원인을 도저히 간파할 수 없었다. 누가 상원(上院)을 자극했는지는 모르지만 상원이 나를 이 은신처에 조용히 내버려둘 것 같지는 않았다. 사법행정관은 이러한 소요의 소식을 처음 전해 듣고, 나를 위해 정부인사들 여럿에게 서신을 보내 그들의 맹목적인 불관용을 나무라며, 그 많은 불한당들에게는 자기들 영지 안에 은신처를 마련해주더니 정작 탄압받고 있는 덕망 높은 사람에게는 피신처를 마련해 주기를 거부한다고 비난했다. 분별 있는 사람들은 그의 격렬한 비난이 사람들의 마음을 가라앉히기보다는 도리어 자극했다고 추측했다. 아무튼 그의 세력도 웅변도 그 공격을 막을 수는 없었다. 그는 내게 전달해야 하는 명령을 알게 되자 내게 그것을 미리 알려주었고, 나는 그 명령이 시달되기 전에 그 다음날로 떠날 결심을 했다. 제네바에서도 프랑스에서도 내게 문호를 닫은 것을 알았고 또 이 사건에 대해서는 각국이 서둘러 이웃 나라를 본받으리라는 것을 충분히 예견하고 있었기 때문에, 어디로 가야 할지 막막했다.

부아 드 라 투르 부인은 뇌샤텔 백작령인 르 발 드 트라베르에 있는 마을 모티에에 자기 아들의 소유로 비어 있으나 가구는 다 갖추어져 있는 집이 하나 있으니 거기 가 있으라고 권했다. 산 하나만 넘으면 그곳에 갈 수가 있었다. 그곳은 프로이센 왕의 영지였으므로[10] 나는 자연히 박해를 피할 것이고 또 적어도 종교가 거의 구실이 될 수 없었으니만큼 이 제안은 때맞추어 나온 것이었다. 그렇지만 말하기 거북한 남모르는 곤란함 한 가지가 정말 나를 주저하게 만드는 이유가 되었다. 언제나 내 가슴을 애태우는 정의에 대한 천부의 사랑이 프랑스에 대한 내 숨은 애

10) 뇌샤텔 백작령(더욱 정확히 말하면 공작령)은 1707년 뇌샤텔의 예전 봉건 군주였던 프로이센 왕에게 귀속되었다. 그러나 국가의 독립성을 유지하면서 동일한 군주를 갖는 형식적인 통합만이 있었고 실제적으로 제도적인 통합이 있었던 것은 아니다.

착과 결부되어 내게 프로이센 왕[11]에 대한 반감을 불어넣었다. 내게 왕은 그의 원칙과 행동으로 자연법이나 인간의 모든 의무에 대한 존경심을 깡그리 짓밟고 있는 것 같았다. 내가 몽모랑시의 망루를 장식했던 틀에 끼운 판화들 사이에는 이 군주의 초상화도 하나 있었는데, 그 밑에는 다음과 같이 끝나는 2행시가 있었다.

> 그는 철학자처럼 생각하고 왕처럼 행동한다.[12]

이 시구가 만약 다른 사람의 손으로 쓰인 것이라면 꽤 근사한 찬사가 되었겠지만, 내가 쓴 것이었으므로 너무나 명백한 한 의미만을 갖고 있으며 게다가 앞의 시구가 그 의미를 너무나 명백하게 설명해주고 있었다. 나를 찾아온 사람들은 많지 않았지만 모두들 이 2행시를 보았다. 로랑지 기사는 그것을 적어서 달랑베르에게 보내기까지 하였다. 나는 달랑베르가 그 시구를 갖고 그 군주에게 나를 인사시키는 수고를 아끼지 않았으리라는 점을 의심치 않는다. 나는 이 첫 번째 실수도 모자라 《에밀》의 한 구절에서 또 실수를 저질렀다. 거기서 다우니아인들의 왕 아드라스트라는 이름을 썼으나 그것이 누구를 두고 하는 말인지는 충분히 알 수 있었다.[13] 그리고 부플레르 부인이 이 사항에 대하여 누차 내게

---

11) 프리드리히 2세.

12) 이 2행시의 앞 행은 "명예와 이익, 이것이 그가 모시는 신이고 법이다"로 초상화 뒤에 쓰여 있다 한다. 이것을 보면 루소에게 프리드리히 2세는 경멸적인 존재였다. 또한 루소가 볼 때 프리드리히 2세는 루소의 숙적 볼테르를 자기 나라에 맞아들이는 잘못을 범했다. 어쨌든 프리드리히 2세는 계몽군주라는 평판을 얻었고, 볼테르는 프리드리히 2세가 가진 철인왕(哲人王)의 이미지를 확산시켰다.

13) 《에밀》5권에서 에밀은 페늘롱의 소설 《텔레마크》를 읽고 그의 멘토르(가정교사)와 함께 지상의 왕들 중 선량한 왕이 있는지 찾으러 다닌다. 그리고

말하는 것으로 보아 비난하기 좋아하는 사람들은 이 같은 지적을 그냥 지나치지 않았던 것이다. 그러므로 나는 프로이센 왕의 명부에 내 이름이 붉은 잉크로 기입되어 있다고 굳게 확신했다. 게다가 내가 감히 프로이센 왕이 갖고 있다고 간주한 그러한 원칙들을 그가 실제로 갖고 있다고 한다면, 내 글과 그 글을 쓴 나는 단지 그것만으로도 그의 비위를 거스르지 않을 수 없었다. 왜냐하면 여러분도 알다시피 악인이나 폭군들은 나를 알지도 못하면서 단지 내가 쓴 글을 읽는 것만으로도 언제나 나에 대해 더할 나위 없이 극심한 증오심을 품었기 때문이다.

그러나 나는 감히 그의 처분에 나를 맡겼다. 그리고 별 위험은 없으리라 믿었다. 나는 비열한 정념은 단지 나약한 인간을 굴복시킬 뿐 강인한 기질의 영혼에는 거의 영향력을 미칠 수 없다는 것을 알고 있었는데, 나는 그 군주의 영혼이 그렇다고 늘 인정해왔다. 나는 이런 경우에 관대한 태도를 보이는 것이 그의 통치술에 들어있으며, 실제로 관대하다는 것이 그의 성격상 불가능하지 않다고 판단했다. 그리고 그의 마음속에서 야비하고 안이한 복수심이 명예심을 한순간이라도 누르지 못할 것이며, 내가 그의 처지라면 그 상황을 이용하여 감히 자신에 대해 나쁘게 생각했던 사람에게 한껏 아량을 베풀어 그를 제압하는 것이 불가능하지 않다고 판단했다. 그래서 나는 신뢰감을 갖고 모티에에 정착하러 갔고, 그가 이 신뢰감의 가치를 느낄 능력이 있다고 생각했다. 그리고 나는 속으로 중얼거렸다.

"장자크가 스스로의 몸을 높여 코리올라누스와 어깨를 나란히 할 때 프리드리히 왕은 볼스크족 장군보다 못나게 굴 것인가?"[14]

루소는 "다우니아인들의 왕 아드라스트 또한 없지 않을 것이다"라고 말한다. 이 인물은 신을 경멸하고 사람들을 속이려고만 하는 왕으로 루소는 프로이센의 프리드리히 2세를 염두에 두고 이 글을 쓴 듯하다.
14) 코리올라누스는 로마의 전설적 장군으로 이탈리아의 고대 민족인 볼스크족

　로갱 대령은 기어코 나와 함께 산을 넘어 모티에에 나를 정착시키러 가려고 했다. 지라르디에 부인이라는 분은 부아 드 라 투르 부인과 시누 올케 사이인데 내가 살려는 집을 편리하게 쓰고 있어서 내가 오는 것을 별로 반기지는 않았지만 기꺼이 그 숙소를 내가 쓰도록 해 주었다. 테레즈가 와서 내 조촐한 살림이 자리를 잡을 때까지 나는 그녀의 집에서 밥을 먹었다.

　몽모랑시를 떠난 뒤로 나는 세상을 떠돌며 도망다닐 팔자라는 것을 절감했다. 그래서 테레즈에게 나와 합치고 내게 형벌로 내려진 방랑생활을 같이 하자고 선뜻 불러들이기가 망설여졌다. 나는 이러한 파국을 통해 우리들의 관계가 변할 것이며, 그때까지는 내 쪽에서 그녀에게 호의와 은혜를 베풀었다면 이후부터는 그녀 쪽에서 그렇게 해야 할 것이라고 느꼈다. 비록 그녀의 애정이 내 불행을 견뎌내고 변하지 않는다 하더라도, 그녀의 가슴은 내 불행으로 갈가리 찢길 것이고 그녀의 고통은 내 고통을 더해줄 것이다. 또 나의 불운으로 그녀의 애정이 식는다면, 그녀는 내게 자신의 지조를 일종의 희생으로 생색낼 것이다. 그리하여 그녀는 내 최후의 빵 한 조각을 그녀와 더불어 나누면서 내가 갖는 즐거움을 느끼는 대신, 운명에 따라 내가 가야만 하는 곳이라면 어디든 기꺼이 나를 따라다니며 자신이 쌓게 될 공덕만을 느끼게 될 것이다.

　모든 것을 다 털어놓지 않으면 안 된다. 나는 가련한 엄마의 결함도 또 내 결함도 숨기지 않았다. 테레즈를 더 너그럽게 봐주어서는 안 된다. 내가 그토록 사랑하는 여인에게 존경을 표하는 것이 아무리 즐겁다 하더라도, 마음속의 애정이 부지불식간에 변하는 것이 진정 잘못이라

을 물리쳤다. 플루타르코스에 따르면 코리올라누스는 로마에서 추방당해 볼스크족이 있는 곳으로 피신했는데, 볼스크족의 장군은 그가 예전에 자신의 적수였음에도 불구하고 그를 관대하게 대접했다고 한다. 그는 볼스크족을 이끌고 로마를 침공하였으나, 어머니와 부인의 애원으로 복수하지 못했다.

고 한다면 나는 그녀의 잘못 또한 감추고 싶지 않은 것이다. 오래전부터 나는 그녀의 애정이 식은 것을 알아차렸다. 내가 느끼기에 그녀는 내게 더 이상 우리가 젊었던 시절의 그녀가 아니었다. 그리고 나는 그녀에게 항상 예전 그대로였던 만큼, 더욱 그녀가 변했다는 것을 느꼈다. 나는 예전에 엄마 곁에서 그런 불편함에서 생긴 결과를 맛본 적이 있었는데 똑같은 불편함을 다시 겪게 되었다. 그리고 테레즈 곁에서도 그 결과는 마찬가지였다. 자연 이외의 곳에서 완벽함을 구해서는 안 된다. 어떤 여자든 그 결과는 모두 마찬가지였을 것이다. 내 자식들에 대해 취했던 방침은 내가 볼 때 아무리 타당한 것이라 하더라도 마음이 편안할 때가 없었다. 나는 《교육론》을 구상하고 있었을 때 어떤 이유로도 피할 수 없는 의무를 저버렸다는 것을 느꼈다. 마침내 후회가 막심해져서 《에밀》의 서두에서 거의 공개적으로 내 과실을 고백하지 않을 수 없었다.[15] 그 표현까지 매우 분명해서 이러한 구절을 쓴 이후에도 사람들이 내 과실을 비난하는 용기를 가졌다는 것은 놀라운 일이다. 그렇지만 당시 내 처지는 이전과 마찬가지였고 오히려 내가 잘못을 저지르기만을 기다리는 적들의 증오심으로 말미암아 훨씬 더 열악한 상태였다. 나는 같은 실수를 되풀이할까 두려웠다. 나는 이러한 위험을 무릅쓰고 싶지 않았으므로, 또다시 테레즈를 전과 같은 곤경에 빠지게 하기보다는 억지로라도 금욕하는 쪽을 더 원했다. 게다가 나는 여성과 관계를 가지면 현저히 내 건강상태가 나빠진다는 점에 주목하였다. 이 두 가지 이유로

---

15) 참조. "아버지로서의 의무를 완수할 수 없는 사람은 아버지가 될 권리가 없다. 가난도 일도 체면도 자식을 키우고 직접 교육시키는 일로부터 그를 면제시켜줄 수 없다. 독자들이여, 그 점에 대해서는 나를 믿어도 좋다. 누구든 인간으로서의 정을 가지고 있으면서 그토록 신성한 의무를 저버리는 자에게 예언하건대, 그는 오랫동안 자신의 잘못에 대해 통한의 눈물을 쏟게 될 것이며 결코 그 무엇으로도 위로 받지 못하리라"(《에밀》 1권).

나는 이러한 결심을 굳혔는데, 때때로 제대로 잘 실천하지는 못했지만 3, 4년 전부터는 더욱 변함없이 지켜나가게 되었다. 그런데 내가 테레즈에게서 나타난 쌀쌀함에 주목했던 것 또한 바로 이 무렵부터였다. 그녀는 의무적으로는 나에게 한결같은 애착을 갖고 있었지만 그것은 더 이상 사랑 때문은 아니었다. 이로 인하여 어쩔 수 없이 우리의 관계는 덜 즐겁게 되었다. 그래서 그녀가 어디에 있든 내가 계속적으로 그녀를 보살필 것만 확신한다면, 나와 함께 방황하기보다는 아마 파리에 머물러 있기를 더 원할 것이라고 생각했다. 그러나 그녀가 우리의 이별에 상당한 고통을 보였고 내게 다시 만날 매우 확실한 약속을 요구했으며 내가 떠난 후에도 콩티 대공이나 뤽상부르 씨에게 그 소망을 아주 열렬히 표명했으므로, 나는 그녀에게 헤어지자는 말을 꺼낼 용기가 나지 않았을 뿐만 아니라 나 자신이 그것을 생각할 용기마저 거의 잃었다. 그리하여 나는 그녀 없이 지낸다는 것이 나로서는 도저히 불가능한 일임을 마음속으로 절실히 느끼고 속히 그녀를 다시 불러올 것만을 생각했다. 그래서 나는 그녀에게 출발하라는 편지를 썼고 그녀가 오게 되었다. 내가 그녀와 헤어진 지 채 두 달이 되지 않았지만, 그것은 아주 오랜 세월이 지난 후 최초의 이별이었고, 우리는 서로 그것을 정말 견디기 어렵게 느끼고 있었던 것이다. 우리는 서로 포옹하면서 얼마나 감동하였던가! 오! 애정과 환희의 눈물은 그 얼마나 감미로운가! 얼마나 내 가슴은 눈물로 흠뻑 젖었는가! 왜 사람들은 내가 이러한 눈물을 더 흘리지 못하게 했던 것인가!

모티에에 도착하자 나는 스코틀랜드의 원수 경이며 뇌샤텔의 지사인 키스 경에게 내가 폐하의 영지에 망명했음을 통보하고 그의 보호를 요청하기 위해 편지를 썼다. 그는 사람들에게 관대하다고 알려져 있는데, 내가 그에게 기대했던 관대함을 보이며 회답을 주었다. 그는 자기를 방문하도록 나를 초대했다. 나는 경의 대단한 총애를 받고 있는 르 발 드

498

트라베르의 성주 마르티네 씨16)와 함께 그에게 갔다. 이 저명하며 덕망 있는 스코틀랜드 사람의 존경할 만한 풍채는 내 마음을 깊이 감동시켰다. 그리고 바로 이 순간부터 그와 나 사이에는 그 강렬한 애착이 싹트기 시작했는데, 나로서는 언제나 애착이 변함이 없었다. 그리고 내 인생의 위안을 모두 앗아간 배반자들이 내가 떨어져 있는 것을 틈타 늙은 키스 경을 속여 그에게 나를 잘못 보이게 하지 않았더라면, 그로서도 언제나 애착이 변하지 않았을 것이다.

　스코틀랜드의 세습 원수인 조지 키스는 영광스러운 삶을 살다가 전쟁터에서 명예롭게 전사한 저 유명한 키스 장군의 형이다. 그는 젊었을 때 고국을 떠났는데 스튜어트 왕가에 가담했기 때문에 추방당했던 것이다. 그렇지만 원수는 그가 스튜어트 왕가에서 본, 그리고 언제나 그 왕가의 지배적인 성격을 이루었던 부당하고 포학한 기질로 인해 곧 그 왕가에 싫증을 내고 떠났다. 그는 스페인의 풍토가 대단히 마음에 들어서 오랫동안 그곳에 머물렀다. 그리고 마침내는 동생 키스 장군처럼 프로이센 왕의 신하가 되었다. 왕은 사람들을 알아보는 안목이 높아서 그들이 받아야 할 만큼만 그들을 대접했다. 키스 원수가 왕에게 지대한 도움을 줌으로써 왕은 이러한 대접의 덕을 톡톡히 보았다. 그러나 그것보다 더욱 더 소중한 것으로는 원수 경의 진실한 우정을 받았다는 점이다. 철두철미 공화주의적이고 자존심이 강한 이 훌륭한 인간의 위대한 영혼은 우정의 멍에가 아니라면 그 어떤 것에도 굴복할 줄 몰랐다. 그러나 그는 아주 다른 원칙을 갖고 있음에도 불구하고 프리드리히 왕을 섬긴 이후부터는 왕밖에는 아무것도 눈에 보이지 않을 정도로 완전히 우정의 멍에에 굴복하고 말았다. 왕은 그에게 중임을 맡겼으며, 파리와 스페인에

16) 뇌샤텔 공작령은 22개의 관할로 나뉘어져 있었는데, 그 상부에는 시장 혹은 성주들이 있었다. 자크 프레데릭 마르티네(Jacques-Frédéric Martinet, 1713~1789)는 1758년부터 르 발 드 트라베르의 성주였다.

파견하기도 했다. 그리고 그가 이미 늙어 휴식을 필요로 하는 것을 보자 은퇴용으로 뇌샤텔 지사직(職)과 이와 더불어 그곳에서 그 적은 수의 주민들을 행복하게 다스리며 여생을 보내는 즐거운 일거리를 마련해 주었다.

뇌샤텔 사람들은 야단스러운 장식에서 드러나는 저질 취향의 겉멋만을 좋아하고 진실한 내면의 가치는 전혀 알지 못하며 장광설을 재치라고 생각했다. 그들은 냉정하고 체면을 차리지 않는 사람을 보고, 그의 소박함을 오만함으로 그의 솔직성을 촌스러움으로 그의 간결한 표현을 우둔함으로 여겼다. 또한 그의 자비로운 보살핌에 반발했는데, 그 이유는 그가 다른 사람들에게 도움이 되기를 원하지만 아양을 떨기는 원치 않아서 자신이 존경하지 않는 사람들의 비위를 전혀 맞출 줄 몰랐기 때문이다. 목사 프티피에르[17]가 자기 동료들이 영원히 지옥으로 떨어지기를 원치 않았기 때문에 그들에 의해 쫓겨난 우스운 사건이 일어났을 때 원수는 목사들의 월권행위에 반대했다. 그런데 원수는 자기가 편을 들어주었던 백성들 모두가 자기에 맞서 들고 일어나는 꼴을 당했다. 그리고 내가 그곳에 도착하였을 때는 아직도 이 어리석은 불평이 가라앉지 않았다. 그는 적어도 선입견이 있는 사람으로 알려졌는데, 이것은 어쩌면 그가 받고 있는 갖가지 비난들 중 그래도 가장 덜 부당한 비난일지 모른다. 이 존경할 만한 노인을 보고 내가 최초로 느낀 감정은 세월에 의해 이미 그의 몸이 앙상하게 야윈 것에 대한 측은함이었다. 그렇지만 눈을 들어 생기 있고 솔직하고 위엄 있는 그의 얼굴을 쳐다보았을 때, 나는 신뢰감이 — 이것은 다른 모든 감정을 압도했다 — 섞인 존경심에 사로잡혔다는 느낌을 받았다. 내가 그에게 가까이 다가가 건넨 극히 간단한

---

17) 목사 페르디낭 올리비에 프티피에르(Ferdinand Olivier Petitpierre, 1722 ~1790)는 영겁의 처벌은 없다고 설교해서 2년간 뇌샤텔 공국 전체를 소란스럽게 만든 논쟁 끝에 1760년 8월 목사들에 의해 면직당했다.

500

인사말에 그는 내가 마치 일주일 전부터 있었던 것처럼 다른 이야기를 하면서 대답했다. 그는 심지어 우리에게 앉으란 말도 하지 않았다. 어색해진 성주는 그냥 서 있었다. 나로서는 사람 속을 꿰뚫는 듯하고 예리한 경의 눈길에서 어딘가 극히 다정스러운 빛을 보았으므로 우선 기분이 편안해져서 허물없이 그가 앉아 있는 소파로 가서 옆에 앉았다. 나는 곧 그가 친숙한 태도를 취하는 것을 보고 나의 이 무람없는 행동이 그를 즐겁게 했고 또 그가 속으로 "이 녀석은 뇌샤텔 사람이 아니구나"라고 중얼거리는 느낌을 받았다.

성격이 대단히 비슷하면 묘한 결과가 생기기도 한다! 마음이 이미 타고난 열기를 잃었을 나이임에도 불구하고 이 선량한 노인의 마음은 모든 사람들을 놀라게 할 만큼 나를 향해 다시 불타올랐다. 그는 메추라기를 잡는다는 구실로 모티에로 나를 보러 와서 총 한번 잡아보지 않고 그곳에서 이틀을 보냈다. 우리 두 사람 사이에는 서로 상대방 없이는 살 수 없을 정도의 우정이 — 왜냐하면 그것은 우정이라고밖에는 달리 말할 수 없기 때문이다 — 이루어졌다. 그가 여름이면 머무르는 콜롱비에성은 모티에에서 60리 떨어진 곳에 있었다. 나는 암만 늦어도 2주에 한번은 그곳에 가서 꼬박 하루를 지내고, 갈 때와 마찬가지로 걸어서 돌아오면서 마음은 그 사람 생각으로 가득 차 있었다. 내가 예전에 레르미타주에서 오본에 다니면서 느꼈던 감동은 정녕 매우 다른 것이었지만, 내가 콜롱비에에 가까이 다가가면서 느낀 감동보다 더 감미롭지는 않았다. 이 존경할 만한 노인이 보이는 아버지 같은 호의와 친절한 덕행과 온화한 철학을 생각하면서 오가는 길에 종종 얼마나 많은 감격의 눈물을 흘렸던가! 나는 그를 '아버지'라 부르고 그는 나를 '아들'이라 불렀다. 이 정다운 호칭으로 사람들은 우리들을 결합하던 애착이 어떤 것인가를 부분적으로 이해할 수 있지만 우리가 서로에게 느꼈던 필요나 우리가 서로 같이 있으려는 부단한 희망이 어떤 것인지는 아직 이해할 수 없다.

그는 나를 꼭 콜롱비에 성에 머무르게 하려고, 그곳에서 내가 쓰던 거처에 눌러 살라고 오랫동안 나를 졸랐다. 결국 나는 그에게 내 집에 있는 편이 더 편안하고 그를 만나러 다니며 내 삶을 보내는 것이 더욱 좋다고 대답했다. 그는 내 솔직한 말에 찬성하고 더 이상 그 말을 꺼내지 않았다. 오, 선량한 경이여! 오, 나의 훌륭한 아버지여! 당신을 생각할 때면 내 마음은 지금도 얼마나 감동하는가! 아, 잔인한 인간들이여! 그들이 내게서 당신을 떼어놓으려고 하면서 내게 얼마나 큰 타격을 주었던가! 아니, 아니, 위대한 분이여, 내가 영원히 변하지 않는 것처럼 당신도 지금이나 앞으로나 언제나 변함이 없을 것입니다. 그들은 당신을 속였지만 당신의 마음을 바꾸지는 못했습니다.

원수 경도 결점이 없지는 않았다. 그는 현명한 사람이었지만 역시 인간이었다. 인간이 가질 수 있는 가장 날카로운 지성과 가장 섬세한 판단력과 인간에 대한 가장 깊은 이해력을 갖추었던 그도 때로는 속아 넘어가 제정신을 차리지 못하는 수가 있었다. 그에게는 기묘한 성질, 즉 기질적으로 이상야릇한 무엇이 있었다. 그는 날마다 보는 사람들을 잊고 있는 듯 보이기도 하다가 그들이 전혀 생각하지 않을 때 그들을 기억한다. 그의 관심은 이유가 없었고 그가 주는 선물도 일시적인 기분에 따르는 것이지 예법에 맞는 것은 아니었다. 그는 값이 싸든 비싸든 상관없이 기분 내키는 대로 그때그때 선물을 주기도 하고 보내기도 한다. 제네바 청년 한 사람이 프로이센 왕의 신하가 되려고 경을 찾아온다. 경은 그에게 추천장 대신에 완두콩이 가득 들은 조그만 자루 하나를 주며 왕에게 바치라는 임무를 맡긴다. 이 이상한 추천을 받은 왕은 그것을 가져온 청년에게 즉석에서 자리를 준다. 이와 같이 고결한 천재들 사이에는 범인으로서는 절대로 이해하지 못할 어떤 어법이 있다. 나는 아름다운 여자의 변덕과도 같은 이런 자질구레한 기벽들 때문에 원수에게 더욱 흥미를 느낄 뿐이었다. 그러나 나는 그런 기벽들이 중요한 상황에서 우정이 그에게 명하는 감정이나 배려에 영향을 끼치지 못한다는 확신을 갖고 있었고 또 나중에 이를 직접 확인하기도 했다. 하지만 은혜를 베푸는 방식에서도 역시 그의 거동에서 보이는 것과 같은 이상한 점이 있는 것은 사실이다. 그에 대해서는 어떤 사소한 사건과 관련된 일화 하나만을 들겠다. 모티에에서 콜롱비에로 가는 하루 일정은 내게 너무 힘이 들어서 그것을 보통 이틀로 나누어 점심을 먹은 뒤에 떠나 그 중간이 되는 브로에서 하룻밤을 자곤 했다. 이름이 상도인 그 집주인은 자신에게 극히 중대한 어떤 특혜를 베를린에 청원해야 했기 때문에 그를 위해 원수에게 청탁을 넣어달라고 내게 간청했다. 나는 쾌히 승낙하고 그를 데리고 가서 응접실에서 기다리게 하고 경에게 그의 일을 말했으나 경은 내게 아무런 대답도 하지 않는다. 아침나절이 지나간다. 점심을 들러 가려고 그 방을 지나면서 나는 학수고대하고 있는 상도의 가련한 모습을 본다. 경이 그를 잊은 줄만 알고 식사를 시작하기 전에 재차 그 말을 하나 경은 먼저와 마찬가지로 한마디의 말도 없다. 내가 그를 얼마나 괴롭히는지 느끼게 만드는 이러한 태도가 약간 몰인정하다고 생각하면서 나는 마음속으로만 불쌍한 상도를 동정하면서 입을 다물었다. 다음 날 돌아오는 길에 나는 상도가 각하의 집에서 후한 대우를 받고 훌륭한 점심을 들었다고 내게 감사하는 것을 보고 정말 깜짝 놀랐다. 게다가 각하는 그의 서류도 받아주었다는 것이다. 3주 후에 경은 왕이 서명하고 대신이 교부한 칙서를 그에게 보내주었다. 경이 내게는 물론 상도에게도 그 일에 대해 한마디 말이나 대답을 하려 하지 않았기에 나는 그가 그런 일을 맡고 싶지 않은 것으로 믿었던 것이다.

조지 키스에 대해서 하고 싶은 이야기는 한이 없다. 내 마지막 행복의 추억은 바로 그에게서 오는 것이기 때문이다. 내 나머지 삶은 모두 비탄과 상심에 불과했다. 이에 대한 기억은 하도 슬프고 어수선하게 떠올라 이야기를 제대로 정리하기가 불가능하다. 이제부터는 그저 생각나는 대로 이야기를 써나가는 도리밖에 없을 것이다.

　왕이 원수 경에게 회답을 해서 나는 내 피신처에 대한 불안에서 곧 벗어나게 되었다.[18] 누구나 생각할 수 있는 바와 같이 원수 경은 나의 훌륭한 변호인이 되어주었다. 폐하는 경이 했던 일을 승인했을 뿐 아니라 경으로 하여금 내게 12루이를 주도록 분부했다. 내가 이런 이야기를 하는 것은 모든 것을 숨기지 않고 다 말해야 하기 때문이다. 선량한 경은 그런 심부름을 받고 난처해하고 어떻게 예의를 갖추어 그것을 이행할지 몰라서 그 돈을 생활용품 성격으로 바꾸어 그로부터 생길 수 있는 모욕감을 줄이려고 애썼다. 그리고 내게는 조촐한 살림을 시작하도록 땔나무와 석탄을 공급해주라는 어명을 받았다고 말했다. 그리고 아마 자신의 생각이겠지만, 국왕은 내가 집터를 잡는다면 기꺼이 내 마음에 드는 아담한 집 한 채를 지어줄 것이라는 말까지도 덧붙였다. 이 나중 제의에 나는 몹시 감격하여 앞의 치사스러운 제의는 잊어버렸다. 결국 나는 이 두 가지 제의 중 어느 것도 받아들이지 않았지만 프리드리히를 내 은인이나 보호자로 여겼다. 그래서 나는 정말 진심으로 그에게 애착을 갖게 되어 그때까지는 그의 성공에서 불의를 보았던 만큼이나 이후부터는 그의 영광에 대해 호의를 갖게 되었다. 그후 얼마 안 가서 그가 평화조

---

18) 프리드리히 2세는 원수 경에게 다음과 같은 답장을 보냈다. "우리는 같은 생각을 하고 있다고 봅니다. 우리는 이 불행에 빠진 가련한 사람의 고통을 덜어주어야 합니다. 그는 자신은 좋다고 생각하지만 남들이 보기에는 이상한 견해를 갖고 있다는 것만으로 죄를 지었으니까요. 나는 사람을 시켜 당신에게 100에퀴를 전할 터이니, 당신은 친절을 베풀어 그에게 생활에 필요한 것을 주도록 하십시오. 그에게 물건을 현물로 주면 그는 돈보다는 차라리 그것을 받을 것이라 생각합니다. 우리가 전쟁중이 아니고 파산하지 않았다면 나는 그에게 정원이 딸린 오두막집을 외진 곳에 지어주었을 것입니다. 그가 우리의 최초 조상이 살았다고 생각하는 그런 삶을 그는 거기서 살 수 있을 것입니다."

약19) 을 체결하였을 때, 나는 매우 훌륭한 취향의 장식등을 달아 기쁨을 표시했다. 그것은 꽃으로 엮은 줄인데, 그것으로 내가 사는 집을 꾸몄다. 사실 나는 지고 싶지 않은 자존심에서 왕이 나에게 하사하려고 했던 금액과 거의 같은 액수의 돈을 여기에 소비했다.

평화조약이 체결된 후 나는 왕의 군사적이고 정치적인 영광이 절정에 달했으므로 그가 이제는 다른 종류의 영광을 얻으려 할 것이라고 생각했다. 즉, 자신의 왕국을 다시 부흥시키고, 왕국의 상업과 농업을 진흥시키며, 새로운 토지를 개간하여 그곳에 새로운 백성을 살게 하고, 인근의 모든 국가들과 평화를 유지하면서, 유럽에 공포를 주던 군주가 이제는 유럽의 중재자가 되는 영광을 말이다. 그는 다른 사람 때문에 칼을 잡아야 할 필요가 없을 것이라는 점을 확신하고 있어서 아무 위험 없이 칼을 놓을 수 있었다. 그런데도 그가 무장을 해제하지 않는 것을 보고, 나는 그가 지금까지 얻은 이익을 악용하지나 않을까 그 위대성이 반감되지나 않을까 염려했다. 나는 이 문제에 대하여 감히 왕에게 편지를 올려 그와 같은 기질을 가진 사람들의 마음에 들도록 친근한 말투로 그 신성한 진리의 소리를 그에게까지 전달했는데, 이런 소리를 이해할 자질이 있는 왕들은 극소수이다. 내가 이렇게 제멋대로 굴었던 것은 왕과 나 사이의 비밀로 되어 있었다. 나는 거기에는 원수 경조차 개입시키지 않았다. 그래서 나는 왕 앞으로 갈 편지를 완전히 봉해서 원수 경에게 보냈다. 경도 그 내용에 대해 알아보지도 않고 그 편지를 보냈다. 왕은 이에 대하여 아무런 회답도 하지 않았고, 얼마 후 원수 경이 베를린에 갔

---

19) 1756년에서 1763년에 걸쳐 오스트리아와 프로이센 사이에 7년전쟁이 일어났는데, 이 전쟁에서 오스트리아의 마리아 테레지아가 패하고 1763년 2월 15일 오스트리아와 프로이센은 후베르트스부르크에서 평화조약을 맺었다. 이로써 프로이센은 슐레지엔 영유를 확정하여 독일 근대화의 주도권을 장악하게 되었다.

을 때 단지 내게 심하게 야단맞았다는 말만 경에게 했다고 한다. 나는 그 말을 듣고 내 편지가 환영받지 못했다는 것과 내 솔직한 열의가 현학자의 촌스러움으로 받아들여졌다는 것을 알았다. 사실 그것은 당연히 그럴 수도 있었다. 어쩌면 나는 말해야 했던 것은 말하지 않았고, 의당 취했어야 할 어조를 취하지 않았는지 모른다. 그러나 나는 다만 나로 하여금 펜을 들게 했던 감정에 대해서만 책임을 질 수가 있다.

　모티에 트라베르에 거처를 정한 후 얼마 되지 않아 그곳에서는 사람들이 나를 그냥 놔둘 것이라고 정말 확신하고 아르메니아 복장을 했다. 이것은 처음 가진 생각이 아니었다. 지금까지 살아오는 동안 몇 번이나 생각했던 일로 몽모랑시에서는 종종 이 생각이 다시 떠올랐다. 그곳에서는 소식자를 빈번히 사용했기 때문에 부득이 집안에 있어야 했던 일이 많아서 자락이 긴 의복이 주는 모든 이점들을 더욱 절실히 느끼게 되었다. 아르메니아 재봉사 한 사람이 몽모랑시에 있는 친척을 자주 만나러 왔었는데, 그가 입은 옷이 편리해 보여서 나도 편해지고 싶은 생각이 들어 남이야 뭐라 하든 개의치 않고 이 새 옷을 입으려 했다. 그렇지만 이 새 옷을 채택하기 전에 뤽상부르 부인의 의견을 들어보고 싶었는데, 부인도 그 옷을 입어보라고 내게 강하게 권했다. 그래서 나는 간단한 아르메니아 의상을 한 벌 지었다. 그러나 내게 밀어 닥친 소동 때문에 그 옷을 입는 것은 좀더 조용한 시기가 올 때까지 미루지 않으면 안 되었다. 겨우 몇 달 후 다시 발작이 일어나 소식자의 신세를 지지 않으면 안 되었으므로 나는 모티에에서 아무런 위험 없이 이 새 옷을 입을 수 있으리라고 생각했다. 더군다나 이곳 목사와 상의하고 그로부터 그것을 입고 교회에까지 와도 물의를 빚지 않을 것이라는 말을 들은 터였다. 그래서 나는 웃옷과 무릎까지 내려오는 터키풍 옷을 입고 털가죽 모자를 쓰고 허리띠를 맸다.[20] 나는 이런 옷차림으로 예배에 참석한 뒤 원수 경 댁에도 입고 갔으나 조금도 불편을 느끼지 않았다. 각하는 내가 이런 옷

506

차림을 한 것을 보고 인사말로 "쌀라말레키"[21] 라고만 할 뿐이다. 이것으로 모두 일단락이 되었고, 나는 그 뒤로 다른 옷을 입지 않았다.

문학을 완전히 떠났으므로 나는 내가 할 수 있는 데까지 조용하고 평온한 생활을 해나가는 것밖에는 생각하지 않았다. 혼자 있을 때는 아무리 한가하게 있을 때라도 결코 권태를 몰랐다. 나의 상상력이 모든 공허함을 메우기 때문에 이것만으로도 내가 전념하기에 충분했다. 그러나 서로 마주앉아 혀만 놀려대는 방 안에서의 나태한 객담만은 결코 참을 수 없었다. 걸을 때나 산책할 때는 그래도 낫다. 발과 눈은 적으나마 무엇을 하고 있으니 말이다. 그러나 팔짱을 끼고 방 안에 가만히 앉아서 날씨가 어떻다는 둥 파리가 날아다닌다는 둥 잡담하거나 더욱 나쁜 것으로 서로 의례적인 말을 교환하는 것, 이것이야말로 내게는 견딜 수 없는 형벌이었다. 나는 비사교적으로 살지 않으려고 끈[22] 짜는 일을 배울 생각을 했다. 누구를 방문할 때는 레이스 받침대를 갖고 갔다. 혹은 여자들처럼 문간으로 일거리를 가지고 나가서 지나가는 사람들과 이야기를 나누곤 했다. [23] 이렇게 해서 부질없는 객담에 견딜 수도 있었고, 이웃 여자들의 집에서도 지루하지 않게 시간을 보낼 수도 있었다. 그런데 이 이웃 여자들 중 몇몇은 꽤 다정하고 재치도 없지 않았다. 특히 이자

20) 아르메니아 복장을 하는 것은 파리에서 생소한 일은 아니었다. 루소가 무릎까지 내려오는 긴 옷과 모자를 구입한 것은 1762년 봄으로 거슬러 올라간다. 모티에에 있는 루소에게 이 복장을 가져다 준 사람은 테레즈이다.
21) "평화가 당신에게 깃들기를"이라는 터키 인사말.
22) 그가 쿠션 위에서 엮은 줄은 코르셋이나 드레스를 조이는 데 쓰이는 줄로 보인다.
23) 여성복 모양의 아르메니아 복장에 끈을 짜는 루소는 여성적 성향을 보여주고 있으며 그 자신도 그것을 의식하고 있었다. 문학을 떠난다는 것은 루소에게 전투적인 삶을 포기하고 "조용하고 평온한 생활"로 돌아가는 것을 의미한다. '시민 루소'는 제네바의 어린 시절이나 바랑 부인 슬하에서 산 젊은 시절처럼 스스로에게 남성성을 박탈하는 과정을 밟는다.

벨 디베르누아[24] 라고 하는 뇌샤텔 검사장의 딸이 있었는데, 그녀는 각
별한 우정을 맺어도 될 정도로 존경할 만하게 보였다. 그녀는 내게서 유
익한 충고도 들었고 꼭 필요한 경우에는 보살핌도 받았으므로 그녀는
나와의 우정을 꽤 만족스럽게 여겼다. 그래서 지금은 한 가정의 현모양
처가 되었지만 그녀가 훌륭한 양식을 갖추고 좋은 남편을 만나 누리는
생활이나 행복이 어쩌면 내 덕분일지 모른다. 내 편에서도 그녀 덕분에
대단히 감미로운 위안을 받고 있다. 더욱이 매우 침울한 겨울 동안 내가
병과 고통으로 한창 시달리고 있을 때 그녀가 와서 테레즈 그리고 나와
함께 긴긴 밤들을 지내주었는데, 그녀는 유쾌한 재치를 발휘하고 우리
서로 흉금을 털어놓게 해 그 긴긴 밤들을 매우 짧게 만들 줄 알았다. 그
녀는 나를 아빠라고 불렀고, 나는 그녀를 딸이라고 불렀다. 우리들은
지금도 서로를 이렇게 부르는데, 나는 이 호칭이 나와 마찬가지로 그녀
에게도 계속 소중하기를 바란다. 내가 짠 끈은 유용하게 쓰도록 내 젊은
여자 친구들에게 결혼선물로 주었는데, 거기에는 그녀들이 자녀들을 자
기 젖을 먹여 키운다는 조건이 붙어 있었다. 이자벨의 언니도 이런 조건
으로 끈 하나를 받았고, 그 조건을 이행했다. 이자벨도 똑같이 그것을
받고 언니 못지않게 그 약속을 이행할 작정이었다. 그러나 그녀는 자기
의지를 실현할 수 있는 행복을 얻지 못했다. 이 끈을 그들에게 보낼 때
나는 두 사람에게 다 편지를 썼는데, 언니에게 보낸 편지는 세상이 다
알아버렸다. 그러나 동생에게 보낸 것은 그토록 반향을 일으키지 않았
다. 우정이란 그토록 소문이 크게 나면 순조롭게 진행되지 않는 법이다.
　내 이웃과 맺은 교분에 대하여 나는 자세히 언급하지는 않겠지만, 그

---

24) 1735년 5월 18일 태어난 이자벨 디베르누아(Isabelle d'Ivernois)는 29살
　　되는 생일날 르 발 드 트라베르의 민사 재판관인 프레데릭 기으네(Frédéric
　　Guyenet)와 결혼했다. 이때 루소는 그녀에게 매력적인 편지와 함께 자기
　　가 만든 끈을 보냈다.

508

중에서 퓌리 대령25)과의 교분을 말해두지 않으면 안 되겠다. 그는 산 위에 집을 한 채 가지고 있어서 그리로 해마다 여름을 지내러 왔다. 나는 애써 그와 사귀려 들지 않았다. 나는 그가 궁정사람들이나 원수 경과 사이가 좋지 않고 또 그가 원수 경을 전혀 만난 일이 없다는 것을 알고 있었기 때문이다. 그렇지만 그가 나를 찾아와 매우 정중히 예의를 표해서 나로서도 그를 만나러 가지 않으면 안 되었다. 이런 일이 계속되었고 우리는 가끔 서로의 집에서 식사도 하곤 했다. 나는 그의 집에서 뒤 페루 씨도 알게 되었는데, 그 후에 그와 너무나 우정이 두터워졌으므로 그에 대해서도 말하지 않을 수 없다.

　뒤 페루 씨26)는 아메리카 출신으로 수리남 사령관의 아들이었다. 그 사령관의 후임자인 뇌샤텔 출신의 르 샹브리에 씨는 그 미망인과 결혼했다. 그러나 그녀는 두 번째로 남편을 잃자 아들을 데리고 두 번째 남편의 고향으로 와 정착했다. 외아들이고 대단히 부유하며 어머니의 극진한 사랑을 받으면서 뒤 페루는 아주 정성껏 키워졌고, 그가 받은 교육도 그에게 유익했다. 그는 어설프게나마 많은 지식을 갖고 있었고 예술에 대한 취미도 약간 있었다. 그는 특히 분별력을 키웠다고 자랑하고 있었다. 그의 냉정하고 철학자연한 네덜란드 사람다운 풍채, 구릿빛 안색, 과묵하고 속을 드러내지 않은 기질은 이러한 평판에 상당히 유리하게 작용했다. 그는 아직도 젊지만 귀가 먹고 통풍을 앓고 있었다. 그 때문에 그의 모든 동작은 매우 침착하고 대단히 무게 있어 보였다. 논쟁을

─────────────

25) Abraham du Pury(1724~1807) : 사르데냐 왕을 모신 퇴역 장교인 아브라암 뒤 퓌리는 산 위에 집을 한 채 갖고 있었는데, 초대받은 손님들은 점심 후에 전나무와 너도밤나무로 둘러싸인 풀밭 위에 모여 토론을 즐겼다. 루소는 이 풀밭을 '철학자들의 살롱'이라고 명명했다.
26) 뒤 페루는 40세의 나이로 아브라암 뒤 퓌리의 딸인 19살의 처녀 앙리에트 도로테(Henriette-Dorothée)와 결혼했다.

좋아하고 때때로 심지어 좀 길게 논쟁을 벌이기도 했지만, 말이 잘 들리지 않아서 보통은 별로 말하지 않았다. 이런 전체 외모 때문에 나는 그에게 위압감을 느꼈다. 나는 이렇게 생각했다.

"그는 사상가이며 현자로, 그런 친구를 갖는다면 행복할 것이다."

그는 내게 곧잘 말을 걸었지만 결코 내게 어떤 치사도 하지 않아서 완전히 나를 사로잡았다. 그는 나에 대해 또 나의 저서에 대해서는 별로 말이 없었고, 자기 자신에 대해서는 더욱 말이 없었다. 그러나 그에게 생각이 없어서 그런 것은 아니었고, 그가 말한 것은 모두가 꽤 정확하였다. 이런 정확함과 한결같음 때문에 나는 마음이 끌렸다. 그의 정신에는 원수 경과 같은 숭고함과 섬세함은 없으나 소박함이 있었다. 바로 이것이 어떤 점에서 항상 그를 대표하는 것이다. 나는 도취되지는 않았지만 존경하는 마음에서 가까워졌고, 이러한 존경이 우정을 가져왔다. 나는 돌바크 남작이 너무 부자라고 반박한 일이 있었는데, 이 사람에 대해서는 그런 일을 완전히 잊어버렸다. 그 일은 내 잘못이었다고 생각한다. 나는 그가 누구든 막대한 재산을 향유하는 사람이라면 내 원칙과 그 원칙을 만든 사람을 진정으로 사랑할 수 있을지 의심할 줄 알게 된 것이다.

꽤 오랫동안 나는 뒤 페루 씨와 별로 만나지 못했다. 내가 뇌샤텔에 통 가지 않았고 그가 1년에 한 번밖에 퓌리 대령의 산에 오지 않았기 때문이다. 왜 나는 뇌샤텔에 통 가지 않았던가? 그것은 일종의 유치함인데, 이에 대해서는 말을 꼭 해야겠다.

프로이센 왕과 원수 경의 보호를 받고 있어서 내 피신처에서는 우선 박해를 피할 수는 있었지만, 어쨌든 대중이나 시의 관리들이나 목사들의 불평은 피할 수가 없었다. 프랑스에서 소동이 일어난 후 적어도 내게 어떤 모욕을 가하지 않는다는 것은 체면이 서지 않는 일이었다. 사람들은 나를 박해하는 사람들의 흉내를 내지 않는다면 그들에 반대하는 것처럼 보일까 두려워했던 것 같다. 뇌샤텔의 지도계층, 즉 이 도시의 목

510

사단(牧師團)은 참사원을 움직여 나를 박해하고자 하면서 소동을 일으
켰다. 이런 시도가 성공하지 못하자 목사들은 시 당국에 호소했고, 시
당국은 즉시 내 저서의 판매를 금지시켰고, 기회가 있을 때마다 나를 별
로 공손치 않게 대하면서 내가 이 시에서 살고 싶어 해도 이곳 사람들이
나를 받아들이지 않을 것이라는 점을 비추었고 심지어 그런 말까지 했
다. 그들은 뇌샤텔의 〈메르퀴르〉[27]를 어리석은 말과 비할 바 없이 조
잡스러운 위선적인 독신자들의 험담으로 가득 채웠다. 이것은 분별 있
는 사람들에게는 웃기는 일이었지만 그래도 나에 대한 대중의 반감을
선동하고 고취했다. 이런 모든 일에도 불구하고 그들의 말을 들어보면
그들이 내게 과분한 은혜를 베풀어 나를 모티에에 살게 내버려두는 것
에 내가 매우 감사해야만 한다는 것이다. 그런데 사실 그들은 모티에에
서 아무런 권한도 없었다. 내가 마시는 공기에 대해 내가 비싼 값을 지
불할 수만 있었다면 그들은 그 공기마저도 되로 달아 팔았을 것
이다. 그들은 왕이 자기들의 뜻을 어기고 내게 제공한 보호에 대해 내가
자기들에게 감사하기를 원했고, 또 왕의 보호를 내게서 빼앗으려고 쉴
새 없이 획책하였다. 그들은 될 수 있는 한 내게 해를 끼치고 힘자라는
데까지 나를 헐뜯으려고 하였으나 결국 성공할 수 없게 되니까, 자기 나
라에 나를 받아들이는 친절을 베풀었다고 내게 내세우면서 자기들의 무
능을 자랑으로 삼았다. 이에 대한 응답으로 고작 그들에게 코웃음이나
쳐야 했을 것을, 나는 어리석게도 화를 내기도 하고 어이없게도 뇌샤텔
에 통 가지 않겠다고 마음먹었다. 나는 2년 가까이 이 결심을 지켰는데,
사실 이런 녀석들의 소행에 주의를 기울인다는 것은 이런 녀석들을 지

---

27) 루소가 뇌샤텔의 〈메르퀴르〉라고 부르는 정기간행물은 〈스위스의 역사,
정치, 문학, 오락 탐방기자〉(le Nouvelliste suisse, historique, politique,
littéraire et amusant)로 실제로 루소의 사상에 적대적인 일련의 기사들을
실었다.

나치게 존중하는 셈이다. 왜냐하면 그들이 단지 외적 자극에 의해서만 움직이는 이상 그들의 소행이 좋든 나쁘든 그 책임이 그들에게 돌아갈 수는 없는 노릇이기 때문이다. 게다가 세력과 권력과 돈 이외에도 존중할 것이 있다는 것을 알지 못하는 교양도 지성도 없는 사람들은 재능 있는 사람을 어느 정도 존경하지 않으면 안 되는데, 그런 사람을 모욕하는 것은 불명예라는 것조차도 좀처럼 짐작하지 못한다. 공금횡령으로 파면된 어느 마을의 촌장이 우리 이자벨의 남편인 르 발 드 트라베르 민사재판관에게 이런 말을 했다고 한다.

"루소란 사람이 그렇게 재주가 많다던데 그를 내게 데려와 보게. 그게 정말인지 좀 봐야겠네."

물론 그따위 말투를 지닌 자의 불평쯤은 그것을 듣는 사람에게 별다른 불쾌감을 주지 못한다.

파리, 제네바, 베른, 심지어 뇌샤텔에서까지 나는 그러한 푸대접을 받았기 때문에 그 고장의 목사로부터 그 이상의 배려를 기대하지 않았다. 그러나 나는 부아 드 라 투르 부인을 통해 그에게 소개되었으므로, 그는 나를 후대해주었다. 그러나 누구나 똑같이 모든 사람의 비위를 맞추는 이 고장에서 호의란 아무런 의미가 없다. 하지만 엄숙히 개신교회와 재결합한 후 개신교를 믿는 나라에 사는 나로서는 다시 귀의한 신앙을 공개적으로 고백하기를 소홀히 할 수 없었다. 만약 그렇게 한다면 그것은 시민으로서의 내 약속과 의무를 저버리는 것이었기 때문이다. 그러므로 나는 예배에 참석했다. 한편으로는 성찬에 임할 때 거절당하여 모욕받지나 않을까 염려했다. 게다가 제네바에서는 의회가 뇌샤텔에서는 목사단이 소동을 일으킨 뒤였으므로, 그 목사가 자기 교회에서 내게 조용히 성찬을 베풀어주려 한다는 것은 전혀 있을 법하지 않았다. 그래서 영성체 시간이 가까워져 오는 것을 보고 몽몰랭 씨[28] ― 그것이 목사의 이름이었다 ― 에게 내 성의를 표시하고 또 내가 항상 개신교회에 진

심으로 결합되어 있다는 것을 선언하기 위해 편지를 쓸 결심을 했다. 그
와 동시에 나는 신앙고백에 대한 궤변을 피하기 위해 교리에 대해서는
특별한 해명을 전혀 원하지 않는다는 것을 그에게 말했다. 나는 이 점에
서는 이렇게 관례를 지키면서 조용히 있었다. 그리고 몽몰랭 씨가 예비
심사 없이는 나를 받아들이지 않을 터인데, 나로서는 그런 예비심사를
조금도 원치 않는 이상 비록 내게 아무런 잘못이 없더라도 모든 것이 그
렇게 끝나게 되리라는 것을 의심치 않았다. 그런데 전혀 그렇지 않았
다. 내가 전혀 예기하지 않았던 때에 몽몰랭 씨가 와서, 내가 제의한 조
건대로 영성체에 나를 받아줄 뿐만 아니라 한술 더 떠 자기는 물론 장로
들도 자기 신도들 가운데 내가 들어 있다는 것을 큰 영광으로 여긴다고
밝혔다. 나는 평생에 이와 같은 놀라움이나 이보다 더 위안을 주는 놀라
움을 가져본 적이 없다. 세상에서 언제나 홀로 사는 것이 내게는 매우
서글픈 운명처럼 보였고, 특히 역경 속에 있을 때는 그러했다. 그러나
그렇게나 빈번한 추방과 박해의 한가운데서도 나는 과분한 온정을 발견
하고 "적어도 나는 형제들 가운데 있다"고 중얼거릴 수 있었다. 그리하
여 울렁거리는 가슴을 안고 감격의 눈물을 흘리면서 영성체를 받으러
갔는데, 이것은 아마 인간이 신에게 바칠 수 있는 그리고 가장 신의 뜻에
맞는 마음의 준비였을 것이다.

　얼마 후에 경은 부플레르 부인의 편지를 내게 보냈다. 어쨌든 나의 추
측으로는 원수 경을 알고 있던 달랑베르를 통해서 온 것 같았다. 내가
몽모랑시를 떠나온 이래 부인이 내게 처음으로 보낸 이 편지에서[29] 부

---

28) Frédéric-Guillaume de Montmollin(1709~1783) : 1737년부터 1741년까
　　지 뇌샤텔에서 문학교수로 근무하였고 1742년부터 죽을 때까지 모티에에
　　서 목사직을 역임했다.
29) 루소의 말과는 달리 그는 부플레르 부인으로부터 이미 여러 통의 편지를
　　받았다. 루소가 책망당한 편지는 10월 10일자 혹은 11일자 편지로, 영성체

인은 내가 몽몰랭 씨에게 보낸 편지에 대해서 특히 영성체를 받았다는 것에 대해서 나를 신랄하게 책망했다. 그러나 제네바 여행에서 돌아온 이래 나는 신교도임을 늘 공언했고 네덜란드 대사관[30]을 공공연하게 출입했지만 세상 아무도 그것을 나쁘게 생각하지 않았던 만큼 누구에 대해 원한을 품고 그런 책망을 하는지 더욱 이해가 되지 않았다. 내게는 부플레르 백작부인이 종교에 관한 내 신념까지 조종하려 드는 것이 우습게 보였다. 그러나 나는 부인의 뜻을 전혀 이해하지 못했지만 그 뜻이 세상에서 가장 훌륭하다는 것은 의심치 않았으므로, 이런 이상한 무례한 말에 조금도 기분 나빠하지 않았고 그녀에게 화를 내지 않고 답장을 보내 내가 그럴만한 이유를 말해주었다.

　그렇지만 나를 욕하는 인쇄물들이 속속 쏟아져 나왔고, 그 너그러운 필자들은 권력자들이 나를 너무 온건하게 다룬다고 비난했다. 이렇게 개들이 서로 입을 모아 짖는 소리에는 — 그 막후에는 주모자들이 계속 움직이고 있었다 — 불길하고 소름 끼치는 무엇이 있었다. 나로서는 동요하지 않고 그들이 지껄이도록 내버려 두었다. 소르본대학에서 비난이 일고 있다는 확실한 말을 들었지만, 이에 대해 나는 아무것도 믿지 않았다. 소르본이 이 사건에 어떻게 개입할 수 있었을까? 소르본은 내가 가톨릭 신자가 아니라는 것을 단언하고 싶었던 것인가? 그것은 세상 사람들이 다 아는 사실이었다. 그러면 내가 충실한 칼뱅교도가 아니라는 것을 증명하고 싶어 했던 것인가? 그것이 소르본과 무슨 상관인가? 그것은 정말 이상한 걱정을 하는 것이며, 우리 목사들의 대리인이 되는 것이었다. 나는 이 글을 보기 전에는 사람들이 소르본을 우롱하려고 그

_____

　　를 받았다는 것보다는 그가 그의 적들에게 공격할 빌미를 주었다고 꾸지람
　　을 받은 것이다.

30)　파리 주재 네덜란드 대사관에서는 프랑스에서는 금지된 개신교 미사를 집
　　전했다.

514

이름을 빌려 이 글을 세상에 퍼뜨린 것이라고 믿었다. 그것을 읽은 후에
는 더욱더 그렇게 믿었다. 그러나 결국 내가 더 이상 그 확실성을 의심
할 수 없게 되었을 때, 소르본을 정신병원에 넣어야 한다는 것이 내가
믿을 수밖에 없던 전부였다.

또 다른 글이 그 이상으로 내게 충격을 주었다. 왜냐하면 그것은 내가
늘 존경하고 그 무분별을 개탄하면서도 그 지조는 칭송했던 사람에게서
온 것이었기 때문이다. 내가 지금 말하는 것은 나를 공격한 파리 대주교
가 내린 교서이다. 31) 나는 여기에 답변할 의무가 있다고 생각했다. 나
는 내 품위를 떨어뜨리지 않고도 답변할 수 있었다. 이것은 폴란드 왕에
게 답변한 경우와 거의 비슷한 경우였다. 나는 볼테르식의 난폭한 논쟁
은 결코 좋아하지 않았다. 나는 품위를 갖추지 않고는 싸울 줄 모른다.
그리고 내가 나 자신을 변호하도록 나를 공격하는 사람이 내 반격을 모
욕하지 않기를 바란다. 나는 그 교서가 예수회식이라는 것을 조금도 의
심치 않았다. 그리고 당시는 그들 자신도 불행했지만, 나는 여전히 그
교서에서 불행한 사람을 짓밟아버린다는 그들의 오래된 원칙을 알아보
았다. 그러므로 나도 명의상의 저자는 존중하고 작품을 박살낸다는 내
오래된 원칙을 따를 수 있었다. 그리고 꽤 성공적으로 이렇게 했다고 생
각한다. 32)

모티에에 머무는 것이 대단히 즐거웠으므로, 오직 확실한 생활수단
만 있다면 여기서 내 삶을 마칠 결심을 하는 데 모자란 것이 없었다. 그

---

31) 《에밀》을 비난하는 〈파리 대주교의 교서〉는 1762년 8월 20일자로 나왔다.
32) 《제네바 시민인 장자크가 파리 대주교인 크리스토프 드 보몽에게 보내는
   편지》(Jean-Jacques Rousseau, Citoyen de Genève, à Christophe de Beaumont,
   Archevêque de Paris)의 원고는 1762년 11월 18일자로 암스테르담에 있는
   레에게 보내져, 레는 이를 1763년 1월 1일에 받았다. 그리고 제네바에서
   그해 3월 그 작품이 나왔다. 작품의 서두에는 대단히 흥미로운 자서전적인
   요소가 담겨있다.

런데 이곳에서는 생활비가 꽤 들었다. 게다가 지금까지의 살림을 작파하고 새로 살림을 차리지를 않았나, 내게 있던 모든 가구들을 팔아버리거나 쓸데없이 없애버리지를 않았나, 몽모랑시를 떠나온 이래 비용을 쓰지 않을 수 없어서 예전의 내 모든 계획들이 수포로 돌아가고 말았다. 내가 가지고 있던 몇 푼 안 되는 여윳돈도 나날이 줄어갔다. 2, 3년이면 그 남은 돈을 다 써버리기에 충분했다. 그런데 나는 책을 쓰는 일을 — 그것은 내가 이미 포기했던 불길한 직업이다 — 다시 시작하지 않는다면 그 돈을 다시 벌 방도가 없었다.

나는 곧 내 모든 사정이 변할 것이며 대중이 광란에서 깨어나 권력자들로 하여금 그 광란에 대해 얼굴을 붉히게 만들 것이라고 확신하고, 그 다행스러운 변화가 올 때까지 — 그렇게 되면 나는 내게 제공될 수 있는 생활수단들 중에서 더욱 자유롭게 선택할 수 있게 될 것이다 — 오직 내 생활수단을 연장하려고 애썼다. 그 때문에 나는 《음악사전》에 다시 손을 댔는데, 이것은 10년간의 작업으로 이미 매우 진척되어 있어서 거기에 마지막 손질을 하고 정서만 하면 되었다.[33] 그 직전에 우송된 나의 책 몇 권이 마침 도착하여 작품을 완성할 수 있게 되었다. 동시에 내 서류들도 도착하여 내 회고록 기획에 착수할 수 있게 되었는데, 나는 이제부터는 오직 회고록에만 전념하고 싶었다. 나는 내 기억을 사실과 시간의 순서에 맞추어 이끌어갈 수 있는 자료모음집에 편지를 옮겨 쓰는 일부터 시작했다. 이런 목적으로 간직했던 편지를 나는 이미 분류해두었고, 거의 10년 이래 이런 분류를 조금도 중단하지 않고 계속해왔었다. 그렇지만 옮겨 쓰려고 편지를 정리할 때 한 군데 공백이 있는 것을 발견하고 깜짝 놀랐다. 이 공백은 1756년 10월부터 다음해 3월까지 약 6개월간의 것이었다. 이 공백 기간에 해당되는 디드로, 들레르, 데피네 부

---

33) 1763년 6월 5일 루소는 뒤셴에게 《음악사전》을 마치기 위해서는 4, 5개월 이 더 필요할 것이라고 편지를 썼다.

516

인, 슈농소 부인 등으로부터 온 많은 편지들을 손수 분류해 넣어둔 것을 생생히 기억하고 있는데, 이것들이 더 이상 보이지 않았다. 그 편지들이 어떻게 되었을까? 내 서류들이 뢰상부르 저택에 있던 몇 달 동안 누가 그것들에 손을 댄 것일까? 그것은 생각할 수도 없는 일이었다. 나는 내가 서류들을 넣어둔 방의 열쇠를 원수님이 갖고 있는 것을 보았다. 부인들에게서 온 편지 몇 통과 디드로에게서 온 편지 모두는 날짜가 없어서 나는 그 편지들을 순서대로 정리하기 위해 하는 수 없이 기억을 더듬어 날짜를 써넣어야 했으므로, 처음에는 날짜에 착오를 일으켰다고 생각했다. 그래서 이 빈곳을 채울 만한 편지들을 찾아낼 수 없을까 하여, 날짜가 없는 편지와 내가 날짜를 써넣은 편지들을 모조리 검사했다. 그러나 이런 시도는 전혀 성공하지 못했다. 내가 보기에 빈곳이 있다는 것은 정말 사실이었으며 편지들은 누가 가져간 것이 매우 확실했다. 누가 왜 훔쳐갔을까? 이것이 나로서는 알 수 없는 일이었다. 이 편지들은 내가 겪은 큰 싸움이 일어나기 이전의 것들로 《쥘리》에 처음으로 도취되어 있을 때의 것들이므로 어느 누구의 관심도 끌 수 없었다. 이것은 고작해야 디드로의 잔소리이거나, 들레르의 야유이거나, 슈농소 부인 혹은 더 나아가 당시 나와 가장 친했던 데피네 부인이 보내는 우정의 표시 같은 것이었다. 그러니 이 편지들이 누구에게 요긴할 수 있었단 말인가? 그것들을 갖고 무엇을 하려고 했던가? 내가 이 무서운 도둑질이 노리는 바를 짐작했던 것은 겨우 7년이 지난 후였다.[34]

이렇게 없어진 것이 충분히 확인되었으므로 나는 다른 것이 없어지지나 않았을까 하여 내가 쓴 초고들을 구석구석 뒤져보았다. 나는 약간의 초고들이 없어진 것을 알았는데, 내 기억력이 나쁘다는 점에 비추어 볼 때 그것을 근거로 내 많은 서류들 속에서 또 다른 것들이 없어졌다고 추

[34] 이것은 사실 루소가 편지들을 잘못 정리해서 생긴 일이고 그 편지들은 나중에 발견되었다.

측하지 않을 수 없었다. 내가 주목한 것들은 《감각적 도덕》의 초고와
《에드와르 경의 모험》의 발췌한 초고였다. 솔직히 말하면 후자에 대해
서는 뢱상부르 부인에게 의심이 갔다. 이 원고를 내게 보내준 것은 부인
의 시종인 라 로슈였는데, 이 종잇조각에 관심을 가질 수 있는 사람이라
고는 결단코 그녀밖에는 생각나지 않았다. 그러나 그녀가 다른 원고와
잃어버린 편지들에 대해 무슨 관심을 가질 수 있었을까? 나쁜 의도를 갖
고 있다 하더라도 편지들을 변조하지 않는 이상 그 편지들을 갖고 나를
해칠 수는 없었기 때문이다. 원수님에 대해서는 그의 변함없는 정직함
과 나에 대한 진실한 우정을 알고 있었으므로, 나는 그를 한순간도 의심
할 수 없었다. 원수부인에게는 이러한 의심을 품을 수조차 없었다. 이
것을 훔친 장본인을 찾느라고 오랫동안 애쓴 끝에 내 머릿속에 떠오른
가장 그럴 듯한 생각이라고는 온통 달랑베르에게 그 혐의를 씌우는 것
이었다. 그는 벌써 뢱상부르 부인에게 교묘히 접근해서 이 서류들을 샅
샅이 뒤져서 원고든 편지든 자기 마음에 드는 것을 훔쳐낼 수단을 찾을
수 있었을 것이다. 그 목적은 내게 어떤 귀찮은 일을 일으키거나 혹은
마음에 드는 것이 있다면 그것을 자기 것으로 삼기 위해서였다. 내 짐작
에는 그가 《감각적 도덕》이라는 제목에 속아 진짜 유물론에 관한 논문
의 초안을 발견했다고 생각했던 것 같다. 여러분도 쉽게 상상할 수 있듯
이 그는 그것을 나를 공격하는 데 사용했을 것이다. 나는 그가 이 초고
를 살펴보고 곧 잘못을 깨달을 것이라고 확신하고 있었고 또 문학과는
아주 인연을 끊으려고 결심하고 있었으므로 이런 절도에는 별 걱정을
하지 않았다. 그리고 그가 이런 일을 한 것이 처음도 아니고[35] 나는 그

---

35) 〔원주〕 나는 그가 쓴 《음악의 기본원리》에서 《백과전서》를 위해 내가 음
악에 대해 쓴 글로부터 인용된 것들을 많이 보았다. 그리고 그 글이 그에게
건네진 것은 그의 《음악의 기본원리》가 출판되기 수년 전이었다. 제목이
《미술사전》〔아마도 1752년 파리에서 간행된 자크 라콩브(Jacques Lacombe)

런 일에 대해 아무런 불평도 하지 않고 참아온 바였다. 나는 마치 아무도 내게 이런 신의 없는 짓을 저지르지 않기나 한 것처럼 곧 그런 짓에 대해서는 생각하지 않았다. 나는 내가 쓰려는 《고백록》에 진력하기 위해 내게 남겨진 자료들을 모으기 시작했다.

나는 제네바에 있는 목사단 혹은 적어도 시민과 부르주아들이 내게 내려진 체포령이 칙령에 위배된다고 항의할 것이라고 오랫동안 믿어왔다. 그러나 모든 것이 잠잠한 상태에 있었다. 적어도 표면상으로는 그러했다. 왜냐하면 불만이 쫙 퍼져 있어서 오직 폭발할 기회만을 기다리고 있었기 때문이다. 내 친구들이나 내 친구로 자처하는 사람들은 내게 거듭 편지를 써서 권하기를, 시의회 측의 공식적인 사죄를 약속할 테니 와서 그들의 선두에 서달라고 했다.[36] 그러나 내가 그곳에 나타남으로써 일어날 혼란과 소동을 염려하여 나는 그들의 간청을 받아들이지 못했다. 그리고 조국에서 일어나는 시민들 사이의 어떤 내분에도 절대로 가담하지 않겠다는 예전의 맹세를 지켜서, 과격하고 위험한 방법에 의하여 조국으로 돌아가기보다는 모욕하도록 내버려두고 영원히 조국에서 추방되는 편이 내게는 더 나았다. 사실 나는 부르주아계급이 그들과 극히 관련이 있는 위법에 반대하여 합법적이고 평화로운 항의를 하기를 기대하고 있었다. 그러나 전혀 그런 항의는 없었다. 부르주아계급의 지도자들은 불만의 원인을 진정으로 바로 잡으려 하기보다는 자신들이 필요해질 기회를 찾고 있었다. 사람들은 음모를 꾸미고 있었지만 침묵을

의 《휴대용 미술사전》인 것 같은데, 여기서는 루소가 비난한 표절이 발견되지 않는다 — 옮긴이)이라고 붙은 책에 그가 얼마나 관여했는지는 모르겠지만 여기에도 내 기고문들에서 그대로 베껴 옮긴 것들이 있었는데, 이것은 바로 그 기고문들이 《백과전서》에 실리기 훨씬 전의 일이었다.

36) 특히 1762년 9월에서 1763년 3월 사이에 물투와 드 뤼크가 그런 편지들을 보냈고, 이 당시 대표파에 속하는 제네바 사람들이 여럿 루소를 방문했다.

지키고 있었다. 그리고 수다쟁이들, 독신자인 척하는 자들, 혹은 독신
자로 자처하는 자들이 — 시의회는 이런 사람들을 전면에 내세워 하층
민이 나를 증오하게 만들고 자기네들의 욕설을 종교에 대한 정열의 발
로로 돌리려 했다 — 개처럼 짖도록 내버려두었다.

누군가 불법적인 절차에 대해 항의하기를 1년 이상 헛되게 기다린 뒤
에 나는 마침내 내 방침을 정했다. 동포에게 버림받았다고 생각한 나는
배은망덕한 조국을 단념하기로 결심했던 것이다. 나는 내 조국에서 살
았던 적도 없고 혜택이나 도움을 받아본 적도 없다. 그리고 조국을 영광
되게 하려고 노력한 대가로서 나는 조국으로부터 만장일치의 동의로 —
마땅히 말을 해야 할 사람이 아무 말도 하지 않으니 말이다 — 지극히 부
당한 대우를 받았던 것이다. 그래서 나는 그해의 수석 시장37)에게 —
파브르 씨였다고 생각된다 — 편지를 보냈다. 나는 이 편지에서 엄숙히
시민권을 포기했지만 그래도 예의와 절제를 잃지 않았다. 나는 불행에
처했을 때 잔인한 적들 때문에 어쩔 수 없이 종종 오만한 행동을 취했지
만 그런 행동을 할 때도 항상 예의와 절제를 지켰던 것이었다.

이러한 방식은 마침내 시민들의 눈을 뜨게 했다. 나를 보호하지 않고
버려두는 것이 자신들의 이익을 위해서도 잘못이었다는 사실을 깨닫고
나를 보호하려 했다. 그러나 그때는 이미 늦었다. 그들에게는 또 다른
불만들이 있었는데, 이러한 불만들을 나에 대한 불만과 결부시켜 극히
타당한 여러 가지 항의들의 소재로 삼았다.38) 그리고 스스로 프랑스 당
국의 지지를 받고 있다고 느끼는 시의회가 강경하고 불쾌하게 그 항의

---

37) 당시 제네바에는 4명의 시장이 있었다.
38) 루소의 시민권 포기는 실제로 무기력한 부르주아계급을 흔들어놓은 것처럼
보인다. 1763년 6월 18일부터 9월 29일까지 시민들은 공화국 법과 시민의
자유에 대한 침해에 반대하면서 수석 시장에게 연달아 세 번 항의했다. 그
러나 시의회는 그것을 기각했다.

들을 거부하여 시민들이 자신들을 억압하기 위해 세워진 계획을 더욱 절실히 느낌에 따라, 그들은 항의를 확대하고 강화했다. 이런 언쟁들은 여러 가지 소책자들이 되어 나왔으나 그 소책자들은 어느 것 하나 해결하지 못했다. 그런데 마침내 이런 상황에서 돌연 무한한 기교를 부리며 시의회를 편들어 쓴 《전원으로부터의 편지》[39]가 등장했는데, 이 저서 때문에 대표파는 침묵을 지켜야 했고 한동안은 꼼짝도 못했다. 이 작품은 그 저자의 보기 드문 재능에서 나온 불후의 저작으로, 재치와 교양을 갖춘 사람이자 공화국의 법률 및 행정에 정통한 검사장 트롱쉥[40]의 저술이었다. 대지는 침묵했노라(*Siluit terra*).

최초의 좌절에서 재기한 대표파는 반격을 시도하여 시간이 흐름에 따라 어지간히 난관을 돌파했다. 그러나 모두가 그러한 적수를 쓰러뜨릴 희망을 품고 나를 그 적수에 대항해서 논쟁할 수 있는 유일한 사람으로 보고 내게 특별한 눈길을 보냈다. 솔직히 말해서 나도 그렇게 생각했다. 내가 그 발단이 되었던 이 곤경 속에서 옛 동포들은 내가 펜을 들어 그들을 돕는 것을 내 의무로 만들었기 때문에 나는 이들에게 등을 떠밀려 《전원으로부터의 편지》에 대한 반박에 착수했다. 그리고 나는 그 제목을 풍자적으로 모방하여 《산으로부터의 편지》라는 제목을 내 편지에 붙였다. 나는 매우 은밀히 이 계획을 세우고 또 실행해서, 내가 그들 일에 대해 말하기 위해 대표파의 지도자들과 토농에서 가진 회합에서 그들은 자기들이 만든 반박문 초안을 내게 보여주었지만 나는 이미 만들어진 내 반박문에 대해 일체의 언급도 하지 않았다. 이러한 소문이 관리들이나 내 개인적인 적들에게 조금이라도 알려진다면, 인쇄에 뜻하지

---

39) 《전원으로부터의 편지》(*Lettres écrites de la Campagne*)는 1763년 9월에서 10월 사이에 출간되었다.

40) Jean-Robert Tronchin(1710~1793): 1759년부터 검찰총장으로 있으면서 웅변적이고 섬세한 논고로 명성을 얻었다.

않은 지장을 가져오지나 않을까 염려해서였다. 그렇지만 나는 이 저작이 출판되기 전에 프랑스에 알려지는 것을 피하려 하지 않았다. 그러나 당국은 내 비밀을 어떻게 해서 알아냈는지를 내게 필요 이상으로 알려주기보다는 이 저작이 발간되도록 내버려두는 것이 더 낫다고 생각했다. 이에 대해서 내가 알고 있던 것만을 이야기하겠는데, 그것은 그리 중요하지 않은 일에 국한된다. 그러나 내가 추측한 것에 대해서는 말하지 않겠다.

나는 모티에에서도 레르미타주에서나 몽모랑시에서와 거의 마찬가지로 많은 방문을 받았다. 그러나 그들은 대부분이 매우 다른 부류의 사람들이었다. 그때까지 나를 만나러 왔던 사람들은 나와 재능과 취미와 원칙이 유사해서 그것을 나를 방문하는 구실로 내세웠고, 내가 그들과 나눌 수 있는 화제를 먼저 내게 끄집어냈다. 이제 모티에에서는 사정이 그렇지 못했는데 특히 프랑스 쪽 사람들이 문제였다. 그들은 문학에 전혀 취미가 없는 심지어 대부분 내 저서를 한 권도 읽어보지도 않은 관리거나 그 외의 사람들이었는데, 그들은 내게 저명한 분, 유명한 분, 매우 유명한 분, 위대한 분 등의 명칭을 갖다 붙이면서 그런 분을 뵙고 찬미하기 위하여 3백 리, 4백 리, 6백 리, 천 리 길을 왔다고 했다. 그도 그럴 것이 그때까지는 내게 접근하던 사람들의 존경으로 말미암아 가장 무례한 아첨을 모면할 수 있었으나, 그때부터는 사람들이 내 면전에서 무례하게 계속 그런 아첨을 떨었기 때문이다. 이렇게 느닷없이 나타나는 불청객들 대부분이 내게 자기 이름이나 신분도 밝히지 않았고, 그들의 지식과 내 지식이 맞아떨어져 같은 화제에 이르지도 않았으며, 그들이 내 저서를 읽거나 훑어보지도 않았기 때문에 나는 그들에게 무슨 이야기를 해야 좋을지 몰랐다. 그래서 나는 그들이 먼저 말하기를 기다리곤 했다. 왜 나를 보러 왔는지 잘 알고 있고 또 내게 말해주어야 하는 것은 그들이었기 때문이다. 여러분도 느끼겠지만 그것은 내게 그리 흥미로운 대화는 아니었다. 그들로서는 그들이 알고 싶어 하는 것에 따라 그 대화가 재미있을 수도 있었겠지만 말이다. 왜냐하면 나는 경계심이 없어서 그들이 내게 물어도 적절하다고 생각하는 모든 질문들에 대해서 내 생각을 기탄없이 말해주었기 때문이다. 그래서 그들은 보통 나만큼이나 내 처지에 대해 속속들이 알고 돌아갔다.

이런 태도의 예로 왕비의 시종이며, 왕비 연대의 기병 대위였던 팽 씨가 있다. 그는 모티에에서 끈질기게 여러 날을 보냈고 심지어 자기 말을 고삐로 끌고 라 페리에르41) 까지 걸어서 내 뒤를 따라오기까지 했다. 그런데 우리에게 일치하는 점이 있다면 그것은 고작 우리 둘 다 펠 양을 알고 있다는 것과 우리 둘이 빌보케라는 놀이를 한다는 것뿐이었다. 팽 씨의 방문을 전후해서 훨씬 더 이상한 다른 방문을 받았다. 두 남자가 조그마한 짐을 실은 노새를 한 마리씩 몰고 걸어서 와서, 여인숙에서 묵고, 노새에게 손수 먹이를 주며, 나를 만나러 오고 싶어 했다. 사람들은 이 노새를 끌고 온 사람들의 옷차림을 보고 그들을 밀수입자로 착각하였다. 밀수입자가 나를 방문하러 왔다는 소문이 삽시간에 퍼졌다. 그러나 내게 말을 거는 품만 보아도 그들이 다른 부류의 사람들이라는 것을 알 수 있었다. 그러나 그들이 밀수입자는 아닐지라도 건달일 수는 있었다. 이런 의심 때문에 나는 잠시 경계심을 갖게 되었다. 그러나 그들은 곧 나를 안심시켰다. 한 사람은 라 투르 뒤 팽 백작이라고 부르는 도피네의 귀족 몽토방 씨였고, 다른 한 사람은 예전에 군인이었던 다스티에 드 카르팡트라 씨42) 였다. 그는 성왕 루이 대십자훈장을 가슴에 달고 과

---

41) 1765년 6월 루소는 라 페리에르에 있는 의사 아브라암 가뉴뱅 집에 가서 약 2주일간 식물채집을 했다.

42) 다스티에(D'astier)는 1765년 7월 다른 동료와 함께 모티에에 다시 왔는데, 카르팡트라에 돌아갈 때는 루소에게 코르시카에 대한 정보를 제공하는 일을 맡게 되었다.

시할 수 없어서 주머니 속에 넣고 다녔다. 이 신사들은 둘 다 아주 친절하고 재기가 넘쳤고, 그들의 대화는 유쾌하고 재미있었다. 그들의 여행하는 식이 프랑스 귀족들의 취향에는 별로 맞지 않았지만 나의 취향에는 대단히 잘 맞아서 나는 그들에게 일종의 애착을 느꼈고, 그들과 교제함에 따라 이 애착은 강해질 수밖에 없었다. 이 사귐 자체는 이것으로 끝나지 않았으니, 사귐이 지금까지도 계속되고 그들은 누차 나를 만나러 왔기 때문이다. 그렇지만 그들은 더 이상 걸어서 오지는 않았다. 어쨌든 그것은 처음에는 좋았지만, 나는 이 신사들과 만나면 만날수록 그들의 취향과 내 취향 사이에 유사점을 더 이상 발견하지 못했고, 그들의 원칙이 내 원칙과 같지 않고, 내 저서가 그들에게 생소하며 그들과 나 사이에는 어떤 진실한 공감도 없다는 사실을 더욱 느끼게 되었다. 도대체 그들은 내게서 무엇을 바랐을까? 왜 그런 차림으로 나를 보러왔을까? 왜 여러 날을 묵었을까? 왜 몇 번씩이나 다시 왔을까? 왜 내 집 손님이 되기를 그토록 열렬히 원했을까? 그때는 이런 의문을 가질 생각도 하지 못했다. 그러나 그 후부터 가끔 이런 의문을 갖게 되었다.

나는 그들이 접근한 데 감격하여 생각해보지도 않고 마음을 털어놓았는데 특히 다스티에 씨에게 그랬다. 더욱 솔직한 그의 태도가 더 내 마음에 들었던 것이다. 나는 그와 오래도록 편지왕래까지 했다. 내가 《산으로부터의 편지》를 인쇄시키려고 했을 때 그 소포를 네덜란드로 가는 도중에 낚아채기 위해 기다리고 있는 사람들의 눈을 속이기 위하여 그에게 부탁할까 생각했다. 그는 내게 아비뇽에서의 출판의 자유에 대해 많이 이야기해 주었는데, 아마 의도적인 것 같았다. 내게 그곳에서 인쇄시킬 것이 있으면 자기가 편의를 보아주겠다고 제안했다. 나는 그 제의를 받아들였고 내 최초 원고를 우편으로 계속해서 그에게 보냈다. 그는 그 원고를 꽤 오랫동안 가지고 있다가 어떤 서적상도 감히 그것을 맡으려 들지 않는다고 하며 내게 되돌려 보냈다. 그래서 나는 할 수 없이

524

다시 레에게 부탁하기로 하였다. 원고는 차례차례로 발송하여, 먼저 것
을 받았다는 통지가 오기 전에는 다음 것을 보내지 않도록 신경을 썼다.
이 저서가 발행되기 전에 이것이 목사들의 사무실에서 사람들의 눈에
띄었다는 것을 알았다. 뇌샤텔의 데쉐르니43)는 《산상(山上)의 사람》
이란 책에 대해 말하면서 돌바크에게 그것이 내가 쓴 것이라는 말을 들
었다고 했다. 나는 사실대로 그런 제목의 책을 쓴 일이 결코 없다는 것
을 그에게 분명히 말했다. 《산으로부터의 편지》가 나왔을 때 나는 이미
그에게 사실만을 말해주었음에도 불구하고 그는 노발대발하며 나를 거
짓말쟁이라고 비난했다. 이래서 나는 내 원고가 세상에 알려졌다는 확
신을 갖게 되었다. 레의 충직함을 믿는 나로서는 내 추측을 다른 방향으
로 돌려야만 했다. 그리고 내가 가장 매달리고 싶었던 추측은 내 소포가
우체국에서 개봉되었다는 것이었다.

　거의 같은 무렵에 또 다른 사람을 사귀었는데 처음에는 편지왕래만
했다. 그는 님에 있는 랄리오 씨로, 파리에서 내게 편지를 보내어 내 옆
모습 윤곽 소묘를 보내달라고 부탁했다. 그의 말로는 르 무안44)에게 내
대리석 흉상을 조각하게 하여 그것을 자신의 서가에 놓기 위해 필요하
다는 것이었다. 이것이 나를 주무르기 위해 꾸며진 아부였다면 그것은
완전히 성공했다. 내 대리석 흉상을 자신의 서가에 갖고 싶어 하는 사람
은 내 저서들과 따라서 내 원칙으로 머리가 가득 차 있으며, 자신의 영
혼이 내 영혼에 공감하기 때문에 나를 사랑하는 것이라고 나는 판단했

---

43) François-Louis d'Escherny(1733~1815): 프랑수아 루이 데쉐르니는
　　1764년 5월 모티에에서 루소를 알게 되었다. 그는 루소가 식물채집을 할
　　때 자주 그와 함께 갔고, 《산으로부터의 편지》의 열렬한 독자들 중 한 사람
　　이었다.
44) Jean-Baptiste Le Moyne(1704~1778): 프랑스의 조각가로 1738년 아카
　　데미 회원이 되었고 이후 루이 16세의 전속 조각가가 되어 그의 흉상을 여
　　러 점 남겼다.

다. 나는 이런 생각에 쉽사리 유혹되고 말았다. 그 후에 나는 랄리오 씨를 만났다. 내가 보기에 그는 내게 자잘한 도움을 주고 내 자잘한 일에 끼어들려고 무척이나 열심인 것 같았다. 그런데 나는 그가 평생에 읽은 몇 권 되지 않는 책 가운데 내 저술이 한 권이라도 들어 있을까 의심스럽다. 나는 그에게 서가가 있는지 또 그것이 그에게 소용이 되는 가구인지도 알 수가 없다. 그리고 흉상에 대해 말하면, 그것은 르 무안의 작품이지만 질흙으로 만든 형편없는 초벌구이에 불과한 것으로 그는 거기에 보기 흉한 초상을 새기게 해놓았다. 그런데도 그것은 마치 나와 좀 비슷하기라도 한 양 여전히 내 이름으로 통하고 있는 것이다.

내 견해와 저서를 알고 그것이 좋아서 나를 만나러 오는 것처럼 보이는 유일한 프랑스 사람은 세기에 드 생브리송45)이라는 사람으로 리무쟁 연대의 청년장교였는데, 그는 사랑스러운 재능도 꽤 갖추었고 또 재사라는 자부심도 있어 파리와 사교계에서 명성을 날렸고 아마, 지금도 여전히 그 명성을 유지하고 있을 것이다. 그는 내가 파국에 이르기 이전 겨울 몽모랑시로 나를 찾아왔다. 나는 그에게서 활기찬 감성을 보았고 그 점이 마음에 들었다. 그후 그는 모티에에 있는 내게 편지를 보냈다. 내게 아첨하고 싶어서인지 아니면 정말 《에밀》에 반해서인지 독립적으로 살기 위해 군직을 떠나 목수 일을 배우고 있다는 것을 알렸다. 그에게는 같은 연대에서 대위로 복무하는 형이 하나 있었는데, 그의 어머니는 전적으로 형만 편애했다. 어머니는 지나치게 독실한 신자로, 누군지는 모르나 어느 사이비 신부의 말을 듣고 동생을 못살게 굴면서 그를 신앙이 없다고 나무라고 심지어 나와 관계를 맺는 것은 사면받을 수 없는 죄라고까지 꾸짖었다. 이러한 불만으로 그는 자기 어머니와 의절하고

---

45) Sidonie-Charles-François Séguier (1738~1773) : 리무쟁 연대의 대위로 문학을 한다고 자랑하고 루소에게 원고를 몇 편 보냈지만 루소의 비평을 받은 후 그 출판을 잠시 포기했다. 이후 1764년과 1769년에 작품을 발표했다.

지금 내가 이야기한 바와 같은 결심을 하려고 했다. 즉, 어린 에밀이 되기 위해서 전심하고 있었다.

이런 지나친 혈기가 염려스러웠던 나는 그의 결심을 돌리기 위해 서둘러 그에게 편지를 썼다. 나는 있는 힘을 다해 훈계했고, 이 훈계는 받아들여졌다. 그는 다시 어머니에 대한 자신의 의무를 받아들였다. 제출했던 사표도 연대장의 손에서 되찾았는데, 연대장은 그에게 좀더 곰곰이 생각할 시간을 주기 위해 사표를 보류하는 신중한 태도를 취했던 것이다. 이런 미친 짓을 하다 정신을 차린 생브리송은 이보다는 약간 덜 충격적이지만 어쨌든 미친 짓을 또 하나 벌였는데, 이것 역시 나로서는 그리 달갑지 않았다. 그것은 작가가 된다는 것이었다. 그는 연달아 두 서너 권의 소책자를 내놓았다. 이 저서로 보건대 재주가 없는 사람 같지는 않았으므로, 내가 그에게 그런 일을 계속하도록 상당히 격려하는 찬사를 보낸 것에 대해 자책할 필요는 없을 것이다.

얼마 후 그는 나를 찾아왔고, 우리는 함께 생피에르 섬에 걸어갔다. 46) 그는 이번 여행을 하면서 몽모랑시에서 보았을 때와는 다르게 보였다. 어딘가 모르게 부자연스럽게 꾸민 태가 났다. 그것이 처음에는 그다지 마음에 걸리지 않았으나 그 이후부터 자주 내 기억에 다시 떠올랐다. 내가 영국에 가는 도중 파리를 지났을 때 그는 생시몽 저택으로 와서 또 한 번 나를 만났다. 나는 그때 그가 내게 말은 하지 않았지만 상류사회에서 생활하고 있다는 것과 뤽상부르 부인을 꽤 자주 만나고 있다는 것을 알았다. 그는 트리47)에 있는 내게 아무 소식도 주지 않았고, 그의 친척 세기에 양에게 — 그녀는 내 이웃이었는데 결코 내게 그리 호의를 가진 것으로 보이지 않았다 — 내게 아무런 말도 하지 않도록 시켰다. 요컨대 생브리송 씨의 열광도 팽 씨의 관계처럼 갑자기 끝나버렸다. 그러

---

46) 루소는 1765년 7월 생피에르 섬에서 일주일가량을 보냈다.

47) 루소는 1767년 6월 콩티 대공의 보호 아래 트리에 정착하게 된다.

나 팽 씨는 내게 아무런 빚도 없지만, 생브리송은 내가 하지 못하도록 말
린 그 어리석은 짓이 그에게 장난에 불과한 것이 아니었다면 내게 얼마
쯤 빚을 진 것이다. 그러나 사실 그것은 틀림없이 장난이었을 것이다.

　방문객은 제네바에서도 수없이 왔다. 드 뤼크 부자[48]는 차례차례로
나를 자기들의 간병인으로 삼았다. 그 아버지는 도중에서 병이 났고,
아들은 제네바를 떠날 때부터 병이 났다. 두 사람 다 내 집에 와서 건강
을 회복했다. 목사들이며 친척들이며 독실한 신자인 체하는 사람들이
며 온갖 종류의 사람들이 제네바와 스위스에서 오곤 했는데, 이들은 프
랑스에서 온 사람들처럼 나를 찬미하거나 야유하기 위해서 온 것이 아
니라 나를 꾸짖고 타이르러 온 것이다. 나를 기쁘게 해준 유일한 사람은
물투[49] 뿐이었는데, 그는 나와 사나흘 동안 같이 지내려고 왔지만 나는
정말 그를 더 오래 잡아두고 싶었다. 이 모든 사람들 중 가장 끈기 있고
고집이 세며 나를 귀찮게 굴어 굴복시킨 이는 디베르누아 씨라는 사람
이었다. 그는 제네바의 상인으로 망명한 프랑스 사람이며 뇌샤텔 검사
장의 친척이었다. 이 제네바의 디베르누아 씨는 일부러 해마다 두 차례
씩 모티에에 들러 나를 만나러 와서 연달아 며칠씩 아침부터 저녁까지
내 집에 있었다. 산책에도 따라나서고, 온갖 자잘한 선물도 가져오고,
나도 모르게 슬그머니 내 속내이야기도 듣고, 그와 나 사이에 생각이나
성향이나 감정이나 지식 면에서 통하는 것이 전혀 없었음에도 불구하고
내 모든 일에 참견했다. 그가 평생에 어떤 종류의 책이든 끝까지 다 읽

---

48) 아버지인 자크 프랑수아 드 뤼크(Jacques-François de Luc)는 병이 든 상
　　태로 1762년 10월 16일 모티에에 도착했다. 그는 루소의 간호를 받은 후
　　4일 후 제네바를 떠났다. 아들 장 앙드레 드 뤼크(Jean-André de Luc)는
　　1763년 11월 24일부터 12월 7일까지 모티에에서 지냈다.
49) 루소가 제네바 시민권을 포기하고 일주일이 지난 후 물투는 모티에에 와서
　　5월 19일부터 12일가량을 머물렀다.

528

은 것이나 있는지 또 내가 쓴 책들이 무엇을 다루고 있는지 알고나 있는
지 의심스럽다. 내가 식물채집을 시작하였을 때, 이런 놀이에 취미도
없고 서로 할 말도 없건만 그는 나의 식물채집 소풍에 따라왔다. 심지어
그에게는 구무앵의 주막에서 나와 마주앉아 꼬박 사흘을 함께 지내는
용기까지 있었다. 거기서 나는 그를 아주 지겹게 만들고 또 자기 때문에
내가 얼마나 지겨워하는지를 느끼게 하여 그를 쫓아 보낼 생각을 했다.
그러나 암만해도 영 그의 무서운 집요함을 꺾을 수가 없었으며, 그 집요
함의 동기를 알아낼 수도 없었다.

　나는 마지못해서 이런 모든 관계들을 맺고 유지했지만, 이 관계들 중
내게 유쾌했고 정말 진심으로 관심을 가졌던 유일한 것을 빼먹어서는
안 된다. 그것은 한 헝가리 청년과의 교제인데, 그는 뇌샤텔에 살러 왔
다가 바로 내가 모티에로 이사 오니까, 그도 몇 달 후에 뇌샤텔에서 그
리로 옮겨왔다. 그 고장에서는 그를 '소테른 남작'이라고 불렀고, 취리
히로부터의 소개장도 그 이름으로 되어 있었다. 그는 키가 훤칠하고 풍
채가 좋았고, 쾌활한 얼굴에 상냥하고 유순한 사교성을 갖추고 있었다.
그가 사람들 모두에게 한 말이나 바로 내 자신의 귀로 들은 말로는 그가
뇌샤텔에 온 것은 오직 나 때문이며, 나와의 교제를 통해 자기의 청춘을
덕으로 도야(陶冶)하기 위해서라고 했다. 내가 보기에 그의 용모고 말
투며 태도가 그의 말과 일치하는 것 같았다. 사랑스러운 점밖에는 보이
지 않고 그토록 존경할 만한 동기로 나와의 교제를 열망하는 청년을 돌
려보냈다면 가장 큰 의무들 중 하나를 게을리 하는 것으로 생각했을 것
이다. 나는 마음을 반만 내주는 법을 모른다. 나는 곧 모든 우정과 신뢰
를 그에게 내주었다. 우리는 떨어질 수 없게 되었다. 그는 나와 모든 산
책을 같이 했고 그것에 취미도 붙이게 되었다. 나는 그를 데리고 원수
경에게 갔으며 원수 경도 그에게 무척이나 호의를 보였다. 그는 아직 프
랑스어로 의사를 표현할 수 없었으므로 내게 말할 때도 또 편지를 쓸 때

도 라틴어만을 썼고, 나는 그에게 프랑스말로 대답했다. 이 두 가지 언어를 혼용했음에도 불구하고 어느 점에서도 우리들의 대화에 원활함이나 활기가 떨어지는 일은 없었다. 그는 내게 자기 가족, 사업, 파란만장한 사건, 비엔나의 궁정 등에 대해 말했는데, 비엔나 궁정에 대해서는 개인들의 삶에 대한 세세한 점까지 잘 아는 듯했다. 결국 우리가 2년 가까이 다시없이 친근하게 지내는 동안에 나는 그에게서 어떠한 시련에도 변하지 않는 유순한 성격, 점잖을 뿐 아니라 우아한 품행, 일신상에 대한 대단한 결백함, 어떤 말에서나 엿보이는 지극한 예의바름, 요컨대 훌륭한 성향을 타고 난 사람임을 나타내는 온갖 표시들만을 보았다. 이런 표시들로 그는 내게 너무나 존경할 만한 사람이 되어 내게 친애하는 사람이 되지 않을 수 없었다.

그와의 친분이 한창 무르익어갈 무렵, 디베르누아가 제네바에서 내게 편지를 보내어 내 곁에 와서 살러 온 헝가리 청년에게 주의하라고 하면서 그가 프랑스 당국이 내게 보낸 밀정이 분명하다는 말을 들었다고 전했다. 나는 내가 사는 이 고장의 모든 사람들로부터 누가 내 동정을 살피고 있으며 프랑스의 영토로 나를 끌어들여 욕을 보이려고 하니 조심하라는 경고를 받고 있었던 만큼, 이러한 경고는 더 불안하게 보일 수 있었다.

나는 경고를 보내는 이 어리석은 자들의 입을 단번에 막아버리려고 소테른에게 아무것도 알리지 않고 퐁타르리에[50]로 걸어서 산책가자고 제안했다. 그는 여기에 동의하였다. 우리가 퐁타르리에 도착했을 때 나는 그에게 디베르누아에게서 온 편지를 읽어보라고 주었다. 그리고 나서 그를 열렬히 포옹하면서 그에게 말했다.

"소테른에게는 내가 그를 얼마나 신뢰하는지 굳이 입증할 필요가 없네. 그러나 내가 신뢰할 만한 사람에게 신뢰를 바칠 줄 안다는 사실을

---

50) 퐁타르리에는 프랑스의 영토이다.

대중들에게는 입증할 필요가 있네."

이러한 포옹은 매우 다정했으며, 그것은 박해자들로서는 이해할 수
도 없으며 또 박해를 받는 사람들에게서 빼앗을 수도 없는 영혼의 그런
즐거움들 중 하나였다.

나는 소테른이 밀정이며 그가 나를 배신했다는 것을 결코 믿지 않았
을 것이다. 그러나 그는 나를 속였다. 내가 그에게 내 심정을 기탄없이
토로하고 있었을 때도, 그는 대담하게도 계속 내게 마음을 닫고 거짓말
로 나를 속였다. 그는 무언지 모를 이야기를 내게 꾸며대서 나로 하여금
그가 자기 나라에 있는 것이 필요하다고 판단하게 했다. 나는 그를 될
수 있는 한 빨리 떠나도록 권했다. 그는 떠났다. 그래서 나는 그가 벌써
헝가리에 가 있을 줄로 믿었는데, 스트라스부르에 있다는 것을 알았다.
그가 스트라스부르에 간 것은 이번이 처음이 아니었다. 그는 그곳에서
한 가정에 풍파를 일으켜 놓은 바 있었다. 그 남편은 내가 그와 만나는
것을 알고 내게 편지를 보냈다. 나는 젊은 아내를 미덕으로, 소테른을
자기 본분으로 되돌리기 위해 어떤 노고도 아끼지 않았다. 나는 이 두
남녀가 서로 완전히 떨어진 것으로 믿었는데, 그들은 다시 서로 가까이
하고 있었다. 그리고 그 남편까지도 친절하게 그 청년을 자기 집에 다시
끌어들였다. 그때부터 나는 더 이상 할 말이 없었다. 나는 이 자칭 남작
이 수많은 거짓말을 하면서 나를 속였다는 것을 알았다. 그의 이름은 소
테른이 아니라 소우테르쉐임이었다. 51) 스위스에서 그에게 준 남작이란

---

51) 이그나체 소우테르쉐임(Ignace Sauttersheim)은 제국 의원의 아들로 1738
　　년 부데에서 태어났다. 신교를 신봉했던 그는 1762년 12월 빚쟁이들에 몰
　　려 왕실 고문서 부서기 직책을 버리고 조국을 떠났다. 이후 이 젊은이는
　　사람들에게 자신을 부데의 귀족으로 나다스티 장군의 부관이라고 소개했
　　다. 그는 파리에서 1764년 5월 11일자로 쓴 편지에서 자신이 한 거짓말을
　　루소에게 고백했다. 루소는 5월 20일 자성하고 미덕의 길을 선택하라는 답
　　장을 보냈다.

칭호에 대해서는 결코 그가 붙인 것이 아니기 때문에 그에게 그것을 비난할 수는 없었다. 그러나 나는 그가 귀족이었다는 것은 의심치 않는다. 사람을 볼 줄 알며 그의 고국 헝가리에도 가 본 일이 있는 원수 경도 그를 언제나 귀족으로 보고 귀족으로 대우했다.

그가 떠나자마자 그가 모티에에 있을 때 묵고 있던 여인숙의 하녀가 그의 아이를 임신하였다는 사실을 밝혔다. 그녀는 너무나 천한 매춘부였고, 소테른은 그의 예절바른 품행이나 소행으로 이 고장 전역에서 널리 존경과 존중을 받았으며 자신도 결백함을 아주 대단히 내세우고 있었기 때문에 이런 파렴치한 언행은 모든 사람들에게 충격을 주었다. 그에게 보람 없이 추파를 던졌던 이 고장의 가장 아리따운 여인들은 분해서 어쩔 줄 몰랐다. 나도 몹시 분개했다. 나는 이 뻔뻔스러운 계집의 입을 틀어막으려고 온갖 노력을 기울였고, 비용 일체를 부담하고 소우테르쉐임의 보증인이 되겠다고 제안했다. 나는 이 임신이 그의 소행이 아닐 뿐 아니라 거짓이며 이 모두가 그의 적들과 내 적들이 꾸민 장난에 지나지 않는다고 굳게 믿고 그에게 편지를 보냈다. 나는 그가 이곳에 다시 와서 이 망할 계집과 이 계집에게 그런 말을 하게 한 놈들을 꼼짝 못하게 만들기를 바랐다. 나는 그의 무기력한 회답에 놀랐다. 그는 그 매춘부가 소속된 교구의 목사에게 편지를 내어 그 사건을 무마시키려고 했다. 이것을 보고 나는 거기서 손을 뗐다. 그리고 그토록 방탕한 사나이가 가장 허물없이 친해졌을 때조차 조심성을 갖고 나를 속일만큼 충분히 자기 자신을 억제할 수 있었다는 데 대단히 놀랐다.

소우테르쉐임은 행운을 찾으러 스트라스부르에서 파리로 갔지만 불행밖에 얻지 못했다. 그는 내게 자기가 죄를 지었다는 편지를 보냈다. 우리들의 옛 우정을 기억할 때 애간장이 끊어지는 듯했다. 나는 그에게 약간의 돈을 보내주었다. 다음 해 내가 파리를 지날 때 그와 다시 만났는데 그의 처지는 거의 마찬가지였다. 그러나 랄리오 씨와는 막역한 친구였는데, 어떻게 해서 그와 알게 되었는지 또 그 사귐이 오래된 것인지 최근의 것인지는 알 수 없었다. 2년 후 소우테르쉐임은 스트라스부르로 돌아가 거기서 내게 편지를 보냈고 거기서 죽었다. 바로 이것이 우리들의 관계를 요약한 이야기이고, 내가 그의 파란만장한 삶에 대해 아는 것도 이런 정도다. 그러나 나는 이 불행한 청년의 운명을 애도하면서, 그가 훌륭한 성향을 타고났으며 그의 행실의 난잡함은 모두 그가 처했던 환경의 결과라고 언제까지나 믿을 것이다.

내가 모티에서 맺었던 사람들과의 친분과 사귐에서 얻은 것은 이와 같았다. 바로 그때 내가 받은 가혹한 손실을 보상하기 위하여 이런 것들이 얼마나 필요하였을 것인가!

첫 번째 손실은 뤽상부르 공작을 잃은 것이었다. 그는 오랫동안 그를 돌보던 의사들에게 괴로움을 당한 끝에 결국은 그들의 희생물이 되었다. 그는 통풍이 걸렸는데 의사들은 그것을 전혀 받아들이려 하지 않았고 자신들이 고칠 수 있다고 믿는 다른 병처럼 치료했던 것이다. 원수부인의 심복인 라 로슈가 그것에 대해 내게 편지를 통해 한 진술을 믿어야 한다면,[52] 끔찍하면서도 잊지 말아야 할 바로 그런 예를 통하여 권세의 비참함을 한탄하지 않을 수 없다.

이 선량한 귀인을 잃은 것이 그가 프랑스에 단 하나 있었던 내 진실한 친구였던 만큼 내게 더욱 간절히 느껴졌다. 그리고 그의 성격이 하도 다정해서 나는 그의 신분을 완전히 잊고 나와 동등한 사람으로 그를 가까이하게 되었다. 우리의 관계는 내가 은신생활을 하게 되어도 끊어지지 않았고, 그는 계속해서 전처럼 내게 편지를 보냈다. 그렇지만 나는 내가 그의 곁에 있는 것도 아니고 내게 불행이 닥치기도 해서 그의 애정이 식어가는 것이 눈에 보인다고 생각했다. 궁정의 신하로서 세도가들에

---

52) 라 로슈는 1764년 4월 21일 편지를 보냈고, 뤽상부르 원수는 1764년 5월 18일 죽었다.

게 총애를 잃은 줄 뻔히 아는 사람에 대해 변함없는 애정을 간직한다는
것은 매우 어려운 일이다. 뿐만 아니라 나는 뤽상부르 부인이 그에 대해
대단한 영향력을 갖고 있는 것이 내게 유리하지 않았고 내가 떨어져 있
는 기회를 이용하여 부인이 그의 심중에서 나를 나쁘게 생각하도록 했
다고 판단했다. 53) 부인으로서는 가끔 짐짓 꾸민 감정을 내보였지만 그
횟수도 점점 더 드물어졌고, 날이 갈수록 더욱 나에 대해 달라진 자신의
마음을 숨기지 않았다. 부인은 가끔 네댓 차례 스위스에 있는 내게 편지
를 보내주었지만 그 후로 더 이상 전혀 편지를 주지 않았다. 그러나 나
를 사로잡고 있는 모든 편견과 신뢰와 무분별로 그녀에게 나에 대한 냉
담함 이상의 것이 있다는 사실을 보지 못했다.

　뒤쉔과 동업하는 서적상 기는 내 뒤를 이어 뤽상부르 저택을 매우 빈
번히 출입하였는데, 원수의 유언장에 내 이름이 들어있다고 편지를 보
냈다. 그것은 전적으로 자연스럽고 신빙성 있는 것이었다. 그래서 나는
그것을 의심치 않았다. 그리고 이 일로 이 유산에 대하여 어떠한 태도를
취해야 할지 마음속으로 곰곰 생각하지 않을 수 없었다. 깊이 생각해본
끝에 나는 그것이 어떤 것이든 그 유산을 수락하여, 우정이 별로 통하지
않는 신분에 있으면서도 나에 대해 진실한 우정을 품고 있었던 한 존경
할 만한 사람에게 그러한 경의를 표하기로 결심했다. 이 유산이 과연 정
말인지 거짓인지 그후 유산에 대해서는 더 듣지 못했으므로 이 의무는
면했다. 54) 그리고 사실 내게 소중했던 어떤 사람의 죽음에서 무슨 이득

---

53) 이러한 추측을 뒷받침하는 증거는 전혀 없다. 그렇지만 루소가 망명생활을
　　하던 마지막 시기에 원수의 편지가 여전히 우정이 넘쳤지만 뜸해지고 짧아
　　진 것은 사실이다. 루소는 이러한 간결한 편지로 원수의 우정에 의혹을 품
　　었던 것으로 보인다. 이 때문에 루소는 공작이 죽었을 때 뤽상부르 부인에
　　게 놀랄 정도로 매정함을 보인다.
54) 1764년 6월 11일 라 로슈는 루소에게 1,575리브르의 공증증서와 편지들과
　　루소에게 속하는 서류상자를 발견했다고 알렸고, 1764년 8월 17일 루소의

534

을 보아 내 도덕의 위대한 원칙들 중 하나를 위반했다면 괴로웠을 것이
다. 우리들의 친구 뮈사르는 최후의 병을 앓던 중에 우리들의 간호에 대
해 애정을 표했는데, 르니엡스는 이러한 애정을 이용하여 우리에게 유
리한 몇몇 증여규정들을 끼워놓도록 넌지시 말하는 것이 어떠냐고 제안
했다. 나는 그에게 말했다.

"아, 친애하는 르니엡스여, 죽어가는 친구에게 우리가 표하는 서글프
지만 신성한 경의를 이욕에 대한 생각으로 더럽히지 말도록 하세."

나는 결코 누구의 유언장에도 내 이름이 들어가기를 바라지 않는다.
적어도 내 친구의 유언장에는 결코 아니다. 원수 경이 자기의 유언장에
대해서 그리고 그 유언장에서 나를 위해 해주려고 계획했던 것에 대해
말하고, 내가 그에게 제 1부에서 말한 바와 같은 대답을 한 것은 거의 이
즈음에 있었던 일이다.

나의 두 번째 손실은 한층 더 애절하고 다시는 돌이킬 수 없는 것으
로, 그것은 여인들 중 가장 훌륭한 여인을 잃은 일이며 어머니들 중 제
일 훌륭한 어머니를 잃은 일이다.[55] 이미 고령의 무거운 짐을 진 데다
가 지병과 궁핍이라는 더욱 무거운 짐을 지고 있던 이 여인은 착한 사람
들이 사는 곳으로 가려고 이 눈물의 계곡을 떠났다. 그곳에서는 사람들
이 이 세상에서 행한 선행의 사랑스러운 추억이 그 선행을 영원히 보상
한다. 다정하고 자비로운 영혼이여! 가소서. 페늘롱과 베르네와 카티
나와 같은 사람들 곁으로, 그리고 더욱 비천한 신분에서 저들처럼 진실
한 자비를 향하여 마음을 활짝 열어놓는 사람들 곁으로 가소서. 가서 당
신의 자비의 결실을 맛보소서. 그리고 당신 제자에게 그가 후일 당신의

대리인으로 그 돈을 수령했다.

55) 루소는 여기서 자기가 겪은 죽음의 순서를 바꾸었다. 바랑 부인은 1762년
7월 29일 샹베리에서 죽었다. 그녀는 8년 전부터 느쟁의 변두리 구역에서
연속적인 사업의 실패로 빚에 시달리면서 어려운 삶을 살았다.

곁에서 차지하기를 소원하는 자리를 마련해주소서! 신이 당신의 불행에 종지부를 찍음으로써 당신 제자가 당하는 불행의 잔인한 광경을 보지 않도록 해준 것을 당신의 불행 속에서도 행복으로 삼으소서! 나는 내가 처음에 당한 재난들을 이야기해서 그녀의 마음을 서글프게 할까 염려하여 스위스에 도착한 후부터는 그녀에게 전혀 편지를 쓰지 않았다. 그러나 나는 그녀의 소식을 알려고 콩지에 씨에게 편지를 냈다. 그래서 바로 그 사람으로부터 그녀가 고통받는 사람들의 고통을 덜어주는 일을 그만두고 그녀 자신도 고통받는 것을 멈추었다는 소식을 듣게 되었다. 나 또한 곧 고통받는 것을 멈추게 될 것이다. 그러나 만약 내가 저승에서 그녀를 다시 만나지 못한다고 생각한다면, 내 빈약한 상상력으로는 내가 저승에서 기대하는 완전한 행복이란 것을 생각조차 못할 것이다.

　나의 세 번째 손실이자 마지막 손실은 — 그것이 마지막인 까닭은 그후로는 내게 잃어버릴 친구가 더 이상 남아있지 않았기 때문이다 — 원수 경을 잃은 것이다. 그는 죽은 것이 아니라 배은망덕한 자들을 도와주다가 지쳐 뇌샤텔을 떠난 것이다. 그후 나는 그를 다시 만나지 못했다. 그는 지금 살아 있으며, 나는 그가 나보다 더 오래 살기를 바란다. 그는 살아 있다. 그리고 그의 덕분으로 내 모든 애착이 이 세상에서 끊어지지 않고 있다. 아직도 이 지상에 내 우정을 받을 만한 사람이 하나 남아있는 것이다. 사실 내 우정의 진정한 가치는 우정을 불러일으키는 데 있기보다는 우정을 느끼는 데 있기 때문이다. 그러나 나는 그의 우정이 내게 아낌없이 준 감미로운 즐거움을 잃어버렸고 그래서 이제 그를 내가 아직도 좋아하면서도 더 이상 관계를 가질 수 없는 사람들 가운데 넣을 수밖에 없다. 그는 영국 국왕의 사면을 얻어 예전에 몰수당했던 자기 재산을 도로 찾으려고 영국에 갔다. 우리는 재회를 기약하고 서로 헤어졌는데, 이 재회의 기약은 그에게나 나에게나 거의 똑같이 즐거운 것처럼 보였다. 그는 애버딘[56] 부근에 있는 자기 소유의 키스홀 성에 거처를 정

536

하고자 했으며, 나는 그의 곁에 있기 위해 그곳에 갈 예정이었다. 그러나 이 계획은 내게 너무나 만족스러운 것이어서 오히려 그 성사를 바랄 수가 없었다. 그는 스코틀랜드에 머무르지 않았다. 프로이센 왕의 애정 어린 간청으로 그는 다시 베를린으로 불려갔다. 그리고 독자들은 어떻게 해서 내가 그곳으로 그를 만나러 가지 못하게 되었는지를 곧 알게 될 것이다.

그는 떠나기에 앞서 사람들이 내게 반대하여 일으키기 시작한 소동을 예상하고 자진하여 귀화 허가증을 보내주었다. 귀화 허가증은 나를 그 나라에서 추방할 수 없도록 하기 위한 매우 확실한 대비책이 될 것 같았다. 르 발 드 트라베르의 쿠베 지자체(地自體)는 지사의 예를 따라 귀화 허가증처럼 시민증을 내게 무료로 주었다.[57] 이렇게 해서 완전히 이 나라의 시민이 된 나는 모든 법률상의 추방이나 심지어 왕명에 의한 추방에 대해서도 보호를 받게 되었다. 그러나 모든 사람들 중 항상 법률을 가장 존중하던 사람이 박해받을 수 있었던 것은 결코 합법적인 수단에 의한 것이 아니었다.

마블리 신부를 잃게 된 것을 이 같은 시기에 내가 입은 상실에 포함시켜야만 한다고 생각하지는 않는다. 나는 그의 형 집에 머물렀던 적도 있고 해서 그와도 얼마쯤 관계가 있었지만 결코 그리 친한 사이는 아니었다. 그리고 내가 그보다 더 유명해지고 나서부터는 나에 대한 그의 감정이 질적으로 변했다고 생각할 이유가 좀 있었다. 그러나 그가 나에 대해 갖고 있던 악의의 표시가 내게 처음으로 나타난 것은 《산으로부터의 편지》가 발표되었을 때였다. 그가 쓴 것으로 추정되는 〈살라댕 부인에게 보내는 편지〉가 제네바에 퍼졌는데, 이 편지 속에서 그는 내 작품이 광적인 선동자가 폭동을 선동하는 외침이라고 말했다. 나는 마블리 신부

56) 스코틀랜드 동북부의 항구.
57) 이 시민증은 1765년 1월 1일자로 발급되었다.

를 존경하고 있었고 그의 학식을 존중하고 있었으므로, 이 터무니없는 편지를 그가 썼다고는 한순간도 믿을 수가 없었다. 나는 이에 대해 내 솔직함이 이끄는 대로 방침을 취했다. 나는 그에게 그 편지의 사본을 한 벌 보내고 세상에서는 그 편지를 그가 쓴 것으로 알고 있다고 알려주었다. 그는 내게 아무런 회답도 하지 않았다. 이러한 침묵은 나를 놀라게 했다. 그러나 슈농소 부인이 내게 그 편지가 실제로 그에게서 나온 것이며 내가 보낸 편지를 받고 그가 몹시 당황했다고 전했을 때 내가 얼마나 놀랐을지 여러분이 판단하시라. 그도 그럴 것이, 가령 그가 옳다고 하더라도, 자기가 항상 호의를 표했으며 결코 그의 호의를 잃었던 적이 없는 사람이 불행의 밑바닥에 빠져 있을 때 그렇게 할 의무도 없고 필요도 없는데 오로지 그를 괴롭히기 위하여 의도적으로 그런 명백하고 공공연한 수법을 썼다는 것을 그가 어떻게 변명할 수 있었으랴? 얼마 후에 《포시옹의 대화》[58]가 나왔는데, 나는 거기서 내가 쓴 저술에서 염치없이 마구 따온 글만을 보았다. 나는 이 책을 읽고 그 저자가 나에 대해 자신의 방침을 정했다는 것과 이후 내게 그보다 더 악독한 적이 없으리라는 것을 느꼈다. 나는 그가 자신의 능력으로는 도저히 쓸 수 없는 《사회계약론》을 내가 쓴 것을 용서하지 않았다고 생각한다. 또 《영구평화안》도 마찬가지였는데, 그는 오직 내가 그 일을 그렇게 훌륭히 해나갈 것이라고 생각하지 않기 때문에 생피에르 신부의 발췌본을 만들기를 바랐던 것처럼 보였다.

내 이야기가 진행될수록 이야기의 순서와 맥락이 점점 더 엉켜버린다. 내 남은 삶의 풍파는 사건들이 내 머릿속에 정리될 시간을 남겨주지 않았다. 사건들이 하도 많고 너무나 얽혀있고 너무나 불쾌해서, 이야기

---

58) 마블리 신부가 쓴 《도덕이 정치와 맺는 관계에 대한 포시옹의 대화》
   (*Entretiens de Phocion sur le rapport de la morale avec la politique*) 는 1763
   년 초에 출간되었지만 루소는 겨우 1764년이 되어서야 그 책에 대해 알았다.

를 하면 혼란을 피할 수가 없었다. 그것들이 내게 남긴 단 하나의 강렬한 느낌은 그 사건들의 원인을 가리고 있는 무서운 비밀과 그것들로 인해 내가 처해 있는 비참한 처지에 대한 느낌이다. 내 이야기는 이제 되는대로 그리고 생각이 머리에 떠오르는 대로 진행될 수밖에 없다. 바로 이즈음《고백록》에 완전히 몰두하던 나는 남들이 이 계획을 방해할 이해관계나 의사나 힘을 갖고 있으리라고는 생각조차 못하고 누구에게나 아주 경솔하게 그것에 대해 말한 것이 생각난다. 그리고 가령 그렇게 생각했다 하더라도, 내가 느끼고 생각하는 것에 대해서 무엇인가 숨겨두기란 내 성격상 완전히 불가능한 일이기 때문에 이에 대해 별로 더 신중하지는 못했을 것이다. 내가 판단하는 한에서는, 이 계획이 알려졌다는 것이 나를 스위스에서 추방하고 이 계획의 실행을 방해하는 사람들의 손아귀에 넘겨주기 위하여 사람들이 일으킨 소동의 진정한 원인이었다.

　나에게는 또 하나의 계획이 있었는데, 그것은 앞에서 말한 계획을 두려워하는 사람들에게는 별로 더 좋게 보일 수 없었다. 그 계획은 내 저서들의 전집을 출판하는 것이었다. 이 출판은 내 이름이 들어간 책들 중에서 진짜 내가 쓴 책을 확인하기 위해서, 또 대중들로 하여금 내 적들이 내 가치를 떨어뜨리고 훼손하기 위해 내 것으로 간주하는 그 가명의 저술들로부터 진짜 내가 쓴 책들을 구별할 수 있도록 하는 데 필요한 것으로 보였다. 이외에도 이 출판은 내게 빵을 보장해주는 간단하고도 정직한 수단이었으며 또 유일한 수단이었다. 그도 그럴 것이 책 쓰는 일은 그만 두었고, 내 회고록은 내가 살았을 때 나올 수가 없을 것이며, 다른 방법으로도 돈 한 푼 벌 수 없고, 그래도 돈은 여전히 쓰고 있는데, 내 최근 저술에서 나오는 수입이 끊어지면 생활비가 끊어진다는 것을 알았기 때문이다. 이런 이유 때문에 나는 아직 미완성인《음악사전》을 내려고 서둘렀다. 이것은 내게 현금 100루이와 종신연금 100에퀴의 수입을 가져다주었지만,[59] 그렇다고 해도 1년에 60루이 이상을 썼던 사람이

100루이쯤은 금방 거덜 낼 것이 틀림없었다. 그리고 이런 인간 저런 거지들이 벌떼처럼 끊임없이 달라붙는 사람에게 100에퀴의 연금도 아무것도 아니었다.

내 전집의 출판기획을 논의하기 위해 뇌샤텔의 인쇄상인조합이 나타났다. 그리고 리옹의 인쇄업자인지 서적상인지 하는 르기야라는 사람이 어떻게 왔는지는 모르지만 그 기획을 관리하겠다고 그들 틈에 끼어들었다.[60] 합의는 합리적 수준에서 그리고 내 목적을 훌륭히 달성하기에 충분한 수준에서 이루어졌다. 내게는 이미 인쇄되어 있는 작품들과 아직 원고상태로 있는 것들이 합쳐서 사절판 여섯 권 분량이 되었다. 게다가 나는 출판에 대해 주의를 기울여 감독할 것도 약속했다. 이로써 나는 그들로부터 프랑스 돈으로 천 6백 리브르의 종신연금과 일시불 천 에퀴의 사례를 받기로 되었다.

계약이 체결되었지만 아직 서명은 안 된 상태에서 《산으로부터 편지》가 나왔다. 이 사악한 작품과 그 가증스런 저자에 대해 일어난 무서운 분노의 폭발은 상인조합을 공포에 떨게 했고, 출판기획은 수포로 돌아갔다. 나는 예전에 《프랑스 음악에 관한 편지》로 증오를 사고 위험에 처하게 되었음에도 불구하고 적어도 사람들의 존경과 존중을 잃지 않았는데, 이 점을 제외하면 이 최근의 저작의 결과와 《프랑스 음악에 관한 편지》의 결과는 비슷하다고 여길 수 있을 것이다. 이 최근의 저서가 나온 후에 제네바와 베르사유의 사람들은 나 같은 괴물을 살려두는 데 대

59) 1764년 12월 루소는 뒤쉔 서점과 《음악사전》의 인쇄에 대해 논의했다. 루소가 세 차례에 걸쳐 각각 천 6백 프랑의 지불금을 받으며, 그 첫 번은 원고를 받을 때이고 나머지 두 번은 두 해에 걸쳐 받는다는 것을 우선 합의했다. 그 다음에 루소는 뒤쉔에게 원고를 줄 때 100루이만을 받고 나머지 금액은 매년 지불되는 종신연금으로 전환할 것을 제안했다. 원고는 1765년 2월 보내졌고 5월 9일 뒤쉔은 루소에게 연금 설정 증서를 보냈다.
60) 르기야(Reguillat)는 인쇄부분만을 관리하기로 되어 있었다.

하여 놀랐던 모양이다. 프랑스 변리공사에게 부추김을 받고 검사장에게 조종을 받은 소위원회는 내 저서에 대해 성명을 발표했는데, 여기서 소위원회는 가장 잔혹한 수사를 사용하여 내 저서가 형리(刑吏)에 의하여 불태워버릴 가치조차 없다고 선언하였다. 그리고 어처구니없는 재주를 부려 여기에 덧붙이기를 이에 반박하거나 심지어 이에 대해 언급만 해도 반드시 명예가 훼손될 것이라고 했다. 나는 이 괴상한 서류를 여기에 옮겨 쓸 수 있으면 좋겠다. 그러나 유감스럽게도 그것을 지금 갖고 있지 않으며, 또 단 한마디도 기억하지 못한다. 나는 내 독자 중의 누군가가 진리와 공정함에 대한 열의에 불타 《산으로부터의 편지》 전체를 다시 읽어주기를 열망하고 있다. 감히 말하건대, 그는 사람들이 앞다투어 처절하고 잔인한 모욕으로 필자를 괴롭힌 직후 나온 이 작품 속에서 넘쳐흐르는 의연한 절제를 느끼게 될 것이다. 그러나 이 작품 속에는 모욕적인 언사가 조금도 없었으므로 그것에 대해 반박할 수도 없고, 이치에 맞는 것은 반론의 여지가 없어 그것에 대해 반박할 수도 없으므로, 그들은 너무 화가 나서 반박하려 하지 않는 것처럼 보이는 방침을 세웠다. 그리고 만약에 그들이 반박할 수 없는 논거를 모욕으로 간주했다면 그들은 대단한 모욕을 받았다고 여겼음이 틀림없다.

대표파는 이 추악한 선언에 대해 조금이라도 불평을 하기는커녕 이 선언이 그들에게 주는 지침에 따랐다. 그리고 그들은 자신들의 방패로 삼으려고 감추었던 《산으로부터의 편지》를 자랑하기는커녕, 자신들을 지켜주기 위해 자신들의 간청에 의해 쓴 이 글에 비열하게도 경의도 표하지 않았고 정당함을 인정하지도 않았다. 또 그들은 자신들의 논거 모두를 암암리에 이 글에서 끌어냈고 또 오직 이 저서의 결말에 있는 충고를 정확히 따랐기 때문에 안녕과 승리를 얻었음에도 불구하고, 이 글을 언급도 하지 않고 책 이름도 밝히지 않았다. 61) 그들은 그 의무를 내게 지워 주었고, 나는 그것을 완수했다. 나는 최후까지 조국을 위하여 또 그들의 대의명분을 위해 봉사했다. 나는 그들에게 그들의 분쟁에서 내 입장은 생각하지 말고 자신들만을 생각하라고 부탁했다. 그들은 내 말을 곧이곧대로 받아들였고, 나도 더 이상 그들의 사건에 간여하지 않았다. 내가 간여했다면 그것은 단지 그들에게 계속해서 화해를 권하기 위해서였는데, 나는 그들이 끝내 고집을 부린다면 프랑스에 의해 탄압받을 것을 의심치 않았기 때문이다. 이런 일은 일어나지 않았다. 나는 그 이유를 잘 알고 있지만 이곳은 그것을 말할 자리가 못된다.

《산으로부터의 편지》가 뇌샤텔에서 낸 효과는 처음에는 아주 조용했다. 나는 그 책 한 부를 몽몰랭 씨에게 보냈다. [62] 그는 기꺼이 그것을 받았고 읽은 뒤 아무런 이의도 없었다. 그도 나처럼 건강이 좋지 못했다. 그는 건강이 회복되자 친절하게도 나를 보러 왔는데 아무 말도 없었다. 그렇지만 풍문이 떠돌기 시작했다. 어디선지는 모르지만 그 책을 불태웠다는 것이었다. [63] 분란의 진원지는 제네바에서, 베른에서, 어쩌면 베르사유에서 곧 뇌샤텔로 특히 르 발 드 트라베르로 옮겨왔다. 거기서는 목사단이 어떤 가시적인 운동을 벌이기도 전에 사람들이 물밑 공작을 통해 민중을 선동하기 시작했다. 감히 말하건대 나는 내가 살았던 모든 고장에서 그랬던 것처럼 그 고장에서도 사람들로부터 사랑받았음이 틀림없다. 나는 아낌없이 적선을 베풀었고, 내 주위의 극빈자들을 모두 도와주었으며, 내가 할 수 있고 또 옳은 일이라면 누구에게도 어떤

---

61) 루소로부터 그의 의도에 대해 듣지 못한 대표파들은 스스로 《전원으로부터의 편지에 대한 답변》을 출간했고 1765년 2월 새로 루소에게 내려진 판결의 위법성에 대한 항의문을 만들었다. 그들이 이 문서에서 《산으로부터의 편지》에 대해 어떤 암시도 하지 않았다는 것은 사실이지만 그들로서는 그것을 참조할 이유가 없었다.
62) 1764년 12월 23일 보냈다.
63) 《산으로부터의 편지》는 1765년 1월 21일 네덜란드 법정에서 분서처분을 받아 이튿날 헤이그에서 소각되었다.

봉사든 거절하지 않았고, 모든 사람들과 어쩌면 지나칠 정도로까지 친하게 지냈으며 질투심을 자극할 수 있는 특전이라면 그 어떤 것이든 가능한 한 피했으니까 말이다. 이런 모든 행동에도 불구하고 내가 모르는 누군가에 의해 은밀히 적대감이 조장된 하층민은 나에 대해 점차 기세가 올라 격분할 정도가 되었고 들판에서나 길가에서는 물론 백주대로에서 공공연히 나를 모욕하는 짓을 그만두지 않았다. 내게 가장 많은 은혜를 입었던 자들이 가장 악착스러웠으며, 내게 계속 은혜를 입고 있는 자들까지도 감히 표면에 나타나지는 못했지만 다른 사람을 선동했다. 그들은 내게 신세졌다는 것을 굴욕으로 생각하고 이런 식으로 그 굴욕에 대해 복수하려고 하는 것 같았다. 몽몰랭은 아무것도 못 본 척했고 아직 나서지도 않았다. 그렇지만 성찬식 때가 가까워지자 내 집에 와서 거기 참석하는 일을 삼가는 것이 좋겠다고 충고했다. 뿐만 아니라 나를 원망하지 않으며 나를 가만히 내버려두겠다고 내게 장담했다. 나는 이 인사말을 이상하다고 생각했다. 이 인사말은 내게 부플레르 부인의 편지를 상기시켰다.[64] 내가 성찬식에 참석하는지 안 하는지가 대체 누구에게 그토록 중요한 것인지 이해할 수가 없었다. 나는 내 쪽에서 이렇게 양보하여 환심을 사는 것을 일종의 비겁한 수작으로 여겼고, 게다가 불신앙을 비난하는 새로운 구실을 민중에게 주고 싶지 않았기 때문에 목사의 말을 단호히 거절했다. 그랬더니 그는 내가 그것을 후회하게 되리라는 기색을 내비치면서 불만스러운 낯을 하고 돌아갔다.[65]

그 사람 혼자만의 권한으로서는 내게 성찬식을 금지할 수 없었고, 내게 성찬식을 허락해준 장로회의의 권한이 필요했다. 그래서 장로회의에서 아무 말이 없는 한, 나는 성찬식에 거절당할 염려 없이 당당히 참

---

64) 부플레르 부인은 편지로 루소에게 개신교 공동체에 대해 신중히 처신하라고 충고했다.
65) 이 방문은 3월 8일 이루어졌다.

석할 수 있었다. 몽몰랭은 내가 장로회의에서 내 신앙을 해명할 수 있도록 그곳에 나를 소환할 권한과 내가 거부할 경우에 나를 파문할 권한을 목사단으로부터 위임받았다. 66) 이 파문도 장로회의의 다수결에 의하지 않고서는 이루어질 수가 없었다. 그러나 장로라는 이름으로 이 회의를 구성하는 시골 사람들은 자기네 목사를 의장으로 모셨고 잘 알다시피 그의 지도를 받고 있으므로 자연히 그와 같은 의견을 가질 수밖에 없었다. 그리고 그들이 목사보다 훨씬 더 잘 모르는 신학상의 문제에서는 특히 그랬다. 그러므로 나는 소환을 받고 출두할 결심을 했다. 67)

만약 내가 말을 잘할 줄 알았다면 이를테면 내 입에 펜이 달려있었다면 나로서는 정말 좋은 기회였을 것이고 또 엄청난 승리를 거두었을 것이다. 6명의 시골사람에 둘러싸인 이 가엾은 목사를 얼마나 으스대며 또 얼마나 손쉽게 때려눕혔을까? 지배욕에 사로잡힌 개신교의 성직자들은 종교개혁의 모든 원리를 망각해버렸지만, 어리석게도 그들이 비난하는 내 《산으로부터의 편지》의 첫 부분을 풀이해 주는 것만으로도 그 원리를 그들에게 상기시키고 그들의 입을 다물게 만들기에 충분했다. 본문은 다 만들어져 있으니, 나는 그걸 말로 부연하기만 하면 되었다. 내 상대는 당황하고 있었다. 나는 수세에 설 만큼 어리석지는 않았을 것이다. 그가 심지어 눈치 채지도 못하고 혹은 그가 방어할 수 없게끔 공세를 취한다는 것은 쉬운 일이었다. 무지한 만큼이나 경솔한 그 돼

---

66) 목사단은 3월 12일과 13일 뇌샤텔에 모여 《산으로부터의 편지》의 출간 이후 더 이상 루소를 기독교 신자로 볼 수 없다고 선언했다. 목사단은 루소가 장로회의에 출두하여 신앙고백을 하고 자신이 썼던 글 중 이 신앙고백에 위반될 수 있는 모든 글들에 대한 유감을 표하지 않는 한 루소를 신자로 인정할 수 없다고 생각했다.
67) 3월 24일 일요일 몽몰랭은 모티에의 장로회의를 소집하여 루소의 사건을 검토할 것을 제안하였다. 장로회의의 다수는 3월 29일 루소를 소환하여 목사단체가 제기한 신앙문제에 대한 답변을 듣기로 결정했다.

544

먹잖은 목사단의 성직자들은 내가 자기네들을 맘껏 짓밟으려고 했다면 내게는 더 이상 바랄 수 없을 정도로 유리한 자리를 마련해주었던 것이다. 그런데 뭐라고? 나는 말하지 않으면 안 되었고 그것도 즉석에서 말하지 않으면 안 되었다. 또 필요할 때 즉시즉시 생각과 표현과 말을 찾아야 했고, 항상 정신을 차리고 있어야 했으며, 언제나 침착해야 했고, 결코 한순간이라도 당황해서는 안 되었다. 즉석에서 자신의 생각을 표현할 수 없는 것을 절감하는 나로서 내 자신에게 무엇을 기대할 수 있었겠는가? 모두 내게 호의를 갖고 또 모든 것을 승인하기로 미리 결정된 제네바의 한 모임68)에서도 나는 더할 나위 없이 창피스러운 침묵을 지켜야 했던 적이 있었다. 여기서는 정반대였다. 나는 억지로 트집 잡는 사람을 상대하고 있었는데, 그는 지식 대신에 계교를 썼고 내가 단 한 가지 덫을 눈치 채기도 전에 백 가지 덫을 놓을 만한 자였고 내가 실수만 하면 어떤 대가를 지불하더라도 옭아매려고 단단히 작정하고 있었다. 이러한 입장을 검토할수록 그것이 내게는 위험스럽게 보였다. 그래서 이러한 난관에서 성공적으로 벗어나기가 불가능하다고 느끼고 다른 방법을 생각해보았다. 나는 장로회의를 기피하고 답변하지 않아도 되도록 장로회의에서 연설할 문안을 궁리했다. 그것은 아주 쉬운 일이었다. 나는 이 연설문을 작성해서 비할 데 없는 열의를 갖고 그것을 외우기 시작했다. 내가 쉴 새 없이 똑같은 문장들을 반복하여 중얼거리면서 그것을 머릿속에 집어넣으려 애를 쓰는 것을 보고 테레즈는 나를 조롱했다. 나는 마침내 연설을 할 수 있을 것으로 기대했다. 나는 성주69)가 국왕의 관리로서 장로회의에 참석한다는 것과 몽몰랭의 책략과 술대접에도 불구하고 대부분의 장로들은 내게 호의를 갖고 있다는 것을 알고 있었다. 그리고 이성, 진리, 정의, 국왕의 보호, 참사원의 권위, 그리고 이

68) 1754년 7월 31일 루소가 다시 개신교로 개종하기 위해 열린 모임을 말한다.
69) 시장 역할을 하는 관리.

러한 종교재판의 개정에 관심을 갖는 모든 선량한 애국자들의 소망 등이 내 편을 들고 있었다. 모든 것이 내 용기를 돋우는 데 기여했다.

예정된 전날 밤, 나는 연설을 다 외우고 있었다. 나는 틀리지 않고 외웠고, 밤새도록 내 머릿속에서 그것을 되풀이해서 기억했다. 그렇건만 아침이 되자 벌써 기억이 나지 않았다. 한마디 할 때마다 더듬는다. 나는 벌써 그 유명한 회의에 나온 것 같고 당황하고 말이 더듬거리며 머리가 돌아버린다. 마침내 갈 시간이 거의 임박하자 용기가 완전히 없어진다. 나는 집에 남아서 장로회의에 편지를 쓰기로 방침을 정했는데, 그 편지에서는 서둘러 내 논지를 말하고,[70] 몸이 불편하다는 것을 구실로 내세웠다. 사실 그때의 내 상태로서는 회의가 끝날 때까지 견디기 어려웠을 것이다.

내 편지에 난처해진 목사는 그 문제를 다음 회의로 미루었다. 장로들 중에는 목사의 권유보다는 오히려 자신의 양심이 명하는 바를 따라서 목사단이나 목사의 뜻에 맞는 의견을 내지 않는 사람들이 있었다. 그는 그 틈을 이용하여 그런 장로들을 매수하기 위해 그 스스로 또 자기 앞잡이들을 동원하여 온갖 짓을 다했다. 그의 술 창고에서 끄집어낸 논거가 이런 사람들에게 매우 설득력이 있음이 틀림없다고 해도, 이미 그에게 충성을 다 바치고 그를 위해서는 지옥에라도 갈 놈들이라고 불리는 2, 3명 이외에 다른 사람들은 아무도 설득하지 못했다. 이 사건에 대단한 열의를 갖고 나섰던 국왕의 관리와 퓌리 대령은 다른 사람들이 그들의 본분에서 벗어나지 않게끔 했고, 그 몽몰랭이라는 작자가 파문을 선고하

---

70) 루소는 1765년 3월 29일 발표한 성명에서 매우 격렬한 용어로 소송절차에 항의하였는데, 그는 그 절차가 규칙에 어긋나고 신앙의 문제에서 시민의 자유를 침해하며 특히 종교의 정신에 반한다고 판단했다. 그런 다음 개신교도들은 그 구성원들이 믿어야 하는 것을 명령하는 무오류의 교회를 인정하지 않는다는 사실을 환기시켰다.

546

려고 했을 때 원로회의는 다수결로써 단호히 그것을 거부했다. 71) 그래
서 하층민을 선동하는 최후의 수단을 강구하는 수밖에 없게 된 그는 자
기 동료들 및 또 다른 사람들과 함께 공공연히 그 일에 힘을 기울였다.
그런데 그것이 대단한 성공을 거두어, 몇 번이나 내려온 엄중한 국왕의
칙서에도 불구하고 또 참사원의 모든 명령에도 불구하고, 72) 나는 나를
보호하기 위하여 국왕의 관리 자신이 암살당하는 위험에 처하게 할까
두려워 결국 그 고장을 떠나지 않으면 안 되었다.

이 사건 전반에 대해 나는 매우 어렴풋한 기억밖에는 가지고 있지 않
기 때문에, 그것에 대해 내게 떠오르는 생각들에 어떤 순서나 어떤 연관
을 부여한다는 것은 불가능하다. 그래서 그것들이 내 머릿속에서 떠오
르는 대로 혼란스럽고 맥락에서 고립된 상태로밖에 재현할 수 없다. 당
시 목사단과 모종의 협상이 있었고 몽몰랭이 그 중개자였다는 것이 기억
난다. 그는 내가 저술로 이 고장의 안녕을 해칠까 사람들이 걱정하는데
사람들이 내가 누리는 저술의 자유에 대해 누구에게 책임을 물리겠냐고
말했다. 그는 내가 절필하겠다는 약속만 한다면 사람들은 나의 과거에
대해서는 그냥 넘어갈 것이라는 말을 비추었다. 나는 벌써 내 자신과 그
런 약속을 했다. 그래서 나는 망설이지 않고 목사단과 그렇게 하겠다고
약속했다. 그러나 그것은 조건적이며 오로지 종교문제에 한해서였

---

71) 회의는 목사의 불명예로 끝이 났고, 그는 사건을 다음 날로 연기하는 결정
조차 끌어내지 못했다. 뇌샤텔 참사원은 루소에게 왕의 보호를 보장했고
그를 장로회의의 권한으로부터 해방시켰다. 모티에 장로들의 탄원서에 대
한 답변으로 참사원은 4월 2일 장로회의가 신앙에 대한 아무런 권한이 없으
며 루소를 엄벌로 다스리는 것을 거부했던 4명의 장로들이 보인 신중함에
찬성한다고 답했다.
72) 프로이센 왕은 1765년 3월 30일과 5월 21일 칙서를 내려 루소가 법의 보호
를 받기를 희망했다. 또 1765년 5월 1일 참사원의 결정은 루소에게 프로이
센 왕의 특별한 보호를 보장했다.

다.73) 몽몰랭은 자기가 요구한 약간의 수정을 가한 후 이 문서를 2부로 만들어 갖는다는 방안을 찾았다. 그러나 이러한 조건이 목사단에 의해 거절되었으므로 나는 문서의 반환을 요구하였다. 그는 내게 그 2통 중 1통을 돌려주고, 나머지 1통은 분실했다고 핑계를 대고 보관했다. 그후 공공연하게 목사들의 선동을 받은 민중은 국왕의 칙서와 참사원의 명령도 무시하고 이제 모든 자제력을 잃어버렸다. 나는 설교단에서 훈계를 받았고 '적(敵) 그리스도'라고 불렸으며, 늑대인간처럼 들에서 쫓겨 다녔다. 나의 아르메니아 복장은 하층민에게 표적 구실을 했다. 나는 그 옷 때문에 생긴 불편함을 끔찍하게 느꼈다. 그러나 이런 경우에 그 옷을 벗어버린다는 것은 비겁하게 보였다. 나는 옷을 벗어버릴 결심이 서지 않았다. 그리하여 나는 무릎까지 내려오는 터키풍 옷에다가 털모자를 쓴 채로 하층민들의 야유와 때로는 그들의 돌팔매질을 받아가면서 그 지방에서 태연하게 산책하곤 했다. 어떤 집들 앞을 지나가면서 거기 사는 사람들이 "저 자를 쏘아죽이도록 내 총을 가져오시오"라고 하는 말을 여러 차례 듣기도 했다. 나는 그렇다고 더욱 빨리 발걸음을 재촉하지는 않았다. 그러면 그들은 더욱 분개할 따름이었다. 그러나 그들은 언제나 협박에 그쳤다. 적어도 총에서는 말이다.

이런 모든 소동 가운데서도 정말 커다란 두 가지 기쁨을 가질 수 있었는데, 나는 그것에 매우 감격했다. 첫 번째 기쁨은 원수 경의 힘을 빌려 감사를 표할 수 있었던 것이다. 뇌샤텔의 올바른 사람들은 모두 내가 받고 있는 대우며 나를 희생물로 삼고 있는 책동에 분개하여 목사들을 저주하고 있었다. 그들은 목사들이 외부의 충동질에 따라 움직이고 있다는 것과 숨어서 그들을 조종하는 어떤 자들의 앞잡이에 불과하다는 것을 잘 알고 있었으며, 나의 사례가 행여 진짜 종교재판을 되살리는 심각

---

73) 루소는 약간의 시간적 착오를 범하고 있다. 루소는 자신의 사건이 목사단체에서 언급되기로 되어 있던 전날 밤 목사 몽몰랭에게 절필선언을 했다.

한 결과를 초래하는 것이 아닌지 우려했다. 사법관들 특히 검사장으로 있었던 디베르누아 씨의 후임이 된 뫼롱 씨[74]는 나를 옹호하기 위해 모든 노력을 다했다. 퓌리 대령은 비록 일개 개인이었지만 더욱 많은 노력을 했고 성과도 더 컸다. 장로들에게 본분을 지키게 함으로써 장로회의에서 몽몰랭을 강제로 굴복시키는 방법을 찾아낸 사람이 바로 그였다. 그에게는 영향력이 있었으므로 소요를 저지하기 위해 할 수 있는 데까지 그 영향력을 이용했다. 그러나 돈과 술의 권력에 맞서기 위해 그가 가진 것은 법과 정의와 이성의 권위밖에는 없었다. 그 승부는 공평한 것이 아니었고, 이 점에서 몽몰랭이 그를 이겼다. 그러나 대령의 배려와 열의에 감동한 나는 그가 내 뒤를 봐주었듯이 그의 뒤를 봐주고 싶었고 어떻게 해서든지 그의 은혜를 갚을 수 있기를 원했다. 나는 그가 참사원 회원 자리를 몹시 탐내고 있다는 것을 알고 있었다. 그러나 목사 프티피에르 사건에서 궁정의 뜻에 어긋난 처신을 했기 때문에 그는 국왕이나 지사의 총애를 잃은 상태였다. 그러나 나는 위험을 무릅쓰고 그를 위하여 원수 경에게 편지를 보냈다. 심지어 그가 희망하는 자리에 대해서까지 감히 말했다. 그리고 아주 다행스럽게도 모든 사람들의 예상을 뒤엎고 왕은 곧 그 자리를 그에게 수여했다. 언제나 나를 너무 높이는 동시에 너무 낮추었던 운명은 바로 이런 식으로 계속해서 나를 극단에서 극단으로 요동치게 만들었다. 그래서 하층민이 내게 욕설을 퍼붓는 동안에 나는 참사원 회원을 만들고 있었다.

또 하나의 커다란 기쁨은 베르들랭 부인이 자기 딸과 함께 나를 방문해준 것이다. 부인은 딸을 부르본의 온천에 데리고 갔다가 내친 김에 거

---

74) Samuel de Meuron(1703~1777): 1739년부터 참사원 회원으로 일했으며 1764년 검찰총장으로 임명되었다. 루소는 모티에에서 일어난 사건들을 정기적으로 그에게 알렸고 자신을 위해 노력해준 것에 대해 여러 번 감사를 표시했다.

기서부터 모티에까지 와서 우리 집에서 2, 3일 묵었다. 부인은 친절과 성의를 잔뜩 베풀어 결국 내 오랜 반감을 없애버렸고, 내 마음은 부인의 호의에 굴복해서 부인이 그렇게 오랫동안 내게 표시해온 모든 우정에 보답했다. 나는 이번 여행에 감동했는데, 특히 당시 내 처지로서는 용기를 견지하기 위해 우정의 위안이 크게 필요했던 만큼 더욱 그랬다. 내가 하층민에게서 받은 모욕에 그녀가 가슴 아파할까 염려되었고, 그녀의 마음을 슬프게 하지 않으려고 그런 광경을 그녀에게 보이고 싶지 않았다. 그러나 그것이 나로서는 불가능했다. 그녀와 산책할 때에는 그녀가 있어서 그 무례한 자들이 얼마쯤 자제하였지만, 부인은 다른 때에는 어떤 일이 일어났는지 판단하기에 충분할 정도로 무례한 자들을 보았다. 내가 바로 내 거처에서 밤에 계속 습격을 받았던 것도 그녀가 내 집에 머물렀던 바로 그동안이었다. 어느 날 아침 부인의 몸종은 사람들이 밤새 던진 돌들로 내 방 창문이 덮여 있는 것을 보았다. 문 옆으로 난 길에 튼튼히 붙어있었던 매우 육중한 벤치가 뽑혀 옮겨져서 문에 기대어 세워져 있었다. 그래서 멋모르고 밖으로 나가려고 제일 먼저 출입문을 열어젖힌 사람은 당연히 깔려죽도록 되어 있었다. 베르들랭 부인이 이런 사정을 전혀 모르는 것은 아니었다. 왜냐하면 부인 자신이 그것을 직접 보았을 뿐 아니라 부인의 심복인 하인이 마을을 매우 뻔질나게 드나들어 마을 사람들과 가까이 했으며 심지어 몽몰랭과 협의하는 것이 사람들의 눈에 띄었을 정도였기 때문이다. 그렇지만 부인은 내게 일어나는 일에 아무런 주의도 기울이지 않는 것처럼 보였고, 몽몰랭에 대해서나 누구에 대해서도 내게 말하지 않았고, 내가 가끔 그에 대해 이야기를 해도 거기에 별로 대답하지 않았다. 오로지 부인은 내가 다른 어느 곳보다 영국에 체류하는 것이 한결 바람직하다는 것을 확신하는 것처럼 보였다. 그래서 단지 당시 파리에 있던 흄 씨[75]에 대해서, 나에 대한 그의 우정에 대해서, 자기 나라에서 내게 도움을 주고 싶다는 그의 소망에 대

550

한 이야기를 많이 했다. 이제 이 흄 씨에 대해 좀 말해야만 하겠다.

그는 《상업과 정치에 대한 논고》와 결정적으로 《스튜어트 왕가의 역사》로 프랑스, 특히 백과전서파 사이에서 대단한 명성을 얻었다. 나도 그의 저서 중 유일하게 《스튜어트 왕가의 역사》만은 프레보 신부의 번역으로 얼마쯤 읽은 일이 있다. 나는 그의 다른 저서들은 읽은 적이 없지만 사람들이 내게 그에 대해 말했던 것에 따라, 흄 씨가 사치에 호의적인 영국식 역설에 대단히 공화주의적인 정신을 결합시키고 있다는 것을 확신했다. 이런 소견을 근거로 나는 그의 찰스 1세에 대한 변호론 전체를 공정함의 극치로 간주하고 또 그의 천재성만큼이나 그의 미덕을 높게 평가했다. 그의 절친한 여자 친구인 부플레르 부인의 간청으로 귀가 솔깃해져 있던 차에 이렇게 비범한 사람을 사귀고 그의 우정을 얻고 싶은 욕심까지 생겨 영국으로 건너가고 싶은 마음이 한층 커졌다. 나는 스위스에 도착해서 이 부인을 통해 그가 보낸 극히 기분 좋은 편지[76]를 받았는데, 이 편지에서 그는 내 천재성을 극구 찬양하면서 아울러 영국에 와달라는 간곡한 초대의 말과 내 영국 체류를 즐겁게 하기 위해 자신이 갖고 있는 영향력과 친구들을 다 제공하겠다는 말을 덧붙였다. 그곳에는 흄 씨와 동향인이며 친구인 원수 경도 있었는데, 그는 내가 흄 씨

---

75) David Hume(1711~1776) : 스코틀랜드 에든버러 출생의 영국 철학자이다. 에든버러대학에서 법학을 공부하였지만, 로크나 뉴턴 등 다방면의 학문서적을 탐독하였다. 한때 상업에 종사하였으며 1734년부터 1737년에 걸쳐 프랑스에 체재하였다. 1744년 에든버러대학, 1751년 글래스고대학에서 교수직을 구하였으나 무신론자라는 이유로 거절당하였다. 1763년에는 파리 주재 영국대사의 비서관으로 근무하기도 했으며, 1767년부터 1769년까지 국무차관을 지낸 뒤 에든버러에 정착하였다. 그는 1742년부터 1751년 사이에 출간된 《도덕·정치론》과 1764년부터 에든버러에서 출간되기 시작한 《영국사》로 국내외에 명성을 얻게 되었다. 그는 로크, 버클리와 더불어 18세기 영국 경험론을 대표하는 인물로 평가받는다.
76) 에든버러에서 1762년 7월 2일자로 보낸 편지.

에 대해 좋게 생각하는 점을 모두 확인해주었고 또 흄 씨에 관해 자신에
게 강한 인상을 주었던 문학상의 일화까지 들려주었는데, 그것에 나도
마찬가지로 강한 인상을 받았다. 고대의 인구문제에 대해 흄을 반박하
는 글을 썼던 월리스가 그 저서[77]가 인쇄될 당시 부재중이어서 흄 씨가
교정을 보고 출판을 감독하는 일을 도맡았던 것이다. 이런 행동은 내 기
질과 맞았다. 나도 바로 그런 식으로 나를 비방하기 위해 만들어진 노래
를 1부당 6수씩 받고 사본을 만들어 판 적이 있었다. 그러므로 나는 흄
에게 유리한 온갖 종류의 선입견을 갖고 있었다. 그때 베르들랭 부인이
내게 와서 그가 나에 대해 우정을 품고 있다고 말했다는 것과 그가 나를
영국에 맞아들여 환대하려고 열성을 보이고 있다는 것을 신이 나서 이
야기했다. 이것은 그녀가 이렇게 표현한 것이다. 부인은 내게 이 열의
를 이용하라고 또 흄 씨에게 편지를 보내라고 상당히 다그쳤다. 나는 본
래 영국을 좋아하지 않았고 궁지에 몰리기 전에는 이런 방침을 취하고
싶지도 않았기 때문에, 편지를 보내서 약속하는 것을 거절했다. 그러나
흄의 기분을 계속 좋게 하기 위해 부인이 적절하다고 생각하는 것은 모
두 부인 마음대로 하도록 내버려두었다. 부인이 모티에를 떠날 때 나는
그녀가 이 유명인사에 대해 내게 말해준 모든 것에 의해서, 그가 내 친
구 중의 하나이며 그녀는 흄과 훨씬 더 절친한 사이라는 점을 확신하게
되었다.

  부인이 떠난 후 몽몰랭은 자기의 책략을 밀고나갔고 하층민들은 더
이상 자제하지 않았다. 그렇지만 나는 야유를 한 몸에 받으면서도 계속
해서 태연히 산책하였다. 그리고 디베르누아 박사[78] 곁에서 내가 갖기

---

77) 로버트 월리스(Robert Wallace), 《고대와 현대의 인류 수에 대한 논고》,
   에든버러, 1735.
78) Jean-Antoine d'Ivernois(1703~1765) : 의사이자 식물학자로 쥐라 산맥의
   식물군을 연구했고 그 목록을 작성했다.

552

시작한 식물학의 취미 때문에 산책에 새로운 흥미를 갖게 되었으므로
그 모든 천민들의 소란에도 마음이 흔들리지 않고 식물채집을 하며 이
고장을 두루 돌아다닐 수가 있었다. 그러나 이러한 침착함은 그들의 분
노를 돋울 뿐이었다. 나를 제일 슬프게 한 것들 중의 하나는 내 친구들
의 가족이나 내 친구라고 불리는 사람들의 가족들이 꽤 공공연히 나를
박해하는 사람들의 동맹에 가담하는 것을 보는 일이었다. 79) 이를테면
내 친애하는 이자벨의 아버지와 오빠까지 포함한 디베르누아 일가, 80)
내가 전에 그 집에도 머물렀던 여자 친구의 친척 부아 드 라 투르81) 그
리고 그녀와 시누올케 사이인 지라르디에 부인도 그랬다. 이 피에르 부
아라는 사람은 매우 상스럽고 어리석었고 대단히 난폭하게 굴었으므로

79) 〔원주〕 이러한 불행한 운명은 내가 이베르댕에 체류하면서부터 시작되었
다. 왜냐하면 내가 그 도시를 떠난 지 1, 2년 뒤에 시 행정책임자 로갱이
죽었는데, 그때 나이 든 아빠 같은 로갱(다니엘 로갱은 조르주 오귀스트
로갱과 쥘리 안 마리 부아 드 라 투르의 삼촌이다 ― 옮긴이)이 자기 친척의
서류 속에서 그가 이베르댕과 베른 영지에서 나를 추방하려는 음모에 가담
하고 있었다는 증거를 발견했다는 사실을 고통스럽기는 하지만 선의를 갖
고 내게 알려주었기 때문이다. 이것은 이러한 음모가 사람들이 그렇게 믿
게 하려 했던 것처럼 사이비 신앙에서 생겨난 사건이 아니었음을 매우 명백
히 입증했다. 왜냐하면 시 행정책임자 로갱은 독실한 신자이기는커녕 유물
론과 불신앙을 배타적인 광신이 될 정도까지 밀고 나갔기 때문이다. 게다
가 이베르댕에서 그만큼 내 마음을 사로잡고 있는 사람은 시 행정 책임자인
이 사람밖에 없었으며 또 그만큼 내게 그렇게나 많은 호의와 칭찬과 아첨을
퍼부었던 사람도 없었다. 그러면서도 그는 나를 박해하는 자들이 집착하는
계획을 충실히 따르고 있었던 것이다.
80) 아버지는 기욤 피에르 디베르누아(Guillaume-Pierre d'Ivernois, 1701~
1775)로 참사원 회원이자 검사장이었고, 오빠인 샤를 기욤(Charles-
Guillaume, 1732~1819) 역시 참사원 회원이었다.
81) Pierre Boy de la Tour(1700~1772): 리옹의 상인으로 모티에 르 발 드
트라베르 시의회 의원을 지내기도 했다.

나는 화를 내는 대신에 그를 놀려주기로 했다. 그래서 《예언자라고 불
리는 산상의 베드로의 환상》이라는 제목으로 《소예언자》82) 풍으로 쓴
몇 쪽의 소책자를 만들었다. 나는 여기서 당시 나에 대한 박해의 커다란
구실이 된 기적을 꽤 재미있는 풍자의 대상으로 삼는 방법을 발견했다.
뒤 페루는 이 휴지쪽 같은 글을 제네바에서 인쇄했으나 이 지방에서 거
둔 성과는 보잘것없었다. 뇌샤텔 사람들은 아무리 재치를 발휘한다 하
더라도 세련된 야유는 물론이고 농담도 약간 교묘해지기만 하면 거의
알아차리지 못하기 때문이다.

나는 같은 무렵에 쓰고 있는 또 다른 글에 약간 더 공을 들였는데, 그 원고
는 내 문집 가운데서 보게 될 것이다. 여기서는 그 주제를 말해야 하겠다.

법령과 박해의 광란이 절정에 이르렀을 때 제네바 사람들은 필사적으
로 규탄의 함성을 외치면서 유달리 눈길을 끌었다. 그리고 그 중에서도
내 친구 베른은 진정 신학적인 관대함을 발휘한 나머지 하필 이 시기를
선택하여 나를 헐뜯는 서한83) 을 발표했는데, 그는 여기서 내가 기독교
도가 아니라는 것을 입증하겠다고 주장했다. 사람들은 오만한 어조로
쓰인 그 서한을 자연과학자 보네84) 가 손질했다고 단언했지만 서한이
그 때문에 더 나아지지는 않았다. 이 보네라는 사람은 유물론자이지만
내가 문제가 되자마자 역시 극히 편협한 정통론에서 벗어나지 못했다.
나는 결코 이 작품을 반박할 생각은 없었다. 그러나 《산으로부터의 편
지》에서 그것에 대해 한마디 할 기회가 생겨서 상당히 경멸적인 짧은 주

---

82) 부퐁 논쟁 때 그림이 쓴 소책자.
83) 자콥 베른, 《루소 씨의 기독교에 대한 서한》(*Lettres sur le christianisme de M. J. J. Rousseau*), 제네바, 1763.
84) Charles Bonnet(1720~1793) : 샤를 보네는 진디와 곤충들의 생식에 대해 탐구하면서 차차 사변적인 철학에 빠지게 되었다. 그의 《자연에 대한 관조》(*La contemplation de la nature*) 는 당시 막 출간되었다.

554

를 거기에 끼어놓았는데, 이로 인해 베른이 격노했다. 그는 온 제네바를 자신의 성난 외침으로 가득 채웠다. 디베르누아는 내게 베른이 화가 나서 어쩔 줄 모르고 있다고 알려주었다. 얼마 후에 익명의 글이 하나 발표되었는데, 그것은 잉크 대신 불길이 이는 지옥의 강물로 쓰인 것 같았다. 이 편지에서 나는 내 자식들을 거리에 내버렸고, 경비대의 창녀를 뒤에 달고 다녔으며, 방탕에 빠져 골골하고, 매독으로 썩어들어 가고 있다는 등 이와 비슷한 유의 별의별 악담으로 비난받았다.[85] 이 인간을 가려내는 것은 어렵지 않았다. 이 비방문을 읽으면서 떠오른 최초의 생각은 이른바 세상의 평판이나 명성이라는 것의 진정한 의미를 보여주겠다는 생각이었다. 왜냐하면 생전 매음굴에 간 적도 없고 가장 큰 결점이라고 해야 언제나 처녀처럼 수줍어하고 부끄러워하는 것밖에 없는 사람을 매음굴을 수시로 들락거리는 탕아로 취급하고, 지금껏 매독 같은 병에는 한 번도 걸려본 적이 없을 뿐 아니라 심지어 의사들이 몸에 그런 병에 대한 면역성이 있다고까지 생각했던 그런 나를 매독으로 썩어들어 가고 있다고 하는 것을 보았기 때문이다. 나는 여러 가지로 생각한 끝에 내가 가장 오래 살았던 도시에서 그것을 인쇄하게 하는 것보다 이 비방문을 더 잘 반박할 수는 없다고 생각했다. 그래서 그것을 원문 그대로 인쇄시키려고 뒤쉔에게 보냈는데, 거기에 베른 씨를 거명한 일러두기와 사실의 해명을 위한 간단한 주석까지 달았다. 이 글을 인쇄시킨 것만으로는 만족할 수가 없어서 그것을 여러 사람에게 보냈다. 그 중에는 내게 매우 예의바르게 접근했고 또 당시 나와 편지연락을 하던 뷔르템베르크의 루이 대공[86]도 있었다. 루이 대공도 뒤 페루도 그리고 다

85) 볼테르가 쓴 8쪽으로 된 소책자 《시민들의 견해》(*Le sentiment des citoyens*)는 1764년 12월 27일 나왔다.
86) Louis-Eugène, prince du Wurtemberg(1731~1795) : 루이 외젠 대공은 《에밀》에 나오는 원칙들에 따라 자기 아이들을 키우기 위해 루소와 오랫

른 사람들도 베른이 이 비방문의 필자라는 사실을 의심하는 모양이었다. 그래서 너무 경솔하게 그의 이름을 말했다고 나를 비난했다. 그들의 항의에 나도 마음에 걸려 뒤쉔에게 편지를 내어 이 인쇄물의 발행을 금지하도록 했다. 기는 그렇게 했다고 내게 편지로 알렸다. 그가 그렇게 했는지 그 여부는 모른다. 나는 그가 거짓말을 하는 것을 누차 보았기 때문에 이번에도 거짓말을 했다고 해서 놀랄 것도 없다. 그리고 그때부터 나는 깊은 어둠에 둘러싸여 있어서 그 어둠을 꿰뚫고 어떠한 진상도 간파하기 불가능하게 되었다.

예전에는 미친 듯이 날뛰더니 그후 베른 씨는 그럴 사람이 아니었는데도 정말 놀라울 정도로 온건히 이 혐의를 참아냈다. 그는 극히 신중한 2, 3통의 편지를 내게 보냈는데, 그 목적은 내 대답을 통해 내가 어느 정도나 알고 있는지 또 자기에게 불리한 어떤 증거를 갖고 있는지 간파하려고 하는 것 같았다. 나는 그에게 짤막하고 무미건조하며 의미적으로는 강경한 2통의 회답을 보냈다. 그러나 무례한 언사를 쓰지 않아서 그는 조금도 화를 내지 않았다. [87] 나는 그가 보낸 세 번째에서 그가 일종의 서신왕래를 원하는 것을 알고 더 이상 회답을 내지 않았다. 그는 디베르누아[88]를 통해 내게 말을 전해왔다. 크라메르 부인은 뒤 페루에

동안 서신을 교환했다.

87) 루소의 주장과는 반대로 베른은 그에게 보내는 첫 번째 편지에서 소책자를 야비하다고 비난하면서 자신이 그 필자임을 강력히 부인했다. 루소가 다시 한 번 뒤쉔에게 출판을 중지하라는 명령을 내리고 몇몇 친구들에게 베른이 필자임을 부인했다는 소문을 내달라고 부탁한 것을 보면 그는 처음에 베른의 결백을 확신한 것으로 보인다. 그러나 그가 부당하게 베른을 의심했다는 사실을 공개적으로 선언하라는 권유를 받았을 때 루소는 2월 15일 그것을 거절하고 강경한 태도를 취했으며 이후 이러한 태도를 포기하지 않았다.

88) 아마도 제네바의 프랑수아 앙리 디베르누아(François-Henri d'Ivernois)인 것으로 보인다.

게 자신이 보기에 그 비방문은 베른이 쓰지 않은 것이 확실하다는 편지를 보냈다.[89] 그러나 이런 모든 일로 내 확신이 조금도 흔들리지는 않았다. 그러나 요컨대 내가 틀릴 수도 있고 또 그런 경우라면 내가 베른에게 정식 사과를 하지 않으면 안 되기 때문에, 베른이 그 비방문을 쓴 필자의 이름을 내게 일러주거나 적어도 그 자신이 필자가 아니라는 것을 내게 증명할 수가 있다면, 그가 만족할 만한 사과를 하겠다는 말을 디베르누아를 통해 전했다. 그뿐만이 아니었다. 요컨대 그에게 죄가 없다면 나는 그에게 무엇을 증명하라고 요구할 권리가 없다는 것을 절감하고, 내가 확신하는 이유를 각서에 충분히 상세하게 적어 베른이 기피할 수 없는 중재인의 판단에 맡길 결심을 했다. 여러분은 내가 선택한 중재인이 누구인지 짐작하지 못할 것이다. 바로 제네바 시의회이다. 만약 시의회가 이 각서를 검토하고 시의회가 필요하다고 판단하는 그리고 성공적으로 수행할 수 있는 조사를 한 후 베른 씨가 비방문의 필자가 아니라고 선고한다면, 나는 그 즉시 그가 필자라는 믿음을 진심으로 포기하고 달려가 그의 발치에 꿇어 앉아 용서를 얻을 때까지 용서를 구하겠다고 각서의 말미에 선언했다. 나는 감히 말하거니와, 공정함에 대한 내 불타는 열정, 내 영혼의 올바름과 관대함, 모든 사람들의 마음속에 선천적으로 심어진 이 정의감에 대해 품는 내 신뢰가 이 현명하고 감동적인 의견서에서만큼 더욱 완전하게 또 두드러지게 나타난 적은 결코 없었다. 나는 이 각서에서 내 불구대천의 적들을 나와 비방자 사이의 중

---

89) 이러한 증언은 그녀의 남편인 가브리엘 크라메르(Gabriel Cramer)가 볼테르의 단골 인쇄업자이고 그녀가 볼테르의 거처인 델리스의 단골손님이었기 때문에 무게가 실린 것이다. 사건이 일어난 후 18개월이 지난 후 뒤 페루는 제네바에 있는 크라메르 부인 집에 머물렀는데, 그때 그녀는 그에게 베른이 그 비방문의 필자가 아니며 그 필자가 누구인지 확신하고는 있지만 그 이름을 댈 수는 없다고 말했다.

재자로서 주저하지 않고 선택했다. 나는 이 글을 뒤 페루에게 읽어주었다. 그는 이 글을 발표하지 않았으면 하는 의견이었다. 그래서 나는 그렇게 했다. 그는 내게 베른이 약속한 증거를 기다리라고 충고해서 나는 그것을 기다렸고 아직도 기다리고 있으며, 또 그가 내게 그동안 잠자코 있으라고 충고해서 잠자코 있었고 내 남은 삶 동안 잠자코 있을 것이다. 비록 내심으로는 베른이 이 비방문의 필자라는 것을 마치 내 자신의 존재만큼이나 믿고 또 확신하고 있지만, 사람들로부터는 증거도 근거도 없으면서 중대한 혐의를 그에게 뒤집어 씌웠다는 비난을 받아가면서 말이다. 내가 쓴 각서는 뒤 페루 씨의 수중에 있다. 만약 언젠가 각서가 햇빛을 본다면, 사람들은 그 안에서 내가 그렇게 생각하는 이유를 보게 될 것이다. 그리고 바라건대, 내 동시대인들이 그렇게도 알려고 하지 않았던 장자크의 영혼을 알아볼 것이다.

2년 반을 체류하고 비할 바 없이 수치스러운 대접을 받아가면서도 다시 8개월을 꿋꿋하게 참아나간 후 마침내 내가 모티에에서 파국을 맞고 르 발 드 트라베르에서 떠나게 되는 것에 대해 말할 시간이 되었다. 이 불쾌한 시기의 상세한 일들을 명확히 기억하기란 불가능하지만, 여러분들은 뒤 페루가 그 일들에 관해 발표한 보고에서 그것들을 보게 될 것이고, 나도 이후 그것들에 대해 이야기해야만 할 것이다.

베르들랭 부인이 떠나고 나서 소동은 한층 심해져서, 국왕의 반복되는 칙령과 참사원의 빈번한 명령과 성주와 현지 관헌들의 배려에도 불구하고, 진짜 나를 적그리스도로 간주하는 민중들은 자신들의 아우성이 아무 효과가 없는 것을 보고 드디어 실력행사로 들어가려고 하는 것 같았다. 벌써 길에 나서면 내 뒤에서 돌이 날아와 떨어지기 시작했다. 그러나 그때까지는 약간 너무 멀리서 던졌기 때문에 나를 맞힐 수는 없었다. 드디어 9월 초순, 모티에에 장이 서던 날 밤 나는 집에서 습격을 받아 집안사람들의 생명이 위태로울 정도에 이르렀다.

558

한밤중 집의 뒤쪽으로 붙어 있는 복도에서 요란한 소리가 들렸다. 이 복도로 면한 창과 문을 향해 우박같이 쏟아지는 돌팔매가 하도 요란한 소리를 내며 복도에 떨어지는 바람에 거기서 자고 있던 개가 처음에는 짖기 시작하다가 겁에 질려 짖지도 못하고 한구석으로 피해서 도망가려고 애를 쓰며 마루판자를 이빨로 물어뜯고 발톱으로 긁어대고 있었다. 나는 그 소리에 잠자리에서 일어났다. 나는 부엌으로 가려고 방을 나오려던 참이었다. 그때 억센 팔로 던져진 돌 1개가 부엌 창을 깨고 부엌을 지나 방문으로 들어와 내 침대 발치에 떨어졌다. 그러니 만약 내가 1초만 빨랐더라도 그 돌에 가슴을 맞았을 것이다. 내가 판단하기에 그 소리는 나를 유인하기 위해서 냈고 그 돌은 내가 나올 때 나를 기습하기 위해 던진 것이다. 나는 부엌으로 달아났다. 나는 테레즈도 자리에서 일어나 벌벌 떨면서 내게로 달려오는 것을 보았다. 우리는 돌에 맞지 않도록 창의 방향을 벗어난 벽에 나란히 기대서 어떻게 해야만 할지 궁리했다. 왜냐하면 구원을 청하기 위하여 밖으로 나간다는 것은 맞아죽으려는 짓이었기 때문이다. 다행히 우리 아래층에 사는 노인의 하녀가 이 소동에 잠이 깨어 성주님을 부르러 달려갔다. 성주는 바로 옆집에 살고 있었다. 그는 침대에서 뛰쳐나와 허겁지겁 실내복을 주워 입고 그 즉시 야경원과 함께 온다. 야경원은 장 때문에 그날 밤은 순찰을 돌고 있었고 그래서 언제든 부를 수가 있었다. 성주는 피해상황을 보고 창백해질 정도로 놀랐다. 그리고 복도에 가득 찬 돌멩이들을 보고 외쳤다.

"맙소사! 채석장이네!"

아래로 내려가 보니 좁은 안뜰의 출입문은 부서져 있어서 그들이 복도를 거쳐 집안으로 침입할 작정이었던 것을 알 수 있었다. 야경원이 어째서 난동을 알아차리지 못했고 막지 못했는지를 조사하니, 그날 밤은 다른 마을의 차례였으나 모티에 사람들이 자기들 차례도 아닌데 이번 야경을 서겠다고 고집부렸다는 것이 밝혀졌다. 이튿날 성주는 참사원에 보고서를 보냈다. 참사원은 이틀 후 그에게 이 사건에 대해 증거를 조사하고, 범죄자를 밀고하는 사람에게는 보상과 비밀보장을 약속하고, 그동안 국왕의 비용으로 내 집과 내 집 바로 옆에 있는 성주의 집에 경비원들을 붙여주라는 등의 명령을 내렸다.

이튿날 퓌리 대령, 검사장 뫼롱, 성주 마르티네, 수세관 기네, 재무관 디베르누아와 그의 부친 등 요컨대 이 고장의 유지들이 모두 나를 보러왔다. 그리고 입을 모아 이러한 소란에 저항하지 말고 더 이상 안심하고 살 수도 없고 명예롭게 살 수도 없는 교구에서 적어도 잠시라도 나가 있으라고 권유했다. 성주는 이 광포한 민중의 분노에 겁을 먹고 그 분노가 자기에게까지 미칠까 염려했다. 나는 그가 더 이상 이곳에서 나를 보호하는 곤란을 피하고 또 자기 자신도 이곳을 떠날 수 있도록 — 내가 떠난 후 그도 이곳을 떠난 것처럼 말이다 — 가급적 빨리 내가 여기서 떠나는 것을 본다면 대단히 기뻐했을 것이라는 점까지 알아차렸다. 그래서 나는 양보했는데 그다지 애석할 것도 없었다. 왜냐하면 민중이 나를 미워하는 광경을 보면 나는 더 이상 참고 견딜 수 없을 정도로 가슴이 찢어질 듯한 고통을 느꼈기 때문이다.

피난처로 선택할 곳은 한두 곳이 아니었다. 베르들랭 부인은 파리로 돌아간 이래 수차에 걸친 편지에서 내게 월폴 씨[90]에 관한 이야기를 하여 주었다. 부인은 그를 경 (卿) 이라고 부르고 있었는데, 나를 위해 대단히 열의를 갖고 있는 그가 자기 영지들 중 하나에 있는 은신처를 제공

---

90) Horace Walpole (1717~1797) : 영국의 작가로 소설, 비극, 회고록, 문학 비평 등을 썼다. 서간문의 대가로 방대한 서간집이 있으며, 고딕소설 (공포 소설) 의 선구자이다. 《오트란토의 성》(1764) 으로 유명하다. 22세에 영국 의회의 의원이 된 그는 죽기 6년 전에서야 오르포드 백작 칭호를 물려받았고 상원에는 들어가지 못했다. 그는 1765년 9월 프랑스를 여행하면서 데팡 부인과 친분을 맺었다.

하겠다고 했다는 것이다. 부인은 그 집에 대해 비할 바 없이 즐거운 묘사를 해보였으며 거처와 생계에 관해서 세세하게 설명해서, 그 설명만 들어도 앞에서 말한 월폴 경이 부인과 함께 이 계획에 대하여 어느 정도까지 관심을 갖고 있는지 알 수 있었다. 원수 경은 전에 늘 잉글랜드나 스코틀랜드로 가도록 내게 권하면서 그곳에만 가면 자기 영지에 있는 은신처 또한 제공하겠다고 했다. 그러나 이제는 자기가 사는 근처인 포츠담에 있는 은신처를 하나 제안했고, 나는 거기에 훨씬 더 마음이 끌렸다. 그때 그는 내게 프로이센 국왕이 내 신상에 대해 자기에게 말씀이 있었다고 알려주었는데, 그것은 나를 그곳으로 오라는 일종의 초청이었다. 그래서 삭스고타 공작부인[91] 은 이번의 내 여행에 매우 기대를 걸고 내게 편지를 보내 지나는 길에 자기를 만나러 와서 곁에서 잠시 묵고 가라고 다그쳤다. 그러나 나는 스위스에 대해 대단한 애착을 갖고 있었으므로 내가 거기서 살 수 있을 때까지는 스위스를 떠날 결심을 할 수가 없었다. 그래서 나는 이때를 기해 몇 달 전부터 내가 관심을 두던 계획을 실천에 옮기기로 했는데, 나는 이야기의 흐름을 중단하지 않으려고 지금까지 이 계획에 대해서 언급할 수 없었다.

그 계획은 비엔 호수 한가운데에 있는 베른 구호원 소유지인 생피에르 섬으로 가서 사는 것이었다. 지난 여름 뒤 페루와 걸어서 여행했을 때[92] 나는 이 섬을 방문한 일이 있었다. 나는 이 섬에 너무나 매혹되어 그때부터 어떻게 하면 여기서 살아볼 수 있을까 하는 생각이 끊이지 않았다. 가장 큰 장애는 이 섬이 3년 전에 나를 자기들 고장에서 비열하게 몰아낸 바로 그 베른 사람들에게 속해 있다는 것이었다. 나를 그렇게 냉

---

91) 루이즈 도로테 드 삭스마이닝건(Louise-Dorothée de Saxe-Meiningen) 은 1710년생으로 삭스 고타의 공작 프리드리히 3세의 부인이다.
92) 1765년 7월 초 루소는 생피에르 섬으로 갔고, 테레즈는 7월 5일 그와 합류했다.

대하던 사람들이 있는 곳으로 돌아간다는 것 때문에 내 자존심이 구겨진다는 점 이외에, 그들이 이베르댕에서 그랬던 것처럼 이 섬에서도 나를 가만히 내버려두지 않으리라고 염려할 만한 이유도 있었다. 이에 대해 나는 원수 경과 상의했는데, 경도 내 생각과 마찬가지였다. 즉, 베른 사람들은 내가 이 섬에 유배된 것을 보고 내가 쓰려고 마음먹을 수 있는 글에 대해 나를 볼모로 잡아두었다고 매우 좋아하리라는 것이었다. 그래서 그는 전에 콜롱비에에 살았을 때 이웃사람이었던 스튀를러 씨[93]라는 사람을 통하여 이 문제에 대해 그들의 심중을 살피게 했다. 스튀를러 씨는 영지의 지도급 인사들에게 문의했다. 그리고 그는 그들의 회답에 의거해서 베른 사람들이 과거의 행위를 부끄러워하고 있으며 내가 생피에르 섬에 정착하여 조용히 지내게 되기만을 간절히 바라고 있다고 원수 경에게 장담했다. 나는 더욱 신중을 기하기 위해 그곳에 위험을 무릅쓰고 살러 가기 전에 샤이에 대령[94]으로 하여금 새로운 정보를 수집케 했다. 그는 내게 같은 사실을 확인해주었다. 또 그 섬의 수세관이 자기 주인들로부터 나를 거기 머무르게 해도 좋다는 허가를 받은 후여서 나는 주권자와 소유주들의 묵인을 얻은 상태였기 때문에 그 수세관의 집으로 살러 가도 아무 위험이 없으리라고 믿었다. 왜냐하면 나로서는 베른의 나리들이 전에 내게 행한 부당한 처사를 공개적으로 인정하고 그렇

---

93) Carolus Stürler(1711~1793) : 1762년부터 베른 소위원회 의원이었다. 1765년 10월 10일 원수 경은 스튀를러에게 편지를 보내 장자크를 부탁했다.

94) Jean-Frédéric Chaillet(1709~1778) : 장 프레데리크 샤이에는 사르데냐 왕의 밑에서 중령으로 근무했으며 이후 1752년부터 1763년까지 뇌샤텔 참사원 회원으로 있었다. 그는 목사 몽몰랭으로부터 루소를 지켜주었다. 1765년 8월 30일 그는 루소에게 베른 구호원장의 편지를 전달했는데, 그 편지에서 원장은 베른 상원의 결정 때문에 그에게 명시적인 허가를 할 수는 없지만 루소가 얌전히 있으면 그 누구든 루소를 괴롭히지 않을 것이라고 장담했다.

562

게 해서 모든 주권자들이 신봉하는 절대불가침의 원칙을 위반하리라 기
대할 수는 없었기 때문이다.

　뇌샤텔에서는 라 모트 섬이라 부르는 이 생피에르 섬은 비엔 호수의
한가운데 위치하고 둘레가 약 2킬로쯤 되었다. 그러나 이 작은 면적의
섬 안에서도 주요한 생활필수품들 모두가 생산되었다. 섬에는 들과 목
초지와 과수원과 숲과 포도밭이 있었다. 그리고 다채롭고 산이 많은 지
세 덕분에 그 하나하나의 부분이 한꺼번에 전부 드러나지 않아 서로가
서로를 돋보이게 하고 섬을 실제보다 더 큰 섬으로 보이게 해서 그 전체
가 더욱 쾌적한 배치를 이루고 있었다. 상당히 높이 솟은 평평한 언덕이
서쪽 부분을 이루고 있고, 거기서 글르레스와 라 본빌이 내려다보인다.
이 평평한 언덕에는 긴 가로수 길을 만들어 놓았고 그 가로수 길 한가운
데를 잘라내 커다란 정자를 만들었는데, 사람들은 포도수확기 동안 일
요일마다 모든 인접한 호숫가들로부터 이리로 올라와 모여서 춤을 추고
즐겼다. 이 섬에는 수세관이 사는 단 한 채의 집밖에는 없었지만, 널찍
하고 편리하며 바람을 피할 수 있는 움푹 들어간 곳에 위치하고 있었다.

　이 섬에서 남쪽으로 5백 내지 6백 보쯤 되는 지점에 경작도 않고 사람
도 살지 않는 훨씬 작은 섬이 또 하나 있는데, 예전에 큰 섬에서 폭풍에
의해 떨어져 나온 것 같았고 그 섬의 자갈들 사이에서는 버들과 여뀌밖
에는 자라지 않았다. 그렇지만 그 섬에는 잔디가 잘 깔린 아주 마음에
드는 작은 언덕이 하나 솟아 있었다. 이 호수의 모양은 거의 규칙적인
타원형을 이루고 있었다. 그 연안은 제네바나 뇌샤텔에 있는 호수들의
연안처럼 풍요하지는 못하였지만 그런대로 꽤 아름다운 경관을 이루고
있는데, 특히 인구가 많고 산맥 기슭을 따라 포도나무가 쭉 심어진 거의
로티 구릉[95]과 비슷한 서쪽부분이 그러했다. 그러나 로티 구릉만큼 홀

_____

95) 리옹 근처에 있는 론 강 구릉의 포도원을 말한다.

류한 포도주는 나지 않았다. 이곳의 남쪽으로부터 북쪽으로 가면서 생
장구역, 라 본빌, 그리고 호수의 끝에 비엔과 니도가 있다. 그리고 전체
적으로 매우 경치 좋은 마을들이 산재해 있다.

내가 준비해 두었던 은신처는 이와 같은 곳인데, 나는 르 발 드 트라
베르를 떠나 그곳으로 가서 살려고 결심했다. 96) 이 선택은 평화를 사랑
하는 내 취향에나 고독하고 게으른 내 기질에는 매우 적합해서, 나는 이
것을 내가 가장 열렬히 몰두했던 즐거운 몽상들 중의 하나로 치고 있다.
이 섬에서 나는 사람들로부터 더욱 멀어지고 그들의 모욕에서 더욱 안
전해지며 그들에게서 잊혀져, 요컨대 무위와 명상적인 생활의 즐거움
에 한결 더 빠질 것 같았다. 나는 이제 사람들과 접촉하지 않도록 이 섬
에 칩거하고 싶었다. 그래서 그들과 접촉할 필요성을 모면하기 위해 상
상할 수 있는 모든 수단을 취한 것도 틀림없는 사실이다.

생활하는 것이 문제였다. 식료품이 비싸기도 하고 운반이 곤란하기
도 해서 이 섬에서는 생활비가 많이 들었다. 게다가 여기 사람들은 수세
관의 처분에 달려있었다. 이러한 곤란은 뒤 페루와의 계약 타결로 제거
되었는데, 그는 내 전집 출판을 계획하였다가 포기한 상인조합을 대신
하여 나와 계약을 타결하기를 매우 원했던 것이다. 97) 나는 이 출판을
위한 모든 자료를 그에게 넘겨주었다. 나는 그 자료를 정리하고 분류했
다. 거기다가 내 삶을 담은 회고록도 그에게 넘겨주겠다는 약속도 덧붙

---

96) 〔원주〕내가 이곳에 뒤 테로 씨라고 하는 개인적인 적을 남겨두었던 것을
   이야기하는 것은 아마 쓸데없는 일이 아닐 것이다. 이 사람은 레 베리에르
   시장으로 이 지방에서는 그다지 존경받지 못했지만 정직한 사람이라고 알
   려진 그의 동기간이 생플로랑탱 씨의 사무실에 있었다. 시장은 내 사건이
   있기 얼마 전 그 동기간을 만나러 갔었다. 이러한 종류의 사소한 관찰은
   그 자체로는 아무것도 아니지만 나중에 많은 음모들을 발견하는 데 도움이
   될 수도 있다.
97) 이때 뒤 페루는 루소에게 천 6백 리브르의 종신연금을 주는 데 합의했다.

였다. 그리고 더 이상 세상 사람들이 나를 기억하지 않게 하고 조용히 생을 마치고 싶은 열망에서 내 사후가 아니면 내 서류 일체를 사용하지 않는다는 명백한 조건하에 그를 내 모든 서류의 총 수탁자로 정했다. 이렇게 해서 그가 나에게 지불할 것을 책임진 종신연금은 내가 생활하기에 충분했다. 원수 경은 몰수되었던 자기 재산 전부를 되찾은 후 내게 천 2백 프랑의 종신연금을 주겠다고 했는데, 나는 그것을 반으로 줄여서야 겨우 받았다. 그는 내게 원금을 보내주려고 했으나 나는 원금을 투자하기가 곤란해서 그것을 거절했다. 그래서 그는 이 원금을 뒤 페루에게 맡겼는데, 뒤 페루는 그 돈을 보관하고 위탁자와 합의한 비율로 거기서 나오는 이자로 내게 종신연금을 지불하고 있다. 그러므로 내가 뒤 페루와 맺은 계약과 원수 경으로부터의 연금과 ─ 그 3분의 2는 내가 죽은 후 테레즈에게 양도될 수 있었다 ─ 뒤쉔에게서 받던 3백 프랑의 연금을 합하면 나는 나나 또 내가 죽은 후 테레즈나 웬만한 생활을 할 수 있으리라 기대할 수가 있었다. 그리고 테레즈에게는 레와 원수 경으로부터 나오는 연금 7백 프랑을 남겨두었다. 이렇게 해서 나는 더 이상 나나 그녀에게 빵이 떨어질 걱정은 할 필요가 없었다. 그러나 행운과 자신의 노동으로 내 수중에 들어올 이 모든 재원도 명예를 위하여 어쩔 수 없이 거절하고 내가 지금까지 살아온 것처럼 가난하게 죽어야 하는 것이 내 운명이었다. 사람들은 나로 하여금 내 명예를 훼손하는 일에 강제로 동의하도록 하기 위해 정성들여 다른 모든 재원을 빼앗으면서 언제나 계약을 내게 굴욕스럽게 만들려고 신경을 썼는데, 내가 더없이 파렴치한 인간이 아닌 이상 그런 계약을 지킬 수 있었을지는 여러분들이 판단을 내릴 것이다. 이 양자택일에 선 내가 내릴 결정에 대해 그들이 어찌 짐작이나 했을 것인가? 그들은 항상 자신들의 심성에 의거하여 내 심성을 판단했던 것이다.

  생계문제가 안정되자 다른 것은 걱정할 것이 하나도 없었다. 세상에

서는 적들이 마음껏 활개를 치도록 내버려두었지만, 나는 내가 글을 쓰
도록 부추긴 고귀한 열광 속에 그리고 내 원칙의 변치 않는 일관성 속에
내 영혼의 증거를 남겨두었는데, 이 증거는 내 행위가 내 성격에 대해
보이는 증거와 일치했다. 이 증거만 있으면 나는 나를 중상하는 자들에
대한 다른 방어가 필요하지 않았다. 그들은 내 이름으로 다른 인간을 그
릴 수는 있었다. 그러나 그들은 속아 넘어가기를 원하는 사람들밖에는
속일 수가 없었다. 나는 그들에게 처음부터 끝까지 낱낱이 파헤쳐보도
록 내 생애를 내보일 수 있었다. 나의 결점과 약점을 통해서 또 어떠한
속박도 잘 견뎌내지 못하는 내 천품을 통하여 사람들은 언제나 한 인간
을, 즉 올바르고 선량하며 원한도 증오도 질투도 없고 자신 자신의 과실
을 신속히 인정하고 타인의 과실은 더욱 신속히 잊어버리며 자애롭고
정다운 정열 속에서 자신의 모든 지복을 구하며 모든 일에서 진실함을
무모할 정도로 밀고나가 정말 믿을 수 없을 정도의 무사무욕에 이르는
한 인간을 보게 될 것이라는 것을 나는 확신했다.

그러므로 어떻게 보면 내 시대와 내 동시대인들에게 하직하고 나는
여생 동안 스스로를 이 섬에 가둠으로써 세상과 작별을 고했다. 왜냐하
면 내 결심이 그러했고 또 그 무위의 생활이라는 위대한 계획을 마침내
실천에 옮기려고 생각한 것도 바로 이곳이었기 때문인데, 지금까지는
신이 내게 내려주었던 약소한 활동력 전부를 이 계획에 바치려했지만
허사였다. 이 섬은 내게 사람이 잠드는 지극히 그 행복한 나라, 파피마
니의 섬이 될 것이었다.

"여기서 (자는 것 말고) 98) 더 하는 일이 있다면 그것은 아무 일도 하지
않는 것이다."99)

98) 옮긴이 삽입.
99) 이는 라 퐁텐의 우화인 《파프피기에르의 악마》(*Le Diable de Papefiguière*)
   를 암시하고 있다. 그리고 이 우화는 라블레의 《제 4서》에 근거를 둔 것이

이 '더 하는 일'이 내게는 전부였다. 왜냐하면 나는 언제나 잠을 별로 아쉬워한 적은 없었기 때문이다. 내게는 한가하기만 하면 족하며, 아무 일도 하지만 않으면 자면서 꿈꾸는 것보다는 깨어있는 상태에서 몽상하는 편을 훨씬 더 좋아한다. 공상적인 계획을 품을 나이도 지났고 허영심의 취기는 마음을 우쭐하게 만들기보다는 더욱 어지럽게 만들어서 내게 남은 최후의 희망이라면 영원한 한가함을 누리면서 구속 없이 살아간다는 것뿐이다. 이것은 복자(福者)들이 내세에서 누리는 생활인데, 나는 이후 이것을 이 세상에서 내 최고의 행복으로 삼았다.

내게 그토록 많은 모순이 있다고 비난하는 사람들은 여기서 또 하나의 모순이 있다고 틀림없이 나를 비난할 것이다. 회합에서 하는 일 없이 노는 것이 내게 회합을 견딜 수 없게 만들었다고 말한 적이 있는데, 지금 나는 오로지 한가함에 빠지기 위해서만 고독을 구하는 것이다. 그렇지만 그것은 있는 그대로의 나다. 만일 거기에 모순이 있다고 하면, 그것은 자연의 소행이지 내 소행이 아니다. 그러나 거기에 모순은 정말 별로 없어서 바로 그런 것으로 말미암아 내가 항상 나 자신인 것이다. 회합에서의 무위는 불가피한 것이기 때문에 고달프다. 그러나 고독의 무위는 자유롭고 자발적이기 때문에 매혹적이다. 모임에서 아무것도 하지 않는다는 것이 내게는 잔인한 일이다. 왜냐하면 나는 그렇게 하지 않

다. 처음의 3행은 이렇게 시작한다.

프랑수아 선생님(프랑수아 라블레를 말한다 ― 옮긴이)은 말씀하셨다. 파피마니는 사람들이 행복한 나라라고. 진정한 잠은 오직 이들을 위해 있는 것이라고 ….

루소가 인용한 행은 7행인데 부정확하게 인용되어 있다.

Où l'on fait plus, où l'on fait nulle chose.

원래의 7행은 다음과 같다.

On y fait plus, on n'y fait nulle chose.

을 수 없기 때문이다. 나는 거기서 못이 박힌 듯 의자에 앉아 있거나 혹은 말뚝처럼 서 있어야 하고, 꼼짝달싹 못하며, 감히 내가 하고 싶은 대로 달리지도 뛰지도 노래 부르지도 소리 지르지도 몸짓을 취하지도 못했고 심지어 몽상에 잠기지도 못했다. 또 무위에서 생겨나는 권태와 구속에서 생겨나는 고통을 동시에 몽땅 가져야 했고, 사람들이 지껄이는 온갖 어리석은 말이나 인사에 어쩔 수 없이 주의를 기울여야 했고, 내 차례가 오면 재치 부리는 알쏭달쏭한 말이나 거짓말을 대화 속에 꼭 끼어 넣으려고 끊임없이 내 머리를 혹사시켜야 했다. 여러분은 이것을 무위라고 부르는가? 그것은 강제로 노역하는 죄수의 노동이다.

내가 좋아하는 무위란 완전히 아무것도 하지 않고 팔짱을 낀 채 움직이지도 않고 생각도 않고 그냥 가만히 있는 게으름뱅이의 무위가 아니다. 그것은 끊임없이 움직이면서도 아무것도 하지 않는 어린아이의 무위인 동시에 팔은 쉬고 있으면서도 몽상에 잠겨 횡설수설 허튼소리를 늘어놓고 있는 사람의 무위다. 나는 하찮은 일을 하는 데 몰두하는 것, 수많은 일을 시작하여 하나도 끝내지 못하는 것, 기분 내키는 대로 왔다 갔다하는 것, 계획을 시시각각 바꾸는 것, 파리 한 마리가 날아다니는 모든 행적을 쫓아다니는 것, 바위를 들어내고 그 밑에 무엇이 있나 보려고 하는 것, 십 년 걸릴 일을 열심히 계획하다가 10분 후에 미련 없이 그 일을 포기하는 것, 순서도 일관성도 없이 요컨대 온종일 빈둥거리는 것, 그리고 모든 일에 순간적인 기분만을 쫓는 것을 좋아한다.

내가 항상 생각해왔고 또 열렬히 좋아하기 시작한 바와 같은 식물학과 같은 것이야말로 바로 일종의 한가한 연구로, 상상의 망상이나 완전한 무위에서 오는 권태에 여유를 주지 않도록 내 한가한 시간의 빈틈 전부를 채우기에 적합했다. 숲이나 들판을 무사태평으로 돌아다니는 것, 무의식적으로 여기저기서 때로는 꽃 한 송이를 때로는 잔가지 하나를 수집하는 것, 거의 되는 대로 건초를 뜯어먹고, 100) 늘 잊어버리기 때문에

568

똑같은 것들을 똑같은 흥미를 갖고 수도 없이 관찰하는 것은 한순간도
권태를 느끼지 않고 영원한 시간을 보내기에 필요한 것이었다. 식물의
구조가 아무리 우아하고 감탄스럽고 다양하다고 해도 무지한 눈에는 흥
미를 일으킬 정도로 강한 인상을 주지 못한다. 식물의 조직을 지배하는
그 변함없는 유사함과 그럼에도 불구하고 그 놀라운 다양성은 식물의 체
계에 대해 이미 약간의 개념을 가진 사람들만을 열광시킨다. 그렇지 않
은 사람들은 자연이 제공하는 이 모든 보물들을 보고도 무디고 따분한
감탄밖에 하지 않는다. 그들은 심지어 무엇을 관찰해야 하는지조차 모
르기 때문에 세부에 들어가서는 아무것도 보지 못하며, 관찰자의 정신
을 그 경이로 압도하는 관계와 배합의 이러한 연쇄에 대하여 아무런 개
념도 없으므로 그 전체도 보지 못한다. 나는 그것에 대해 그리 아는 것
이 없어서 모든 것이 내게 새롭게 보일 정도지만 또 모든 것이 민감하게
느껴질 정도로는 아는 그런 행복한 상태에 머물러 있었고, 기억력이 부
족해서 이러한 상태에 늘 머물러 있을 것이 틀림없었다. 섬은 비록 작았
지만 다양한 토질로 구분되어 있어서 내게 전 생애의 연구와 즐거움을
위해 충분히 다양한 식물을 제공했다. 나는 여기서 한 포기의 풀도 그냥
내버려두지 않고 분석하고 싶었다. 그리고 이미 나는 신기한 관찰들을
엄청나게 수집하여 《피에르 섬의 식물지》를 쓸 준비를 하고 있었다.
　나는 테레즈에게 내 책들과 옷가지들을 챙겨갖고 오게 했다. 우리 부
부는 이 섬의 수세관 집에 하숙을 들었다. 수세관 부인은 니도[101]에 자
매들이 있었는데, 그들이 번갈아 부인을 만나러 와서 테레즈를 벗해 주
었다. 나는 여기서 감미로운 생활을 시험삼아 시도했고, 이러한 생활
속에서 내 생애를 보내고 싶었다. 그러나 내가 그 생활에서 얻은 취향은
그토록 신속히 그 뒤를 잇게 될 생활의 쓰라림을 더욱 절감케 하는 데 도

100) 비유적 표현으로 가벼운 식사를 의미하는 것으로 보인다.
101) 베른 군청소재지.

움이 되었을 뿐이다.

나는 언제나 열렬히 물을 좋아했다. 그래서 물을 보면 흔히 일정한 대상은 없었지만 달콤한 몽상 속에 잠긴다. 날씨가 좋을 때는 잠자리에서 일어나면 반드시 평평한 언덕으로 달려 올라가 건강에 좋은 아침의 신선한 공기를 들여 마시고 그 아름다운 호수의 수평선을 내려다보았는데, 그 호수를 둘러싼 호수 기슭과 산들이 내 시선을 매혹했다. 나는 신이 만든 피조물을 묵상함으로써 일깨워지는, 그리고 잘 만들어진 기도문으로도 전혀 표현되지 못하는 이러한 소리 없는 찬탄보다 더욱 훌륭한 신에 대한 찬미는 없다고 생각한다. 담벼락과 거리와 죄악밖에는 보지 못하는 도시의 주민들이 어째서 신앙이 별로 없는지를 나는 이해한다. 하지만 시골사람들이 특히 홀로 사는 고독한 사람들이 어떻게 전혀 신앙을 가질 수 없는지는 이해할 수 없다. 어째서 그들의 혼은 자기들에게 감명을 주는 경이로움의 창조자를 향하여 하루에 백 번씩이라도 황홀함 속에서 고양되지 못하는가? 나로서는 특히 자리에서 일어났을 때, 불면 때문에 지쳐 있지만 오랜 습관으로 이러한 심성의 고양상태에 이르게 되는데, 이 상태는 생각하는 피곤함을 전혀 강요하지 않는다. 그러나 그렇게 되기 위해서는 내 눈이 자연의 황홀한 광경에 강렬한 인상을 받지 않으면 안 된다. 내 방에서는 기도하는 일이 더 드물고 또 더 무미건조하게 기도한다. 그러나 아름다운 풍경을 바라볼 때면 무어라 말할 수 없이 감동한다. 나는 다음과 같은 이야기를 읽은 적이 있는데, 어떤 현명한 주교가 자기의 교구를 돌아보면서 기도라고는 그저 "오!"밖에는 할 줄 모르는 노파를 보았다고 한다. 그 주교는 노파에게 말했다.

"훌륭한 어머니시여, 항상 그렇게 기도를 계속하십시오. 당신의 기도가 우리들의 기도보다 더욱 가치가 있습니다."

이 더욱 훌륭한 기도는 또한 내가 올리는 기도이기도 하다.

아침을 먹고 나서 마지못해 서둘러 쓸데없는 편지 몇 통을 썼다. 그러면서 다시는 이런 편지를 전혀 쓰지 않을 행복한 시기를 열렬히 갈망했다. 나는 내 책이나 서류를 읽기보다도 끄집어내서 정리하기 위해 그 주변에서 잠시 법석을 떨었다. 그리고 내게는 페넬로페[102]의 일거리처럼 된 이러한 정리가 얼마 동안 허송세월하는 즐거움을 주었다. 그후 싫증이 나면 그 일을 집어던지고, 식물학 특히 린네의 분류법 연구에 오전 중의 나머지 서너 시간을 보냈다. 나는 린네의 분류법에 열광하여 그것이 무의미하다는 것을 느낀 후에도 좀처럼 거기서 벗어날 수가 없었다. 내 생각으로 루드비히[103]를 빼놓으면 이 위대한 관찰자야말로 박물학자이자 동시에 철학자로서 식물학을 보았던 유일한 사람이다. 그러나 그는 식물학을 식물표본과 식물원에서 너무 연구한 나머지 자연 그 자체 안에서는 연구가 충분치 않았다. 이 섬 전체를 식물원으로 간주하는 나로서는 어떤 것을 관찰하고 또 진위를 확인할 필요가 있을 때는 곧 책을 끼고 숲이나 풀밭으로 달려갔다. 거기서 나는 문제의 식물 곁에 자리 잡고 바닥에 누워서 서 있는 그 식물을 내 마음껏 조사했다. 이런 방법은 인간의 손에 의하여 재배되어 변질되기 이전의 자연상태에 있는 식물을 아는 데 많은 도움이 되었다. 루이 14세의 수석의사인 파공[104]은 왕실 식물원에 있는 모든 식물의 이름을 줄줄이 대고 완전히 알고 있었으나 들에 나가면 너무나 무지해서 무엇 하나 아는 것이 없었다고 한다.

---

102) 페넬로페는 오디세우스의 부인이다. 트로이전쟁에 참가한 오디세우스가 오랫동안 돌아오지 않자 구혼자들이 페넬로페를 성가시게 했다. 이에 페넬로페는 시아버지의 수의를 다 짜면 구혼자 중에서 남편을 고르기로 약속했다. 그러나 페넬로페는 낮에는 수의를 짜고 밤에는 다시 풀면서 떠나간 남편이 돌아오기를 기다렸다. 그래서 일을 끊임없이 마치지 못하는 경우를 '페넬로페의 직물'이라고 한다.

103) Chrétien-Théophile Ludwig(1709~1773) : 독일의 식물학자.

104) Gui-Crescent Fagon(1638~1718) : 왕실 식물원의 식물학과 화학 교수로 있다가 왕실 식물원장이 되었다.

나는 바로 그 반대였다. 나는 자연이 만든 작품에 대해서는 얼마쯤 알고 있지만 정원사가 만든 작품에 대해서는 전혀 알지 못한다.

점심 후의 시간은 한가하고 나태한 기분에 그리고 아무런 규칙도 없이 그때그때의 충동을 따르는 데 완전히 바쳤다. 종종 바람이 잔잔할 때는 식탁에서 일어나자마자 나가 조그만 배에 혼자 뛰어들곤 했다. 수세관이 내게 노 하나로 배를 젓는 법을 가르쳐 주었던 것이다. 나는 물 한가운데로 나갔다. 내가 물결치는 대로 나가는 순간은 내게 몸이 떨릴 정도의 즐거움을 주었는데, 나로서는 그 원인을 말할 수도 없고 잘 이해할 수도 없다. 그것은 어쩌면 이러한 상태에서 사악한 자들의 공격에서 벗어나 있다는 내밀한 지복이었는지는 모르겠다. 다음에 나는 혼자서 이 호수를 떠돌면서 때로는 호숫가에 접근하기도 했지만 결코 배는 대지 않았다. 종종 배를 바람 부는 대로 물결치는 대로 내버려 둔 채 대상이 없는 몽상에 빠지곤 했는데, 이러한 몽상은 터무니없기는 해도 그래도 역시 감미로웠다. 나는 가끔 감격하여 이렇게 외쳤다.

"오, 자연이여! 오, 나의 어머니여! 나는 지금 오직 당신의 보호 아래 있습니다. 여기서는 당신과 나 사이에 약삭빠르고 교활한 인간이 결코 끼어들지 않습니다."

나는 이렇게 뭍에서 2킬로미터까지 멀어졌다. 나는 이 호수가 대양이었으면 하고 바랐다. 그러나 내 가엾은 개가 나처럼 물 위에 그렇게 오래 머물러 있는 것을 좋아하지 않았기 때문에 개의 비위를 맞추기 위해서 보통 때에는 산책의 목적지를 따라갔다. 그것은 그 작은 섬으로 가서 배에서 내려, 거기서 한두 시간 산책하거나 혹은 평평한 언덕 꼭대기 풀밭에 눕는 것이었다. 그러면서 호수와 그 근처의 풍경에 감탄하는 즐거움을 실컷 누리고, 손이 미치는 범위 내에 있는 온갖 풀들을 조사하고 해부하기도 하고, 또 로빈슨[105]이나 된 것처럼 이 작은 섬에다 내가 머물 상상의 거처를 세워보기도 했다. 나는 이 작은 언덕에 강한 애착을 느꼈다. 수세관의 아내와 그 자매들과 함께 테레즈를 이곳으로 산책시키러 데리고 나올 수 있었을 때 그들의 물길 안내인이 되거나 길잡이가 되는 것이 얼마나 자랑스러웠던가. 우리는 이 섬에다 토끼들을 번식시키려 성대하게 토끼 떼를 데리고 왔다. 이것도 장자크를 위한 또 다른 즐거움이었다. 토끼까지 기르게 되어 나는 이 작은 섬에 훨씬 더 흥미를 느꼈다. 그때부터 나는 이 새로 온 주민들이 만드는 진보의 발자취를 탐구하기 위하여 더욱 빈번히 그리고 더욱 즐겁게 그곳에 가곤 했다.

　나는 이런 즐거움들에 레 샤르메트에서의 감미로운 생활을 회상케 하는 또 하나의 즐거움을 덧붙였는데, 내게 특별히 이러한 즐거움을 가져다 준 것은 계절이었다. 그것은 야채나 과일의 수확을 위한 시골의 사소한 일들이었는데, 테레즈와 나는 즐겁게 수세관 아내와 그 가족들과 더

---

105) 인간들 사이의 불편한 관계를 참기보다는 고독을 추구하던 루소는 디포의 《로빈슨 크루소》를 대단히 찬양했다. 그는 《에밀》에서 자신이 《로빈슨 크루소》를 찬양하는 이유를 다음과 같이 말하고 있다.
　　"… 내 생각에 자연교육에 관한 가장 만족할 만한 개론을 제공하는 책이 한 권 있다. 이 책이 에밀이 읽을 첫 번째 책이 될 것이다 … 그렇다면 이 놀라운 책은 무엇인가? 아리스토텔레스인가? 플리니우스인가? 뷔퐁인가? 아니다, 그것은 《로빈슨 크루소》이다. 다른 인간의 도움도 온갖 기술의 연장들도 없이, 섬에서 혼자 살면서도 자신의 생존과 자기 보존에 대비하며 심지어 일종의 안락함마저 누리는 로빈슨 크루소야말로 모든 연령의 사람들에게 흥미로운 대상이며, 수천 가지 수단으로 아이들을 유쾌하게 해줄 수 있는 소재이다. 그것은 처음에 내가 비유로 써먹었던 무인도를 우리가 실현시키는 방법이다. 이런 상태가 사회인의 상태가 아니라는 것은 나도 인정한다. 아마 이것이 에밀의 상태가 되어서도 안될 것이다. 하지만 그는 바로 이 상태에 비추어 다른 모든 상태들을 판단해야 한다. 편견을 넘어 자신의 판단을 사물의 진정한 관계에 따라 정리하는 가장 확실한 방법은 자신을 고립된 인간의 위치에 두고, 그 고립된 인간이 모든 것에 대해 자기 자신의 유용성을 참작하여 스스로 판단을 내리듯 모든 일을 판단하는 것이다"(《에밀》 3권).

불어 그 일들을 함께 나누어 하곤 했다. 키르슈베르거106) 라는 베른 사
람이 나를 만나러 왔었을 때 나는 큰 나무 위에 앉아 허리에 사과를 가득
담은 자루를 차고 더는 움직이지 못하는 모습을 그에게 들킨 일이 기억
난다. 나는 이런 경우나 이와 비슷한 몇몇 또 다른 경우에 불쾌하지 않
았다. 내가 한가한 시간을 어떻게 이용하는지 지켜보는 베른 사람들이
이제는 이 평온을 깨뜨리려고 생각지 말고 나를 고독 속에 그냥 내버려
두기를 바랐다. 내 의사에 의해서보다도 그들의 의사에 의해 고독 속에
갇혀진다면 나는 그것이 훨씬 더 좋았을 것이다. 그렇게 되면 그곳에서
의 내 안식이 깨지지 않는다는 것을 더욱 확신했을 것이기 때문이다.
　내가 미리 확신하건대 독자들이 믿지 못할 그런 고백들 중의 하나가
여기 또 있는데, 독자들은 내 전 생애를 통하여 자기네들의 내적 감정과
조금도 비슷하지도 않은 수많은 내적 감정을 보지 않을 수 없었음에도
불구하고 항상 그들 자신을 기준으로 나를 판단하려고 고집한다. 더욱
이상한 일은 그들이 자신들에게 없는 선량하거나 혹은 공평무사한 모든
감정이 내게 있다는 것을 인정하지 않고, 인간의 마음에 들어갈 수조차
없을 그런 사악한 감정은 내게 덮어씌울 준비가 항상 되어 있다는 것이
다. 그런 경우 그들은 나를 자연에 반하는 상태에 놓고 나를 존재할 수
조차 없는 그런 괴물로 만드는 것을 아주 간단한 일로 여기고 있다. 나
를 중상모략하는 것을 목적으로 하면 곧바로 어떤 부조리한 것도 그들
에게는 이상하게 보이지 않으며, 내 명예를 높이는 것을 목적으로 하면
곧바로 어떤 대단한 일도 그들에게는 가능하게 생각되지 않는다.
　그러나 그들이 그에 대해 어떻게 생각하든 또 어떻게 말하든, 나는 그
래도 역시 계속해서 장자크 루소가 어떤 사람이고 무엇을 행했으며 무
엇을 생각했는지를 충실히 설명할 것이다. 그의 감정이나 생각의 특이

---

106) 니콜라 앙투안 드 키르슈베르거(Nicolas-Antoine de Kirchberger, 1739
　　~1800)는 이미 1762년 11월 루소를 방문한 적이 있다.

성을 설명도 변호도 하지 않고, 다른 사람들도 그와 같이 생각했는지 조사하지 않으면서 말이다. 나는 생피에르 섬을 무척 좋아했고 그곳에서의 체류가 아주 마음에 들었으므로, 내 모든 소망을 이 섬에 새겨놓은 나머지 이 섬에서 다시는 나가지 않기를 소망했다. 주변을 방문해야 한다든지, 뇌샤텔이나 비엔, 이베르댕이나 니도에 가서 물건을 사야만 한다는 일은 벌써 내 상상을 피곤하게 만들었다. 섬 밖에서 지내야만 하는 하루는 내 행복에서 빼앗긴 하루처럼 보였고, 이 호수의 울타리 밖으로 나가는 것은 나로서는 자신의 영역 밖으로 나가는 불편한 일이었다. 게다가 과거의 경험은 나를 겁쟁이로 만들었다. 어떤 좋은 것이 내 마음을 기쁘게 해도 그것만으로도 그 좋은 것을 잃게 될 예상을 하기 충분했고, 이 섬에서 내 여생을 마치겠다는 열렬한 욕망은 어쩔 수 없이 여기서 나가야 한다는 두려움과 분리될 수 없었다. 나는 저녁때 특히 호수가 물결치고 있을 때 모래톱에 나가 앉는 버릇이 들었다. 발밑에서 부서지는 물결을 보면서 묘한 즐거움을 느꼈다. 나는 그로부터 세상의 소란함과 내 거주지의 평온함에 대한 이미지를 떠올리곤 했다. 그리고 나는 때로는 이 감미로운 생각에 두 눈에서 눈물이 흐르는 것을 느낄 정도로 감격했다. 내가 열광적으로 누리고 있는 이 안식은 오직 이것을 잃지나 않을까 하는 불안으로 어지럽혀질 뿐이었지만, 이런 불안은 그 즐거움을 해칠 정도에까지 이르렀다. 내 처지를 불안정한 것으로 느끼고 있었기 때문에 나는 감히 거기에 기대를 걸 수가 없었다. 나는 이렇게 생각했다.

"아! 나는 이곳에서 나갈 수 있는 자유에 대해 전혀 개의치 않으므로 이곳에서 영원히 머무를 수 있다고 보증한다면 정말 기꺼이 그 자유를 포기할 것이다. 호의에 의해 이곳에 머무는 것이 묵인되는 대신에 강제로 억류되었으면 좋겠다. 내가 여기 머무는 것을 단지 묵인만 하는 사람들은 언제라도 나를 여기서 쫓아낼 수 있다. 그리고 나를 박해하는 사람들이 내가 여기서 행복한 것을 보고도 나를 계속해서 행복하게 내버려두

리라는 것을 나로서 어찌 바랄 수 있겠는가? 아! 나를 여기에서 살도록
허락하는 것만으로는 충분치 않다. 나는 그렇게 선고를 받았으면 좋겠
고, 나가라는 강요를 받지 않기 위하여 머무르도록 강요를 받았으면 좋
겠다."

　나는 행복한 미슐리 뒤크레[107]에게 선망의 시선을 던졌는데, 그는
아르베르 성에 조용히 있으면서 행복하기 위해서 행복하기를 바라기만
하면 되었던 것이다. 요컨대 이런 생각을 너무 자주하고 또 언제든지 나
를 덮칠 준비가 되어 있는 새로운 폭풍에 대한 불안한 예감에 너무 몰두
한 나머지, 나는 사람들이 단지 이 섬에 사는 것을 용인하는 대신 내게
이 섬을 영원한 감옥으로서 내어주기를 믿을 수 없을 정도로 열렬히 바
라기에 이르렀다. 그리고 내게 그런 선고를 내리는 것이 오직 내 마음에
달려있었다면, 나는 비할 바 없이 큰 즐거움을 갖고 그렇게 했으리라 맹
세할 수 있다. 왜냐하면 여기서 추방될 위험보다는 여기서 어쩔 수 없이
여생을 보내야만 하는 것을 천 배나 더 원하였기 때문이다.

　이런 두려움은 기우로 끝나지 않고 오래지 않아 현실로 나타났다. 전
혀 예기치 않은 때에 나는 생피에르 섬을 관할하는 니도 사법행정관의
편지를 받았다. 이 편지를 통해 그는 각하들을 대리하여 섬과 그들의 관
할 구역에서 떠나라는 엄명을 내렸다.[108] 나는 그 편지를 읽으면서 꿈
을 꾸는 듯했다. 이런 명령만큼 부자연스럽고 부당하며 의외의 일은 없
었다. 왜냐하면 나는 자신의 예감을 조금이라도 근거를 가질 수 있는 선

---

107) 미슐리 뒤 크레(Jacques-Barthélemy Micheli du Crest, 1690~1766)는
　　제네바의 군 기술자이자 물리학자였는데, 1746년 체포되어 스위스의 아
　　르베르 성에서 말년을 보냈다.
108) 니도의 사법행정관인 엠마뉴엘 드 그라펜리드(Emmanuel de Graffenried)
　　는 1765년 10월 16일자 편지에서 베른의 상원의원들이 루소에게 섬과 그
　　들의 관할 영지에서 떠나라는 명령을 내렸음을 알렸다.

576

견지명이라기보다는 오히려 불행에 겁을 먹은 사람의 불안으로 여겨왔기 때문이다. 내가 주권자의 묵인을 확보하기 위해 몇몇 수단들을 취했다는 점, 사람들이 내가 정착하는 것을 그냥 내버려두었다는 점, 몇몇 베른 사람들이 방문한 데다가 내게 우정과 친절을 잔뜩 베풀어준 사법행정관이 직접 방문했다는 점, 혹독한 계절이어서 병약한 사람을 추방하는 일은 잔인하다는 점, 이 모든 것에 비추어 볼 때 많은 사람들과 함께 나는 이 명령에 어떤 오해가 있다는 것과 악의를 가진 인간들이 갑자기 내게 이러한 타격을 가하기 위해 일부러 포도수확기와 상원 회의에 사람들이 적을 때를 택했다는 것을 믿지 않을 수 없었다.

만약 내가 내 최초의 분노에 귀를 기울였다면, 나는 그 즉시 떠나버렸을 것이다. 그러나 어디로 갈 것인가? 겨울은 닥쳐왔는데 목적지도 없고 준비도 없이, 마부도 마차도 없이 어떻게 할 것인가? 내 서류며 옷가지며 내 모든 소지품들을 몽땅 아무렇게나 내던져버리지 않는 한, 그것들을 배려할 시간이 필요했다. 그런데 그 명령에서는 그런 시간적 여유를 준다는 말도 안 준다는 말도 없었다. 잇따른 불행으로 내 용기는 꺾이기 시작했다. 처음으로 나는 내 천성의 자부심이 어쩔 수 없는 필요로 인해 허리를 굽히는 것을 느꼈다. 그래서 마음속으로는 불만이었지만 머리를 숙이고 유예를 요청하지 않으면 안 되었다. 내가 그 명령에 대한 설명을 요청해야 할 상대는 바로 내게 명령을 보냈던 그라펜리드 씨였다. 그의 편지에는 더없이 유감스럽지만 자신이 내게 통지하지 않을 수 없었던 바로 그 명령에 대한 매우 격한 비난이 담겨져 있었는데, 그 편지에 넘쳐흐르는 고통과 존경의 표시들은 죄다 흉금을 터놓고 그에게 말하라는 매우 따뜻한 권유 같았다. 나는 그렇게 했다. 내 편지가 이 불공정한 사람들에게 자신들의 야만성을 깨닫게 하여 이렇게 잔인한 명령을 취소하지는 않을망정 적으나마 퇴거준비를 하고 퇴거할 곳을 정하도록 내게 적당한 유예기간을 줄 것이고 어쩌면 겨울이 끝날 때까지 유예해 주리라는 것을 의심조차 하지 않았다.

회답을 기다리는 동안 나는 내 처지에 대해 깊이 생각하고 또 내가 취해야만 할 방침을 숙고하기 시작했다. 나는 모든 면에서 무척 많은 곤란을 느꼈고 비애로 몹시 타격을 입었고 당시 건강이 몹시 나빠서 심히 낙심하고 말았으며, 낙담한 끝에 내 마음속에 남아있을지 모르는 얼마 안 되는 힘까지 빠져 내 처량한 처지에서 최선의 방책도 이끌어낼 수가 없었다. 내가 어떠한 은신처로 피하려고 하건 나를 추방하기 위하여 그들이 취한 두 가지 수단 중 어느 것도 피할 수 없음이 뻔했다. 그 한 가지 수단은 은밀한 술책을 써서 하층민들을 내게 대항하도록 선동하는 것이고, 다른 한 가지는 어떤 이유도 대지 않고 공공연하게 폭력을 써서 나를 쫓아내는 것이다. 그러므로 내 체력과 기후가 허락하는 것처럼 보이는 곳보다 더 먼 곳으로 은신처를 찾으러 가지 않는 한 나는 어떠한 안전한 은신처를 기대할 수가 없었다. 이 모든 일 때문에 나는 막 몰두하고 있었던 생각으로 다시 돌아가서, 내가 선택할 모든 은신처에서 잇달아 쫓겨나 이 지상에서 끝없이 방랑하기보다는 차라리 영원히 감금당하는 처분을 받기를 감히 바랐고 또 그렇게 하기를 제안했다. 첫 번째 편지를 낸 지 이틀 만에 나는 그라펜리드 씨에게 두 번째 편지를 내어 각하들에게 그것을 제안하도록 간청했다. 이 두 차례의 편지에 대한 베른으로부터의 회답은 가장 단호하고 냉혹한 말로 작성된 일종의 명령으로서, 24시간 이내에 이 섬으로부터 그리고 공화국의 직접 관할이나 간접 관할을 받고 있는 전 영토로부터 퇴거할 것이며 다시 들어온다면 가장 엄중한 벌에 처한다는 것이었다. [109]

무서운 순간이었다. 그후 더 심한 공포에 빠졌던 적은 있지만 이보다

---

[109] 그라펜리드의 간절한 편지에도 불구하고 상원의원들은 10월 21일 루소에게 3일의 말미를 주면서 베른 주의 직접 관할이나 간접 관할을 받는 영토로부터 영구히 떠날 것을 명령했다.

더 큰 곤란에 빠진 적은 결코 없었다. 그러나 나를 가장 괴롭혔던 것은 내가 이 섬에서 겨울을 지내려고 했던 계획을 포기하지 않으면 안 되었다는 점이다. 이제 내 재난을 절정에 이르게 하고, 한 불운한 국민을 ─ 그런데 막 싹트기 시작한 이 국민의 미덕은 언젠가 스파르타와 로마의 미덕과 견주게 될 가능성을 이미 예고하고 있었다 ─ 내가 접어든 파멸의 길로 끌어들인 그 운명적인 일화를 이야기할 때가 되었다. 나는《사회계약론》에서 코르시카 사람들이 신흥국민으로서 유럽의 국민들 가운데 나약해지지 않아 법을 제정하기에 적합한 유일한 국민이라는 것을 말한 바 있다. 110) 그리고 나는 이 국민이 현명한 입법자를 발견하는 행운을 갖는다면 그런 국민에게 커다란 기대를 가져야 한다는 것을 표명한 적이 있다. 내 저서는 몇몇 코르시카 사람들에게 읽혔는데, 그들은 내가 자기네들에 대해 존경할 만한 태도로 말한 것에 감격했다. 그리고 그들은 자신들의 공화국을 건설하려고 노력하던 처지에 있었으므로, 그들의 지도자들은 그 중대한 사업에 관해 내 의견을 물으려는 생각을 갖게 되었다. 그 나라 제일가는 가문들 중 한 가문에 속한 프랑스 루아얄 이탈리앵 연대 대위 부타포코111) 라는 사람이 그 문제에 관해 내게 편

---

110) 참조. "유럽에는 입법이 가능한 나라가 아직도 하나 있는데, 그것은 코르시카 섬이다. 이 정직한 국민은 용기와 인내로 자신의 자유를 되찾고 지킬 줄 알았는데, 그 용기와 인내라면 어떤 현인이 그 국민에게 그 자유를 보존하는 방법을 가르쳐 주기에 정말 부족하지 않을 것이다. 나는 언젠가 이 작은 섬이 유럽을 놀라게 할 것이라는 어떤 예감을 갖고 있다"(《사회계약론》 2권 10장).

111) Matthieu Buttafoco(1731~1806) : 코르시카의 귀족으로 루아얄 이탈리앵 연대 중대장과 이어서 루아얄 코르시카 연대 연대장을 지냈다. 1764년 8월 31일 편지로 루소에게 《코르시카 헌법 초안》을 저술해달라고 부탁했다. 루소는 부타포코의 귀족정치에 대한 선호를 이해하지 못했고 강력한 민주주의적 성향을 갖고 있는 자신의 초안에서 그것을 존중하지도 않았다. 그래서 이 계획은 전혀 부타포코의 마음에 들지 않았다. 한편 부타포

지를 보냈다. 그리고 그는 내가 그 민족의 역사와 그 나라의 상태를 소
상히 알기 위해 요구했던 여러 가지 서류도 제공했다. 파올리 씨112) 도
내게 여러 차례 편지를 보냈다. 나는 이와 같은 기획이 내 힘에 겨운 것
이라고 느꼈지만, 그것에 대하여 필요한 모든 정보를 입수한다면 그토
록 위대하고 훌륭한 사업에 협력하여 달라는 그들의 요청을 거부할 수
는 없다고 생각했다. 바로 이러한 의미에서 나는 이 두 사람에게 답장을
했다. 그리고 이러한 편지교환은 내가 떠날 때까지 계속되었다.

  바로 이와 때를 같이하여 프랑스가 코르시카에 군대를 파병하였다는
것과 프랑스가 제노바와 조약을 맺었다는 것을 알았다. 113) 이러한 조약

  코는 프랑스와의 외교적 활동을 계속하고 슈아죌과 관계를 맺고 있으면서
  코르시카 섬을 합병하려는 프랑스의 의도를 루소에게 감추었다.

112) Pascal Paoli(1725~1805) : 코르시카의 정치가로 제노바의 코르시카 지
  배를 종식시키는 데 이바지했으며 계몽정치와 개혁을 실시했다. 30살에
  코르시카 민족의 장군으로 선출되었고, 그 뒤 9년 동안 계몽적 전제주의
  원칙을 내세워 코르시카를 변모시키는 한편 전쟁을 계속했는데, 처음에는
  제노바와 싸우다가 1764년부터는 제노바의 동맹국인 프랑스와 싸웠다.
  1768년 제노바는 프랑스에게 코르시카를 양도했고, 이에 분노한 코르시
  카는 프랑스에게 전쟁을 선포하였지만 1769년 5월 파올리의 코르시카군
  은 패배하고 그해 6월 파올리는 영국으로 망명했다. 20년간의 망명생활을
  한 후 파올리는 1790년 7월 14일 코르시카에 돌아가 국민들의 열렬한 환
  영을 받았다. 그는 프랑스 혁명의 진행에 두려움을 품고 영국과 관계를
  맺고 프랑스에 적대적인 태도를 취해 프랑스 국민의회는 그를 '프랑스 공
  화국의 배신자'로 선언했다. 이후 영국의 정책에 불만을 품은 그는 코르시
  카를 떠나 런던으로 가서 1807년 2월 5일 사망했다. 그는 아직도 많은 코
  르시카 사람들에게 국부로 존경받고 있다.

113) 1764년 8월 6일 콩피에뉴에서 루이 15세와 제노바 공화국 간에 조약이
  체결되었는데, 이 조약에서 제노바는 프랑스 원정군이 그때까지 제노바에
  종속되어 있는 아자시오, 칼비, 생플로랑, 바스티아, 알가졸라에 주둔하
  면서 적대상태에 있는 제노바와 코르시카 사이의 중재자 역할을 할 것을
  허락했고, 그 대가로 프랑스는 제노바에게 진 빚을 면제받기로 했다.

과 군대의 파견으로 나는 불안해졌다. 그리고 나는 아직 내가 그 모든 일에 무슨 관계가 있다는 것을 상상도 못하고, 어쩌면 곧 그 국민이 정복되려는 순간에 국민을 만드는 것만큼이나 극도의 안정을 요하는 작업에 진력한다는 것은 불가능하며 또 우스운 일이라고 판단했다. 나는 내가 느끼는 불안을 부타포코 씨에게 감추지 않았다. 그는 이 조약에 자기 민족의 자유에 반하는 것들이 있다면 자기와 같은 선량한 시민이 자기가 복무하는 것처럼 프랑스군에 머물러 있지 않을 것이라는 확신을 갖고 나를 안심시켰다. 사실 코르시카 섬의 입법에 대한 그의 열의와 그가 파올리 씨와 맺고 있는 친밀한 관계를 생각할 때 나는 그에 대해 어떠한 의심도 품을 수 없었다. 114) 그리고 그가 베르사유와 퐁텐블로로 빈번히 나들이를 했다는 것과 슈아죌 씨와 교분이 있다는 것을 알았을 때, 내가 그로부터 내렸던 결론은 단지 그가 프랑스 궁정의 진정한 의도에 대하여 확신을 갖고 있다는 것뿐이었다. 그런데 그는 내게 이 확신을 넌지시 알렸을 뿐 편지를 통하여 그것에 대한 자신의 생각을 솔직히 밝히고 싶어 하지는 않았다.

이 모든 일로 인해 나는 부분적으로 안심했다. 그러나 프랑스 군대의 파병에 대해서도 뭐가 뭔지 아무것도 모르고, 코르시카 사람들만으로도 제노바 사람들에 대항해서 그들의 자유를 충분히 지킬 수 있는데도 그들의 자유를 보호하기 위해 프랑스 군대가 그곳에 있다는 것도 이치상 생각할 수 없으므로, 나는 완전히 안심할 수 없었다. 또 내가 제안받은 입법에 대해서도 그 모든 것이 나를 조롱하기 위한 장난이 아니라는 확고한 증거가 있을 때까지는 거기에 정말로 매달릴 수 없었다. 나는 부타포코 씨와의 회견을 너무나 바랐다. 그것은 내가 필요로 했던 해명을 그로부터 끌어내는 진정한 방법이었다. 그는 내게 회견에 대한 기대를

---

114) 프랑스의 군대에서 복무하던 부타포코는 1764년 콩피에뉴 조약 이후 파올리에 대한 중재자 역할을 했다.

갖게 했고 나는 그 회견을 정말 초조하게 기다리고 있었다. 그로서도 정말 그런 계획이 있었는지 모르겠다. 그러나 그에게 그런 계획이 있었다고 해도, 나는 내게 닥친 재앙으로 그것을 이용할 수 없었을 것이다.

제안받은 계획을 깊이 생각할수록 또 수중에 있는 서류들을 검토하는 일이 진척될수록, 제도를 만들어주려는 국민과 국민이 살고 있는 토양과 이러한 제도를 국민에게 적용시키기 위해 거쳐야만 하는 모든 관계들을 가까이에서 연구할 필요성을 느꼈다. 그리고 날이 갈수록 점점 더 내 일을 진척시키기 위해 필요한 모든 지식을 멀리서 얻는 것이 불가능하다는 사실을 깨닫게 되었다. 나는 부타포코 씨에게 그것을 편지로 알렸다. 그 자신도 그것을 느꼈다. 나는 코르시카에 건너간다는 결심은 분명하게 하지 않았지만, 그 여행을 할 방법에 대해서는 대단한 관심을 쏟았다. 나는 다스티에 씨에게 그 여행에 대하여 말했는데, 그는 예전에 그 섬에서 마이유부아 씨115) 밑에서 근무하고 있었으므로 그 섬을 알고 있음이 틀림없었다. 그는 내게 이 계획을 포기시키려고 할 수 있는 일은 다 했다. 고백하건대, 그가 코르시카 사람들과 그 나라에 대해 내게 묘사해주었던 끔찍한 광경은 내가 그들 사이에 가서 살려던 소망을 상당히 냉각시켰다.

그러나 모티에에서의 박해로 스위스를 떠날 생각을 하게 되었을 때 이러한 소망은 다시 되살아났는데, 그것은 어디에서도 사람들이 내게 남겨주기를 원치 않은 그 안식을 마침내 이 섬사람들에게서 발견하리라는 기대 때문이었다. 이 여행에 대해서는 단지 한 가지 일이 겁났는데, 그것은 내가 앞으로 억지로 하게 될 활동적인 생활에 대해 항상 갖고 있었던 부적응과 혐오였다. 고독 속에서 한가하게 명상이나 하도록 태어난 나는 결코 사람들 틈에서 말하고 행동하며 사무를 처리하는 데는 적

---

115) Le marquis de Maillebois(1682~1762) : 코르시카에 주둔한 프랑스 군대 사령관이었던 마이유부아 후작은 1739년 섬을 평정하는 데 성공했다.

합하지 않았다. 앞의 재능을 나에게 준 자연은 뒤의 재능은 내게 주지 않았다. 그렇지만 나는 코르시카 섬에 가자마자 공적인 일에 직접 참여하지는 않더라도 국민의 열의에 호응하고 매우 빈번히 지도자들과 협의하지 않을 수 없으리라는 것을 느꼈다. 내 여행의 목적 자체도 은신처를 찾는 것이 아니라 민족 내부에서 내가 필요로 하는 지식을 구할 것을 요구했다. 내가 더 이상 내 마음대로 행동할 수 없으며 내게 조금도 어울리지 않는 소용돌이 속에 본의 아니게 끌려들어가, 거기서 내 취향과 정반대되는 생활을 영위할 것이고 또 내 자신의 불리한 모습만을 내보이게 될 것은 뻔한 일이었다. 나는 내가 나타남으로 해서 내 저서들이 그들에게 주었을지도 모르는 내 능력에 대한 평판이 제대로 유지되지 못하여 코르시카 사람들에게서 신용이 떨어지고 그들이 내게 부여했던 신뢰를 잃게 되리라 예견했다. 그런데 이는 나만이 아니라 그들에게도 손해였다. 왜냐하면 이러한 신뢰가 없다면 그들이 내게 기대하는 사업을 성공적으로 수행할 수 없기 때문이었다. 나는 이와 같이 내 영역을 벗어남으로써 그들에게는 쓸모없는 존재가 되고 나로서는 불행하게 될 것이라고 확신했다.

몇 해 전부터 온갖 종류의 폭풍우에 고통스러운 타격을 받고 이주와 박해에 지친 나는 휴식의 필요를 절실히 느끼고 있었으나, 잔인한 내 적들은 내게서 그런 휴식을 빼앗아버리는 것을 일종의 놀이로 삼고 있었다. 나는 그 사랑스러운 한가함과 정신과 육체의 그 부드러운 편안함을 그 어느 때보다도 더욱 갈망했는데, 이것은 내가 전에도 그토록 열망했던 것이며 이제 사랑과 우정의 환상에서 깨어난 내 마음의 최고 행복은 이것을 넘어서지 않았다. 내가 시도하려는 일과 내가 빠져들 소란한 생활을 생각하면 오직 두려울 뿐이었다. 그리고 목적의 위대함과 훌륭함과 유익함이 내 용기를 북돋아 주었다고 하면, 혼신의 힘을 다해도 성공할 수 없다는 점은 내 용기를 완전히 꺾었다. 나 혼자 깊은 명상을 하면

서 20년을 보내는 것이 사람들과 사건들의 와중에서 활동적으로 살면서
도 제대로 성공하지 못할 것을 확신한 상태에서 여섯 달을 보내는 것보
다는 덜 힘들었을 것이다.

　나는 모든 것을 절충하기에 적당하게 보이는 한 가지 방법을 궁리해
냈다. 나를 은밀하게 박해하는 사람들의 음모로 어디로 몸을 피하든 쫓
겨 다니든 나는 내 노후를 위해 그들이 어디에서도 내게 남겨주기를 원
치 않는 안식을 희망할 수 있는 곳은 이제 코르시카밖에는 없다고 보고,
부타포코의 지시에 따라 형편이 되면 곧 그리로 갈 작정을 했다. 그러나
거기서 조용히 살기 위해서 적어도 표면상으론 입법작업은 포기하고,
말하자면 나를 불러준 사람들의 환대에 대한 보답으로 현지에서 그들의
역사를 쓰는 것으로 만족하기로 결심했다. 하지만 그 일에 성공할 가능
성을 본다면 그들에게 좀더 도움이 되게 하기 위해 필요한 정보를 소문
내지 않고 수집할 수는 있었다. 이와 같이 처음에는 조금도 구속받지 않
고 시작하여 그들의 마음에 들 수 있는 초안을 비밀스럽게 그리고 더욱
자유로이 심사숙고할 수 있기를 기대했다. 그리고 내게 소중한 고독을
그다지 포기하지도 않고 또 내가 견딜 수도 없고 내 적성에도 맞지 않는
생활양식에 따르지도 않고 그런 일을 하고 싶었다.

　그러나 이 여행은 내 처지로 보자면 실행하기 쉬운 일이 아니었다. 다
스티에 씨가 코르시카에 대해 내게 말한 대로라면 거기서는 내가 가져
갈 것 이외에는 가장 간단한 편의용품조차도 구하지 못할 것이다. 내
의, 의복, 식기, 취사도구, 종이, 서적 등 모두 직접 가지고 가지 않으
면 안 되었다. 우리 집 가정부를 데리고 그곳으로 이주하자면, 알프스
산맥을 넘고 또 2천 리 길을 짐을 하나 가득 끌고 다녀야만 했다. 거기다
가 여러 군주들이 다스리는 나라들을 통과해야만 했다. 그리고 온 유럽
이 보여준 전례에 비추어 볼 때 나는 불행을 겪은 후 당연히 다음과 같은
예상을 해야 했는데, 그것은 가는 곳마다 장애에 부딪칠 것이며 사람들

이 제각기 어떤 새로운 망신을 줌으로써 나를 못살게 굴고 나에 대해 모든 국제법과 인권을 위반하는 것을 명예로 삼는 꼴을 보리라는 것이다. 이런 여행에 들 엄청난 비용과 그에 따를 피로와 위험으로 인하여 나는 어쩔 수 없이 그 모든 곤란을 미리 예상하고 신중히 검토해야만 했다. 내가 결국 이 나이에 아무 대책도 없이 모든 친구들로부터 멀리 떨어져 혼자 있는 상태에서 다스티에 씨가 내게 묘사해준 바와 같은 야만적이고 사나운 국민에게 의탁해야 한다는 생각으로 나는 아주 적절하게도 그러한 결심을 실행에 옮기기 전에 심사숙고하게 되었다. 나는 부타포코 씨가 내게 기대를 걸게 한 회견을 몹시 바라고 있었으며, 그 결과를 기다려 완전히 결심을 굳히려 하고 있었다.

이렇게 우물거리는 동안 모티에에서의 박해가 시작되어 나는 부득이 퇴거하게 되었다. 나는 장기여행을 할 준비는 하지 않았으며, 더욱이 코르시카 여행준비는 말할 것도 없었다. 나는 부타포코의 소식을 기다리면서 생피에르 섬으로 피신했다. 그런데 앞서 말한 것처럼 초겨울이었는데 그 섬에서 쫓겨나게 되었던 것이다. 눈 덮인 알프스 산맥으로 인해 당시 나로서는 이렇게 코르시카로 이주하는 것이 불가능했다. 더욱이 조속히 떠나라는 명령을 받은 상태였다. 사실 그 터무니없는 명령은 실현 불가능한 것이었다. 왜냐하면 호수 한가운데 갇혀 있는 이런 외딴곳 한가운데서 명령을 통고한 지 24시간 이내에 출발을 준비하고 배와 마차를 구해서 섬과 영토 전역을 벗어난다는 것은 불가능했기 때문이다. 내게 날개가 달렸더라도 명령에 따르기 어려웠을 것이다. 나는 니도 사법행정관에게 답장을 보내면서 이런 사정을 썼다. 그리고 이 죄악의 고장을 벗어나려고 서둘렀다. 바로 이런 연유로 나는 소중히 품었던 계획을 포기하지 않으면 안 되었고, 또 낙담한 상태에서 코르시카 사람들이 내 도움을 받아들이겠다는 언질을 얻을 수 없어서 원수 경의 초청에 응해 베를린으로 여행할 결심을 하게 된 것이다. 테레즈는 내 옷가지와 책을 맡아 생피에르 섬에서 겨울을 나게 하고, 내 서류들은 뒤 페루의 손에 맡겨두었다. 나는 그 이튿날 아침 섬을 떠나116) 채 정오도 되기 전에 비엔으로 갈 정도로 급히 서둘렀다. 그러나 어떤 사건 때문에 하마터면 그곳에서 내 여행이 중단될 뻔했는데, 이 사건 이야기를 빼먹어서는 안 되겠다.

내가 은신처에서 떠나라는 명령을 받았다는 소문이 퍼지자마자 부근에서 방문객들이 구름처럼 몰려들었다. 특히 베른 사람들이 많이 왔는데, 그들은 비할 바 없이 가증스런 위선을 떨면서 내게 아첨을 떨고 나를 달랬다. 그리고 박해자들이 상원이 휴정하거나 상원 회의에 사람들이 없을 때를 노려 이런 명령을 작성해 내게 통지했다고 주장하면서 200인 평의회 모두가 그 명령에 대해 분개하고 있다고 말했다. 이 엄청나게 많은 위로객들 중에서는 베른 지방에 둘러싸인 작은 독립국인 비엔 시117)에서 온 사람들이 몇 있었는데, 그들 가운데는 그 작은 도시에서 최고 명문이고 가장 신망을 얻고 있었던 집안 출신인 윌드르메118)라는 청년이 포함되어 있었다. 윌드르메 씨는 시민들을 대표해서 그들이 사는 곳에 내 은신처를 정하도록 열렬히 간청했다. 그러면서 그는 그들이 나를 그곳에서 맞이하기를 기꺼이 원하고 있다는 점, 내가 당했던 박해를 그곳에서 잊게 하는 것을 자기들의 영광이자 의무로 삼을 것이라는 점, 자기네들이 사는 곳에서는 베른 사람들의 영향을 전혀 염려할 필요가 없다는 점, 비엔은 어떤 사람의 지배도 받지 않는 자유시라는 점, 그리고 모든 시민은 내게 불리한 어떠한 선동에도 귀를 기울이지 않기로 만장일치로 결의했다는 점들을 내게 보증했다.

---

116) 1765년 10월 25일 루소는 친구 키르슈베르거와 함께 생피에르 섬을 떠났다.
117) 비엔 시는 루소가 생각하듯이 독립국이 아니라 스위스 주들의 동맹시로 지역적 권한을 부여받고 있었다.
118) Alexandre Wildermeth (1737~1800).

월드르메는 내 결심을 꺾을 수 없다는 것을 알고, 다른 여러 사람들 그러니까 비엔과 그 부근 사람들만이 아니라 심지어 베른 사람들로부터도 지원을 받았다. 그 중에는 전에 내가 말한 바 있는 키르슈베르거도 끼어 있었다. 그는 내가 스위스에 은신한 이래 나를 찾아다녔고, 그 재능과 원칙으로 내 흥미를 끌었다. 그러나 더욱 의외였지만 더욱 결정적인 간청은 프랑스 대사관 서기관 바르테스 씨[119]의 간청이었는데, 그는 월드르메와 같이 나를 만나보러 와서 월드르메의 초청에 응해줄 것을 간절히 권유했다. 나는 그가 내게 갖고 있는 것처럼 보이는 열렬하고 애정 어린 관심에 놀랐다. 나는 바르테스 씨를 전혀 알지 못했다. 그렇지만 그의 말에 우정의 열기와 열의가 담겨 있음을 보았고, 나로 하여금 비엔에 거처를 정하도록 설득시키는 것에 진정 그의 관심이 집중되어 있다는 것을 알았다. 그는 내게 이 도시와 그 주민들에 대한 더할 나위 없이 굉장한 칭찬을 했는데, 그는 내 앞에서 그 주민들을 여러 번 자기 보호자들이나 자기 아버지들이라고 부를 정도로 자신이 그 주민들과 깊은 관계가 있다는 태도를 보이고 있었다.

바르테스의 이런 간청에 나는 어떻게 생각해야 좋을지 갈피를 잡지 못했다. 나는 스위스에서 받은 모든 박해의 숨은 장본인이 슈아죌 씨가 아닌가 하고 늘 의심했다. 제네바 주재 프랑스 변리공사나 솔뢰르 주재 대사의 행동은 이러한 혐의에 너무나 높은 신빙성을 부여할 따름이었다. 나는 베른이나 제네바나 뇌샤텔에서 내게 일어났던 모든 일에는 프랑스가 배후에서 영향력을 행사하고 있는 것을 알았고, 프랑스에서 권력을 가진 적이라면 오직 슈아죌 공작밖에 없다고 생각했다. 그러면 바르테스의 방문과 그가 내 운명에 대해 갖는 따뜻한 관심에 대해 도대체 나는 어떤 생각을 할 수 있었을까? 나는 내가 겪은 불행에도 불구하고

---

119) 앙투안느 바르테스 마르모니에르(Antoine Barthès de Marmonières)는 1765년부터 1768년 사이에 여러 번 변리공사의 일을 맡았다.

아직도 태어날 때부터 마음에 갖고 있던 신뢰감을 없애지 못했으며, 내가 쌓은 경험에도 불구하고 아직도 모든 곳에서 호의 밑에 숨어 있는 계략을 보는 법을 배우지 못했다. 나는 의외로 여기며 바르테스가 보이는 그러한 친절의 이유를 알아내려 했다. 나는 그가 자발적으로 이런 교섭을 벌인다고 믿을 만큼 어리석지 않았다. 나는 거기서 어떤 숨겨진 의도를 보여주는 떠벌림과 심지어 가식까지 보았다. 그리고 이 모든 미미한 하급직원들에게서 내가 비슷한 자리에 있을 때 종종 내 마음을 흥분케 했던 그런 고결한 대담성을 보리라고는 생각지도 않았다.

나는 예전에 룩상부르 씨 댁에서 보트빌 기사[120] 와 다소 안면이 있었다. 그는 내게 얼마간의 호의를 보여준 바 있었다. 대사로 취임한 후에도 그는 여전히 가끔 내 안부를 묻고, 사람을 시켜 나보고 자기를 보러 솔뢰르로 오라는 초대까지도 했다. 나는 이 초대에는 응하지 못했지만, 높은 지위에 있는 사람에게서 그토록 정중한 대우를 받는 것에 익숙하지 않았으므로 초대에 감동했다. 그러므로 나는 보트빌 씨가 제네바 사건에 관한 일에서는 훈령을 따르지 않을 수 없었지만 불행에 빠진 나를 딱하게 여겨 자신의 보호 아래서 조용히 살 수 있도록 특별한 배려로 비엔의 이 안식처를 마련해준 것이라고 추측했다. 나는 이러한 친절에는 감격했지만 그것을 받아들이고 싶지는 않았다. 베를린으로 여행할 결심을 완전히 굳혔기 때문에 원수 경을 다시 만나는 순간만을 열렬히 갈망하고 있었다. 진정한 휴식과 영원한 행복은 이제 오직 그 곁에서밖에 발견할 수 없다는 것을 확신하면서 말이다.

내가 섬을 떠날 때 키르슈베르거가 비엔까지 나를 전송해 주었다. 나

---

120) Pierre de Buisson de Beauteville (1703~1790 이후) : 1763년부터 1775년까지 스위스 주재 프랑스 대사로 재직한 그는 1766년 제네바에서 대표파와 이들의 항의를 거부할 권리가 있다고 생각하는 거부파 사이에서 프랑스 왕의 중재인 자격으로 주요한 역할을 수행했다.

는 거기서 배에서 내리는 나를 맞으러 나온 월드르메와 또 다른 비엔 사람 몇을 보았다. 우리는 모두 함께 주막에서 점심을 들었다. 이튿날 아침이 되자마자 떠나고 싶어서, 그곳에 도착한 내가 첫 번째 한 일은 사람을 시켜 역마차를 구하는 것이었다. 식사 중에 이 신사들은 내가 자기들을 떠나지 못하도록 붙잡으려고 다시 간청을 계속했다. 그런데 너무나 열의를 보이고 또 그토록 감동적인 맹세를 하면서 간청하는 바람에, 내 모든 결심에도 불구하고 애정에는 결코 저항할 줄 모르는 내 마음은 그들의 애정에 움직이고 말았다. 그들은 내 결심이 흔들리는 것을 보자마자 노력을 배가하여 결국 나는 넘어가고 말았다. 그래서 적어도 내년 봄까지는 비엔에 머물 것을 약속했다.

곧 월드르메는 서둘러 내 숙소를 마련했는데, 4층 뒤쪽에 있는 고약한 작은 방 하나를 운 좋게 찾은 특별한 것처럼 내게 자랑했다. 이 방은 안마당으로 향해 있었는데, 그 안마당에 무두장수의 악취가 나는 가죽들이 전시된 것이 내게 큰 즐거움이었다. 집주인은 천한 얼굴의 체격이 작은 사람으로 상당히 교활했는데, 그 이튿날 들은 바로는 오입쟁이에 노름꾼이며 그 마을에서 아주 평판이 나쁜 사람이었다. 그는 부인도 자식도 하인도 없었다. 나는 적적한 내 방 안에 서글프게 처박혀 다시 없이 아름다운 고장에 머물고 있으면서도 며칠도 되지 않아 우울해 죽을 지경이었다. 내게 가장 충격을 준 것은 주민들이 나를 열렬히 환영하고 있다는 온갖 말을 들었건만, 거리를 지날 때 나에 대한 그들의 태도에서 정중함이나 그들의 시선에서 친절함을 전혀 찾아볼 수 없었다는 점이다. 그럼에도 불구하고 나는 거기서 머무르기로 굳게 결심한 상태였다. 그런데 바로 그 다음날부터 도시 안에서 나에 대해 무서운 동요가 일어나고 있다는 것을 들었고 보았고 느꼈다. 친절하게도 열성적인 사람들 몇몇이 와서, 내게 내일만 되면 그 나라에서, 즉 그 도시에서 즉각 떠나라는 명령을 가장 엄중히 통고받게 될 것이라고 알려주었다. 내게는 믿

을 사람이 아무도 없었다. 나를 붙들어 두었던 사람들은 모두 흩어졌
다. 월드르메도 자취를 감추었고, 바르테스에 대해 말하는 것도 더 이
상 들을 수 없었다. 그리고 그가 내 앞에서 보호자들이나 아버지들로 부
르는 사람들에게 나를 천거했다고 해서 내가 그들의 대단한 총애를 받
을 것처럼 보이지 않았다. 그런데 베른 사람 보트라베르 씨121) 란 사람
이 베른 시 가까이에 아름다운 집을 한 채 가지고 있어서 그곳을 내게 은
신처로 제공하겠다고 했다. 그리고 그곳이라면 내가 돌에 맞아 죽는 일
을 피할 수 있을 것이라 생각한다고 말했다. 그러나 그 특전도 이 손님
접대 좋아하는 사람들이 있는 곳에서 체류를 연장하고 싶은 마음이 들
만큼 기분 좋지 않았다.

그렇지만 이렇게 지체하느라고 사흘이나 허비하여, 이미 베른 사람
들이 자기네 영토 전역에서 떠나라고 내게 주었던 24시간을 훨씬 경과
하고 말았다. 그들의 냉혹함을 알고 있는 나로서는 내가 자기네 영토를
통과할 때 그들이 취할 태도에 대해 역시 걱정하지 않을 수 없었는데,
때마침 니도 행정사법관이 와서 나를 곤경에서 건져주었다. 그는 각하
들의 난폭한 처사에 소리높여 비난했기 때문에, 용감하게도 그런 처사
에 자기는 일체 관여하지 않았다는 사실을 내게 공개적으로 보여줄 의
무가 있다고 생각하여 두려워하지 않고 자기 관내를 나와 베른에 와서
나를 방문한 것이었다. 그는 내가 떠나기 전날 밤에 왔다. 그리고 남몰
래 온 것이 아니라 심지어 의전을 가장하여 예복을 갖춰 입고 비서를 대
동하여 마차를 타고 왔다. 그리고 내가 자유롭게 또 불안해 할 염려 없
이 베른 주를 통과할 수 있도록 자기 이름으로 발급된 여권을 내게 가져

---

121) Rodolphe de Vautravers(1723~1815) : 영국 궁정에서 팔라티나 선거 후
의 외교사절 고문이었던 보트라베르는 1763년 비엔에 부동산을 구입했다.
그는 1764년 말이나 1765년 초에 루소를 방문했던 것으로 보이고 1765년
내내 루소와 정기적인 서신교환을 했다.

왔다. 나는 여권보다 그의 방문에 훨씬 감동했다. 그 방문의 목적이 나이외의 다른 사람에게 있었다고 하더라도 그에 대한 내 감격은 별로 덜하지 않았을 것이다. 부당한 학대를 받는 약자를 위해 시기 적절히 취해진 용감한 행위만큼 내 마음에 강렬한 힘을 발휘하는 것을 나는 알지 못한다.

마침내 겨우 역마차 한 대를 얻어서 나는 이튿날 아침 그 살인의 땅을 떠났다. 내게 영광을 베풀어 주기로 된 사절이 도착하기 전에, 심지어 테레즈를 다시 만날 수 있기도 전에 나는 떠난 것이다. 그녀에게는 내가 비엔에 머무를 생각을 했을 때 그리로 와서 합류하자고 알려두었는데, 내게 닥친 새로운 재난을 그녀에게 알리고 편지로라도 한마디 그것을 취소할 시간적 여유마저 거의 없었던 것이다. 베를린으로 떠날 생각이던 내가 어떻게 해서 실제로는 영국으로 떠났는지 그리고 어떻게 해서 나를 좌지우지하려던 두 부인이 스위스에서는 내가 그녀들 뜻대로 되지 않자 온갖 음모를 꾸며대 나를 그곳에서 쫓아낸 후 마침내 나를 자기네들의 친구에게 넘겨버리는 데 성공하였는지,[122] 내가 만일 언젠가 이 책의 제 3부를 쓸 기력이 있다면 독자들은 거기서 그 사연을 알게 될 것이다.

나는 이 글을 데그몽 백작 부처,[123] 피그나텔리 대공,[124] 멤 후작부

---

122) 루소는 스트라스부르에서 6주를 보낸 후 베르들랭 부인과 부플레르 부인의 간청을 물리치지 못하고 데이비드 흄이 제공하는 영국의 은신처로 갈 결심을 했다.

123) 데그몽 백작부인(La comtesse d'Egmont, 1740~1773)은 리슐리외 원수의 딸로 1756년 스페인의 최고 귀족인 데그몽 백작과 결혼했다.

124) 피그나텔리 대공(Le prince Pignatelli)은 푸엔테스 피그나텔리(Fuentes-Pignatelli)의 장남으로 태어나 프랑스 주재 스페인 왕의 대사를 역임했으며 데그몽 백작의 딸인 알폰신 데그몽과 결혼했다.

인, 125) 그리고 주이네 후작126)에게 낭독해주고127) 다음과 같은 말을 덧붙였다.

> 나는 진실을 말했습니다. 만약 어떤 사람이 내가 방금 진술한 것과 상반된 것을 알고 있다면, 그것이 아무리 입증되었다 하더라도, 그가 알고 있는 것은 거짓과 중상모략입니다. 그리고 내가 살아 있는 동안 내 앞에 와서 그것을 함께 철저히 규명하고 해명하기를 거부한다면 그는 정의도 진실도 사랑하지 않는 것입니다. 나로서는 소리 높여 그리고 거리낌 없이 다음과 같이 선언하겠습니다. 어느 누구든지 심지어 내 저서를 읽지 않았더라도 자기 자신의 눈으로 내 천성, 내 성격, 내 품행, 내 성향, 내 즐거움, 내 습관을 검토하고 나서 나를 부정직한 사람이라고 생각할 수 있는 자가 있다면 그런 자야말로 숨통을 끊어놓아야 할 인간입니다.

이렇게 해서 나는 낭독을 끝냈고, 모두들 말이 없었다. 내게는 데그몽 부인 한 사람만이 감동한 것처럼 보였다. 그녀는 눈에 보이도록 몸을 떨었지만, 매우 신속히 다시 마음을 가라앉히고 그 자리에 있는 모든 사람들처럼 침묵을 지켰다. 이것이 내가 이 낭독과 내 고백으로부터 얻은 성과였다.

---

125) La marquise de Mesme(1732~1819): 처녀 때 이름은 안 마리 페도 드 브루(Anne-Marie Feydeau de Brou)로 전기에 따르면 자유분방한 여성이었다고 한다.

126) 자크 가브리엘 루이 르 클레르, 쥐네 후작(Jacques-Gabriel-Louis Le Clerc, marquis de Juignet)은 왕의 군대의 사령관이었다.

127) 이 낭독은 1771년 3월 초에 이루어졌던 것으로 보인다. 루소는 부인들 앞에서 1부를 낭독하기는 적당치 않다고 생각하고 2부만을 낭독했다.

《고백록》 혹은 현대인의 탄생

1. 자아탐구로서의 자서전

　루소의 《고백록》은 아마 루소의 저술들 중 가장 사랑받는 작품일 것이다. 출판되자마자 선풍적인 인기를 끌었던 소설 《쥘리》 혹은 《신엘로이즈》는 19세기에 들어와 사람들의 관심에서 멀어졌고 《사회계약론》은 정치사상사에서 가장 중요한 저술들 중 하나로 꼽히고 있지만 실제로 대중들의 애독서가 된 적은 없었다. 반면 《고백록》은 대중들이 자서전 전반에 대해 점차 고조되는 흥미를 보이는 가운데 여전히 뜨거운 관심을 끌고 있다. 이는 《고백록》이 루소의 작품들 중 일반인들이 가장 쉽게 접근할 수 있는 작품이기 때문이라는 사실과 무관하지 않을 것이다.

　넓은 의미에서 자서전이란 자신의 삶이 갖는 독특성을 보여주면서 그 전체적 의미를 조망하는, 자신에 대해 쓴 글을 말한다. 따라서 개인의 삶이 갖는 의미가 공동체의 가치에 통합된 고대에는 자서전이라는 장르가 거의 불가능했다. 자서전의 최초 형태는 자신의 죄를 용서받기 위해 삶을 반성하고 죄를 고백하는 기독교적 전통에서 나왔다고 할 수 있다. 종교적 자서전의 가장 유명한 모델은 신을 추구하는 영적 모험을 담은 아우구스티누스의 《고백록》(397~401)이다. 아우구스티누스는 여기서 어린 시절을 포함하여 자신의 삶의 모든 양상을 그리고 있지만, 삶과 자아에 대한 그의 성찰은 오직 신과의 관계에서만 의미를 갖는다. 신에 귀의하기 전까지 모든 시간은 방황과 죄의 시기일 뿐이고 신과 합일되는 순간 자아는 신 안에서 소멸된다. 따라서 고백의 행위에서 자아는 죄의 원천일 뿐이다. 아우구스티누스에게서 이야기의 진실을 담보하는 존재는 신이고 그의 이야기의 일차적인 상대 역시 독자들이 아니라 신이다.

종교적인 자서전의 전통은 17세기 프랑스 장세니스트들에게 이어졌고 루소도 아우구스티누스와 장세니스트들의 작품을 익히 알고 있었다. 그러나 루소에게 '자기애'(amour de soi)가 모든 악의 뿌리라는 기독교적 관념은 타기해야 할 대상이었다. 루소는 인간의 본성에서 나오는 자기애란 원래 순진무구한 것인데, 그것이 다른 사람과의 비교를 통하여 왜곡되어 '이기심'(amour propre)으로 변질될 때 인간의 타락이 시작하는 것으로 생각했다. 루소에게 글을 쓰게 된 결정적 계기가 된 뱅센에서의 계시는 기독교적인 개심과 유사해보이지만 사실은 완전히 다른 의미를 갖고 있다. 뱅센에서 장자크가 발견한 것은 신이 아니라 인간의 선성이다. 모든 악은 자연이나 개인이 아니라 잘못된 원칙에 기반을 둔 사회에서 온 것이다. 이러한 인간관에서 출발하는 루소에게 그의 진정성을 보장해주는 것은 신이 아니라 자신의 내적 감정이다. 그리고 그의 진실성을 인정해주는 존재 역시 신이 아니라 독자 특히 후세의 독자들이다. 이 점에서 루소는 자서전의 세속화 과정을 완성하고 현대적인 자서전 문학의 문을 연다.

사실 르네상스에 들어와 고대의 전통이 부활되자 자서전적 이야기의 세속화가 이루어져 독특한 개성을 찬양하는 작품들이 등장하기 시작했다. 르네상스의 가장 대표적인 자서전적 작품은 몽테뉴의 《에세》일 것이다. 몽테뉴는 서구 개인주의의 역사에서 최초로 자신이 개인주의자임을 의식한 인물이다. 개인화는 개인의 감정과 충동이 공동체의 외적 통제로부터 벗어나고 그에 대한 각 개인의 내적 통제가 강화됨에 따라 이루어지는데, 몽테뉴의 다음과 같은 진술은 이러한 과정을 잘 보여주고 있다.

> 오직 우리 자신들이 볼 수 있는 개인적 삶을 사는 우리들로서는 특히, 내면의 모범을 만든 후 그것으로 우리의 행동을 시험하고 거기에 따라 우리들을 칭찬하기도 하고 징계하기도 해야 한다. 나는 나 자신을 판결하기 위해서 내 법률과 내 재판정을 갖고 있으며 다른 곳에서보다도 거기에 더 호소한다. 나는 기꺼이 다른 사람의 의견을 따라서 내 행동을 억제하지만 내 의견에 의해서만 내 행동을 확대한다. 그대가 비굴한지 잔인한지, 충직하고 신앙이 깊은지를 아는 것은 그대밖에 없다. 다른 사람들은 그대를 보지 못한다. 그들은 불확실한 추측으로 그대를 짐작한다. 그들은 그대의 기교를 보는 만큼 그대의 본성을 보지는 못한다. 그러니 그들의 견해에 매이지 말고 그대 자신의 판단에 따라라(《에세》3권 2장).

몽테뉴에게 개인의 도덕성 혹은 양심의 문제는 더 이상 타자 혹은 사회에 의해 좌우되지 않는다. 나의 내면을 보지 못하는 타자가 내 외면적 행위에 대해 내리는 평가는 짐작에 불과할 따름이다. 더욱이 타자가 나를 평가하는 잣대가 정당한 것인지에도 의문의 여지가 있다. 역사적으로나 공간적으로 가치판단의 기준은 변화하기 때문이다. 따라서 개인

の 도덕성이나 양심을 판단하는 기준은 관습이나 여론이 아니라 자기 스스로가 만든 기준이어야 하며, 그것을 판단하는 주체 역시 자기 자신이어야 한다. 몽테뉴에게서 전통적 기독교는 개인의 질문에 대해 대답을 주지 못한다. 그에게 신은 인간이 결코 접근할 수 없는 초월적 존재이다. 제한적이고 불완전한 감각과 이성을 갖는 인간은 "신의 존재와 아무런 소통도 할 수 없기" 때문이다. 불완전한 인간이 스스로의 힘으로 신과 합일하려고 하는 것은 일종의 오만이다. 또한 인간은 외부적인 운명의 힘 앞에 무력한 존재이다. 몽테뉴는 오직 자신 안에서 피난처를 찾는다. 비록 그 자신 역시 불확실한 존재이기는 해도 인간의 의지로 어떻게 해 볼 수 있는 유일한 것은 자신밖에 없다는 점에서 인간에게 자신만큼 확실한 것은 없기 때문이다. "마침내 나는 내가 곤궁할 때에 나를 맡길 가장 안전한 곳은 내 자신이라는 것을 알았다." 인간은 자기로부터 또 자신의 삶으로부터 도망치지 말고, "인간의 조건"을 있는 그대로 받아들여야 한다.

 몽테뉴의 사유의 힘은 자아와 자아가 사는 삶에 부여된 자율적 가치에서 나온다. 인간은 이제 자기 외부의 것에 기대는 것을 멈추고 자신을 위협하는 운명으로부터 스스로를 지키기 위한 무기를 자신의 내부에서 찾아야 한다. 그러나 모순적이게도 자기 내부에 침잠하는 순간 자아는 통일성을 갖는 존재가 아니라 기묘함과 변덕과 모순을 보여준다. "영원한 시소"처럼 움직이는 세계의 일부분인 인간은 세계와 마찬가지로 끊임없이 유동하는 불연속적 존재이기 때문이다. 따라서 그는 "존재를 그리는 것이 아니라, 그것이 변화하는 과정을 그리고자" 시도한다. 사실 '시도하다, 혹은 시험하다'라는 'essayer'라는 말에서 나온 'essais'는 결정적이고 고정적인 어떤 의미도 담고 있지 않다. 그러나 변화하는 과정을 그리자면 변화에 휩쓸리지 않는 어떤 것이 있어야 한다. 변화무쌍한 자아를 주시하는 불변의 시선은 판단력이다.

> 내게는 판단력이 주인 자리를 차지하고 있다. 적어도 그것은 그렇게 되려고 조심스럽게 노력한다. 판단력은 욕망이나 증오나 애정 더 나아가 내가 자신에 대해 쏟고 있는 애정을 그대로 내버려두지만, 그 때문에 변질되지도 부패되지도 않는다. 판단력은 자신이 생각하는 대로 다른 부분들을 개선할 수는 없지만 적어도 그것들 때문에 변형되지는 않는다. 그것은 독자적으로 자신의 역할을 수행한다(《에세》 3권 13장).

판단이란 세계의 사건과 시간의 흐름에 따라 유동하는 감각적인 자아를 초월하는 어떤 것으로, 흘러가는 경험들에 따라 수동적으로 "움직이기는 하지만" 그 경험들에 휩쓸리지 않고 제 자리를 떠나지 않는 "분노와 정열 없는 상태"이다. 주시하는 시선은 주시되는 대상을 완전히는 아니지만 어느 정도 포착할 수 있다. 또한 그 대상은 언어를 통하여 어느 정도 이해가능한 것으로 변화한다. 변화무쌍하고 무정형한 감각적인 자아들은 바로 판단을 통해서 일정한 형식을 부여받는 것이다. 따라서 자아에 대한 글쓰기란 자신에게 불가해한 자기 자신을 인식하고 그것을 친밀하게 길들이는 작업이며, 이러한 길들임이 완성될 때 자아는 자신의 친구이자 주인이 될 수 있다. 이렇게 몽테뉴가 《에세》를 통해 묘사하는 자기 자신은 삶의 통일성을 추구하는 데서 지속적으로 감지될 수 있는 내적 존재로서의 자아가 아니라, 자신과 세계에 대해 알고 싶어 하는 지적 자아이다. 몽테뉴적 회의는 '나는 누구인가'라는 존재론적 질문이 아니라 '내가 무엇을 아는가'와 관계된 인식론적 질문이다. 따라서 몽테뉴는 자신의 탐구가 자기 자신을 스스로 통제할 수 있게 해준다면 그것으로 만족할 뿐, 그러한 자기 자신이란 무엇인가의 문제에 빠져들지 않는다. 그러므로 《에세》는 자아에 대한 종합적인 전망을 제시하는 진정한 의미의 자서전이라기보다는 인물묘사에 가깝다.

반면 루소는 '나는 누구인가'라는 고뇌에 찬 질문에서 시작한다. 이러한 질문이 절실하고 고통스러운 이유는 인간의 깊숙한 내면에는 자신이 들여다보고 싶지 않은 그리고 다른 사람들에게 내보이고 싶지 않은 결점이 존재하기 때문이다. 루소는 이 점에서 선배인 몽테뉴에 대해 진실성이 부족하다는 부정적인 판단을 내린다.

> 나는 진실하게 말한다고 하면서 남을 속이려고 드는 위선자들 중의 우두머리로 몽테뉴를 든다. 그는 자신의 결점을 드러내 보이지만 귀엽게 보일 만한 것들뿐이다. 그런데 가증스러운 결점을 지니지 않은 인간이란 없다. 몽테뉴는 자신과 흡사하게, 그러나 대강의 윤곽만으로 자신을 묘사하고 있다(《고백록 초안》).

루소는 몽테뉴가 눈을 감고 지나쳤던 자아의 깊고 어두운 심연을 드러내면서 타인들로부터 이해받기 힘든 개인의 독특성을 강조한다. 그것은 《고백록》의 한 가지 본질적인 주제이다. 이 주제는 서문의 첫 구절에서부터 드러난다. "나는 결코 유례가 없는 기획을 구상하고 있다. (…) 나는 현존하는 그 누구와도 같게 만들어져 있지 않다고 감히 믿는다. 내가 더 낫지는 않다 하더라도, 적어도 나는 다르다." 루소는 "(그의) 이름이 사람들 사이에 남아 지속될 것이 틀림없다"는 점을 알고 있으며, "그가 거기서 거짓된 명성을 누리는 것"을 바라지 않고, 사람들이 자신이 갖지 않은 "미덕이나 악덕을 부여하는 것"도, 사람들이 그 자신의 것이 아닌 "특징들로 (그를) 덧칠하는 것"도 바라지 않는다. 그의 《고백록》은 세상 사람들이 자신에 대해 갖는 모든 편견을 깨부수고 오직 심오하고 진정한 존재를 완전히 펼쳐나가는 작업이 될 것이다. 독자를 위해 또한 후대를 위해, 루소는 "그토록 가지각색인, 그토록 모순된, 종종 그토록 비열하며 때로는 그토록 숭고한, 끊임없이 (그를) 뒤흔들었던 감정들의 저 광대한 혼돈"을 해명하게 될 것이다. 그는 수치를 당할 것을 무릅쓰고 모든 것을 말할 것이다. 그 어떤 사실도 빠뜨리지 않고 상세히 이야기하고 또 복합적인 감정을 다양한 각도에서 분석할 것이다. 왜냐하면 그가 만약 어떤 것에 대해 입을 다문다면 사람들은 진정한 그의 모습을 알지 못하게 될 것이기 때문이다. 그래서 있는 그대로 자신의 모습을 드러내고 알리고 싶다는 욕망은 루소를 기나긴 내적 성찰로 이끌게 된다.

루소는 잘못을 저질렀으며, 그는 그렇다고 말한다. "내가 한 것보다 더 나쁜 짓을 한 사람은 거의 없다." 기독교적 불안으로 각인된 그의 의식은 자신이 행한 비열한 짓들을 잊어버리지 않았다. 그는 마리옹을, 그녀에겐 아무 잘못도 없는 도둑질을 했다고 비난하면서 중상모략했다. 그리고 리옹에선 심각한 간질 발작을 일으킨 르 메트르 씨를 내버렸다. 그는 바랑 부인의 은혜를 저버렸으며, 레르미타주의 친구들로부터는 우정을 배신했다고 비난받았다. 무엇보다도 그는 고아원에 자기 아이들을 내버렸다. 그에게는 자신의 가증스러운 결점에 대한 죄의식이 그림자처럼 따라붙는다. 그러나 루소는 동시에 그러한 결점이 그 자신에게서 나온 것이라고는 생각하지 않는다. 왜냐하면 그것을 만든 것은 왜곡된 사회이기 때문이다. 루소는 사회가 개인의 외적 행동만이 아니라 개인의 가장 내밀한 욕망까지도 통제하는 기제라는 것을 날카롭게 의식한 최초의 현대인들 중의 한 사람이다. 루소는《고백록》에서 사회가 한 개인의 내면에 죄책감을 생산하는 과정을 보여주고 있는데, 우리는 루소의 몇 가지 일화를 통해 이러한 과정을 살펴보고자 한다.

　1722년 루소의 아버지 이자크는 한 퇴역 프랑스 대위와 싸움을 벌이고 당국의 처벌을 피하기 위해 제네바를 떠나게 된다. 외삼촌 가브리엘 베르나르의 손에 맡겨진 루소는 외삼촌의 아들 아브라암 베르나르와 함께 제네바에서 6킬로미터 떨어진 보세에 있는 랑베르시에 목사의 기숙학교로 보내졌다. 목사에게는 나이가 40살가량 되는 노처녀 여동생이 있었는데, 11살 난 루소는 이 여인으로부터 볼기를 맞으면서 뜻하지 않게 관능의 매력을 맛보게 된 것이다.

　　… 고통과 심지어 부끄러움 속에도 일종의 관능이 섞여 있는 것을 느꼈고, 그로 인하여 같은 손에 의해 다시 한번 벌을 받기를 두려워하기보다는 오히려 바라게 되었기 때문이다. … 내가 체벌을 받을 만한 짓을 삼간 것은 오로지 랑베르시에 양(孃)의 마음을 아프게 만들까 두려워서 그랬던 것이다. … 내가 두려워하지는 않았지만 멀리했던 이러한 체벌을 받게 되는 일이 생겼다. 내 잘못은 없었다. 다시 말하면 내게 그럴 의도는 없었던 것이다. 어쨌든 나는 그 체벌을 이용했는데, 이렇게 말할 수 있다면, 거기서 양심의 가책은 없었다. 그러나 그 두 번째가 마지막이었다. 왜냐하면 랑베르시에 양(孃)은 벌을 주기가 너무 피곤해서 그것을 그만두겠다고 선언했기 때문이다. 아마 그녀는 어떤 낌새를 보고 이러한 체벌이 그 목적을 달성할 수 없다는 것을 알아차렸던 것 같다. 우리들은 그때까지 그녀의 방에서 잤고 심지어 겨울에는 가끔 그녀의 침대에서 자기도 했다. 그런데 이틀 후에 사람들은 우리를 다른 방에서 자게 해서 나는 그후 그녀로부터 다 큰 아이로 대접받는 정말 달갑지 않은 명예를 얻었다(《고백록》, 1권).

　　여기서 그 "징후"가 어떠한 것이든 — 이 징후는 발기현상으로 추정된다 — 그의 관능적 욕망이 랑베르시에 양의 시선에 드러난 순간 욕망의 실현은 불가능해지고(랑베르시에 양이 볼기 때리기를 포기함) 더 나아가 내밀한 애정마저도 불가능해진다(랑베르시에 양의 방에서 쫓겨남). 장자크는 랑베르시에 양이 자신을 방에서 쫓아낸 것을 가벼운 농담조로 말하면서 자신의 내면적 반응을 별로 드러내고 있지 않지만, 이러한 처벌이 어린 영혼에 상당한 외상을 주었음은 분명하다. 장자크는 볼기를 맞으려고 의도적으로 잘못을 저지른 것도 아니고, 볼기를 맞으면서 생겨난 징후 역시 육체의 자연적 반응이기 때문에 전적으로 그의 책임이라고 말할 수 없기 때문이다. 그럼에도 불구하고 랑베르시에 양은 모든 책임을 그에게 돌리면서 그를 다른 방에서 자게 했다. 어린 장자크는 이에 대해 납득할 만한 이유를 찾을 수 없었다. 볼기를 맞는 데서 생기는 쾌락에 대한 처벌은 볼기를 때리지 않는 것으로 그쳐야지, 순수한 애정마저 금지하는 것은 너무 가혹한 처벌이기 때문이다. 바로 이 사건 이후 루소 혼자 있던 방에서 랑베르시에 양의 빗 하나가 빗살들이 전부 부러진 채 발견되는 일이 일어났다. 랑베르시에 남매는 무고한 장자크에게 혐의를 두고, 그의 부인에도 불구하고 그를 다그치고 체벌을 가했다. 루소는 이 사건을 사회의 불의에 대한 최초의 경험으로 규정하고, 행복한 어린 시절은 이로 인해 막을 내렸다고 말한다.

　　그런데 이 사건은 단순히 빗 자체에 대한 문제는 아니었던 것으로 보인다. 랑베르시에 남매 특히 랑베르시에 양은 루소가 빗살을 부러뜨렸다면 그것은 다시 볼기를 맞기 위해서라고 추측했을 것이다. 이러한 상황에서 루소는 자신이 빗살을 부러뜨렸다고 말할 수 없었다. 그가 거짓말이라도 해서 자신이 범인임을 인정했다면 그 체벌의 강도는 낮아졌겠

지만, 관능의 충족을 위해서는 서슴없이 못된 짓을 하는 아이라는 낙인
이 찍혀 랑베르시에 양의 애정을 다시는 받을 수 없게 될 것이기 때문이
다. 그가 체벌을 받으면서 느끼는 분노는 억울함의 발로이기도 하지만
조금 더 깊이 보면 자신에게 있지도 않은 성적 욕망을 의심하는 랑베르
시에 양에 대한 원망의 표현이기도 하다. 자신의 순수함을 지키기 위해
욕망을 억압하는 장자크는 자신의 순수성을 의심하는 사회에 대해 격렬
한 비난을 던짐으로써 간접적으로 자신의 욕망을 정당화한다. 빗살이
부러진 데에 자신의 의도나 행위가 전혀 들어 있지 않기 때문에 그가 책
임질 일이 전혀 없는 것처럼, 그의 육체에서 나타난 욕망의 기호도 실상
전혀 그의 의도와는 상관이 없다. 단지 그 욕망의 기호가 자신의 육체에
속한다는 이유만으로 그가 의도적으로 관능적 욕망의 충족을 지향하고
있다고 추측하는 것은 부당한 일이다. 그렇지만 '참존재'(être)를 감추
고 '겉모습'(paraître)만을 내보이는 타락한 사회의 사람들은 또한 자신
들이 그렇기 때문에 다른 사람들도 그럴 것이라고 유추하여 판단하면서
루소에게 단죄를 내리는 것이다.

　또 다른 일화는 〈훔친 리본의 일화〉인데, 루소는 이 사건이야말로
《고백록》을 쓰게 된 동기들 중 가장 강한 동기이며 이에 대해 가장 커
다란 양심의 가책을 느꼈다고 말한다. 고향 제네바를 떠나 방랑하던 루
소는 토리노에서 베르첼리스 백작부인의 집에 하인으로 들어가게 되었
다. 그후 얼마 지나지 않아 백작부인이 죽음을 맞게 되었는데, 그는 집
안이 어수선한 틈을 타 관리인의 조카딸인 퐁탈 양이 갖고 있던 리본을
몰래 훔친다. 그러나 고인의 재산목록을 작성하던 중 그 리본이 없어진
것이 밝혀지고 하인들의 소지품을 검사했는데 그것이 루소의 방에서 발
견되었다. 그런 다음 모든 집안사람들 앞에서 심문이 이루어졌고 그는

그 자리에서 그 일에 대해 해명하도록 강요받았다. 잠시 머뭇거리다가 그는 불쑥 그가 호감을 가졌던 마리옹이라는 이름의 젊고 예쁜 요리사가 그에게 그 리본을 주었다고 말했다. 그래서 마리옹이 불려왔는데 루소는 마리옹의 부인에도 불구하고 계속 그녀를 무고(誣告)했고, 결국 범인이 확실히 밝혀지지 않은 상태에서 그들은 둘 다 쫓겨났다. 그 후에 그는 더 이상 그녀에 관한 어떤 소식도 들을 수 없었지만 명예가 더럽혀진 그녀가 비참한 최후를 맞게 되지 않았을까 하는 두려움에 시달렸다고 말한다. 그렇다면 왜 루소는 그녀를 무고했던 것일까? 그는 다른 사람들의 시선이 자신을 악으로 몰아나갔다고 주장한다.

> 그러나 사람들이 너무 많아 그 앞에서 나의 후회는 힘을 잃었다. 처벌은 별로 두렵지 않았다. 오직 수치만이 두려웠다. 나는 죽음보다도 죄보다도 세상의 그 무엇보다도 수치를 더 두려워했다. 나는 쥐구멍이라도 있으면 들어가 죽고 싶었다. 견딜 수 없는 수치가 무엇보다 앞섰고, 수치 하나만으로 뻔뻔스럽게 되었다. 그리고 내가 죄를 지으면 지을수록 그것을 시인해야 하는 무서움 때문에 점점 더 대담해졌다. 내가 있는 그 자리에서 공개적으로 도둑놈, 거짓말쟁이, 중상모략자라고 찍히고 선고받는 공포밖에 눈에 보이지 않았다. 온 세상이 빙빙 도는 것과 같은 혼란이 내게서 다른 모든 감정을 앗아갔다(《고백록》, 2권).

그러나 도둑질을 했다는 비난을 모면하기 위해 죄 없는 소녀를 무고했다는 루소의 변명에 공감하기에는 그 변명이 너무나 이기적으로 보인다. 게다가 단지 도둑질이 문제였다면 그것은 루소에게서 새로운 일도 아니었고, 조각공인 뒤코맹의 집에서 도제로 있을 때 도둑질이 발각되어 혼이 났던 일도 한두 번이 아니었다. 루소도 자신의 변명이 충분치 않다는 것을 의식하고 하필 마리옹을 지적한 것은 그녀에 대한 우정 혹은 애정의 발로였다고 말한다. "내가 그녀에게 리본을 줄 생각이 있었기 때문에 그녀가 내게 그것을 주었다고 그녀를 고발했던 것이다." 그러나 이러한 변명도 정황상 별로 설득력이 없어 보인다. 왜냐하면 루소는 리본을 그녀에게 줄 수 없었을 것이기 때문이다. 만약 그가 그 리본을 훔친 물건이라고 말하지 않고 그녀에게 주었다면, 그녀는 그것을 무심코 집안사람들에게 보였을 것이고, 단박 훔친 물건이라고 탄로가 났을 것이다. 루소가 리본을 훔친 물건이라고 하면서 선사할 정도로 뻔뻔스러운 소년도 아니고, 순박한 소녀인 마리옹이 도둑질한 물건을 받으리라고 생각하지도 않았을 것이다. 그렇다면 왜 루소는 이러한 거짓말을 하는 것일까?

이러한 의문을 풀기 위해서 우리는 그 리본이 내포할 수 있는 의미를 생각해보아야 할 것이다. 그 리본은 낡은 것으로, 가치로 보면 대단한 것도 아니고 또 여자 용품이어서, 사람들은 루소가 그것을 훔쳤다면 당연히 어떤 여자에게 주려고 훔쳤을 것이라고 생각했을 것이다. 즉, 그것은 여성을 유혹하는 미끼로 생각될 가능성이 농후했던 것이다. 그래서 루소 자신도 그 도둑질에 대해 "훔친 물건이 아무리 하찮은 것이라도, 어쨌든 도둑질은 도둑질이고 그것은 설상가상으로 젊은 총각을 유혹하는 데 사용되었던 것이다"라고 말하고 있다. 사실 리본은 '총각을 유혹하는 데 사용'되기보다는 '처녀를 유혹하는 데 사용되는 것'이 더 맞다. 따라서 루소가 두려워했던 것은 도둑질을 했다는 비난보다도 루소의 성적 욕망에 대해 사람들이 던지는 의혹의 시선이었을 가능성이 높다. 우리가 〈볼기 맞기의 일화〉에서 볼 수 있듯이 루소에게 자신의 성욕을 다른 사람들에게 들키는 일은 참을 수 없는 일이 되어버렸던 것이다. 성적 욕망의 희생자였던 루소는 이제 가해자가 되고, 성적 욕망에 대한 수치심은 도덕적 죄책감으로 강화된다. 성적 욕망에 대한 수치심과 도덕적 죄책감은 억압이라는 점에서 공통점을 갖는다. 루소는 자신이 이 일에 대한 죄책감으로 너무나 시달려 40년 동안 어느 한 사람에게도 그 이야기를 할 수 없었다고 말한다. 사실 그가 독자들에게 그 일을 고백하게 된 것은 그로부터 거의 반세기가 지난 뒤였다.

> 이 고통스러운 기억은 이따금 내 마음을 어지럽히고 뒤집어놓아, 잠 못 이루는 밤이면 그 가엾은 처녀가 나타나 내가 저지른 죄를 마치 어제 일인 것처럼 나무라는 것이 보일 정도이다. 평온하게 지내는 동안은 그 기억으로 마음이 그다지 어지럽지 않았다. 그러나 파란만장한 삶의 한가운데서 시달릴 때 나는 그 기억으로 죄 없이 박해받는 사람들이 갖는 무엇보다도 감미로운 위안을 받지 못한다. 내가 어느 책에서 이미 말한 것으로 생각되는데, 잘 나갈 때는 양심의 가책이 잘 느껴지지 않지만 역경에서는 양심의 가책이 심하게 느껴진다는 것을 그 기억은 절감케 한다. 그러나 나는 결코 내가 먼저 나서서 친구의 가슴속에 이러한 고백을 털어놓아 내 마음의 짐을 덜 수 없었다. 아무리 가까운 사이라도 영 그렇게 되지 않았는데, 심지어 바랑 부인에게까지도 그랬다. 내가 할 수 있었던 것이라고는 기껏해야 내가 어떤 잔혹한 행위에 대해 자책하지 않으면 안 된다고 고백한 것이 전부다. 그러나 나는 그 행위가 어떤 것인지 결코 말하지 않았다. 그러므로 그 가책은 이날까지 경감되지 않고 내 양심에 무거운 짐으로 남아 있어, 어떤 의미로는 그것으로부터 벗어나고 싶은 소망이 내가 고백록을 쓰고자 하는 결심에 큰 몫을 했다고 말할 수 있다(《고백록》, 2권).

사회가 만든 억압에서 벗어나는 방식은 정신분석학의 치료법처럼 그 억압을 인식하고 그것에 대해 고백하는 것이다. 그가 고백하기 위해서는 상대방에 대한 전적인 신뢰가 필요하다. 그런데 루소는 엄마와도 같았던 바랑 부인에게도 그 고백을 털어놓지 못했다. 따라서 그의 고백을 듣는 독자들은 어떻게 보면 바랑 부인보다도 더 루소가 신뢰하는 사람이 되는데, 이때 독자들은 루소에 대해 일종의 도덕적 채무를 져야 한다. 자서전을 통해 저자와 독자 사이에서 이루어지는 이러한 일종의 도덕적 계약관계는 루소가 자신의 아이들을 고아원에 버렸다는 비밀을 폭로한 친구들을 다음과 같이 비난할 때 그 의미가 분명히 드러난다.

> 나의 잘못은 크다. 그러나 그것은 어디까지나 과실이다. 나는 의무를 소홀했다. 그러나 남을 해치려는 의도는 내 마음속에 없었다. 그리고 아비로서의 정이 본 적도 없는 자식들을 위해 충분히 강력하게 작용할 수는 없었을 것이다. 그러나 우정의 신뢰를 배반하는 것, 모든 계약들 중 가장 신성한 계약을 깨뜨리는 것, 우리 가슴속에 털어놓은 비밀을 폭로하는 것, 우리에게 배신당했지만 결별할 때도 우리들을 여전히 존경하는 친구를 재미 삼아 모욕하는 것, 그런 것들은 과실이 아니라 영혼의 비열함이며 음흉함이다(《고백록》, 8권).

루소에게는 우정이 부자 간의 정보다 더 소중한 인간관계이다. 마치 사회의 진정한 구성원리가 가부장적 모델이 아니라 평등한 인간들 사이의 계약에 기초한 것처럼 말이다. 루소가 친구에게 털어놓은 비밀은 상대에 대해 절대적인 믿음을 갖고 자신의 존재를 상대에게 양도하는 것과 마찬가지의 행위이다. 그리고 루소의 존재를 양도받은 상대는 절대적인 믿음에 대한 대가로 루소를 동정함으로써 그와 하나가 되어야 한다. 이러한 우정의 계약을 배반하는 것은 사회의 진정한 구성원리를 파괴하는 행위로서 자신의 아이를 버리는 것보다 더욱 커다란 범죄행위이다. 이러한 논리는 루소의 고백을 듣는 독자들에게도 마찬가지로 적용될 수 있다. 바랑 부인에게도 털어놓지 못한 비밀을 듣는 독자들은 루소가 아이들을 버린 비밀을 누설한 친구들은 말할 것도 없고 바랑부인보다 더 루소에게 충실한 친구가 되어야 한다. 즉, 독자들은 그의 공명상자의 역할을 할 수 있을 뿐이다. 만약 그렇지 않은 독자들은 친구의 비밀을 팔아먹는 사기꾼, 혹은 유다와 같은 배신자일 것이다. 그래서 《고백록》은 다음과 같은 선언으로 끝난다.

> 나는 진실을 말했습니다. 만약 어떤 사람이 내가 방금 진술한 것과 상반된 것을 알고 있다면, 그것이 아무리 입증되었다 하더라도, 그가 알고 있는 것은 거짓과 중상모략입니다. 그리고 내가 살아 있는 동안 내 앞에 와서 그것을 함께 철저히 규명하고 해명하기를 거부한다면 그는 정의도 진실도 사랑하지 않는 것입니다. 나로서는 소리 높여 그리고 거리낌 없이 다음과 같이 선언하겠습니다. 어느 누구든지 심지어 내 저서를 읽지 않았더라도 자기 자신의 눈으로 내 천성, 내 성격, 내 품행, 내 성향, 내 즐거움, 내 습관을 검토하고 나서 나를 부정직한 사람이라고 생각할 수 있는 자가 있다면 그런 자야말로 숨통을 끊어놓아야 할 인간입니다"(《고백록》, 12권).

《고백록》의 서두에서 "현존하는 어느 누구와도 같게 만들어져 있지 않다"고 선언하면서 다른 사람들과의 차이를 주장하는 루소는 고백을 통해 다른 사람들이 루소와 가질 수 있는 차이를 부인하기에 이른다. 이렇게 과도한 진실의 고백은 자신의 내면을 감추고 가면을 쓴 사회가 휘두르는 폭력과는 또 다른 폭력을 보일 수 있는데, 이러한 《고백록》의 논리가 현대를 연 프랑스 대혁명의 역사적 진행과정과 상당한 유사함을 보이고 있는 것은 흥미로운 사실이다. 프랑스 대혁명을 주도한 혁명가들은 자신들이 진리를 소유했기 때문에 다른 사람들과 다르다고 생각하고 자신들의 진리를 다른 사람들에게 폭력적으로 강요함으로써 대중들로부터 고립되는데, 마찬가지로 루소는 《고백록》 이후 스스로를 고립시키며 자연과 침묵 속으로 빠져든다.

현대에 미친 《고백록》의 영향은 너무나 광범위해서 오늘날에는 그 책이 실제로 얼마나 독창적이었는지 평가하기조차 어렵다. 사실 루소 이전에는 누구도 자아를 형성하는 경험들을 추적하거나 특히 어린 시절의 경험을 심각하게 고려하지 않았다. 루소는 자신의 어린 시절을 이야기하면서 '유년기의 낙원'이라는 신화를 만들어냈고 이에 대비해서 '실낙원', 즉 이기심으로 움직이는 사회의 냉혹한 현실을 비판한다. 《고백록》은 한 개인이 사회적 경험을 통해 자신의 본성으로부터 소외되는 과정을 내밀하게 그려나가면서 대담하게도 사회의 억압성을 폭로한다. 그리고 개인의 죄라는 것이 실은 한 개인의 책임에 그치는 것이 아니라 사회 전체의 책임으로 돌아간다는 것을 입증하는데, 그것은 바로 인간의 본성은 선량한데 사회제도로 인해 인간이 타락했다는 그의 정치적 담론의 핵심적인 주장이기도 하다. 또한 《고백록》은 인간 영혼의 탐구에 대한 새로운 이정표를 제시하고 있다. 루소는 자아의 근본적 핵심이 존재한다는 것에 대한 확신을 결코 버리지 못했지만 또 다른 한편으로 자아가 삶의 경험들에 의해 심층적으로 형성된다는 것을 이해했고, 그 경험들에 내재한 숨겨진 패턴들을 탐지하려고 시도하면서 결국 정신분석에 이르게 될 길을 열게 된다. 그러나 무엇보다도 중요한 사실은 《고백록》이 단지 자신에 대한 변명이나 자아의 분석에 그치는 것이 아니라 글쓰기를 통해 가장 의미 있는 경험들을 다시 사는 방법이었다는 것이다. 필립 르죈(Philippe Lejeune)은 《고백록》에 대해 "그것은 과거에 대해 말하는 현재가 아니라 현재 안에서 말하는 과거이다"라고 말했다. 루소는 풍부한 기억력과 강렬한 상상력을 통하여 그리고 삶의 모든 미묘한 색조들을 표현하는 다양한 문체를 구사하면서 과거를 영원한 현재로 창조한다. 무엇보다도 루소는 《고백록》에서 어떤 초개인적 가치에 기대지 않고 자신 안에서 직접적으로 느껴지는 자연적 심성의 선량함을 자아의 기원으로 삼아 자신에게 유일한 삶의 목적을 창조해나가는 자아의 모습을 그려나가는데, 이 점에서야말로 《고백록》이 최초의 현대인의 초상화라 말할 수 있을 것이다.

2. 《고백록》의 탄생과정

루소가 《고백록》을 쓰게 된 최초의 외적 자극은 출판업자 마르크 미쉘 레로부터 나왔던 것으로 보인다. 1754년부터 루소와 알게 된 레는 루소의 삶에 대한 이야기가 독자들의 흥미를 끌 것이라고 생각하고 루소를 졸라왔다. 루소도 이러한 제안에 관심이 없지 않았던 듯해서 레르미타주에 있었던 1756년부터 자신의 삶에 대한 단편적인 글을 쓰기 시작했다. 그리고 몽모랑시에 있었던 1759년 혹은 1760년에 마침내 그것이 어떤 형식이 되었든 자신에 대한 이야기를 써야겠다고 생각했다.

레가 무슨 생각에서인지 오래전부터 회고록을 써보라고 졸라댔다. 그때까지는 나의 이력에 별반 흥미로운 점이 없었지만 내가 거기에 집어넣을 수 있는 솔직함으로 회고록이 흥미로워질 수 있다고 느꼈다. 그래

서 나는 그것을 그 솔직함에서 전례를 찾아볼 수 없는 유일무이한 작품
으로 만들 결심을 세웠다(《고백록》, 10권).

1761년 들어와 루소는 점점 건강이 악화되었고 11월에는 그가 쓰던
소식자(消息子) 하나가 요도 안에서 부러져 나오지 않아 곧 자기가 죽
을 것이라고 생각했다. 게다가 《에밀》의 교정지를 돌려받는 일이 지체
되자, 그는 예수회원들이 자신이 죽을 때까지 《에밀》의 출판을 막고 있
다가 그가 죽은 후 명성을 훼손하기 위해 자기들이 만든 위조 판을 발행
할 것이라는 망상에 빠졌다. 그는 이러한 광란 속에서 출판총감인 말제
르브에게 편지를 보냈다. 편지는 몰상식했지만 말제르브는 그의 상황
을 이해하고 그를 위로하는 답장을 보냈다. 루소는 그에게 고마워했지
만 우울증이 고독 때문에 심해졌다는 그의 진단은 받아들이려 하지 않
았다. 그래서 그는 이러한 잘못된 관점을 바로 잡아주고 동시에 자신을
변명하기 위해 말제르브에게 1762년 1월 네 차례에 걸쳐 편지를 보냈다.

나는 몸이 쇠약해가는 것을 느끼면서 올바른 사람들의 마음속에 나에
대해 별로 올바르지 않은 평판을 남겨 놓는다고 생각하니 탄식이 흘러
나왔다. 그래서 나는 4통의 편지 속에서 급히 그린 소묘를 통하여 일찍
이 내가 계획했던 회고록을 어느 의미에서 보충하려고 했다(《고백
록》, 11권).

그는 《말제르브에게 보내는 편지》에서 이른바 자신이 갖고 있는 인
간 혐오증, 고독에 대한 타고난 사랑, 게으름, 은거에 대한 취향, 자신
이 어쩔 수 없이 선택한 문학경력, 파리를 떠나면서 찾은 행복에 대해
해명하는데, 이는 앞으로 나올 《고백록》의 전주곡을 이루고 있다. 한

편 레는 1761년 11월 루소의 작품집 맨 앞에 루소의 일대기를 두고 싶다며 좀더 구체적인 집필제의를 해왔던 참이었다. 그러나 루소는 자신의 일대기가 자신에 연관된 사람들의 평판을 해칠까봐 여전히 망설이면서 일종의 인물묘사 (*portrait*) 로 만족할 생각을 했다.

1762년 6월 9일 파리 고등법원은 《에밀》에 유죄선고를, 루소에게는 체포령을 내렸다. 루소는 우선 스위스에 있는 이베르동으로 피신했다. 그러나 6월 19일 제네바에서 《에밀》과 《사회계약론》이 공개적으로 소각되었으며 루소에게 체포령이 내려졌다. 불행하게도 이베르동이 속해 있는 스위스의 베른 주(洲) 는 제네바와 마찬가지로 공격적인 칼뱅주의를 견지하고 있었고, 루소는 그곳에서 곧 떠나야 한다는 통지를 받았다. 7월 10일 그는 프로이센에 속한 뇌샤텔 공국의 모티에로 가서 프리드리히 대왕의 보호에 몸을 의탁했다. 그런데 루소가 프랑스를 떠난 후 그의 작품에 대한 비난만이 아니라 루소에 대한 인신공격이 포문을 열었다.

> 그런데 이 두 번에 걸친 영장이 신호가 되어 유럽 전역에서 나에 대한 저주의 외침이 일찍이 유례를 볼 수 없었던 맹위를 떨치면서 터져 나왔다. 모든 잡지와 신문과 소책자들이 더할 나위 없이 무서운 경종을 울렸다 … 그들에 따르면 나는 부도덕한 자, 무신론자, 미치광이, 광견병자, 야수, 늑대였다 … 요컨대 파리에서는 사람들이 그 어떤 주제에 대한 글을 출판하든 내게 모욕을 가하는 데 소홀하면 경찰에 걸려들게 될 것을 두려워하는 것처럼 보였다. 이렇게 모든 사람들이 일치단결하여 나를 증오하는 원인을 찾다가 지쳐 모든 사람들이 미쳤다고 생각할 지경이었다. 뭐라고! 《영구평화안》의 편집자가 불화를 부채질하고, "사부아 보좌신부"의 편찬자가 부도덕한 자이며, 《신엘로이즈》의 저자가 늑대이고, 《에밀》의 저자가 광견병자라니. 아, 맙소사 (《고백

록》, 12권)!

루소는 이렇게 점증하는 비난에 대해 자신을 변호할 결정적인 행동이 필요하다고 느꼈지만, 당분간은 《크리스토프 보몽에게 보내는 편지》나 《산으로부터의 편지》 등 논쟁적인 글을 쓰느라 시간을 낼 수 없었다. 그러나 1764년 12월 27일 제네바에서 루소가 자신의 아이들을 유기했다는 사실을 세상에 폭로하는 익명의 비방문 〈시민들의 견해〉가 등장했다.

> 우리는 비통함과 수치심을 갖고 공언하건대, 그는 자신의 방탕함의 치명적 흔적을 아직도 몸에 지니고 있고 돌팔이 약장수처럼 옷을 입고 그 불행한 여인을 자기 옆에 끼고 이 마을에서 저 마을로 이 산에서 저 산으로 질질 끌고 다니는데, 그는 그녀의 어머니를 죽였고 그 유아들은 고아원 문 앞에 버렸습니다(볼테르, 〈시민들의 견해〉).

볼테르가 쓴 이 비방문은 사실이 아니었지만 교묘하게 사실을 닮았다. "방탕함의 치명적 흔적"은 성병의 흔적인 것처럼 들리는데, 루소는 비뇨기 때문에 고생했지만 성병을 앓은 적은 없었다. 그의 아르메니아 풍의 긴 옷은 돌팔이 약장수의 옷이 아니었지만 색다른 것은 분명했다. 불행한 여인이라고 불린 테레즈는 루소에 의해 강제로 질질 끌려 다니지는 않았지만 그가 유배장소를 옮길 때마다 그를 따라 다녔다. 그리고 테레즈의 어머니는 사실 그때까지 살아 있었지만, 디드로와 그림은 줄곧 루소에게 그녀를 잘 돌보지 않는다고 비난했다. 그러나 그가 자신의 아이들을 고아원에 버렸다는 말은 유감스럽게도 너무나 진실이었다. 루소는 우선 이 사실을 부인했지만, 그 자신도 이것이 그냥 덮고 지나가기에는 너무나 심각한 사실이라는 것을 알고 있었다. 스스로 가장 치명적이라고 생각했던 약점이 밝혀진 이상 루소에게 다른 사람들의 평판을 돌보는 것보다는 자신의 잘못을 해명하고 변명하는 일이 가장 중요해졌다. 이제는 루소의 일대기에 그가 파리에 올라와 문단에 데뷔한 이후의 삶이 포함될 수밖에 없었다. 1765년 1월 13일 복수심에 가득 찬 그는 《고백록》의 결정적인 형태가 드러나는 의미심장한 편지를 문단의 친구 뒤클로에게 보냈다.

당신은 저로 하여금 제 일대기를 쓰려는 기획을 재개하도록 부추기시는데, 그들(=내 적들)은 내가 그 일을 쉽게 할 수 있도록 대단히 애쓰고 있습니다. 방금 제네바에서 끔찍한 비방문이 등장했는데, 데피네 부인은 자기 나름대로 쓴 수기를 거기에 제공했습니다. 그런데 나는 그 수기로 벌써 그녀와 그녀 주변의 사람들에 대해 마음이 편해지고 있습니다. 어쨌든 신은 나 자신을 방어할 때조차도 그녀를 따라하지 않도록 막아줍니다. 그러나 그녀가 내게 털어놓은 비밀들을 폭로하지 않아도, 내게 관계되는 문제에서 필요한 정도로 그녀의 진면목을 알리기 위해 충분한 비밀들을 나는 알고 있습니다. 그녀는 내가 그 정도로 잘 알고 있으리라 생각하지 않겠지만, 그녀가 나를 그렇게 하도록 강요하는 이상 언젠가는 내가 얼마나 입이 무거웠는지 알게 될 것입니다. 그러나 당신에게 고백하는 바이지만, 나는 아직도 내키지 않는 마음을 극복하기 어렵습니다. 그리고 적어도 어떤 것도 내 생전에는 출판되지 않도록 조치를 취할 것입니다. 그러나 나는 할 말이 많고 모두 다 말할 것입니다. 내가 저지른 잘못들과 내가 잘못 생각했던 것들 가운데 어떤 것도 빠뜨리지 않을 것입니다. 나는 내가 그랬던 그대로 내가 그런 그대로 내 자신을 그릴 것입니다. 거의 언제나 악이 선을 가릴 것이지만, 그럼에도 불구하고 나로서는 내 독자들 중 누구라도 감히 자신에게 '나는 저 사람보다는 더 낫다'라고 말할 것이라고는 믿기 어렵습니다.

　　루소가 불타는 복수심에도 불구하고 상대방으로부터 직접 들은 고백을 옮기지 않으며 《고백록》을 자신의 사후에 출간할 것을 결심했다는 점은 주목할 만하다. 그는 1765년 많은 시간을 자신의 어린 시절을 스케치하는 작업에 바쳤다. 그러나 그는 1765년 9월 《산으로부터의 편지》로 은신처인 모티에에서 쫓겨나 생피에르 섬으로 갔다가 10월 26일 다시 섬에서 추방되었다. 1766년 1월에는 데이비드 흄의 초청으로 영국으로 건너가게 되는데, 뇌샤텔에 있는 친구 뒤 페루에게 대부분의 서류들과 "자신이 어릴 때부터 1741년 파리로 올라올 때까지의 이야기를 담은" 초고를 맡겼다. 3월 영국의 우튼에 자리를 잡은 루소는 뒤 페루에게 맡긴 서류들을 다시 받아 《고백록》 4권 절반까지를 정서했고 1부의 집필을 계속했다. 그러나 7월 루소와 흄 사이에 불화가 생겼고, 흄은 이러한 루소와의 갈등을 담은 〈간략한 발표문〉을 파리에서 출판했다. 이로 인하여 루소는 자신을 겨냥한 음모가 꾸며지고 있다는 확신을 갖게 되었다. 예전 친구들이 저지른 잘못이 드러날까 두려워 그의 입을 막거나 그의 원고를 빼앗을 것이라는 강박관념에 사로잡힌 것이다. 루소는 다음 봄까지 거의 집필을 중지했고 모든 원고를 챙겨 뇌샤텔에 있는 뒤 페루에게 보냈다. 그는 1767년 5월 광기에 사로잡혀 급히 영국을 떠났다. 프랑스로 돌아간 그는 콩티 대공의 보호를 받아 트리 성에 은거하며 1767년 말 《고백록》 6권까지의 집필을 마쳤다.

　　1권은 루소가 태어난 1712년부터 제네바에서 도망친 1728년까지를 다루고 있다. 루소는 여기서 자신의 주요한 성격, 즉 공상적이고 정열적인 기질, 자부심, 부정에 대한 증오감 등이 어떻게 형성되었는가를 설명한다. 2권부터 4권은 루소가 고달픈 도제생활을 모면하기 위해 고향인 제네바를 떠난 후 겪게 되는 방랑시절을 다루고 있는데, 여기에는 그의 생애에 가장 강한 영향을 미친 후견인 바랑 부인과의 만남, 신교에서 가톨릭교로의 개종, 하인생활을 하면서 하녀 마리옹을 무고한 일 등 다양한 에피소드가 등장한다. 5권과 6권에는 바랑 부인 옆에서 루소가 누린 행복한 생활에 대한 이야기가 담겨 있는데, 여기에는 레 샤르메트의 목가적인 전원생활이 포함되어 있다. 그렇지만 1부는 빈첸리드에게 바랑 부인의 애정을 빼앗긴 루소가 새로운 악보 표기법과 연극 〈나르시스〉의 원고를 들고 파리로 올라가 출세할 결심을 하는 것으로 끝난다.

그는 《고백록》 1부의 집필을 끝낸 후 계속 강박관념에 시달렸고 1768년 6월 트리를 떠나면서 여섯 권의 원고를 고메르퐁텐 수녀원장에게 맡기고 나머지는 뒤 페루에게 맡겼다. 이후 그는 리옹, 라 그랑드 샤르트뢰즈, 그르노블, 샹베리를 거쳐 8월 13일 도피네 지방의 부르구앵에 도착했고, 거기서 8월 30일 테레즈와 정식으로 결혼했다. 그리고 1769년 1월 말 부르구앵 근처의 몽캥에 있는 외딴 농가에 정착하여 가을부터 《고백록》 7권을 쓰기 시작했다. "두 해 동안 침묵을 지키고 참았으나 결심을 뒤집고 다시 펜을 잡는다." 그는 2부를 쓸 당시 심한 정신적 압박을 받고 있었던 것처럼 보인다. "내 머리 위 천장에는 눈이 달려있고 나를 에워싼 벽에는 귀가 달려있다. 경계를 게을리 않는 악의에 찬 염탐꾼들이나 감시자들에 둘러싸여 불안하고 정신이 없는 나는 두서없는 몇 마디를 허겁지겁 종이 위에 적어놓는데, 그것을 교정할 시간은커녕 다시 읽어볼 시간도 거의 없다." 이런 상황에서도 12권을 제외한 2부의 집필은 불과 4개월 만에 이루어졌다.

루소의 불안은 1769년 11월 8일 밤 극도로 악화되었다. 그는 갖고 있던 서류들을 자세히 살펴보던 중 놀랄 만한 공백이 있다는 것을 알아챘다. 몽모랑시에서 살았던 1756년부터 1757년에 걸쳐 6개월 동안 썼던 편지들 중 남아있는 것이 한 통도 없었던 것이다. 사실은 자신이 편지들을 잘못 정리한 것이었고 그 편지들은 나중에 발견되지만, 루소는 음모에 대한 진실을 간파했다고 생각했다. 그는 그림과 디드로가 자신을 박해하다 못해 왕의 생명을 노린 암살자인 다미앵과 자신을 엮으려는 계획을 세웠다고 추측했다. 왜냐하면 그 사라진 편지들의 날짜들이 다미앵의 암살기도가 있던 시기와 겹쳐있기 때문이다. 그 시기에 쓰인 편지들이 도난당한 것은 자신을 암살기도에 연루시킬 문서들과 바꿔치기 위해서일지 모른다. 그리고 이 문서들은 기회가 무르익으면 대중들에게 공개될 것이다. 이러한 음모에 대한 루소의 망상은 소설처럼 가공되어 그를 둘러싼 세상에 투사되었다. 1770년 4월 10일 루소는 몽캥을 떠나 적들이 있는 파리로 올라갈 결심을 했고, 그는 파리에서 12권을 완성했다. 7권은 파리에서 출세하겠다는 야망이 좌절된 후 베네치아 주재 프랑스 대사의 서기관이 되어 활동한 것을 중심으로 이야기가 전개된다. 8권은 1752년 오페라 〈마을의 점쟁이〉가 대성공을 거둔 것을 중점적으로 다루고 있다. 9권에서는 파리의 사교계를 물러나 데피네 부인이 마련해 준 레르미타주에 은거한 일, 두드토 부인에 대한 연정, 디드로와의 결별 등을 이야기한다. 10권에서 루소는 뤽상부르 대공 부처의 보호 아래 살면서 안정을 회복한 것처럼 보인다. 그러나 11권에서 우리는 《에밀》과 《사회계약론》의 출간 이후 그가 박해를 당하고 유배생활을 시작하는 것을 본다. 루소가 1765년 말 데이비드 흄과 영국으로 떠나는 결심을 하는 12권은 망명의 이야기라고 말할 수 있다. 이 당시 그의 글은 편집증으로 인한 절망적인 분위기로 싸여있다.

그는 아직 살아있는 사람들에 대한 난처한 이야기들을 공표하지 않겠다는 자신의 결정에 충실하기 위해 《고백록》을 출판하려고 하지는 않았지만, 파리에서 영향력을 가진 사람들을 상대로 사적인 낭독회를 열었다. 그래서 1770년 12월과 다음 해 5월 사이에 그는 적어도 네 차례에 걸쳐 몇몇 개인적인 모임에서 《고백록》의 2부를 읽었다. 대부분의 청중들은 너무나 충격을 받고 당황해서 전혀 아무런 말도 할 수 없었다. 원고의 마지막 페이지에서 루소는 1771년 5월 데그몽 백작부인의 저택에서 가졌던 마지막 낭독회를 묘사하는 짧은 기록을 덧붙였다. "나는 낭독을 끝냈고, 모두들 말이 없었다. 내게는 데그몽 부인 한 사람만이 감동한 것처럼 보였다. 그녀는 눈에 보이도록 몸을 떨었지만, 매우 신속히 다시 마음을 가라앉히고 그 자리에 있는 모든 사람들처럼 침묵을 지켰다. 이것이 내가 이 낭독과 내 선언으로부터 얻은 성과였다." 어쨌든 더 이상 낭독회는 열릴 수 없었는데, 그것은 데피네 부인이 치안감독관 앙투안 사르틴에게 편지를 써서 루소가 낭독회를 멈추도록 명령을 내려달라고 애원했기 때문이다.

12권에서 루소는 3부를 예고했지만 결국 쓰지는 않았다. 그 이유는 무엇보다도 《고백록》의 낭독회가 성공을 거두지 못하자 자신의 계획을 쓸데없다고 생각했기 때문인 것으로 보인다. 그러나 루소는 《루소가 장자크를 판단하다》와 《고독한 산책자의 몽상》을 통해 자신을 해명하고 적들의 음모를 폭로하는 노력을 죽는 순간까지 계속했다.

루소의 《고백록》은 세 가지 원고가 있는데, 이것들은 초고 수준이 아니라 자필로 매우 꼼꼼히 필사한 것이다. 최초의 판본은 뇌샤텔 판으로 1, 2, 3권과 4권의 일부만을 포함한다. 이 원고는 1764년 모티에에서 쓰기 시작하여 1767년 영국의 우튼에서 완성하였다. 음모에 대한 망상으로 공포에 사로잡힌 루소는 1767년 4월 그것을 뒤 페루의 친구에게 맡기고 뇌샤텔에 있는 뒤 페루에게 보내달라고 부탁했다. 그는 거기에 긴 서문을 붙였는데, 결정판에서는 그것을 삭제했다. 이 판본에서는 다른 2개의 판본들에 비해 상당히 많은 가필과 약간 다른 형태의 문장들이 보인다. 제네바 원고는 완성본인데, 루소가 친구인 폴 물투에게 1778년 5월에 맡긴 것으로 그가 사후 출판용으로 지정한 텍스트이다. 이것은 1782년에 나온 《고백록》 1부와 1789년에 나온 《고백록》 2부의 출판에 사용되었다. 물투 가문은 1882년 그 원고를 제네바 도서관에 맡겼다. 1778년 5월 20일 지라르댕 후작의 초대를 받아 파리를 떠나 에름농빌에 간 루소는 또 다른 완성본을 갖고 갔는데, 그가 죽은 뒤 지라르댕 후작이 그 원고를 보관하다 테레즈 르바쇠르에게 돌려주었다. 그녀는 그것을 1794년 9월 27일 국민공회에 맡겼는데, 지금 그것은 파리에 있는 하원 도서관에 소장되어 있다. 이 원고는 제네바 원고와 본질적인 차이는 없다. 1959년부터 갈리마르(Gallimard) 출판사에서 출간되기 시작한 《루소 전집》(*Oeuvres complètes*)은 제네바 원고를 채택하고 있다.

3. 《고백록》에서 구현되는 자아상

루소가 자기 아이들을 고아원에 버렸다는 사실은 그가 일종의 교육론인 《에밀》의 저자였기 때문에 더욱 심각한 의미를 갖는다. 어떻게 자신의 아이들을 교육시키기를 포기한 사람이 교육에 대해 논할 수 있단 말인가? 이러한 질문은 비단 자식들을 유기한 사실에 국한되지 않고 그의 전 작품과 생애의 관계로 확산될 수 있다. 루소는 출세작인 《학문 예술론》에서 문학을 비난하면서 문단에 등단했고, 심지어 연애소설인 《신엘로이즈》를 썼다. 그는 이 세상에서 가능한 단 하나의 완벽한 생활은 가정생활이라고 말했으나 자신은 가정을 이루지 않았고, 시민의 의무는 조국 내에서 살며 공화국의 법률에 따르는 것이라고 가르쳤으나 영원한 떠돌이의 삶을 살았다. 자신의 글이 주장하는 바와 완전히 다른 삶을 산 그에게서 어떻게 작가의 진정성을 기대할 수 있을까? 그는 지적인 사기꾼이 아니었을까?

루소는 평소 자신이 느끼는 내면과 다른 사람들이 바라보는 외면 사이에 커다란 격차가 있음을 의식하고 있었다. 루소는 자신의 내면과는 다른 그리고 자신이 통제할 수 없는 외면이 있음을 인정하면서도, 그것은 자신의 비의도적인 과실이나 타인들의 오해에서 생겨난 것이지 자신이 확신하는 내면을 훼손할 수 없다고 믿는다. 마치 〈볼기 맞기의 일화〉에서 볼기를 맞고 생겨난 욕망의 표시가 루소가 랑베르시에 양에 대해 갖는 순수한 애정을 더럽힐 수 없는 것처럼 말이다. 루소는 다양하게 때로는 모순적이게 나타나는 자아의 이면에 변치 않는 근본적 핵심이 존재한다는 것에 대한 확신을 결코 버리지 않았다. 그에게 글쓰기란 바로 이 내면의 근본적 존재를 인정받고 싶다는 욕망에서 생겨난다.

> 내가 숨어서 글을 쓰겠다고 결심한 것이야말로 내게 알맞은 것이었다. 내가 앞에 있었더라면 사람들은 결코 나의 가치를 알 수 없었을 것이며 그것을 짐작조차 하지 못했을 것이다(《고백록》, 3권).

루소는 《학문 예술론》이 성공하자, 귀족들의 문예옹호제도가 주는 혜택을 거부하고 악보 필경사로 살면서 자신이 주장한 미덕을 실천하려고 이른바 '자기 개혁'을 할 정도로 작가로서의 진정성에 대해 고민한 인물이다. 그는 자신이 창조한 작가로서의 이미지를 위해서는 개인으로서의 삶을 희생시킬 결심까지 할 정도였다. 그렇다면 루소가 상상하는 자신의 이미지는 무엇인가? 그것은 바로 '자연인'(*homme de la nature*) 의 모습이다.

> 오늘날 인간의 본성은 너무나 왜곡되고 날조되어 비방받고 있습니다. 본성을 그리고 본성을 옹호하는 그(=장자크) 가 자신의 마음에서가 아니라면 어디서 그 모델을 끌어낼 수 있었겠습니까? 그는 자기 자신을 느끼듯이 본성을 묘사했습니다. 편견에 얽매이지 않고 거짓 정념에 사로잡혀있지 않았던 그의 눈에는, 다른 사람들이 대개 잊어버리거나 모르게 된 이 최초의 특징들이 드러나지 않을 수 없었습니다. (…) 은거하여 고독한 삶, 몽상과 관조에 대한 강렬한 취미, 자기 자신을 깊이 돌아보고 정념이 가라앉은 조용한 상태로 자신 안에서 많은 사람들에게서 이미 사라져버린 이 최초의 특징들을 탐색하는 습성으로 인해 그는 그 특징들을 찾아낼 수 있었습니다. 요컨대 우리에게 이처럼 본래의 인간을 보여주기 위해 한 인간이 자기 자신을 묘사해야만 했습니다. 그리고 만약 저자가 그의 책들만큼 특이한 사람이 아니었더라면 그는 결코 그것들을 쓰지 못했을 것입니다(《루소가 장자크를 판단하다》, 세 번째 대화).

《인간 불평등 기원론》에서 그려진 자연인은 한마디로 욕망이 제한적이기 때문에 자기 충족적이고 그렇기 때문에 다른 사람들을 해치거나 지배하려는 의도가 없는 선량한 존재로 묘사된다. 반면 사회인은 우월한 존재로 인정받기 위해 다른 사람을 지배하려 하고 이로 인해 오히려 자연상태의 자기 충족성을 잃어버리고 다른 사람들에게 종속된 존재이

다. 그런데 루소는 자연상태가 끝나고 문명사회가 성립되는 시기 사이
에 '막 생겨나기 시작한 사회'의 단계를 상정했다. 사적 소유권과 이에
따른 불평등이 아직 존재하지 않는 사회에서 사람들은 자기 독립성과
자유를 보존하면서 사교의 즐거움을 나눈다. 루소는 이 시기를 자연상
태와 문명사회의 장점을 동시에 갖는 "진정한 세계의 청춘"이라고 부른
다. 루소는 "내게 접근하는 모든 사람들에게 사랑받는 것이 내 욕망들
중 가장 강렬한 것이었다"고 여러 번 말하는데, 루소가 자기 내면에서
느끼는 자연인은 이 중간단계의 인간까지 포함한다. 루소는 16살 때 제
네바를 떠날 때를 회상하면서 이러한 자아상과 가장 알맞은 삶의 형태
를 다음과 같이 그리고 있다.

> 내 운명의 장난에 몸을 맡기기 전에, 잠시 눈을 돌려 내가 더 좋은 주인
> 밑에 있었다면 자연적으로 나를 기다리고 있었을 운명은 어떤 것인지
> 생각해보고 싶다. 평온하고 남의 눈에 띄지 않는 솜씨 좋은 장인 — 제
> 네바에서의 조각공과 같은 특히 몇몇 분야에서의 장인 — 이라는 직업
> 이 무엇보다도 더 나의 기질에 맞고 나를 행복하게 만드는 데 적합했
> 다. 이러한 직업은 넉넉한 생활을 유지할 정도로 충분한 돈벌이가 되지
> 만 치부하기에는 충분치가 않아서 여생 동안 내 야심을 제한했을 것이
> 다. 또 적절한 취미를 기를 수 있는 웬만한 여가를 허락하여, 나를 내
> 영역 내에 붙잡아두고 그로부터 빠져나갈 어떠한 수단도 제공하지 않
> 았을 것이다. … 가장 소박한 직업, 근심걱정이 가장 적은 직업, 정신
> 을 가장 자유로운 상태로 놓아두는 직업이 내게 가장 적당했다는 결론
> 이 나오는데, 그런 직업이 바로 내가 배우고 있던 직업이었다. 나는 내
> 종교와 내 조국과 내 가족과 내 친구들에 둘러싸여, 그리고 한결같이
> 내 취향에 맞는 일을 하고 내 마음에 맞는 사람들과 친교를 나누면서
> 내 성격에 필요한 바와 같은 평화롭고 안락한 삶을 보냈을 것이다. 나

는 좋은 기독교 신자, 좋은 시민, 좋은 가장, 좋은 친구, 좋은 노동자, 모든 일에서 좋은 사람이었을 것이다. 나는 내 직업을 사랑하고 아마 그것을 존중했을 것이다. 그리고 눈에 띄지 않고 소박하지만 기복이 없고 안락한 생애를 보낸 다음, 내 가족들에 둘러싸여 평화롭게 눈을 감았을 것이다(《고백록》, 1권).

　장인으로서 독립적이고 소박한 삶을 영위하는 것, 그리고 주변사람들과 우정과 애정을 나누며 선량한 사람으로 살아나가는 것, 이러한 삶이야말로 자연상태에 가장 가까운 생활이다. 그렇다면 루소는 도대체 무엇을 찾아 제네바를 떠난 것일까?

　나는 태연자약하게 세계라는 광대한 공간으로 들어섰다. 내 재능은 곧 그 공간을 가득 채울 것이다. 발걸음을 내디딜 때마다 향연과 보물과 모험, 내게 봉사할 준비가 되어 있는 친구들, 나의 환심을 사려고 안달하는 애인들을 찾게 될 것이다. 나를 드러내기만 하면 세계가 내게 관심을 집중하게 될 것이다. 그렇지만 전 세계가 아니라도 좋았다. 나는 이를테면 전 세계가 그렇게 되지 않아도 상관이 없고, 내게 그 정도까지 필요하지는 않았다. 나는 매력적인 공동체 하나로 족해서 그 외의 것에 신경을 쓰지 않았다. 나는 겸손하게도 내가 군림할 수 있으리라고 확신하는, 범위는 좁아도 정선(精選)된 공동체에 들어갈 것이다. 오직 성(城) 하나가 내 야망의 한계였다. 성주 내외분의 귀염둥이가 되고 그 따님의 공인된 애인이며 그 아들의 친구가 되고 이웃사람들의 보호자가 되면 나는 만족이다. 그 이상 아무것도 내게 더 필요하지 않았다(《고백록》, 2권).

　루소가 찾아 나섰던 성의 삶은 주변의 모든 사람들에게 사랑받으며 산다는 점에서 그가 꿈꾸던 고향에서의 삶과 근본적으로 다르지 않다. 단지 차이가 있다면 그가 귀족의 딸을 애인으로 삼아 노동을 하지 않는 신분으로 상승한다는 것이다. 바랑 부인은 루소의 애인이 될 수 없었지만, 그녀와 함께 한 삶은 비록 어느 정도 루소의 꿈을 충족시켜 준 것으로 보인다. 그리고 바랑 부인과 함께 보낸 레 샤르메트에서의 삶은 루소의 삶에서 행복의 절정을 이룬다.

> 해가 뜨면 일어나니 행복했다. 산책을 하니 행복했다. 엄마를 보니 행복했고 그녀 곁에서 물러나니 행복했다. 숲과 언덕을 두루 돌아다녔고, 골짜기를 떠돌아다녔으며, 책을 읽었고, 빈둥거렸으며, 정원을 가꾸었고, 과일을 땄으며, 살림을 도왔는데 행복은 어디서나 나를 따라다녔다. 행복은 무엇이라고 꼬집어 말할 수 있는 어떤 것에 있는 것이 아니라 완전히 내 자신 안에 있어서 단 한순간도 나를 떠날 수 없었다(《고백록》, 6권).

여기서 행복은 어떤 행위에 대한 기대나 결과가 아니라 존재 자체에서 나온다. 자신의 존재를 느끼고 그 존재가 행복하다는 것을 느끼는 것이야말로 루소에게는 그 인간이 선량하다는 가장 강력한 증거이다. 자신의 존재를 타인들의 시선에서 찾는 사회인은 진정한 행복을 좀처럼 느끼지 못하기 때문이다. 따라서 《고백록》에서 자주 등장하는 소박한 행복에 대한 묘사 특히 자연 속에서 느끼는 행복에 대한 찬가는 그의 선량함을 증명하기 위한 방법이 되기도 한다.

루소는 바랑 부인의 품을 떠나 파리로 올라오면서 다시 출세를 꿈꾼다. 그러나 루소는 작가가 되어 문예옹호제도의 혜택을 받는다는 것은 사회의 권력이 강요하는 관습과 제도 속에 편입된다는 것을 의미한다는 사실을 알고 있었다. 루소는 작가들이 진리가 아니라 자신의 출세를 위해 글을 쓴다고 비난했던 터였다. 루소는 자신의 글쓰기가 곧바로 그에게 되돌아와 글을 쓴 저자로서의 책임을 묻고 있다고 느꼈다. 루소는 작가라는 신분이 "그것이 직업이 아닌 한에서만 명성과 존경을 받으며 또 그럴 수 있다"고, "위대한 진리를 말하는 힘과 용기를 갖기 위해서는 성공을 도외시하지 않으면 안 된다"고 생각하면서 악보 필경사를 직업으로 삼는다. 장인의 삶을 글쓰기와 결합시킨 것이다. 그리고 세계의 악덕에 맞서는 미덕의 화신으로 변모한다.

> 그때까지는 나는 그저 선량했을 뿐이다. 그러나 그때부터 나는 유덕한 적어도 미덕에 도취한 사람이 되었다. 이러한 도취는 머릿속에서 시작해 내 마음속으로 옮아왔던 것이다. 내 마음속, 허영심이 뿌리째 뽑힌 폐허 위에서 가장 고귀한 자부심이 싹텄다. 나는 아무것도 가장하지 않았다. 나는 사실 보이는 바대로의 인간이 되었다. 이러한 열광이 가장 고양된 상태에서 지속되었던 적어도 4년간은 인간의 마음에 싹틀 수 있는 모든 위대하고 아름다운 것들로 내 마음에 떠올릴 수 없었던 것은 하늘과 나 사이에 하나도 없었다. 바로 그로부터 나의 갑작스러운 웅변이 생겨났다. 또 바로 그로부터 나를 불태웠던 진정한 천상의 불길이 나와 내 초기의 저서들 안에서 넘쳐흘렀던 것이다(《고백록》, 9권).

이러한 미덕은 자기희생을 요구하기 때문에 단순히 즐거워서 좋은 일을 하는 자연적 선량함과는 본질적 차이를 갖는다. 루소가 자연적 선량함을 포기하고 미덕을 선택한 이유는 자연적 선량함을 갖고는 타락한 사회에 맞설 수 없기 때문이었다. 악을 향해 나가는 사회의 진행방향을 저지하기 위해서는 그 반대방향으로 힘을 주어야 한다. 그러나 이것이 지속된다는 것은 '선량한 자연인' 루소에게는 무리이다. 레르미타주의 자연에 둘러싸여 《신엘로이즈》를 구상하던 루소는 친구의 애인 두드토 부인에게서 여주인공 쥘리의 모습을 보고 사랑에 빠진다. 루소는 더 이상 미덕의 화신일 수가 없었다. 그는 자신의 미덕이 부족함을 인정하고 다시 인간의 자연적 선량함에서 자신의 이미지를 찾게 된다. 미덕이 요구하는 의지의 힘이 부족하다는 것이 그가 저지른 오류의 원인이기도 하지만 그렇다고 그것이 그가 갖는 자연적 선량함을 훼손하는 것은 아니다. 이후 루소는 디드로나 그림 같은 친구들과 절교하고, 《에밀》로 인해 체포령을 받고 이를 피하기 위해 방랑의 길로 접어든다. 스스로 추구하던 고독은 이제 타인들로부터 강요된 고독으로 바뀌게 된 것이다. 절대적인 고독상태에 빠진 루소는 생피에르 섬에서 다시 존재감에서 나오는 행복을 맛보게 된다.

> 그러나 과거를 회상하거나 미래로 건너뛸 필요 없이 영혼이 거기에 완전히 의존하고 자신의 모든 존재를 거기에 집중할 수 있을 정도로 확고한 상태, 영혼에게 시간이 아무런 의미도 갖지 않는 상태, 영원히 현재가 계속되면서도 그것의 지속됨도 그 연속의 흔적도 표가 나지 않고 오로지 우리가 존재한다는 감정 이외에 결핍이니 쾌락이니 즐거움이니 고통이니 욕망이니 두려움 따위의 다른 감정이 없는 상태, 그리고 오로지 이러한 감정이 영혼을 완전히 충족시킬 수 있는 상태가 존재한다면, 이 상태가 지속하는 한 이 상태에 있는 사람은 행복하다고 불릴 수 있다. 그 사람은 인생의 즐거움 속에서 발견되는 불완전하고 빈약하며 상대적인 행복이 아니라, 충분하고 완벽하며 충만한 그래서 영혼이 채워야 할 필요를 느끼는 어떤 공허함도 영혼에 남겨두지 않는 그런 행복으로 행복하다. 생피에르 섬에서 지낼 때, 물이 흘러가는 대로 떠다니게

　내버려 둔 배에 누워서 혹은 물결치는 호숫가에 앉아서 혹은 다른 곳 아름다운 강가나 모래 위를 속삭이며 흐르는 시냇가에서, 고독한 몽상에 잠겨 있으면서 종종 경험한 상태가 바로 그런 것이다(《고독한 산책자의 명상》, 다섯 번째 산책).

　비엔 호수의 물결이 내는 규칙적인 소음이 감각을 잠재우고 고정시키는 동안, 오직 존재감으로 축소된 가장 희박한 지각작용으로부터 도취가 생겨난다. 그것은 모든 사유와 감정이 제거된 존재의 기초와 결합한다. 모든 인간관계들은 소멸되고 자연과 의식의 경계는 점차 희미해진다. 루소는 '막 생겨나기 시작한 사회'의 자연인에서 더 후퇴하여 다시 기원으로서의 자연상태에 있는 '자연인'으로 돌아간 것이다. 그러나 삶과 죽음의 경계상태에 위치한 이 행복하고 충만한 상태는 순간적일 수밖에 없다. 자연상태를 벗어난 인간이 다시 완벽한 자연인으로 돌아가는 것은 불가능하기 때문이다. 마찬가지로 루소가 상상하는 자연인의 이미지는 경험적 자아의 모든 모순적 양상을 흡수하여 하나로 통합시키려고 하지만 오직 상상이나 회한의 형태로 나타날 뿐이다. 루소가 말한 자연상태가 일종의 가정인 것처럼 그가 자연인의 모습을 끌어낸 자신의 자아 역시 상상에 불과할지 모르지만, 인류가 지나온 삶의 모습이 자연상태의 가정을 통해서 그 의미가 더욱 뚜렷이 드러나듯이 그의 현실적 모습은 자연인의 이미지를 배경으로 할 때 더욱 분명히 드러난다.
　루소가 추구한 행복은 타락한 사회가 추구하는 행복의 허구성을 폭로하고, 자신의 독특성을 지키려고 했던 루소의 지난한 노력은 한 개인의 독특성을 부정하는 사회의 폭력성을 폭로한다. 루소는 한 인간의 가장 내밀한 부분을 포함한 모든 면모를 드러냄으로써 인간 본성의 탐구에

대한 또 다른 기초를 제공한다. 우리는 루소가 자신의 삶을 탐구하는 방
식을 통하여 — 그것을 성공적이라 생각하든 그렇지 않다고 생각하든
— 우리 자신을 더욱 깊이 성찰하는 어떤 실마리를 찾을 수 있을 것이다.

· 장자크 루소 연보

1712년   6월 28일 아버지 이자크 루소와 어머니 쉬잔 베르나르 사이의 둘째 아들로 제네바 그랑뤼에서 태어나다. 7월 7일 어머니는 당시 39살의 나이로 사망하다. 어머니를 잃은 루소는 고모 쉬잔 루소의 손에 자라나다.

1718년   그랑뤼에서 수공업자들이 사는 구역 생제르베에 있는 쿠탕스로 이사하다.

1719년   아버지와 함께 소설을 읽기 시작하다.

1720년   겨울부터 역사와 도덕에 관한 서적 특히 플루타르코스를 읽기 시작하다.

1722년   10월 11일 아버지는 퇴역 군인과 싸움을 벌인 것이 원인이 되어 제네바를 떠나 니옹으로 가다. 루소는 외삼촌이자 고모부인 가브리엘 베르나르에게 맡겨지다. 10월 21일 외삼촌은 자기 아들과 함께 그를 개신교 목사 랑베르시에 밑에 보내다. 보세에서 행복한 전원생활을 보내다.

1723년   랑베르시에 양(孃)에게 볼기를 맞고 관능의 세계에 눈뜨다.

1724년   랑베르시에 양의 빗살을 부러뜨리고도 그 잘못을 고백하지 않는다는 억울한 죄목으로 처벌을 받다. 그해 겨울 제네바로 돌아와 시청 법무사 마스롱 밑에서 수 주일 동안 일하다.

1725년   5월 1일 조각공 아벨 뒤코맹 집에 견습공으로 들어가다. 고용주의 가혹한 취급을 받고 거짓말과 도둑질 등 악습에 물들게 되다.

1726년   3월 5일 아버지가 니옹에서 재혼하다.

1728년	3월 14일 제네바에서 도망치다. 3월 21일 안시에서 바랑 부인을 만나 그녀의 주선으로 3일 후 토리노로 떠나다. 4월 12일 토리노 수도원 보호시설에 들어가 21일 가톨릭으로 개종하고 23일 세례를 받다. 여름 토리노를 전전하다가 바질 부인을 만나고 이후 베르첼리스 부인 댁에서 3개월 동안 하인 노릇을 하다. 하인이 된 지 얼마 되지 않아 베르첼리스 부인이 죽었을 때 그 집에서 리본을 훔치고는 그것이 발각되자 하녀 마리옹이 리본을 자기에게 주었다고 그녀를 무고한 후 그녀와 함께 해고되다. 현명한 신부인 갬으로부터 강한 영향을 받다. 곧 구봉 백작의 하인으로 들어가 그의 아들인 구봉 신부의 서기가 되다.
1729년	6월 견습공 시절의 친구 바클과 함께 구봉 백작 집을 떠나 안시로 돌아와 바랑 부인의 집에 들어가 살다. 8월과 9월에 안시의 신학교에 들어갔다가 퇴짜를 맞고 교회 성가대에서 악장 르 메트르의 지도 아래 음악을 배우다.
1730년	4월 르 메트르와 함께 리옹으로 출발하다. 리옹에서 돌아온 후 바랑 부인이 그 사이 안시를 떠난 것을 알다. 6월 혹은 7월에 그라펜리드 양(孃) 그리고 갈레 양(孃)과 함께 톤에서 목가풍의 달콤한 시간을 갖다. 7월 바랑 부인의 하녀 메르스레 양(孃)을 프리부르로 데려다주면서 리옹에 있는 아버지를 만나다. 7월부터 보소르드 빌뇌브라는 가명으로 로잔과 뇌샤텔에서 음악을 가르치며 떠돌아다니다.
1731년	4월 그리스정교의 수도원장을 자칭하는 사기꾼을 따라 프리부르와 베른에 가다. 5월 스위스인 고다르 대령의 조카를 돌보기 위하여 파리로 가다. 8월 파리에서 바랑 부인의 소식을 듣고 파리를 떠나다. 9월 말 샹베리에서 부인을 만나고 그녀의 주선으로 10월 1일부터 사부아 왕국의 토지대장과에 근무하다.
1732년	6월 토지대장과를 그만두고 음악에 전념하다.
1733년	가을 바랑 부인의 제안에 따라 바랑 부인과 육체적 관계를 맺고

근친상간을 범한 듯한 느낌을 갖다.

1734년   3월 13일 바랑 부인의 관리인이자 정부인 클로드 아네가 사망하다 (아마 자살인 듯). 건강이 악화되다. 니옹, 제네바, 리옹을 여행하다.

1736년   레 샤르메트에서 행복한 전원생활을 시작하다. 공부에 몰두하다.

1737년   6월 화학실험 중 폭발로 실명의 위기를 맞고, 최초의 유언을 작성하다. 7월 말 유산문제를 해결하기 위하여 은밀히 제네바에 가다. 9월 상상에서 생긴 병을 치료하기 위해 명의를 찾아 몽펠리에로 떠나다. 이 여행 도중 만난 라르나주 부인에게서 관능적 쾌락을 맛보다.

1738년   2월 혹은 3월에 레 샤르메트로 돌아와서 바랑 부인이 빈첸리드를 새 애인으로 삼은 것을 보다. 이후 공부에 전념하다.

1740년   4월 리옹 법원장 마블리의 두 아들을 가르치는 가정교사로 리옹에 가다. 9월 혹은 10월에 "생트마리 씨(氏)의 교육안"(*Projet pour l'éducation de Monsieur Sainte-Marie*)을 쓰다.

1741년   5월 가정교사를 그만두고 샹베리로 돌아오다.

1742년   7월 새로운 악보 표기법을 출세의 밑천으로 삼아 바랑 부인과 헤어지고 리옹을 거쳐 파리로 상경하다. 8월 22일 파리의 과학아카데미에서 "새로운 악보 기호에 관한 제안"(*Projet concernant de nouveaux signes pour la musique*)을 발표하였으나 그의 체계는 새롭거나 유용한 것으로 인정받지 못하다. 9월에서 10월 사이에 디드로, 퐁트넬, 마블리 신부 등을 알게 되다.

1743년   1월 《현대 음악론》(*Dissertation sur la musique moderne*)이 간행되다. 봄부터 뒤팽 부인의 살롱을 출입하다. 5월 뒤팽 부인의 전실 자식인 프랑쾨유와 화학에 몰두하다. 6월 베네치아 주재 프랑스 대사인 몽테귀 백작의 비서가 되어 7월 10일 파리를 떠나 9월 14일 베네치아에 도착하다. 이탈리아와 이탈리아 음악에 대한 열정을 키우다. 몽테귀의 무능력 때문에 대사관 일의 많은 부분을 떠안다.

1744년   8월 6일 대사와 말다툼 끝에 사직하고 8월 22일 파리를 향해 떠나 10월 파리에 도착하다. 달랑베르와 콩디야크를 포함한 모임에서 지적인 조언자가 될 디드로와 친분을 쌓아나가다

1745년   3월 하숙집 세탁부 테레즈(당시 23살)를 만나다. 7월 9일 오페라 〈사랑의 시신(詩神)들〉(*Les Muses galantes*)을 마치다. 9월 〈사랑의 시신들〉이 처녀 연주되다. 가을에는 볼테르와 라모가 합작한 〈라미르의 향연〉을 손질하다.

1746년   뒤팽 부인과 프랑쾨유 밑에서 서기로 일하다. 겨울 첫 번째 아이가 태어났으나 곧 고아원으로 보내지다(그 뒤 태어난 네 아이들도 모두 마찬가지로 고아원으로 보내진다).

1747년   5월 9일 아버지 이자크 루소 사망하다.

1748년   2월 전해에 알게 된 데피네 부인으로부터 후에 두드토 부인이 될 벨가르드 양(孃)을 소개받다.

1749년   1월부터 3월에 걸쳐 디드로와 달랑베르의 권고로 《백과전서》의 음악 항목을 집필하다. 7월 24일 《맹인에 대한 편지》로 디드로가 체포되어 뱅센 탑에 갇히다. 8월 그림을 알게 되다. 10월 뱅센 성에 수감된 디드로를 면회 가던 중 잡지 〈메르퀴르 드 프랑스〉에 실린 디종 아카데미의 현상논문 제목("학문과 예술의 진보는 도덕을 타락시키는 데 기여하였는가 혹은 순화시키는 데 기여하였는가?")을 읽고 영감을 받아 응모를 결심하다.

1750년   연초 테레즈와 살림을 차리다. 7월 9일 "학문 예술론"(*Discours sur les sciences et les arts*)이 디종 아카데미 현상논문으로 당선되어 12월 말 간행되다.

1751년   2월부터 3월 사이 '자기 개혁'을 결심하고 프랑쾨유 밑에서 일하는 것을 그만두고 악보를 필사하는 일로 생계를 유지하기 시작하다.

1752년   봄과 여름에 걸쳐 막간극 〈마을의 점쟁이〉(*Le Devin du village*)를 작곡하다. 10월 18일 〈마을의 점쟁이〉가 루이 15세 앞에서 상

연되어 대성공을 거두다. 10월 19일 연금을 하사하려는 왕을 알현하지 않고 퐁텐블로를 떠나다. 이에 디드로는 루소가 연금을 받아들이도록 조르고 이것이 루소와 디드로의 불화의 시작이 되다. 12월 18일에는 코메디 프랑세즈에서 루소가 예전에 쓴 희극 〈나르시스 혹은 자기 자신을 사랑한 남자〉(*Narcisse ou l'Amant de lui-même*)가 상연되었으나 실패하다.

1753년 3월 1일 〈마을의 점쟁이〉가 오페라 극장에서 상연되다. 11월 〈메르퀴르 드 프랑스〉에 디종 아카데미의 현상논문 제목("인간들 사이의 불평등의 기원은 무엇인가, 그리고 그것은 자연법에 의하여 허용되는가?")이 실리다. 11월 말 부퐁 논쟁의 와중에서 루소가 프랑스 음악에 대해 부정적인 판단을 내리고 이탈리아 음악에 호의를 보인《프랑스 음악에 대한 편지》(*Lettre sur la musique française*)가 출간되어 논쟁의 중심에 서다.

1754년 4월 사상가로서의 독창성을 확립한《인간 불평등 기원론》(*Discour sur l'origine de l'inégalité*)을 완성하다. 6월 1일 테레즈와 친구 고프쿠르와 함께 제네바로 떠나다. 여행 중 상베리에서 마지막으로 바랑 부인을 만나다. 8월 1일 제네바에서 다시 개신교로 돌아가 제네바의 시민권을 얻다. 10월 파리로 돌아와《인간 불평등 기원론》의 원고를 암스테르담의 서적상 마르크 미쉘 레에게 넘기다(현상에서는 낙선했다).

1755년 《인간 불평등 기원론》이 암스테르담에서 출간되다. 9월 데피네 부인의 소유인 라 슈브레트에 가 머물면서 데피네 부인에게 이듬해 봄에 레르미타주에 와서 살 것을 약속하다. 루소의 "정치경제학"(*Economie politique*) 항목이 실린《백과전서》(*Encyclopédie*) 5권이 간행되다.

1756년 4월 9일 테레즈와 그녀의 어머니가 레르미타주로 거처를 옮기다. 8월 18일 볼테르의 시 〈리스본 참사에 대하여〉에 대한 반박으로 〈섭리에 대해 볼테르에게 보내는 편지〉(*Lettre à Voltaire sur la*

Providence)를 쓰다. 여름부터 가을에 걸쳐 《신엘로이즈》(*La Nouvelle Héloïse*)의 인물들을 구상하다.

1757년 1월 말 두드토 부인이 레르미타주를 방문하다. 2월과 3월 사이 디드로의 〈사생아〉에서 나오는 "혼자 있는 사람은 악인밖에 없다"라는 구절을 보고 디드로를 비난하다. 봄부터 두드토 부인에게 사랑을 품다. 8월 데피네 부인과 불화가 시작되다. 10월 달랑베르가 쓴 제네바 항목이 실린 《백과전서》 7권이 간행되다. 10월 25일 데피네 부인이 제네바로 떠나다. 10월 28일 두드토 부인의 애인인 생랑베르에게 자신을 변명하다. 11월 초 그림이 루소에게 절교의 편지를 보내다. 12월 5일 디드로가 루소를 방문하러 레르미타주에 오다. 12월 15일 데피네 부인과 결별하고 레르미타주에서 나와 몽모랑시의 몽 루이로 거처를 옮기다. 12월 《백과전서》의 제네바 항목을 반박할 결심을 하다.

1758년 3월 2일 디드로와의 화해를 시도하다. 3월 9일 《연극에 관하여 달랑베르에게 보내는 편지》(*Lettre à d'Alembert sur les spectacles*)를 완성하다(이로 인해 볼테르의 적의를 사다). 5월 6일 두드토 부인이 루소와 절교하다. 6월 21일 디드로와 절교하다. 9월 13일 레에게 《신엘로이즈》가 완성되었음을 알리다.

1759년 5월 뤽상부르 원수의 배려로 몽모랑시 성(城) 별관에 일시 머물다. 7월 자신의 거처인 몽 루이로 돌아가다.

1760년 《에밀》(*Emile*)과 《사회계약론》(*Du contrat social*)을 계속 집필하다. 7월과 8월 사이 콩티 대공이 방문하다. 11월 22일 레가 《신엘로이즈》의 초판을 보내다. 12월 20일 《신엘로이즈》가 런던에서 발매되다.

1761년 1월 말 《신엘로이즈》가 파리에서 발매되면서 엄청난 성공을 거두다. 6월 12일 자신의 죽음이 멀지 않았다고 생각하고 테레즈를 뤽상부르 부인에게 맡기다. 뤽상부르 부인은 고아원에 버린 루소의 장남을 찾으려고 했으나 성공하지 못하다. 8월 9일 《사회계약론》

이 완성되다. 9월 말 출판총감 말제르브에게《언어기원론》(*Essais sur l'origine des langues*)을 맡기다. 10월 뒤쉔 서점에서《에밀》이 인쇄되다. 11월 16일《에밀》의 원고가 예수회원들의 손에 들어갔다고 생각하고 착란상태에 빠지다. 12월 31일 레가 자서전을 쓸 것을 권고하다.

1762년 1월 자신에 대해 기술한《말제르브에게 보내는 편지》(*Lettres à Malesherbes*)를 쓰다. 4월 초《사회계약론》이 암스테르담에서 출간되다. 5월 27일《에밀》이 암묵적인 허가를 받고 암스테르담과 파리에서 발매되다. 6월 3일 경찰이《에밀》을 압수하다. 6월 7일《에밀》이 소르본에 고발되고 6월 9일 고등법원에서 유죄선고를 받다. 동시에 루소에게 체포령이 내려져 피신하다. 6월 11일 파리에서《에밀》이 소각되다. 6월 14일 스위스 베른의 이베르동에 도착하다. 6월 19일 제네바에서도 루소에 대한 체포령이 내려지고《에밀》과《사회계약론》이 소각되다. 7월 1일 베른에서도 베른 영토에서 루소를 퇴거시키라는 명령이 내려지다. 7월 9일 이베르동을 떠나 10일 뇌샤텔의 프로이센 대공령(大公領)인 모티에에 가다. 7월 20일 테레즈가 모티에에 오다. 7월 29일 바랑 부인이 샹베리에서 사망하다. 8월 16일 키스 원수의 비호 아래 프리드리히 2세로부터 모티에 체류를 허가받다. 8월 28일 파리 대주교 크리스토프 드 보몽이《에밀》을 단죄하는 교서를 내리다. 9월 21일 제네바의 목사 자콥 베른이 "사부아 보좌신부의 신앙고백"을 철회할 것을 요구하다. 10월부터 파리 대주교에 대한 반박으로《크리스토프 드 보몽에게 보내는 편지》(*Lettre à Christophe de Beaumont*)를 쓰기 시작하다. 12월 14일 레가 자서전을 쓸 것을 계속 요구하다.

1763년 3월《크리스토프 드 보몽에게 보내는 편지》가 출간되다. 4월 16일 뇌샤텔 시민권을 얻다. 5월 12일 제네바의 정치 전개과정에 대한 혐오로 제네바 시민권을 포기하다. 9월에서 10월 사이 제네바의 검찰총장 트롱솅이 제네바에서 루소에게 유죄판결을 내린 것을 정당화하는 《전원으로부터의 편지》를 출간하다.

1764년 3월 13일 레에게 자신의 전집을 내달라고 부탁하다. 3월 18일 뤽상부르 원수가 사망하다. 7월부터 식물채집에 취미가 생기다. 8월 31일 부타포코로부터 코르시카를 위한 정치조직의 초안을 써달라는 편지를 받다. 12월 제네바 정치에 대한 신랄한 비평인 《산으로부터의 편지》(*Lettres écrites de la montagne*)가 출간되다. 12월 27일 볼테르가 익명의 풍자문 〈시민들의 견해〉를 써 루소가 자식들을 버렸다는 사실을 세상에 알리다. 《고백록》(*Les Confessions*)을 쓸 것을 결심하다.

1765년 1월 초 《고백록》의 서문을 쓰다. 3월 19일 《산으로부터의 편지》가 파리에서 불태워지다. 7월 초 비엔 호수의 생피에르 섬에서 10여 일을 지내다. 9월 6일 밤 목사 몽몰랭의 선동으로 모티에 주민들이 루소의 집에 돌을 던지다. 9월 11일 생피에르 섬으로 몸을 피하다. 10월 16일 베른 소위원회로부터 퇴거명령을 받다. 10월 22일 흄이 루소를 영국으로 초청하는 편지를 보내다. 10월 20일 베를린을 향해 떠나다. 11월 2일 스트라스부르에서 도착하여 몇 주를 머물다가 영국으로 갈 것을 결심하다. 12월 9일 스트라스부르를 떠나다. 12월 16일 파리에 도착하다. 12월 24일 친구 뒤 페루에게 《고백록》 집필에 필요한 자료를 부탁하다.

1766년 1월 4일 데이비드 흄과 함께 파리를 떠나 13일 런던에 도착하다. 1월 28일 취지크에 머물다. 2월 13일 테레즈가 루소와 합류하다. 3월 19일 우튼으로 떠나다. 거기서 《고백록》의 본격적인 집필을 시작하다. 7월부터 흄과 불화가 생기다.

1767년 3월 18일 영국 국왕 조지 2세가 연금을 수여하다. 자신에 대한 음모가 영국에까지 미쳤다고 생각하고 5월 21일 공황상태에서 갑자기 영국을 떠나 프랑스로 돌아오다. 장 조제프 르누라는 가명을 쓰고 아미앵, 플뢰리 수 뫼동에서 잠깐 머물다가 6월 콩티 대공의 보호 아래 트리에 정착하다. 11월 26일 《음악사전》(*Dictionnaire* *de muisque*)이 파리에서 발매되다.

1768년　봄에 여러 원고들을 나다이야크 부인에게 보관시키다. 6월 14일 망상에 시달리다 트리를 떠나 리옹, 라 그랑드 샤르트뢰즈, 그르노블, 샹베리를 거쳐 8월 13일 도피네 지방의 부르구앵에 도착하다. 8월 30일 테레즈와 일종의 결혼식(법적으로 유효하지는 않다)을 치르다.

1769년　1월 말 부르구앵 근처 몽캥에 있는 외딴 농가에 정착하여 《고백록》 7권부터 11권을 쓰다.

1770년　1월 22일 가명을 쓰는 것을 그만두고 4월 몽캥을 떠나 리옹으로 가다. 6월 파리로 돌아와 가명을 버리고 플라트리에르 거리에서 테레즈와 함께 살다. 악보를 필사하는 일과 식물채집을 다시 시작하다. 나다이야크 부인에게 《고백록》의 반환을 요구하다. 10월 폴란드의 개혁안을 써줄 것을 제의받다. 12월 《고백록》을 완성하다.

1771년　2월 스웨덴 왕태자 앞에서 《고백록》을 낭독하다. 5월 4일부터 8일까지 데그몽 백작부인 집에서 《고백록》 2부를 낭독하다. 5월 10일 데피네 부인이 치안감독관에게 부탁하여 낭독을 중지시키다. 7월 베르나르댕 드 생피에르와 교류를 시작하다. 가을부터 겨울에 걸쳐 《폴란드 정치체제론》(*Considérations sur le gouvernement de Pologne*)을 집필하다.

1772년　4월 《폴란드 정치체제론》의 집필을 마치다. 자신을 정당화하기 위한 새로운 시도인 《루소가 장자크를 판단하다, 대화》(*Rousseau juge de Jean-Jacques, Dialogues*)를 쓰기 시작하다.

1773년　악보를 필사하는 일과 식물채집을 하면서 계속 《대화》를 집필하다.

1774년　독일의 음악가인 글루크로부터 악보를 필사하는 일을 부탁받고 그의 오페라 공연에 참석하는 등 음악적인 활동을 많이 하다.

1775년　10월 31일 1762년 쓴 오페라 〈피그말리옹〉(*Pygmalion*)이 루소의 허가 없이 코메디 프랑세즈에서 상연되어 대성공을 거두다.

1776년　2월 《대화》(사후 1782년 출간)의 집필을 마치고 24일 파리 노트르담 성당의 제단에 바치려고 했으나 철책이 닫혀 있어 실패하다. 4월 거리에서 〈아직도 정의와 진리를 사랑하는 모든 프랑스 사람들에게〉(*A tout Français aimant encore la justice et la vérité*) 라는 전단을 나누어주다. 가을 《고독한 산책자의 몽상》(*Les Rêveries du promeneur solitaire*) 의 집필을 시작하다. 10월 24일 메닐몽탕에서 질주하는 큰 개에게 부딪쳐 의식을 잃고 쓰러져 회복불능의 손상을 입다.

1777년   테레즈의 오랜 병고로 생활이 매우 어려워지다. 8월 22일 악보 필사를 그만두다.

1778년   4월 12일 《고독한 산책자의 몽상》의 "10번째 산책"을 끝내다(사후 1782년 출간). 5월 2일 《고백록》의 사본과 《대화》의 사본을 포함한 여러 원고를 제네바의 옛 친구인 폴 물투에게 맡기다. 건강이 악화되는 가운데 5월 20일 지라르댕 후작의 초청을 받아 파리 교외의 에름농빌로 거처를 옮기다. 7월 2일 오전 11시 뇌출혈로 사망하다. 7월 3일 우동이 데스마스크를 뜨다. 7월 4일 밤 11시 에름농빌의 인공 호수 안에 있는 푀플리에 섬에 묻히다.

1780년   《대화》가 출간되다.

1782년   《고백록》 전반부가 출간되다.

1789년   《고백록》의 나머지가 출간되다.

1794년   10월 유해가 팡테옹으로 이장되다.

1801년   테레즈가 극빈상태에서 사망하다.

찾아보기

ㅅ ～ ㅇ